Udo Branahl

Medienrecht

Udo Branahl

Medienrecht

Eine Einführung

6., überarbeitete und
aktualisierte Auflage

VS VERLAG FÜR SOZIALWISSENSCHAFTEN

Bibliografische Information der Deutschen Nationalbibliothek
Die Deutsche Nationalbibliothek verzeichnet diese Publikation in der
Deutschen Nationalbibliografie; detaillierte bibliografische Daten sind im Internet über
<http://dnb.d-nb.de> abrufbar.

1. Auflage 1992
2., überarbeitete Auflage 1996
3., überarbeitete Auflage 2000
4., überarbeitete Auflage Juli 2001
5., vollständig überarbeitete Auflage Juli 2006
6., überarbeitete und aktualisierte Auflage 2009

Lektorat: Barbara Emig-Roller

VS Verlag für Sozialwissenschaften ist Teil der Fachverlagsgruppe Springer Science+Business Media.
www.vs-verlag.de

Umschlaggestaltung: KünkelLopka Medienentwicklung, Heidelberg
Druck und buchbinderische Verarbeitung: Krips b.v., Meppel
Gedruckt auf säurefreiem und chlorfrei gebleichtem Papier
Printed in the Netherlands

ISBN 978-3-531-16558-5

Inhalt

Einleitung

Das Ziel dieser Einführung in das Medienrecht besteht darin, Journalistinnen und Journalisten einen Überblick über die rechtlichen Regeln zu geben, die den normativen Rahmen ihrer beruflichen Praxis bilden. Eine möglichst genaue Kenntnis dieses Rahmens ist zum einen vonnöten, um unerwünschte Folgen des eigenen Verhaltens zu vermeiden. Da die Neigung der von der Berichterstattung Betroffenen weiter zuzunehmen scheint, ihre Rechte einzuklagen und Journalisten sowie Medienbetriebe für negative Folgen der Berichterstattung schadensersatzpflichtig zu machen, kommt es darauf an, die rechtlichen Risiken des eigenen Tuns zu minimieren.

Zugleich können solche Kenntnisse aber auch dazu dienen, ungerechtfertigte Einschüchterungsversuche zurückzuweisen und die durch Presse- und Rundfunkfreiheit gewährten Handlungsspielräume zugunsten von Lesern, Hörern und Zuschauern zu nutzen und so zu der freien öffentlichen Kommunikation beizutragen, die zu den zentralen Wesensmerkmalen einer freiheitlichen Gesellschaft gehört.

Unter „Medienrecht" werden hier in erster Linie die Teile der Rechtsordnung verstanden, die die Rechte und Pflichten des Journalisten im Berufsalltag betreffen. Das Organisationsrecht der elektronischen Medien wird nur insoweit berücksichtigt, wie es sich auf diese Rechte und Pflichten auswirkt. Die Rechtsbeziehungen zwischen Journalisten und ihren Arbeit- bzw. Auftraggebern werden nur behandelt, soweit es um die Nutzung ihrer urheberrechtlich geschützten Werke geht.

Um möglichen Missverständnissen vorzubeugen, ist darauf hinzuweisen, dass es sich bei dieser Benutzung der Bezeichnung "Presserecht" oder "Medienrecht" nur um *pragmatischen Sprachgebrauch* handelt. Das so verstandene Presse- oder Medienrecht ist *kein Rechtsgebiet* im rechtssystematischen Sinne, sondern eine unter pragmatischen Gesichtspunkten vorgenommene Zusammenstellung von Normen aus *unterschiedlichen* Rechtsgebieten - aus dem materiellen Recht, wie dem Verfassungsrecht (Medienfreiheit), dem Verwaltungsrecht (Auskunftsanspruch), dem Zivilrecht (Recht der unerlaubten Handlung, Urheberrecht) und dem Strafrecht (Staatsschutz, Ehrenschutz) ebenso wie aus dem Verfahrensrecht (Zeugnisverweigerung).

Die Zuordnung von Rechtsnormen zum "Medienrecht" oder "Presserecht" in diesem Sinne sagt deshalb weder etwas über den *Rechtsweg* aus, der zur Durchsetzung des jeweiligen Rechts zu beschreiten ist, noch über die Frage, in wessen *Gesetzgebungskompetenz* der Erlass solcher Rechtsnormen fällt. Insbesondere ist dieser Sprachgebrauch *nicht* auf die Kompetenz des Bundes abgestimmt, Rahmenvorschriften über "die allgemeinen Rechtsverhältnisse der Presse und des Films" zu erlassen (Art. 75 Ziff. 2 GG).

Die *Rechtsfolgen*, die ein Verstoß gegen bestimmte Normen nach sich ziehen kann, und die Möglichkeiten, eigene Rechte *durchzusetzen*, werden in den folgenden Kapiteln jeweils zusammen mit den vorgestellten Rechtsnormen erwähnt und im abschließenden letzten Kapitel noch einmal systematisch erörtert.

Um sich für den Gebrauch in der täglichen Berufspraxis eine Vorstellung von den Rechten und Pflichten des Journalisten zu verschaffen, genügt es häufig nicht, die einschlägigen Gesetzestexte zu lesen und zu verstehen. Das geltende Recht wird nämlich in vielen Bereichen maßgeblich durch die so genannte *juristische Dogmatik* mitbestimmt. Unter juristischer Dogmatik versteht man die in Rechtsprechung und Lehre entwickelten *Grundsätze zur Auslegung* der Rechtsordnung. Dabei spielen neben dem Wortlaut der Norm auch Überlegungen eine Rolle, die sich aus ihrer Entstehungsgeschichte, ihrer Zweckbestimmung oder ihrer systematischen Stellung innerhalb der Rechtsordnung ergeben. Von besonderer praktischer Bedeutung für die Entwicklung der juristischen Dogmatik sind Gerichtsentscheidungen. Unter diesen wiederum kommen den Urteilen der obersten Gerichtshöfe, der Bundesgerichte wie der Obergerichte der Länder besondere Bedeutung zu. Denn obwohl es in unserer Rechtsordnung anders als im angelsächsischen Rechtskreis in der Regel keine strenge Bindung an *Präjudizien*, an Präzedenz-Entscheidungen der obersten Gerichte, gibt, richten die Gerichte ihre Rechtsprechung schon um des Prinzips der Gleichbehandlung willen in der Regel an solchen Entscheidungen aus. Außerdem sind manche Rechtsgebiete oder Themenbereiche fast vollständig allein durch "Richterrecht" bestimmt.

Beispiel:
Inhalt und Grenzen des "allgemeinen Persönlichkeitsrechts" und des "Rechts am eingerichteten und ausgeübten Gewerbebetrieb" sind entscheidend durch die Rechtsprechung des Bundesgerichtshofs bzw. schon des Reichsgerichts geprägt.

Für das Verständnis der Rechtsordnung, die *Rechtsklarheit*, hat dieses Zusammenspiel von Gesetzestext und juristischer Dogmatik ebenso unangenehme Konsequenzen wie für die Vorhersehbarkeit eines Prozessausgangs im Einzelfall, also für die *Rechtssicherheit*. *Vollständige* Klarheit und Sicherheit bei der Beurteilung der Rechtslage im Einzelfall lässt sich häufig nicht einmal durch Heranziehung qualifizierter juristischer Experten erzielen. Umso weniger kann dies das Ziel eines Einführungstextes für Nichtjuristen sein. Andererseits gleicht die Beurteilung der Rechtslage auch nicht einem Würfelspiel, in dem der Ausgang weitgehend vom Zufall bestimmt wird. Anhand der gesetzlichen Bestimmungen und ihrer Auslegung in Rechtsprechung und Lehre lässt sich die Rechtslage vielmehr häufig relativ zuverlässig bestimmen und der Ausgang eines Rechtsstreits daher auch mit einer hohen Wahrscheinlichkeit vorhersagen.

Aufgabe dieses Textes ist es, dem Leser ein möglichst klares und genaues Bild von den Rechten und Pflichten zu vermitteln, die journalistisches Berufshandeln bestimmen. Dass dabei immer eine "Grauzone" übrig bleibt, in der Prognosen darüber, wie das jeweils zuständige Gericht in einem Streitfall entscheiden wird, schwierig oder gar unmöglich sind, ist leider unvermeidlich. Ein solches "Bild" kann - der Struktur unseres Rechtssystems entsprechend - nur auf die Weise erzeugt werden, dass neben den einschlägigen gesetzlichen Vorschriften auch die Ergebnisse der Rechtsprechung in die Darstellung einbezogen werden, die den Geltungsbereich der einzelnen Normen bestimmen und gegeneinander abgrenzen. Anders als Gesetze sind Gerichtsentscheidungen aber als Einzelfall-Entscheidungen konzipiert, nicht als allgemeine Regeln. Aus diesem Grunde werden in den folgenden Kapiteln neben allgemeinen Regeln viele Fallbeispiele vorgestellt, die einen Eindruck von Inhalt und Grenzen der Rechte und Pflichten von Journalisten im Einzelnen vermitteln sollen.

Der Text enthält zahlreiche *Fußnoten*. Diese dienen zum größten Teil als Nachweis von Fundstellen für Gerichtsentscheidungen, zum kleineren Teil als Hinweis auf weiterführende Literatur. Für das Verständnis des Textes ist es nicht notwendig, diesen Fußnoten nachzugehen. Sie geben aber die Möglichkeit, sich eingehender zu informieren, wenn im einzelnen Fall Bedarf an Zusatzinformationen besteht.

Mit der 6. Auflage wird die Darstellung auf den Stand vom Dezember 2008 gebracht. Wichtige Hinweise zur Gestaltung des Textes verdanke ich Frau Prof. Dr. Reinhild Rumphorst. Ihr danke ich an dieser Stelle herzlich.

Udo Branahl   Dortmund, im Dezember 2008

1 Recherchefreiheit und ihre Grenzen

Zu den Existenzgrundlagen einer freiheitlichen Demokratie gehören Massenmedien, die das Publikum mit den Informationen versorgen, die die Bürgerinnen und Bürger benötigen, um sich auf rationale Weise eine eigene Meinung zu allen wichtigen Angelegenheiten der Gemeinschaft zu bilden.[1] Diesen Teil ihrer „öffentlichen Aufgabe" können die Medien nur erfüllen, wenn sie ihrerseits die Möglichkeit haben, sich die erforderlichen Informationen zu beschaffen.

Rechtlich abgesichert wird diese Möglichkeit zum einen durch das Grundrecht der Informationsfreiheit und die in der Presse-, Rundfunk- und Filmfreiheit enthaltene Freiheit der Informationsbeschaffung (1.1), zum anderen durch den presserechtlichen Auskunftsanspruch (1.2) und Zugangsrechte zu behördlichen Unterlagen (1.3). In einer ausgesprochen schwachen Rechtsposition befinden sich die Medien demgegenüber, wenn sie Informationen von Personen des Privatrechts (z.B. Unternehmen, Vereinen, Verbänden) benötigen (1.4). Hier sind sie weitgehend auf freiwillige Auskünfte der Betroffenen (Unternehmens- bzw. Vereinsvorstand, Pressesprecher) oder darauf angewiesen, dass sich „Insider" finden, die „aus der Schule plaudern". Um solche Quellen, auf die sie zur Erfüllung ihrer Aufgabe angewiesen sind, nicht versiegen zu lassen, müssen die Medien solche „Informanten" schützen. Dies wird vom geltenden Recht im Grundsatz auch akzeptiert (1.5).

Ihre Grenzen findet die Recherchefreiheit dort, wo der Informationsbeschaffung überwiegende berechtigte Interessen Einzelner oder der Allgemeinheit entgegenstehen (1.6).

Das Gegenstück zur *Freiheit* der Recherche bildet *Pflicht,* Informationen vor ihrer Verbreitung auf Herkunft und Wahrheit zu prüfen (journalistische Sorgfaltspflicht, 1.7).

1.1 Verfassungsrechtliche Grundlagen

1.1.1 Informationsfreiheit

Die Verfassung der Bundesrepublik Deutschland sichert jedem das Recht zu, sich aus allgemein zugänglichen Quellen zu unterrichten (Informationsfreiheit, Art. 5 Abs. 1 Satz 1 GG). Welche Informationsquellen der Allgemeinheit zugänglich sind, lässt sich der Verfassung nicht entnehmen. Dass und auf welche Weise bestimmte Informationen der Öffentlichkeit zugänglich zu machen sind, kann gesetzlich geregelt werden.

> So ergibt sich z.B. aus den Prozessordnungen, welche Teile von Gerichtsverfahren öffentlich stattzufinden haben. Handels-, Aktien- und Börsenrecht verpflichten Unternehmen, bestimmte Informationen zu publizieren.

Im Übrigen bleibt den Inhabern der Quellen die Entscheidung überlassen, ob und unter welchen Bedingungen sie sie allgemein zugänglich machen wollen. Der Sinn der Informationsfreiheit besteht (lediglich) darin, den Nutzer einer solchen Quelle dagegen zu schützen, durch den Staat an der Nutzung dieser Quelle gehindert zu werden.

Da Massenkommunikationsmittel nach dem Willen ihrer Herausgeber allgemein zugänglich sein sollen, fällt z.B. auch die Errichtung von Antennen zum Empfang von Rundfunkprogrammen in den Schutzbereich der Informationsfreiheit.[2] Die Informationsfreiheit umfasst auch

---

[1] Vgl. BVerfG 20, S. 162 ff. (174 f.) – „Spiegel-Urteil

[2] Vgl. z.B. BVerfG AfP 1992, S. 57 f.

die Freiheit, sich aus *ausländischen* Quellen ungehindert zu unterrichten. Staatliche Importbe-
schränkungen für Zeitungen, Zeitschriften, Bücher oder andere Druckschriften müssen sich
deshalb ebenso im Rahmen der Schrankenregelung des Art. 5 Abs. 2 GG halten[3] wie Maßnahmen gegen unerwünschtes Einstrahlen ausländischer Rundfunkprogramme, z. B. durch die Einrichtung von Störsendern.

Geschützt ist aber auch die Möglichkeit, öffentliche Veranstaltungen zu besuchen und an
Vorgängen teilzunehmen, die sich an öffentlich zugänglichen Orten abspielen.[4]

> Deshalb stellen polizeiliche Absperrungen öffentlicher Wege und Plätze – etwa im Rahmen von Unfäl-
> len, Staatsbesuchen usw. – Eingriffe in das Grundrecht der Informationsfreiheit dar, die nur im Rahmen
> der Schrankenregelung des Art. 5 Abs. 2 GG zulässig sind.

1.1.2   Schutz der Recherchefreiheit durch Presse-, Rundfunk- und Filmfreiheit

Verstärkt werden die Rechte von Mitarbeitern der Massenmedien bei der Informationsbeschaffung durch das Grundrecht der Presse-, Rundfunk- und Filmfreiheit (Art. 5 Abs. 1 Satz 2 GG).
Dieses schützt sie nicht nur gegen Eingriffe des Staates bei der Verbreitung von Informationen,
sondern sichert bereits die Informationsbeschaffung.[5]

Dies ergibt sich aus der *Funktion*, die das Bundesverfassungsgericht der Medienfreiheit
zuschreibt. Diese Freiheit dient nach Ansicht des Gerichts nicht in erster Linie der Selbstver-
wirklichung von Verlegern, Herausgebern oder Journalisten. Sie soll ihnen vielmehr ermöglichen, den Beitrag zur öffentlichen Meinungs- und Willensbildung zu leisten, der nach Ansicht
des Gerichts für den Bestand und die Entwicklung einer freiheitlichen Demokratie unverzichtbar
ist.[6] Diesen Beitrag – häufig auch als „öffentliche Aufgabe" bezeichnet[7] - hat das Bundesverfassungsgericht im *Spiegel*-Urteil[8] eindrucksvoll beschrieben:

> „Soll der Bürger politische Entscheidungen treffen, muss er umfassend informiert sein, aber auch die
> Meinungen kennen und gegeneinander abwägen können, die andere sich gebildet haben. Die Presse
> hält diese ständige Diskussion in Gang; sie beschafft die Informationen, nimmt selbst dazu Stellung und
> wirkt damit als orientierende Kraft in der öffentlichen Auseinandersetzung. In ihr artikuliert sich die öf-
> fentliche Meinung; die Argumente klären sich in Rede und Gegenrede, gewinnen deutliche Konturen
> und erleichtern so dem Bürger Urteil und Entscheidung.
> In der repräsentativen Demokratie steht die Presse zugleich als ständiges Verbindungs- und Kontrollor-
> gan zwischen dem Volk und seinen gewählten Vertretern in Parlament und Regierung. Sie fasst die in
> der Gesellschaft und ihren Gruppen unaufhörlich sich neu bildenden Meinungen und Forderungen kri-
> tisch zusammen, stellt sie zur Erörterung und trägt sie an die politisch handelnden Staatsorgane heran,
> die auf diese Weise ihre Entscheidungen auch in Einzelfragen der Tagespolitik ständig am Maßstab
> der im Volk tatsächlich vertretenen Auffassungen messen können. "

Um der Wahrnehmung dieser „öffentlichen Aufgabe" willen hat das Bundesverfassungsgericht
den Schutzbereich der Medienfreiheit weit ausgedehnt: Er umfasst den *gesamten Herstellungsprozess* „von der Beschaffung der Information bis zur Verbreitung der Nachrichten und Meinungen". Dazu gehören alle Tätigkeiten, die der Herstellung oder Verbreitung des Produktes
dienen, neben den redaktionellen also kaufmännische und technische Tätigkeiten ebenso wie
Tätigkeiten im Vertrieb. Dementsprechend können sich nicht nur alle Mitarbeiter eines Presseunternehmens - auch solche in der Buchhaltung[9] und der Anzeigenaufnahme[10] - gegenüber staat-

---

[3] BVerfGE 27, S. 71 ff. - Leipziger Volkszeitung -; BVerfGE 33, S. 52 ff. - Filmeinfuhr aus der DDR.

[4] Herzog a. a. O., Rz. 87 zu Art. 5 GG.

[5] BVerfGE 10, S. 118 ff (121), seitdem ständige Rechtsprechung.

[6] Zur „dienenden" Funktion der Medienfreiheit vgl. etwa BVerfGE 57, S. 294 ff. (320) „FRAG".

[7] So beispielsweise in den Landesmediengesetzen, § 3.

[8] BVerfGE 20, S. 162 ff. (174/175).

[9] BVerfGE 25, S. 296 ff. (304).

[10] BVerfGE 64, S. 108 ff. (114).

lichen Eingriffen in ihre Tätigkeit auf den Schutz der Pressefreiheit berufen, sondern auch Externe, deren Tätigkeit typischerweise auf die Presse bezogen ist, in enger organisatorischer Anlehnung an die Presse erfolgt und für das Funktionieren einer freien Presse notwendig ist.

Dementsprechend gewährleisten Presse- und Rundfunkfreiheit auch das Recht der Medien, weitgehend selbst zu entscheiden, ob Anlass zu einer Recherche besteht und welche Recherchemaßnahmen zur Klärung eines Sachverhalts geeignet und erforderlich sind. Dabei müssen sie sich allerdings im Rahmen des geltenden Rechts halten.[11] Recherchemaßnahmen, die das Persönlichkeitsrecht des davon Betroffenen berühren, sind gerechtfertigt, soweit sie den Medien dazu dienen, ihre öffentliche Aufgabe zu erfüllen und der Eingriff in das Persönlichkeitsrecht nicht außer Verhältnis zum Rechercheanlass steht.

> Mit dieser Begründung hat das OLG Karlsruhe die Klage eines Oberarztes gegen eine Zeitschrift auf Unterlassung von Recherchemaßnahmen abgewiesen. Diese hatte sich, nachdem Plagiatsvorwürfe gegen den Arzt erhoben worden waren, mit der Bitte um Auskunft an Vorgesetzte und Mitarbeiter des Arztes gewandt, um die Berechtigung dieser Vorwürfe zu prüfen.[12]

Recherchemaßnahmen sind schon dann gerechtfertigt, wenn sie der Klärung eines bislang nur schwachen Verdachts dienen. Die Sorge des Betroffenen, dass sie zu einer ungerechtfertigten Berichterstattung führen können, reicht für ein Verbot nicht aus.[13]

Die Recherchefreiheit umfasst alle medienspezifischen Formen der Informationsbeschaffung. Für Printmedien bedeutet dies, dass auch die Anfertigung von Fotos, Skizzen und Zeichnungen durch Art. 5 GG geschützt ist, für elektronische Medien kommen Ton- und Filmaufzeichnungen hinzu.[14]

> Während Gerichtsverhandlungen im Allgemeinen[15] nicht auf Tonband aufgezeichnet werden dürfen (§ 169 GVG), gilt dies für öffentliche Sitzungen der Parlamente und Gemeindevertretungen nicht. Die Aufzeichnung der öffentlichen Sitzung eines Gemeindeparlaments auf Tonband und deren öffentliche Wiedergabe verletzen das Persönlichkeitsrecht der Ratsmitglieder im Allgemeinen nicht.[16] Nach Ansicht des Bundesverwaltungsgerichts kann der Ratsvorsitzende jedoch auf Grund seines Hausrechts einem Journalisten die Tonbandaufzeichnung wirksam untersagen.[17]

1.1.3 Schranken der Informations- und der Informationsbeschaffungsfreiheit

Der Rückgriff auf die „öffentliche Aufgabe" der Massenmedien bei der Festlegung des Schutzbereichs der Medienfreiheit könnte andererseits den Gedanken nahe legen, durch Art. 5 GG sei nur die Beschaffung solcher Informationen geschützt, deren Veröffentlichung einen „seriösen" Beitrag zur öffentlichen Meinungsbildung liefert, sie also zu beschränken auf Informationen „politisch-kulturell-weltanschaulicher" Art und zu einer „sachlichen Berichterstattung". Eine solche *restriktive* Interpretation der Medienfreiheit liefe jedoch Gefahr, staatlichen Stellen die Möglichkeit zu geben, in die Medientätigkeit mit Hilfe von vieldeutigen Postulaten wie „Seriosität" oder „Sachlichkeit" lenkend einzugreifen. Aus diesem Grund[18] stellen staatliche Behinderungen der Recherche von Medienmitarbeitern grundsätzlich einen Eingriff in die Presse-, Rundfunk- oder Filmfreiheit dar.

---

[11] Vgl. dazu im Einzelnen unten 1.7.
[12] OLG Karlsruhe AfP 2006, S. 482 ff.
[13] OLG Koblenz AfP 2008, S. 213 ff.
[14] Vgl. dazu grundlegend BVerfG NJW 1995, S. 184 ff.
[15] Sonderregeln gelten für die Sitzungen des BVerfG. Zu Einzelfragen vgl. im Übrigen Branahl, Justizberichterstattung, unter 5.2.2.
[16] So für Gemeinderatssitzungen OLG Celle NVwZ 1985, S. 861; dagegen allerdings OLG Köln NJW 1979, S. 661 ff.
[17] BVerwG AfP 1990, S. 349 ff. ; a. A. Wilhelmi a. a. O. , S. 221 ff.
[18] Vgl. BVerfG NJW 1973, S. 1128 – „Lebach I".

Den Schutz der Pressefreiheit genießen im Übrigen nicht nur *sämtliche* Zeitungen und Zeitschriften, also Boulevard- und Alternativzeitungen sowie Anzeigenblätter ebenso wie die Blätter der „Regenbogenpresse", sondern auch Bücher, Broschüren, Flugblätter und Plakate. Um der technischen Fortentwicklung Rechnung zu tragen, wird man auch Produkte, die auf anderen technischen Wegen als mit der Buchdruckerpresse vervielfältigt werden, in den Schutzbereich der Pressefreiheit einzubeziehen haben, also etwa Filme, Videobänder, CDs oder Disketten „mit geistigem Sinngehalt". Auch gruppeninterne Publikationen (Werkszeitungen) sind durch die Pressefreiheit geschützt.[19]

Häufig gerät die Wahrnehmung der Recherchefreiheit allerdings in Konflikt mit anderen Rechtsgütern. Diese setzen der Recherchefreiheit Grenzen.

So sind polizeiliche Absperrungen von Straßen und Plätzen beispielsweise gerechtfertigt, soweit sie erforderlich sind, um Spuren einer Straftat oder eines Verkehrsunfalls zu sichern, den ungehinderten Zugang von Rettungsdiensten zu ermöglichen oder eine Gefahr für die körperliche Unversehrtheit abzuwenden.

In den Fällen, in denen es um einen Beitrag zur öffentlichen Meinungsbildung geht, ist eine „Güterabwägung" zwischen dem Informationsinteresse der Allgemeinheit, dem die Recherche dient, und entgegenstehenden Geheimhaltungsinteressen vorzunehmen. Die Ergebnisse solcher Abwägungsprozesse werden in den folgenden Abschnitten vorzustellen sein. Sie sind vor allem bei der Interpretation der allgemeinen Gesetze von Bedeutung. Dies gilt auch für die Begründung und Begrenzung von Auskunftsansprüchen.

1.2 Der Auskunftsanspruch der Massenmedien

Die Behörden sind verpflichtet, den Vertretern der Presse und des Rundfunks die der Erfüllung ihrer öffentlichen Aufgabe dienenden Auskünfte zu erteilen.[20]

1.2.1 Auskunftsverpflichtet: Behörden

Der Auskunftsanspruch richtet sich gegen den *Staat*, also weder gegen den einzelnen Bürger noch gegen wirtschaftliche oder gesellschaftliche Vereinigungen, wie Handels- oder Kapitalgesellschaften, Interessenverbände oder ähnliche Einrichtungen, wie groß und mächtig sie auch immer sein mögen. Dies kommt in den Landespressegesetzen dadurch zum Ausdruck, dass nur *Behörden* der Auskunftspflicht unterworfen sind. Für privatrechtliche Zusammenschlüsse fehlt es an einer analogen Regelung; insoweit besteht *kein* Auskunftsanspruch.[21]

Dementsprechend kann ein Wirtschaftsunternehmen selbst darüber entscheiden, ob es *Pressekonferenzen* abhalten und welchen Teilnehmerkreis es dazu einladen will. Nicht eingeladene Journalisten können eine Einladung grundsätzlich weder unter Hinweis auf das Grundrecht der Pressefreiheit noch auf das der freien Berufsausübung erzwingen.[22]

Erfasst vom Auskunftsanspruch der Massenmedien sind *alle* staatlichen Stellen; Bundesbehörden[23] also genauso wie Landes- und Kommunalbehörden, Parlamente, Regierungen und

---

[19] BVerfG AfP 1997, S. 465 ff.
[20] So § 4 Abs. 1 des Landespressegesetzes von Hamburg. Die Landespressegesetze der anderen Bundesländer enthalten materiell dieselbe Regelung, teilweise in etwas anderem Wortlaut und anderer Gesetzestechnik: So treffen die meisten Landespressegesetze diese Regelung in § 4 oder 5 (Brandenburg) zunächst nur für die Presse, erstrecken dessen Geltungsbereich dann aber (in den §§ 23, 24, 25 oder 26) auch auf den Rundfunk. In einigen Ländern finden sich die entsprechenden Vorschriften in den Rundfunkgesetzen (z. B. § 27 LMG Mecklenburg-Vorpommern, § 21 LMG Thüringen). Wo eine solche Regelung für den Rundfunk fehlt (Brandenburg, Sachsen, Sachsen-Anhalt), ist die dadurch entstehende Lücke in unmittelbarer Anwendung des Art. 5 Abs. 1 GG zu schließen.
[21] So zu Recht Wenzel in Löffler, Rz. 70, 71 zu § 4 LPG.
[22] LG Frankfurt AfP 1989, S. 572.
[23] Vgl. VG Berlin AfP 1994, S. 175 ff. In Bremen, dessen Pressegesetz einen Auskunftsanspruch nur gegen Landes- und Kommunalbehörden enthält, besteht insoweit eine Gesetzeslücke, die in direkter Anwendung des Art. 5 GG zu schließen ist; so zu Recht Wenzel in Löffler, LPG, Rz. 55 zu § 4 LPG.

Gerichte ebenso wie Verwaltungsbehörden und Eigenbetriebe von Bund, Ländern und Gemeinden (Theater, Schwimmbäder, Krankenhäuser u. ä.). Auch Anstalten, Körperschaften und Stiftungen des öffentlichen Rechts, deren sich der Staat zur Erfüllung seiner Aufgaben bedient, unterliegen der Auskunftspflicht.[24] Deshalb bestehen Auskunftsansprüche beispielsweise gegen Sozialversicherungsträger, Einrichtungen der Arbeitsverwaltung, der Bankenaufsicht, Kammern und Innungen, Universitäten und öffentlich-rechtliche Stiftungen.

Besonderheiten gelten für öffentlich-rechtliche Körperschaften und Anstalten, die selbst Träger von Grundrechten sind. Das trifft vor allem auf Kirchen, Rundfunkanstalten und Hochschulen zu.

So unterliegen die *Kirchen*, auch soweit sie als Körperschaften des öffentlichen Rechts organisiert sind, der Auskunftspflicht nur im Bereich der staatlichen Angelegenheiten. Dazu gehören vor allem Kirchensteuerfragen. In Angelegenheiten der inneren kirchlichen Ordnung hingegen sind sie keiner Auskunftspflicht unterworfen[25].

Ebenso sind auch die öffentlich-rechtlichen *Rundfunkanstalten* einer Auskunftspflicht nur unterworfen, soweit sie wie eine Behörde tätig werden, z. B. beim Gebühreneinzug. In allen anderen Angelegenheiten, der Programmgestaltung wie der inneren Organisation, unterliegen sie *keiner* Auskunftspflicht, da sie insoweit keine *staatlichen* Aufgaben wahrnehmen, sondern gegenüber dem Staat eine ähnliche Rechtsstellung haben wie private Unternehmen.[26]

Der Staat kann sich seiner Auskunftspflicht nicht dadurch entziehen, dass er sich zur Erfüllung seiner Aufgaben privatwirtschaftlich organisierter Unternehmen bedient.[27] Daraus folgt zum einen, dass der Auskunftsanspruch nicht dadurch verloren geht, dass der Staat Aufgaben der Daseinsvorsorge „privatisiert".

> Das gilt für die Privatisierung gemeindlicher Aufgaben durch die Gründung von Unternehmen, die der Versorgung der Bevölkerung mit Wasser und Energie (Gas, Elektrizität) oder der Entsorgung von Abfällen (Müllabfuhr) dienen, ebenso wie für die Privatisierung des Schienenverkehrs (Bahn), des Fernmeldenetzes (Telekom) und der Postbeförderung durch den Bund.

Gegen die auf diese Weise entstandenen Unternehmen haben die Massenmedien deshalb trotz ihrer privatrechtlichen Organisationsform einen Auskunftsanspruch, solange die öffentliche Hand die Mehrheit der Anteile bzw. Stimmrechte an ihnen hält.[28] Dasselbe gilt für den „beliehenen Unternehmer", dem der Staat die Wahrnehmung hoheitlicher Befugnisse übertragen hat - allerdings nur, soweit sich das Auskunftsverlangen auf die Wahrnehmung dieser Hoheitsbefugnisse bezieht.

> So sind Unternehmen, die zur Vergabe von Kfz-Plaketten ermächtigt sind (TÜV, DEKRA), beispielsweise auskunftspflichtig, soweit es um die Erteilung der mit dieser Vergabe verbundenen Betriebserlaubnis geht - nicht jedoch im Hinblick auf ihre sonstige Geschäftstätigkeit, soweit diese keine Ausübung hoheitlicher Gewalt darstellt.

Auskunftspflichtig ist eine Behörde für alle Vorgänge, für die sie entweder *zuständig* ist oder mit denen sie *amtlich befasst* war. Sind mehrere Behörden für einen Vorgang zuständig oder mit einem solchen befasst, ist jede von ihnen auskunftspflichtig, allerdings nur für den von ihr bear-

---

[24] Das gilt auch in Bremen und Thüringen, deren Pressegesetze den Auskunftsanspruch explizit (nur) gegen Körperschaften des öffentlichen Rechts gewähren, die der Aufsicht des Landes unterliegen. Auch insoweit ist eine analoge Anwendung auf die übrigen Personen des öffentlichen Rechts, die ihren Sitz in diesen Bundesländern haben, durch Art. 5 GG geboten.

[25] So auch Wenzel in Löffler, Rz. 64 zu § 4 LPG.

[26] BVerwG AfP 1985, S. 72 f. ; BVerfG AfP 1988, S. 235 f. ; zur Begründung vgl. auch Wenzel in Löffler, Rz. 65 ff. zu § 4 LPG, mit weiteren Nachweisen.

[27] Zur Auskunftspflicht der Bayerischen Landesanstalt für Aufbaufinanzierung vgl. BayVGH AfP 2007, S. 168 ff.

[28] BGH AfP 2005, S. 279 ff. Auch das OVG des Saarlandes hat z.B. die Auskunftspflicht einer Parkhaus-GmbH bejaht, die sich ausschließlich im städtischen Eigentum befindet, AfP 1998, S. 426 ff. Demgegenüber ist die Deutsche Telekom, an der der Bund nur noch eine Minderheitsbeteiligung hält, nicht mehr als Behörde zu behandeln, vgl. OVG NRW AfP 2008, S. 656 f.

beiteten oder zu bearbeitenden Teilaspekt.[29] Die Beschränkung des Auskunftsanspruchs auf die Behörde, in deren Zuständigkeit sich das Verfahren gerade befindet, findet im Gesetz keine Stütze. Aus praktischen Gründen wird es sich in der Regel allerdings empfehlen, einem entsprechenden Hinweis zu folgen, statt auf der Auskunft durch die zunächst angesprochene Behörde zu beharren.

Zuständig für die Erteilung der Auskunft ist der Behördenleiter. Er kann diese Aufgabe dauerhaft (Pressesprecher) oder im Einzelfall auf einen Mitarbeiter delegieren, bleibt aber für eine sachgerechte Aufgabenerfüllung verantwortlich. Er hat deshalb dafür zu sorgen, dass den Massenmedien während der üblichen Geschäftszeiten in seiner Behörde grundsätzlich ein Ansprechpartner zur Verfügung steht, der bereit und in der Lage ist, die entsprechenden Auskünfte zu erteilen.

> Rechtswidrig ist deshalb die Praxis, dass sich der Behördenleiter (Bürgermeister, Landrat) Auskünfte an die Massenmedien persönlich vorbehält, aufgrund der Wahrnehmung seiner sonstigen Aufgaben faktisch aber für solche Auskünfte gar nicht oder nur mit großen zeitlichen Verzögerungen erreicht werden kann.

Einen Anspruch darauf, unmittelbar von dem zuständigen Sachbearbeiter informiert zu werden, hat der Journalist *nicht*. Hat er allerdings Informationen von ihm erhalten, ist er rechtlich nicht daran gehindert, diese zu veröffentlichen.

1.2.2 Auskunftsberechtigt: Vertreter der Massenmedien

Die Auskünfte sind Vertretern des Rundfunks[30] und der Presse zu erteilen. Das Auskunftsrecht ist also nicht auf die periodische Presse beschränkt; auch Buchverlage und Nachrichtenagenturen gehören zur Presse.[31] Nur in Bayern ist das Auskunftsrecht der Presse explizit auf die Mitarbeiter von Zeitungen und Zeitschriften beschränkt (§ 4 Abs. 1 Satz 2 LPG Bayern).

Der Auskunftsanspruch steht darüber hinaus den Vertretern von Mediendiensten mit journalistisch-redaktionell gestalteten Angeboten zu, in denen in periodischer Folge Texte verbreitet oder Inhalte periodischer Druckwerke ganz oder teilweise in Text oder Bild wiedergegeben werden (§ 55 Abs. 3 i. V. m. § 55 Abs. 2 Satz 1 sowie § 9a RStV). Ein Internetangebot, das sich darauf beschränkt, den Zugriff auf Informationen und Pressemitteilungen Dritter zu eröffnen, ohne diese redaktionell zu bearbeiten, ist kein Angebot im Sinne des § 6 Abs. 2 MDStV.[32]

Da Pressefreiheit ein Menschenrecht ist und der Auskunftsanspruch auf diesem Grundrecht basiert, steht dieser Anspruch auch ausländischen Presseorganen zu.[33]

Mit dem Grundrechtsschutz unvereinbar wäre es, den Auskunftsanspruch von der „Qualität" des Presseerzeugnisses abhängig zu machen. Der so genannten „Sensationspresse" steht der Anspruch deshalb ebenso zu wie linken oder rechten „Kampfblättern", solange nicht durch das Bundesverfassungsgericht festgestellt ist, dass sie ihr Grundrecht zum Kampf gegen die freiheitlich demokratische Grundordnung missbraucht und deshalb verwirkt haben (Art. 18 GG).[34]

Die Pressefreiheit reicht „von der Beschaffung der Nachricht bis zur Verbreitung der Nachrichten und Meinungen".[35] Deshalb kommen sämtliche Mitarbeiter eines Verlages oder eines

---

[29] So zu Recht Wenzel in Löffler, Rz. 59, 60, gegen Rebmann in Rebmann/Ott/ Storz, Rdz. 16. Zur Auskunftspflicht im Ermittlungsverfahren vgl. auch Kramer, S. 429 ff.
[30] Vgl. dazu § 9a RStV.
[31] Wenzel in Löffler, Rz. 38 zu § 4 LPG.
[32] Offen gelassen vom VG Düsseldorf, AfP 1998, S. 543 f.
[33] Wenzel in Löffler, Rz. 40 zu § 4 LPG; Löffler-Ricker, Rz. 9 zu Kap. 19; Soehring, Rz. 4.13.
[34] Wenzel in Löffler, Rz. 39 zu § 4 LPG; ebenso Soehring, Rz. 4.12, Löffler-Ricker, Rz. 8 zu Kap. 19.
[35] BVerfGE 20, S. 176.

Senders, vom Verleger oder Intendanten über die redaktionellen Mitarbeiter bis hin zu kaufmännischen oder technischen Angestellten, als Inhaber des Anspruchs in Betracht.[36]

Abgrenzungsschwierigkeiten bereitet dagegen die Gruppe der freien Mitarbeiter. „Feste" Freie, d. h. Mitarbeiter, die regelmäßig für eine Redaktion tätig sind, sind wie Mitarbeiter der Massenmedien auskunftsberechtigt. Dasselbe gilt für Journalisten, die im Besitz eines Presseausweises sind. Sie sind Vertreter „der" Presse oder „des" Rundfunks - wenn auch nicht immer einer bestimmten Zeitung oder eines bestimmten Senders. Personen, die lediglich gelegentlich für die Massenmedien schreiben oder nur die Absicht haben, ihre Produkte künftig an die Massenmedien zu verkaufen, bedürfen zum Geltendmachen eines Auskunftsanspruchs eines Legitimationsschreibens einer Redaktion.[37] Aus ihm muss sich ergeben, dass sie für diese Redaktion tätig sind bzw. ein bestimmtes Thema bearbeiten.[38] Diese - nicht immer befriedigende - Konsequenz ergibt sich aus dem Umstand, dass der Auskunftsanspruch des § 4 LPG kein Jedermannsrecht enthält, sondern Vertretern der Massenmedien vorbehalten ist.[39]

Für PR-Tätigkeit steht Unternehmen und ihren Mitarbeitern kein Auskunftsanspruch zu.[40]

1.2.3 Inhalt des Auskunftsanspruchs

Das Auskunftsverlangen ist nicht an eine bestimmte Form gebunden. Die Behörden sind grundsätzlich auch zur Beantwortung mündlicher oder telefonischer Anfragen verpflichtet.[41]
Die Behörden haben den Vertretern der Massenmedien die *der Erfüllung ihrer öffentlichen Aufgabe dienenden Auskünfte* zu erteilen. Dazu gehören zunächst Auskünfte, an deren Veröffentlichung ein allgemeines Informationsinteresse besteht. Dasselbe gilt aber auch für Auskünfte, die die Arbeit der Massenmedien selbst betreffen.

> So kann der Vertriebsleiter einer Zeitung von einer Hochschulbehörde Auskunft verlangen, inwieweit das Blatt im Hochschulbereich verbreitet werden darf.[42]

Demgegenüber kann ein Auskunftsverlangen als rechtsmissbräuchlich zurückgewiesen werden, das nur dazu dient, eigenen oder privaten Interessen Dritter zu dienen.[43]

Der Auskunftsanspruch bezieht sich nur auf Tatsachen; ein Journalist kann nicht verlangen, dass die Behörde zu einem Sachverhalt eine eigene Wertung oder eine rechtliche Stellungnahme abgibt.[44] Die Auskunft muss wahrheitsgemäß, vollständig und unverzüglich erteilt werden.

Die *Form*, in der die Auskunft erteilt wird, liegt im *Ermessen* der Behörde. Sie kann die Auskunft schriftlich oder mündlich erteilen, kann dem Journalisten Einsicht in Unterlagen gewähren oder ihm Kopien solcher Unterlagen zur Verfügung stellen. Sie muss nur eine *sachgerechte* Form wählen. Sachgerecht ist die Form, wenn sie zur Übermittlung der jeweiligen Information *geeignet* ist. So kann zur Information über räumliche Gegebenheiten unter Umständen eine *bildhafte* Darstellung (Zeichnung, Skizze) erforderlich sein. Als *ungeeignet* wird man die *mündliche* Übermittlung umfangreicher Zahlenkolonnen ansehen müssen.[45]

---

[36] Ebenso Wenzel in Löffler, Rz. 44 zu § 4 LPG; a. A. Soehring a. a. O. , Rdz. 4.10, der den Kreis der Auskunftsberechtigten auf redaktionelle Mitarbeiter, Verleger und Herausgeber beschränken will. Von praktischer Bedeutung ist der Streit nicht, da Redaktion und Verlag selbst einen Außenstehenden mit der Einholung der Auskunft beauftragen können, vgl. Wenzel in Löffler, Rz. 45 zu § 4 LPG.
[37] VGH Baden-Württemberg AfP 1996, S. 91 ff.
[38] VG Hannover AfP 1984, S. 60 ff. ; Löffler-Ricker, Rz. 6 zu Kap. 19, Soehring, Rdz. 4.11.
[39] Vgl. beispielhaft für den Auskunftsanspruch eines Wissenschaftsautors VGH Baden-Württemberg AfP 1996, S. 91 ff.
[40] VG Saarland AfP 2006, S. 596 ff.
[41] VG Cottbus AfP 2008, S. 114 f.
[42] Wenzel in Löffler, Rz. 44 zu § 4 LPG.
[43] Das trifft z.B. typischerweise auf PR-Tätigkeit zu, VG Saarland AfP 2006, S. 596 ff.
[44] OVG Nordrhein-Westfalen, AfP 1996, S. 299 f.; OVG Saarland AfP 2008, S. 653 ff.
[45] So auch VG Cottbus AfP 2008, S. 114 f.

Die Pflicht, eine *sachgerechte* Form zu wählen, kann in Einzelfällen auch dazu führen, dass nur *eine* sachgerechte Form in Betracht kommt, sich das Auswahlermessen der Behörde damit auf Null reduziert. So gibt der Auskunftsanspruch das Recht zur Einsichtnahme in Unterlagen der Behörde (z.B. ein städtisches Gutachten), wenn die begehrte Auskunft nur auf diese Weise vollständig und wahrheitsgemäß erteilt werden kann.[46]

> Die angemessene Information einer Lokal-Zeitung oder eines Lokal-Senders über den Gemeinde-Haushalt erfordert m.E., dass die Gemeinde der Redaktion auf deren Verlangen mindestens ein Exemplar des Haushaltsplans zur Verfügung stellt. Das Angebot, in der Behörde Einsicht in den Haushaltsplan zu nehmen, stellt angesichts der Datenfülle einerseits, der hohen Bedeutung dieser Information für die Öffentlichkeit demgegenüber keine angemessene Form der Information dar.
> Um angemessen über ein wichtiges Gerichtsurteil berichten zu können, kann ein Anspruch auf Aushändigung einer anonymisierten Urteilsabschrift gerechtfertigt sein.[47]

Im Übrigen beinhaltet der Auskunftsanspruch jedoch *nicht* das Recht, die Information in einer *bestimmten Form* zu erhalten. Insbesondere lässt sich aus dem Auskunftsanspruch kein Recht auf Gewährung eines *Interviews* ableiten. Deshalb hat auch ein Rundfunkjournalist keinen Rechtsanspruch darauf, eine Stellungnahme in Form eines *O-Tons* zu bekommen.

Die Auskünfte sind *kostenlos* zu erteilen; das gilt auch für schriftliche Auskünfte.[48] Stellt die Behörde auf Verlangen Abschriften zur Verfügung, kann sie für deren Anfertigung auf Grund allgemeiner Kostenvorschriften Gebühren erheben. Soweit die Behörde ihre Informationen versendet, muss sie dies auf eigene Rechnung tun.[49] Sie ist zum Versand allerdings nicht verpflichtet. Sie kann die Information auch im Internet oder zum Fax-Abruf bereithalten.

Zum Recht auf *Einsicht in Behördenakten* vgl. unten Abschnitt 1.4.

1.2.4   Gleichbehandlungsgrundsatz

Der Verleger einer Zeitung oder Zeitschrift kann von den Behörden verlangen, dass ihm deren amtliche Bekanntmachungen nicht später als seinen Mitbewerbern zur Verwendung zugeleitet werden.[50] Das gilt grundsätzlich auch für die Verleger von Anzeigenblättern mit redaktionellem Teil.[51]

Ein Anspruch darauf, dass eine Behörde die Massenmedien *von sich aus* laufend über Angelegenheiten von allgemeinem Interesse informiert, lässt sich aus den Landespressegesetzen *nicht* ableiten.[52] Gibt eine Behörde jedoch von sich aus laufend vervielfältigte Informationen heraus, veranstaltet sie Pressekonferenzen oder Besichtigungen für die Massenmedien, hat sie den *Grundsatz der Gleichbehandlung* zu beachten: Wird eine Auswahl bei der Zulassung einzelner Pressevertreter getroffen, muss es für die Auswahl als solche und für die Art und Weise der Auswahl vernünftige Gründe geben. Ein willkürlicher Ausschluss einzelner Presseorgane oder einzelner Journalisten ist ebenso unzulässig wie ein „Exklusivvertrag" zwischen dem Behördenleiter und einem Verlag oder Sender, auf Grund dessen nur dieser ständig mit Informationen beliefert wird.

> So hat beispielsweise der VGH Baden-Württemberg eine Gemeinde, die ihr Amtsblatt von einem Verlag herausgeben ließ, dazu verurteilt, ihre amtlichen Bekanntmachungen dem Verleger eines Anzeigenblattes nicht später zur Verfügung zu stellen als dem Herausgeber ihres Amtsblattes.[53]

---

[46] VG Cottbus AfP 2002, S. 360 f.
[47] So zumindest zum Zwecke der Besprechung in einer Fachzeitschrift OLG Celle AfP 1990, S. 306 f.
[48] VG Arnsberg AfP 2007, S. 69 f.
[49] Nur in Hessen ist explizit geregelt, dass der Verleger die Übermittlungskosten zu tragen hat, § 3 Abs. 3 LPG Hessen.
[50] So § 4 Abs. 4 der Landespressegesetze (Brandenburg: § 5 Abs. 4) mit Ausnahme des bayerischen.
[51] VGH Baden-Württemberg AfP 1992, S. 95 f.
[52] BVerwG NJW 1975, S. 892.
[53] AfP 1992, S. 95 f.

Das OVG Bremen hat die Praxis des dortigen Finanzgerichts für unzulässig erklärt, zur Veröffentlichung bestimmte Entscheidungen dieses Gerichts ausschließlich *einer* Fachzeitschrift zuzuleiten, als deren „Hauptschriftleiter" der Präsident dieses Gerichts - nebenberuflich und gegen Entgelt - fungierte.[54] Aus dem Umstand, dass einzelne Richter von sich aus Entscheidungen an einen Fachverlag senden, ergibt sich hingegen nach Auffassung des OVG Berlin kein Rechtsanspruch eines anderen Fachverlages gegen die Gerichtsverwaltung auf Belieferung mit denselben Entscheidungen.[55] Soweit die Gerichtsverwaltung Zeitschriften mit Urteilen beliefert, kann sie nach Auffassung des BVerwG die Zusendung auf solche Zeitschriften beschränken, die fachwissenschaftlichen Ansprüchen genügen.[56]

Rechtsmissbräuchlich wäre die Forderung einer Zeitung, ihr *alle* laufenden Pressemitteilungen zuzusenden, wenn erhebliche Teile für eine Veröffentlichung in ihr nach Art und Inhalt von vornherein nicht in Betracht kommen.

Beispiel:
Der Lokalredakteur einer wöchentlich erscheinenden Alternativ-Zeitung verlangt von der Kreisverwaltung, mit *allen* Pressemitteilungen versorgt zu werden, die der Kreis auch den örtlichen Tageszeitungen zukommen lässt. Dies darf die Kreisverwaltung verweigern, wenn vorherzusehen ist, dass ein großer Teil dieser Mitteilungen von dem Antragsteller nicht ausgewertet werden kann. Das ist z. B. der Fall, wenn wegen der wöchentlichen Erscheinungsweise des Blattes kurzfristige Veranstaltungshinweise nicht aufgenommen werden können oder wegen der inhaltlichen Linie über Jubiläen oder Ehrungen ohnehin nicht geschrieben wird. Der Redakteur kann in einem solchen Fall jedoch die laufende Zusendung von Pressemitteilungen zu *bestimmten Sachgebieten* verlangen, die in seiner Zeitung auch tatsächlich Berücksichtigung finden.[57]

Andrerseits ist es Sache der Zeitung, das Material zu sichten und auszuwerten. Soweit nicht auf Grund der redaktionellen Gestaltung des Blattes die pressemäßige Verarbeitung des Materials schlechthin ausgeschlossen ist, muss die Behörde ihre Informationen allen Interessenten in gleicher Weise zur Verfügung stellen, ohne zwischen Tages-, Wochen- und Monatszeitungen zu differenzieren.[58]

Unzulässig ist es ferner, einer Zeitung die Zusendung von Pressemitteilungen wegen der von ihr vertretenen politischen Grundhaltung, z. B. ihrer kritisch-ablehnenden Einstellung zum Staat und seinen Organen, oder ihrer kritischen Haltung gerade gegenüber der Behörde, von der sie die Auskunft verlangt, zu verweigern.[59]

Dasselbe gilt für Pressekonferenzen. Zu allgemeinen *Pressekonferenzen* müssen grundsätzlich Vertreter *aller* Medien zugelassen werden, die sich in ihrer Berichterstattung mit der Tätigkeit des Veranstalters beschäftigen oder beschäftigen wollen. Das hindert die Behörde zwar nicht, ausgewählte Pressevertreter zu Informationsgesprächen „in kleinerem Kreise" einzuladen; doch muss auch in solchen Fällen die Auswahl sachgerecht sein. Wohlverhalten des Journalisten gegenüber der Behörde ist ein unzulässiges Auswahlkriterium.[60] Der Gleichbehandlungsgrundsatz darf nicht dadurch unterlaufen werden, dass der Veranstalter (z.B. ein Minister) die Teilnehmer einer Presseveranstaltung, auf der Themen von allgemeiner Bedeutung erörtert werden, auf eigene Kosten zu Speisen und Getränken einlädt und die Veranstaltung (z.B. im Rathaus) deshalb als „privat" deklariert.[61]

Veranstaltet eine Behörde *Pressefahrten oder sonstige Besichtigungen*, darf sie die Teilnehmerzahl z. B. aus Platzgründen beschränken, muss aber bei der Auswahl der Teilnehmer

---

[54] OVG Bremen NJW 1989, S. 926 ff.
[55] NJW 1993, S. 676 f.
[56] BVerwG AfP 1994, S. 74 f. ; dagegen VG Hannover AfP 1994, S. 82 ff. und OVG Lüneburg AfP 1996, S. 301 ff.
[57] VGH Baden-Württemberg AfP 1989, S. 587 ff.
[58] OVG Nordrhein-Westfalen ZUM 1997, S. 219 f.
[59] VGH Baden-Württemberg AfP 1989, S. 589; BVerwG NJW 1975, S. 892.
[60] VGH Baden-Württemberg AfP 1989, S. 590; BVerwG NJW 1975, S. 893.
[61] VG Bremen NJW 1997, S. 2696 f.

ebenfalls sachgerechte Kriterien anlegen. Die Übernahme (von Teilen) der Reisekosten durch die Behörde ist mangels einer gesetzlichen Grundlage unzulässig.[62]

Die Behörde kann sich ihrer Pflicht zur Gleichbehandlung aller Journalisten nicht dadurch entziehen, dass sie die Durchführung von Pressekonferenzen einem privatrechtlich organisierten Verein, z. B. der Bundespressekonferenz oder der Landespressekonferenz, überträgt. In diesem Fall hat sie dafür zu sorgen, dass der Verein allen interessierten Medien und Journalisten die Teilnahme an Pressekonferenzen ermöglicht und, soweit dies - z. B. aus räumlichen Gründen - nicht möglich ist, eine sachgerechte Auswahl trifft. Gelingt ihr dies nicht, muss sie die Durchführung ihrer Pressekonferenzen wieder selbst übernehmen.

Stellt die Behörde einem solchen Verein zur Durchführung einer Pressekonferenz Räume (z. B. im Bundestag, Landtag oder Rathaus) zur Verfügung, so darf sie ihr Hausrecht *nicht* dazu benutzen, von dem Verein eingeladene, ihr jedoch aus politischen Gründen missliebige Gäste am Betreten des Gebäudes zu hindern.

Beispiel:
Die Landespressekonferenz Bremen, ein privatrechtlicher Zusammenschluss von Journalisten, hatte für den Tag nach der Wahl die Repräsentanten der im Landesparlament vertretenen Parteien, darunter auch den Vertreter der Deutschen Volksunion (DVU), zu einer Pressekonferenz ins Bremer Rathaus eingeladen. Auf Veranlassung des Bremer Bürgermeisters, der keine „Neonazis" im Rathaus dulden wollte, wurde dem DVU-Vertreter der Zutritt zu dieser Pressekonferenz verwehrt.
Die Klage des Betroffenen gegen dieses Hausverbot hatte Erfolg. Das OVG Bremen erklärte die Maßnahme für rechtswidrig. Seine Begründung: Mit der grundgesetzlich gebotenen Neutralitätspflicht des Staates sei es unvereinbar, wenn der Regierungschef die Berichterstattung der Medien dadurch zu beeinflussen versuche, dass er bestimmte Personen oder Vertreter bestimmter Parteien wegen der von ihnen vertretenen Auffassungen daran hindere, einer Einladung der Landespressekonferenz zu folgen.[63]

Nach Auffassung des VG Düsseldorf kann ein Mediendienst, der über das Internet lediglich Pressemitteilungen und Informationen Dritter anbietet, nicht verlangen, von einer Behörde regelmäßig mit den Materialien beliefert zu werden, die diese an Zeitungs- und Zeitschriftenverlage versendet.[64]

1.2.5   Schranken des Auskunftsanspruchs

Auskünfte können verweigert werden, soweit

- durch ihre Erteilung die sachgemäße Durchführung eines schwebenden Verfahrens vereitelt, erschwert, verzögert oder gefährdet werden könnte,
- Vorschriften über die Geheimhaltung entgegenstehen,
- ein überwiegendes öffentliches oder schutzwürdiges privates Interesse verletzt würde oder
- ihr Umfang das zumutbare Maß überschreitet.[65]

Bei der *Auslegung* dieser Schrankenregelung ist zu beachten, dass der Umfang, in dem der Staat den Massenmedien Auskünfte zu gewähren hat, nicht in das Belieben des Gesetzgebers gestellt ist. Vielmehr ist der Auskunftsanspruch zur Gewährleistung der *Funktionsfähigkeit* der Massenmedien erforderlich und gehört deshalb zum Schutzbereich der Medienfreiheit. Diese darf nur begrenzt werden, wenn andere mindestens gleichrangige Rechtsgüter zu schützen sind. Daraus folgt:

---

[62] VG Berlin AfP 1996, S. 97 – Chinareise.
[63] OVG Bremen in AfP 1990, S. 74 ff.
[64] VG Düsseldorf AfP 1998, S. 543 f.
[65] So weithin übereinstimmend § 4 Abs. 2 der Landespressegesetze. Abweichungen: Das bayerische LPG verweist lediglich auf die Verschwiegenheitspflicht auf Grund beamtenrechtlicher oder sonstiger gesetzlicher Vorschriften. In Berlin, Bremen, Hamburg, Hessen, dem Saarland und Thüringen fehlt die Begrenzung auf das „zumutbare Maß".

Einerseits müssen die Schranken des Auskunftsanspruchs so gezogen werden, dass die durch sie rechtlich geschützten Interessen tatsächlich wirksam gesichert werden. Andererseits müssen die in ihnen enthaltenen Generalklauseln so restriktiv interpretiert werden, dass die Massenmedien an der Wahrnehmung ihrer Aufgabe, über staatliches Tun und Unterlassen umfassend zu informieren, nur dort gehindert werden, wo dieses um eines höherwertigen Allgemeininteresses willen unabweisbar geboten ist. Deshalb ist auch dort, wo eine Schrankenvorschrift absolut formuliert ist, z. B. bei entgegenstehenden Geheimhaltungsvorschriften, im Einzelfall zu prüfen, ob die Auskunftserteilung nicht doch durch ein höherrangiges Informationsinteresse der Öffentlichkeit geboten ist.[66]

1.2.5.1 Informationen über schwebende Verfahren

Nicht jeder laufende Verwaltungsvorgang bildet ein schwebendes Verfahren im Sinne der Landespressegesetze. Nur solche Vorgänge, in denen das Verfahren zur Behandlung eines Einzelfalles rechtlich geregelt ist (*förmliche* Verfahren), sind schwebende Verfahren,[67] wenn die in den Verfahrensvorschriften vorgesehene erste Maßnahme bereits ergriffen, das Verfahren aber noch nicht abgeschlossen ist. Zu den förmlichen Verfahren gehören auch Gerichtsverfahren, strafrechtliche Ermittlungsverfahren, Bußgeldverfahren, Disziplinarverfahren und Verfahren vor Untersuchungsausschüssen.

Die Auskunft darf nur verweigert werden, wenn durch ihre Erteilung die *sachgerechte Durchführung* des Verfahrens *vereitelt, erschwert, verzögert* oder *gefährdet* werden könnte. Der bloße Hinweis der Behörde, man erteile keine Auskunft, weil es sich bei der Angelegenheit um ein schwebendes Verfahren handele, entspricht also nicht dem geltenden Recht. Die Behörde hat vielmehr im Einzelfall zu prüfen, ob gerade die verlangte Auskunft die Gefahr einer konkreten Verfahrensgefährdung oder -erschwerung in sich birgt. Das wird z.B. in der Regel auf Auskünfte über bevorstehende Verhaftungen, Hausdurchsuchungen, bestimmte Kontrollmaßnahmen und ähnliche Vorgänge zutreffen, deren Erfolg von einem gewissen Überraschungsmoment abhängig ist. Im Übrigen hat die Behörde auch über schwebende Verfahren Auskunft zu geben - falls nicht einer der anderen Ausnahmetatbestände greift.

1.2.5.2 Geheimhaltungsvorschriften

Die allgemeine Pflicht von Beamten und Angestellten des öffentlichen Dienstes zur *Dienstverschwiegenheit* steht dem Auskunftsanspruch *nicht* entgegen; sie betrifft nur die Pflichten des *einzelnen* Beamten, nicht aber die der Behörde selbst.[68]

Durch die Erklärung eines Vorgangs zur „*Verschlusssache*" kann sich die Behörde ihrer Auskunftspflicht nur entziehen, wenn eine solche Qualifizierung zum geheimen Vorgang *sachlich gerechtfertigt* ist, d. h. verfassungsrechtlich ebenfalls geschützte Rechtsgüter zu sichern sind. Anderenfalls hätte die Verwaltung es in der Hand, sich der Kontrolle durch die Massenmedien nach Belieben zu entziehen.

Gesetzliche Geheimhaltungsvorschriften finden sich an zahlreichen Stellen der geltenden Rechtsordnung.

---

[66] Zur Auskunftspflicht in Steuerstrafverfahren vgl. Wenzel in Löffler, Rz. 101 ff. zu § 4 LPG.

[67] Enger gefasst sind die Ausnahmevorschriften in Hamburg (Gerichts-, Bußgeld- oder Disziplinarverfahren), Hessen (straf- oder dienststrafgerichtliches Verfahren) und Thüringen (straf-, berufs- oder ehrengerichtliches Verfahren sowie Disziplinarverfahren); erweitert ist sie in Mecklenburg-Vorpommern: dort gilt sie auch für „Verwaltungsvorgänge".

[68] Vgl. Wenzel in Löffler, Rz. 105 zu § 4 LPG; anders für Auskünfte der LfA Förderbank Bayern und die Landesbodenkreditanstalt VG München NVwZ 2005, S. 477 ff. (479).

So ist der Verrat von Staatsgeheimnissen durch die §§ 93 ff. StGB unter Strafe gestellt. Dasselbe gilt für die Verletzung von Betriebs- und Geschäftsgeheimnissen, von Geheimnissen, die zum persönlichen Lebensbereich gehören („Privatgeheimnisse"), sowie von Geheimnissen, deren Offenbarung wichtige öffentliche Interessen gefährdet, durch Angehörige des öffentlichen Dienstes (§ 203 bzw. § 353b Abs. 1 StGB; vgl. auch § 30 VwVfG).

Die Geschäftsordnung des Deutschen Bundestages verpflichtet dessen Mitglieder auf die Beachtung der vom Bundestag beschlossenen Geheimschutzordnung (§ 17 GOBT in Verbindung mit Anlage 3 zur GOBT). Neben diesen allgemeinen Vorschriften finden sich zahlreiche Spezialvorschriften, die die Behörden verpflichten, die Kenntnisse geheim zu halten, die sie bei der amtlichen Prüfung von Betrieben und Unternehmen (z. B. § 139b Abs. 1 S. 3 GewO), bei der Erhebung von Statistiken (§ 16 BStatG) oder im Rahmen der Erhebung von Steuern und Abgaben (§ 30 AO) erlangen.

Auch soweit eine gesetzliche Geheimhaltungspflicht besteht, ist im Einzelfall zu prüfen, ob die Wahrung des Geheimhaltungsinteresses nicht ausnahmsweise hinter dem öffentlichen Informationsinteresse zurückstehen muss.

So hat das Oberlandesgericht Hamm die Information der Öffentlichkeit über die so genannte „Parteispendenaffäre" als „zwingendes öffentliches Interesse" bezeichnet, hinter dem gem. § 30 Abs. 4 Nr. 5 AO die Wahrung des „Steuergeheimnisses" zurücktreten muss.[69]

Der Umstand, dass eine Angelegenheit vom Gemeinderat in nichtöffentlicher Sitzung beraten worden ist, begründet nicht zwingend ein Recht der Gemeinde zu ihrer Geheimhaltung. Entscheidend ist vielmehr, ob unter Berücksichtigung der öffentlichen Aufgabe der Medien ein hinreichender sachlicher Grund besteht, der die Geheimhaltung legitimiert.[70]

Selbstkontrollfrage 1/1:

Ein freier Mitarbeiter der Main-Post möchte vom ersten Bürgermeister einer Marktgemeinde wissen, wie viele Mitarbeiter für welche Funktionen neu eingestellt worden sind, wie sie heißen, wie viele Bewerbungen bei den einzelnen Neueinstellungen jeweils vorgelegen haben, welche Begründungen der Auswahl der neuen Mitarbeiter zu Grunde lagen und wie hoch die Kosten sind, die der Marktgemeinde durch die Neueinstellungen entstehen. Außerdem bittet er um Mitteilung der in der nichtöffentlichen Sitzung des Marktgemeinderats vom 30.3.2004 gefassten Beschlüsse. Der Bürgermeister erklärt, zu personalpolitischen und in nichtöffentlicher Sitzung gefassten Beschlüssen erteile die Gemeinde keine Auskunft. Zu Recht?

Richtet sich der Auskunftsanspruch gegen ein Unternehmen der öffentlichen Hand, das als Kapitalgesellschaft organisiert ist, sind die Geheimhaltungsvorschriften der §§ 85 GmbHG bzw. 404 AktG zu beachten. Danach haben Vorstände bzw. Geschäftsführer und Mitglieder des Aufsichtsrates *Geschäfts- und Betriebsgeheimnisse* zu wahren, also nur einem begrenzten Personenkreis bekannte Tatsachen, an deren Geheimhaltung der Inhaber des Unternehmens ein berechtigtes wirtschaftliches Interesse hat.[71] Ein solches Interesse „besteht dann, wenn die Tatsache für die Wettbewerbsfähigkeit des Unternehmens von Bedeutung ist, ihr Bekanntwerden also fremden Wettbewerb fördern oder eigenen Wettbewerb schwächen und damit dem Unternehmen einen materiellen oder immateriellen Schaden zufügen kann."[72] Dazu gehören vor allem Informationen über die Geschäftstätigkeit, etwa über Kunden und Lieferanten, (Einkaufs-)Preise, Gehälter, Kalkulationsgrundlagen, Investitionen und Planungen, nicht aber z.B. die Vergütung der Aufsichtsorgane.[73] Dabei ist das Geheimhaltungsinteresse des Unternehmens im Einzelfall gegen das Informationsinteresse der Öffentlichkeit abzuwägen.[74]

---

[69] OLG Hamm NJW 1981, S. 356 ff.

[70] Vgl. VG Cottbus AfP 2008, S. 114 f.

[71] So die Definition des BGH, NJW 1995, S. 2301.

[72] So Kohler in NJW 2005, S. 2337 ff. (2340).

[73] Kohler a.a.O., S. 2340.

[74] Vgl. beispielhaft BayOVG AfP 2007, S. 168 ff. (171 f.).

1.2.5.3 Vorrangigkeit öffentlicher und privater Interessen

Diese Generalklausel erfasst als „Auffangtatbestand" all die Fälle, in denen im Einzelfall außerhalb eines schwebenden Verfahrens dem Informationsinteresse der Öffentlichkeit ein öffentliches oder privates Interesse vorgeht, das nicht schon durch allgemeine Geheimhaltungsvorschriften geschützt ist.

Ein *überwiegendes öffentliches Interesse* ist - ähnlich wie bei schwebenden Verfahren - zu bejahen, wenn Pläne bis zur endgültigen Entscheidung geheim gehalten werden müssen, um die beabsichtigte Wirkung nicht zu vereiteln.

Hier kommen Planungen im Bereich der Währungs- und Wirtschaftspolitik beispielsweise ebenso in Betracht wie Bauplanungen der öffentlichen Hand. Hat eine Gemeinde z. B. Baumaßnahmen zur Erneuerung ihrer Kanalisation öffentlich ausgeschrieben, kann sie während der Ausschreibungsfrist vernünftigerweise nicht gezwungen werden, detaillierte Auskünfte über die bislang eingegangenen Angebote zu erteilen.

Ebenso wenig muss eine Gemeinde, die im Zusammenhang mit ihrer Abfallbeseitigungsplanung eine Untersuchung zur Zusammensetzung des Hausmülls in Auftrag gegeben hat, mitteilen, wann, wo und wie die dazu erforderlichen Stichproben gezogen werden sollen. In beiden Fällen würde die vorzeitige Bekanntgabe dieser Informationen den Erfolg der Maßnahme gefährden oder beeinträchtigen.

Demgegenüber dürfen Informationen in der Regel nicht mit der Begründung verweigert werden, man wolle die Bevölkerung nicht unnötig beunruhigen, oder gar mit dem Hinweis, durch das Bekanntwerden der gewünschten Informationen könne das Image der Stadt gefährdet werden.

Für die Abwägung des öffentlichen Informationsinteresses gegen ein *schutzwürdiges privates Interesse* können die Regeln herangezogen werden, die die Berichterstattungsfreiheit zur Wahrung von Persönlichkeits-, Ehren- und Unternehmensschutz begrenzen.[75] Denn in den Fällen, in denen die Massenmedien durch die Verbreitung einer Information in die Rechte anderer eingreifen würden, haben sie gegen den Staat grundsätzlich auch keinen Anspruch auf Erteilung der entsprechenden Auskunft.[76]

Das OLG Stuttgart hat z. B. die Weigerung des Amtsgerichts Reutlingen, einem Nachrichtenmagazin die Abschrift eines Strafurteils zu überlassen, mit der Begründung aufrechterhalten, der Schutz der Privatsphäre der durch das Verfahren Betroffenen gehe dem öffentlichen Informationsinteresse in einem Fall vor, in dem die Verurteilung 7 Jahre zurücklag.[77]

Eine Ausnahme von diesem Grundsatz ist nur dort anzuerkennen, wo zum Verständnis eines veröffentlichungsfähigen Sachverhalts Hintergrundkenntnisse erforderlich sind, die ihrerseits nicht veröffentlicht werden dürfen. Solche Hintergrundinformationen müssen zur Wahrung der Funktionsfähigkeit der Massenmedien vom Informationsanspruch mit umfasst sein. Auf der anderen Seite wird man dort, wo eine Information auch gegen den Willen des Betroffenen veröffentlicht werden darf, grundsätzlich auch deren Beschaffung nicht mit dem Hinweis auf ein *überwiegendes* schutzwürdiges Interesse des Betroffenen verweigern dürfen.

Dementsprechend hat das VG Berlin das Bundesaufsichtsamt für das Versicherungswesen zu Recht verurteilt, einem Rundfunksender mitzuteilen, über welche Versicherungsunternehmen sich die Bürger in welcher Häufigkeit bei ihm beschwert haben.[78]

---

[75] Diese Regeln sind in den Kapiteln 3 bis 7 dargestellt.
[76] A. A. Soehring a. a. O. , Rdz. 4.54, wie hier: Löffler/Ricker, S. 126.
[77] AfP 1992, S. 291 ff.
[78] VG Berlin AfP 1994, S. 175 ff.

Selbstkontrollfrage 1 / 2

Die B.-Zeitung hat erfahren, dass gegen den neu bestellten Generalbevollmächtigten B. der S-Bank, die ihren Kunden im Wege des Internet-Brokerage Börsengeschäfte vermittelt, ein Ermittlungsverfahren eingeleitet worden ist, das sich auf die frühere Tätigkeit des B. für zwei andere Banken bezieht. Sie verlangt von der Justizpressestelle des Landes Auskunft, welcher Tatvorwurf gegen B. erhoben wird. Die Justizpressestelle verweigert die Auskunft. Zu Recht?

1.2.5.4   Zumutbarkeit der Auskunft

Das Recht der Behörde, die Auskunft zu verweigern, wenn deren *Umfang* das *zumutbare Maß* überschreiten würde, bedarf verfassungskonformer Interpretation. Unzumutbar ist ein Auskunftsverlangen nur, wenn die Erteilung der Auskunft einen Arbeitsaufwand erforderte, der die Behörde in der Wahrnehmung ihrer sonstigen Aufgaben erheblich beeinträchtigte. Nur bei dieser engen Auslegung ist die Generalklausel mit Art. 5 GG vereinbar.

> Wenn das Informationsbedürfnis eines Journalisten nur dadurch befriedigt werden kann, dass die Behörde ein Tausende von Stunden umfassendes Bildmaterial sichtet, so überschreitet das entsprechende Begehren das zumutbare Maß.[79]
> Das zumutbare Maß ist hingegen nicht überschritten, wenn von der Behörde statistische Daten verlangt werden, die durch eine einfache Computerabfrage in verwertbare Form gebracht werden können.[80]

1.2.5.5   Generelle Auskunftsverbote

Nachrichtensperren, also allgemeine Anordnungen, die einer Behörde Auskünfte an die Presse verbieten oder sie anweisen, die Erteilung solcher Auskünfte hinauszuzögern, sind grundsätzlich *unzulässig*.[81] Eine *Ausnahme* von diesem Grundsatz muss jedoch dann gelten, wenn - beispielsweise in Entführungsfällen - die Verhängung einer zeitlich begrenzten *Nachrichtensperre* erforderlich ist, um die Behörden handlungsfähig zu halten und das Leben der Geiseln zu retten.[82]

1.2.6   *Die Durchsetzung des Auskunftsanspruchs*

Verweigert eine *Staatsanwaltschaft* die Auskunft, kann der Journalist im Allgemeinen[83] das Landgericht anrufen, in dessen Bezirk sie ihren Sitz hat, §§ 475, 478 Abs.3 S.1, 161a Abs.3 S.4 StPO.[84]

Über die Auskunftspflicht eines *Gerichts* entscheidet das *Oberlandesgericht*, in dessen Bezirk sich das Gericht befindet (§§ 23, 25, 26 EGGVG).[85] In solchen Fällen bejaht allerdings auch die Verwaltungsgerichtsbarkeit ihre Zuständigkeit.[86]

---

[79] Wenzel in Löffler, Rz. 120 zu § 4 LPG.

[80] VG Berlin AfP 1994, S. 175 ff. (177).

[81] § 4 Abs. 3 der Landespressegesetze. Obwohl in Bayern eine entsprechende Bestimmung fehlt, gilt dort wegen Art. 5 GG dasselbe, vgl. auch Wenzel in Löffler, LPG, Rdz. 121 zu § 4 LPG.

[82] Wenzel in Löffler, Rz. 124 zu § 4 LPG.

[83] Das Oberlandesgericht entscheidet über Auskünfte in Strafverfahren, die es in erster Instanz zuständig ist, §§ 475, 478 Abs.3 S.1, 161a Abs.3 S.2 StPO i.V.m. §§ 120 Abs.3 S.1, 73 Abs.1 GVG. Richtet sich der Antrag gegen eine Entscheidung des Generalbundesanwalts, ist der Bundesgerichtshof zuständig, §§ 475, 478 Abs.3 S.1, 161a ABs.3 S.2 StPO i.V.m. § 135 Abs.2 GVG.

[84] So jedenfalls OVG Münster NJW 2001, S. 3803.

[85] OLG Hamm NJW 1981, S. 356 ff.

[86] BVerwG NJW 1989, S. 412 ff.; vgl. auch VG Berlin AfP 2000, S. 594 ff.

Über die Auskunftspflicht eines Unternehmens in öffentlicher Hand, das auf dem Gebiet der *Daseinsvorsorge* tätig ist, haben im Allgemeinen die Zivilgerichte zu entscheiden.[87] Ist ein Unternehmen auskunftspflichtig, weil es vom Staat mit Hoheitsrechten beliehen ist, sind hingegen die *Verwaltungsgerichte* zuständig.[88] Dasselbe gilt, wenn eine Verwaltungsbehörde die Auskunft verweigert. Verwaltungsgerichtsverfahren nehmen erfahrungsgemäß viele Monate in Anspruch. Da die Entscheidung über den Auskunftsanspruch in der Regel[89] aber eilbedürftig ist, sollte in solchen Fällen beantragt werden, die Behörde im Wege der *einstweiligen Anordnung* zu verpflichten, die gewünschte Auskunft zu erteilen. Zwar ist die Zulässigkeit eines Eilverfahrens in solchen Fällen nicht unumstritten, doch verfassungsrechtlich geboten, da anderenfalls ein effektiver Rechtsschutz nicht gewährleistet wäre.[90] Selbst für das Eilverfahren benötigen die Verwaltungsgerichte oft so viel Zeit, dass die gerichtliche Entscheidung für die aktuelle Berichterstattung viel zu spät kommt.

Die gerichtliche Klärung der Frage, ob der Redakteur einer Alternativ-Zeitung mit Pressemitteilungen zu beliefern ist, hat beispielsweise *im Eilverfahren* mehr als ein halbes Jahr gedauert.[91]

Aus diesem Grunde ist es rechtspolitisch dringend geboten, für die Durchsetzung des Auskunftsanspruchs ein ähnlich kurzes und schnelles Verfahren zu schaffen, wie es für die Durchsetzung des Gegendarstellungsanspruchs zur Verfügung steht.[92] Bis dahin empfiehlt es sich, im Antrag auf Erlass einer einstweiligen Anordnung alle Umstände anzugeben, aus denen sich ergibt, dass im konkreten Fall eine besonders schnelle Entscheidung benötigt wird.

1.3 Zugang zu Registern und behördlichen Verzeichnissen

Zur Beschaffung von Informationen kann sich der Journalist ferner der öffentlichen Register und Verzeichnisse bedienen. Neben den allgemein zugänglichen Telefon- und Adressbüchern sowie den privat betriebenen Datenbanken, aus denen Auskünfte in der Regel gegen Entgelt erteilt werden, gehören hierzu auch die staatlichen Register, in die kostenlos Einsicht genommen werden kann.[93]

1.3.1 Vereinsregister

Jeder hat das Recht, das *Vereinsregister* und die dazu eingereichten Schriftstücke einzusehen (§ 79 BGB). Auf diese Weise lassen sich vor allem Informationen über die Satzung eines eingetragenen Vereins und seinen Vorstand gewinnen. Das Vereinsregister wird beim Amtsgericht geführt; einzutragen ist der Verein dort, wo er seinen Sitz hat (§ 55 BGB).

---

[87] Nachweise bei Gundel a.a.O., S. 195; vgl. auch AmtsG Hamburg AfP 2008, S. 232 f.

[88] Vgl. Gundel a.a.O., S. 195 m.w.N.

[89] Nach Ansicht des VG München bedarf die Eilbedürftigkeit allerdings auch bei Presseauskünften in jedem Einzelfall einer gesonderten Begründung und Prüfung, VG München NVwZ 2005, S. 477 ff.; vgl. aber auch VG Cottbus AfP 2008, S. 114 f., das allgemein auf den Schutz *aktueller* Berichterstattung hinweist.

[90] Im Einzelnen habe ich dies dargelegt in meinem Beitrag „Der Informationsanspruch der Journalisten - ein unhandliches Instrument", in: Höbermann, S. 176 ff.; vgl. auch VG Berlin AfP 2000, S. 595.

[91] Der Antrag auf Erlass einer einstweiligen Anordnung wurde am 30. 11. 1985 gestellt; die Entscheidung des VGH (in zweiter Instanz) erging am 11. 6. 1986 (vgl. AfP 1989, S. 587).

[92] Vgl. dazu unten 11.2.

[93] Die Erteilung von Abschriften ist allerdings auch hier in der Regel gebührenpflichtig.

1.3.2 Handelsregister

Informationen über Kaufleute, Handels- und Aktiengesellschaften sowie über Gesellschaften mit beschränkter Haftung können dem *Handelsregister*[94] entnommen werden (§ 9 HGB). Hier lassen sich die Inhaber und Geschäftsführer eines Betriebes feststellen, bei Kapitalgesellschaften auch die Höhe des Grund- bzw. Stammkapitals sowie bestimmte Verflechtungen mit anderen Gesellschaften. Kapitalgesellschaften haben darüber hinaus ihren Jahresabschluss und ihren Lagebericht zum Handelsregister einzureichen (§ 325 HGB). Die Publizitätspflichten gelten in gleicher Weise für Offene Handelsgesellschaften und Kommanditgesellschaften, für deren Verbindlichkeiten keine natürliche Person persönlich haftet, §§ 264a ff. HGB. Kommen sie diesen Pflichten nicht nach, sind sie hierzu vom Registergericht durch Festsetzung von Zwangsgeld anzuhalten, das im Einzelfall bis zu 5.000 Euro betragen kann, § 335 HGB. Außerdem kann in diesem Fall gegen die Vertretungsberechtigten ein Ordnungsgeld zwischen 2.500 und 25.000 Euro verhängt werden. Das Registergericht schreitet jedoch nur auf Antrag ein. Ein solcher Antrag kann für Jahresabschlüsse ab dem Jahr 2000 von jedermann, also auch von Journalisten im Rahmen einer Recherche gestellt werden.

1.3.3 Grundbuch

Die Eigentumsverhältnisse an einem Grundstück und dessen Belastungen ergeben sich aus dem *Grundbuch*. Die Einsicht in das Grundbuch ist jedem gestattet, der ein berechtigtes Interesse darlegt (§ 12 GBO). Auch ein journalistisches Interesse ist ein berechtigtes Interesse im Sinne der Grundbuchordnung. Dieses Interesse hat der Journalist, der Einsicht in das Grundbuch begehrt, dem Grundbuchamt gegenüber darzulegen. Das Grundbuchamt hat zu prüfen, inwieweit die Einsichtnahme zur Befriedigung dieses Interesses geeignet und erforderlich ist. Geht es um Fragen, die die Öffentlichkeit wesentlich angehen, und dient die Recherche der Aufbereitung einer ernsthaften und sachbezogenen Auseinandersetzung, ist die geforderte Einsicht zu gewähren. Das Informationsinteresse des Publikums geht dem Persönlichkeitsschutz in solchen Fällen vor. Das Grundbuchamt hat in der Regel zu entscheiden, ohne zuvor eine Stellungnahme des Betroffenen einzuholen.[95]

Beispiele:
Der Redakteur einer Tageszeitung geht dem Verdacht nach, dass ein gewählter kommunaler Vertreter seinen Informationsvorsprung aus nichtöffentlichen Sitzungen ausgenutzt hat, um ein für ein Museum benötigtes Grundstück vor dem öffentlichen Bekanntwerden der Kaufpläne der Stadt preiswert zu erwerben und dieses dann mit Gewinn an die Stadt weiterzuverkaufen. Im Rahmen seiner Recherche begehrt der Redakteur Einsicht in das Grundbuch und die das fragliche Grundstück betreffenden Grundakten. Das Grundbuchamt verweigert ihm die Einsicht. Der daraufhin angerufene Grundbuchrichter erkundigt sich bei der jetzigen Eigentümerin des Grundstücks, der Stadt, ob sie Einwände gegen die Einsicht in das Grundbuch und die Grundakten habe. Diese teilt mit, dass sie gegen die Einsicht ins Grundbuch keine Bedenken habe, die Einsicht in die Grundakten wegen der gebotenen Vertraulichkeit gegenüber ihren Vertragspartnern hingegen nicht gestatten könne. Der Grundbuchrichter macht sich diesen Standpunkt zu Eigen und verweigert dem Redakteur die Einsicht in die Grundakten. Auf die Beschwerde des Redakteurs hin hat das Landgericht Mosbach[96] diese Entscheidung aufgehoben und dem Redakteur das Recht auf Einsicht in das Grundbuch und die dazu gehörenden Beiakten sowie die Anfertigung von Abschriften aus dem Grundbuch und den Beiakten mit der Begründung zugesprochen, dass diese Maßnahmen zur Erfüllung der Kontrollfunktion der Presse erforderlich seien.

---

[94] Die entsprechenden Informationen über Genossenschaften finden sich im Genossenschaftsregister.
[95] BVerfG AfP 2000, S. 559 ff.
[96] LG Mosbach, AfP 1990, S. 63 = NJW-RR 1990, S. 212 ff.

Ein Wirtschaftsmagazin begründet sein Begehren, Einsicht ins Grundbuch zu erhalten, damit, es wolle nachprüfen, ob die Deutsche Bundesbank Eigentümerin des betreffenden Grundstücks sei. Das Grundbuchamt teilt mit, die Bundesbank sei nicht Eigentümerin des Grundstücks und lehnt die Einsichtnahme ab. Die Verfassungsbeschwerde gegen diese Entscheidung blieb erfolglos.[97]

Eine Boulevardzeitung vermutet, dass die Familie eines bekannten Unterhaltungskünstlers wegen finanzieller Schwierigkeiten aus ihrer Grunewaldvilla ausziehen musste. Um diese Vermutung zu überprüfen, will sie feststellen, ob die Villa mit Hypotheken belastet ist. Dazu beantragt sie Einsicht ins Grundbuch. Dieser Antrag wird unter Hinweis auf den Schutz der Privatsphäre der Betroffenen zurückgewiesen. Die Zeitung wendet ein, die Öffentlichkeit habe ein berechtigtes Interesse daran zu erfahren, weshalb die Familie aus der von ihr seit über 20 Jahren bewohnten Villa ausgezogen sei; die Eheleute seien nicht schutzbedürftig, weil sie ihre privaten Angelegenheiten in der Vergangenheit häufig öffentlich preisgegeben hätten. Grundbuchrichter und Landgericht lehnten den Antrag ab. Das Berliner Kammergericht hat die Ablehnung bestätigt. Seiner Auffassung nach würde die beabsichtigte Berichterstattung nur das Unterhaltungsbedürfnis und die Neugier des Publikums befriedigen. Hinter diesem bloßen Unterhaltungsinteresse der Öffentlichkeit müsse das Recht auf informationelle Selbstbestimmung nicht zurücktreten. Das gelte auch dann, wenn deren Träger früher Informationen aus ihrer Privatsphäre veröffentlicht hätten, die mit dem jetzigen Gegenstand der beabsichtigten Berichterstattung in keinem Zusammenhang stünden.[98]

Für Schiffe und Luftfahrzeuge werden eigene Register geführt, die ähnliche Funktionen erfüllen wie das Grundbuch.

Eine Auskunft aus dem *Schuldnerverzeichnis*, in dem verzeichnet ist, wer in den letzten drei Jahren den Offenbarungseid abgelegt hat, und aus dem Strafregister, in dem Vorstrafen verzeichnet sind, bekommt der Journalist hingegen nicht.

1.4 Akteneinsicht

Einsicht in Behördenakten nehmen zu können, ist für die journalistische Recherche von großem Wert, soweit sie die Möglichkeit eröffnet, die Auskünfte der Behörde zu überprüfen und zu ergänzen. Ein allgemeiner Anspruch auf Akteneinsicht besteht gegenüber den Organen der Europäischen Union (1.4.1) sowie den Behörden des Bundes und einzelner Bundesländer (1.4.2). Sonderregelungen gelten für Informationen über die Umwelt (1.4.3) und die Unterlagen des Staatssicherheitsdienstes der ehemaligen Deutschen Demokratischen Republik (1.4.4).

1.4.1 Zugang zu Dokumenten der Europäischen Union

Grundsätzlich hat jeder Unionsbürger, jeder Einwohner eines Mitgliedsstaates und jede juristische Person (z.B. Verlag), die ihren Sitz in einem Mitgliedsstaat hat, ein Recht auf Zugang zu allen Dokumenten, die von einem Organ der Union erstellt wurden oder bei ihm eingegangen sind und sich in seinem Besitz befinden.[99]

1.4.1.1 Form und Verfahren

Die Dokumente sind, soweit möglich, in elektronischer Form allgemein zugänglich zu machen (Art.12).[100] Um den Zugang zu erleichtern, führt jedes Organ ein allgemein zugängliches elekt-

---

[97] BVerfG AfP 2000, S. 566 f.
[98] Kammergericht AfP 2002, S. 39 ff.
[99] Art. 2 der Verordnung (EG) Nr. 1049/2001
[100] Im Abschnitt 1.4.1. beziehen sich Angaben der Norm ohne weiteren Zusatz auf die Verordnung (EG) Nr. 1049/2001.

ronisches Register, in dem seine Dokumente verzeichnet sind und möglichst genau anzugeben ist, wo das einzelne Dokument aufzufinden ist (Art. 11).

Zugang zu nicht publizierten Dokumenten hat das jeweilige Organ auf schriftlichen Antrag hin zu gewähren. Der Antrag muss so präzise formuliert sein, dass das Organ das betreffende Dokument ermitteln kann (Art. 6). Der Zugang erfolgt nach Wunsch des Antragstellers durch Einsichtnahme vor Ort oder durch Bereitstellung einer Kopie, gegebenenfalls in elektronischer Form (Art. 10).

1.4.1.2   Ausnahmen

Ausnahmen vom Zugangsrecht gelten für die folgenden Fälle (Art. 4):
1. Der Zugang ist zu verweigern, soweit durch die Verbreitung des Dokuments öffentliche Interessen (öffentliche Sicherheit, Verteidigung, internationale Beziehungen, Finanz-, Währungs- oder Wirtschaftspolitik) oder Privatsphäre und Datenschutz beeinträchtigt werden.
2. Die Beeinträchtigung von geschäftlichen Interessen, Gerichtsverfahren und Rechtsberatung sowie Inspektions-, Untersuchungs- und Audittätigkeiten ist jedoch hinzunehmen, soweit ein überwiegendes öffentliches Informationsinteresse an der Verbreitung besteht.
3. Interne Dokumente, die sich auf eine Angelegenheit beziehen, in der das Organ noch keinen Beschluss gefasst hat, werden nicht zugänglich gemacht, wenn die Verbreitung den Entscheidungsprozess ernstlich beeinträchtigen würde – es sei denn, es besteht ein überwiegendes Informationsinteresse an der Verbreitung.

Soweit die Ausnahmen nur auf Teile von Dokumenten zutreffen, sind die übrigen Teile freizugeben. Außerdem gelten die Ausnahmen nur, solange die geschützten Interessen dies erfordern, höchstens 30 Jahre. Zum Schutz der Privatsphäre, von geschäftlichen Interessen oder von sensiblen Dokumenten kann diese Frist allerdings verlängert werden.

Nicht zugänglich gemacht werden ferner Dokumente aus Mitgliedsstaaten, wenn der Mitgliedstaat, aus dem sie stammen, darum ersucht hat. Dokumente, die als „vertraulich", „geheim" oder „streng geheim" eingestuft sind (sensible Dokumente), werden nur mit Zustimmung des Urhebers im Register aufgeführt oder freigegeben.

1.4.1.3   Kosten

Der direkte Zugang zu elektronisch publizierten Dokumenten und Registern, die Einsichtnahme vor Ort und die Übersendung von weniger als 20 DIN-A-4-Seiten sind kostenlos. Sind jedoch größere Mengen von Kopien anzufertigen und zu übersenden, kann die Behörde verlangen, dass ihr die dadurch entstandenen Kosten erstattet werden.

1.4.2   Akteneinsichtsrecht nach den Informationsfreiheitsgesetzen[101]

Jeder hat einen Anspruch auf Zugang zu amtlichen Informationen der Bundesbehörden. Für sonstige Bundesorgane (Bundestag, Bundesrat, Bundesverfassungsgericht, Bundesgerichte, Bundesbank) gilt dies nur, soweit sie Verwaltungsaufgaben wahrnehmen (§ 1 Abs. 1 IFG-Bund).

---

[101] Die Regelungen der Informationsfreiheitsgesetze des Bundes und der Länder werden hier nur in Grundzügen vorgestellt. Während sich die Regelungen der Informationsfreiheitsgesetze der Länder ähneln, sind die Regelungen des Bundes in der Tendenz deutlich restriktiver.

So muss das Bundesverfassungsgericht z.B. Prozessakten nicht zugänglich machen, wohl aber Unterlagen, bei denen es um die Besetzung der Kammern und die Geschäftsverteilung geht.

Das Bundeskanzleramt muss keinen Einblick in die Unterlagen zu Planung und Bau der Erdgaspipeline „North European Pipeline" gewähren, die als Teil des Regierungshandelns, nicht der vollziehenden Verwaltung zu bewerten sind.[102]

Selbstkontrollfrage 1 / 3

Ein Mitarbeiter der B.-Zeitung beantragt beim Deutschen Bundestag Einblick in die Unterlagen, aus denen hervorgeht, welche Rückzahlungen Bundestagsabgeordnete für dienstlich erworbene, aber privat genutzte Bonusmeilen geleistet haben. Er will wissen, wie viele Bundestagsabgeordnete wann und für welche Flüge Rückzahlungen geleistet haben und wie viel Geld die Abgeordneten einzeln und insgesamt erstattet haben. Der Bundestagspräsident weigert sich mit der Begründung, es handele sich um personenbezogene Daten. Zu Recht?

In den Ländern Berlin, Brandenburg, Bremen, Hamburg, Mecklenburg Vorpommern, Nordrhein-Westfalen, Saarland, Schleswig-Holstein und Thüringen hat zudem jeder das Recht auf Zugang zu den Akten der Landes- und Gemeindebehörden sowie den Unterlagen der öffentlich-rechtlichen Einrichtungen, die der Aufsicht des Landes unterstehen. Für Landtage, Landesrechnungshöfe, Rechnungsprüfungsämter, Gerichte und Staatsanwaltschaften gilt dies wiederum nur, soweit sie Verwaltungsaufgaben wahrnehmen. Soweit Hochschulen, Forschungs- und Prüfungseinrichtungen im Bereich von Forschung, Lehre, Leistungsbeurteilungen und Prüfungen tätig werden, gilt das Zugangsrecht nicht.

Die Behörde kann Auskunft erteilen, Akteneinsicht gewähren oder Informationen auf andere Weise zur Verfügung stellen. Verlangt der Antragsteller Akteneinsicht, darf die Behörde die Information nur aus wichtigem Grund auf andere Weise zur Verfügung stellen.

Gemäß § 1 Abs. 2 Satz 3 IFG-Bund gilt als wichtiger Grund insbesondere ein deutlich höherer Verwaltungsaufwand. Angesichts des Umstandes, dass für die Amtshandlungen Gebühren erhoben werden (§ 10 IFG-Bund), ist diese Regelung wenig einleuchtend. Sie ist jedenfalls geeignet, den Anspruch für Journalisten nahezu wertlos zu machen. Deutlich höheren Verwaltungsaufwand verursacht die Akteneinsicht nämlich in allen Fällen, in denen die Akte zum Schutz berechtigter Interessen nur als teilweise geschwärzte Kopie bereitgestellt werden darf.

1.4.2.1   Form und Verfahren

Der Antrag auf Akteneinsicht kann bei der zuständigen Stelle mündlich, schriftlich oder in elektronischer Form gestellt werden. Er muss hinreichend bestimmt sein, also erkennen lassen, auf welche Informationen er gerichtet ist.

Die Information soll unverzüglich, spätestens innerhalb eines Monats, zugänglich gemacht werden.

1.4.2.2   Ausnahmen

Beschränkt ist das Zugangsrecht zum Schutz von besonderen öffentlichen Belangen, des behördlichen Entscheidungsprozesses, personenbezogener Daten, von Betriebs- und Geschäftsgeheimnissen sowie geistigen Eigentums.

Zum Schutz öffentlicher Belange ist das Zugangsrecht beschränkt, soweit das Bekanntwerden der Information

---

[102] VG Berlin AfP 2008, S. 107 ff.

- die innere oder äußere Sicherheit des Landes beeinträchtigen würde,
- nachteilige Auswirkungen auf internationale Beziehungen oder die Beziehungen zu anderen Gebietskörperschaften (Bund, Länder) haben würde,
- den Ablauf eines anhängigen Verfahrens oder einer bevorstehenden behördlichen Maßnahme erheblich beeinträchtigen würde.[103]

Um interne behördliche Entscheidungsprozesse nicht zu gefährden, werden Entscheidungsentwürfe und sonstige Vorbereitungen sowie Protokolle vertraulicher Beratungen bis zum Abschluss des Verfahrens nicht zugänglich gemacht. Das gilt in der Regel auch für Informationen,

- die sich auf den Prozess der Willensbildung innerhalb von oder zwischen öffentlichen Stellen beziehen,
- deren Bekanntwerden die ordnungsgemäße Erfüllung der Aufgaben der Stelle erheblich beeinträchtigen würde oder
- die ausschließlich Bestandteil von Vorentwürfen oder Notizen sind, die nicht Bestandteil eines Vorgangs werden sollen und alsbald vernichtet werden.

Personenbezogene Daten sind nur zu offenbaren, wenn die betroffene Person eingewilligt hat oder das Informationsinteresse des Antragstellers ihr schutzwürdiges Interesse überwiegt.[104]

Betriebs- und Geschäftsgeheimnisse dürfen teils nur mit Einwilligung des Betroffenen,[105] teils auch dann preisgegeben werden, wenn die Allgemeinheit ein überwiegendes Interesse an der Information hat und der Schaden durch die Veröffentlichung gering ist.[106]

1.4.2.3 Kosten

Die Erteilung einer mündlichen oder einfachen schriftlichen Auskunft sowie die Ablehnung eines Antrags sind gebührenfrei. Dasselbe gilt in einfachen Fällen auch für die Einsicht in Akten und andere Informationsträger. Ein einfacher Fall liegt vor, wenn der zur Erteilung der Auskunft erforderliche Vorbereitungsaufwand der Behörde unerheblich ist, die durch ihn entstanden Kosten also nicht messbar oder so gering sind, dass sie den für die Erhebung einer Gebühr erforderlichen Verwaltungsaufwand nicht lohnen.[107]

Für die Erteilung einer umfassenden schriftlichen Auskunft mit erheblichem Vorbereitungsaufwand werden Gebühren erhoben. Diese betragen z.B. in Nordrhein-Westfalen zwischen 10 und 500 €. Dasselbe gilt, wenn die Bereitstellung der Akten zur Einsicht umfangreichen Verwaltungsaufwand erfordert. Bei außergewöhnlichem Verwaltungsaufwand, wenn z.B. Daten abgetrennt oder geschwärzt werden müssen, kann die Gebühr z.B. in Nordrhein-Westfalen bis zu 1.000 € betragen. Für die Anfertigung von Kopien und Ausdruck können die dortigen Behörden zwischen 0,10 und 0,25 € pro Blatt, für ihren Versand die tatsächlich entstandenen Kosten ersetzt verlangen.

---

[103] Zu den weitergehenden Beschränkungen bei Bundesbehörden vgl. § 3 IFG-Bund.
[104] Zur Konkretisierung vgl. § 5 IFG-Bund einerseits, § 9 IFG-NRW andererseits.
[105] So § 6 IFG-Bund.
[106] So z.B. § 8 IFG-NRW.
[107] VG Arnsberg NVwZ 2005, S. 1099 ff.

1.4.3   Zugang zu Umweltdaten (Umweltinformationsgesetz, UIG)

Jeder hat Anspruch auf Zugang zu Informationen über die Umwelt, die bei einer Behörde vorhanden sind, die Aufgaben des Umweltschutzes wahrzunehmen hat (§ 4 Abs. 1 Satz 1 UIG).[108] Zu diesen Informationen gehören Daten über

- den Zustand der Gewässer, der Luft, des Bodens, der Tier- und Pflanzenwelt und der natürlichen Lebensräume,
- Tätigkeiten oder Maßnahmen, die diesen Zustand beeinträchtigen können und
- Tätigkeiten oder Maßnahmen zum Schutz der Umwelt (§ 3 Abs. 2 UIG).

Der Antragsteller kann wählen zwischen einer Auskunft, Akteneinsicht und einer Kopie der Akte bzw. des Datenträgers. Will die Behörde von der gewünschten Art der Informationsübermittlung abweichen, hat sie darzulegen, dass dafür gewichtige Gründe bestehen (§ 4 Abs. 1 Satz 3 UIG).

Das Zugangsrecht gilt nicht für die obersten Bundes- und Landesbehörden, soweit sie im Rahmen der Gesetzgebung oder beim Erlass von Rechtsordnungen tätig werden, sowie für Gerichte, Strafverfolgungs- und Disziplinarbehörden (§ 3 Abs. 1 UIG). Hingegen kommt es nicht darauf an, ob die Behörde hoheitlich, im Rahmen der Daseinsvorsorge oder fiskalisch tätig ist.[109]

Zum Schutz öffentlicher und privater Belange ist der Anspruch in ähnlicher Weise beschränkt wie das Akteneinsichtsrecht nach den Informationsfreiheitsgesetzen. Die Einzelheiten sind in den §§ 7 und 8 des UIG geregelt.

Für die Übermittlung werden Kosten erhoben. Diese sind unter Berücksichtigung des Verwaltungsaufwand so zu bemessen, dass sie die wirksame Wahrnehmung des Zugangsrechts nicht übermäßig behindern (§ 10 UIG).

1.4.4   Zugang zu Informationen über Lebensmittel und Futtermittel (Verbraucherinformationsgesetz (VIG)

Das Verbraucherinformationsgesetz eröffnet jedem freien Zugang zu allen Informationen über

- Verstöße gegen das Lebensmittel- und Futtermittelrecht,
- Gefahren oder Risiken, die von Lebens- oder Futtermitteln ausgehen,
- deren Kennzeichnung, Herkunft, Beschaffenheit, Verwendung sowie ihre Herstellung und Behandlung,
- deren Ausgangsstoffe sowie die bei der Gewinnung der Ausgangsstoffe angewendeten Verfahren sowie
- behördliche Überwachungsmaßnahmen und andere behördliche Tätigkeiten zum Verbraucherschutz,

die bei einer Stelle vorhanden sind, die für die Lebens- bzw. Futtermittelüberwachung zuständig ist § 1 VIG. Nicht auskunftspflichtig im Rahmen des VIG sind die obersten Bundes- und Landesbehörden, soweit sie im Rahmen der Gesetzgebung oder beim Erlass von Rechtsverordnungen tätig werden, unabhängige Organe der Finanzkontrolle sowie Gerichte, Justizvollzugsbehörden, Strafverfolgungs- und Disziplinarbehörden. Gemeinden und Gemeindeverbände sind nur auskunftspflichtig, soweit dies durch Landesgesetz bestimmt ist.

---

[108] Die Umweltinformationsgesetze des Bundes und der Länder sind weitgehend deckungsgleich. Hier wird jeweils auf das UIG des Bundes Bezug genommen.
[109] Vgl. dazu BVerwG NVwZ 2006, S. 343 ff.

Die Behörde kann den Zugang nach eigenem Ermessen durch Auskunftserteilung, Gewährung von Akteneinsicht oder in sonstiger Weise eröffnen, § 5 Abs. 1 Satz 1 VIG. Ein Anspruch auf eine bestimmte Art des Zugangs besteht also nicht.

Die Grenzen des Zugangsrechts entsprechen weitgehend denen der Informationsfreiheitsgesetze. Sie sind im Einzelnen in § 2 VIG geregelt.

Für die Übermittlung der Informationen werden Kosten (Gebühren und Auslagen) erhoben, § 6 VIG.

1.4.5 Stasi-Unterlagen

Medien und die für sie journalistisch-redaktionell Tätigen können Einsicht in die Unterlagen der Bundesbeauftragten für die Unterlagen des Staatssicherheitsdienstes der ehemaligen Deutschen Demokratischen Republik (BStU) nehmen, die keine personenbezogenen Informationen erhalten oder in denen die personenbezogenen Informationen wirksam anonymisiert sind, §§ 34 Abs. 1, 33, 32 Abs. 1 Satz 1 Nr. 1 und 2 StUG. Einsicht in Unterlagen mit personenbezogenen Informationen darf die BStU ihnen nur gewähren, wenn die Betroffenen

- schriftlich eingewilligt haben, § 32 Abs. 1 Satz 1 Nr. 5 StUG,
- erwachsene Mitarbeiter oder Begünstigte des Staatssicherheitsdienstes , § 32 Abs. 1 Satz 1 Nr. 3 StUG, oder
- Personen der Zeitgeschichte, Inhaber politischer Funktionen oder Amtsträger waren und es sich um Informationen handelt, die ihre zeitgeschichtliche Rolle, Funktions- oder Amtsausübung betreffen, § 32 Abs. 1 Satz 1 Nr. 4 StUG.

In den Fällen 2 und 3 dürfen die Unterlagen aber nur zur Verfügung gestellt werden, soweit durch deren Verwendung keine überwiegenden schutzwürdigen Interessen der dort genannten Personen beeinträchtigt werden, § 32 Abs. 1 Satz 2 StUG. Dasselbe gilt für die Veröffentlichung entsprechender Informationen, § 32 Abs. 3 StUG. Nach Auffassung des Bundesverwaltungsgerichts (BVerwG NJW 2004, S. 2462 ff.) ist die Bereitstellung und Veröffentlichung im 3. Fall nicht zumutbar, soweit Informationen

- durch Verletzung der räumlichen Privatsphäre oder des Rechts am gesprochenen Wort gewonnen worden sind, z.B. durch Abhören des Fernmeldeverkehrs,
- im weitesten Sinne auf Spionage gegenüber westdeutschen Staatsorganen und Behörden, Parteien, Wirtschaftsunternehmen und gesellschaftlichen Organisationen beruhen oder
- in Berichten und Stellungnahmen des Staatssicherheitsdienstes enthalten sind, die derartige Informationen zur Grundlage haben.

Das Zugangsrecht beschränkt sich in solchen Fällen nach dieser Rechtsprechung im Wesentlichen auf Informationen, die der Staatssicherheitsdienst aus allgemein zugänglichen Quellen, wie öffentlichen Reden, oder aus Äußerungen des Betroffenen gegenüber Dritten (z.B. Politikern oder Diplomaten des ehemaligen Ostblocks) gewonnen hat, die darüber ihrerseits berichtet haben. Außerdem müssen Medien bei ihrer Berichterstattung die Herkunft dieser Informationen aus den Stasi-Unterlagen kenntlich machen.[110]

1.5 Zugang zu öffentlichen Veranstaltungen

Grundsätzlich gibt die Recherchefreiheit Journalisten nicht das Recht, fremde Grundstücke zu betreten oder sich auf ihnen aufzuhalten. Vielmehr setzt das Hausrecht des Eigentümers oder

---

[110] BVerwG NJW 2004, S. 2462 ff., 2468.

Besitzers der Recherchefreiheit insoweit Grenzen.[111] Das gilt selbst dann, wenn es um die Gewinnung von Informationen geht, deren Bekanntgabe für das Publikum von großer Bedeutung ist – etwa bei einer möglichen Gefährdung der Allgemeinheit durch einen Betriebsunfall. Auch in solchen Fällen können die Medien nur die gewünschten Auskünfte bei den die Aufsicht führenden Behörden einholen.

Zutrittsrechte können sich für Medienvertreter aber aus den Vorschriften ergeben, die den Zugang zu öffentlichen Versammlungen, das Recht auf Kurzberichterstattung und die Öffentlichkeit von Verhandlungen staatlicher Organe regeln.

1.5.1 Zugang zu öffentlichen Versammlungen

Der Zutritt zu öffentlichen Versammlungen kann Journalisten grundsätzlich nicht verwehrt werden. Versammlungen sind Veranstaltungen, bei denen Menschen zum Zwecke gemeinsamer Erörterungen oder Kundgebungen zusammenkommen. Öffentlich ist eine Versammlung, wenn der Teilnehmerkreis nicht auf einen bestimmten Personenkreis beschränkt ist.

> Deshalb kann z.B. eine politische Partei ihr missliebige Journalisten nicht von einer öffentlichen Wahlkampfkundgebung ausschließen.
> Demgegenüber ist die Hauptversammlung einer Aktiengesellschaft *keine öffentliche* Versammlung, weil zu ihr nur die Aktionäre Zutritt haben. Auch der Umstand, dass der Vorstand ausgewählte Journalisten als Gäste zulässt, macht aus ihr keine öffentliche Versammlung.

Von einer öffentlichen Versammlung, die in geschlossenen Räumen stattfindet, kann der Veranstalter einzelne Personen oder Personengruppen in der Einladung ausschließen. Pressevertreter, die sich durch ihren Presseausweis ordnungsgemäß ausweisen, darf er aber nicht zurückweisen (§ 6 Abs. 2 VersammlungsG).

Schließt ein Unternehmen einen Journalisten, z.B. einen Theaterkritiker[112], Sportreporter[113] oder Testkäufer,[114] vom Besuch seiner Veranstaltungs- oder Geschäftsräume aus, um sich missliebiger Kritik zu entziehen, so liegt darin eine sittenwidrige Diskriminierung (§ 826 BGB), gegen die sich der Betroffene rechtlich zur Wehr setzen kann.[115]

1.5.2 Recht auf Kurzberichterstattung

In der Europäischen Union zugelassene Fernsehveranstalter (Sender) haben das Recht, in Bild und Ton über Veranstaltungen und Ereignisse zu berichten, die öffentlich zugänglich und von allgemeinem Informationsinteresse sind.[116] Das Recht auf Kurzberichterstattung gilt nicht für Veranstaltungen von Religionsgemeinschaften und deren Einrichtungen (§ 5 Abs. 3 RStV).

Ein Recht auf Kurzberichterstattung besteht nur, wenn der Veranstalter die Aufzeichnung oder Übertragung der Veranstaltung überhaupt zugelassen hat. Hat er die Ausstrahlung der Aufzeichnung durch Lizenznehmer vertraglich an den Ablauf einer Karenzzeit gebunden, gilt diese auch für die Ausübung des Rechts auf Kurzberichterstattung.[117]

---

[111] Vgl. dazu unten 1.7.
[112] So schon das Reichsgericht in RGZ 133, S. 388 ff. (392).
[113] LG Münster NJW 1978, S. 1329.
[114] Helle NJW 1963, S. 1022.
[115] OLG Köln AfP 2001, S. 218 f.
[116] Die Grundlage für dieses Recht auf Kurzberichterstattung bildet § 5 des Rundfunkstaatsvertrages, dessen Inhalt die Länder in ihre Rundfunkgesetze übernommen haben.
[117] Verfassungskonforme Auslegung, BVerfG AfP 1998, S. 193.

Das Recht auf Kurzberichterstattung ist ausgeschlossen, wenn Gründe der öffentlichen Sicherheit und Ordnung entgegenstehen, die gewichtiger sind als das öffentliche Informationsinteresse. Der Veranstalter kann die Aufzeichnung und Übertragung einschränken oder ausschließen, wenn anzunehmen ist, dass sonst die Durchführung der Veranstaltung in Frage gestellt oder „das sittliche Empfinden der Veranstaltungsteilnehmer gröblich verletzt" würde (§ 5 Abs. 5 RStV).

Zum Zweck der Kurzberichterstattung kann jeder Sender Zugang zu der Veranstaltung verlangen, um eigene Aufnahmen von dem Ereignis anzufertigen.

Die Auswertung der im Rahmen des Rechts auf Kurzberichterstattung angefertigten Aufnahmen unterliegt einer Reihe von Beschränkungen. Das Recht umfasst nur die Kurzberichterstattung in Form einer *Nachricht*. Der zulässige Umfang eines solchen Beitrages ist durch den Nachrichtenzweck begrenzt. Bei regelmäßig wiederkehrenden Ereignissen, z.B. Spielen der (Fußball-) Bundesliga, darf die Dauer in der Regel eineinhalb Minuten nicht übersteigen. Die Aufnahmen dürfen nur zu einem einzigen Beitrag ausgewertet werden. Die nicht verwerteten Teile sind zu vernichten (Art. 5 Abs. 12 RStV). Weitergeben dürfen die Sender solche Aufnahmen im Allgemeinen nicht.[118]

Als Gegenleistung kann der Veranstalter das allgemein vorgesehene Eintrittsgeld und Ersatz der Aufwendungen verlangen, die ihm dadurch entstehen, dass er dem Sender die Wahrnehmung des Rechts auf Kurzberichterstattung ermöglicht (§ 5 Abs. 6 RStV). Soweit er die Veranstaltung berufsmäßig durchführt, kann er „ein dem Charakter der Kurzberichterstattung entsprechendes billiges Entgelt" verlangen. Über die Höhe des im Einzelfall angemessenen Entgelts soll im Streitfall ein Schiedsgericht entscheiden. Die Wahrnehmung des Rechts darf durch den Streit um die Höhe des Entgelts nicht verhindert werden (§ 5 Abs. 7 RStV).

Das Recht auf Kurzberichterstattung entbindet nicht von der Beachtung der allgemeinen Gesetze. Das gilt insbesondere auch für den Persönlichkeitsschutz[119] und das Urheberrecht[120] (§ 5 Abs. 2 RStV).

Für die Herstellung und Verbreitung von Hörfunksendungen und Printmedien gilt das Recht auf Kurzberichterstattung nicht. Seine Ausdehnung auf diese Tätigkeiten war zunächst nicht erforderlich, weil die Zahlung von Lizenzgebühren für sie lange Zeit unüblich gewesen ist. Dementsprechend bestand auch nicht die Gefahr, dass Veranstalter „Printrechte" oder „Hörfunkrechte" exklusiv an Medienunternehmen verkaufen, die nicht willens oder nicht in der Lage sind, das breite Publikum hinreichend mit Informationen über die jeweilige Veranstaltung zu versorgen.

Aus dem Umstand, dass Veranstalter für die Anfertigung und Verbreitung von Beiträgen in Hörfunk und Presse in der Vergangenheit kein gesondertes Entgelt verlangt haben, ergibt sich allerdings kein Gewohnheitsrecht, auch in Zukunft kostenlos berichten zu dürfen.[121]

> So verlangt die Deutsche Fußball Liga für die Live-Berichterstattung von Spielen der Bundesligen seit einigen Jahren bereits Entgelte, die weit über eine Aufwandsentschädigung hinausgehen. Im Jahre 2003 hat die ARD für den Erwerb entsprechender Übertragungsrechte für drei Jahre einen zweistelligen Millionenbetrag bezahlt.

Klagen privater Hörfunkanbieter auf unentgeltliche Hörfunkberichterstattung sind gescheitert. Der BGH[122] hat die Entscheidungen des Landgerichts Hamburg[123] und des OLG Hamburg[124] bestätigt, das den Veranstaltern das Recht zugesprochen hat, im Rahmen ihres Hausrechts die

---

[118] Eine Ausnahme gilt nur für die Weitergabe an nicht zugelassene Sender; vgl. dazu gleich unten 1.5.2.1.
[119] Vgl. dazu unten 4 und 6.
[120] Vgl. dazu unten 8.
[121] Vgl. dazu OLG Hamburg AfP 2003, S. 361ff. (363).
[122] BGH AfP 2006, S. 56 ff.
[123] LG Hamburg AfP 2002, S. 251ff.
[124] OLG Hamburg AfP 2003, S. 361ff.

Bedingungen festzulegen, unter denen sie bereit sind, Zugang zu ihren Veranstaltungen zu gewähren.

Ob ein Veranstalter den Zutritt zu seinen Veranstaltungen generell davon abhängig machen darf, dass ihm für die Berichterstattung über die Veranstaltung Lizenzgebühren gezahlt werden, oder ob dieses Recht durch die Rundfunk- bzw. Pressefreiheit begrenzt wird und wo diese Grenzen gegebenenfalls zu ziehen sind, ist bislang nicht entschieden. Bei dieser Entscheidung wird zu berücksichtigen sein, dass die Recherchefreiheit der Medien mit der Berufsausübungsfreiheit des Veranstalters und der Eigentumsgarantie kollidiert. Eine Entscheidung zugunsten der Medienfreiheit setzt deshalb wohl voraus, dass deren Funktionsfähigkeit durch die Zahlung von Entgelten gravierend beeinträchtigt würde.[125]

1.5.3 Sitzungen staatlicher Organe

Welche Sitzungen von Parlamenten bzw. Parlamentsausschüssen, Verwaltungsausschüssen und Gerichten öffentlich sind, richtet sich nach den einschlägigen Bestimmungen von Verfassung, Gesetz, Satzung oder Geschäftsordnung.

> So verhandeln der Bundestag gemäß Art. 42 Abs. 1 GG und der Bundesrat gemäß Art. 52 Abs. 3 GG öffentlich; die Öffentlichkeit kann aber ausgeschlossen werden. Ausschusssitzungen beider Organe sind demgegenüber grundsätzlich nicht öffentlich, § 69 Abs. 1 GO BT, § 37 Abs. 2 GO BR. Bundestagsausschüsse können die Öffentlichkeit für bestimmte Sitzungen oder Sitzungsteile aber zulassen, § 69 Abs. 1 GO BT. Entsprechende Regeln für die Sitzungen des Landtages und der Gemeindevertretungen finden sich in den Landesverfassungen bzw. in den Gemeindeordnungen der Länder. Die Öffentlichkeit von Gerichtsverhandlungen ist im Gerichtsverfassungsgesetz und den einschlägigen Verfahrensordnungen geregelt.[126]

Um die Sicherheit und den ordnungsgemäßen Ablauf der Sitzung zu gewährleisten, kann der Zugang zu einer öffentlichen Sitzung geregelt werden. So können auch Medienvertreter einer Einlasskontrolle unterzogen werden. Ist abzusehen, dass aus räumlichen Gründen nicht alle Interessenten zu einer öffentlichen Sitzung zugelassen werden können, hat der Hausrechtsinhaber für eine sachgerechte Auswahl zu sorgen. Dazu gehört, dass Plätze für Medienvertreter reserviert[127] und in einem Akkreditierungsverfahren nach sachgerechten Kriterien auf die angemeldeten Interessenten verteilt werden. Sachgerecht ist die Auswahl, wenn sie eine vielfältige Berichterstattung ermöglicht, die einen möglichst großen Teil des Publikums mit relevanten Informationen versorgt. Dieses Ziel kann auch dadurch erreicht werden, dass die Zulassung von Fotografen und Kamerateams davon abhängig gemacht wird, dass die interessierten Medien sich zum einem „Pool" zusammenschließen und einen „Poolführer" benennen, der Aufnahmen für alle Mitglieder des Pools anfertigt.[128] Nur diese haben dann auch Zugriff auf die vom Poolführer angefertigten Aufnahmen.[129]

Personen, die „in einer der Würde des Gerichts nicht entsprechenden Weise" zu einer Gerichtsverhandlung erscheinen, kann der Zutritt verwehrt werden (§ 175 Abs. 1 GVG). Personen, die den zur Aufrechterhaltung der Ordnung getroffenen Anweisungen nicht Folge leisten, können aus dem Sitzungszimmer entfernt werden (§ 177 GVG). Unzulässig ist es hingegen, einem

---

[125] Dass jede Ausdehnung auf weitere Berichterstattungsformen sittenwidrig wäre und den Grundversorgungsauftrag des Rundfunks gefährden würde, wie Meister a.a.O. meint, ist deshalb durchaus zweifelhaft.
[126] Vgl. dazu Branahl, Justizberichterstattung, S. 148 ff.
[127] Vgl. dazu BGH AfP 2006, S. 238 ff.
[128] BVerfG NJW-RR 2008, S. 1069 ff. = AfP 2008, S. 497 ff. Entsprechende Verfügungen werden zuweilen vom Landgericht Berlin getroffen, um den Zugang zu Aufsehen erregenden Gerichtsverhandlungen zu regeln, vgl. z.B. die Pressemitteilung 07/2003 der Berliner Senatsverwaltung für Justiz vom 20.3.2003.
[129] Kammergericht AfP 1997, S. 729 f.; bestätigt durch BVerfG NJW-RR 2008, S. 1069 ff. = AfP 2008, S. 497 ff.

Journalisten wegen „ungebührlicher Berichterstattung" den Zutritt zu einer öffentlichen Verhandlung zu verwehren.[130]

1.6 Informantenschutz

Um ihre öffentliche Aufgabe erfüllen zu können, brauchen die Medien ausreichende Möglichkeiten, die dazu benötigten Informationen zu beschaffen. Dazu reichen Informations- und Informationsbeschaffungsfreiheit, Auskunftsanspruch, Akteneinsichts- und Zugangsrechte zusammen nicht aus. Denn zum einen ermöglichen diese Rechte ohnehin nur unzureichende Einblicke in Unternehmen, Vereine und Verbände, zum anderen verfolgen Behörden- und Unternehmensleitungen, Vereins- und Verbandsvorstände bei ihrer Öffentlichkeitsarbeit erfahrungsgemäß die Tendenz, nur solche Informationen an die Öffentlichkeit gelangen zu lassen, von denen sie meinen, dass diese ihre Organisation in einem günstigen Licht erscheinen lassen. Deshalb sind die Massenmedien auf Insider-Informationen, also von Mitgliedern oder Mitarbeitern der jeweiligen Organisation, angewiesen, um ihre Berichterstattung zu vervollständigen. Diese müssen jedoch mit Sanktionen der Organisationsleitung rechnen, wenn bekannt wird, dass sie den Massenmedien interne Informationen gegeben haben.

> So droht Mitgliedern eines Verbandes der Ausschluss aus dem Verband wegen „verbandsschädigenden Verhaltens", Beamte können wegen Verletzung ihrer Pflicht zur „Amtsverschwiegenheit" (§ 61 BBG) disziplinarisch belangt (§ 77 BBG in Verbindung mit der Bundesdisziplinarordnung) und Arbeitnehmer entlassen werden, weil ein solches Verhalten als Verletzung ihrer „Treuepflicht" angesehen wird.

Das Bemühen der Massenmedien, potenzielle Informanten dazu zu bewegen, ihre Kenntnisse an sie weiterzugeben, wäre deshalb von vornherein zum Scheitern verurteilt, könnten sich die Informanten nicht darauf verlassen, dass die Massenmedien das „Redaktionsgeheimnis" wahren, d. h. die Quellen nicht preisgeben, aus denen sie ihre Informationen bezogen haben.[131]

1.6.1 Zeugnisverweigerungsrecht

Die Wahrung dieses „Redaktionsgeheimnisses" wiederum wäre nicht gewährleistet, gäbe es nicht das publizistische Zeugnisverweigerungsrecht[132] als Ausnahme vom allgemeinen „Zeugniszwang". Denn an sich ist jeder verpflichtet,[133] der Ladung eines Gerichts, einer Staatsanwaltschaft oder eines parlamentarischen Untersuchungsausschusses zu folgen, als Zeuge wahrheitsgemäß auszusagen und diese Aussage auf Verlangen zu beeiden.[134] Wer diese Pflicht verletzt, muss mit einer Ordnungsstrafe und mit der Anordnung von Beugehaft rechnen.[135]

---

[130] BVerfG NJW 1979, S. 1400 f.

[131] Zum Schutz journalistischer Quellen durch die Europäische Menschenrechtskonvention vgl. EGMR NJW 2008, S. 2563 ff. – Voskuil/Niederlande.

[132] Das publizistische Zeugnisverweigerungsrecht ist in § 53 StPO geregelt. Soweit Aussagepflichten in anderen Gesetzen statuiert sind, verweisen diese auf diese Vorschrift. Dass im Bremer Polizeigesetz nach dem Wortlaut nach eine Vorschrift fehlt, die die Aussagepflicht durch Verweis auf Zeugnisverweigerungsrechte beschränkt, wird als Redaktionsversehen anzusehen sein. Dieses ist dadurch zu heilen, dass die Vorschrift des § 27 Abs. 1 BremPolG auch auf die Aussagepflicht des § 13 BremPolG anzuwenden ist.

[133] §§ 68, 69, 161a sowie §§ 59 ff. StPO, §§ 395, 396 sowie §§ 391 ff. ZPO; in den übrigen Verfahrensordnungen wird auf diese Vorschriften der StPO (OWiG, BDO, Art. 44 GG) bzw. der ZPO (FGG, VwGO, ArbGG, SGG) verwiesen. Abgabenordnung und Finanzgerichtsordnung enthalten analoge Vorschriften.

[134] Die Abnahme von Eiden und die Verhängung von Beugehaft bleibt jedoch dem Richter vorbehalten, § 161 a Abs. 1 S. 3 und Abs. 2 S. 2 StPO, Art. 44 Abs. 2 GG.

[135] §§ 51, 70 StPO, §§ 380, 390 ZPO.

Ferner erlaubt das Polizeirecht[136] der Polizei, Personen vorzuladen, die voraussichtlich sachdienliche Angaben machen können. Zwangsweise durchsetzen kann sie ihre Vorladung allerdings nur, wenn die Angaben zur Abwehr einer Gefahr für Leib, Leben oder Freiheit einer Person erforderlich sind.[137] In allen Bundesländern kann die Polizei Angaben zur Person[138], in den meisten auch Angaben zur Sache verlangen.[139]

1.6.1.1 Träger des Zeugnisverweigerungsrechts

Das publizistische Zeugnisverweigerungsrecht steht *allen* Personen zu, „die bei der Vorbereitung, Herstellung oder Verbreitung von periodischen Druckwerken oder Rundfunksendungen berufsmäßig mitwirken oder mitgewirkt haben."[140]. Dementsprechend können sich nicht nur die *redaktionellen*, sondern auch die *kaufmännischen* und *technischen* Mitarbeiter von Zeitungen, Zeitschriften und Rundfunksendern auf das Zeugnisverweigerungsrecht berufen. Auch der Verlagsjustitiar gehört zu diesem Personenkreis.[141] Das Zeugnisverweigerungsrecht steht auch den Mitarbeitern solcher Unternehmen zu, die als Zulieferer Beiträge für einen Presseverlag oder Rundfunksender produzieren. In diesem Fall wirken die Mitarbeiter dieses Unternehmens an der *Vorbereitung* eines periodischen Druckwerks oder einer Rundfunksendung mit. Das gilt z.B. für *Nachrichtenagenturen, Korrespondenzbüros* und sonstige *Informanten* und *Gewährsleute*, die eine Redaktion wiederholt mit Informationen versorgen.[142]

In Strafverfahren, Ordnungswidrigkeits- oder Disziplinarverfahren und vor parlamentarischen Untersuchungsausschüssen sind auch die Mitarbeiter anderer Printmedien berechtigt, das Zeugnis zu verweigern. Zu den Printmedien im Sinne dieser Regelung gehören alle Unternehmen, die Druckwerke im presserechtlichen Sinn herstellen und verbreiten: Schriften, besprochene Bild-/Tonträger (Videos, CDs, DVDs usw.), bildliche Darstellungen mit und ohne Schrift sowie Musikalien mit Text oder Erläuterungen.[143] Ferner steht das Zeugnisverweigerungsrecht in solchen Verfahren den Mitarbeitern von Unternehmen zu, die sich mit der Vorbereitung, Herstellung oder Verbreitung von „Filmberichten oder der Unterrichtung oder Meinungsbildung dienenden Informations- und Kommunikationsdiensten" beschäftigen.[144] Das sind Unternehmen der Film- und Internet-Branche, die in ähnlicher Weise wie Presse und Rundfunk eigene journalistische Leistungen erbringen.[145]

Das Zeugnis verweigern dürfen nur solche Personen, die *beruflich* mitwirken oder mitgewirkt haben. Beruflich wirkt jeder mit, der dies in der Absicht tut, daraus eine dauernde oder doch wiederkehrende Beschäftigung zu machen.[146] Dass er dieses *hauptberuflich* tun will, ist *nicht* erforderlich. Auch eines festen Anstellungsverhältnisses bedarf es nicht. *Freien Mitarbeitern* steht das Zeugnisverweigerungsrecht deshalb ebenso zu wie Redakteuren. Die berufliche Mitwirkung muss *nicht* auf die Erzielung eines Einkommens oder von Gewinn ausgerichtet sein.

---

[136] Das Polizeirecht regelt die Befugnisse der Polizei im Rahmen der Gefahrenabwehr. Es ist Landesrecht.
[137] Vgl. beispielhaft § 17 Abs. 1 und 3 ThürPAG.
[138] Vgl. beispielsweise § 13 Abs. 2 ThürPAG.
[139] In Bayern (Art. 12 S. 2 BayPAG), Brandenburg (§ 11 Abs. 2 BbgPolG), NRW (§ 9 Abs. 2 PolNW) und Thüringen (§ 13 Abs. 2 ThürPAG) besteht eine Pflicht, vor der Polizei zur Sache auszusagen, nur in bestimmten gesetzlich geregelten Fällen.
[140] So die Formulierung in § 383 Abs. 1 Ziff. 5 ZPO sowie § 102 Abs. 1 Ziff. 4 AO.
[141] LG Hamburg AfP 1984, S. 172 f.
[142] Achenbach in Löffler, Rz. 32 zu § 23 LPG.
[143] Zur Definition des Druckwerks vgl. § 4 Abs. 1 LPG Hessen, § 6 Abs. 1 LPG Bayern, Berlin, Mecklenburg-Vorpommern, Sachsen, Sachsen-Anhalt bzw. Thüringen sowie § 7 Abs. 1 aller übrigen Landespressegesetze.
[144] So § 53 Abs. 1 Nr. 5 StPO.
[145] Vgl. dazu die Begründung des Regierungsentwurfs in BT-Drs. 14/5166, S. 7.
[146] Achenbach in Löffler, Rz. 38 zu § 23 LPG unter Berufung auf BT-Drs. 7/2539, S. 10.

Auch ehrenamtliche Mitarbeiter von Zeitungen oder Rundfunksendungen wirken berufsmäßig mit. Erforderlich ist jedoch die Absicht regelmäßiger oder wiederkehrender Mitarbeit. Wer nur ausnahmsweise *einmal* einen Beitrag für eine Zeitung oder einen Sender verfasst, kann sich nicht auf das Zeugnisverweigerungsrecht berufen.

Das Zeugnisverweigerungsrecht erlischt nicht mit der Beendigung der Mitarbeit. Aus der Gesetzesformulierung „mitwirken oder *mitgewirkt haben*" ergibt sich, dass der Mitarbeiter auch nach seinem Ausscheiden die Aussage in Angelegenheiten verweigern kann, von denen er bei seiner Mitwirkung Kenntnis erhalten hat.

Soweit bestimmte Nachweise geführt werden müssen, um rechtliche Vorteile zu erlangen, kann ein Pressemitarbeiter diese Vorteile nicht beanspruchen, wenn er die entsprechenden Angaben unter Hinweis auf sein Zeugnisverweigerungsrecht verweigert.

Bewirtungskosten kann er beispielsweise nicht geltend machen, ohne Angaben zu den Bewirteten und dem Bewirtungsanlass zu machen.[147] Auch seiner Beweislast für ehrverletzende Tatsachenbehauptungen kann er nicht durch unsubstantiierte allgemeine Angaben genügen.

Das Zeugnisverweigerungsrecht gilt unabhängig davon, ob die gelieferten Informationen zutreffen oder der Informant seinen Bericht frei erfunden hat.[148]

1.6.1.2   Inhalt des Zeugnisverweigerungsrechts

Das publizistische Zeugnisverweigerungsrecht berechtigt dazu, die Aussage zu verweigern „über die Person des Verfassers, Einsenders oder Gewährsmanns von Beiträgen und Unterlagen sowie über die ihnen im Hinblick auf ihre Tätigkeit gemachten Mitteilungen, soweit es sich um Beiträge, Unterlagen, Mitteilungen und Materialien für den redaktionellen Teil handelt".[149]

Das Zeugnisverweigerungsrecht erstreckt sich sowohl auf Auskünfte zur *Person* des Informanten als auch auf Angaben zum Inhalt der erhaltenen Informationen.

1.6.1.2.1 Auskünfte zur Person des Informanten

Die Auskünfte zur *Person des Informanten* betreffen nicht nur die Preisgabe des Namens, sondern auch alle sonstigen Angaben, die zu seiner Ermittlung dienen können. Hat die Redaktion den Namen des Informanten jedoch selbst preisgegeben, kann sie Auskünfte über Umstände, die zu dessen Auffindung durch die Strafverfolgungsbehörden führen können, im Regelfall nicht mehr verweigern.[150]

Eine Ausnahme von dieser Regel gilt nur in den Fällen, in denen das staatliche Strafverfolgungsinteresse gering ist, weil beispielsweise eine relativ leichte Straftat vorliegt oder die Schuld des Täters nur gering ist und die Veröffentlichung nicht der Unterhaltung einer sensationsfreudigen Menge, sondern der sachlichen Information der Öffentlichkeit über einen Vorgang dient, an dem ein überwiegendes öffentliches Informationsinteresse besteht.

Eine Ausnahme kommt ferner in seltenen Fällen eines ganz besonderen, außerordentlichen Publizitätsinteresses in Betracht.[151]

> Ein solches außerordentliches Publizitätsinteresse hat der Bundesgerichtshof in einem Fall bejaht, in dem ein Mann, der früher dem engsten Kreis der „RAF" („Rote Armee Fraktion") angehört hatte und in ihm besonders hervorgetreten war, sich öffentlich vom Terrorismus und der Gewaltanwendung lossagte

---

[147] BFH AfP 1998, S. 338 ff.
[148] OLG Hamburg ZUM 1995, S. 213 f.
[149] So die Formulierung in § 383 Abs. 1 Ziff. 5 ZPO sowie § 102 Abs. 1 Ziff. 4 AO.
[150] BGH NJW 1979, S. 1212 ff. ; BVerfG AfP 1982, S. 100 f.
[151] BGH NJW 1979, S. 1212 ff.

und erklärtermaßen das Ziel verfolgte, dem Terror ein Ende zu bereiten und - namentlich junge - Sympathisanten von diesem Irrweg abzuhalten.[152]

Zu den geschützten *Informanten* gehören

- die Verfasser von Beiträgen für den redaktionellen Teil oder von Unterlagen für die Erstellung solcher Beiträge,
- die Einsender fremder Beiträge oder Unterlagen und
- die Gewährsleute, d. h. jene Personen, die den Massenmedien nicht bereits ausformulierte Beiträge liefern, sondern das „Rohmaterial", die Informationen, aus denen die Redaktion erst eigene Beiträge fertigt.

Da die Vorschrift bei den geschützten Informanten nicht zwischen Redaktionsmitgliedern und Außenstehenden unterscheidet, kommt als geschützter *Verfasser* eines redaktionellen Beitrages auch ein Redaktionsmitglied in Betracht.[153]

Geschützt sind nur Informanten, die Mitteilungen für den *redaktionellen* Teil liefern. Das so genannte *Chiffre-Geheimnis*, die Anonymität des Anzeigenkunden ist durch das Zeugnisverweigerungsrecht grundsätzlich *nicht* geschützt.[154]

Auf Verlangen muss der Verlag der Steuerfahndungsstelle des Finanzamtes die Namen der Inserenten mitteilen, die unter Chiffre Grundvermögen von beträchtlichem Wert in Nizza und Teneriffa zum Verkauf angeboten haben.[155]

Leistet eine Anzeige indessen im Einzelfall inhaltlich einen Beitrag zur öffentlichen Meinungsbildung, kann in unmittelbarer Anwendung des Art. 5 Abs. 1 GG die Gewährung eines Zeugnisverweigerungsrechts geboten sein.[156]

1.6.1.2.2 Auskünfte zum Inhalt der Mitteilung

Der Mitarbeiter einer Zeitung oder eines Senders darf ferner die Auskunft auf die Frage verweigern, *ob* ihm von einem bestimmten Informanten Mitteilungen gemacht worden sind[157] und *was* er von ihm erfahren hat.

Voraussetzung dafür ist, dass er *im Hinblick auf seine Tätigkeit* bei der Zeitung oder dem Sender informiert worden ist und es sich um eine Information *für den redaktionellen Teil* handelt. Anzeigentexte fallen demzufolge *nicht* unter das Zeugnisverweigerungsrecht.

Das Zeugnisverweigerungsrecht umfasst außerdem nur solche Informationen, die der Informant dem Mitarbeiter einer Zeitung oder eines Senders zur *beruflichen* Verwertung gegeben hat. Was ein Mitarbeiter im privaten Umgang erfährt, möglicherweise ohne dass sein Gegenüber von seiner journalistischen Tätigkeit überhaupt weiß, fällt nicht unter das Zeugnisverweigerungsrecht.

Unerheblich hingegen ist, ob die Mitteilung nach dem Willen des Informanten im redaktionellen Teil der Zeitung oder des Rundfunkprogramms *veröffentlicht* werden sollte oder lediglich als *Hintergrundmaterial* gedacht ist.[158] Dass auch solches Hintergrundmaterial durch das Zeugnisverweigerungsrecht erfasst ist, ergibt sich aus der Formulierung des Gesetzes, die „Unterlagen" für den redaktionellen Teil einschließt.

---

[152] BGH NJW 1979, S. 1214.
[153] LG Hamburg AfP 1984, S. 172 m. w. N. ; ebenso LG Heilbronn AfP 1984, S. 119 f.
[154] BVerfG NJW 1990, S. 701 f.
[155] BFH NJW 1987, S. 1040; BVerfG NJW 1990, S. 701 f.
[156] BVerfG AfP 1983, S. 385 mit Anmerkung von Rath-Glawatz.
[157] BGH NJW 1979, S. 1214.
[158] BGH NJW 1979, S. 1214.

Ebenso wenig kommt es darauf an, ob die Mitteilung nach dem Willen des Informanten von dem Journalisten *vertraulich* behandelt werden sollte oder nicht. Dementsprechend fallen auch *Äußerungen* auf *Pressekonferenzen* unter das Zeugnisverweigerungsrecht.[159]

Das Zeugnisverweigerungsrecht endet mit der Veröffentlichung der Information unter Angabe ihrer Herkunft. Ein Journalist kann sich deshalb nicht weigern, als Zeuge vor Gericht die Frage zu beantworten, ob das von ihm verbreitete Zitat tatsächlich von dem Zitierten stammt.[160]

1.6.1.3   Eigene Wahrnehmungen und selbst erarbeitetes Material

Auf das von der Redaktion *selbst recherchierte Material* bezieht sich das publizistische Zeugnisverweigerungsrecht zum einen, wenn und soweit dessen Beschaffung auf einem Vertrauensverhältnis zu außen stehenden Informanten basiert.[161] Hat z.B. ein Informant dem Mitarbeiter eines Mediums *gezielt* bestimmte Beobachtungen *ermöglicht*, ist die Beobachtung selbst Gegenstand einer Mitteilung im Sinne des Gesetzes und damit vom Zeugnisverweigerungsrecht erfasst.[162]

> Fotos und Filme, die bei einer öffentlichen Demonstration angefertigt werden, basieren in der Regel nicht auf einem speziellen Vertrauensverhältnis zwischen den Reportern und den Demonstranten. Fotos und Interviews hingegen, die Reporter in einem besetzten Haus von und mit den Hausbesetzern machen - und die ohne deren Einwilligung überhaupt nicht angefertigt werden könnten -, unterliegen generell dem Informantenschutz.
>
> Dies gilt auch bei Vorgängen, die sich an einer öffentlich zugänglichen Stelle abspielen, z. B. bei einem Fallschirmabsprung von einer Autobahnbrücke, wenn der Bericht darüber nur dadurch ermöglicht wurde, dass ein Informant den Journalisten über Ort und Zeit des Geschehens gezielt informierte. Dann besteht ein Vertrauensverhältnis zwischen dem Informanten und dem Journalisten, das die umfassende Anwendung des Zeugnisverweigerungsrechts rechtfertigt.[163]

Zu den geschützten „Mitteilungen" gehören nur die der Presse und dem Rundfunk *von Dritten*, d. h. von Außenstehenden, vermittelten Tatsachen und Erkenntnisse. Was die Redaktion von Außenstellen, beispielsweise Korrespondenten, erfährt, ist durch das Zeugnisverweigerungsrecht nur erfasst, wenn und soweit diese es von außen stehenden Informanten erfahren haben.[164] Zu den „außen stehenden" Informanten müssen alle diejenigen gerechnet werden, die *nicht hauptberuflich* für Presse oder Rundfunk tätig sind.

In Strafverfahren, Ordnungswidrigkeits- oder Disziplinarverfahren und vor parlamentarischen Untersuchungsausschüssen umfasst das Zeugnisverweigerungsrecht darüber hinaus generell den Inhalt selbst erarbeiteter Materialien und den Gegenstand berufsbezogener Wahrnehmungen, soweit deren Preisgabe zur Offenbarung des Informanten oder des Inhalts der Mitteilung führen würde (§ 53 Abs. 2 Satz 3 StPO). Unabhängig davon kann die Offenbarung solcher Materialien und Wahrnehmungen in diesen Verfahren nur verlangt werden, wenn sie zur Aufklärung bestimmter schwerer Straftaten beitragen soll und die Ermittlung des Sachverhalts oder des Aufenthaltsortes des Beschuldigten auf andere Weise aussichtslos oder wesentlich erschwert wäre (§ 53 Abs. 2 Satz 2 StPO). Zu diesen Straftaten gehören

1. alle Verbrechen, also Straftaten, die mit einer Mindeststrafe von wenigstens einem Jahr Freiheitsstrafe bedroht sind (§ 12 Abs. 1 StGB); ferner
2. bestimmte Staatsschutzdelikte, nämlich
    - Aufstacheln zum Angriffskrieg (§ 80a StGB),

---

[159] OLG München NJW 1989, S. 1226.
[160] BVerfG AfP 2001, S. 500 f.
[161] Ständige Rechtsprechung; z. B. BGH NJW 1979, S. 1214, BVerfGE 56, S. 247 ff. , BVerfG NJW 1988, S. 329 ff.
[162] BGH NJW 1979, S. 1215.
[163] LandG Heilbronn AfP 1984, S. 119 f.
[164] BGH NJW 1979, S. 1215 f.

- Verstoß gegen ein Vereinigungsverbot (§ 85 StGB),
- Agententätigkeit zu Sabotagezwecken und verfassungsfeindliche Sabotage (§§ 87, 88 StGB),
- Offenbaren (auch illegaler) Staatsgeheimnisse (§§ 95, 97a, 97b StGB),
- landesverräterische oder geheimdienstliche Agententätigkeit (§§ 98 – 100a StGB),

3. bestimmte Straftaten gegen die sexuelle Selbststimmung, nämlich
   - sexueller Missbrauch von Schutzbefohlenen (§§ 174 – 174c StGB),
   - sexueller Missbrauch von Kindern (§ 176 StGB) und widerstandsunfähigen Personen(§ 179 StGB),

4. Geldwäsche bzw. Verschleierung unrechtmäßig erlangter Vermögenswerte (§ 261 Abs. 1 – 4 StGB).

Selbstkontrollfrage 1 / 4:

Im *stern* ist ein Interview „mit dem für Auslandsaktivitäten zuständigen IRA-Chef" erschienen, der - unter Pseudonym (*Sean*) - in allgemeiner Form, d. h. ohne Angabe von Einzelheiten, „neue Attentate in der Bundesrepublik ankündigt. " Daraufhin wird der Autor dieses Beitrages vom Ermittlungsrichter des BGH als Zeuge vernommen. Die Bundesanwaltschaft stellt ihm nicht nur Fragen nach der *Person* des Interviewten (Personalien, Aussehen, persönliche Verhältnisse), und dem genauen Inhalt des Gesprächs, sondern will auch wissen, wann, wo und in welcher Sprache das Interview gemacht worden ist, wie es zustande kam, wer an ihm teilgenommen hat, welche Aufzeichnungen (Fotos, Filme, Tonband) bei ihm gemacht worden sind, welche Unterlagen der Redakteur von dem IRA-Vertreter erhalten hat, ob weitere Kontakte mit ihm vereinbart worden sind und wie künftig die Kontaktaufnahme erfolgen soll, ob für das Interview ein Honorar gezahlt worden ist und wenn ja, in welcher Höhe. Der Journalist verweigert unter Berufung auf sein publizistisches Zeugnisverweigerungsrecht die Auskunft auf *all* diese Fragen. Zu Recht ?

Das publizistische Zeugnisverweigerungsrecht beinhaltet *keine Rechtspflicht* zur Wahrung des Redaktionsgeheimnisses. Es gehört jedoch zu den *Standesregeln*, dass Journalisten das Redaktionsgeheimnis wahren. Ein *Anspruch des Informanten* darauf, dass der Journalist von seinem Zeugnisverweigerungsrecht Gebrauch macht, besteht nur dann, wenn dieses ausdrücklich vertraglich vereinbart worden ist. Eine solche vertragliche Vereinbarung liegt nicht schon in der Auskunft einer Redaktion, dass üblicherweise an sie gerichtete Informationen vertraulich behandelt würden. Auch die Bitte des Informanten um vertrauliche Behandlung seiner Information allein - ohne entsprechende Zusage der Redaktion - begründet einen solchen Anspruch nicht.[165]

Obwohl die Preisgabe des Informanten nicht erzwungen werden kann, kann ein Autor, der seine Quelle nicht nennt, wegen über Nachrede zur Rechenschaft gezogen werden, wenn ihm keine anderen Beweismittel für die Wahrheit seiner Behauptungen zur Verfügung stehen.[166] Allerdings genügt er seiner Darlegungslast bereits dadurch, dass er, ohne seine Informanten preiszugeben, die näheren Umstände darlegt, aus denen auf die Richtigkeit der Information geschlossen werden kann.[167]

So hat das Landgericht Köln es zur Glaubhaftmachung ausreichen lassen, dass der Autor in einer eidesstattlichen Versicherung den Inhalt der ihm gegenüber von vier Personen gemachten Äußerungen nach Zeitpunkt und Inhalt genau beschrieben hat.[168]

---

[165] OLG Hamburg AfP 1984, S. 109 f.
[166] Vgl. z.B. OLG Köln AfP 2001, S. 524 ff.
[167] BGH NJW 2008, S. 2262 ff. (2264) m.w.N.
[168] LG Köln AfP 2007, S. 153 ff.

1.6.1.4   Pflicht zum Erscheinen

Das Zeugnisverweigerungsrecht entbindet den Mitarbeiter eines Medienbetriebs lediglich von der Pflicht, in dem oben beschriebenen Umfang *zur Sache* auszusagen, hingegen *nicht* von der Pflicht, vor der Polizei, dem Gericht oder der Staatsanwaltschaft zu *erscheinen* und *zur* (eigenen) *Person* auszusagen. Außerdem hat er die Umstände glaubhaft zu machen, aus denen sich sein Zeugnisverweigerungsrecht ergibt. Dazu genügt eine entsprechende eidliche Versicherung (§ 56 StPO).

1.6.1.5   Pflicht zur Aussage

Eingeschränkt ist das Zeugnisverweigerungsrecht im Bund und einigen Bundesländern für Aussagen gegenüber der Polizei. Gegenüber der Bundespolizei (§ 22 Abs. 3 BPolG) sowie den Landespolizeien in Baden-Württemberg (§ 9a Abs. 2 PolG), Hessen (§ 12 Abs. 2 HSOG), Mecklenburg-Vorpommern (§ 28 Abs. 2 SOG MV) und Schleswig-Holstein (§ 180 Abs. 2 LVwG) entfällt das Zeugnisverweigerungsrecht, wenn die Auskunft „für die Abwehr einer im einzelnen Falle bevorstehenden Gefahr für Leib, Leben oder Freiheit einer Person erforderlich" ist. In Niedersachsen gilt dasselbe zur „Abwehr einer Gefahr für Leib, Leben oder ähnlich schutzwürdige Belange" (§ 12 Abs. 5 nds. SOG). In Baden-Württemberg kann sich ein Journalist gegenüber der (Landes-)Polizei auch dann nicht auf sein Zeugnisverweigerungsrecht berufen, wenn „Tatsachen die Annahme rechtfertigen, dass (er) die Gefahr verursacht hat" (§ 9a Abs. 4 PolG).

Gegenüber dem Bundeskriminalamt (BKA) bleibt die Aussagepflicht bestehen, soweit sie „zur Abwehr einer Gefahr für den Bestand oder die Sicherheit des Staates oder Leib, Leben oder Freiheit einer Person erforderlich" ist (§ 20c Abs. 3 BKA-Gesetz).

1.6.2   *Beschlagnahme und Durchsuchung, Überwachung des Fernmeldeverkehrs, Einsatz von Überwachungskameras und großer Lauschangriff*

In besonders gravierender Weise kann die Funktionsfähigkeit der Massenmedien - und damit die Medienfreiheit des Art. 5 GG - durch staatliche Eingriffe in den Produktionsablauf beeinträchtigt werden, wie sie sich bei Durchsuchungen von Verlagen, Sendern oder deren Mitarbeitern oder bei der Beschlagnahme ihrer Unterlagen ergeben. Soweit solche Aktionen überhaupt zulässig sind,[169] ist streng der Grundsatz der *Verhältnismäßigkeit*[170] zu beachten, zu dem auch das Gebot *des geringstmöglichen Eingriffs* gehört: Staatliche Zwangsmaßnahmen gegen Journalisten, Medienbetriebe und deren Mitarbeiter dürfen nur durchgeführt werden, wenn und soweit dies durch die Rechtsordnung ausdrücklich erlaubt und zur Sicherung eines der Medienfreiheit mindestens gleichwertigen Rechtsgutes unabweisbar geboten ist.

---

[169] Zum Schutz von Journalisten gegen Durchsuchung und Beschlagnahme durch die Europäische Menschenrechtskonvention vgl. EGMR NJW 2008, S. 2565 ff. – Tillack/Belgien.

[170] Vgl. z. B. LG Bremen AfP 1997, S. 561 ff. , sowie AfP 1999, S. 386 ff.

1.6.3.1   Beschlagnahme von Beweismitteln

Gegenstände, die in einem Strafverfahren[171] als *Beweismittel* von Bedeutung sein können, sind von den Strafverfolgungsbehörden *sicherzustellen*, so dass sie als Beweismittel im Prozess zur Verfügung stehen (§ 94 Abs. 1 StPO). Zu diesem Zweck sind sie von deren Besitzer herauszugeben (§ 95 StPO). Geschieht dies nicht freiwillig, sind sie zu *beschlagnahmen* (§ 94 Abs. 2 StPO). Zur Herausgabe verpflichtet ist jeder Besitzer eines solchen Beweismittels. Es kommt *nicht* darauf an, ob er selbst in irgendeiner Weise in die Straftat verstrickt ist, zu deren Aufklärung das Beweisstück beitragen kann.

1.6.2.1.1 Sicherung des Redaktionsgeheimnisses

Soweit jedoch das *publizistische Zeugnisverweigerungsrecht* reicht, ist die Beschlagnahme von Schriftstücken, Ton-, Bild- und Datenträgern, Abbildungen und anderen Darstellungen, die sich im Gewahrsam der Zeugnisverweigerungsberechtigten oder der Redaktion, des Verlages, der Druckerei oder der Rundfunkanstalt befinden, unzulässig (§ 97 Abs. 5 StPO).

Diese Ausnahmevorschrift dient dazu, *das Redaktionsgeheimnis* zu sichern. Durch sie soll gewährleistet werden, dass die Strafverfolgungsbehörden sich die Informationen, die ihnen die Mitarbeiter einer Zeitung, Zeitschrift oder eines Senders unter Berufung auf das Zeugnisverweigerungsrecht vorenthalten, nicht dadurch verschaffen, dass sie deren Räume nach Unterlagen durchsuchen, die die gewünschten Informationen enthalten, und diese beschlagnahmen.

Das Beschlagnahmeverbot gilt nur, solange sich das Material im Gewahrsam des Zeugnisverweigerungsberechtigten befindet, beispielsweise in seiner Wohnung, seinem Auto, seiner Aktentasche oder auf dem Schreibtisch seiner Sekretärin oder in den Räumen der Redaktion, des Verlages, der Druckerei oder des Rundfunksenders.[172] Gibt der Journalist das Material an Dritte weiter, endet das Beschlagnahmeverbot. Nach wohl herrschender Ansicht gilt das auch, wenn er das Material verliert oder es ihm gestohlen wird.[173]

Das Beschlagnahmeverbot endet ferner, wenn der Inhaber des Zeugnisverweigerungsrechts die Identität seines Informanten und den Inhalt der Information bereits offen gelegt hat.[174]

1.6.2.1.2 Schutz selbst recherchierten Materials

In einem Strafverfahren, das der Aufklärung eines Verbrechens, bestimmter Staatsschutzdelikte, von Straftaten gegen die sexuelle Selbstbestimmung oder einer Geldwäsche dient[175], unterliegt selbst erarbeitetes Material und der Inhalt eigener Wahrnehmungen *nicht* dem Beschlagnahmeverbot des § 97 Abs. 5 S. 1 StPO.[176]

Bei der Beschlagnahme selbst recherchierten Materials haben die Strafverfolgungsbehörden jedoch den Grundsatz der *Verhältnismäßigkeit* zu beachten. Eine Beschlagnahme selbst recher-

---

[171] Daneben sind die Vorschriften der StPO auch im Bußgeldverfahren (§ 46 OwiG), in Disziplinarverfahren (§ 25 BDO), in Ehrengerichtsverfahren gegen Rechtsanwälte (§ 116 BRAO) und in Verfahren von parlamentarischen Untersuchungsausschüssen (Art. 44 GG) anzuwenden.
[172] Auf die Räume *privater* Rundfunkveranstalter ist § 97 Abs. 5 StPO analog anzuwenden.
[173] Den Streit dokumentiert Achenbach in Löffler, Rz. 105 zu § 23 LPG.
[174] BGH AfP 1999, S. 268 ff.
[175] Zu den Einzelheiten vgl. oben S. 52.
[176] Ständige Rechtsprechung, so z. B. BVerfGE 56, S. 247 ff. ; BVerfGE NJW 1988, S. 329 ff.

chierten Materials darf deshalb *nicht* erfolgen, wenn der damit verbundene Eingriff in die ungestörte Ausübung der Medienfreiheit nicht in einem angemessenen Verhältnis steht

- ▪ zur Schwere der Straftat, deren Aufklärung die Ermittlungen im Einzelfall dienen, und
- ▪ zur Stärke des bereits bestehenden Tatverdachts.

Außerdem muss die Beschlagnahme zur Ermittlung oder Verfolgung der Straftat *erforderlich* sein, und die Zeitung bzw. der Sender dürfen in der zukünftigen redaktionellen *Verwertung* des beschlagnahmten Materials nicht stärker als unbedingt erforderlich behindert werden.

Unzulässig ist die Beschlagnahme, wenn ein konkreter *Tatverdacht* fehlt. Die Strafverfolgungsbehörden dürfen die Beschlagnahme selbst recherchierten Materials nicht anordnen, um mit Hilfe der Sichtung umfangreicher Unterlagen erst festzustellen, ob *überhaupt* einschlägige Straftaten begangen worden sind.

Hingegen soll nicht erforderlich sein, dass ein konkreter Tatverdacht gegen einen *bestimmten* Täter vorliegt.[177] Auch zur Ermittlung *unbekannter* Täter soll eine Beschlagnahme zulässig sein.[178] Sind Straftaten *öffentlich*, beispielsweise im Rahmen einer Demonstration, begangen worden, soll die Beschlagnahme auch zur Verfolgung solcher „nach Ort, Zeit und Begehungsweise genau feststehenden Straftaten" dienen dürfen, die den Strafverfolgungsbehörden bis dahin im Einzelnen noch unbekannt sind.[179]

Erforderlich zur Aufklärung einer Straftat ist die Beschlagnahme, wenn der beschlagnahmte Gegenstand zur Beweisführung *geeignet* ist und *andere*, weniger einschneidende *Maßnahmen* zur Aufklärung des Tatverdachts *nicht* zur Verfügung stehen. Demzufolge haben die Strafverfolgungsorgane zunächst andere, leicht erreichbare Beweismittel auszuschöpfen. Reichen diese zur Beweisführung aus, ist auf die Beschlagnahme zu verzichten.[180]

Zulässig ist die Beschlagnahme in einem solchen Fall jedoch, wenn die Gefahr besteht, dass im Besitz der Presse oder des Rundfunks befindliche Beweismittel beiseite geschafft oder vernichtet werden, wenn sie nicht rechtzeitig beschlagnahmt werden.[181]

Der Einwand hingegen, die Strafverfolgungsorgane dürften auf die Dokumentation öffentlicher Vorgänge durch die Massenmedien nicht zugreifen, wenn und soweit sie selbst es versäumt hätten, eigene Beweissicherungsmaßnahmen durchzuführen[182], wird von den Gerichten nicht akzeptiert.[183] Dasselbe gilt für den Hinweis, die Beschaffung von Informationen durch die Massenmedien werde erheblich erschwert, wenn jeder Demonstrant damit rechnen müsste, dass Pressefotos und Fernsehfilme der Staatsanwaltschaft ausgeliefert würden.[184]

Um die *Verwertung* des selbst recherchierten Materials durch die Massenmedien nicht übermäßig zu behindern, werden sich die Strafverfolgungsbehörden in aller Regel mit der Anfertigung von *Kopien* des gewünschten Materials zufrieden geben müssen.

1.6.2.1.3 Beschlagnahme bei Strafverstrickung

Das Beschlagnahmeverbot zur Sicherung des Redaktionsgeheimnisses erfährt durch § 97 Abs. 5 S. 2 in Verbindung mit § 97 Abs. 2 S. 3 StPO eine wichtige Beschränkung: Es gilt *nicht*, wenn die Zeugnisverweigerungsberechtigten im *Verdacht* stehen, in die zu ermittelnde Straftat *verstrickt* zu sein, in Form der Beteiligung an der Straftat (Mittäterschaft, Anstiftung, Beihilfe), der

---

[177] Ein solcher Fall lag der Entscheidung des LG Bremen, AfP 1979, S. 414 f., zugrunde.
[178] LG Berlin AfP 1981, S. 417 ff. , 419.
[179] LG Berlin a. a. O. ; *sehr problematisch!*
[180] LG Trier AfP 1988, S. 88.
[181] LG Trier a. a. O. , S. 88.
[182] So Jarass AfP 1977, S. 214 ff.
[183] LG Berlin AfP 1981, S. 419; BVerfG NJW 1988, S. 331.
[184] BVerfG NJW 1988, S. 331.

Begünstigung von Tätern oder Teilnehmern, der Strafvereitelung oder der Hehlerei oder die *Gegenstände*, die beschlagnahmt werden sollen, in bestimmter Weise in eine Straftat *verstrickt* sind, nämlich durch eine Straftat hervorgebracht oder zur Begehung einer Straftat gebraucht oder bestimmt sind oder aus einer Straftat herrühren. Der *Verdacht* der Strafverstrickung muss sich auf bestimmte Tatsachen, auf „zureichende tatsächliche Anhaltspunkte"(§ 152 Abs. 2 StPO) stützen.

Begünstigung ist die Hilfe, die einem Täter nach der Tat in der Absicht geleistet wird, ihm „die Vorteile der Tat zu sichern" (§ 257 Abs. 1 StGB). Dazu gehört beispielsweise die Hilfe beim Verstecken, Beiseiteschaffen oder beim Absatz der Beute, aber auch das Irreführen der Strafverfolgungsbehörden über Umfang und Aufenthaltsort erbeuteter Sachen.[185]

Strafvereitelung begeht, wer einen Straftäter nach der Tat der Strafverfolgung oder der Strafvollstreckung entzieht (§ 258 StGB). Dazu gehört beispielsweise Fluchthilfe jeder Art (auch durch Aushändigung von Geld), Verbergen des Täters, Gewähren von Unterkunft als Unterschlupf, falsche Angaben gegenüber den Strafverfolgungsbehörden, die dem Täter die Flucht ermöglichen.[186]

Hehlerei begeht, wer Diebesgut ankauft, sich oder einem anderen verschafft, absetzt oder beim Absatz hilft (§ 259 Abs. 1 StGB).

Durch eine Straftat *hervorgebracht* sind Gegenstände, die durch die Straftat erst *entstanden* sind. Dazu gehören beispielsweise

- pornographische Darstellungen, die Gewalttätigkeiten, den sexuellen Missbrauch von Kindern oder sexuelle Handlungen von Menschen mit Tieren zum Gegenstand haben (§ 184 Abs. 2 StGB),
- gefälschte Urkunden und technische Aufzeichnungen (§§ 267 ff. StGB) sowie Falschgeld, gefälschte Wertzeichen und Wertpapiere sowie Vordrucke für Euroschecks und Euroscheckkarten (§§ 146 ff. StGB) sowie
- Raubkopien (§§ 106 ff. UrhG) und Produkte der Markenpiraterie (§§ 143 ff. MarkenG).

Das Bekennerschreiben einer terroristischen Vereinigung ist durch eine Straftat hervorgebracht, wenn es ihren Zusammenhalt festigt (§ 129a StGB). Das ist nach Ansicht des BGH jedenfalls dann der Fall, wenn es zur Unterstützung ihrer Ziele auffordert.[187]

Gegenstände, die der Täter durch eine Straftat *erlangt* hat, *rühren* aus der Straftat *her*. Deshalb entfällt das Beschlagnahmeverbot auch für Material, das auf illegale Weise, d. h. durch eine Straftat, beschafft worden ist.[188]

Zur Begehung einer Straftat *gebraucht* oder *bestimmt* sind die *Mittel*, die *Werkzeuge*, mit deren Hilfe eine Straftat begangen worden ist oder begangen werden soll. In Betracht kommen vor allem Schriftstücke oder Fotos, deren Veröffentlichung geplant ist, obwohl diese strafbar wäre, beispielsweise weil sie den Tatbestand der Volksverhetzung[189], der üblen Nachrede[190] oder der Verletzung des Rechts am eigenen Bild[191] erfüllen würde.

Auch in den Fällen der Strafverstrickung ist eine Beschlagnahme jedoch nur dann zulässig, wenn sie „unter Berücksichtigung der Grundrechte aus Art. 5 Abs. 1 S. 2 GG nicht außer Verhältnis zur Bedeutung der Sache steht und die Erforschung des Sachverhalts oder die Ermittlung des Aufenthaltsorts des Täters auf andere Weise aussichtslos oder wesentlich erschwert wäre" (§ 97 Abs. 5 S. 2 StPO).

---

[185] Stree in Schönke/Schröder, Rdz. 16 zu § 257 StGB.
[186] Stree in Schönke/Schröder , Rdz. 17 zu § 258 StGB.
[187] BGH AfP 1996, S. 270 f. – K. O. M. I. T. E. E.; bestätigt durch BVerfG AfP 2000, S. 557 ff.
[188] Achenbach in Löffler, Rdz. 121 zu § 23 LPG.
[189] Vgl. dazu unten 9.2.1.
[190] Vgl. dazu unten 3.2.
[191] Vgl. dazu unten 6.1.

Selbstkontrollfrage 1 / 5:

Bei einer Zeitung geht ein „Bekenneranruf" ein, in dem der anonyme Anrufer mitteilt, dass eine von ihm namentlich genannte Organisation für ein kurz zuvor begangenes Verbrechen verant- wortlich ist. Die Redaktion informiert die Strafverfolgungsbehörden über diesen Anruf und gibt ihnen auch den vollständigen Text des Anrufs bekannt. Da die Redaktion den Anruf auf Tonband aufgezeichnet hat, verlangen die Strafverfolgungsbehörden die Herausgabe des Tonbandes. Als die Redaktion sich weigert, wird das Band beschlagnahmt. Zu Recht?

1.6.2.1.4 Anordnung der Beschlagnahme

Die Beschlagnahme bedarf einer richterlichen Anordnung; besteht jedoch die Gefahr, dass das Beweisstück der Sicherstellung entgeht, bevor die richterliche Anordnung von den Strafverfol- gungsbehörden eingeholt werden kann, dann sind auch Staatsanwaltschaft und Polizei befugt, die Beschlagnahme anzuordnen (§ 98 Abs. 1 S. 1 StPO). Die Beschlagnahme in den Räumen einer *Redaktion*, eines *Verlages*, einer *Druckerei* oder einer *Rundfunkanstalt* darf jedoch *nur durch den Richter* erfolgen (§ 98 Abs. 1 S. 2 StPO).

Gegen die Anordnung durch den Richter kann Beschwerde eingelegt werden (§ 304 Abs. 1 StPO), die auch noch nach Erledigung der Maßnahme zulässig ist.[192]

1.6.3.2   Durchsuchungen

Durchsuchungen sind nach der Strafprozessordnung zulässig, um

- einen Beschuldigten (in der Regel auf Grund eines Haftbefehls) zu ergreifen,
- Spuren einer Straftat zu verfolgen,
- Beweismittel aufzufinden und
- Gegenstände sicherzustellen, die der Einziehung unterliegen (§§ 102, 103, 111 b StPO).[193]

Durchsuchungen der Räume von Presseverlagen, Rundfunksendern sowie deren Mitarbeitern zur Auffindung von Beweismitteln und zur Sicherstellung einzuziehender Gegenstände sind demzu- folge nur in den Fällen zulässig, in denen auch die Beschlagnahme der Gegenstände zulässig ist, nach denen gesucht wird (akzessorischer Charakter der Durchsuchung).[194] Folgerichtig ist eine Durchsuchung unzulässig, wenn sie dazu dient, einen Informanten des Blattes oder Senders zu ermitteln.[195]

Durchsuchungen der Räume von Presseverlagen, -druckereien und Rundfunksendern dür- fen - in analoger Anwendung des § 98 Abs. 1 S. 2 StPO - nur durch den Richter angeordnet werden.[196] Im Übrigen sind bei Gefahr im Verzuge auch Staatsanwaltschaft und Polizei zur Anordnung einer Durchsuchung berechtigt, § 105 Abs. 1 StPO. Das gilt auch für Büroräume eines freien Mitarbeiters außerhalb der Redaktion.[197]

Eine Durchsuchung bei einem einer Straftat Verdächtigen darf generell vorgenommen wer- den, wenn zu vermuten ist, dass sie zur Auffindung von Beweismitteln oder einzuziehenden Gegenständen führt (§ 102 StPO). Dagegen ist die Durchsuchung bei anderen Personen - auch

---

[192] Vgl. BVerfG AfP 1998, S. 204 f.
[193] Durchsuchungen der Polizei sind darüber hinaus zum Zwecke der Gefahrenabwehr zulässig; vgl. beispielhaft § 25 ThürPAG.
[194] Vgl. Achenbach in Löffler, Rz. 92 zu § 23 LPG
[195] So auch Landgericht Dresden AfP 2002, S. 69 f.
[196] Achenbach in Löffler, Rz. 31 vor §§ 13 ff. LPG m. w. N.
[197] BGH AfP 1999, S. 268 ff.

bei Verlagen und Sendern also - nur zulässig, wenn *konkrete Tatsachen* vorliegen, aus denen zu schließen ist, dass die gesuchten Gegenstände sich in den zu durchsuchenden Räumen befinden (§ 103 Abs. 1 S. 1 StPO).

Ist ein Redaktionsmitglied einer Straftat verdächtig, ist die Durchsuchung von Redaktions- räumen (nur) zulässig, soweit sie unter Berücksichtigung der Pressefreiheit angemessen ist.[198] Dabei ist abzuwägen, ob

- das durch die Tat verletzte Rechtsgut von solchem Gewicht ist, dass es die Durchsuchung auch der Redaktionsräume rechtfertigt,
- ausreichende tatsächliche Anhaltspunkte für das Auffinden von be- oder entlastenden Be- weismitteln bestehen und
- die Durchsuchung gerade der Redaktionsräume zur Aufklärung der Tat erforderlich ist.
- Außerdem ist die Durchsuchung auf das notwendige Maß – etwa die von dem Beschuldig- ten benutzten Räume – zu beschränken.

Werden bei einer Durchsuchung so genannte „Zufallsfunde" gemacht, also Beweismittel für eine andere Straftat gefunden als die, deren Aufklärung die Durchsuchung dient, so dürfen diese verwendet werden (§ 108 Abs. 1 S. 1 StPO), wenn ihrer Beschlagnahme kein gesetzliches Ver- bot entgegensteht. Anderenfalls steht ihrer Verwertung im Prozess ein Beweisverwertungsverbot im Wege.[199] Ein Beweisverwertungsverbot kommt auch bei schwerwiegenden Verstößen gegen das Übermaßverbot in Betracht.[200] Ein solcher Verstoß liegt vor, wenn die Durchsuchung nicht auf die Suche nach Gegenständen und Informationen beschränkt wird, die dem konkreten Er- mittlungszweck dienen.[201]

> Das ist etwa dann der Fall, wenn die Ermittlungsbehörden die Durchsuchung der Wohnung eines Jour- nalisten zu einer umfassenden Beschlagnahme seiner Rechercheergebnisse nutzen.

Problematisch ist die Anwendung dieser Regeln auf die Veröffentlichung von Behördeninterna durch Journalisten. Solche Interna können als Dienstgeheimnisse gewertet werden, durch deren Preisgabe sich Behördenmitarbeiter gem. § 353b StGB strafbar machen. Journalisten, die sie veröffentlichen, können sich nach herrschender Lehre wegen Beihilfe zu dieser Tat strafbar machen. Bei einem entsprechenden Tatverdacht entfällt das Beschlagnahme- und Durchsu- chungsverbot. Die Strafverfolgungsbehörden können demzufolge bei einer Veröffentlichung von Behördeninterna ein Ermittlungsverfahren gegen den Autor und den unbekannten Informanten einleiten und die Räume des Autors und seiner Redaktion nach Beweismitteln durchsuchen. Diese Praxis gefährdet die Funktionsfähigkeit der Massenmedien. Sie behindert die Wahrneh- mung ihrer Kritik- und Kontrollfunktion in deren Kern. Das BVerfG ist dieser Gefahr in seinem „Cicero"-Urteil entgegengetreten. Es hat Durchsuchungen und Beschlagnahmen, die ausschließ- lich oder vorwiegend dazu dienen, die Person des Informanten zu ermitteln, für verfassungswid- rig erklärt und Durchsuchungen in einem Ermittlungsverfahren gegen einen Journalisten verbo- ten, solange nicht durch konkrete Verdachtsmomente belegt ist, dass der Behördenmitarbeiter dem Journalisten das Dienstgeheimnis zum Zwecke der Veröffentlichung mitgeteilt hat.[202] Offen gelassen hat es jedoch die Frage, ob ein Journalist wegen „sukzessiver Beihilfe" zum Geheim- nisverrat belangt werden kann, wenn er behördeninterne Informationen über Missstände veröf- fentlicht, die er von einem Mitarbeiter der Behörde zum Zwecke der Veröffentlichung erhalten hat.[203]

Auf Grund der Polizeigesetze sind Durchsuchungen von Wohnungen und Geschäftsräumen ferner zulässig, um Personen zu finden, die in polizeilichen Gewahrsam genommen bzw. sicher-

---

[198] BVerfG NJW 2005, S. 965 f. = AfP 2005, S. 169 ff.
[199] Achenbach in Löffler, Rz. 95 zu § 23 LPG m. w. N.
[200] BVerfG NJW 2005, S. 1917 ff. (1923) – Beschlagnahme von Datenträgern in Anwaltskanzlei.
[201] BVerfG NJW 2005, S. 1917 ff. (1920) – Beschlagnahme von Datenträgern in Anwaltskanzlei.
[202] BVerfG AfP 2007, S. 110 ff. = NJW 2007, S. 1117 ff. (Cicero)
[203] Offen gelassen auch vom Brandenburgischen OLG AfP 2006, S. 484 f.

gestellt werden dürfen, oder Sachen, von denen eine Gefahr ausgeht. In Gewahrsam nehmen darf die Polizei eine Person, um die unmittelbar bevorstehende Begehung oder Fortsetzung einer Straftat oder einer Ordnungswidrigkeit von erheblicher Bedeutung zu verhindern.[204] Spezielle Vorschriften zum Schutz des Redaktionsgeheimnisses gegen Durchsuchungen enthalten die Polizeigesetze nicht. Nutzen lässt sich insoweit allenfalls die Vorschrift, nach der die Polizei gegen Personen, von denen keine Gefahr ausgeht, keine Maßnahmen ergreifen darf, die dazu führen, dass diese „höherwertige Pflichten" verletzen müssen.[205] Eine solche „höherwertige Pflicht" kann im Einzelfall auch der Schutz des Redaktionsgeheimnisses sein.

1.6.3.3   Überwachung des Brief- und Fernmeldeverkehrs

Kontakte zwischen einem Journalisten und einem Informanten, gegen den wegen einer Straftat ermittelt wird, können Ermittlungsbehörden in mehrfacher Weise nutzen:

An den Journalisten gerichtete Postsendungen des Beschuldigten können beschlagnahmt werden (§§ 99, 100 StPO) – allerdings nur bei Straftaten von erheblicher Bedeutung (§ 160a Abs. 2 StPO). Das sind solche, die mindestens dem Bereich mittlerer Kriminalität zuzurechnen sind, den Rechtsfrieden empfindlich stören und dazu geeignet sind, das Gefühl der Rechtssicherheit der Bevölkerung erheblich zu beeinträchtigen.[206] Ist der Journalist allerdings selbst einer Teilnahme an der Tat oder einer Begünstigung, Strafvereitelung oder Hehlerei verdächtig, reicht auch der Verdacht leichterer Straftaten zur Rechtfertigung einer Postbeschlagnahme aus (§ 160a Abs. 4 StPO).

Wird gegen den Informanten wegen einer Straftat von erheblicher Bedeutung ermittelt und bestehen konkrete Anhaltspunkte dafür, dass ein bestimmter Journalist telefonisch Kontakt zu ihm hält, können die Strafverfolgungsbehörden auf dessen Verbindungsdaten zugreifen, wenn die Erforschung des Sachverhalts oder die Ermittlung des Aufenthaltsortes des Beschuldigten auf andere Weise aussichtslos oder wesentlich erschwert wäre (§ 100g StPO i.V.m. § 100a S. 2 StPO). Nach Ansicht des OLG Dresden sind die Grundsätze des „Cicero"-Urteils aber auch auf diese Vorschriften anzuwenden. Demnach darf der Zugriff auf die Verbindungsdaten nicht allein oder hauptsächlich dazu dienen, Behördenmitarbeiter zu ermitteln, die das Dienstgeheimnis verletzt haben.[207]

> Zudem stellt nicht jede Verletzung von Dienstgeheimnissen eine Straftat *von erheblicher Bedeutung* dar.[208]

Zur Aufklärung bestimmter schwerer Straftaten[209] darf die Telekommunikation der Beschuldigten zudem überwacht und aufgezeichnet werden, wenn die Erforschung des Sachverhalts oder die Ermittlung ihres Aufenthaltsortes sonst aussichtslos oder wesentlich erschwert wäre (§ 100a Abs. 1 S. 1 StPO). Abgehört werden darf auch die Telekommunikation von Personen, von denen auf Grund bestimmter Tatsachen anzunehmen ist, dass sie Mitteilungen vom Beschuldigten entgegennehmen (§ 100a Abs. 1 S. 2 StPO). Da eine Ausnahmeregelung zum Informantenschutz fehlt, können die Telefongespräche eines Journalisten mit einem Beschuldigten in solchen Fällen auch dann abgehört werden, wenn dieser ihm als Informant dient. Zufallsfunde, die bei dieser Gelegenheit gemacht werden, dürfen zu Beweiszwecken in einem anderen Strafverfahren nur zur Aufklärung einer der in § 100a StGB genannten Straftaten verwendet werden (§ 100b Abs. 5

---

[204] Vgl. beispielsweise § 25 Abs. 1 i.V.m. §§ 19 und 27 Nr. 1 ThürPAG.
[205] Vgl. z.B. § 10 Abs. 1 Nr. 4 ThürPAG.
[206] Vgl. BVerfG 2 BvR 1741/99 vom 14.12.2000, Abs. 52 – http://www.bverfg.de/entscheidungen/rk20001214 2bvr174199.html – m.w.N.
[207] OLG Dresden AfP 2007, S. 577 ff.; LG Dresden AfP 2007, S. 159 ff.
[208] So zu Recht LG Potsdam AfP 2006, S. 200 (= NStZ 2006, S. 472).
[209] Diese „Katalogtaten" sind in § 100a StPO abschließend aufgezählt.

StPO). Das schließt nach herrschender Lehre aber nicht aus, dass sie die Grundlage weiterer Ermittlungen zur Aufklärung einer anderen Straftat auch dann bilden können, wenn diese nicht zu den Katalogtaten des § 100a StGB gehört.[210]

Die *Polizei* kann auf den Inhalt von Telefongesprächen und die Verbindungsdaten zugreifen, wenn dies zur Abwehr einer Gefahr für den Bestand oder die Sicherheit des Bundes oder eines Landes oder für Leben, Gesundheit oder Freiheit einer Person erforderlich"[211] ist. Soweit Tatsachen die Annahme rechtfertigen, dass Personen Straftaten im Sinne des § 100a StPO begehen wollen, kann der Zugriff auch auf die Daten von „Kontakt- und Begleitpersonen" erstreckt werden.[212] Informationen, für die ein Zeugnisverweigerungsrecht besteht, darf sich die Polizei auf diese Weise zwar grundsätzlich nicht verschaffen.[213] Von diesem Grundsatz gibt es allerdings in vielen Bundesländern Ausnahmen. In der Regel lassen sie den Eingriff zu, sofern dies „zur Abwehr einer gegenwärtigen Gefahr für Leben oder Freiheit einer Person oder einer gegenwärtigen erheblichen Gesundheitsgefahr zwingend erforderlich" ist.[214]

Eine Sonderregelung hat der Gesetzgeber für die Bekämpfung des internationalen Terrorismus durch das Bundeskriminalamt (BKA) geschaffen. Im Rahmen dieser Aufgabe darf das BKA schon im Vorfeld[215] Telefongespräche abhören und Verbindungsdaten sammeln. Dem Informantenschutz dient die Abwägungsklausel des § 20u BKA-Gesetz. Danach ist der Schutz des Zeugnisverweigerungsrechts „im Rahmen der Prüfung der Verhältnismäßigkeit unter Würdigung des öffentlichen Interesses an den von dieser Person wahrgenommenen Aufgaben und des Interesses an der Geheimhaltung der dieser Person anvertrauten oder bekannt gewordenen Tatsachen besonders zu berücksichtigen".

1.6.3.4 Lauschangriff und verdeckte Ermittlungen der Polizei

Zum Abhören von Gesprächen in einer Wohnung dürfen die Ermittlungsbehörden technische Mittel („Wanzen") nicht einsetzen, soweit das publizistische Zeugnisverweigerungsrecht reicht (§ 100c Abs. 6 StPO). Aufzeichnungen über solche Äußerungen sind unverzüglich zu löschen. Erkenntnisse über solche Äußerungen dürfen nicht verwertet werden. Die Tatsache der Erfassung der Daten und ihrer Löschung ist zu dokumentieren (§ 100c Abs. 5 Satz 2 bis 4 StPO).

Außerhalb von Wohnungen darf auch das Gespräch zwischen einem Journalisten und seinem Informanten abgehört und aufgezeichnet werden, wenn dieser einer der in § 100a StPO

---

[210] Verfassungsrechtliche Bedenken gegen diese Interpretation sind nach Ansicht des BVerfG unbegründet, BVerfG NJW 2005, S. 2766.

[211] § 33a nds.SOG; in Thüringen kann außerdem eine „Gefahr für den Bestand oder die Sicherheit des Bundes oder eines Landes" den Eingriff rechtfertigen (§ 34a Abs. 1 Nr. 2 ThürPAG). Noch deutlich weiter gehen Bayern (Art. 34a Abs. 1 PAG) und Baden-Württemberg (§ 23a Abs. 1 Pol), die schon Planungen oder Vorbereitungen schwerer Straftaten für entsprechende Maßnahmen ausreichen lassen. Andererseits enthalten die Polizeigesetze von Bremen, NRW und Sachsen-Anhalt bislang spezielle Ermächtigung zur Erhebung von Telefondaten.

[212] Jedenfalls in Thüringen; vgl. § 34a Abs. 1 Nr. 3 ThürPAG.

[213] So § 31 Abs. 3 ThürPAG; ebenso § 37 Abs. 5 sächs.PolG, § 30 Abs. 7 nds.SOG, § 31 Abs. 4 POG Rh.-Pf., § 28b Abs. 1 S. 4 PolG Saar; § 186a Abs. 4 LVwG S.H.; § 10a Gesetz über die Datenverarbeitung der Polizei Hamburg. Dass im PolG von Baden-Württemberg eine entsprechende Regelung fehlt, ist wohl auf ein Redaktionsversehen zurückzuführen. Dieses ist dadurch zu heilen, dass die Vorschrift des § 9a auch auf die Maßnahmen gem § 23a PolG angewendet wird. Dasselbe gilt für Mecklenburg-Vorpommern, wo in § 34a eine Verweisung auf § 33 Abs. 6 fehlt. Der Schutz entfällt in Baden-Württemberg gem. § 9a Abs. 4 allerdings, soweit der Journalist an der Gefahr mitgewirkt hat. Das gilt auch in Bayern (Art. 34a Abs. 1 S. 3 PAG) und Brandenburg (§ 33b Abs. 2 S. 3 Bbg.PolG). In Hessen fehlt eine Regelung zum Schutz des Zeugnisverweigerungsrechts, vgl. § 15a HSOG.

[214] So § 37 Abs. 5 S. 4 sächs.PolG; § 31 Abs. 3 S.4 ThürPAG; § 9a Abs. 2 PolG BW; § 30 Abs. 7 nds.SOG; § 28b Abs. 8 i.V.m. § 28a Abs. 2 S. 4 PolG Saar; § 186a Abs. 4 LVwG S.H.

[215] Zu den Einzelheiten vgl. §§ 20l und 20m BKA-Gesetz.

aufgelisteten Straftaten verdächtig ist und die Erforschung des Sachverhalts auf andere Weise aussichtslos oder wesentlich erschwert wäre (§ 100f Abs. 2 und 3 StPO).

Deutlich weiter gehende Befugnisse zu verdeckten Ermittlungsmaßnahmen enthalten die Polizeigesetze. So darf die Polizei Personen observieren, Bild- und Tonaufzeichnungen anfertigen und Spitzel einsetzen. Das BKA und die bayerische Polizei dürfen außerdem verdeckt auf „informationstechnische Systeme", also fremde Computer zugreifen.[216] Auch für solche Maßnahmen gilt der Grundsatz, dass sie nicht eingesetzt werden dürfen, um Informationen zu beschaffen, für die ein Zeugnisverweigerungsrecht besteht.[217] Der Schutz entfällt in einigen Bundesländern[218] indessen, wenn entsprechende Maßnahmen „zur Abwehr einer gegenwärtigen Gefahr für Leben oder Freiheit einer Person oder einer gegenwärtigen erheblichen Gesundheitsgefahr zwingend erforderlich" sind. Für das BKA gilt auch hier die Abwägungsklausel des § 20u BKA-Gesetz.

1.7 Grenzen der Recherchefreiheit

Aus der Bindung der Massenmedien an die allgemeine Rechtsordnung folgt, dass die *rechtswidrige Beschaffung* von Informationen nicht durch das Grundrecht der Presse- oder Rundfunkfreiheit geschützt ist.[219] Insbesondere dürfen Journalisten auch bei der Recherche keine Straftaten begehen. Das gilt auch dann, wenn an der Veröffentlichung der Informationen, die auf diese Weise gewonnen werden könnten, ein erhebliches öffentliches Informationsinteresse besteht. So macht sich z.B. ein Journalist strafbar, der sich zur Aufdeckung von Missständen

- pornografische Darstellungen von Kindern verschafft (§ 184b StGB),
- eine Waffe in ein Flugzeug schmuggelt (§§ 11 Abs.1 Nr.1, 19 Abs.1 Luftsicherheitsgesetz),[220]
- Drogen besorgt (§ 29 Abs.1 Nr.1,3 BtMG) oder
- fremde Dokumente aneignet (Diebstahl, § 242 StGB).

Auch sind Verstöße gegen das Rechtsberatungsgesetz nicht durch den Wunsch der Redaktion gerechtfertigt, Material über berichtenswerte Fälle zu erhalten und / oder die Leser an die Zeitschrift zu binden.[221]

1.7.1 Hausfriedensbruch

Wer unbefugt in die Wohnung, in die Geschäftsräume oder in das „befriedete Besitztum" eines anderen eindringt oder sich trotz der Aufforderung des Hausrechtsinhabers nicht entfernt, macht sich wegen Hausfriedensbruchs strafbar (§ 123 StGB). Der Schutz von Wohn- und Geschäftsräumen setzt nicht voraus, dass diese fest mit dem Boden verbunden sind. Deshalb gilt das Hausrecht auch in Wohnwagen, Zügen und Geschäftsfahrzeugen. Ein (Vor-)Garten oder Betriebsgelände in unmittelbarer räumlicher Nähe zu einem Wohn- bzw. Geschäftsraum gilt gene-

---

[216] Vgl. § 20k BKA-Gesetz sowie Art. 34d PAG Bayern.
[217] So § 31 Abs. 3 ThürPAG; ebenso § 9a PolG BW, § 34a SOG MV, § 37 Abs. 5 sächs.PolG, § 30 Abs. 7 nds.SOG, § 31 Abs.4 POG Rh.-Pf., § 28b Abs. 1 S. 4 PolG Saar; § 186a Abs. 4 LVwG S.H.; § 10a Gesetz über die Datenverarbeitung der Polizei Hamburg. Der Schutz entfällt in Baden-Württemberg gem. § 9a Abs. 4 allerdings, soweit der Journalist an der Gefahr mitgewirkt hat. Das gilt auch in Bayern (Art. 34a Abs. 1 S. 3 PAG) und Brandenburg (§ 33b Abs. 2 S. 3 Bbg.PolG). Für die Bundespolizei und in Hessen fehlt eine Regelung zum Schutz des Zeugnisverweigerungsrechts.
[218] Vgl. § 37 Abs. 5 S. 4 sächs.PolG; § 31 Abs. 3 S.4 ThürPAG; § 9a Abs. 2 PolG BW; § 30 Abs. 7 nds.SOG; § 28b Abs. 8 i.V.m. § 28a Abs. 2 S. 4 PolG Saar; § 186a Abs. 4 LVwG S.H
[219] So auch BVerfG NJW 1984, S. 1743, BVerfG NJW 2004, S. 1855 f.
[220] Vgl. OLG Düsseldorf AfP 2006, S. 78 ff.
[221] BVerfG NJW 2004, S. 1855, 1856.

rell als „befriedetes Besitztum", freies Gelände hingegen nur, wenn es durch Zäune oder Mauern gegen das Betreten geschützt ist.[222]

Hausfriedensbruch begeht nur, wer solche Räume unbefugt *betritt*. Wer Vorgänge, die sich auf geschütztem Gelände ereignen, von der Straße oder anderem öffentlich zugänglichen Gelände aus beobachtet oder fotografiert, verwirklicht diesen Tatbestand also nicht.

Unbefugt betritt fremdes Gelände, wer dies gegen den Willen des Hausrechtsinhabers tut. Inhaber des Hausrechts ist der (rechtmäßige) Besitzer, bei vermieteten oder verpachteten Räumen also der Mieter oder Pächter.

> Hat z.B. der Mieter einer Wohnung Journalisten eingeladen, ihn zu besuchen, um Wohnungsmängel zu besichtigen oder sonstige Missstände mit ihm zu erörtern, kann der Hauseigentümer ihnen das Betreten des Hauses und der Wohnung nicht verbieten.

Der Inhaber des Hausrechts kann andere Personen mit dessen Wahrnehmung beauftragen. So haben die Mitarbeiter eines Unternehmens regelmäßig die Befugnis, Journalisten aus den Betriebs- und Geschäftsräumen zu verweisen.

Private Hausrechtsinhaber sind in der Wahrnehmung ihrer Rechte frei. Sie können auch willkürlich darüber entscheiden, wem sie gestatten, ihre Räume zu betreten. Folglich kann sich ein Unternehmer die Journalisten aussuchen, die er zu einer Betriebsbesichtigung, Pressekonferenz o. ä. einlädt. Die anderen haben keinen Anspruch auf Gleichbehandlung.

Sonderregeln gelten für Einrichtungen der öffentlichen Hand. Das Recherchieren in Räumen der Gebietskörperschaften, die für den allgemeinen Publikumsverkehr geöffnet sind, darf Journalisten nur verwehrt werden, soweit dadurch deren ordnungsgemäße Nutzung beeinträchtigt würde. Diese Nutzung richtet sich nach dem Zweck, dem die Einrichtung gewidmet ist.

> So kann der Präsident eines Gerichts das Anfertigen von Fotos im Gerichtsgebäude z.B. untersagen, soweit dies erforderlich ist, um die Sicherheit der Prozessbeteiligten oder den ungestörten Ablauf der Verfahren zu schützen.

Das Hausrecht ist auch von Journalisten zu beachten. Presse- und Rundfunkfreiheit verleihen ihnen nicht das Recht, Privatwohnungen oder Betriebsgrundstücke zu Recherchezwecken zu betreten. Andererseits ist es ihnen im Allgemeinen aber auch nicht untersagt, öffentlich zugängliche Räume zu betreten, um Informationen zu sammeln.

> Wer z.B. die für das allgemeine Publikum geöffneten Räume eines Unternehmens oder einer Behörde während der üblichen Geschäftszeiten zu Zwecken der Recherche aufsucht, darf das normalerweise tun, ohne zuvor den Inhaber des Hausrechts um Erlaubnis zu bitten. Das gilt auch, wenn er in diesen Räumen fotografieren, filmen oder Kunden befragen will.

Der Inhaber des Hausrechts muss dies im Allgemeinen aber nicht dulden. Fordert er den recherchierenden Journalisten auf, das Gebäude bzw. Gelände zu verlassen, muss der Journalist dieser Weisung folgen. Anderenfalls macht er sich strafbar. Aus diesem Grunde kann es z.B. sinnvoll sein, vom Inhaber des Hausrechts vorab eine „Drehgenehmigung" einzuholen.

Umstritten ist, ob der Geschäftsinhaber generell bestimmte Personengruppen vom Zugang zu Räumen, die er für das Publikum geöffnet hat, wirksam ausschließen kann.[223] Unstreitig hingegen ist, dass er einzelnen Personen, also auch Journalisten, Hausverbot erteilen kann. Das Zuwiderhandeln gegen ein solches Hausverbot erfüllt in jedem Fall den Tatbestand des Hausfriedensbruchs.

Welche Schranken einer verdeckten Recherche durch das Hausrecht gezogen sind, ist nicht abschließend geklärt. Umstritten ist vor allem, ob ein „Eindringen" vorliegt, wenn sich der Besucher „einschleicht", also den Eindruck erweckt, zum berechtigten Personenkreis zu gehören, oder sich den Zutritt dadurch verschafft, dass er den Hausrechtsinhaber über seine Absichten

---

[222] Vgl. die Nachweise bei Lenckner in Schönke-Schröder, Rdz. 6 zu § 123 StGB
[223] Vgl. die „Testkäufer"-Entscheidungen, Nachweise in Kindhäuser, Rdz. 23 zu § 123 StGB.

explizit täuscht.[224] Unklar ist auch, ob das Mittel der verdeckten Recherche im Einzelfall gerechtfertigt sein kann, „wenn Informationen von besonderem öffentlichen Interesse beschafft werden, die auf andere Weise nicht zugänglich sind".[225] Sachgerecht wäre es, die Stärke des öffentlichen Informationsinteresses im Einzelfall abzuwägen gegen die Intensität des Eingriffs in das Hausrecht: Je intensiver der Eingriff, desto höher die Anforderungen an seine Rechtfertigung durch ein öffentliches Informationsinteresse.

> So dürfte das heimliche Mitführen einer Kamera beim Betreten eines Krankenhauses oder Pflegeheims zu den üblichen Besuchszeiten z.B. schon durch die berechtigte Erwartung legitimiert sein, auf diese Weise hygienische Missstände dokumentieren zu können. Demgegenüber wird ein öffentliches Informationsinteresse in aller Regel nicht als Rechtfertigung dafür ausreichen, sich durch Täuschung des Wohnungsinhabers Zugang zu seinen Privaträumen zu verschaffen.

1.7.2 Privatsphäre und Geheimnisschutz

Die Verletzung des Kernbereichs der persönlichen Geheimsphäre ist in den §§ 201 ff. StGB mit Strafe bedroht. Nach § 201 StGB macht sich strafbar, wer unbefugt

- das nichtöffentlich gesprochene Wort eines anderen auf einen Tonträger aufnimmt oder mit einem Abhörgerät abhört (§ 201 Abs. 1 Ziff. 1, Abs. 2 Satz 1 Ziff. 1 StGB) oder
- eine solche Aufnahme gebraucht oder einem Dritten zugänglich macht (§ 201 Abs. 1 Ziff. 2 StGB) oder
- das unbefugt aufgenommene oder abgehörte Wort einem anderen im Wortlaut oder seinem wesentlichen Inhalt nach öffentlich mitteilt, wenn diese Mitteilung geeignet ist, berechtigte Interessen eines anderen zu beeinträchtigen; es sei denn, dass die öffentliche Mitteilung zur Wahrnehmung überragender öffentlicher Interessen gemacht wird (§ 201 Abs. 2 Satz 1 Ziff. 2, Satz 2 und 3 StGB).

Dementsprechend dürfen auch im Rahmen einer journalistischen Recherche geführte persönliche Gespräche nur mit Einwilligung des Gesprächspartners auf Band aufgezeichnet werden. Das gilt allerdings nicht für „öffentliche" Gespräche, in denen sich die Partner bewusst und gewollt an die Allgemeinheit wenden.

> Beispiele für öffentliche Gespräche bilden Podiumsdiskussionen sowie Life-Gespräche in Hörfunk und Fernsehen.

Nach Ansicht von Lenckner entfällt die Strafbarkeit auch bei der Aufzeichnung von Gesprächen, die „in der Öffentlichkeit", also an allgemein zugänglichen Orten so geführt werden, dass sie von Unbeteiligten ohne besonderes Bemühen mitgehört werden können.[226]

> Die Aufzeichnung einer lauten Unterhaltung in einem Straßencafé oder einer Kneipe ist deshalb nicht strafbar. Das bedeutet aber nicht, dass die Veröffentlichung einer solchen Aufzeichnung oder ihres Inhalts auch zivilrechtlich unbedenklich ist.[227]

Zu den Abhörgeräten im Sinne des § 201 StGB gehören postalisch zugelassene Mithöreinrichtungen an Telefonanlagen (Lautsprecher, Zweithörer u. ä.) *nicht*. Der (heimliche) Einsatz solcher Anlagen ist deshalb nicht strafbar. Er verletzt nach Ansicht des Bundesverfassungsgerichts[228] aber das allgemeine Persönlichkeitsrecht des Gesprächsteilnehmers und kann deshalb dazu führen, dass der Zeuge, der das Gespräch unerkannt mitgehört hat, in einem späteren Rechtsstreit nicht als Zeuge zugelassen wird (Beweisverwertungsverbot). Bei telefonischer Re-

---

[224] So OLG München NJW 1972, S. 2275 f.; Nachweis der gegenteiligen Ansichten bei Lenckner in Schönke-Schröder, Rdz. 22 zu § 123 StGB.
[225] So wohl Soehring, Rdz. 10.27, unter Bezugnahme auf den Deutschen Presserat, Pressekodex, Richtlinie 4.1.
[226] Lenckner in Schönke-Schröder, Rdz. 9 zu § 201 StGB.
[227] Zu dieser Frage vgl. unten 4.
[228] BVerfG AfP 2003, S. 36 ff., gegen BGH NJW 1982, S. 1397 f.

cherche ist deshalb zu empfehlen, den Gesprächspartner zu Beginn des Gesprächs darauf hinzuweisen, dass das Gespräch aufgezeichnet oder mitgehört werden soll.

Strafbar ist ferner das Abhören einer durch eine Funkanlage verbreiteten Nachricht mit Hilfe einer Funkanlage, für die die Nachricht nicht bestimmt ist, §§ 89, 148 Abs. 1 Nr. 1 TKG. Dasselbe gilt für die Weitergabe einer solchen unrechtmäßig empfangenen Nachricht.

> Deshalb ist das Abhören des Polizeifunks durch Journalisten ebenso strafbar wie die Veröffentlichung eines entsprechenden Mitschnitts.[229]

Wegen einer Verletzung des *Briefgeheimnisses* wird gem. § 202 StGB bestraft, wer unbefugt

- einen verschlossenen Brief oder ein anderes verschlossenes Schriftstück, die nicht zu seiner Kenntnis bestimmt sind, öffnet oder
- sich vom Inhalt eines solchen Schriftstücks ohne Öffnung des Verschlusses mit Hilfe technischer Mittel Kenntnis verschafft oder
- ein verschlossenes Behältnis mit einem Schriftstück öffnet und sich auf diese Weise Kenntnis von dem Schriftstück verschafft.

Demgegenüber begeht ein Journalist, der sich in einem fremden Büro befindet, nicht schon dadurch eine Straftat, dass er die Abwesenheit des Büroinhabers dazu benutzt, unbefugt Einblick in Schriftstücke zu nehmen, die offen zugänglich sind. Das unbefugte Kopieren eines solchen Schriftstücks ist jedoch strafbar, soweit es im Einzelfall eine Verletzung des Urheberrechts darstellt.[230]

Wer sich oder einem anderen unbefugt elektronisch oder magnetisch gespeicherte *Daten* verschafft, die nicht für ihn bestimmt und gegen unberechtigten Zugang besonders gesichert sind, macht sich gem. § 202a StGB ebenfalls strafbar. Das gilt auch für einen Journalisten, der sich eines „Hackers" bedient, um an entsprechend gesicherte elektronische Daten heranzukommen.

Besondere Geheimhaltungspflichten treffen Amtsträger des öffentlichen Dienstes und Mitglieder sowie Mitarbeiter bestimmter Berufe, die im Laufe ihrer Tätigkeit Einblicke in private, betriebliche oder geschäftliche Geheimnisse erhalten. Die Verletzung und Verwertung solcher Geheimnisse ist durch §§ 203, 204 StGB mit Strafe bedroht.

Wer sich unbefugt ein Geschäfts- oder Betriebsgeheimnis verschafft oder sichert, indem er die Sache, in der das Geheimnis verkörpert ist, kopiert oder andere technische Mittel einsetzt, kann bestraft werden, wenn er „zu Zwecken des Wettbewerbs, aus Eigennutz, zugunsten eines Dritten oder in der Absicht (handelt), dem Inhaber des Unternehmens Schaden zuzufügen" (§ 17 Abs. 2 UWG).

> Bei einem Journalisten, der diesen Tatbestand im Rahmen einer Recherche verwirklicht, ist jedoch in der Regel davon auszugehen, dass die genannten Motive hinter der Absicht zurücktreten, einen Beitrag zur Information der Öffentlichkeit zu leisten.

All diese Taten werden nur auf Antrag eines Verletzten verfolgt, §§ 205 StGB. Demgegenüber wird von Amts wegen verfolgt, wer Stasi-Unterlagen mit personenbezogenen Informationen über Betroffene oder Dritte[231] ganz oder in wesentlichen Teilen im Wortlaut öffentlich mitteilt, ohne dass der Betroffene oder Dritte eingewilligt hat (§ 44 StUG).

Zivilrechtlich wird die Recherchefreiheit schließlich durch den Schutz der Menschenwürde begrenzt. Diese schützt den Einzelnen, der auf Grund seiner physischen, psychischen oder seelischen Situation nicht in der Lage ist, sein Recht auf informationelle Selbstbestimmung wahrzunehmen, gegen die Beschaffung von Informationen aus seinem individuellen Lebensbereich.[232]

> Die Herstellung von Fotos und Filmaufnahmen von Personen, die sich erkennbar in einem psychischen Ausnahmezustand befinden, verletzt deshalb deren allgemeines Persönlichkeitsrecht. Das gilt z.B. für

---

[229] Zur Verfassungsmäßigkeit dieser Regelung vgl. BVerfG NStZ-RR 2005, S. 119 f.
[230] Vgl. dazu unten Kapitel 8.
[231] Zur Definition dieser Begriffe vgl. § 6 Abs. 3 und 7 StUG.
[232] Vgl. dazu Schlottfeldt a.a.O., S. 94.

Personen, die mit der Nachricht vom Tod eines Familienmitglieds konfrontiert werden. Ebenso hat das LG Köln die Herstellung von Fernsehaufnahmen einer psychisch gestörten Frau unmittelbar, nachdem sie ihre Mutter getötet hatte, als gravierende Verletzung ihres Persönlichkeitsrechts bewertet.[233]

1.7.3 Gesetzliche Fotografierverbote

1.7.3.1 Militärische Anlagen

Ein als militärischer Schutzbereich gekennzeichnetes Gebiet darf ohne besondere Genehmigung weder ganz noch teilweise abgelichtet werden (§ 5 Abs. 2 SchutzbereichsG). Die Bundeswehr kann zur Wahrung von Sicherheit und Ordnung nach dem „Gesetz über die Anwendung unmittelbaren Zwanges durch die Bundeswehr" (UZwGBw) allgemeine Anordnungen erlassen, die das Fotografieren militärischer Objekte verbieten. Wer durch die Anfertigung oder Weitergabe von Abbildungen militärischer Gegenstände, Anlagen oder Vorgänge vorsätzlich oder leichtfertig die Sicherheit der Bundesrepublik Deutschland oder die Schlagkraft der Truppe gefährdet, verwirklicht den Straftatbestand des „sicherheitsgefährdenden Abbildens" (§ 109g Abs. 1 StGB). Dasselbe gilt für denjenigen, der die Sicherheit der Bundesrepublik Deutschland oder die Schlagkraft der Truppe wissentlich dadurch gefährdet, dass er eine Abbildung eines Gebietes oder Gegenstandes von einem Luftfahrzeug aus anfertigt oder eine solche Abbildung an einen anderen gelangen lässt (§ 109g Abs. 2 StGB).

1.7.3.2 Pornographie

Pornographische Fotos, die Gewalttätigkeiten, den sexuellen Missbrauch von Kindern oder sexuelle Handlungen von Menschen mit Tieren zum Gegenstand haben, dürfen nicht zum Zwecke der Verbreitung, öffentlichen Ausstellung oder Vorführung angefertigt werden (§ 184 Abs. 3 StGB). Pornographisch ist ein Foto, das „unter Ausklammerung aller sonstigen menschlichen Bezüge sexuelle Vorgänge in grob aufdringlicher Weise in den Vordergrund rückt und in seiner Gesamttendenz ausschließlich oder überwiegend auf das lüsterne Interesse an sexuellen Dingen abzielt".[234]

1.7.3.3 Gerichtsverhandlungen

Ton-, Film- und Fernsehaufnahmen zum Zwecke der Veröffentlichung sind während der Verhandlung nicht erlaubt (§ 169 S. 2 GVG).[235] Fotos anzufertigen, ist auch während der Verhandlung zulässig[236], soweit dies der Vorsitzende nicht verbietet, weil es den Ablauf der Verhandlung stört. Gegen die Veröffentlichung eines während der Verhandlung heimlich angefertigten Fotos kann sich der Betroffene nach Ansicht des Landgerichts Berlin jedoch zur Wehr setzen.[237]

Außerhalb der Verhandlung, z. B. vor Beginn, in den Pausen, nach dem Ende der Sitzung, sind Aufnahmen sowohl im Sitzungssaal als auch im übrigen Gerichtsgebäude grundsätzlich

---

[233] LG Köln AfP 2002, S. 343 ff.
[234] Lenckner in Schönke-Schröder, Rdz. 4 zu § 184 StGB.
[235] Im Januar 2001 hat der erste Senat des Bundesverfassungsgerichts diese Regelung durch eine Mehrheitsentscheidung für verfassungsgemäß erklärt; vgl. AfP 2001, S. 48 ff. (mit Minderheitsvotum).
[236] BGH ArchPR 1970, S. 67.
[237] AfP 1994, S. 332.

zulässig. Gerichtspräsident und Vorsitzender Richter können sie jedoch untersagen[238], soweit dies zur Aufrechterhaltung der Sitzungsordnung erforderlich ist (§ 176 GVG). Zur Sitzungsordnung gehören der störungsfreie äußere Ablauf der Sitzung, die ungehinderte Entscheidungsfindung, einschließlich der Kommunikation der Prozessbeteiligten untereinander, und der Schutz des allgemeinen Persönlichkeitsrechts der Beteiligten.

Eine sitzungspolizeiliche Maßnahme gemäß § 176 GVG liegt nach Ansicht des BGH auch dann vor, wenn der Vorsitzende die Fotodiskette eines Reporters beschlagnahmt, der in einer kurzen Sitzungspause auf dem Gerichtsflur eine zuvor vernommene Zeugin fotografiert hat. Gegen eine solche Maßnahme eines Senatsvorsitzenden beim OLG oder BGH soll es deshalb kein Rechtsmittel geben.[239]

Durch das Verbot darf die Berichterstattungsfreiheit nicht unangemessen beschränkt werden. Bei der Abwägung zwischen dem Schutz der Sitzungsordnung und dem Grundrecht der Rundfunkfreiheit ist das Informationsinteresse der Öffentlichkeit an dem Verfahren angemessen zu berücksichtigen.[240]

Mit dieser Begründung hat das Bundesverfassungsgericht im Prozess gegen Honecker und andere das generelle Verbot von Filmaufnahmen aus dem Gerichtssaal sowie die Beschränkung dieser Aufnahmen auf den ersten Verhandlungstag für verfassungswidrig erklärt.[241]

Richter, Schöffen und Rechtsanwälte können sich gegen die Anfertigung von Aufnahmen jedenfalls dann nicht auf ihr Recht am eigenen Bild berufen, wenn keine Anhaltspunkte dafür ersichtlich sind, dass deren Verbreitung dazu führt, dass sie in Zukunft „erheblichen Beeinträchtigungen" ausgesetzt sein werden.[242]

Ist die Bildberichterstattung über einen Prozess mit Risiken für Leib und Leben Verfahrensbeteiligter verbunden, besteht an ihr aber ein hohes Informationsinteresse der Öffentlichkeit, ist die sitzungspolizeiliche Maßnahme so zu wählen, dass sie die Berichterstattungsfreiheit nur so weit begrenzt, wie es erforderlich ist, um die Risiken zu beseitigen. Das kann zum Beispiel dadurch geschehen, dass sichergestellt wird, dass Abbildungen vor der Weitergabe und Veröffentlichung anonymisiert werden.[243]

Demgegenüber ist die Anordnung, das Gesicht des Angeklagten bei der Veröffentlichung von Aufnahmen aus dem Gerichtssaal unkenntlich zu machen, gerechtfertigt, wenn dessen Schutzinteresse das Informationsinteresse der Öffentlichkeit überwiegt.

Eine entsprechende Anordnung hat der Vorsitzende im „Holzklotz"-Fall erlassen, in dem der Angeklagte beschuldigt wird, einen Holzklotz von einer Autobahnbrücke auf einen fahrenden Pkw geworfen und dadurch die Beifahrerin getötet zu haben. Diese Entscheidung hat im Eilverfahren vor dem BVerfG zunächst standgehalten.[244]

In einem Fall, der Anlass zu einer umfangreichen öffentlichen Diskussion gegeben hat und Gegenstand eines gewichtigen Informationsinteresses der Öffentlichkeit ist, umfasst das geschützte Berichterstattungsinteresse auch die bildliche Dokumentation der Anwesenheit der Mitglieder des Spruchkörpers im Sitzungssaal. Diese darf der Vorsitzende nicht dadurch verhindern, dass das Gericht den Sitzungssaal erst nach Aufruf der Sache betritt.[245]

Ein solches Informationsinteresse hat das BVerfG beispielsweise bei Strafverfahren zum sog. „Gammelfleischskandal"[246], eines wegen Abgeordnetenbestechlichkeit angeklagten Kommunalpolitikers[247] sowie gegen Bundeswehroffiziere und –unteroffiziere wegen einer entwürdigenden Behandlung von Rekruten[248] bejaht.

---

[238] BGHSt 29, S. 129.
[239] BGH AfP 1998, S. 221 f.
[240] BVerfG AfP 1994, S. 213 ff.
[241] BVerfG AfP 1994, S. 213 ff.
[242] Vgl. BVerfG AfP 2000, S. 454 ff.; BVerfG AfP 2007, S. 117 ff.
[243] BVerfG AfP 2002, S. 213 f. („El-Kaida")
[244] BVerfG, 1 BvQ 46/08 vom 27.11.2008, http://www.bverfg.de/entscheidungen/qk20081127_1bvq004608.html.
[245] BVerfG AfP 2007, S. 344 f.
[246] BVerfG AfP 2007, S. 344 f.
[247] BVerfG AfP 2007, S. 551 ff.
[248] BVerfG AfP 2008, S. 156 ff.

Die Anfertigung von Notizen, Skizzen und Zeichnungen - auch während der Verhandlung - stört diese in der Regel nicht.[249] Sie kann nur in Ausnahmefällen - etwa im Zusammenhang mit dem Geheimnisschutz - vom Vorsitzenden unterbunden werden.

Für Verhandlungen vor dem Bundesverfassungsgericht gilt das GVG nicht; über die Zulässigkeit von Filmaufnahmen bei der Verkündung seiner Urteile und Beschlüsse entscheidet das Bundesverfassungsgericht von Fall zu Fall selbst.

1.7.4 Die Anfertigung sonstiger Personenbildnisse

Während die Zulässigkeit der *Veröffentlichung* von Bildnissen in den §§ 22 ff. KUG zivil- und strafrechtlich einheitlich geregelt ist, ist bei ihrer *Anfertigung* zwischen Strafbarkeit und zivilrechtlicher Zulässigkeit zu unterscheiden.

Strafbar ist gem. § 201a StGB die unbefugte Aufnahme eines Bildes von einer Person, die sich in einer Wohnung oder „einem gegen Einblick besonders geschützten Raum" befindet, soweit dadurch ihr „höchstpersönlicher Lebensbereich" verletzt wird.

> Zu den besonders geschützten Räumen gehören z.B. Gäste- und Hotelzimmer, Toiletten, Umkleidekabinen und ärztliche Behandlungszimmer, aber auch Gärten, die durch Mauern oder dichte Hecken gegen Einblicke von außen abgeschirmt sind.

Der „höchstpersönliche Lebensbereich" ist verletzt bei Aufnahmen, die die Intimsphäre betreffen, z.B. weil sie die Abgebildeten bei sexuellen Handlungen, beim Entleeren von Blase oder Darm, beim Umziehen in Unterwäsche, bei gynäkologischen Untersuchungen, ganz oder teilweise entkleidet zeigen. Im Übrigen herrscht Unsicherheit; die Grenzen des geschützten Bereichs festzulegen, hat der Gesetzgeber den Strafgerichten überlassen.[250]

> Ein Foto, das einen Anwalt in seiner hell erleuchteten Kanzlei zeigt und von der Straße aus durch ein vorhangloses Fenster gemacht wurde, erfüllt den Straftatbestand jedenfalls nicht.[251]

Strafbar macht sich auch, wer eine solche Aufnahme einem Dritten zugänglich macht, § 201a Abs. 2 StGB. Ist die Aufnahme „befugt", also z.B. mit Einwilligung des Abgebildeten, hergestellt worden, macht sich strafbar, wer sie „unbefugt", also z.B. ohne dessen Zustimmung, gebraucht oder einem Dritten zugänglich macht und dadurch den höchstpersönlichen Lebensbereich des Abgebildeten verletzt, § 201a Abs. 3 StGB.

Der *zivilrechtliche* Schutz gegen die Anfertigung von Personenabbildungen reicht weit darüber hinaus. In der Rechtsprechung ist seit langem anerkannt, dass das eigenmächtige Fotografieren von Personen generell als eine Verletzung des allgemeinen Persönlichkeitsrechts anzusehen ist, die nur in Ausnahmefällen aus überwiegenden Interessen der Allgemeinheit oder eines Einzelnen gerechtfertigt sein kann.[252] Bei der Begründung von Ausnahmefällen sind insbesondere der mit der Aufnahme verfolgte Zweck, z. B. Strafverfolgung, Beweissicherung[253], sowie die Umstände von Bedeutung, unter denen sie zustande gekommen ist. So ist der Teilnehmer einer öffentlichen Versammlung weniger schutzbedürftig[254] als jemand, der sich in seinen Privaträumen aufhält.[255]

---

[249] BGHSt 18, S. 179.
[250] Zur Kritik der mit der neuen Begrifflichkeit verbundenen Rechtsunsicherheit vgl. z.B. Borgmann in NJW 2004, S. 2133 ff.
[251] OLG Karlsruhe AfP 2006, S. 262 ff. (263).
[252] BGH NJW 1966, S. 2354 - Vor unserer eigenen Tür.
[253] OLG Hamburg ZUM 1990, S. 244.
[254] BGH NJW 1975, S. 2076.
[255] OLG Schleswig NJW 1980, S. 353 . Nach Auffassung des OLG Hamm ist das Fotografieren des Nachbarn in dessen Privatsphäre selbst zu Beweiszwecken nicht zulässig, NJW-RR 1988, S. 426.

Besonders *strenge* Maßstäbe sind anzulegen, wenn eine Video- oder Tonfilmaufnahme hergestellt oder benutzt wird.[256]

> Der Vertreter des Bauherrn fertigte auf der Baustelle zu Beweissicherungszwecken Videoaufnahmen von einem betrunkenen Bauarbeiter an und führte diese Aufnahmen später nicht nur dessen Arbeitgeber, sondern auch unbeteiligten Dritten vor. Außerdem stellte er einem Arbeitskollegen des Abgelichteten eine Kopie dieser Aufnahme zur Verfügung. Dieses Vorgehen wertete das OLG Frankfurt[257] als Verletzung des Persönlichkeitsrechts und sprach dem Abgebildeten ein Schmerzensgeld von 3.000 DM zu.

Die Herstellung *pornographischer* Aufnahmen enthält einen Eingriff in die *Intimsphäre* des Abgebildeten. Sie ist nur mit seiner Einwilligung zulässig. Das Einverständnis mit der Anfertigung dieser speziellen Art von Fotos kann vertraglich wirksam vereinbart werden. Ein solcher Vertrag ist jedoch gemäß § 138 Abs. 2 BGB unwirksam, wenn sich der Fotograf das Einverständnis mit der Anfertigung und Verbreitung der Aufnahmen unter Ausnutzung der Unerfahrenheit des Modells beschafft und eine Gegenleistung vereinbart wird, die so gering ist, dass sie in auffälligem Missverhaltnis zum Wert der Einwilligung steht.

> Ein Fotograf überredet ein Modell, das Probeaufnahmen für Modezeitschriften anfertigen lassen will, zu pornographischen Aufnahmen. Er lässt sich sämtliche Rechte für eine kommerzielle Auswertung und das Recht übertragen, über die Art der Veröffentlichung zu bestimmen. Als Gegenleistung soll das Modell 10 Abzüge von jeder Aufnahme erhalten. Einen solchen Vertrag hat das OLG Stuttgart[258] wegen seines „ausbeuterischen Charakters" für unwirksam erklärt.

Werden Personenbildnisse zur Veröffentlichung in den Medien angefertigt, ist zudem der Schutz der Informationsbeschaffung durch Art. 5 Abs. 1 Satz 2 GG zu beachten.

Daraus folgt zum einen: Das Anfertigen eines Personenbildnisses ist auch ohne Zustimmung der Abgebildeten zulässig, wenn und soweit die Veröffentlichung des Bildes gemäß § 23 KUG ohne Einwilligung zulässig ist.[259] Denn die Regeln des KUG sind auch bei der Abwägung von Persönlichkeitsschutz und öffentlichem Informationsinteresse als „maßgebliche Interpretationshilfen" heranzuziehen.[260] Demgegenüber erstreckt sich der Schutz der Recherchefreiheit nicht auf die Anfertigung von Abbildungen, die

- die Intimsphäre oder die Menschenwürde der Abgebildeten verletzen oder
- deren Verbreitung in jedem denkbaren Kontext unzulässig wäre.[261]

Die Unzulässigkeit der Anfertigung kann sich insbesondere daraus ergeben, dass der Fotograf

- die Bildnisse heimlich angefertigt („Bildniserschleichung") oder dadurch erzielt hat, dass er dem Betroffenen aufgelauert oder ihn „belagert" hat – etwa durch stundenlanges Warten vor seiner Wohnung - und
- an der Verbreitung der Bildnisse kein oder nur ein geringes öffentliches Informationsinteresse besteht.[262]

Um die Anfertigung einer Aufnahme, die sein Persönlichkeitsrecht verletzen würde, zu verhindern, darf jeder Betroffene die erforderlichen Maßnahmen ergreifen (Notwehr, §§ 227 BGB, 32 StGB). Damit es nicht zu einer rechtswidrigen Veröffentlichung kommt, darf er dem Fotografen den Film auch gewaltsam wegnehmen, wenn obrigkeitliche Hilfe nicht rechtzeitig zu erlangen ist und die Gefahr besteht, dass er mit seinem Unterlassungsanspruch sonst zu spät kommt

---

[256] Vgl. dazu z.B. BAG NJW 2005, S. 313 f.; BGH NJW 1995, S. 1955 f.; OLG Karlsruhe NJW 2002, S. 2799; OLG Köln NJW 2005, S. 2997 ff.

[257] OLG Frankfurt NJW 1987, S. 1087 f.

[258] OLG Stuttgart AfP 1987, S. 693 ff. = NJW-RR 1987, S. 1434 f.

[259] Vgl. dazu unten 6.2.

[260] BGH NJW 1975, S. 2076. Das OLG Hamburg will die Zulässigkeit der Anfertigung von Fotos durch Pressefotografen von vornherein auf diese Fälle beschränken, ZUM 1990, S. 244.

[261] Kammergericht AfP 2007, S. 139 ff. (142).

[262] Vgl. Kammergericht AfP 2007, S. 139 ff. (142).

(Selbsthilfe, § 229 BGB). Ergreift der Betroffene angemessene Abwehrmaßnahmen, berechtigt dies die Fotografen nicht, Fotos von diesem Verhalten zu veröffentlichen.[263]

Selbstkontrollfrage 1 / 6:

Ein Filmteam, das an einer Reportage über Verkehrsunfälle für einen Rundfunksender arbeitet, recherchiert einen Unfall, bei dem drei Jahre zuvor zwei Menschen getötet worden sind. Das Strafverfahren gegen den Fahrer des Unfallfahrzeugs ist eingestellt worden. Nachdem T. , die Leiterin des Teams. , die den Eindruck hat, dass F. zu Unrecht nicht bestraft worden ist, erfolglos versucht hat, ein Interview mit diesem zu erhalten, fahren sie zu seinem Haus, um Filmaufnahmen von ihm in seiner häuslichen Umgebung zu machen. Als sie den Gesuchten mit Ehefrau und Nachbarn auf der Terrasse seines Hauses entdecken, bauen sie ihre Kamera in etwa 50 Metern Entfernung auf einem Grünstreifen hinter einem Busch versteckt auf. Während T. sich in einem Gespräch über den Gartenzaun hinweg erneut vergebens um ein Interview bemüht, entdecken die Betroffenen, dass sie gefilmt werden. Daraufhin laufen sie zu dem Kamerateam und fordern den Film heraus. Als das Team sich weigert, kommt es zu einer Rangelei, bei der die Kamera beschädigt wird. Kann der Eigentümer der Kamera seinen Schaden ersetzt verlangen?

Die *Vernichtung* belichteter Filme von Pressefotografen durch die Polizei mit der Begründung, der Fotograf habe bei der Dokumentation eines Polizei-Einsatzes auch - unzulässige - Porträtfotos von Polizisten angefertigt, ist immer rechtswidrig. Eine *Beschlagnahme* kommt zum einen in Betracht, wenn mit hoher Wahrscheinlichkeit davon auszugehen ist, dass unzulässige Porträtfotos auf dem Film sind und der Fotograf diese auch veröffentlichen wird. In der Regel ist jedoch davon auszugehen, dass ein Pressefotograf solche Aufnahmen nur in einer Weise veröffentlicht, die das Recht am eigenen Bild nicht verletzt.[264] Künftiges rechtswidriges Verhalten darf dem Fotografen nur dann unterstellt werden, wenn er in der Vergangenheit bereits mit solchen Vergehen hervorgetreten ist.[265] Allenfalls kann eine solche Vermutung auch damit begründet werden, dass dies auf die Zeitung zutrifft, für die er arbeitet.

> So hat das OLG Celle den Versuch, die Kamera eines Mitglieds des Kommunistischen Bundes Westdeutschlands (KBW) sicherzustellen, mit der Begründung gerechtfertigt, die Betroffene habe die Absicht gehabt, Fotos von Auseinandersetzungen zwischen Polizeibeamten und Demonstranten mit dem Ziel anzufertigen, mit diesen Bildern den Einsatz der Beamten in der Zeitung des KBW und auf Stelltafeln als Polizeiüberfall darzustellen.[266]

Die polizeiliche Sicherstellung ist ferner zulässig, um die Funktionsfähigkeit staatlicher Einrichtungen zu sichern.

> Die Funktionsfähigkeit der Polizei ist nach einer Entscheidung des OLG Hamburg[267] beispielsweise gefährdet, wenn ein Fotograf Porträtaufnahmen von als Zivilfahndern eingesetzten Beamten macht, um sie zu „enttarnen".

Schließlich darf die Polizei Aufnahmen, deren *Anfertigung* bereits das Persönlichkeitsrecht der Abgebildeten verletzt, *vorübergehend* sicherstellen, um den Betroffenen die Möglichkeit zu geben, ihre Rechte durchzusetzen. Bemühen sich die Abgebildeten in einem solchen Fall nicht unverzüglich oder erfolglos um zivilgerichtlichen Rechtsschutz, sind die Aufnahmen an den Fotografen herauszugeben. Eine Einziehung ist auch dann nicht gerechtfertigt, wenn es sich bei den Abgebildeten um Amtsträger handelt.[268]

Auch bei einer rechtswidrigen Sicherstellung eines Filmes durch die Polizei kann dem Pressefotografen *nicht* empfohlen werden, vor Ort Widerstand zu leisten. Angesichts der Groß-

---

[263] Vgl. Kammergericht AfP 2007, S. 139 ff. (142).
[264] VG Köln NJW 1988, S. 367 ff. ; VGH Baden-Württemberg AfP 1996, S. 193 ff.
[265] Kritisch zu dieser Praxis und ihre Behandlung in der Rechtsprechung auch Schoreit, S. 415.
[266] So mit im Einzelnen sehr problematischer Begründung OLG Celle NJW 1979, S. 57 f.
[267] OLG Hamburg NJW 1972, S. 1290.
[268] VGH Baden-Württemberg AfP 1996, S. 193 ff.

zügigkeit, mit der die Rechtsprechung Widerstand auch gegen materiell rechtswidriges hoheitliches Handeln zu einer strafbaren Handlung (§ 113 StGB) erklärt hat,[269] bleibt dem Betroffenen vernünftigerweise nichts anderes übrig, als sich um Schadensminimierung zu bemühen. Diese kann beispielsweise darin bestehen, auf eine alsbaldige Entwicklung des Films und die unverzügliche Herausgabe der nicht zu beanstandenden Aufnahmen hinzuwirken. Zu einer solchen Maßnahme ist die Polizei verpflichtet, weil die Verhältnismäßigkeit des Eingriffs in der Regel nur so gewahrt werden kann. Ohne Einwilligung des Fotografen darf die Polizei den Film in der Regel jedoch nicht entwickeln.[270] Ist die Beschlagnahme ohne Rechtsgrund erfolgt, kann der Betroffene die Herausgabe des Films gerichtlich durchsetzen. Im Übrigen kann er bei schuldhaftem Verhalten der Polizei Schadensersatzansprüche gegen das Land (§ 839 BGB in Verbindung mit Art. 34 GG) geltend machen, in dessen Dienst sich der Beamte befindet.[271]

1.7.5 Die Anfertigung sonstiger Abbildungen

Urheberrechtlich geschützte Gegenstände darf im Allgemeinen nur ablichten, wer vom Urheber oder dem Inhaber der entsprechenden Nutzungsrechte das Recht zur Vervielfältigung erworben hat.[272] Infolgedessen ist bei der Anfertigung von Lichtbildern, die zur Veröffentlichung bestimmt sind,[273] darauf zu achten, dass keine fremden Urheberrechte verletzt werden. Einen Überblick über die Gesichtspunkte, die bei dieser Prüfung zu berücksichtigen sind, gibt das Schema im Abschnitt 6.3.

Wer unbefugt fremde Grundstücke betritt, um Fotos zu machen, begeht einen Hausfriedensbruch.[274] Rechtlich unbedenklich ist es hingegen im Allgemeinen, von öffentlich zugänglichem Gelände aus ein Betriebs-, Geschäfts- oder Privatgelände zu fotografieren. Einen Eingriff in die Privatsphäre stellt es jedoch dar, wenn jemand „unter Überwindung bestehender Hindernisse oder mit geeigneten Hilfsmitteln … den persönlichen Lebensbereich eines anderen ausspäht".[275] Die Privatsphäre eines anderen verletzt deshalb z.B., wer Wohngebäude, private Gärten u.ä. ablichtet und dazu

- ein Teleobjektiv einsetzt,
- auf eine Leiter steigt, um über eine Mauer hinweg zu fotografieren, oder
- von einem Flugzeug oder Hubschrauber aus Luftaufnahmen anfertigt.[276]

1.7.6 Umgang mit Informanten

1.7.6.1 Verdeckte Recherche

Eine „verdeckte Recherche" liegt vor, wenn jemand sein Gegenüber darüber im Unklaren lässt, dass er Informationen zum Zwecke der Veröffentlichung sammelt.

---

[269] Ein eindrucksvolles Beispiel dafür bietet die Entscheidung des OLG Bremen NJW 1977, S. 158 ff.
[270] VGH Baden-Württemberg AfP 1998, S. 424 ff.
[271] So zu Recht auch Franke NJW 1981, S. 2036.
[272] Zu den Einzelheiten vgl. unten 8.
[273] Für die Anfertigung von Abbildung zum privaten und sonstigen eigenen Gebrauch bestehen Sonderregeln, vgl. dazu unten 8.3.8.
[274] Vgl. dazu oben 1.7.1.
[275] BGH NJW 2004, S. 762 ff., 766 ff.
[276] Das soll nach Ansicht des OLG Oldenburg allerdings dann nicht gelten, wenn die Aufnahmen ausschließlich dazu verwendet werden sollen, sie den Bewohnern des fotografierten Grundstücks zum Kauf anzubieten (OLG Oldenburg NJW-RR 1988, S. 951).

Der Pressekodex verlangt, dass Journalisten sich bei ihren Recherchen grundsätzlich zu erkennen geben. Eine verdeckte Recherche ist standesrechtlich jedoch nicht zu beanstanden, wenn durch sie „Informationen von besonderem öffentlichen Interesse beschafft werden, die auf andere Weise nicht zugänglich sind.“[277]

Rechtlich geregelt ist die (Un-)Zulässigkeit einer verdeckten Recherche im deutschen Recht hingegen nicht – zumindest nicht explizit. Es enthält jedoch eine Reihe von Vorschriften und allgemeinen Grundsätzen, die der verdeckten Recherche Grenzen setzen:

Das Herstellen und Benutzen einer gefälschten Urkunde ist strafbar (§ 267 StGB). Gefälscht ist eine Urkunde, wenn sie nicht von dem (scheinbaren) Aussteller stammt. Strafbar macht sich deshalb z.B., wer sich mit gefälschten Personalpapieren einstellen lässt, um sich über Betriebsinterna zu unterrichten. Unwahre Angaben auf eigenen Dokumenten hingegen erfüllen den Tatbestand nicht. Deshalb ist die Herstellung und Verwendung von Visitenkarten mit unwahren Angaben keine Urkundenfälschung.

Wer sich durch Täuschung Zugang zu einer Privatwohnung verschafft, kann wegen Hausfriedensbruchs belangt werden (§ 123 StGB).[278]

Eine Einwilligung, die durch eine Täuschung erlangt worden ist, ist unwirksam. Soweit Informationen nur mit Einwilligung des Betroffenen gewonnen oder fixiert werden dürfen,[279] ist eine verdeckte Recherche folglich unzulässig.

Vereinbarungen mit dem Informanten zur Verwendung seiner Informationen sind grundsätzlich einzuhalten. Der Bruch einer solchen Vereinbarung kann als Vertragsverletzung Schadensersatzansprüche des Betroffenen auslösen. Eine Vertraulichkeitsvereinbarung kann jedoch gegen die „guten Sitten“ verstoßen und deshalb nichtig sein, § 138 BGB. Das ist insbesondere dann der Fall, wenn sie dazu dient, rechtswidriges oder gar strafbares Verhalten nicht an die Öffentlichkeit gelangen zu lassen.

Beispiel:
Im Rahmen seiner Recherche zu Schleichwerbung erhielt ein Redakteur des epd, der sich als Unternehmensberater ausgab, vertrauliches Material von einem Unternehmen, das im Rahmen seiner Geschäftstätigkeit Firmen u.a. dabei half, Schleichwerbung in Form von „product placement“ in Fernsehprogrammen zu platzieren. An der Weitergabe und Veröffentlichung dieses Materials ist der Redakteur nicht dadurch gehindert, dass das Unternehmen das Material als vertraulich gekennzeichnet hatte.[280]

Zu den Nebenpflichten eines Arbeitnehmers gehört die Wahrung von Betriebs- und Geschäftsgeheimnissen des Arbeitgebers. Die schuldhafte Verletzung dieser Pflicht kann nicht nur zur Kündigung des Arbeitsverhältnisses führen, sondern auch Schadensersatzansprüche des Arbeitgebers begründen. Rechtswidrig handelt demzufolge insbesondere, wer sich als Arbeitnehmer in ein Unternehmen „einschleicht“, um ohne Wissen seines Arbeitgebers Material für eine „Betriebsreportage“ zu sammeln.[281]

Andererseits enthält das deutsche Recht keine allgemeine Rechtspflicht, sich beim Sammeln von Informationen als Journalist zu erkennen zu geben. Generell ist es deshalb nicht verboten, als Kunde, Patient oder Klient aufzutreten, um Informationen zu bekommen.

Mit der Bewertung der (Un-)Zulässigkeit einer verdeckten Recherche ist noch nicht entschieden, ob die so gewonnenen Informationen *veröffentlicht* werden dürfen. Denn einerseits dürfen Informationen, die durch eine zulässige Recherche gewonnen worden sind, nicht veröffentlicht werden, wenn ihre Verbreitung in fremde Rechte eingreift, ohne durch ein hinreichendes öffentliches Informationsinteresse legitimiert zu sein.[282] Andererseits kann die Verbreitung

---

[277] Vgl. Richtlinie 4.1 – Grundsätze der Recherche – des Deutschen Presserates.
[278] Zur Relevanz der Täuschung beim Hausfriedensbruch im Übrigen vgl. oben 1.7.1.
[279] Vgl. dazu oben 1.7.2 – 1.7.5.
[280] OLG München AfP 2005, S. 371 ff.
[281] BGH NJW 1981, S. 1089 ff. (1093) – Aufmacher I.
[282] Vgl. dazu unten Kapitel 4 – 6.

rechtswidrig gewonnener Informationen zulässig sein, wenn an ihrer Bekanntgabe ein besonders hohes öffentliches Informationsinteresse besteht.[283]

1.7.6.2 Beteiligung an Straftaten; Geheimnisverrat

Journalisten dürfen Informanten nicht dazu bewegen, Straftaten zu begehen (Anstiftung, § 26 StGB). Sie dürfen sie beim Begehen von Straftaten nicht unterstützen (Beihilfe, § 27 StGB) und ihnen nach der Tat nicht helfen, sich der Strafverfolgung zu entziehen (Strafvereitelung, § 258 StGB).

> Anstiftung oder (psychische) Beihilfe zu einer Straftat kann beispielsweise in Betracht kommen, wenn ein Fernsehteam einen Treffpunkt gewaltbereiter Jugendlicher aufsucht und eine Gruppe von ihnen bei der Verübung von Gewaltakten begleitet und filmt. Problematisch sind ferner Verhaltensweisen, die den Einsatz der Polizei zur Beendigung einer Straftat behindern („Gladbecker Geiseldrama").

Eine Rechtspflicht, strafbares Verhalten eines Informanten anzuzeigen, besteht nur, wenn die Ausführung oder der Erfolg einer bevorstehenden schweren Straftat durch die Anzeige beim Bedrohten oder der Behörde noch abgewendet werden kann. Zu den Straftaten, die unter diesen Voraussetzungen angezeigt werden müssen, gehören neben der Vorbereitung eines Angriffskrieges, eines Völkermordes, eines Kriegsverbrechens oder Verbrechens gegen die Menschlichkeit und bestimmten Fällen des Hochverrats und des Landesverrats

- Mord und Totschlag (§§ 211, 212 StGB),
- Menschenraub und Verschleppung (§§ 234, 234a StGB), Geiselnahme und erpresserischer Menschenraub (§§ 239a, 239b StGB),
- schwerer Menschenhandel (§ 181 Abs. 2 Nr. 2 oder 3 StGB),
- Raub und räuberische Erpressung (§§ 249 bis 251, 255 StGB),
- gemeingefährliche Verbrechen wie Brandstiftung (§§ 306 bis 306c StGB), Herbeiführen einer Explosion (§§ 307 Abs.1-3, 308 Abs.1-4 StGB), Missbrauch ionisierender Strahlen (§ 309 Abs.1-5 StGB), Herbeiführen einer Überschwemmung oder gemeingefährlichen Vergiftung (§§ 314, 315 Abs. 3 StGB), gefährliche Eingriffe in den Verkehr (§§ 315 Abs. 3, 315b Abs. 3), räuberischer Angriff auf Kraftfahrer (§ 316a StGB), Entführen von Schiffen und Flugzeugen (§ 316c StGB) sowie
- Fälschung von Geld, Wertpapieren oder Scheckkarten und –vordrucken (§§ 146, 151, 152, 152a Abs.1-3 StGB).

Soweit eine Anzeigepflicht nicht besteht, erfüllt das Unterlassen einer solchen Anzeige auch nicht den Tatbestand der Strafvereitelung.

Ein Journalist, der dem Träger eines Berufs- oder Dienstgeheimnisses eine Information entlockt, die dieser geheim zu halten verpflichtet ist, kann wegen Anstiftung zur Verletzung von Privat-, Dienst- oder Geschäftsgeheimnissen verfolgt werden. Zu den Berufsgruppen, deren Träger und Mitarbeiter zur Wahrung von Privatgeheimnissen verpflichtet sind, gehören

- die Heilberufe (z.B. Arzt, Zahnarzt, Apotheker, Heilpraktiker),
- Rechtsberater, Steuerberater und Wirtschaftsprüfer,
- Psychologen, Ehe-, Familien-, Erziehungsberater, Berater für Suchtfragen und Schwangerschaftskonflikte,
- Sozialarbeiter und Sozialpädagogen,
- Mitarbeiter von Kranken-, Unfall- und Lebensversicherungen sowie privatärztlichen Verrechnungsstellen,
- Mitarbeiter von Post- und Telekommunikationsunternehmen,
- öffentlich bestellte Sachverständige sowie Amtsträger und ihnen gleich gestellte Personen.[284]

---

[283] Näheres dazu unten im Abschnitt 2.5.
[284] Zu den Einzelheiten vgl. §§ 203, 206, 353b und 355 StGB.

Träger von Dienstgeheimnissen sind v.a. Beamte und Angestellte des öffentlichen Dienstes, Richter, Notare, Minister. Aber auch Mitarbeiter von Unternehmen, die Aufgaben der öffentlichen Verwaltung wahrnehmen oder im Auftrag einer Behörde tätig werden, kommen als Träger von Dienstgeheimnissen in Betracht.[285] Sie machen sich strafbar, wenn sie unbefugt Geheimnisse offenbaren, die ihnen als Träger von Dienstgeheimnissen bekannt geworden sind, und dadurch wichtige öffentliche Interessen gefährden (§ 353b Abs.1 StGB). Dasselbe gilt für Personen, die durch Parlamentsbeschluss oder eine andere amtliche Stelle zur Wahrung eines Geheimnisses verpflichtet worden sind (§ 353b Abs. 2 StGB). Schließlich ist auch die Weitergabe von Informationen in Steuersachen durch Amtsträger und ähnliche Personen strafbar (§ 355 StGB).

Mitarbeiter von Wirtschaftsunternehmen[286] machen sich strafbar, wenn sie während der Dauer ihres Beschäftigungsverhältnisses Betriebs- oder Geschäftsgeheimnisse verraten – allerdings nur, wenn sie zu Zwecken des Wettbewerbs, aus Eigennutz, zugunsten eines Dritten oder in der Absicht handeln, dem Inhaber des Unternehmens Schaden zuzufügen (§ 17 Abs.1 UWG). Eigennutz wird in der Regel vorliegen, wenn der Mitarbeiter für den Verrat ein Informationshonorar kassiert. Der Journalist, der von sich aus ein solches Honorar erfolgreich anbietet, kann wegen Anstiftung zu dieser Straftat belangt werden.

Ein Journalist handelt aber nicht schon deshalb rechtswidrig, weil er eine Information entgegen nimmt, die der Informant ihm nicht hätte geben dürfen. Die gegenteilige Auffassung der wohl herrschenden Lehre, die in der Veröffentlichung eines Dienstgeheimnisses eine Beihilfe zu ihrem Verrat sieht, wenn der Journalist die Information durch einen Geheimnisträger zum Zwecke der Veröffentlichung erhalten hat, führt meines Erachtens zu einer Gefährdung der Funktionsfähigkeit der Medien, die mit Art. 5 Abs. 1 Satz 2 GG nicht vereinbar ist.[287]

1.7.6.3   Nötigung

Der Straftatbestand der Nötigung (§ 240 Abs.1 StGB) ist erfüllt, wenn ein Journalist eine Auskunft dadurch erzwingt, dass er dem Informanten ein „empfindliches Übel" für den Fall in Aussicht stellt, dass dieser die Auskunft verweigert. Als ein solches Übel kommt auch die Drohung mit einer für den Betroffenen negativer Berichterstattung in Betracht. Rechtswidrig ist ein solches Verhalten aber nur, wenn eine solche Androhung „als verwerflich anzusehen ist." (§ 240 Abs.2 StGB) Nicht verwerflich ist der Hinweis auf ein rechtmäßiges Verhalten.[288]

> So erfüllt der Hinweis darauf, dass ein geplanter Bericht auch ohne Stellungnahme des Betroffenen erscheinen kann, nicht den Tatbestand einer rechtswidrigen Nötigung. Als Nötigung strafbar ist demgegenüber z.B. die Drohung mit der rechtswidrigen Veröffentlichung privater Briefe.[289]

1.7.6.4   Informationshonorare

Einem Beamten, Richter, Soldaten oder gleich gestellten Amtsträger ein Informationshonorar für die Preisgabe von Informationen zu versprechen oder zu gewähren, die dieser dienstlich erlangt hat, ist als Bestechung (§ 334 StGB) oder Vorteilsgewährung (§ 333 StGB) strafbar. Die Zahlung von Informationshonoraren an Angestellte erfüllt zwar nicht den Tatbestand der Beste-

---

[285] Zu den Einzelheiten vgl. § 353b Abs. 1 StGB i.V.m. § 11 Abs. 1 Nr. 2 – 4 StGB sowie die Erläuterungen in Kindhäuser, Rdz. 13 – 25 zu § 11 StGB.
[286] Das gilt auch für Vorstands- und Aufsichtsratmitglieder von Aktiengesellschaften, §§ 93, 116 AktG.
[287] Offen gelassen von BVerfG AfP 2007, S. 110 ff. – Cicero.
[288] Vgl. dazu auch BGH NJW 2005, S. 2766 ff. (2770) = AfP 2005, S. 360 ff.
[289] Beispiele bei Schlottfeldt a.a.O., S. 185.

chung, kann aber als Anstiftung zum Verrat von Betriebs- oder Geschäftsgeheimnissen strafbar sein.[290]

Im Übrigen ist die Zahlung von Informationshonoraren zulässig. Im Gegenzug kann sich der Informant verpflichten, seine Informationen keinem anderen Medium zur Verfügung zu stellen. Durch einen solchen Exklusivvertrag werden die anderen Medien jedoch weder daran gehindert, sich dieselben Informationen aus anderen Quellen zu verschaffen, noch daran, sie nach ihrer (Erst-) Veröffentlichung für eigene Beiträge zu nutzen. Denn zum einen verliert der Informant mit der Preisgabe von Informationen aus seiner Privatsphäre den Schutz des Persönlichkeitsrechts.[291] Zum anderen sind die Informationen als solche auch nicht als „Werk" urheberrechtlich schutzfähig. Ein ausschließliches Verwertungsrecht, das auch gegenüber den anderen Medien wirksam wäre, lässt sich durch einen solchen Vertrag deshalb nicht begründen.

1.7.6.5 Sperrfristen und Autorisierung

Einseitig gesetzte Sperrfristen sind rechtlich unbeachtlich.[292] Ihre Missachtung kann allerdings dazu führen, dass die Redaktion mit einer Sperrfrist versehenes Informationsmaterial künftig erst nach Ablauf der Sperrfrist erhält.

Eine Behörde darf eine solche „Sanktion" nur verhängen, wenn die Sperrfrist, die die Redaktion verletzt hat, sachlich gerechtfertigt war.

> Sachlich gerechtfertigt ist beispielsweise eine Sperrfrist für einen Bericht, den die Exekutive oder ein Ausschuss dem Parlament zu erstatten hat.

Einen Rechtsanspruch darauf, einen Beitrag vor seiner Veröffentlichung zur Autorisierung vorgelegt zu bekommen, hat ein Informant nur, wenn

- dies für den konkreten Fall explizit vereinbart worden ist,
- der Informant auf Grund der ihm bekannten Gepflogenheiten der Redaktion damit rechnen durfte oder
- der Beitrag Bearbeitungen des Autors enthält, die die Stellungnahme des Informanten nicht korrekt wiedergeben. Das ist sowohl bei einer den Sinn der Aussage verändernden Kürzung der Fall wie auch dann, wenn der Beitrag Passagen enthält, die als wörtliche Zitate gekennzeichnet sind, in Wirklichkeit aber vom Autor formuliert worden sind.[293]

1.8 Recherchepflichten

1.8.1 Pflicht zur sorgfältigen Recherche

„Nachrichten und Berichte sind vor ihrer Verbreitung mit der nach den Umständen gebotenen Sorgfalt auf Wahrheit und Herkunft zu prüfen."[294] Diese in den Presse-, Rundfunk- und Mediengesetzen der Länder enthaltene „Sorgfaltspflicht" ist zwar als allgemeine Rechtspflicht formuliert; ein Verstoß gegen sie löst aber nicht ohne weiteres Sanktionen oder sonstige Rechtsfolgen aus: Sie ist zunächst eine lex imperfecta mit Appellcharakter.

Rechtliche Relevanz entfaltet sie erst im Zusammenspiel mit anderen Rechtspflichten: So haften Autor, Verlag und Sender dafür, dass die von ihnen verbreiteten Tatsachenbehauptungen

---

[290] Vgl. dazu oben 1.7.6.2.
[291] Vgl. dazu unten 4.2.
[292] Vgl. Soehring, Rdz. 3.43.
[293] Zur Begründung vgl. unten 4.3.
[294] So § 3 Abs. 3 Satz 3 des Landesmediengesetzes von Baden-Württemberg.; gleich oder ähnlich lautende Vorschriften enthalten alle Landesmedien-, Rundfunk- und Pressegesetze. Für Telemedien gilt dasselbe, § 54 RStV.

über Personen und Unternehmen stimmen. Sofern unwahre Behauptungen geeignet sind, das Ansehen der Betroffenen zu verletzen (Ehrverletzung)[295], ein falsches Bild von ihnen in der Öffentlichkeit zu zeichnen (Verletzung des Persönlichkeitsrechts)[296] oder ihnen wirtschaftlichen Schaden (Kreditschädigung)[297] zuzufügen, haften deren Verbreiter nämlich auf Schadensersatz und Schmerzensgeld, wenn sie schuldhaft gehandelt haben.

Der Nachweis sorgfältiger Recherche aber beseitigt den Schuldvorwurf: Wer die Informationen vor ihrer Veröffentlichung mit der gebotenen Sorgfalt geprüft und das Ergebnis seiner Recherchen sachgerecht wiedergegeben hat, hat nicht fahrlässig – und damit auch nicht schuldhaft gehandelt.

Die sorgfältige Recherche bildet deshalb insbesondere vor einer kritischen Berichterstattung über Personen, Vereine, Verbände und Unternehmen einen unverzichtbaren Bestandteil journalistischer Arbeit. Dies ist nicht nur ein Gebot journalistischer Ethik, sondern auch erforderlich, um sich nicht der Gefahr auszusetzen, Schadensersatz in beträchtlicher Höhe leisten zu müssen.

Die Pflicht zur sorgfältigen Prüfung bezieht sich auf alle *Zulässigkeitsvoraussetzungen*, d.h. auf die Wahrheit einer Tatsachenbehauptung und die Unverzerrtheit der Darstellung ebenso wie auf die Voraussetzungen, die vorliegen müssen, um etwa einen Eingriff in das allgemeine Persönlichkeitsrecht (informationelle Selbstbestimmung, Privatsphäre)[298] zu rechtfertigen.

An die Wahrung der journalistischen Sorgfaltspflicht stellen die Gerichte *strenge* Anforderungen. Darauf, dass bestimmte Nachlässigkeiten in der täglichen Berufspraxis üblich seien, kann der Journalist sich *nicht* mit Aussicht auf Erfolg berufen.[299] Bedarf z.B. die Veröffentlichung eines Personenfotos der Einwilligung des Abgebildeten, darf die Redaktion sich nicht ohne weiteres auf die Angabe des Fotografen verlassen, diese liege vor.

So hat das OLG Hamm einem Fotomodell eine Entschädigung von 20.000 DM zum Ausgleich dafür zugesprochen, dass eine Zeitschrift auf der Titelseite unter der Überschrift „7 Tipps für den Mega Orgasmus" ein Foto veröffentlicht hatte, das sie nur mit einer Bluse bekleidet und mit nacktem Unterkörper zeigte. Das Gericht hielt der Redaktion vor, eine genaue Prüfung der von dem Fotografen vorgelegten Einverständniserklärung des Modells unterlassen zu haben. Diese hätte ergeben, dass die Einverständniserklärung sich zum einen nicht auf das vorgelegte Bild bezog und zum anderen auch die Abbildung im Zusammenhang mit dem Titelthema nicht abdeckte. Dass eine solche genaue Prüfung nicht branchenüblich und angesichts der Vielzahl der in jeder Ausgabe veröffentlichten Fotos auch aufwendig sei, könne nicht zu Lasten der Abgebildeten gehen.[300]

Je stärker eine Äußerung in die Rechte des Betroffenen eingreift, desto höher ist der Sorgfaltsmaßstab.[301]

Andererseits dürfen die Anforderungen auch nicht überspannt werden. Maßstäbe gerichtlicher Wahrheitsfindung würden den Journalisten überfordern, die Wahrung „pressemäßiger Sorgfalt" ist deshalb als ausreichend anzusehen.[302]

So kann von einer Bildagentur im Allgemeinen nicht verlangt werden, vor der Weitergabe eines jeden Personenbildnisses an einen Medienanbieter zunächst eine Auskunft über den Inhalt der geplanten Veröffentlichung einzuholen und auf dieser Grundlage selbst zu prüfen, ob die Veröffentlichung das Recht der abgebildeten Person am eigenen Bild verletzen würde. Eine solche Pflicht besteht nur, wenn aufgrund besonderer Umstände im Einzelfall offenkundig mit einer rechtswidrigen Veröffentlichung zu rechnen ist.[303]

---

[295] Vgl. dazu unten 3.
[296] Vgl. dazu unten 4.1.
[297] Vgl. dazu unten 5.4.
[298] Vgl.dazu unten 4.
[299] BGHZ Bd. 30, S. 7 - „Caterina Valente".
[300] OLG Hamm AfP 1998, S. 304 f.
[301] BVerfG NJW 2004, S. 589 f.; BVerfG NJW 2006, S. 595 ff.
[302] OLG Köln NJW 1963, S. 1634 f. ; instruktiv dazu auch AmtsG Mainz AfP 1993, S. 784 ff.
[303] LG Hamburg AfP 2007, S. 385 ff.

Die Pressemitteilung eines Unternehmens, es habe sich von seiner Pressesprecherin einvernehmlich getrennt, darf in der Regel verbreitet werden, ohne zuvor bei der betroffenen Pressesprecherin nachzufragen.[304]

Die *Anforderungen*, die danach zur Erfüllung der journalistischen Sorgfaltspflicht an das Verhalten der Beteiligten zu stellen sind, hängen davon ab, ob ein *eigener* Bericht über *selbst entdeckte* Vorgänge angefertigt wird oder eine Meldung auf eine *seriöse* Quelle gestützt wird. Vor der Publikation eigener Berichte über *selbst entdeckte* Vorgänge muss der Journalist alle erreichbaren Quellen ausschöpfen, um sich über das Vorliegen der Zulässigkeitsvoraussetzungen im Rahmen des Möglichen Gewissheit zu verschaffen. Dazu gehört nach wohl überwiegender Auffassung von Rechtsprechung und Lehre[305] im Allgemeinen auch die Rückfrage beim Betroffenen.[306] Ausnahmen von dieser Regel gelten nur in den Fällen, in denen

- ein Informationsinteresse der Öffentlichkeit an einer *sofortigen* Verbreitung der Meldung besteht, das dem Schutzinteresse des Betroffenen vorgeht,[307]

    Beispiel:
    Aufdeckung schwerwiegenden Fehlverhaltens eines Ministerpräsidenten unmittelbar vor der Landtagswahl,

- die Rückfrage bei dem Betroffenen der Redaktion *nicht zugemutet* werden kann,

    Beispiele:
    Der Betroffene ist innerhalb angemessener Zeit und mit angemessenem Aufwand nicht zu erreichen. Oder die Betroffene ist eine Organisation, die ihre Mitglieder dazu auffordert, gegen ihre Gegner Gewalt anzuwenden.[308]

- oder die Rückfrage nach den gegebenen Umständen im Einzelfall keinen Beitrag zur Aufklärung leisten kann.

Bei der Berufung auf die zuletzt genannte Ausnahme ist allerdings *äußerste Vorsicht* geboten. In den allermeisten Fällen ist für den recherchierenden Journalisten nämlich gar nicht *vorhersehbar*, ob der Betroffene im Einzelfall bereit und in der Lage ist, etwas Sachdienliches zur Aufklärung eines gegen ihn gerichteten Vorwurfs beizutragen. Dem Betroffenen darf die Möglichkeit zur Stellungnahme nicht schon deshalb genommen werden, weil im Einzelfall nach („vernünftiger") Prognose des Journalisten „spezielle Aufklärung" von ihm nicht „zu erwarten ist."[309] Im *Regelfall* gehört zu einer sorgfältigen Recherche vielmehr, dass dem Betroffenen Gelegenheit gegeben wird, sich zu den gegen ihn erhobenen Vorwürfen zu äußern.[310] Nur wenn dieser sich zu den Vorwürfen bereits in einem bestimmten Sinne geäußert hat, muss er nicht unbedingt die Gelegenheit erhalten, dies zu wiederholen. Die Gefahr, dass der Betroffene sich gegen eine bevorstehende Veröffentlichung mit einem Antrag auf Erlass einer einstweiligen Verfügung zur Wehr setzt, wenn er von ihr vorzeitig erfährt, führt zu keinem anderen Ergebnis.[311] Denn Aufgabe der Massenmedien ist die möglichst vollständige und zutreffende Information der Öffentlichkeit, nicht die Verbreitung vermuteten Fehlverhaltens um jeden Preis.

---

[304] LG Berlin AfP 2008, S. 636 f.
[305] So z. B. BGH AfP 1988, S. 34 ff. ; OLG Stuttgart NJW 1972, S. 2320 ff. ; Steffen in Löffler, Rz. 170 zu § 6 LPG mit weiteren Nachweisen.
[306] Das OLG Hamburg hat es als ein „Gebot des Anstandes" bezeichnet, den Betroffenen selbst zu befragen, bevor man eine abträgliche Behauptung über ihn verbreitet (AfP 1997, S. 478).
[307] So auch OLG Stuttgart NJW 1972, S. 2320 ff. (2321).
[308] So für die Scientology Church OLG Karlsruhe NJW-RR 1993, S. 1054 ff. (1055).
[309] So aber Soehring, Rz. 2.24. Zu weitgehend auch OLG München AfP 1990, S. 222, das meint, eine Nachfrage beim Betroffenen sei „in der Regel schon nur in Ausnahmefällen zu fordern" und könne „im Rahmen der politischen Auseinandersetzung oder der Berichterstattung über aktuelle politische Vorgänge praktisch nie zum Tragen kommen".
[310] So zu Recht OLG Hamburg AfP 1996, S. 154 ff.
[311] Entgegen der Auffassung von Soehring, Rz. 2.25; wie hier Steffen in Löffler, Rz. 170 zu § 6 LPG.

Selbstkontrollfrage 1/7:

Während des Bundestagswahlkampfs 2002 veröffentlichte eine Nachrichtenagentur ein Interview mit einer Imageberaterin zu Kleidung, Styling und Äußerem der Kandidaten Stoiber und Schröder. Über Gerhard Schröder hieß es dort u.a., sein durchgehend dunkles Haar wirke unglaubwürdig. „Es käme seiner Überzeugungskraft zugute, wenn er sich die grauen Schläfen nicht wegtönen würde." Schröder verlangt Unterlassung. Die Äußerung, er töne seine grauen Schläfen, sei unwahr. Die Agentur könne sich auf die Wahrnehmung berechtigter Interessen nicht berufen, weil sie die Äußerung ungeprüft weitergegeben habe. Die Agentur meint, die Äußerung der Imageberaterin sei plausibel gewesen, so dass keine gesonderte Recherchepflicht bestanden habe. Angesichts der großen Zahl der täglich verbreiteten Meldungen mache die gegenteilige Forderung die Agentur handlungsunfähig. Wer hat Recht?

Die Wiedergabe bloßer Gerüchte ohne eigene Recherche ist regelmäßig unzulässig. Dasselbe gilt für schwerwiegende Vorwürfe aufgrund anonymer Anzeigen oder anonymer Flugblätter.[312] Nach überwiegender Auffassung der Rechtsprechung macht auch der Umstand, dass die Berichterstattung auf *Vorveröffentlichungen in anderen Medien* basiert, die eigene Recherche in der Regel nicht entbehrlich.[313]

Beziehen Zeitungen oder Sender Informationen aus anerkannten, *seriösen Quellen*, dürfen sie von deren Wahrheit ausgehen, ohne sie nachzurecherchieren.[314] Ist die aus einer seriösen Quelle stammende Mitteilung fehlerhaft, so muss der Betroffene seine Schadensersatzansprüche gegenüber der Quelle geltend machen.[315] Zu den anerkannten seriösen Quellen gehören die großen renommierten Nachrichtenagenturen, wie dpa, AP, AFP,[316] ebenso wie Pressemitteilungen von Regierungen, Behörden,[317] Staatsanwaltschaften und Gerichten. Auch bei Informationen aus seriösen Quellen bleibt die Redaktion allerdings verpflichtet, zu prüfen, ob die Verbreitung der Information rechtlich zulässig ist.[318]

Nachrichtenagenturen unterliegen ihrerseits denselben Sorgfaltspflichten wie die Medien. Insbesondere können sie nicht verlangen, dass der Sorgfaltsmaßstab, der an ihre Meldungen angelegt wird, gemildert wird, weil sie täglich mit einer großen Anzahl von Nachrichten umzugehen haben.[319]

1.8.2   Sicherung von Rechercheergebnissen

Wer sich auf sorgfältige Recherche beruft, muss diese im Streitfall auch *beweisen* können.

> Wer z.B. behauptet, ein Dritter habe sich abfällig über den Betroffenen geäußert, haftet dem Betroffenen auf Schadensersatz, wenn er die Äußerung des Dritten nicht beweisen kann.[320]

Es empfiehlt sich deshalb, in „kritischen" Fällen Ablauf, Inhalt und Ergebnisse der einzelnen Rechercheschritte zu dokumentieren und Beweismittel zu sichern:

---

[312] LG Berlin AfP 1994, S. 324 ff.

[313] Vgl. OLG Hamm NJW-RR 1993, S. 735f.; OLG Brandenburg AfP 1995, S. 520 ff.; anders OLG Köln, AfP 1991, S. 427 ff.. Demgegenüber können Bürgerinitiativen ihre Kritik im politischen Meinungskampf auf Medienveröffentlichungen stützen, die unwidersprochen geblieben sind, BVerfGE 85, S. 1 ff. = NJW 1992, S. 1439 ff. (1442) - Kritische Bayer-Aktionäre.

[314] Vgl. z.B. Kammergericht Berlin AfP 2007, S. 571 f.

[315] Burkhardt in Wenzel, Kapitel 6 Rz. 136.

[316] Vgl. Kammergericht Berlin AfP 2007, S. 571 ff. = NJW-RR 2008, S. 356 f.

[317] OLG Stuttgart AfP 1990, S. 145 ff. (147). Auch Polizeimeldungen gehören dazu, vgl. OLG Karlsruhe NJW-RR 1993, S. 732 f.

[318] Vgl. OLG Nürnberg AfP 2007, S. 127 f.; Kammergericht Berlin AfP 2007, S. 374 f.

[319] BVerfG AfP 2003, S. 539 ff.

[320] Vgl. LG Berlin AfP 2007, S. 151 ff.

- Dokumente, die als Beweismittel dienen können, sind aufzubewahren. Das gilt auch für Notizen, die im Rahmen der Recherche entstanden sind.
- Ist ein Gespräch in Anwesenheit eines Zeugen geführt worden, empfiehlt es sich, zeitnah eine Gesprächsnotiz anzufertigen, auf die der Zeuge seine Aussage bei einer späteren Vernehmung stützen kann.
- Der Inhalt eines (Telefon-)Gesprächs lässt sich am besten mit Hilfe einer Tonaufzeichnung beweisen. Die Aufzeichnung ist jedoch nur zulässig und verwertbar, wenn der Gesprächspartner mit ihrer Anfertigung einverstanden gewesen ist. Deshalb ist dringend zu empfehlen, den Gesprächspartner zu Beginn eines Gesprächs darauf hinzuweisen, dass das Gespräch aufgezeichnet werden soll. In diesem Fall reicht es für die spätere Verwendung als Beweismittel aus, dass der Gesprächspartner der Aufzeichnung nicht widersprochen hat (konkludente Einwilligung). Um die Einwilligung später beweisen zu können, sollten der Hinweis und die Reaktion des Gesprächspartners bereits aufgezeichnet werden.
- Dieselben Grundsätze gelten nach der Rechtsprechung des Bundesverfassungsgerichts[321] für den Fall, dass einem Zeugen das Mithören eines Telefongesprächs mittels technischer Einrichtungen (Lautschaltung, Mithöreinrichtung) ermöglicht wird. Die Aussage eines solchen Zeugen ist in einem späteren Prozess nur verwertbar, wenn der Gesprächspartner gewusst hat, dass das Gespräch mitgehört wird oder wichtige Belange des Allgemeinwohls die Verwertung rechtfertigen. Dafür reicht das Interesse, sich ein Beweismittel für spätere rechtliche Auseinandersetzungen zu sichern, nach Ansicht des Bundesverfassungsgerichts nicht aus. Deshalb empfiehlt sich, den Gesprächspartner darauf hinzuweisen, dass das Gespräch von einem anderen mitgehört wird.
- Zu erheblichen Schwierigkeiten beim Nachweis einer sorgfältigen Recherche kann der Schutz des Informanten führen: Soll die Identität des Informanten nicht aufgedeckt werden, fällt er als Beweismittel praktisch aus. Allenfalls kann der Mitarbeiter als (mittelbarer) Zeuge benannt werden, der mit dem Informanten gesprochen hat. Dessen Vernehmung ist allerdings vor allem dann ein sehr schwaches Beweismittel, wenn es dem Gericht nicht ermöglicht, sich ein eigenes Bild von der Glaubhaftigkeit des Informanten und der Glaubwürdigkeit seiner Angaben zu machen.

---

[321] BVerfG AfP 2003, S. 36 ff., gegen die Rechtsprechung der Zivilgerichte, vgl. z.B. BGH NJW 1982, S. 1397.

2 Die Berichterstattungsfreiheit und ihre Grenzen

2.1 Verfassungsrechtliche Grundlagen

Verfassungsrechtlich gesichert ist die Berichterstattungsfreiheit der Massenmedien durch die Meinungsäußerungsfreiheit, die Presse-, Rundfunk- und Filmfreiheit sowie das Zensurverbot, die durch Art. 5 Abs. 1 GG als Grundrecht gewährleistet sind.

2.1.1 Meinungsfreiheit

Das Recht, seine eigene Meinung zu haben und diese frei äußern und verbreiten zu dürfen, ist ein Menschenrecht.[322] Es steht demzufolge *jedem* zu - unabhängig von Nationalität oder Beruf. Die Meinungsfreiheit ist zunächst ein *individuelles Freiheitsrecht*, das der Mensch zur freien Entfaltung seiner geistigen Persönlichkeit benötigt. *Daneben* gewinnt es seinen besonderen Stellenwert aus dem Umstand, dass es für eine freiheitlich-demokratische Staatsordnung schlechthin konstituierend ist, weil es erst die ständige geistige Auseinandersetzung, den Kampf der Meinungen, ermöglicht, der ihr Lebenselement ist.[323] Werden *beide* Gesichtspunkte bei der Interpretation dieses Grundrechts angemessen berücksichtigt, so ergibt sich folgendes:

Gegenstand der Meinungsfreiheit ist zunächst das Äußern und Verbreiten der *eigenen Meinung*. Darin erschöpft sich diese jedoch nicht. Auch die *Weitergabe von Informationen* ist nicht nur durch Presse-, Rundfunk- und Filmfreiheit, sondern schon durch die Meinungsfreiheit geschützt. Denn neben den Massenmedien benötigt auch der einzelne den Schutz der Verfassung bei der Verbreitung von Informationen, wenn er seiner Rolle als mündiger Staatsbürger in einer freiheitlichen Demokratie gerecht werden, sich am Prozess der öffentlichen Meinungs- und Willensbildung angemessen beteiligen soll. Meinungsfreiheit im Sinne des Art. 5 Abs. 1 S. 1 GG ist dementsprechend als umfassende *Rede*- und *Mitteilungsfreiheit* zu verstehen.

Diese Rede- und Mitteilungsfreiheit erstreckt sich auf *sämtliche Sachgebiete* menschlichen Lebens; sie ist nicht etwa auf politische Streitfragen beschränkt.

Das Grundrecht auf freie Meinungs*äußerung* hindert den Staat[324] daran, dem Bürger „den Mund zu verbieten"[325] Das Recht auf die freie *Verbreitung* von Meinungen und Informationen schützt gegen staatliche Maßnahmen, die verhindern, dass die Informationen denjenigen zugehen, für die sie bestimmt sind, die den einzelnen gewissermaßen von seinem Auditorium abschneiden.[326] Demgegenüber hat niemand einen Anspruch darauf, auch tatsächlich gehört zu werden. Das Grundrecht gibt dem einzelnen weder einen Anspruch auf Bereitstellung eines Auditoriums, noch auf Bereitstellung von Mitteln und Instrumenten zur Informationsverbreitung, insbesondere keinen Anspruch darauf, in den Massenmedien zu Gehör zu kommen.[327]

---

[322] So Art. 19 der „Allgemeinen Erklärung der Menschenrechte" der Vereinten Nationen vom 10. 12. 1948, Art. 19 des „Menschenrechtspakts der Vereinten Nationen" vom 16. 12. 1966 sowie Art. 10 der Europäischen Menschenrechtskonvention vom 4. 11. 1950.

[323] BVerfGE 7, S. 198 ff. (208) „Lüth".

[324] Das gilt für Legislative, Exekutive und Judikative in gleicher Weise; auch die Berufsgerichtsbarkeit hat diese Grundsätze zu beachten, BVerfG AfP 1991, S. 387 ff.

[325] So die Formulierung von Herzog a. a. O. , Rz. 56 zu Art. 5 GG.

[326] Herzog a.a.O., Rz. 59 ff.

[327] Herzog a.a.O., Rz. 65.

Die Meinungsäußerung und -verbreitung ist in *jeder* denkbaren *Form* geschützt. Die Aufzählung von „Wort, Schrift und Bild" in Art. 5 GG ist nur beispielhaft; auch andere Äußerungsformen, wie beispielsweise Gesten und Mimik, werden vom Grundrecht der Meinungsfreiheit erfasst.

Das Grundrecht der Meinungsfreiheit schützt nicht nur das Recht, die eigene Meinung zu äußern, sondern auch das Recht, dieses *nicht* zu tun, die eigene Meinung zu *verschweigen*. Gesetzliche *Auskunftspflichten* greifen in dieses Recht ein; sie sind daher nur im Rahmen der Schrankenregelung des Art. 5 Abs. 2 GG zulässig.[328]

2.1.2 Die Freiheit der Massenmedien: Presse-, Rundfunk- und Filmfreiheit

Im Gegensatz zur Meinungs- und Informationsfreiheit sind die Medienfreiheiten (Presse-, Rundfunk- und Filmfreiheit) nach Auffassung des Bundesverfassungsgerichts *nicht* um ihrer selbst willen geschützt. Ihnen kommt vielmehr - mit den Worten des Verfassungsgerichts[329] - eine *dienende* Funktion zu: Durch sie soll sichergestellt werden, dass die Massenmedien ihre Rolle als „Medium" und „Faktor" im Prozess der öffentlichen Meinungs- und Willensbildung[330] wahrnehmen können, wie sie das Bundesverfassungsgericht im *Spiegel*-Urteil beschrieben hat.[331]

2.1.2.1 Staatsfreiheit

Dieser Aufgabe können die Massenmedien nur gerecht werden, wenn sie *staatsunabhängig organisiert* sind. Deshalb widerspräche es der Verfassungsgarantie, die Massenmedien oder einen Teil von ihnen unmittelbar oder mittelbar von Staats wegen zu reglementieren oder zu steuern.

Die Medienfreiheit wird dementsprechend berührt, wenn der Staat in das Eigentum der Träger von Massenmedien eingreift oder ihre Handlungsfreiheit begrenzt. Zum anderen schützt sie aber auch dagegen, dass der Staat auf Dritte einwirkt und dadurch die publizistischen Wirkungsmöglichkeiten oder die finanziellen Erträge des Mediums nachteilig beeinflusst.

> So greift die Veröffentlichung eines Verfassungsschutzberichts, in dem eine Zeitschrift als rechtsextremistisch und verfassungsfeindlich bewertet wird, in deren Grundrechtsschutz ein, obwohl sie den Verlag rechtlich nicht daran hindert, die Zeitschrift weiter mit unverändertem Inhalt herzustellen und zu vertreiben.[332]

Soweit es möglich ist, solche „mittelbar-faktischen" Grundrechtsbeeinträchtigungen gesetzlich zu regeln, dürfen sie nur auf der Basis einer gesetzlichen Ermächtigungsgrundlage vorgenommen werden.

> Das hat das BVerfG für die Erwähnung im Verfassungsschutzbericht bejaht,[333] für allgemeine Stellungnahmen der Bundesregierung z.B. zu „Jugendsekten" hingegen verneint.[334]

Auch solche Grundrechtsbeeinträchtigungen müssen nur hingenommen werden, soweit sie im Einzelfall zum Schutz anderer verfassungsgeschützter Rechtsgüter erforderlich und verhältnismäßig sind.[335]

---

[328] Herzog a. a. O., Rz. 40 ff.; vgl. im übrigen unten S. 27.
[329] BVerfGE 57, S. 294 ff. (320) „FRAG".
[330] BVerfGE 12, S. 205 ff. (260) „Deutschland-Fernsehen".
[331] Vgl. dazu schon oben 1.1.2.
[332] BVerfG NJW 2005, S. 2912 ff. – Junge Freiheit = AfP 2005, S. 454 ff.
[333] BVerfG NJW 2005, S. 2912 ff. (2913) – Junge Freiheit.
[334] BVerfG AfP 2002, S. 410 ff. (414 f.).
[335] Vgl. z.B. BVerfG NJW 2005, S. 2912 ff. (2914) – Junge Freiheit.

Die Schaffung staatseigener Massenmedien ist mit Art. 5 GG nur vereinbar, wenn und soweit sie „wegen der Konkurrenz mit der Fülle der vom Staat unabhängigen" Medien an dem
Bild einer freien Medienlandschaft „substanziell nichts ändern" würde.[336]

Entschließt sich der Staat, die Presse oder einen Teil von ihr durch Subventionen zu fördern, hat er die Pflicht, diese Förderung an „meinungsneutralen Kriterien" auszurichten.[337] Jedenfalls darf er die Tendenz eines Blattes *nicht* zum Förderungskriterium machen, z. B. Subventionen nur an regierungsfreundliche Verlage verteilen. Voraussetzung für eine Pressesubventio-
nierung ist außerdem eine *gesetzliche* Regelung, die der Exekutive bei Subventionsentscheidun-
gen kein Ermessen einräumt.[338]

> Solange es an einer solchen gesetzlichen Regelung fehlt, darf eine Gemeinde nicht die Vertriebskosten
> eines Anzeigenblattes übernehmen.[339]
> Ebenso wenig darf die Bundes- oder eine Landesregierung die Reisekosten ausgewählter Journalisten
> ganz oder teilweise übernehmen, die ein Regierungsmitglied auf einer Dienstreise begleiten.[340]

2.1.2.2   Vielfalt

Außerdem setzt eine freie öffentliche Meinungs- und Willensbildung eine Medienlandschaft
voraus, in der „alle gesellschaftlichen Gruppen und geistigen Richtungen" tatsächlich zu Wort
kommen, dass also ein „Meinungsmarkt" besteht, auf dem die *Vielfalt* der in der Gesellschaft
vertretenen Auffassungen *unverkürzt* zum Ausdruck gelangt. Eine Situation, in der Meinungs-
träger, die sich im Besitz von Zeitungen oder Rundfunksendern befinden, „an der öffentlichen
Meinungsbildung vorherrschend mitwirken" und in der infolgedessen „auf Verbreitung angeleg-
te Meinungen von der öffentlichen Meinungsbildung ausgeschlossen" werden, wird dieser Forderung *nicht* gerecht.[341]

Der oben zitierten Aufgabenbeschreibung entsprechend, bezieht sich das Vielfaltspostulat
auf das *Gesamtangebot* der Berichterstattung in den einzelnen Sparten, *nicht* auf den einzelnen
journalistischen Beitrag. Gefordert wird also *nicht*, dass in *jedem* Artikel und *jeder* Sendung *alle*
zu dem jeweiligen Thema vertretenen Auffassungen dargestellt werden; auch *einseitige* Beiträge, die ein Problem aus einer bestimmten Perspektive darstellen, leisten einen sinnvollen Beitrag
zur öffentlichen Meinungs- und Willensbildung. Das journalistische Gesamtangebot zu allen
relevanten Berichterstattungsbereichen (z. B. Politik, Wirtschaft, Kultur auf lokaler, regionaler,
nationaler und internationaler Ebene) sollte den Leser, Hörer oder Zuschauer jedoch in die Lage
versetzen, sich über Ereignisse umfassend zu informieren, die für seine Meinungs- und Willensbildung wichtig sind.

Dieses vielfältige Gesamtangebot kann dadurch zustande kommen, dass auf einem Teil-
markt mehrere selbständige publizistische Einheiten miteinander konkurrieren, die zwar jede für
sich genommen nur einen - tendenziös ausgewählten - Teil der Gesamtinformation präsentieren,
in ihrer Gesamtheit aber das gesamte Spektrum umfassen. Diesen Zustand bezeichnet das Bundesverfassungsgericht[342] als „außenpluralistische Vielfalt". Wo indessen einzelne Zeitungen
oder Rundfunkanbieter ein faktisches Monopol haben, kann diese Vielfalt nur durch ein „bin-
nenpluralistisches" Angebot gewährleistet werden, also dadurch, dass die Zeitung oder der Sender auf vollständige und vielfältige Berichterstattung achtet, die unterschiedlichen Gruppierun-

---

[336] BVerfGE 12, S. 205 ff. (260).
[337] BVerfG NJW 1989, S. 2877 f. = JZ 1989, S. 840 ff. mit Anmerkung von Hoffmann-Riem; Detterbeck, S. 371 ff.
[338] OVG Berlin DVBl. 1975, S. 905 ff.
[339] OLG Frankfurt AfP 1993, S. 493 f. = ZUM 1994, S. 118 f.
[340] Vgl. z.B. VG Berlin AfP 1996, S. 97 ff.
[341] BVerfGE 57, S. 295 ff. (323).
[342] BVerfGE 57, S. 295 ff. (325).

gen und Auffassungen bei seiner Darstellung berücksichtigt und die eigene Monopolstellung nicht dazu missbraucht, wichtige Themen und unliebsame Auffassungen von der Berichterstattung auszuschließen.

2.1.2.3   Pressefreiheit

Der Schutzbereich der Pressefreiheit umfasst den *gesamten Herstellungsprozess* „von der Beschaffung der Information bis zur Verbreitung der Nachrichten und Meinungen".[343] Dazu gehören alle Tätigkeiten, die der Herstellung oder Verbreitung des Produktes dienen, neben den redaktionellen also kaufmännische und technische Tätigkeiten ebenso wie Tätigkeiten im Vertrieb. Dementsprechend können sich nicht nur alle Mitarbeiter eines Presseunternehmens - auch solche in der Buchhaltung[344] und der Anzeigenaufnahme[345] - gegenüber staatlichen Eingriffen in ihre Tätigkeit auf den Schutz der Pressefreiheit berufen, sondern auch Externe, deren Tätigkeit typischerweise pressebezogen ist, in enger organisatorischer Anlehnung an die Presse erfolgt und für das Funktionieren einer freien Presse notwendig ist, wenn sich der Eingriff einschränkend auf die Meinungsverbreitung auswirkt.

> Mit dieser Begründung hat das Bundesverfassungsgericht beispielsweise der Verfassungsbeschwerde eines Pressegrossisten gegen eine Bestrafung wegen des Verbreitens jugendgefährdender Schriften stattgegeben.[346]

Demzufolge genießen Journalisten auch als *freie Mitarbeiter* den Schutz der Pressefreiheit- und zwar unabhängig davon, ob sie selbst Beiträge verfassen oder „nur" Informationen, Illustrationen oder Belege für solche Beiträge beschaffen.

In den *Landespressegesetzen* hat die Pressefreiheit eine Ausformung erfahren, die durch die Gewährleistung privatrechtlicher und privatwirtschaftlicher Organisationsformen auf *außenpluralistische* Vielfalt zielt:

Die Pressetätigkeit einschließlich der Errichtung eines Verlagsunternehmens oder eines sonstigen Betriebes des Pressegewerbes darf nicht von einer staatlichen *Zulassung* abhängig gemacht werden.[347] Auf diese Weise soll erreicht werden, dass sich Presseunternehmen im gesellschaftlichen Raum frei bilden können und Unternehmen entstehen, die miteinander in geistiger und wirtschaftlicher Konkurrenz stehen.[348] Diese publizistische Konkurrenz soll dazu führen, dass die unterschiedlichsten kommunikativen Bedürfnisse befriedigt werden und ein vielfältiges publizistisches Gesamtangebot entsteht.

Zur *Pressetätigkeit* gehören alle Aktivitäten, die der Herstellung und Verbreitung von Presseprodukten dienen. Dementsprechend gilt die Zulassungsfreiheit nicht nur für die Tätigkeit des *Verlegers*, sondern auch für die publizistische Tätigkeit als *Herausgeber, Redakteur, freier Mitarbeiter, Pressefotograf, -zeichner* und -*illustrator* sowie die Arbeit im *Archiv* und in der *Dokumentation*. Dasselbe gilt für technische und kaufmännische Mitarbeiter von Presseunternehmen.

Die Zulassungsfreiheit gewährleistet, dass *jeder* als Verleger oder Journalist tätig werden darf. Er muss dazu weder bestimmte persönliche noch sachliche Voraussetzungen erfüllen. Die Tätigkeit ist weder vom Erreichen eines Mindestalters noch vom Nachweis einer bestimmten Qualifikation abhängig.

Berufsorganisationen der Presse mit Zwangsmitgliedschaft und eine mit hoheitlicher Gewalt ausgestattete *Standesgerichtsbarkeit* der Presse sind nach geltendem Presserecht unzuläs-

---

[343] BVerfGE 10, S. 118 ff (121), seitdem ständige Rechtsprechung.
[344] BVerfGE 25, S. 296 ff. (304).
[345] BVerfGE 64, S. 108 ff. (114).
[346] BVerfG AfP 1988, S. 15 ff.
[347] So die inhaltsgleichen Regelungen in § 2 der Landespressegesetze.
[348] BVerfGE 20, S. 162 ff. (175).

sig.[349] Diese Freiheit vom *Standeszwang* ist eine Reaktion auf die Pressepolitik des Dritten Reiches, als sich die nationalsozialistische Staatsführung berufsständischer Regelungen, insbesondere der „Reichspressekammer", zur *Gleichschaltung* der Presse und des gesamten journalistischen Berufsstandes bedient hatte. Die Bedeutung des *Deutschen Presserates* als beruflichem Selbstkontrollorgan von Verlegern und Journalisten ist durch das Fehlen einer wirksamen Standesgerichtsbarkeit allerdings stark beeinträchtigt. Rechtspolitisch erwägenswert wäre deshalb die Überlegung, den Deutschen Presserat mit stärkeren Sanktionen auszustatten, als sie ihm gegenwärtig zur Verfügung stehen.

2.1.2.4   Rundfunkfreiheit

Rundfunk im Sinne des Art. 5 GG ist jede „für die Allgemeinheit bestimmte Veranstaltung und Verbreitung von Darbietungen aller Art in Wort, in Ton und in Bild unter Benutzung elektromagnetischer Schwingungen."[350] Dementsprechend gehören sowohl der *Hörfunk* als auch das *Fernsehen* zum Rundfunk.[351] Ob die Übermittlung drahtlos oder durch Kabel erfolgt, ist unerheblich. Auch *Kabelfunk* ist Rundfunk. Nicht zum Rundfunk gehören indessen Angebote, bei denen „nicht die redaktionelle Gestaltung zur Meinungsbildung für die Allgemeinheit im Vordergrund steht (Datendienste, zum Beispiel Verkehrs-, Wetter-, Umwelt- und Börsendaten, Verbreitung von Informationen über Waren und Dienstleistungsangebote)",[352] Angebote zum Fernseheinkauf.[353] Dasselbe gilt generell für Textdienste (Fernsehtext, Radiotext)[354] und Abrufdienste (Internet, Telebanking u.ä.).[355]

   Trotz der Formulierung in Art. 5 Abs. 1 S. 2 GG umfasst der Schutz der Rundfunkfreiheit die *gesamte Programmgestaltung*, nicht nur die „Berichterstattung" im engeren Sinne. Sie schützt Kommentare genauso wie Nachrichten. Ebenso wenig wie die Pressefreiheit kann die Rundfunkfreiheit von vornherein auf „seriöse", anerkennenswerten privaten oder öffentlichen Interessen dienende Sendungen beschränkt werden. Unterhaltungssendungen wie Hörspiele, kabarettistische Programme und Musiksendungen genießen den Schutz des Art. 5 GG ebenso wie die politische Information.[356] Die Rundfunkfreiheit reicht wie die Pressefreiheit von der Beschaffung der Information bis zur Verbreitung des Programms; sie erstreckt sich auch auf die den elektronischen Medien eigentümlichen Formen der Berichterstattung und auf die Verwendung der dazu erforderlichen technischen Hilfsmittel.[357]

   Anders als die Pressefreiheit ist die Rundfunkfreiheit seit der Entstehung des Grundgesetzes durch die Rundfunkgesetze der Länder in einer Weise ausgestaltet gewesen, die auf die Erzeugung *binnenpluralistischer Vielfalt* abzielte. Die Veranstaltung von Rundfunksendungen war allein öffentlich-rechtlichen Anstalten anvertraut, deren Aufsichtsgremien aus Repräsentanten aller bedeutsamen politischen, weltanschaulichen und gesellschaftlichen Gruppen zusammengesetzt waren, die dafür zu sorgen hatten, dass die unterschiedlichen Gruppen und „geistigen Richtungen" im Gesamtprogramm zu Wort kamen.[358] Den so organisierten - gebührenfinanzierten - öffentlich-rechtlichen Rundfunkanstalten ist noch heute die Gewährleistung der „Grundversor-

---

[349] § 1 Abs. 3 der Landespressegesetze von Bayern, Brandenburg, Niedersachsen, Sachsen, Sachsen-Anhalt und Thüringen, § 2 Abs. 3 des hessischen Landespressegesetzes sowie § 1 Abs. 4 aller übrigen Landespressegesetze.
[350] So die Definition in § 2 Abs. 1 Rundfunkstaatsvertrag.
[351] BVerfGE 12, S. 205 ff. (259 ff.) - Deutschland-Fernsehen.
[352] Vgl. § 2 Abs. ! Satz 3 RStV.
[353] Vgl. § 2 Abs. 1 Satz 4 RStV.
[354] Vgl. § 2 Abs. 1 Satz 4 RStV.
[355] Vgl. § 2 Abs. 1 Satz 3 RStV.
[356] BVerfGE 35, S. 202 ff. (222 f.) - Lebach.
[357] BVerfG AfP 1994, S. 213 ff.
[358] So die Beschreibung in BVerfGE 12, S. 261 ff.

gung"[359] der Bevölkerung mit Hörfunk- und Fernsehprogrammen übertragen. Mit dem Erlass neuer Rundfunk- bzw. Mediengesetze haben die Bundesländer daneben auch *privaten Veranstaltern* Sendemöglichkeiten eröffnet. Die verfassungsrechtliche Zulässigkeit einer solchen „Privatisierung" des Rundfunks hatte das Bundesverfassungsgericht zunächst an *strenge Bedingungen* geknüpft: Unabhängig vom Fortbestand der öffentlich-rechtlichen Anstalten verlangte es vom Gesetzgeber, bei der Zulassung von privaten Rundfunkveranstaltern durch gesetzliche Maßnahmen sicherzustellen, dass „das Gesamtangebot der inländischen Programme der bestehenden Meinungsvielfalt auch tatsächlich im wesentlichen entspricht" und der - private - „Rundfunk nicht einer oder einzelnen gesellschaftlichen Gruppen ausgeliefert wird".[360] Die Entscheidung darüber, ob dies in einer „binnenpluralistischen" oder einer „außenpluralistischen" Struktur erreicht werden sollte, überließ das Gericht dem Gesetzgeber.[361] Die Bundesländer folgten dieser Forderung - bei deutlich unterschiedlicher Ausgestaltung ihrer Mediengesetze im einzelnen - dadurch, dass sie die Veranstaltung von Rundfunk durch Private an eine Zulassung (Lizenz) knüpften. Mit der *Erteilung* und *Rücknahme* der Zulassung ist jeweils eine öffentlich-rechtliche, nach dem Vorbild der Aufsichtsgremien für die öffentlich-rechtlichen Rundfunkanstalten zusammengesetzte Landesanstalt beauftragt, um auf diese Weise dem Gebot der *Staatsfreiheit* Rechnung zu tragen. Soweit die Landesrundfunkgesetze staatlichen Behörden inhaltlichen Einfluss auf solche Entscheidungen einräumten, wurden sie vom Bundesverfassungsgericht für verfassungswidrig erklärt.[362]

Ferner binden sie auch den privaten Rundfunk an *Programmgrundsätze*, die den Veranstalter zu sachgemäßer, umfassender und wahrheitsgemäßer Information und einem Mindestmaß an gegenseitiger Achtung verpflichten und dem Jugendschutz Rechnung tragen.[363] Dem Gebot der *Vielfaltssicherung* suchen die Länder in unterschiedlicher Weise Rechnung zu tragen. Dabei verbinden sie häufig *binnenpluralistische* und *außenpluralistische* Konzepte. Die *Überwachung* der Einhaltung dieser Programmgrundsätze obliegt allein der Landesanstalt. Weder das Publikum noch Anbieter von Programminhalten können aus ihnen gerichtlich durchsetzbare Ansprüche gegen einen Rundfunksender ableiten.

So hat z.B. ein Künstler keinen Anspruch gegen den Westdeutschen Rundfunk, dass von ihm interpretierte, komponierte oder arrangierte Musiktitel im Hörfunkprogramm gesendet werden.[364]
Verfassungsrechtliche Bedenken gegen die *Wirksamkeit* der getroffenen Regelungen zur Sicherung ausreichender Vielfalt teilt das Bundesverfassungsgericht *nicht*. Es hat seine ursprünglichen Anforderungen reduziert. Solange die Grundversorgung durch die öffentlich-rechtlichen Rundfunkanstalten gesichert ist, sollen an die Breite des Programmangebots und die Sicherung gleich-gewichtiger Vielfalt im privaten Rundfunk nicht gleich hohe Anforderungen gestellt werden wie im öffentlich-rechtlichen Rundfunk. Zwar müssen die Vorkehrungen, die der Gesetzgeber zu treffen hat, bestimmt und geeignet sein, ein möglichst hohes Maß gleichgewichtiger Vielfalt im privaten Rundfunk zu erreichen und zu sichern. Doch soll für die *Kontrolle* nur ein *Grundstandard* maßgebend sein:

- die Verhinderung des Entstehens vorherrschender Meinungsmacht,
- der Ausschluss einseitigen, in hohem Maße ungleichgewichtigen Einflusses einzelner Veranstalter oder Programme auf die Bildung der öffentlichen Meinung und
- die Möglichkeit für *alle* Meinungsrichtungen - auch diejenigen von Minderheiten -, im privaten Rundfunk zum Ausdruck zu gelangen.[365]

---

[359] BVerfGE 73, S. 118 ff.
[360] BVerfGE 57, S. 295 ff. (323 ff.) - FRAG.
[361] BVerfGE a. a. O, S. 325.
[362] BVerfGE 73, S. 118 ff. (182 ff.) - Niedersachsen; BVerfGE 83, S. 238 ff. – NRW; Vgl. auch Sächs.VerfGH, AfP 1998, S. 205 ff.
[363] Auch diese Forderung hatte das BVerfG schon im FRAG-Urteil erhoben, BVerfGE 57, S. 325 f.
[364] OVG Münster NJW 2004, S. 625 ff.
[365] BVerfGE 73, S. 118 ff.

2.1.3 Zensurverbot

Art. 5 Abs. 1 Satz 3 GG bestimmt apodiktisch: „Eine Zensur findet nicht statt. " Der Verfassung liegt allerdings ein Zensurbegriff zugrunde, der viel *enger* ist als der Gebrauch desselben Begriffs als Schlagwort beispielsweise in politischen Auseinandersetzungen. Der Entstehungsgeschichte des Grundgesetzes und der Verfassungsgeschichte der Neuzeit, auf der die Aufnahme dieser Vorschrift in die Verfassung basiert, entnimmt das Bundesverfassungsgericht,[366] dass das Zensurverbot ausschließlich *staatliche* Maßnahmen untersagt, durch die die Herstellung oder Verbreitung eines Geisteswerkes von behördlicher *Vorprüfung* und *Genehmigung* seines Inhalts abhängig gemacht wird, also die Einführung eines *Veröffentlichungsverbots mit Erlaubnisvorbehalt*. Da ein solches Verfahren schon durch seine bloße Existenz das Geistesleben lähmen würde, ist es *ausnahmslos* unzulässig. Es kann auch nicht durch die Schrankenregelung des Art. 5 Abs. 2 GG gerechtfertigt werden.[367]

Demgegenüber begründet die Schaffung reiner *Vorlage-* und *Anzeigepflichten* durch den Staat, die nicht mit einem Erlaubnisvorbehalt versehen sind, ebenso wenig einen Verstoß gegen das Zensurverbot[368] wie Regelungen in *Rundfunkanstalten*[369] und *Verlagen*, die die Aufnahme eines Beitrages von der vorherigen Prüfung durch den Verleger, Intendanten, durch leitende Redakteure oder andere Beauftragte abhängig machen.

2.2 Grenzen der Berichterstattungsfreiheit

Gem. Art. 5 Abs. 2 GG finden die in Abs. 1 gewährleisteten Rechte ihre Schranken in den Vorschriften der allgemeinen Gesetze, den gesetzlichen Bestimmungen zum Schutze der Jugend und in dem Recht der persönlichen Ehre.

Besondere Schwierigkeiten bereitet in diesem Zusammenhang die Auslegung des Begriffs der „allgemeinen Gesetze". Das Bundesverfassungsgericht hat - einer schon in der Weimarer Republik weit verbreiteten Lehre folgend - als „allgemein" jedes Gesetz anerkannt, dessen Zweck darin besteht, ein dem Grundwert der Kommunikationsfreiheit mindestens gleichwertiges Rechtsgut zu schützen, sich also nicht darin erschöpft, „eine Meinung als solche zu verbieten".[370] Zugleich hat es jedoch betont, dass der Staat die Kommunikationsfreiheiten durch „allgemeine Gesetze" in diesem Sinne nicht nach Belieben beschränken dürfe.

So darf eine Gemeinde das Verteilen von Flugblättern auf öffentlichen Wegen nicht von einer vorherigen Erlaubnis abhängig machen.[371]

Vielmehr seien die „allgemeinen Gesetze" ihrerseits „im Lichte" des Grundrechts auszulegen, d. h. in ihrer Wirkung so zu beschränken, wie dieses erforderlich sei, um der Kommunikationsfreiheit „den ihr angemessenen Raum zu sichern" und „jede Einengung zu verhindern, die nicht von der Rücksicht auf mindestens gleichrangige Rechtsgüter unbedingt geboten ist".[372] Im Ergebnis wird damit eine „Güterabwägung" erforderlich: Die Ausübung der Grundrechte aus Art. 5 Abs.

---

[366] BVerfGE 33, S. 52 ff. (72).
[367] BVerfGE 33, S. 72.
[368] BVerfGE 33, S. 74.
[369] BVerfGE 47, S. 198 ff. (236 ff.).
[370] BVerfGE 7, S. 209 f. ; seitdem ständige Rechtsprechung.
[371] BVerfG AfP 1991, S. 740 f.
[372] BVerfGE 20, S. 176 f.

1 GG muss im Einzelfall zurücktreten, wenn „schutzwürdige Interessen eines anderen von höherem Rang" durch deren Ausübung verletzt würden.[373]

Als schutzwürdige Interessen kommen sowohl Individualinteressen, wie Ehrenschutz (unten Kapitel 3), Persönlichkeitsschutz (Kapitel 4), Unternehmensschutz (Kapitel 5), Abbildungsschutz (Kapitel 6), Schutz gegen die Prangerwirkung von Kriminalberichten (Kapitel 7) und der Schutz des geistigen Eigentums (Kapitel 8) in Betracht, als auch Gemeinschaftsinteressen, wie der Schutz des Friedens und der öffentlichen Sicherheit (Kapitel 9). Bevor im Einzelnen dargestellt wird, zu welchen Ergebnissen die Güterabwägung auf den genannten Feldern führt, sind vorab einige bereichsübergreifende Grundsätze vorzustellen, nämlich

- Regeln für die Ermittlung des Inhalts einer Äußerung (2.3)
- Betroffenheit als allgemeine Voraussetzung für die Wahrnehmung von Individualinteressen (2.4),
- allgemeine Grundsätze für die Abwägung des öffentlichen Informationsinteresses mit kollidierenden Rechtsgütern (2.5),
- die Abgrenzung von Tatsachenbehauptungen und Werturteilen (2.6) und
- die Verwendung rechtswidrig erlangter Informationen (2.7).

2.3 Auslegungsregeln

Ob eine Äußerung rechtswidrig ist, hängt von ihrem Inhalt ab. Dieser ist durch ihre Auslegung zu ermitteln. Maßgeblich dafür, wie die Äußerung in einem Massenmedium auszulegen ist, ist die Frage, wie sie ein unvoreingenommenes und verständiges Publikum verstehen muss („objektiver Sinngehalt").[374] Demgegenüber kommt es weder darauf an, welche Absicht der Autor mit ihr verbunden hat, noch darauf, wie der Betroffene die Aussage verstanden hat („subjektive" Auslegung).

So wird die Frage, ob „ein Baby endlich wieder Licht in das triste Dasein" einer 72jährigen ehemaligen Fernseh-Moderatorin bringt, allenfalls von einem geringen Teil des Publikums dahin verstanden werden, die Betroffene erwarte ein Kind.[375]

Bei der Deutung, die vom Wortlaut der Aussage auszugehen hat, sind neben dem sprachlichen Kontext, in dem sie steht, auch die Begleitumstände, unter denen sie fällt, zu berücksichtigen, soweit diese für den Rezipienten erkennbar sind.[376]

Deshalb durfte Greenpeace in einer Kampagne gegen den Einsatz genmanipulierter Futtermittel die Produkte einer Unternehmensgruppe, die auf den Einsatz solcher Futtermittel nicht verzichten wollte, als „Gen-Milch" bezeichnen.[377]

Bei der Ermittlung des Aussagegehalts ist also der Gesamtzusammenhang zu berücksichtigen, in dem sie gemacht wird.[378]

Beispiel:
In einer öffentlichen Sitzung des Stadtrates beantwortete der Stadtdirektor die Frage eines Ratsmitglieds, welche rechtliche Grundlage es dafür gebe, dass städtische Gärtner in seinem Privatgarten gearbeitet hätten, dahin, während der Dienstzeit habe kein städtischer Gärtner auf seinem Privatbesitz gearbeitet; wer ansonsten auf seinem Grundstück arbeite und wann das geschehe, gehe den Fragesteller nichts an. Daraufhin ließ der Fragesteller im Einvernehmen mit seiner Fraktion eine Anzeige erscheinen, in der es hieß: „Die Grünen sind stolz darauf, eine Opposition zu sein, die den Stadtdirektor zu fragen wagt, auf welcher rechtlichen Grundlage Bedienstete der Stadtgärtnerei seinen Privatgarten

---

[373] So schon BVerfGE 7, S. 210.
[374] Ständige Rechtsprechung, vgl. etwa BGH AfP 2004, S. 56 ff., sowie BGH AfP 2006, S. 65 ff. (66)..
[375] OLG Karlsruhe NJWRR 2008, S. 641 ff.
[376] Allgemeine Auffassung, vgl. z.B. BVerfG NJW 1999, S. 483; BGH NJW 1992, S. 1312; OLG München AfP 1987, S. 604; OLG Karlsruhe NJW-RR 2000, S. 323; OLG Frankfurt NJW-RR 2005, S. 1206.
[377] BGH AfP 2008, S. 297 ff.
[378] BGH AfP 2006, S. 65 ff. (66).

pflegen. " Das Amtsgericht verurteilte ihn dafür wegen übler Nachrede zu einer Geldstrafe von 90 Tagessätzen mit der Begründung, das Inserat enthalte die - nicht erweislich wahre - Behauptung, dass
städtische Bedienstete während der Dienstzeit im Garten des Stadtdirektors gearbeitet hätten. Denn die
Frage nach der Rechtsgrundlage stelle sich nur in diesem Fall.
Das Oberlandesgericht bezeichnete diese Auslegung als rechtsfehlerhaft. Das Amtsgericht habe nicht
außer acht lassen dürfen, dass der Angeklagte bei der Abfassung des Anzeigentextes der Auffassung
gewesen sein konnte, auch die private Inanspruchnahme städtischer Bediensteter durch den Stadtdirektor bedürfe einer Rechtsgrundlage, da dieser hierdurch in Interessenkonflikte zwischen dienstlichen
Pflichten und privaten Interessen geraten könne.[379]

Werden in einer öffentlichen Auseinandersetzung Begriffe verwendet, die im alltäglichen
Sprachgebrauch eine (etwas) andere Bedeutung haben als in der juristischen Fachterminologie,
muss ihr Sinngehalt ebenfalls unter Berücksichtigung des Kontextes ermittelt werden, in dem sie
verwendet worden sind.

So kann die Bezeichnung „Mörder" in einer Auseinandersetzung um den Soldatenberuf zum Ausdruck
bringen, dass der Sprecher das Töten von Menschen in kriegerischen Auseinandersetzungen für verwerflich hält – ohne dass es ihm auf die Erfüllung der Mordmerkmale des § 211 StGB ankommt.[380]
Die Bezeichnung eines kritisierten Geschäftsgebarens als „Betrug" kann sich in der Wertung erschöpfen, der Kunde könne sich übervorteilt fühlen, ohne dass zugleich behauptet wird, es erfülle die Merkmale des § 263 StGB.[381]
Der Begriff „Plagiat" wird außerhalb des Urheberrechts unspezifisch als „Nachahmung einer fremden
Leistung / eines fremden Produkts" verwendet. Wird ein Produkt in einem Beitrag über Markenpiraterie
als „Plagiat" bezeichnet, kann dies als wertender Hinweis auf seine Ähnlichkeit mit einem Markenpro-
dukt verstanden werden.[382]

Dennoch ist Sorgfalt im Umgang mit solchen Begriffen angeraten. Insbesondere im Zusammenhang mit der Berichterstattung über Rechtsstreitigkeiten ist die unzutreffende Verwendung von
Fachbegriffen zu vermeiden.

Selbstkontrollfrage 2/1:

In der Sendereihe WISO wurde unter dem Titel „Klinik Monopoly" ein Bericht über Missstände bei
einer namentlich genannten Klinik ausgestrahlt, in dem es u.a. hieß: „Der Landesrechnungshof
sucht noch heute 4,8 Millionen DM. Sie wurden an die M-Firma GSD gezahlt, ohne dass die
Firma eine wirtschaftliche Leistung erbracht hätte." Ist die Verbreitung dieser Äußerung zulässig,
wenn feststeht, dass die Firma GSD als Gegenleistung ein Computerprogramm entwickelt hat,
das allerdings nicht verwendbar gewesen ist?

Behauptungen können auch in der Weise aufgestellt werden, dass sie „zwischen den Zeilen
stehen", im Gesamtzusammenhang „offener" Aussagen „versteckt" werden.

In dem Sachbuch „Das Medizin-Syndikat" setzte sich dessen Autor u. a. mit der Beteiligung von Ärzten
und Pharmazeuten an den nationalsozialistischen Euthanasie- und Sterilisierungsprogrammen auseinander. Nach einem Hinweis auf die Forderung der NS-Machthaber, Sterilisierungen billig, schnell und
an praktisch unbegrenztem „Menschenmaterial" durchzuführen, heißt es dort: „Niemand schien besser
geeignet, auf diesem Sektor Schrittmacherdienste zu leisten, als die pharmazeutische Industrie. Die
wissenschaftlich geschulten Ärzte der SS-Führung horchten deshalb auf, als in einer deutschen Fachzeitschrift die Ergebnisse „Tierexperimenteller Studien zur Frage der medikamentösen Sterilisation"
veröffentlicht wurden. Gleich von zwei Seiten war SS-Führer Heinrich Himmler auf diese Aufsehen erregende Publikation aufmerksam gemacht worden. Dort hieß es u. a.: „Die künstliche Erzeugung einer
Sterilität . . . ist aus nahe liegenden Gründen(!) eine häufig diskutierte Frage, die zwar zu umfangreichen tierexperimentellen Untersuchungen geführt hat; die dabei erhaltenen wissenschaftlich sehr auf-
schlussreichen Versuchsergebnisse sind jedoch praktisch noch nicht zu einer Umwertung auf den Menschen gebracht worden . . . . " Es folgen weitere Auszüge aus dem Artikel, die Namen seiner beiden
Verfasser und ihre jetzige Tätigkeit bei einem großen namentlich genannten Arzneimittelhersteller. In

---

[379] OLG Köln NJW 1988, S. 1802 f.
[380] Vgl. BVerfG NJW 1995, S. 3303 ff. (3305); BVerfG AfP 1997, S. 50 ff.
[381] Vgl. BGH AfP 2002, S. 169 ff. – Zuschussverlag.
[382] OLG Köln AfP 2003, S. 335 ff.

der zitierten Originalveröffentlichung hatte es hingegen vollständig geheißen: „Die künstliche Erzeugung einer Sterilität, besonders die temporäre Ruhigstellung des weiblichen Genitales bei Tuberkulose oder anderen schweren Allgemeinschädigungen, ist aus nahe liegenden Gründen eine häufig diskutierte Frage . . . "

Die zuständigen Zivilgerichte bis hinauf zum Bundesgerichtshof beanstandeten diese Buchpassage, weil sie suggeriere, die namentlich genannten Autoren hätten ihre Veröffentlichung Ziel gerichtet als aktiven Beitrag zu den NS-Sterilisationsvorhaben publiziert.[383]

Bei der Annahme solcher „verdeckter" Aussagen ist allerdings besondere Zurückhaltung geboten, um die Kritikfreiheit nicht übermäßig zu beschränken.[384] Eine verdeckte Aussage liegt nicht vor, wenn der Autor es dem Rezipienten überlässt, aus den „offen" mitgeteilten - wahrheitsgemäßen - Tatsachen seine eigenen Schlüsse zu ziehen.[385] Der Richter darf auch nicht den allgemeinen negativen Eindruck, der sich aus mehreren nachteiligen Einzelaussagen ergibt, für eine zusätzliche Äußerung mit eigenständigem „verdeckten" Tatsacheninhalt nehmen; „er muss sich vielmehr an den Text und die durch ihn festgelegte Gedankenführung halten".[386]

Bleibt eine Äußerung nach Anwendung aller Auslegungsregeln mehrdeutig, führt die Abwägung zwischen Medienfreiheit und Persönlichkeitsschutz zu den folgenden Ergebnissen:

- Geht es um die Verurteilung zu einer Strafe, zum Widerruf oder zur Leistung von Schadensersatz, ist der rechtlichen Beurteilung die Deutung zugrunde zu legen, die für den Urheber oder Verbreiter der Äußerung günstiger ist („in dubio pro libertate").[387] Dasselbe gilt für das Verlangen nach Abdruck einer Gegendarstellung.[388]
- Demgegenüber kann der Verletzte verlangen, dass eine Äußerung künftig unterbleibt, die so gedeutet werden kann, dass sie in sein (Persönlichkeits-) Recht eingreift (Unterlassungsanspruch). Dem Äußernden steht es dann frei, seine Aussage künftig so zu fassen, dass eine rechtsverletzende Deutung ausgeschlossen ist.[389] Das gilt auch in den Fällen, in denen die Aussage sowohl als Meinungsäußerung wie auch als (unwahre) Tatsachenbehauptung verstanden werden kann.[390]

Selbstkontrollfrage 2/2

In dem in der Selbstkontrollfrage 2/1 schon angesprochenen Beitrag hieß es außerdem:
„K. am B. – malerisch gelegen. Doch im Krankenhaus am Rande der Stadt gibt es ein Problem: Nach kurzer Zeit ist der Klinikdirektor abhanden gekommen. M kehrt dem Haus nach nur 16 Monaten den Rücken. Als den großen Modernisierer hatte man ihn nach K geholt. Doch jetzt stehen die K.er Politiker belämmert vor einem Scherbenhaufen.
H (B90/Grüne), Oberbürgermeister von K: ‚Die Sachen, die er angestoßen hat, sind sicher nur teilweise auf dem Weg. Und es wird jetzt nicht einfach sein, die Dinge fertig zu machen.'
M verlangt von dem Sender Schadensersatz und eine Geldentschädigung wegen Verletzung seines Persönlichkeitsrechts. Der Bericht stelle seine fachliche Eignung in Frage. Zwischen den Zeilen werde der Vorwurf erhoben, er habe die Verschuldung des Klinikums durch fehlerhafte Entscheidungen herbeigeführt. Dieser Vorwurf sei unzutreffend. Die Verschuldung sei vielmehr auf Budgetkürzungen und Ausgaben zurückzuführen, durch die ein aufgestauter Innovationsbedarf befriedigt wurde. Ist die Forderung des M berechtigt, wenn seine Angaben stimmen?

---

[383] BGH NJW 1980, S. 2801 ff.

[384] BGH AfP 1994, S. 295 ff. (297); OLG München AfP 2000, S. 174 f. m.w.N.

[385] BGH AfP 1994, S. 295 ff. (297); OLG Köln NJW 1963, S. 1634 ff. ;NJW 2004, S. 598 ff. (599).

[386] BGH AfP 1986, S. 333 ff. (334) unter Berufung auf BGHZ 78, S. 14 ff.

[387] Vgl. z.B. BGHZ 139, S. 95 (104), BGH AfP 2004, S. 56 (58).

[388] BVerfG AfP 2008, S. 58 ff. = NJW 2008, S. 1654 ff.; OLG Düsseldorf AfP 2008, S. 208 ff. = NJW 2008, S. 1825 f.; OLG Hamburg AfP 2008, S. 314 f.

[389] BVerfG AfP 2006, S. 41 ff., mit Anmerkung von Teubel, AfP 2006, S. 20 ff.

[390] OLG Köln AfP 2006, S. 365 ff.

2.4 Betroffenheit

Gegen eine Berichterstattung, die seine Ehre, sein Persönlichkeitsrecht oder seine wirtschaftlichen Interessen verletzt, kann sich nur wehren, wer als Träger des entsprechenden Rechts durch den Bericht im Einzelfall erkennbar individuell betroffen ist.

Als Träger solcher Rechte kommen einzelne Menschen („natürliche Personen") und Personenvereinigungen in Betracht. Nur Menschen können Inhaber von Rechten sein, nicht aber Tiere, Pflanzen oder andere Sachen.

Die Beschimpfung eines Hundes erfüllt deshalb nicht den Tatbestand der Beleidigung.
Der Schutz gegen Rufschädigungen wird mit dem Tode des Betroffenen zwar schwächer, kann aber auch danach noch von den Hinterbliebenen wahrgenommen werden.[391]

Personenvereinigungen können sich gegen Rufbeeinträchtigungen wehren, wenn sie als juristische Person (Aktiengesellschaften, Gesellschaften mit beschränkter Haftung, rechtsfähige Vereine) organisiert sind.

Z.B. könnte sich eine Aktiengesellschaft, die medizinisches Gerät herstellt, gegen die Behauptung zur Wehr setzen, sie habe Klinikchefs in der ganzen Bundesrepublik „geschmiert" - wenn diese Behauptung nicht den Tatsachen entspricht.

Dasselbe gilt aber auch für nicht rechtsfähige Gesellschaften und Vereine, die auf Grund ihrer Organisation in der Lage sind, einen gemeinsamen Willen zu bilden, und sozial anerkannte Ziele verfolgen.[392] So sind Handelsgesellschaften (OHG, KG) ebenso schutzfähig wie Parteien, Gewerkschaften und sonstige nicht rechtsfähige Vereine.

Grundsätzlich können sich auch die Gebietskörperschaften und ihre Behörden gegen Ehrverletzungen zur Wehr setzen.[393]

Deshalb ist z.B. die Bundeswehr als Institution beleidigungsfähig[394]. „Die" Polizei hingegen nicht, da sie wegen der Kompetenzverteilung zwischen Bund und Ländern nicht über eine einheitliche Organisation verfügt.

Dabei ist jedoch zu beachten, dass dieser „Ehrenschutz" eingeschränkt ist. Er dient allein der Sicherung der Funktionsfähigkeit der Behörden. Eine „persönliche Ehre" oder ein allgemeines Persönlichkeitsrecht steht Behörden im Allgemeinen nicht zu.[395] Dementsprechend können Behörden Widerruf bzw. Richtigstellung unwahrer Tatsachebehauptungen über sie (nur) verlangen, wenn die Falschmeldung geeignet ist, die Funktionsfähigkeit der Behörde zu gefährden.[396]

Dies haben das OLG Hamburg und der BGH z.B. für den Fall bejaht, dass das BKA als unsicherer Partner anderer Geheimdienste dargestellt wird.[397]

Das allgemeine Persönlichkeitsrecht hingegen steht lediglich Rundfunkanstalten, Kirchen und Universitäten zu, weil sie selbst Grundrechtsträger sind. Im Übrigen findet die Berichterstattung über *Verwaltungsinterna* ihre rechtlichen Grenzen allein in den Vorschriften des Strafgesetzbuchs zum Geheimnisschutz.[398]

Abgrenzungsschwierigkeiten bereiten Aussagen, die sich auf eine Vielzahl von Personen beziehen, etwa auf bestimmte Berufsstände, Volksgruppen oder Wirtschaftszweige.

Beispiele dafür bilden Aussagen über „die" Ärzte, „die" Polen, „die" Unternehmer, „die" Raucher, „die" Frauen oder Männer, „die" Christen, Muslime oder Juden usw.

---

[391] Vgl. dazu unten 3.4 zum Ehrenschutz, 4.5 zum Persönlichkeitsschutz und 6.2.1.3 zum Recht am eigenen Bild.
[392] BGHSt 6, S. 186 ff.
[393] Das ergibt sich aus § 194 Abs. 3 StGB.
[394] OLG Frankfurt NJW 1989, S. 1367 ff.
[395] Vgl. insoweit BVerfG NJW 1995, S. 3303 ff. (3304).
[396] BerlVerfGH NJW 2008, S. 3491 ff. = AfP 2008, S. 593 ff.
[397] OLG Hamburg AfP 2007, S. 488 ff.; BGH NJW 2008, S. 2262 ff.
[398] Vgl. LG Wiesbaden AfP 1979, S. 328.

Als Personengesamtheit besitzen diese Gruppierungen keine Klagebefugnis. Denn sie verfügen nicht über eine Organisationsform, die es ihnen ermöglicht, einen gemeinsamen Willen zu bilden. Fraglich ist aber, ob bzw. unter welchen Voraussetzungen sich Personen, die zu der Gruppierung gehören, gegen solche Aussagen wehren können. Das hängt davon ab, ob sie durch sie in ihren Rechten *individuell betroffen* sind.

Hier sind zwei Fallgruppen zu unterscheiden. Zum einen können einzelne Mitglieder einer solchen Gruppierung angegriffen werden, ohne dass genauer gesagt wird, welche gemeint sind. Handelt es sich um eine Gruppierung aus einigen wenigen Personen, fällt auf sie alle der Verdacht, der Vorwurf könne auf sie zutreffen.[399] Aber nur bei einem sehr kleinen Kreis gerät jedes Mitglied wirklich in Verdacht, der Gemeinte zu sein. Schon bei mehreren Dutzend Mitgliedern „verliert sich die Beleidigung in der Unbestimmtheit."[400]

> So konnte sich der Vorsitzende der CDU-Fraktion im Landtag von Baden-Württemberg mangels persönlicher Betroffenheit nicht gegen die Aussage eines SPD-Landtagsabgeordneten zur Wehr setzen, der anlässlich der umstrittenen Trauerrede des Ministerpräsidenten Oettinger für den ehemaligen Ministerpräsidenten Filbinger erklärt hatte: „In den Köpfen vieler in der baden-württembergischen CDU befindet sich noch braune Soße in den Köpfen."[401]

Zur Feststellung, wie groß der Kreis der Angegriffenen im Einzelfall ist, ist die Äußerung auszulegen.

> Dabei kann sich z.B. ergeben, dass sich eine Äußerung über „die Polizei" erkennbar nicht auf die Polizei als Ganze, sondern auf einzelne Einheiten bezieht[402], z. B. die an einem bestimmten Einsatz beteiligten Beamten.

Anders verhält es sich, wenn der Angriff gegen *alle* Mitglieder der Gruppe gerichtet ist. Hier kann auch jedes einzelne Mitglied einer größeren Personengruppe individuell betroffen sein. Voraussetzung dafür ist zum einen, dass sich die bezeichnete Personengruppe auf Grund bestimmter Merkmale so deutlich aus der Allgemeinheit heraushebt, dass der Kreis der Betroffenen klar umgrenzt und damit die Zuordnung des einzelnen zu ihr nicht zweifelhaft ist.[403] Je stärker die Mitglieder des angegriffenen Kollektivs in dieses eingebunden sind, desto eher können sie sich auch als Teil einer größeren Gruppe individuell angesprochen fühlen.

> Deshalb hat der Bundesgerichtshof[404] die Soldaten der Bundeswehr als beleidigungsfähige Gruppe angesehen. Demgegenüber hat das OLG Karlsruhe 40 000 streikenden Ärzten die Beleidigungsfähigkeit unter einer Kollektivbezeichnung abgesprochen.[405]

Nicht betroffen sind die Mitglieder einer großen Gruppe bei verallgemeinernden Äußerungen, deren verständige Würdigung von vornherein ergibt, dass sie *nicht auf alle* Mitglieder der Gruppierung zutreffen, bei welchen vielmehr „die individuelle Ausnahme gewissermaßen stets miterklärt ist".

> Als *Beispiele* für nicht ernst gemeinte Verallgemeinerungen nennt der BGH[406] Äußerungen wie „alle deutschen Ärzte sind Kurpfuscher" oder „alle deutschen Richter beugen das Recht". Auch die Bezeichnung der Lehrer als „faule Säcke" durch Gerhard Schröder gehört in diese Kategorie.[407] Hingegen soll der Vergleich des Soldatenberufs mit dem „des Folterknechts, des KZ-Aufsehers oder des Henkers" im Zusammenhang mit einer Kritik öffentlicher Gelöbnisfeiern der Bundeswehr eine Beleidigung aller aktiven Soldaten der Bundeswehr beinhalten.

---

[399] Lenckner in Schönke-Schröder, Rz. 6 vor §§ 185 ff.
[400] KG JZ 1978, S. 423; OLG Düsseldorf MDR 1981, S. 868.
[401] LG Karlsruhe NJW-RR 2008, S. 63 ff.
[402] BayObLG NJW 1990, S. 921 f. m. w. N.
[403] Lenckner in Schönke-Schröder, Rz. 7 vor §§ 185 ff. mit weiteren Nachweisen.
[404] BGH AfP 1989, S. 535 ff. (= NJW 1989, S. 1365 ff.).
[405] OLG Karlsruhe AfP 2007, S. 246 f.
[406] BGH AfP 1989, S. 535 ff.
[407] Nach einer Meldung der Westdeutschen Allgemeinen Zeitung vom 20. 7. 1995 lehnte die Staatsanwaltschaft in diesem Fall die Einleitung eines Ermittlungsverfahrens ab.

Der individuell betroffene Rechtsträger kann sich gegen die Verbreitung eines Berichts schließlich nur zur Wehr setzen, wenn erkennbar ist, dass sich die in dem Bericht enthaltenen Aussagen
auf ihn beziehen (identifizierende Berichterstattung). An die Erkennbarkeit des Betroffenen
stellt die Rechtsprechung allerdings nicht sehr hohe Anforderungen. Sie verlangt nicht etwa,
dass ein erheblicher Teil des Publikums die gemeinte Person erkennen kann, sondern lässt es
ausreichen, dass sie von Kollegen, Freunden, Bekannten oder Verwandten erkannt werden
kann.[408]

Die verbreitete Praxis, in der Medienberichterstattung statt des Namens die Initialen des
Betroffenen mit weiteren Angaben abzudrucken, schließt die Erkennbarkeit nicht ohne weiteres
aus. Es kommt vielmehr darauf an, ob die mitgeteilten Angaben zur Identifizierung des Betroffenen durch Dritte ausreichen.

Beispiele:
In einem Prozessbericht über das Strafverfahren gegen einen Mandanten, der wegen übler Nachrede
gegenüber der Tageszeitung M. vor Gericht stand, hieß es über dessen Verteidiger: „Vertreten wird der
59-jährige regelmäßig von einem Würzburger Anwalt, der nach einer Karriere als Staatsanwalt ebenfalls
gegen seinen Willen aus dem Justizdienst entlassen wurde und dagegen ebenso erbittert wie erfolglos
gekämpft hat." Dem Bundesverfassungsgericht reichten diese Angaben aus, um den Anwalt „zumindest
für interessierte Kreise in und um die Justiz" erkennbar zu machen.[409]
Bild schrieb: „Ein Hauptkommissar (41) vom Bundesgrenzschutz hat seine Frau (42) an einen katholischen Pfarrer (69) verloren" und wies in diesem Zusammenhang auf das bischöfliche Ordinariat in
Würzburg hin. Dem Bundesgerichtshof[410] reichten diese Daten aus, um dem Geistlichen Widerrufs- und
Schadensersatzansprüche zuzusprechen, da er durch die zitierten Angaben für seinen Bekanntenkreis
erkennbar geworden sei.
Auch die Bezeichnung „der Kairoer Korrespondent eines Hamburger Magazins" macht den Betroffenen
erkennbar.[411]

Generell liegt eine identifizierende Berichterstattung vor, wenn so viele Fakten mitgeteilt werden, dass ein unbeteiligter Dritter daraus erkennen kann, wer bzw. welche Gruppe oder Organisation gemeint ist.[412] Die Identifizierungsmöglichkeit kann sich auch aus der Verbindung von
Text und Bild ergeben. Das gilt zum einen für Fotos, auf denen die gemeinte Person erkennbar
ist. Die verbreitete Praxis, ein solches Foto mit einer schmalen schwarzen Augenbinde zu versehen, ändert an der Erkennbarkeit in aller Regel nichts.[413] Identifizierend wirken ferner Aufnahmen vom Wohnsitz des Betroffenen oder seinem Auto, auf dem das Nummernschild zu lesen
ist. Schließlich kann sich die Erkennbarkeit daraus ergeben, dass über den Betroffenen in anderen Medien berichtet wurde, so dass der Leser, der die anderen Artikel gelesen hat, weiß, um
wen es geht.[414]

Besondere Vorsicht ist geboten bei der Wahl erfundener Namensangaben. In diesem Fall
muss aus dem Artikel klar hervorgehen, dass die Namensangabe erfunden wurde. Sonst besteht
die Gefahr, dass zufällig ein Träger des gewählten Namens existiert, der dann Schadensersatzansprüche geltend machen kann.[415]

Erkennbar sind die Betroffenen auch in einem so genannten „Schlüsselroman", d.h. einer
Erzählung tatsächlicher Ereignisse, bei der der Leser in den geschilderten Romanfiguren die
dahinter stehenden tatsächlichen Personen wiedererkennen kann.

Beispiele:
Schilderung der Karriere eines Schauspielers, wenn zahlreiche Merkmale der Romanfigur (Personen-

---

[408] Vgl. BVerfG NJW 2004, S. 3619f.; BGH NJW 2005, S. 2844 ff. (2845 f.) - Esra; zuvor bereits OLG Hamburg NJW-
RR 1993, S. 923; OLG Stuttgart NJW-RR 1992, S. 536; OLG München AfP 1983, S. 276.
[409] BVerfG NJW 2004, S. 3619 f.
[410] BGH AfP 1988, S. 34 f.
[411] OLG Hamburg AfP 1997, S. 478.
[412] BGH AfP 1992, S. 140 ff.
[413] Vgl. dazu z.B. OLG Frankfurt NJW 2006, S. 619 f.
[414] OLG Frankfurt NJW 2006, S. 619 f.
[415] LG Bonn AfP 1992, S. 386 ff.

beschreibung, Lebenslauf) mit denen einer wirklichen Person übereinstimmen;[416] Nachzeichnung eigener Erlebnisse des Autors, wenn die Namensgebung der Romanfiguren[417] oder ihre persönlichen Beziehungen zum Autor auf tatsächlich lebende Personen hinweisen.[418]

Die Verletzung des Persönlichkeitsrechts wird nicht schon dadurch beseitigt, dass Autor oder Verlag dem Leser in einem Vorspann mitteilen, den Romanfiguren zugeschriebene Handlungen und Gesinnungen entsprächen weitgehend der Phantasie des Verfassers und die Personenbeschreibungen stellten „Typen, nicht Porträts"[419] dar, soweit dadurch nicht die Gefahr ausgeräumt wird, dass Betroffene mit einzelnen Vorgängen in Verbindung gebracht werden, die nicht den Tatsachen entsprechen, vom Publikum aber für möglich gehalten werden.[420] Andererseits ist die Veröffentlichung eines Romans durch die Kunstfreiheit geschützt, wenn er an reales Geschehen anknüpft, um Missstände und Merkwürdigkeiten in typisierender Weise aufzuzeigen.[421] Auch die Aufarbeitung eines historischen Geschehens in Form eines fiktionalen Fernsehfilms ist nicht zu beanstanden, solange das Persönlichkeitsbild der Personen, die als Vorlage für die Spielfilmhandlung gedient haben, nicht schwerwiegend verfälscht wird.[422]

Abwehransprüche stehen nur den von der Berichterstattung *unmittelbar* Betroffenen, also denjenigen zu, auf die sich diese beziehen. Nur mittelbar betroffen – und deshalb *nicht* anspruchsberechtigt – sind demgegenüber etwa

- Familienangehörige, Verwandte, Freunde und Bekannte der Betroffenen,
- die Mitarbeiter eines Unternehmens, über das berichtet wird,
- Vereine und Verbände, über deren Mitglieder Aussagen gemacht werden.[423]

Unmittelbar betroffen sind diese nur dann, wenn ihr eigenes Verhalten in dem Beitrag – offen oder verdeckt – kritisiert wird oder sie sich das Verhalten der Betroffenen zurechnen lassen müssen. Deshalb ist ein Unternehmen selbst betroffen, wenn über die Tätigkeit seiner leitenden Mitarbeiter für das Unternehmen herabsetzend berichtet wird.[424]

2.5. Wahrnehmung berechtigter Interessen: Das „öffentliche Informationsinteresse"

Bei der Grenzziehung zwischen der Ausübung der Kommunikationsfreiheiten und dem Schutz anderer Rechtsgüter ist die *Bedeutung* dieser Freiheiten für die *freiheitliche Demokratie* zu berücksichtigen:

> „Wenn es darum geht, dass sich in einer für das *Gemeinwohl* wichtigen Frage eine *öffentliche Meinung* bildet, müssen private und namentlich wirtschaftliche Interessen einzelner grundsätzlich *zurücktreten*. Diese Interessen sind darum nicht schutzlos; denn der Wert des Grundrechts zeigt sich gerade auch darin, dass *jeder* von ihm Gebrauch machen kann. Wer sich durch die öffentliche Äußerung eines anderen verletzt fühlt, kann ebenfalls vor der Öffentlichkeit erwidern. Erst im Widerstreit der in gleicher Freiheit vorgetragenen Auffassungen kommt die öffentliche Meinung zustande, bilden sich die einzelnen angesprochenen Mitglieder der Gesellschaft ihre persönliche Ansicht."[425]

Wenn und soweit die *Massenmedien* einen Beitrag zur öffentlichen Meinungs- und Willensbildung erbringen, also über Vorgänge von allgemeiner Bedeutung *informieren*, zu diesen *Stellung*

[416] BGHZ 50, S. 133 ff. - Mephisto.
[417] OLG Hamburg NJW 1984, S. 1130 ff. - Hexenjagd .
[418] So z.B. für eine ehemalige Lebensgefährtin des Autors KG NJW-RR 2004, S. 1414 ff.; BGH AfP 2005, S. 464 ff.
[419] BGHZ 50, S. 133 ff.
[420] Vgl. dazu auch KG NJW 2004, S. 1416
[421] BVerfG AfP 2008, S. 155 ff. – Pestalozzis Erben.
[422] OLG Hamburg AfP 2007, S. 143 ff.; BVerfG AfP 2007, S. 454 ff.
[423] OLG Hamburg AfP 2008, S. 632 ff.
[424] BGH GRUR 1976, S. 210 ff. = AfP 1975, S. 911
[425] Mit dieser Begründung hat das Bundesverfassungsgericht einen Boykottaufruf gegen den Regisseur Veit Harlan wegen dessen Tätigkeit im Dritten Reich als durch Art. 5 GG geschützt - und damit rechtmäßig - erklärt, BVerfGE 7, S. 198 ff. (219).

nehmen und dadurch zur *Kritik* und *Kontrolle* der Staatsorgane beitragen, spricht eine *Vermutung für die Zulässigkeit* ihres Tuns auch dann, wenn sie in die Rechte anderer eingreifen.[426]

Je bedeutsamer die Information für die Allgemeinheit ist, desto weiter müssen die Interessen der Betroffenen hinter dem „öffentlichen Informationsinteresse" zurücktreten. Zu beurteilen ist ihre Bedeutsamkeit anhand der öffentlichen Aufgabe, also normativ, nicht anhand der empirischen Feststellung, wie viele Konsumenten – etwa aus Sensationslust oder reiner Neugier – an ihr interessiert sind.[427] Das besagt allerdings nicht, dass sich Unterhaltung und öffentliches Informationsinteresse wechselseitig ausschlössen. Selbstverständlich können auch unterhaltsame Beiträge bedeutsame Informationen transportieren. Das gilt nicht nur für den Bereich des „Infotainments". Unterhaltung „kann auch Realitätsbilder vermitteln und Gesprächsgegenstände zur Verfügung (stellen), an die sich Diskussionsprozesse und Integrationsvorgänge anschließen können, die sich auf Lebenseinstellungen, Werthaltungen und Verhaltensmuster beziehen, und insofern wichtige gesellschaftliche Funktionen" erfüllen.[428] Bei der Abwägung mit kollidierenden Persönlichkeitsrechten ist jedoch zu berücksichtigen, „ob Fragen, die die Öffentlichkeit wesentlich angehen, ernsthaft und sachbezogen erörtert oder lediglich private Angelegenheiten, die nur die Neugier befriedigen, ausgebreitet werden."[429] Ein besonders intensives Informationsinteresse der Öffentlichkeit besteht an Informationen, die für den Prozess der politischen Meinungs- und Willensbildung im obigen Sinne bedeutsam oder erforderlich sind, um Gefahren oder drohende Nachteile von der Allgemeinheit abzuwenden (Konsumentenschutz, Ratgeberfunktion der Massenmedien).

Auf der Gegenseite ist zu berücksichtigen, ob der von der Berichterstattung Betroffene durch sein eigenes Verhalten *Anlass* zur Berichterstattung gegeben hat.

- Wer in der Gesellschaft eine herausgehobene Stellung bekleidet, muss hinnehmen, dass öffentlich erörtert wird, ob er den Anforderungen, die mit einer solchen Position verbunden sind, gerecht wird. Deshalb haben „Personen des öffentlichen Lebens" die Berichterstattung über ihr Verhalten eher hinzunehmen als andere. Das gilt in besonderem Maße für die Träger herausgehobener Funktionen in Politik und Wirtschaft.
- Wer durch sein Verhalten öffentliches Aufsehen erregt, kann damit ebenfalls ein legitimes Interesse der Allgemeinheit an seinem Verhalten und seiner Person hervorrufen. Daraus ergibt sich ein allgemeines Berichterstattungsinteresse an Personen, die sich mit ihren Leistungen öffentlich präsentieren (z.B. Schauspieler, Sportler). Im Einzelfall kann sich der Berichterstattungsanlass ferner aus besonderen Leistungen (z.B. Preisträger), aber auch aus erheblichem Fehlverhalten (z.B. schwere Straftaten) ergeben.

Schließlich ist für die Abwägung von Bedeutung, ob die Informationen, die verbreitet werden (sollen), rechtswidrig beschafft worden sind. Ein solcher Rechtsverstoß kann zum einen darin liegen, dass der Informant dadurch, dass er sein Wissen weitergegeben hat, eine Schweigepflicht verletzt hat. Er kann auch darin bestehen, dass der Journalist sich die Information – etwa durch eine verdeckte Recherche – „erschlichen" und damit vertragliche Vereinbarungen verletzt hat.[430] Die Verbreitung *rechtswidrig beschaffter Informationen* ist zwar nicht generell unzulässig. Sie bedarf aber der Rechtfertigung durch ein besonders hohes Informationsinteresse der Allgemeinheit.

Für einen Spezialfall ist dies in § 201 Abs. 2 StGB gesetzlich geregelt: Ist ein nichtöffentlich gesprochenes Wort von einem Dritten unbefugt auf einen Tonträger aufgezeichnet oder mit einem Abhörgerät abgehört worden, so macht sich jeder strafbar, der das Aufgezeichnete oder

---

[426] BVerfGE 20, S. 177.
[427] Problematisch deshalb das Urteil des OLG München in AfP 1990, S. 214 f., das auch für die Verbreitung von „Klatsch" „bei einschlägigen Zeitschriften und ihrer Leserschaft durchaus ein gewichtiges öffentliches Informationsinteresse" anerkennen will.
[428] BVerfGE 97, S. 257.
[429] BVerfGE 34, S. 283
[430] Zu den rechtlichen Grenzen der Informationsbeschaffung vgl. oben 1.7.

Abgehörte im Wortlaut oder seinem wesentlichen Inhalt nach öffentlich mitteilt, wenn die öffentliche Mitteilung geeignet ist, berechtigte Interessen eines anderen zu beeinträchtigen und die öffentliche Mitteilung nicht durch die Wahrnehmung „überragender" öffentlicher Interessen gerechtfertigt ist, § 201 Abs. 2 StGB.

> Die Veröffentlichung des Wortlauts eines durch einen unbekannten Dritten abgehörten Allerweltsgesprächs zwischen dem Parteivorsitzenden und dem Generalsekretär einer großen Partei in einer Illustrierten wäre heute eine strafbare Handlung. Als Verletzung des Persönlichkeitsrechts der Beteiligten ist dieses Verhalten vom Bundesgerichtshof auch früher schon bewertet worden.[431]

Im übrigen ist die Frage, ob die Massenmedien befugt sind, Informationen zu veröffentlichen, die sie oder ihre Informanten sich auf rechtswidrige Weise verschafft oder unter Bruch einer Verschwiegenheitspflicht weitergegeben haben, unter Beachtung der Aufgaben und der Funktionsfähigkeit der Massenmedien zu entscheiden. Denn einerseits sind die Massenmedien und die für diese tätigen Journalisten wie alle anderen Bürger verpflichtet, die allgemeine Rechtsordnung zu respektieren. Andererseits darf dieser Grundsatz nicht dazu führen, dass die Massenmedien faktisch daran gehindert werden, ihrem Informationsauftrag gerecht zu werden.

Würden alle Informationen, die sich ein Informant rechtswidrig verschafft oder pflichtwidrig an einen Journalisten weitergegeben hat, mit einem *Veröffentlichungsverbot* belegt, so könnten die Massenmedien ihrer Informationsaufgabe - und damit auch ihrer Kontrollfunktion - in weiten Bereichen des öffentlichen Lebens nicht mehr gerecht werden. Insbesondere wäre es den Massenmedien kaum noch möglich, auf Missstände von öffentlicher Bedeutung hinzuweisen.[432] Denn der presserechtliche Auskunftsanspruch richtet sich nur gegen Behörden, und seine Durchsetzbarkeit ist darüber hinaus nur unzulänglich geregelt[433]; außerdem haben die Repräsentanten aller staatlichen und nichtstaatlichen Einrichtungen verständlicherweise die Tendenz, nur solche Informationen an die Öffentlichkeit gelangen zu lassen, von denen sie sich eine gute Beurteilung versprechen. Somit sind die Massenmedien zur Aufklärung von Missständen häufig auf Informanten mit Insider-Kenntnissen angewiesen. Diese sind jedoch in der Regel als Mitarbeiter der jeweiligen Einrichtung zur Verschwiegenheit verpflichtet. Sie verletzen also ihre Pflichten als Arbeitnehmer oder Beamte, wenn sie Außenstehende, z. B. Journalisten, informieren.

Aus der Einsicht in diese Zusammenhänge haben Bundesgerichtshof und Bundesverfassungsgericht die Schlussfolgerung gezogen, dass die *Verbreitung rechtswidrig erlangter Informationen* in den Schutzbereich des Art. 5 Abs. 1 GG fällt[434] und ein absolutes Verwertungsverbot solcher Informationen selbst dann nicht begründet ist, wenn der Informant sich diese auf strafbare Weise beschafft hat.[435] Das bedeutet jedoch keineswegs, dass die Art und Weise, wie eine Information beschafft wurde, für die Zulässigkeit ihrer Verbreitung bedeutungslos ist. Vielmehr ist auch hier wiederum zwischen den beteiligten Interessen abzuwägen. Dabei fallen auf der einen Seite der Persönlichkeitsschutz des Einzelnen sowie das Interesse der Allgemeinheit an der Wahrung der äußeren und inneren Sicherheit, der Funktionsfähigkeit staatlicher Einrichtungen und der Unverbrüchlichkeit der Rechtsordnung ins Gewicht. Auf der anderen Seite ist die Funktionsfähigkeit der Massenmedien zu erhalten, dem Interesse der Allgemeinheit Rechnung zu tragen, über alle Angelegenheiten von allgemeiner Bedeutung sachgerecht informiert zu werden („öffentliches Informationsinteresse"). Für diese Abwägung sind von Bedeutung

- die Intensität des Eingriffs in schutzwürdige Interessen Einzelner oder der Allgemeinheit,
- die Intensität der Rechtsverletzung bei der Informationsbeschaffung und
- das Gewicht des öffentlichen Informationsinteresses.

---

[431] BGHZ Bd. 73, S. 120 ff. (Kohl-Biedenkopf-Telefonat).
[432] BVerfG NJW 1984, S. 1743.
[433] Vgl. dazu oben unter 1.2.6.
[434] BVerfG NJW 1984, S. 1743.
[435] BGH NJW 1979, S. 648.

Die Intensität des Eingriffs hängt davon ab, in welches Rechtsgut[436] er eindringt, wie tief und mit welcher Heftigkeit das geschieht[437] und welchen Verbreitungsgrad das Medium hat, in dem die Information verbreitet wird.

Für die Intensität der Rechtsverletzung bei der Informationsbeschaffung ist von Bedeutung, auf welche Weise Autor und Verlag bzw. Rundfunkanstalt an die Informationen herangekommen sind. Sind sie an dem Rechtsbruch unmittelbar beteiligt - sei es dadurch, dass sie ihn selbst begangen, sei es, dass sie ihn in Auftrag gegeben haben -, so wiegt dies schwerer, als wenn sie lediglich aus ihm Nutzen gezogen haben. Zu bedenken ist auch die Schwere des Rechtsbruchs. Eine strafbare Handlung wiegt in der Regel stärker als ein Verstoß (nur) gegen vertragliche Pflichten. Zieht der Informant aus der Veröffentlichung der von ihm rechtswidrig beschafften oder weitergegebenen Information einen persönlichen Nutzen (Honorar), so liegt in der Veröffentlichung eine Vertiefung des Rechtsbruchs, die bei der Beurteilung ihrer Zulässigkeit zu berücksichtigen ist.

Das Gewicht des öffentlichen Informationsinteresses hängt ab vom Grad der Bedeutung, die die Information für die allgemeine politische Meinungs- und Willensbildung hat. So reicht die bloße Befriedigung allgemeiner Neugier nicht aus, um die Veröffentlichung rechtswidrig erlangter Informationen zu legitimieren. Auf der anderen Seite kommt der Aufdeckung von Missständen, durch die die Massenmedien ihre Kritik- und Kontrollfunktion erfüllen, ein besonderes Gewicht zu. Je bedeutsamer die Aufdeckung eines Missstandes für die Allgemeinheit ist, desto weiter treten die Umstände der Beschaffung bei der Abwägung zurück. Wie bedeutsam ein Missstand ist, hängt z.B. davon ab,

- welche Stellung die kritisierte Person oder Institution im öffentlichen Leben einnimmt,
- ob das beanstandete Verhalten rechtswidrig oder gar strafbar ist,
- in welchem Umfang berechtigte Interessen der Allgemeinheit durch den Missstand beeinträchtigt werden.

Dieselben Grundsätze gelten für die Verwendung von rechtswidrig hergestellten Abbildungen.[438]

Dass Gerichte bei der Abwägung dieser Faktoren im Einzelfall zu ganz unterschiedlichen Ergebnissen kommen können, zeigt das folgende Beispiel:

„Der Aufmacher"
Günter Wallraff ließ sich unter falschem Namen in der *Bild*-Redaktion Hannover als freier Mitarbeiter anstellen, um Informationen über die Redaktionsarbeit zusammenzutragen und anschließend zu veröffentlichen. Seine Erfahrungen veröffentlichte er unter dem Titel „Der Aufmacher". Darin schilderte er u. a. Inhalt und Ablauf einer Redaktionskonferenz. Außerdem wurde eine Seite eines von ihm angefertigten Manuskripts mit den in der Redaktion vom Chefredakteur nachträglich eingefügten handschriftlichen Korrekturen abgedruckt.
        Landgericht und Oberlandesgericht gaben der Klage des Verlages auf Unterlassung dieser Veröffentlichung statt. Sie räumten der Sicherung des Redaktionsgeheimnisses einen höheren Rang ein als dem Anliegen des Autors, die Arbeitsweise einer der großen Zeitungen der Bundesrepublik darzustellen.[439] Der BGH wertete demgegenüber das öffentliche Informationsinteresse höher und wies die Klage ab: „Für die Öffentlichkeit ist die Art und Weise, in der eine Zeitung entsteht und auf die Meinungsbildung durch Auswahl und Aufbereitung der Informationen Einfluss nimmt, von besonderem Interesse. . . . Je nach dem Anliegen und den Interessen, die sie verfolgt, können für eine Kritik an einer Zeitung auch Vorgänge in deren Redaktion der öffentlichen Erörterung zugänglich sein. Das gilt jedenfalls dann, wenn sich die Kritik gegen gewichtige Missstände in der Öffentlichkeitsarbeit der Zeitung richtet und sie sich darauf beschränkt, den redaktionellen Arbeitsbereich transparent zu machen, ohne damit Geschäfts- oder Betriebsgeheimnisse, insbesondere den Schutz der Informanten, preiszugeben."[440]
        Auf die Verfassungsbeschwerde des Verlages hin hob das Bundesverfassungsgericht diese Entscheidung des BGH teilweise wieder auf. Es hielt dem BGH vor, dem öffentlichen Informationsinteresse

---

[436] Vgl. dazu unten Kapitel 3 ff.
[437] Vgl. dazu das Konzept der Persönlichkeitssphären, unten 4.2.2.
[438] Vgl. z.B. LG Hamburg AfP 2008, S. 639 f.
[439] BGH AfP 1981, S. 271.
[440] BGH AfP 1981, S. 273.

ein zu hohes, dem Einbruch in die Vertraulichkeitssphäre des Verlages und den aus der Folgenlosigkeit eines solchen Vorgehens resultierenden Nachteilen zu geringes Gewicht beigemessen zu haben: „Auf der einen Seite kommt es auf den Zweck der strittigen Äußerung an: Dem Grundrecht der Meinungsfreiheit kommt um so größeres Gewicht zu, je mehr es sich nicht um eine unmittelbar gegen ein privates Rechtsgut gerichtete Äußerung im privaten, namentlich im wirtschaftlichen Verkehr und in Verfolgung eigennütziger Ziele, sondern um einen Beitrag zum geistigen Meinungskampf in einer die Öffentlichkeit wesentlich berührenden Frage handelt. Auf der anderen Seite ist aber auch das Mittel von wesentlicher Bedeutung, durch welches ein solcher Zweck verfolgt wird, in Fällen der vorliegenden Art also die Veröffentlichung einer durch Täuschung widerrechtlich beschafften und zu einem Angriff gegen den Getäuschten verwendeten Information. . . . Bei dieser Sachlage hat die Veröffentlichung grundsätzlich zu unterbleiben. Eine Ausnahme kann nur gelten, wenn die Bedeutung der Information für die Unterrichtung der Öffentlichkeit und für die öffentliche Meinungsbildung eindeutig die Nachteile überwiegt, welche der Rechtsbruch für den Betroffenen und die tatsächliche Geltung der Rechtsordnung nach sich ziehen muss. Das wird in der Regel dann nicht der Fall sein, wenn die in der dargelegten Weise widerrechtlich beschaffte und verwertete Information Zustände oder Verhaltensweisen offenbart, die ihrerseits nicht rechtswidrig sind; denn dies deutet darauf hin, dass es sich nicht um Missstände von erheblichem Gewicht handelt, an deren Aufdeckung ein überragendes öffentliches Interesse besteht."[441]

Selbstkontrollfrage 2/3:

Um Verträge zur Platzierung von Schleichwerbung aufzudecken, tritt Journalist Y. unter falschem Namen als Unternehmensberater auf, der für einen Kunden die Möglichkeit erkundet, dessen Produkte / Image durch ein „Themenplacement" im Programm öffentlich-rechtlicher Rundfunksender zu fördern. Auf eine entsprechende Anfrage hin erhält er von der Firma X. ein vertraulich zu behandelndes Angebot. Kann die Firma X. dem Y gerichtlich verbieten lassen, den Inhalt dieses Angebots zu veröffentlichen?

Die Darlegungs- und Beweislast dafür, dass das Medium sich die veröffentlichte Information in rechtswidriger Weise beschafft hat, trägt der betroffene Kläger. Auf Grund des Informantenschutzes muss das Medium nicht aufdecken, von wem und auf welchem Wege es die Information erhalten hat.[442]

Bei der *Preisgabe vertraulicher Informationen* ist das öffentliche Informationsinteresse abzuwägen gegen die Intensität des Vertrauensbruchs und das Ausmaß, in dem der Betroffene bloßgestellt wird.

Beispiel: Geheimdienstskandale
In dem der Leitentscheidung des Bundesgerichtshofs[443] zugrunde liegenden Fall hatte der Leiter der Staatsschutzabteilung eines Landesnachrichtendienstes einem Journalisten, der als Mitautor eines gemeinsamen Buches vorgesehen war, über Monate hinweg in langen Gesprächen seine dienstlichen Kenntnisse über Interna des Bundesnachrichtendienstes (BND) offenbart. Grundlage dieser Gespräche bildete ihre vertragliche Vereinbarung, dass deren Inhalt vorerst nur als Grundlage einer Materialsammlung dienen sollte, die später noch zu sichten, auszuwählen und aufzubereiten sein werde. Als die geplante Veröffentlichung wegen eines Einspruchs des BND nicht zustande kam, gab der Journalist das gesammelte Material verabredungswidrig an eine Monatszeitschrift weiter, die unter dem Titel „Operation EVA - ein BND-Agent enthüllt Geheimdienst-Skandale" über angebliche Praktiken und Einsätze des BND während der sechziger Jahre mit voller Namensnennung des Betroffenen als Quelle berichtete.
Der BGH untersagte die Veröffentlichung mit der Begründung, in der Preisgabe der Äußerungen des Betroffenen liege eine derart intensive Verfügung über die Persönlichkeit, dass der Eingriff als rechtswidrige Verletzung seines Persönlichkeitsrechts zu bewerten sei. Denn der Betroffene habe dem Journalisten „in der von diesem gerade auch zur Förderung der Spontaneität und Ausführlichkeit seiner Auslassungen mit aufgebauten, zusätzlich vertraglich abgesicherten Vertrauenssphäre komplexe Einblicke auch in seine Person selbst eröffnet - von den Eigenheiten seiner Artikulation bis in Wesenszüge seiner Gedankenwelt." Durch die Weitergabe dieser Erzählungen werde „die darin verkörperte Person" des Betroffenen „öffentlich bloßgestellt und in ihrer Substanz getroffen".

---

[441] BVerfG NJW 1984, S. 1743.
[442] LG Hamburg AfP 2008, S. 640 ff.
[443] BGH NJW 1987, S. 2667 ff.

2.6 Tatsachenbehauptung und Meinungsäußerung

Ob eine Äußerung als Tatsachenbehauptung oder Meinungsäußerung zu bewerten ist, ist für die Beurteilung ihrer Zulässigkeit von erheblicher Bedeutung. Beide Äußerungsformen sind durch Art. 5 GG in unterschiedlicher Weise geschützt.

2.6.1 Schutz von Meinungsäußerungen

Umfassenden Schutz genießen *Meinungsäußerungen*, d. h. wertende Stellungnahmen. Sofern sich diese als „Beitrag zum geistigen Meinungskampf in einer die Öffentlichkeit wesentlich berührenden Frage"[444] darstellen, sind sie unabhängig davon geschützt, ob sie „richtig" oder „falsch", „wertvoll" oder „wertlos", emotional oder rational begründet sind.[445] Um der Sicherung eines freien Meinungsbildungsprozesses willen sind auch „falsche", „wertlose" und „unbegründete" Meinungen geschützt, da in einer pluralistischen Gesellschaft verbindliche Maßstäbe zur Entscheidung solcher Wertfragen gerade *nicht* zur Verfügung stehen und konsensfähige Entscheidungen sich erst aus dem Widerstreit gegensätzlicher Auffassungen entwickeln. Ihre Grenzen findet die Meinungsäußerungsfreiheit erst dort, wo es nicht mehr um die Sache, sondern allein um die Beschimpfung einer Person geht („Schmähkritik").[446]

2.6.2 Schutz von Tatsachenbehauptungen

Das Aufstellen und Verbreiten von *Tatsachenbehauptungen* ist in den Schutz der Meinungsäußerungsfreiheit sowie der Presse- und Rundfunkfreiheit (nur) zum Zwecke einer rationalen öffentlichen Meinungs- und Willensbildung einbezogen. Für die Reichweite dieses Schutzes ist der *Wahrheitsgehalt* einer solchen Äußerung von entscheidender Bedeutung: Das Recht zur freien geistigen Entfaltung der eigenen Persönlichkeit legitimiert generell weder das Aufstellen bewusst unwahrer Tatsachenbehauptungen noch das Verbreiten von Tatsachenbehauptungen, deren Unwahrheit von vornherein feststeht.[447] Die Presse- und Rundfunkfreiheit schützt die Verbreitung unwahrer Tatsachenbehauptungen nur in den Fällen, in denen die Medien damit einen sachgerechten Beitrag zur öffentlichen Meinungs- und Willensbildung leisten.

> Das ist etwa dann der Fall, wenn sie politische Repräsentanten mit Aussagen zitieren, die unwahre Tatsachenbehauptungen enthalten.

Im Allgemeinen trägt das Verbreiten unrichtiger, wahrheitswidriger Tatsachenbehauptungen jedoch *nicht* zu einer rationalen Meinungsbildung bei.[448] Es ist durch Art. 5 Abs. 1 S. 1 GG deshalb grundsätzlich auch *nicht* geschützt.[449] Folglich ist mit der Einordnung einer Äußerung als Tatsachenbehauptung oder Werturteil die Entscheidung über deren Zulässigkeit häufig unmittelbar verknüpft. Gegendarstellungs- und Widerrufsansprüche können zudem ohnehin nur geltend gemacht werden, wenn sich der Betroffene mit ihnen gegen Tatsachenbehauptungen zur Wehr setzt.

---

[444] Vgl. BVerfGE 7, S. 212.
[445] BVerfGE 33, S. 14 f.
[446] Vgl. dazu unten 3.3.
[447] BVerfGE S. 1 ff. (8); BVerfGE 85, S. 1 ff. (15); BVerfG NJW 1993, S. 1845.
[448] BVerfGE 54, S. 208 ff. (219)
[449] BVerfGE 61, S. 1 ff. (8) m.w.N.

Als *Tatsachenbehauptungen* zu bewerten sind Aussagen über konkrete, nach Raum und Zeit bestimmte, in der Vergangenheit objektiv geschehene oder in der Gegenwart noch andauernde,

- sinnlich wahrnehmbare Ereignisse oder Zustände der Außenwelt[450] (äußere Tatsachen) oder
- Motive, Absichten, Beweggründe oder andere Zustände des menschlichen Seelenlebens (innere Tatsachen) oder
- rechtliche Beziehungen, wie z. B. Eigentum (Rechtstatsachen).

Im Gegensatz dazu sind als *Meinungsäußerungen* oder Werturteile solche Aussagen einzuordnen, die durch das „Element der Stellungnahme, des Dafürhaltens, des Meinens im Rahmen einer geistigen Auseinandersetzung" geprägt sind.[451] Auch *Rechtsansichten* können Meinungsäußerungen darstellen.

Beispiele:
Ein bestimmtes Verhalten wird als „illegal" bezeichnet.[452]
Der Kultusminister rügt das Verhalten eines Kreises bei der Erstattung von Schülerbeförderungskosten als „pflichtwidrig".[453]

2.6.3 Tatsachenbehauptung: Abgrenzungsmerkmale

Kennzeichnend für *Tatsachenbehauptungen* ist, dass sie *objektiv* überprüfbar sind, d. h. ihr Wahrheitsgehalt in einem gerichtlichen Verfahren durch Beweisaufnahme prinzipiell festgestellt werden kann. Entscheidend ist also nicht, ob im konkreten Einzelfall Beweis geführt werden kann, ob also z. B. die erforderlichen Beweismittel vorhanden sind. Vielmehr kommt es darauf an, ob generell, d. h. bei Vorliegen aller nötigen Beweismittel, festgestellt werden könnte, ob die Aussage wahr oder unwahr ist. Ein solcher Wahrheitsbeweis kann immer dann geführt werden, wenn für ihn ein *absoluter Maßstab* zur Verfügung steht, d. h. ein solcher, der von subjektiven Wertungen des Beurteilers frei ist.

Beispiel:
Wird das Alter eines Menschen mit „über 30 Jahre" angegeben, so lässt sich der Wahrheitsgehalt dieser Aussage objektiv feststellen. Sowohl die Zahlenangabe als auch die Maßeinheit „Jahr" sind allgemeinverbindlich festgelegt und damit nicht von subjektiven Wertungen des Beurteilers abhängig. Ob hingegen ein 32 Jahre alter Mensch „schon ziemlich alt" oder „noch sehr jung" ist, hängt davon ab, welchen Beurteilungsmaßstab man zugrunde legt. So kann aus der Sicht eines Kindes die Beurteilung „ziemlich alt" ebenso gerechtfertigt sein wie aus der Sicht eines Greises die Beurteilung „noch sehr jung". Einen einheitlichen, allgemeinverbindlichen, d. h. allseits konsentierten Maßstab gibt es in dieser Frage nicht. Der einzelne ist deshalb in der Wahl des Maßstabes frei; dieser unterliegt seiner persönlichen, subjektiven Wertung. Bei der Aussage „schon ziemlich alt" oder „noch sehr jung" handelt es sich deshalb um ein Werturteil, nicht um eine Tatsachenbehauptung.
Dasselbe gilt für die Äußerung, die private Beziehung einer bekannten Fernsehjournalistin zu dem Chef eines großen Telekommunikationsunternehmens beeinträchtige ihre Fähigkeit zur kritischen Berichterstattung über dieses Unternehmen.[454]

Ein Wahrheitsbeweis kann ferner in den Fällen geführt werden, in denen über den anzulegenden Beurteilungsmaßstab unter verständigen Beurteilern Konsens besteht und die Anwendung dieses Maßstabes zu einem eindeutigen Ergebnis führt.

Beispiel:
Die Aussage „Hans Herzog ist ein enger Mitarbeiter Günter Wallraffs" wurde vom Oberlandesgericht Hamburg als Tatsachenbehauptung gewertet. Denn die Wortkombination 'enger Mitarbeiter' kennzeichne „ein Arbeitsverhältnis, das über das normale Maß hinaus durch eine besonders vertrauensvolle und

---

[450] Vgl. die Zusammenstellung von Benedikt-Jansen, S. 671.
[451] So BVerfG NJW 1983, S. 1415 f.
[452] BGH NJW 1982, S. 2246 ff.
[453] VGH Kassel NJW 1990, S. 1005 f.
[454] LG Hamburg AfP 2008, S. 644 f.

ständige Zusammenarbeit bestimmt wird. Ob das der Fall ist, lässt sich anhand von äußeren Indiztatsachen unschwer bestimmen und damit auch beweisen."[455]
Die im Gespräch mit einem Quiz-Kandidaten leicht dahin geworfene Äußerung von Günter Jauch „Der sitzt ja dauernd im Knast" über einen Boxer, der zu einer Haftstrafe von sieben Jahren verurteilt worden war und davon 4 ½ Jahre verbüßt hatte, hat das Landgericht Potsdam hingegen als Meinungsäußerung gewertet. In dieser Auffassung ist es von Brandenburgischen OLG bestätigt worden.[456]

Im Ergebnis hängt die Einordnung einer Äußerung als Tatsachenbehauptung deshalb davon ab, ob die Kongruenz des Inhalts der Äußerung mit dem Gegenstand der Äußerung, dem Sachverhalt, über den etwas ausgesagt wird, eindeutig festgestellt werden kann.[457] Folgende *Faustformel*[458] kann bei der Einordnung helfen:

- Ergibt sich bei vollständig aufgeklärtem, bekanntem Sachverhalt, dass Darstellung und Sachverhalt übereinstimmen, so liegt eine wahre Tatsachenbehauptung vor.
- Ergibt sich bei vollständig aufgeklärtem, bekanntem Sachverhalt, dass Darstellung und Sachverhalt nicht übereinstimmen, so liegt eine unwahre Tatsachenbehauptung vor.
- Kann man bei vollständig aufgeklärtem, bekanntem Sachverhalt unterschiedlicher Meinung darüber sein, ob sich Darstellung und Sachverhalt decken oder nicht, so liegt eine Meinungsäußerung, ein Werturteil, vor. Diese Sachlage darf aber nicht mit den Fällen verwechselt werden, in denen die Unklarheit darauf zurückgeht, dass der Sachverhalt nicht vollständig aufgeklärt werden kann, weil zum Beispiel die erforderlichen Beweismittel fehlen!

Verdachtsäußerungen sind Aussagen über Tatsachen, deren Wahrheit nicht feststeht, von denen der Äußernde aber *vermutet*, dass sie stimmen. An die Zulässigkeit von Verdachtsäußerungen sind geringere Anforderungen zu stellen als an Tatsachenbehauptungen: Ein Verdacht darf geäußert werden, wenn es ausreichende nachprüfbare Anhaltspunkte (Indizien) dafür gibt, dass die Vermutung zutrifft.

Selbstkontrollfrage 2/4:

In einer Presseinformation des Deutschen Presserates heißt es: „Wegen einer Sorgfaltspflichtverletzung wurde das Jahrbuch Kleinkinder für 2006 öffentlich gerügt. Die Redaktion hatte in einem Test von Neurodermitis-Cremes für Kleinkinder nicht deutlich genug auf einen bestehenden Krebsverdacht bei drei Cremes hingewiesen. Zwar wurde im Text kurz mitgeteilt, dass es eine solche Warnung gebe, in der dazugehörigen Tabelle wurde der Verdacht aber nicht mehr dargestellt. Dies wäre aber dingend notwendig gewesen. Zudem wurde in der Tabelle eine Creme angeführt, die nicht für Kleinkinder zugelassen ist. Hierin sieht der Ausschuss eine schwerwiegende Verletzung der Sorgfaltspflicht nach Ziff. 2 des Pressekodex." Welche dieser Aussagen sind Tatsachenbehauptungen, welche sind Werturteile?

---

[455]OLG Hamburg AfP 1980, S. 106 ff.
[456] LG Potsdam AfP 2006, S. 493 ff.: Brand.OLG AfP 2007, S. 247 f.
[457] Vgl. auch Benedikt-Jansen, S. 671.
[458] In Anlehnung an K. E. Wenzel; vgl. dazu jetzt Burkhardt in Wenzel, Kapitel 4, Rdz. 77

2.6.4 Auslegungskriterien

Auch die Prüfung der Frage, ob eine bestimmte Äußerung eine Tatsachenbehauptung oder ein Werturteil enthält, muss mit der *Auslegung* der Äußerung, d. h. mit der Feststellung ihres Inhalts, ihres Sinngehalts, beginnen.[459]

Den *Maßstab* für die Einordnung einer Äußerung als Tatsachenbehauptung oder Werturteil bildet „der Sinn, den sie nach dem Verständnis eines unvoreingenommenen und verständigen Publikums hat."[460] Entscheidend ist also, wie der „Durchschnittsleser", auf dessen Meinungsbildung die jeweilige Publikation zielt, die Äußerung nach Auffassung des Gerichts vernünftigerweise verstehen muss.

Selbstkontrollfrage 2/5:

In ihrem Pressedienst veröffentlicht die Fraktion der Grünen im Bayerischen Landtag die Behauptung: „Die Gemeinnützige Wohnungsbaugesellschaft Deutsches Heim prellte in den Jahren 1980 bis 1984 etwa 300 Bauherren um schätzungsweise 15 Millionen Mark. " Die Wohnungsbaugesellschaft will sich gegen diese Behauptung zur Wehr setzen. Sie muss allerdings einräumen, dass durch nachlässiges Verhalten ihrer Mitarbeiter bei ihren Kunden tatsächlich entsprechende Schäden verursacht worden sind. Kann sie dennoch mit Aussicht auf Erfolg klagen?

Aus der Formulierung, dem Wortlaut einer Äußerung, *allein* lässt sich ihr Sinngehalt nicht immer einwandfrei feststellen. Entscheidend ist vielfach der *Kontext*, der gedankliche Zusammenhang, in dem sie gemacht wird. Dieser ist bei der Auslegung zu berücksichtigen. Deshalb kann eine Aussage mit demselben Wortlaut je nach ihrem Kontext einmal als Tatsachenbehauptung und ein andermal als Werturteil zu behandeln sein.

Die Bezeichnung „alter Nazi" ist eine Tatsachenbehauptung, wenn sich aus dem Kontext der Äußerung beispielsweise ergibt, dass dem Betroffenen vorgehalten wird, sich im „Dritten Reich" als Nationalsozialist hervorgetan zu haben und auch heute noch nationalsozialistisches Gedankengut zu verbreiten. Wendet hingegen ein Politiker im Rahmen aktueller politischer Auseinandersetzungen diese Bezeichnung auf seinen politischen Gegner an, der schon auf Grund der „Gnade der späten Geburt" nicht im Verdacht steht, der NSDAP angehört zu haben, ist dieselbe Formulierung als Werturteil anzusehen.[461]

Selbstkontrollfrage 2/6:

Der Bürgermeister von Müllheim verlangt von der Badischen Zeitung den Abdruck der folgenden Gegendarstellung: „In der Badischen Zeitung vom 2.7.1998 haben Sie auf der ersten Seite unter der Überschrift ‚Türken in Müllheim – ohne Heimrecht' einen Kommentar veröffentlicht, der unzutreffende Behauptungen enthält. Sie haben behauptet, ‚Bürgermeister S. tut nichts, um den türkischen Burgern zu einem Spielort zu verhelfen, sondern verweist sie auf einen wenig genutzten Platz 20 Kilometer entfernt.' Diese Behauptung ist falsch. In Wahrheit bemühe ich mich intensiv, diesen Bürgern einen Spielort in Müllheim zu vermitteln. Der wenig genutzte Platz wurde nur für den Fall ins Gespräch gebracht, dass meine Vermittlungsbemühungen scheitern sollten." Die Badische Zeitung weigert sich, die Gegendarstellung abzudrucken. Zu Recht?

Der Umstand, dass eine Äußerung in einem Kommentar steht, macht sie zwar nicht zwingend zu einem Werturteil.[462] Denn nicht selten enthält ein Kommentar sowohl die Fakten, die kommen-

---

[459] Vgl. dazu schon oben 2.3.
[460] BVerfG NJW 1995, S. 3303 ff. (3305) – „Soldaten sind Mörder."
[461] Vgl. auch BVerfG AfP 1992, S. 58 ff., sowie OLG Hamburg AfP 1992, S. 165 f. (Bezeichnung der Deutsche Unitarier Religionsgemeinschaft als „Nazi-Sekte").
[462] LG Freiburg AfP 1998, S. 528 f.

tiert werden, als auch die Bewertung dieser Fakten. Bei der *Interpretation* der Äußerung darf der Umstand, dass sie in einem wertenden Beitrag steht, aber nicht außer Betracht bleiben.

> Auf der „Meinungsseite" einer Tageszeitung erschien ein Kommentar, der sich kritisch mit dem Verhalten eines Strafverteidigers auseinandersetzte. In ihm hieß es u. a., „alle eingebrachten Anträge" seien „nichts als Obstruktion", ihr Ziel sei die Verzögerung des Verfahrensablaufs, sie sollten die Richter „zermürben" und den Prozess „zum Platzen bringen." Das Kammergericht hat diese Äußerungen unter Hinweis auf ihre Stellung in einem Kommentar als bloße Meinungsäußerung gewertet.[463]
> Als zulässige Meinungsäußerung hat das OLG Frankfurt auch den folgenden Zusatz zu einer im Faksimile wiedergegebenen Presseerklärung gewertet: „Kommentar: Lügen haben kurze Beine."[464]

Zu dem Kontext, der bei der Auslegung der Bedeutung einer Aussage zu beachten ist, gehört außer dem Sinnzusammenhang des Textes, in dem sich die Aussage befindet, auch die Person des Autors, der Adressatenkreis, Ort, Zeit, Art und Weise der Äußerung sowie der Autoritätsanspruch, mit dem diese vorgetragen wird.[465]

> Beispiel:
> In einem Flugblatt warf der Verein der „Kritischen Bayer-Aktionäre" dem Bayer-Konzern vor, demokratische Prinzipien, Menschenrechte und politische Fairness zu verletzen. Weiter hieß es wörtlich: „Missliebige Kritiker werden bespitzelt und unter Druck gesetzt, rechte und willfährige Politiker werden unterstützt und finanziert." Während das OLG Köln in dieser Äußerung die (beweisbedürftige) Tatsachenbehauptung sah, der Konzern habe Unternehmenskritiker *heimlich* beobachtet und *rechtswidrig bedroht*, interpretierte das BVerfG die Äußerung als eine missbilligende Bewertung des Umstandes, dass der Konzern Unternehmenskritiker beobachten ließ und auf ihr Verhalten Einfluss zu nehmen versuchte.[466]

Auch Äußerungen, die auf Anhieb ihrem Wortlaut nach als Tatsachenbehauptungen erscheinen, können unter Berücksichtigung des Kontextes, in dem sie stehen, als Werturteil einzuordnen sein. Das gilt insbesondere für Schlussfolgerungen (2.6.5), substanzarme Pauschalaussagen (2.6.6), ironische und polemische Äußerungen (2.6.7) sowie schlagwortartige Zusammenfassungen (2.6.8).

2.6.5 *Schlussfolgerungen*

Für *Sachverständigengutachten* hat der Bundesgerichtshof[467] entschieden, dass die in ihm enthaltenen Schlussfolgerungen auch dann als Werturteile anzusehen sind, wenn sie sich auf die Feststellung von Tatsachen beziehen und dementsprechend wie Tatsachenbehauptungen formuliert sind.

> Ein „öffentlich bestellter und vereidigter Sachverständiger für wissenschaftliche Graphologie und gerichtliche Hand- und Maschinenschriftbegutachtung" kam in seinem Schriftgutachten zu dem Ergebnis: „Die beiden inkriminierten Postkarten ... stammen von der Hand der ... (Namen der Beschuldigten)." Dieses als Tatsachenbehauptung formulierte Ergebnis wertete der BGH als Werturteil; dazu führte er aus: „Aufgabe des Gutachters ist es gewiss oft, kraft seiner Sachkunde zu bestimmten Tatsachen Stellung zu nehmen. Dann hat er einmal Auskunft über Sätze der Wissenschaft, Erfahrungssätze und dergleichen zu geben, wendet diese Sätze aber gleichzeitig auf den konkreten Fall an und gelangt so zu Schlussfolgerungen über das Vorliegen konkreter Tatsachen. Meint er, aufgrund seiner Untersuchungen und Überlegungen Gewissheit über die erfragten Tatsachen erlangt zu haben, so wird er deren Existenz im Ergebnis uneingeschränkt behaupten. Eine solche Behauptung kann im Einzelfall auch auf ihren Wahrheitsgehalt überprüft werden, nämlich durch Verwendung besserer wissenschaftlicher Erkenntnismittel oder Aufdeckung von Irrtümern bei den dem Ergebnis vorangehenden Untersuchungen. Gleichwohl ist rechtlich der Schluss, den der Sachverständige in seinem Gutachten zieht, ein Werturteil und nicht Behauptung einer Tatsache. Es liegt im Wesen des Gutachtens, dass es auf der Grundlage

---

[463] KG AfP 1997, S. 721.
[464] OLG Frankfurt NJW-RR 2005, S. 1205 f.
[465] Benedikt-Jansen, S. 670.
[466] BVerfG NJW 1992, S. 1439 ff.
[467] BGH NJW 1978, S. 751 f.

bestimmter Verfahrensweisen zu einem *Urteil* kommen will, das, selbst wenn es äußerlich als Tatsachenbehauptung formuliert worden ist, auf Wertungen beruht."

Dementsprechend ist eine ärztliche Diagnose[468] ebenso Werturteil wie ihre Bewertung als Fehldiagnose.[469] Eine Ausnahme von dieser Regel soll nur dann gelten, wenn „die der Schlussfolgerung vorausgehende methodische Untersuchung oder die zum Ergebnis führende Anwendung spezieller Kenntnisse und Fähigkeiten nur vorgetäuscht oder grob leichtfertig vorgenommen worden ist. " Dann soll das Gutachten seinen Charakter als Werturteil verlieren.[470]

Überträgt man die vom Bundesgerichtshof für das Sachverständigengutachten entwickelten Grundsätze auf die journalistische Berichterstattung, so ergibt sich: Teilt ein Journalist einen sorgfältig recherchierten Sachverhalt mit und zieht er aus den mitgeteilten Fakten Schlussfolgerungen, so sind diese auch dann wie Werturteile zu behandeln, wenn sie als Tatsachenbehauptungen formuliert sind. Voraussetzung ist allerdings, dass die Schlussfolgerungen als solche kenntlich gemacht sind.

> In einem parlamentarischen Untersuchungsausschuss bestritt der Justizstaatssekretär, bestimmte Kenntnisse erlangt zu haben. Der Leitende Oberstaatsanwalt sagte hingegen aus, er habe dem Staatssekretär diese Information persönlich übermittelt. Daraufhin kommentierte ein Rundfunkjournalist in einem aktuellen Beitrag u.a.: „Allein der Staatssekretär im Justizministerium steht jetzt etwas dumm da, weil er offensichtlich die Unwahrheit gesagt hat in einem Punkt. " Das Landgericht Saarbrücken bewertete diese Stellungnahme trotz ihres Wortlauts als reine Meinungsäußerung.[471]
>
> In einem Buch über alternative Medizin warnt dessen Autor vor dem Buch „So heilt Gott": „Wer . . . sich ausschließlich der 'Hildegard-Medizin' überantwortet, gefährdet unter Umständen sein Leben. So zum Beispiel indem er . . . auf jede medizinische Diagnose verzichtet, oder wenn Diabetiker der Empfehlung folgen, ihr Hungergefühl mit einem Diamanten zu lenken. " Die Klage des Autors des inkriminierten Buches blieb erfolglos. Das OLG Karlsruhe wertete die Warnung insgesamt als zulässiges Werturteil.[472]

2.6.6 Substanzarme Pauschalaussagen

Als Meinungsäußerungen werden ferner Äußerungen behandelt, deren tatsächlicher Gehalt wegen ihrer Substanzarmut nicht zu ermitteln ist oder überhaupt nicht ins Gewicht fällt.

> Beispiel:
> Vor den Wahlen in das Europäische Parlament bezeichnet ein SPD-Kandidat die CSU als „die NPD von Europa". Diese Wahlkampfäußerung wird vom Publikum als Polemik verstanden, der sich konkrete Tatsachenbehauptungen nicht entnehmen lassen. Das Publikum weiß, dass die von der CSU vertretenen politischen Ziele und Methoden nicht mit denen der NPD identisch sind. Es kann der Äußerung deshalb nur die Aussage entnehmen, die CSU stehe „ultrarechts". Das ist eine Wertung, die von der subjektiven Einschätzung des Urteilenden abhängig ist. Ein allgemein verbindlicher, konsentierter Maßstab zur Überprüfung der Richtigkeit dieses Urteils wird sich schwerlich finden lassen.[473]

2.6.7 Polemik

Sind in einer Aussage tatsächliche und wertende Aspekte untrennbar miteinander verknüpft, stellen die Gerichte darauf ab, ob ihr Inhalt nach dem Gesamteindruck stärker durch tatsächliche oder durch wertende Elemente geprägt wird. Als wertende Meinungsäußerungen werden Äußerungen behandelt, die im Kontext eines polemischen oder propagandistischen Beitrages stark subjektiv gefärbte Behauptungen enthalten.

---

[468] BGH NJW 1989, S. 774; BGH NJW 1989, S. 2941.
[469] OLG Karlsruhe AfP 1997, S. 723.
[470] BGH NJW 1978, S. 752.
[471] NJW-RR 1993, S. 730 ff.
[472] OLG Karlsruhe AfP 1995, S. 524 ff.
[473] Vgl. BVerfG NJW 1983, S. 1415 ff.

In einem Artikel, der sich kritisch mit der Verleihung der „Konrad-Adenauer-Preise" durch die „Deutsch-land-Stiftung" befasste, erklärte J. Echternach, der damalige CDU-Fraktionsvorsitzende in der Hamburger Bürgerschaft, die Deutschland-Stiftung missbrauche den Namen Adenauers für rechte Sektierer. Sie sei ein nationalistisches Unternehmen unter demokratischem Deckmantel und ihr Vorstandsmitglied Kurt Ziesel *bemühe sich, sein Deutschland-Magazin der von ihm so verehrten Deutschen National- und Soldaten-Zeitung anzugleichen.* Die letzte Äußerung wurde vom OLG als unwahre Tatsachenbehauptung verboten. Das BVerfG hob diese Entscheidung auf, weil sich aus dem Kontext ergebe, dass es sich um eine *ironisch-spöttische Polemik* gehandelt habe, die einer Prüfung auf ihren Wahrheitsgehalt nicht zugänglich sei.[474]

Diese Rechtsprechung ist nicht immer unproblematisch.[475] Die Einordnung *pauschaler Aussagen* als Werturteil kann die Rechtsstellung der Betroffenen leicht aushöhlen. Solche Behauptungen belasten den Betroffenen besonders schwer, weil sie Tatsachen andeuten, die er nur schwer widerlegen kann, solange die Vorwürfe nicht konkretisiert sind.

Beispiel:
In einem Kommentar zur Ablösung von Franz Alt als Moderator eines Fernsehmagazins vertrat der Autor die Auffassung, das öffentlich-rechtliche Fernsehen zeige gegenüber „Rechten" eine größere Liberalität als gegenüber „Linken". Zum Beleg dafür führte er an, dass der Moderator eines ZDF-Magazin, dem er eine „extrem rechte Position" attestierte, „auf seinem Sessel" bleiben durfte, während der „kritische, geistig-unabhängige CDU- Mann Alt" gefeuert werde, weil er mit der Friedensbewegung sympathisiere. In diesem Zusammenhang schrieb er über den ZDF-Moderator:
„Da polemisiert seit Jahren G. im O. -Magazin einseitig und ohne jede Ausgewogenheit alle 14 Tage aus seiner extrem rechten Position gegen alles, was er für links hält, gegen alles, was nicht auf seiner Linie des Kalten Krieges liegt. Er diffamiert, fälscht und beleidigt. Er beteiligt sich an rechtsextremen Kampagnen." Außerdem sympathisiere er mit Neonazis. Der angegriffene G. verlangte Unterlassung der Äußerungen, er diffamiere, fälsche und beleidige, und ferner, er sympathisiere mit Neonazis. Das OLG München wies die Klage mit der Begründung ab, bei diesen Äußerungen handele es sich um ein pauschales Werturteil über das berufliche Wirken und öffentliche Auftreten des Klägers, dem eine Anknüpfung an bestimmte Tatsachen oder Geschehnisse fehle. Es begründete diese Auffassung mit dem Zusammenhang, in dem die beanstandeten Äußerungen standen: Im Rahmen der Kritik, die der Beklagte an der Maßnahme der Fernsehanstalt übte, habe er die Persönlichkeit des Klägers und dessen Tätigkeit als Moderator der Person und Tätigkeit des Journalisten Alt gegenübergestellt. *In diesem Zusammenhang* stellten sich die Äußerungen „als wertende Stellungnahme zur beruflichen Tätigkeit des Klägers ohne nennenswerten tatsächlichen Gehalt" dar.[476]

In der Regel werden solche Äußerungen eher als *allgemein gehaltene, unsubstantiierte Tatsachenbehauptungen* gewertet werden müssen, die als unwahr zu behandeln sind, wenn der Betroffene ihre Richtigkeit bestreitet und ihr Urheber sie nicht konkretisiert.[477]

Das Bundesverfassungsgericht überprüft im Rahmen von Verfassungsbeschwerden die Einordnung einer Äußerung als Tatsachenbehauptung durch das zuständige Fachgericht darauf, ob dieses den Sinn der Äußerung angemessen erfasst hat. Geht es um die Verurteilung zu einer Strafe, zum Widerruf oder zur Leistung von Schadensersatz, verlangt es zum Schutz der Meinungsäußerungsfreiheit, die Äußerung im Zweifel als Werturteil zu interpretieren.[478]

So beanstandete es, dass die zuständigen Zivilgerichte die Äußerung eines Kommunalpolitikers, das Kreiskrankenhaus sei durch den Kläger „heruntergewirtschaftet" worden, als Tatsachenbehauptung gewertet hatten. Nach Ansicht des BVerfG kommt in ihr vielmehr „eine Bewertung tatsächlicher Vorkommnisse zum Ausdruck". Sie sei deshalb ein Werturteil, das unabhängig davon geschützt sei, ob die ihm zugrunde liegenden tatsächlichen Annahmen zutreffen oder es zu tragen vermögen."[479]

---

[474] BVerfG NJW 1976, S. 1680 f.; ebenso BGH NJW 1987, S. 1398 f. - Kriegsrichter
[475] Zu ihrer Kritik vgl. z.B. Stürner, JZ 1994, S. 868 ff. (873), sowie Kriele NJW 1994, S. 189.
[476] OLG München AfP 1984, S. 169 f.
[477] Vgl. dazu OLG Köln AfP 1984, S. 116 ff. (EAP).
[478] Zur Geltung dieses Grundsatzes im Strafverfahren vgl. BVerfG NJW 1990, S. 1980 ff. („Stoppt Strauß") sowie BVerfG NJW 1995, S. 3303 ff. („Soldaten sind Mörder"). Zur Geltung im Zivilprozess vgl. BVerfG NJW 1991, S. 95f. („Zwangsdemokrat"); BVerfG NJW 1992, S. 1439 ff. („Kritische Bayer-Aktionäre"); anders für Unterlassungsbegehren BVerfG AfP 2006, S. 41 ff. („ IM-Sekretär").
[479] BVerfG NJW 1993, S. 1845 f.

Selbstkontrollfrage 2/7:

In der Einladung eines Tierschutzvereins zu einer Pressekonferenz heißt es u.a.: „Zwei Jahre, nachdem Großentenmäster W. Konkurs angemeldet hat, werden dort weiterhin Enten in tierquälerischen Großbeständen gemästet. Wir weisen seit einem Jahrzehnt auf Verstöße gegen Tier- und Umweltschutzbestimmungen hin. Unter dem Strich ist jedoch alles beim Alten geblieben. Deshalb ist jetzt der Gesetzgeber gefordert, durch die Definition artgerechter Haltungsbedingungen den tierquälerischen Entenmastverfahren endlich ein Ende zu setzen. Einige Handelsketten haben auf die unhaltbaren Zustände reagiert und die dort gemästeten Enten aus ihrem Sortiment entfernt. Wir möchten Sie bei einem Pressegespräch über die skandalösen Praktiken des Unternehmens in den letzten Jahren informieren und Ihnen unsere Forderungen zur artgerechten Entenhaltung entsprechend des neuen Europäischen Übereinkommens zum Schutz von Tieren in landwirtschaftlichen Tierhaltungen vorstellen." Den Hintergrund der Kampagne bildet der öffentliche Streit um die Regelung der Intensivtierhaltung in Großmästereien. Das angegriffene Unternehmen sieht in dem Vorwurf der Tierquälerei eine unwahre geschäftsschädigende Tatsachenbehauptung. Zu Recht?

Enthält eine Meinungsäußerung neben wertenden tatsächliche Bestandteile, die nicht der Wahrheit entsprechen, ist dies im Rahmen der Abwägung zwischen Meinungsäußerungsfreiheit und Persönlichkeitsschutz zu berücksichtigen.[480] Handelt es sich dabei um erwiesen falsche oder bewusst unwahre Tatsachenbehauptungen, ist ihre Verbreitung unzulässig.[481]

> Beispiel:
> Unter der Überschrift „Marsch in den Untergang" veröffentlichte die Zeitschrift *Capital* einen Artikel, der sich kritisch mit der DGB-Gewerkschaft Nahrung-Genuss-Gaststätten (NGG) auseinandersetzte. Er wurde im Inhaltsverzeichnis wie folgt angekündigt: „Gewerkschaftsskandal: Von Arbeitgebern geschmiert und vor der Pleite: Die NGG." Zur Begründung des Vorwurfs wurde in dem Artikel wahrheitsgemäß mitgeteilt, dass von den Arbeitgebern getragene *Förderungswerk für die Beschäftigten des Deutschen Bäckerhandwerks* habe über Jahre zweistellige Millionenbeträge an den von der NGG getragenen gemeinnützigen *Verein Bildung und Beruf* überwiesen. Wahrheitswidrig wird behauptet, *im Gegenzug* habe sich die NGG für die Aufrechterhaltung des Nachtbackverbotes eingesetzt. „Die NGG hat sich demnach jahrelang von den Arbeitgebern korrumpieren lassen."
> Die Zivilgerichte haben der Zeitschrift verboten zu behaupten, die NGG sei von den Arbeitgebern geschmiert worden und habe sich von ihnen korrumpieren lassen. Das BVerfG hat diese Rechtsprechung bestätigt. Auch wenn man diese Äußerungen als Wertungen einordne, müsse die Meinungsfreiheit wegen der in ihnen enthaltenen unwahren Tatsachenbehauptungen hinter dem Schutz des Betroffenen zurücktreten (BVerfG NJW 2004, S. 277 f.).

Sind in einer Äußerung zutreffende tatsächliche Angaben mit Wertungen vermischt, ist gesondert zu prüfen, ob die *Tatsachenbehauptung* verbreitet werden darf und ob die Verbreitung der *Wertung* zulässig ist.

> Die Bezeichnung der Tochter von Ulrike Meinhof als „Terroristentochter" enthält eine wahre Tatsachenbehauptung. Gegen die Bekanntgabe der Tatsache, dass sie die Tochter von Ulrike Meinhof ist, kann sich die Betroffene nicht zur Wehr setzen, weil sie sich selbst mehrfach öffentlich mit diesem Umstand auseinandergesetzt hat. Die Bezeichnung „Terroristentochter" wies in dem Artikel, in dem sie auftauchte, Sachbezug auf. Die polemische Bezeichnung griff nach Auffassung des BGH zwar in das Persönlichkeitsrecht der Betroffenen ein. Die Abwägung mit der Meinungsäußerungsfreiheit des Autors führte jedoch vor allem deshalb zur Zulässigkeit der Äußerung, weil die Betroffene selbst zuvor durch Art und Inhalt ihrer publizistischen Auseinandersetzung mit den „68ern" und der „RAF" eine Diskussion ihrer publizistischen Tätigkeit herausgefordert hatte.[482]

---

[480] BVerfG NJW 2004, S. 277 ff.
[481] BVerfGE 61, S. 1 ff. (8f.); BVerfGE 85, S. 1 ff. (17)
[482] BGH AfP 2007, S. 46 ff.

2.6.8 Zusammenfassungen

Schlagwortartige Zusammenfassungen können unter Beachtung des Kontextes als Werturteil, als Tatsachenbehauptung oder als Kombination von beidem bewertet werden.

- *Ein Werturteil* liegt vor, wenn das Schlagwort lediglich ein substanzarmes Pauschalurteil über eine Person oder ihr Verhalten enthält. In einem Kommentar und im Rahmen einer Polemik tritt *im Zweifel* der tatsächliche Gehalt hinter der Wertung zurück.

- Dasselbe gilt für eine Äußerung, die lediglich eine Bewertung eines ebenfalls mitgeteilten Sachverhalts enthält. Wird dem Leser beispielsweise in einer Broschüre ein bestimmter Sachverhalt mitgeteilt und dieser Zustand als „illegal" bezeichnet, so handelt es sich bei dieser Bezeichnung um eine Bewertung des Sachverhalts, die Äußerung einer (Rechts)-Meinung: Die Darstellung der Sachverhaltselemente ist Tatsachenbehauptung; ihre zusammenfassende Würdigung als „illegal" ist Werturteil.[483]

  Beispiel:

  In einem Beitrag, der sich mit dem Verhalten eines bekannten Journalisten im „Dritten Reich" befasst, wird aus dessen damaligen Arbeiten zitiert und u. a. über einen Artikel berichtet, in dem jener ein Todesurteil des Volksgerichtshofs wegen „Feindbegünstigung und Wehrkraftzersetzung" sowie dessen Vollstreckung gutgeheißen hatte. Im Zusammenhang damit bezeichnete der Autor diesen Journalisten als „Schreibtischtäter". Das Landgericht Köln wertete diese Bezeichnung zu Recht als zusammenfassendes, pauschales Werturteil.[484]

- Ist eine solche Äußerung hingegen nicht aus ihrem Kontext heraus als (Rechts-) Meinung zu erkennen, sondern erweckt sie den Eindruck, ihr liege ein bestimmter, im Einzelnen nicht dargestellter Vorgang zugrunde, so ist sie als Tatsachenbehauptung zu qualifizieren.[485]

  Beispiel:

  In Reaktion auf Vorwürfe einer Ärztezeitung gegen einen Ärzteverband beschuldigten sich die Beteiligten wechselseitig der Verbreitung von Unwahrheiten. Die Fehde gipfelte in einem Artikel des Verbandsorgans, in dem unter der Überschrift „Die Masche der T.: Mit Verlogenheit zum Geld!" über die Ärztezeitung berichtet wurde: „Die Methode ist so simpel wie die ausgewählten Themen: Eine Behauptung wird erfunden und als Tatsache mit dem Aufschrei verkündet, die Ärzteschaft sei in Gefahr. Erfolgt der Nachweis, dass die Behauptung unwiderlegbar falsch und unwahr ist, dann lautet die Schlussfolgerung: Nur mit der falschen Behauptung war es möglich, die Ärzteschaft zu retten, weil jetzt die Angelegenheit geklärt sei. Das ist die immer wieder verwendete Masche der T. , um die Aufmerksamkeit ärztlicher Leser zu finden und mit dem Hinweis auf diese Aufmerksamkeit die Pharmaindustrie zur Schaltung kostspieliger Anzeigen zu veranlassen, mit deren Einnahmen dann die Gehälter eben jener Journalisten bezahlt werden, deren Artikel sich durch besondere Verlogenheit auszeichnen. " Während das Oberlandesgericht Celle diese Äußerungen als subjektive Auffassung des Verbandes über das Publikationsverhalten der Zeitung gewertet hatte, stellte der Bundesgerichtshof zu Recht klar, dass sie als verallgemeinernde Zusammenfassung von Tatsachenbehauptungen selbst den Charakter einer Tatsachenbehauptung tragen. Denn der in Überschrift und Text des Artikels deutlich zum Ausdruck kommende Vorwurf, die Zeitung veröffentliche immer wieder bewusst unwahre Artikel mit dem Ziel, sich dadurch wirtschaftliche Vorteile zu verschaffen, enthält nicht lediglich eine persönliche, individuell wertende Würdigung der Publikationstätigkeit, sondern erweckt den Eindruck, er basiere auf konkreten, objektiv beweisbaren Einzelfällen.[486]

- Eine *Kombination* von Werturteil und Tatsachenbehauptung liegt vor bei einer *Wertung mit einem Tatsachenkern*. In diesem Fall ist die Äußerung grundsätzlich sowohl auf ihren Wahrheitsgehalt hinsichtlich der tatsächlichen Elemente als auch auf die Zulässigkeit ihrer wertenden Elemente hin zu prüfen. Nur wenn sie in beiderlei Hinsicht unbedenklich ist, ist sie zulässig.

---

[483] Vgl. dazu BGH NJW 1982, S. 2246 ff.

[484] LG Köln, AfP 1988, S. 376 ff. –„Höfer. /. Spiegel".

[485] BGH NJW 1982, S. 2248 f.; vgl. auch die Entscheidung des LG Oldenburg, AfP 1987, S. 721 ff. - "Rathausplünderer".

[486] BGH NJW 1982, S. 2248.

So sieht das LG Hamburg[487] die Bezeichnung eines Malers, der auch während der NS-Zeit mit seinen Arbeiten auf zahlreichen Ausstellungen vertreten war, als „NS-Künstler" zu Recht als eine Aussage mit Tatsachenkern an, die nur dann gerechtfertigt ist, wenn der Künstler einen Kunststil pflegte, wie er von der NS-Ideologie propagiert und von NS-Staat gefördert wurde.

Als Wertung mit einem Tatsachenkern hat das Oberlandesgericht Hamburg auch die Bezeichnung einer Abgeordneten der GAL (Grüne Alternative Liste) als „Marionette im kommunistisch ausgerichteten Machtzentrum der GAL" durch den Vorsitzenden der CDU-Bürgerschaftsfraktion gewertet und dazu ausgeführt: „Neben der wohl dem Bereich der reinen Wertung zuzuordnenden Einschätzung der Antragstellerin als politisch bedeutungslose Figur im Rahmen der von anderen Kräften geprägten GAL entnimmt der Leser der streitigen Äußerung, dass die Antragstellerin außerstande oder nicht willens sei, ihren eigenen politischen Standpunkt argumentativ zu behaupten. Er sieht darin die Feststellung, dass sie sich entgegen ihrem Wahlversprechen von politisch anders Gesinnten lenken lasse und damit letztlich ihren Pflichten als Abgeordnete nicht genüge. „Die streitige Behauptung enthält mehr als nur die Wertung, die Antragstellerin könne aus Gründen, die außerhalb ihrer Person liegen, keine Wirkung im Sinne ihrer Ziele entfalten. Verbunden damit ist die Tatsachenbehauptung, sie lasse sich zu einer Marionette *machen*, also von außen lenken, ohne dem den gebotenen Widerstand entgegenzusetzen. . . . Es kann nicht davon ausgegangen werden, dass der tatsächliche Gehalt der streitigen Äußerung gegenüber der in dem Begriff `Marionette` gleichzeitig enthaltenen Wertung in den Hintergrund tritt. Er enthält als Aussage über das politische Profil der Antragstellerin im Gegenteil das Schwergewicht der Gesamtaussage. Wertende Äußerungen darüber, welche Chancen die Antragstellerin angesichts der bestehenden Rahmenbedingungen für die Durchsetzung politischer Ziele hat, haben für den Durchschnittsleser nicht das gleiche Gewicht wie die personenbezogene Feststellung, die Antragstellerin habe sich zu einer von außen gelenkten Marionette in dem erörterten Sinne machen lassen."[488]

Selbstkontrollfrage 2/8:

Ihrem Bericht über die bevorstehende Abwahl des Gemeindedirektors fügt die Lokalzeitung eine Stellungnahme des Betroffenen bei, in der es heißt, das Dienstverhältnis zwischen ihm und dem Bürgermeister sei nicht durch sein Fehlverhalten belastet worden, sondern dadurch, dass der Bürgermeister Aufgaben habe wahrnehmen wollen, für die nach der Gemeindeordnung allein der Gemeindedirektor zuständig sei. Kann der Bürgermeister dem Gemeindedirektor diese Äußerung gerichtlich verbieten lassen?

2.6.9 Fragen

Fragen lassen sich nicht ohne weiteres in das Schema von Tatsachenbehauptungen, Verdachtsäußerungen und Werturteilen einordnen. Vielmehr ist zu unterscheiden:

Offene Fragen sind dadurch gekennzeichnet, dass sie „keine Aussage machen, sondern eine Aussage herbeiführen wollen." Sie sind für eine rationale Meinungsbildung unabdingbar und deshalb durch Art. 5 GG genau so umfassend geschützt wie Meinungsäußerungen.[489] Dass einer Frage bestimmte Annahmen zugrunde liegen, ändert daran nichts, soweit es dem Fragen darum geht, zu erfahren, „was richtig oder falsch, wahr oder unwahr ist, und dabei für verschiedene Antworten offen bleibt."[490]

Rhetorische Fragen sind demgegenüber dadurch gekennzeichnet, dass der Fragesteller in Wirklichkeit eine Aussage machen will, die wiederum eine Tatsachenbehauptung, eine Verdachtsäußerung[491] oder ein Werturteil sein kann. Diese Fragen sind wie entsprechende Aussagen zu behandeln.[492]

---

[487] AfP 1993, S. 595 ff.

[488] OLG Hamburg AfP 1983, S. 409 ff. (mit ablehnender Anmerkung von Mathy).

[489] BVerfG NJW 1992, S. 1442 f.

[490] BVerfG NJW 1992, S. 1443.

[491] OLG Köln NJW 1963, S. 1634 mit weiteren Nachweisen; vgl. auch OLG Hamburg AfP 2008, S. 404 ff.

[492] BVerfGE 85, S. 23 ff. = NJW 1992, S. 1442 ff.

Ob ein Fragesatz als offene oder als rhetorische Frage zu behandeln ist, hängt davon ab, „ob die Frage auf eine inhaltlich noch nicht feststehende Antwort zielt oder ob der Fragende den Zweck seiner Äußerung mit der Stellung der Frage bereits erreicht hat".[493] Dies ist aus dem Kontext zu ermitteln.

> So wird die Schlagzeile einer Zeitung in vielen Fällen[494] als rhetorische Frage zu verstehen sein; die in einem Interview mit einem Sachverständigen gestellten Fragen werden demgegenüber in der Regel als offene Fragen zu bewerten sein.

Selbstkontrollfrage 2/9:

Unter der Schlagzeile „U im Bett mit Caroline?" und dem Untertitel „In einem Playboy-Interview antwortet er eindeutig zweideutig" berichtete die Bild-Zeitung über ein Interview, in dem U über sein Verhältnis zu Frauen im Allgemeinen und zu Caroline von Monaco im Besonderen befragt worden war. Kann sich die Bild-Zeitung gegenüber dem Verlangen von Caroline, diese unwahre Behauptung richtig zu stellen, darauf berufen, es habe sich bei deren Aussage um eine „echte" Frage gehandelt, die offen lasse, ob es zwischen U und ihr zu Intimitäten gekommen sei?

---

[493] BVerfGE 85, S. 23 ff. = NJW 1992, S. 1442 ff. (1444).
[494] Auch dabei kommt es allerdings auf die Umstände des Einzelfalls an, vgl. OLG Hamburg NJW-RR 1995, S. 541 f.

3 Der Schutz der persönlichen Ehre

Gemäß Art. 5 Abs. 2 GG finden die Meinungsäußerungsfreiheit sowie die Presse-, Rundfunk- und Filmfreiheit ihre Schranken unter anderem in dem Recht der persönlichen Ehre.[495] Dem Schutz der persönlichen Ehre dienen vor allem die Strafvorschriften der §§ 185 ff. StGB. Zugleich stellen Ehrverletzungen unerlaubte Handlungen im Sinne des § 823 Abs. 1 und 2 BGB dar. Infolgedessen stehen dem Beleidigten auch zivilrechtliche Abwehransprüche zu. Geht die Beleidigung von einem staatlichen Hoheitsträger aus, kommt auch ein öffentlichrechtlicher Abwehranspruch in Betracht.[496]

3.1 Grundlagen

3.1.1 Die Ehre des Menschen als geschütztes Rechtsgut

Zu den Grundlagen menschlichen Zusammenlebens gehört das Gebot wechselseitiger Achtung.

> „Jeder Mensch hat Anspruch darauf, als Person geachtet zu werden, d. h. als ein Wesen, das seiner selbst bewusst ist, in Freiheit über sich bestimmen, seine Umwelt gestalten und mit anderen Menschen Gemeinschaft bilden kann."[497]

Dementsprechend hat niemand das Recht, einem anderen dessen berechtigten Geltungsanspruch zu bestreiten. Dieser Geltungsanspruch resultiert in seinem unverlierbaren und unveräußerlichen Kern aus seiner Eigenschaft als Mensch, seiner Menschenwürde. Deshalb kann *jeder* Mensch - auch der Geisteskranke und der Gewohnheitsverbrecher - ein Mindestmaß an Achtung verlangen. Darüber hinaus beeinflusst das Verhalten des einzelnen in der Gemeinschaft den Inhalt und Umfang seines Geltungsanspruchs: Wer seine Bereitschaft, Verantwortung für andere zu übernehmen, seine mitmenschliche Verbundenheit mit anderen durch seine Taten gezeigt hat, hat Anspruch auf Anerkennung seines auf diese Weise erworbenen besonderen sozialen Ansehens. Eine Ehrverletzung liegt demzufolge vor,

- wenn jemandem seine elementaren menschlichen Eigenschaften bestritten werden,

  Beispiele:
  Bezeichnung eines Menschen als „Schmeißfliege",
  Bezeichnung eines Mörders als Unmensch, Nicht-Mensch und damit ein ‚Niemand', dem keine Menschenwürde zukommt,[498]

- wenn ihm zu Unrecht Pflichtverletzungen im sittlichen, rechtlichen oder sozialen Bereich vorgeworfen werden

  So etwa, wenn über einen Korrespondenten des *Spiegel* behauptet wird, er arbeite für den BND.[499]

---

[495] Nach Ansicht des EGMR ist der Staat auf Grund der Europäischen Menschenrechtskonvention verpflichtet, einen gerechten Ausgleich zwischen dem durch Art. 8 EMRK gewährleisteten Schutz des guten Rufs und dem durch Art. 10 EMRK garantierten Recht auf Freiheit der Meinungsäußerung herzustellen, vgl. EGMR NJW-RR 2008, S. 1218 ff. – Pfeifer/Österreich.

[496] So kann sich ein Landkreis beispielsweise mit einer öffentlichrechtlichen Unterlassungsklage zur Wehr setzen, wenn er durch abfällige Äußerungen des Kultusministers in seiner Ehre verletzt wird, VGH Kassel NJW 1990, S. 1005 f.

[497] Otto, S. 74.

[498] VOLG Frankfurt/M. NJW 2005, S. 3726 ff. (3728).

[499] OLG Hamburg AfP 1997, S. 478.

- wenn jemandem tatsächlich erworbene Verdienste abgesprochen werden.

  Jemandem, der unter Lebensgefahr einen Ertrinkenden aus dem Wasser geholt hat, wird unterstellt, er habe dies nur getan, um eine Belohnung zu erhalten.[500]

3.1.2   Träger des Ehrenschutzes / Beleidigungsfähigkeit

Opfer einer Ehrverletzung kann zum einen jede natürliche Person sein, d. h. jeder Mensch von der Geburt bis zum Tode. Dass der Betroffene eine Äußerung als Verletzung seiner Ehre erkennen kann, ist nicht erforderlich: Auch Säuglingen oder Schwachsinnigen gegenüber kann eine Ehrverletzung dadurch begangen werden, dass ihnen elementare menschliche Eigenschaften abgesprochen werden. Auf Verstorbene hingegen sind die allgemeinen Beleidigungstatbestände nicht anwendbar; die Verunglimpfung ihres Andenkens verbietet jedoch die Spezialvorschrift des § 189 StGB.

Neben natürlichen Personen sind auch Personengemeinschaften als solche - unabhängig vom Ehrenschutz ihrer Mitglieder - beleidigungsfähig. Das ergibt sich für Behörden und sonstige Stellen der öffentlichen Verwaltung, für Kirchen[501] und sonstige Religionsgesellschaften des öffentlichen Rechts, für Gesetzgebungsorgane von Bund und Ländern sowie sonstige politische Körperschaften daraus, dass den Leitern bzw. Trägern dieser Organisationen in § 194 StGB explizit das Recht eingeräumt ist, für sie einen Strafantrag zu stellen bzw. eine Verfolgungsermächtigung zu erteilen.[502]

Darüber hinaus hat die Rechtsprechung[503] die Beleidigungsfähigkeit allen Personenvereinigungen zuerkannt, die eine rechtlich anerkannte Funktion erfüllen und einen einheitlichen Willen bilden können.[504]

Von der Beleidigung einer Personenvereinigung als solcher zu unterscheiden ist die Beleidigung von Mitgliedern einer Personengruppe unter einer Kollektivbezeichnung. Eine Beleidigung unter einer Kollektivbezeichnung liegt zum einen dann vor, wenn einzelne Mitglieder der bezeichneten Gruppe angegriffen werden, ohne dass genauer gesagt wird, welche gemeint sind.

„Zwei Mitglieder der FDP-Bundestagsfraktion unterstützen eine getarnte kommunistische Wochenzeitschrift."[505]

Auf diese Weise fällt auf alle Mitglieder der Gruppe der Verdacht unehrenhaften Handelns. Deshalb ist in einem solchen Fall jedes Mitglied der Gruppe beleidigt, wenn es sich „um einen verhältnismäßig kleinen, hinsichtlich der Individualität seiner Mitglieder überschaubaren Kreis handelt"[506]. Nur bei einem so kleinen Kreis gerät jedes Mitglied wirklich in Verdacht, der Gemeinte zu sein. Schon bei mehreren Dutzend Mitgliedern „verliert sich die Beleidigung in der Unbestimmtheit."[507] Anders verhält es sich, wenn der Angriff gegen *alle* Mitglieder der Gruppe gerichtet ist. Hier kann auch jedes einzelne Mitglied einer größeren Personengruppe beleidigt sein.[508]

Im Übrigen kann eine Äußerung nur dann als Ehrverletzung verfolgt werden, wenn sie den Angegriffenen kenntlich macht. Das ist nicht nur dann der Fall, wenn der Name des Betroffenen genannt wird, sondern auch dann, wenn so viele Fakten mitgeteilt werden, dass ein unbeteiligter

---

[500] Otto a. a. O. , S. 79.
[501] So bejaht auch BGH AfP 2006, S. 65 f., die Klagebefugnis eines katholischen Erzbistums.
[502] Kritisch zu dieser absolut herrschenden Lehre: Fischer a. a. O. , S. 68 ff.
[503] BGHSt 6, S. 186 ff.
[504] Vgl. dazu schon oben 2.3.
[505] Vgl. BGH NJW 1960, S. 779 ff.
[506] Lenckner in Schönke-Schröder, Rz. 6 vor §§ 185 ff.
[507] KG JZ 1978, S. 423; OLG Düsseldorf MDR 1981, S. 868.
[508] Vgl. dazu oben 2.3.

Dritter daraus erkennen kann, wer bzw. welche Gruppe/Organisation gemeint ist.[509] Insbesondere reicht auch eine Abbildung aus, auf der die gemeinte Person erkennbar ist.

3.2 Üble Nachrede und Verleumdung

3.2.1 Die Tatbestände

Im Strafgesetzbuch finden sich drei Grundtatbestände zum Ehrenschutz: Während in § 185 StGB ganz allgemein „die Beleidigung" unter Strafe gestellt wird, haben die §§ 186 und 187 StGB das Aufstellen und Verbreiten ehrenrühriger Tatsachenbehauptungen zum Gegenstand: Wer eine Tatsachenbehauptung über einen anderen aufstellt oder verbreitet, welche geeignet ist, denselben verächtlich zu machen oder in der öffentlichen Meinung herabzuwürdigen, erfüllt den Tatbestand der üblen Nachrede (§ 186 StGB), wenn sich die Wahrheit der Behauptung nicht nachweisen lässt. Wer wider besseres Wissen eine unwahre Behauptung dieser Art aufstellt oder verbreitet, erfüllt den Tatbestand der Verleumdung (§ 187 StGB).

    Verleumdung und üble Nachrede setzen also voraus, dass eine *Tatsachenbehauptung* aufgestellt oder verbreitet wird; der Tatbestand der Beleidigung hingegen kann auch durch das Äußern oder Verbreiten einer *Meinung*, eines *Werturteils*, erfüllt werden.

    Auf den ersten Blick erscheint die Abgrenzung von Tatsachenbehauptungen und Werturteilen von geringer praktischer Bedeutung: Durch *einen* der Beleidigungstatbestände werden herabsetzende Äußerungen immer erfasst - einerlei ob eine Tatsachenbehauptung oder ein Werturteil vorliegt. Ihre enorme praktische Bedeutung erlangt diese Unterscheidung indessen dadurch, dass bei der Prüfung der Frage, ob eine beleidigende Äußerung durch das Grundrecht der Meinungs-, Presse- oder Rundfunkfreiheit (Art. 5 GG) gerechtfertigt ist, unterschiedliche Maßstäbe angelegt werden: Während die Verbreitung von Tatsachenbehauptungen grundsätzlich nur gerechtfertigt ist, wenn und soweit diese der Wahrheit entsprechen, sind Meinungsäußerungen, die einen „Beitrag zum geistigen Meinungskampf in einer die Öffentlichkeit wesentlich berührenden Frage"[510] zum Gegenstand haben, unabhängig davon geschützt, ob die Äußerung wertvoll oder wertlos, richtig oder falsch, emotional oder rational begründet ist.[511] Aus diesem Grund ist mit der Einordnung einer Äußerung als Tatsachenbehauptung oder Werturteil die Entscheidung über deren Zulässigkeit häufig unmittelbar verknüpft. Auch Gegendarstellungs- und Widerrufsansprüche können nur geltend gemacht werden, wenn sich der Betroffene mit ihnen gegen Tatsachenbehauptungen zur Wehr setzt.[512]

3.2.2 Ehrenrührigkeit von Tatsachenbehauptungen

Verleumdung und üble Nachrede setzen ferner voraus, dass eine Tatsachenbehauptung aufgestellt oder verbreitet worden ist, welche geeignet ist, den anderen *verächtlich* zu machen oder in der öffentlichen Meinung *herabzuwürdigen*. Beide Begriffe umfassen alle Aspekte *ehrenrühriger* Angriffe, ohne dass es möglich oder erforderlich wäre, sie gegeneinander abzugrenzen.[513]

    Ehrenrührig sind Tatsachenbehauptungen, die den Vorwurf einer Pflichtverletzung beinhalten. Dies ist zum einen bei der Verletzung von *Rechtsp*flichten der Fall, also dann, wenn es um

---

[509] Vgl. dazu oben 2.3.
[510] Vgl. BVerfGE 7, S. 212.
[511] BVerfGE 33, S. 14 f.
[512] Zur Unterscheidung von Tatsachenbehauptungen und Werturteilen bzw. Meinungsäußerungen vgl. oben 2.5.
[513] Lenckner in Schönke/Schröder, Rdz. 5 zu § 186 StGB.

ein Verhalten geht, das mit dem Makel der Rechtswidrigkeit behaftet ist. Rechtswidrig ist sowohl verbotenes Tun als auch das Unterlassen einer Handlung, die rechtlich geboten gewesen wäre (Verletzung von Geboten und Verboten).

> Über einen Politiker wird behauptet, er sei ein „der Korruption schuldiger Minister, der während seiner Ministerzeit Geld angenommen habe, das ihm nicht gehöre."[514]

Ehrenrührig ist zum anderen der Vorwurf, jemand habe seine sittlich-moralischen Pflichten verletzt, also etwas getan, was ein anständiger Mensch nicht tut, oder etwas nicht getan, was er als anständiger Mensch hätte tun müssen.

> Über einen Minister wird z.B. behauptet, er sei „Kunde" eines „Call-Girl-Ringes" gewesen.[515]

Als ehrenrührig kommt schließlich auch der Vorwurf in Betracht, besondere berufliche Pflichten verletzt, z. B. gegen den Ehrenkodex des eigenen Berufsstandes verstoßen zu haben.

> Über einen katholischen Geistlichen wird berichtet, er habe sexuelle Beziehungen zu einer verheirateten Frau unterhalten.[516]

Neben dem Vorwurf einer Pflichtverletzung ist auch die Behauptung solcher Eigenschaften ehrverletzend, die den anderen als minderwertig oder mit elementaren menschlichen Unzulänglichkeiten behaftet erscheinen lassen - z. B. „geisteskrank", „Krüppel", „impotent" .

> Tatsachenbehauptungen, die nicht ehrenrührig sind, fallen nicht unter den (strafrechtlich gesicherten) Ehrenschutz. Das Aufstellen oder Verbreiten solcher Tatsachenbehauptungen kann jedoch eine Verletzung des allgemeinen Persönlichkeitsrechts darstellen.[517]

3.2.3 Wahrheitsbeweis und Medienfreiheit

Das Aufstellen oder Verbreiten ehrenrühriger Tatsachenbehauptungen stellt nur dann eine rechtswidrige Ehrverletzung dar, wenn die Tatsachenbehauptung nicht erweislich wahr ist. Kann derjenige, der eine ehrenrührige Tatsachenbehauptung über einen anderen aufstellt oder verbreitet, beweisen, dass diese Behauptung wahr ist, so kann sich der Betroffene gegen die Verbreitung dieser Behauptung unter dem Gesichtspunkt des Ehrenschutzes nicht zur Wehr setzen: Gegen erweislich wahre Tatsachenbehauptungen gibt es keinen Ehrenschutz.

> Um feststellen zu können, *welche Tatsachen im Einzelnen* bewiesen werden müssen, damit für die Aussage der Wahrheitsbeweis erbracht ist, muss zunächst der *Inhalt* der Aussage durch *Interpretation* ermittelt werden.

> Heißt es in einem Artikel über einen Schauspieler, er sei mal „Sexstar in Pornos" gewesen, bedarf neben dem Begriff des „Sexstars" auch die Bezeichnung „Pornos" der Interpretation. Deckt dieser Begriff im allgemeinen Sprachgebrauch, wie das OLG München meint[518], nicht nur „harte" und „einfache" Pornographie im Sinne des § 184 StGB ab, sondern auch Filme, die von der Filmkritik als „Softpornos", „Halbpornographie" oder gar nur als „Sexfilm" bewertet worden sind, so reicht zum Beweis der Wahrheit dieser Aussage schon der Nachweis, dass der Schauspieler an dieser Art von Filmen mitgewirkt hat.[519]

> Die Veröffentlichung von Namen, die auf der Gehaltsliste des Ministeriums für Staatssicherheit der DDR gestanden haben, in einem Artikel mit der Überschrift „Die Hauptamtlichen. Teil I: Die oberen Zweitausend auf den Gehaltslisten der Stasi" erweckt den Eindruck, die Genannten seien unmittelbar in den Bespitzelungs- und Unterdrückungsapparat dieses Ministeriums eingegliedert gewesen und hätten dessen Ziele durch ihre Berufstätigkeit direkt unterstützt. Deshalb kann sich ein Sportarzt gegen die Nen-

---

[514] Vgl. BGH GRUR 1969, S. 147 ff.

[515] Vgl. BGH NJW 1963, S. 665 ff.

[516] Vgl. BGH AfP 1988, S. 34 ff.

[517] Vgl. dazu unten 4.

[518] OLG München AfP 1990, S. 214 f.

[519] Neben der Sache hingegen liegt die Einordnung dieser Aussage als pauschales Werturteil; so aber OLG München, AfP 1990, S. 214 f.

nung seines Namens in diesem Zusammenhang zur Wehr setzen, wenn er auf dieser Gehaltsliste nur deshalb stand, weil er beim SV Dynamo Berlin tätig gewesen ist.[520]

Bei der Auslegung ist wiederum der Tatsachenkern der Aussage von der ihn einkleidenden Wertung zu trennen.

In einem Flugblatt der „Kritischen Bayer-Aktionäre" wurde dem Bayer-Konzern unter der Überschrift „Gefahren für die Demokratie" u. a. vorgeworfen: „Missliebige Kritiker werden bespitzelt und unter Druck gesetzt. " Als zu beweisenden Tatsachenkern sah das BVerfG in diesem Fall an, dass der Konzern „Unternehmenskritiker beobachten ließ und auf ihr Verhalten Einfluss zu nehmen versuchte".[521]

In der Aufstellung einer *unwahren* ehrenrührigen Tatsachenbehauptung liegt in der Regel eine rechtswidrige Ehrverletzung. In einem solchen Fall kann sich der Journalist, die Zeitung oder Rundfunkanstalt grundsätzlich auch nicht auf das Grundrecht der Berichterstattungsfreiheit berufen. Dieses rechtfertigt lediglich die *wahrheitsgemäße* Berichterstattung: „Unrichtige Information ist unter dem Blickwinkel der Meinungsfreiheit kein schätzenswertes Gut, weil sie der verfassungsrechtlich vorausgesetzten Aufgabe zutreffender Meinungsbildung nicht dienen kann."[522] Das gilt auch für unrichtige Tatsachenbehauptungen, die wertenden Auseinandersetzungen im politischen Meinungskampf zugrunde gelegt werden.[523]

Nicht selten kommt es jedoch vor, dass in einem gerichtlichen Verfahren mit den dort zulässigen Beweismitteln nicht festgestellt werden kann, ob die Tatsachenbehauptung wahr oder unwahr ist. In diesem Fall ist die Tatsachenbehauptung *„nicht erweislich wahr"*; der Tatbestand der üblen Nachrede ist damit erfüllt. Durch diese gesetzliche Regelung wird demjenigen, der eine ehrenrührige Tatsachenbehauptung aufstellt oder verbreitet, das Risiko dafür aufgebürdet, dass sich seine - objektiv möglicherweise wahre - Behauptung nicht beweisen lässt.

Unter dem Gesichtspunkt der grundrechtlich geschützten Medienfreiheit ist diese gesetzliche Regelung nicht unproblematisch. Denn wenn auch die unrichtige Information kein schützenswertes Gut ist, so gilt doch auch, dass „die Anforderungen an die Wahrheitspflicht nicht so bemessen werden (dürfen), dass dadurch die Funktion der Meinungsfreiheit in Gefahr gerät oder leidet: Eine Übersteigerung der Wahrheitspflicht und die daran anknüpfenden, unter Umständen schwerwiegenden Sanktionen könnten zu einer Einschränkung und Lähmung namentlich der Medien führen; diese könnten ihre Aufgaben, insbesondere diejenige öffentliche Kontrolle, nicht mehr erfüllen, wenn ihnen ein unverhältnismäßiges Risiko auferlegt würde."[524]

Aus diesem Grund gilt für die Berichterstattung durch die Massenmedien[525] eine Beweiserleichterung, wenn diese sich - in Erfüllung ihrer öffentlichen Aufgabe - auf die Wahrnehmung berechtigter Interessen berufen können.[526] Demzufolge geht das Beweislastrisiko auch bei Berichten, die geeignet sind, das Ansehen der Betroffenen zu beeinträchtigen, wieder auf denjenigen über, der sich gegen eine Veröffentlichung zur Wehr setzt, wenn die folgenden vier Voraussetzungen erfüllt sind:

1. Der angegriffene Beitrag befasst sich mit einer Angelegenheit, an deren Erörterung die Allgemeinheit ein Interesse haben muss. Das ist z. B. bei der Erörterung politisch relevanter Fragen der Fall, nicht aber bei der Verbreitung von Klatsch.
2. Der Beitrag ist so gestaltet, dass er darauf ausgerichtet ist, einen ernsthaften Beitrag zur Unterrichtung, Belehrung und Meinungsbildung der Öffentlichkeit zu leisten. Dazu muss er

---

[520] BVerfG AfP 1999, S. 159 ff.
[521] BVerfGE 85, S. 1 ff. = NJW 1992, S. 1439 ff. (1442).
[522] BVerfGE 54, S. 219.
[523] Vgl. OLG Celle NJW 1988, S. 535 f.; BVerfG NJW 2004, S. 277 ff. – NGG.
[524] BVerfGE 54, S. 219 f.
[525] Dasselbe gilt generell für öffentliche Auseinandersetzungen über Fragen von politischer Relevanz, vgl. BGH NJW 1979, S. 266 ff. („Carstens - Metzger").
[526] Am deutlichsten formuliert durch OLG Frankfurt, NJW 1980, S. 597 ff., unter Bezugnahme auf die Rechtsprechung des BGH.

frei sein von reißerischer Aufmachung, Übertreibungen und Verzerrungen des dargestellten Sachverhalts.

3. Der Beitrag ist sorgfältig recherchiert: Alle erschließbaren Quellen sind genutzt, den Betroffenen ist Gelegenheit zur Stellungnahme gegeben, die Stellungnahmen sind in dem Beitrag berücksichtigt. Anhaltspunkte, die gegen die Richtigkeit von Vorwürfen sprechen, werden nicht verschwiegen.[527]

4. Nach dem Ergebnis der Recherche durften die Verfasser von der Richtigkeit der in dem Beitrag enthaltenen Angaben überzeugt sein. Die bloße Wiedergabe von Gerüchten reicht dafür nicht aus.[528]

Beispiel:
In einer Fortsetzungsserie über medizinische Versuche an Kindern im Konzentrationslager Neuengamme im *stern* hieß es u. a., einer der für den Tod der Kinder Verantwortlichen lebe mitten unter uns. Es sei der ehemalige SS-Obersturmführer Arnold Strippel. Die Beweisaufnahme ergab eine sorgfältige Recherche des *stern*, zahlreiche Anhaltspunkte für die Richtigkeit der Behauptung, Strippel sei an der Ermordung der Kinder beteiligt gewesen, jedoch keinen vollen Beweis. Das OLG Frankfurt wies die Unterlassungsklage Strippels auf der Basis der o.g. Beweislastregeln ab.[529]

Selbstkontrollfrage 3 / 1:

Die Gemeinde K. vereinbart mit einem Wünschelrutengänger, der zugleich ein Brunnenbohrunternehmen betreibt, die Suche nach einem für die gemeindliche Wasserversorgung geeigneten Vorkommen. Die Gemeinde verpflichtet sich, für jede Bohrung, bei der Wasser gefunden wird, rund 15.000 DM zu zahlen. Die *Badische Zeitung* berichtet über diesen Vorgang unter der Überschrift „Amtlicher Hokuspokus?" und druckt unter der Überschrift „Ein Rückfall ins Mittelalter" ein Interview mit dem Inhaber eines Ingenieurbüros für Baustatistik und Bodenmechanik ab, in dem dieser erklärt, auf Grund der geologischen Gegebenheiten, die er näher erläutert, gebe es „praktisch überall" Wasser. Der Rutengänger gehe „überhaupt kein Risiko ein". Vorzuwerfen sei ihm, dass er den Eindruck erwecke, nutzbares Wasser zu finden. Er missbrauche die Unwissenheit der Leute, um an Geld zu kommen. Der Ingenieur redet in diesem Zusammenhang von einer „Betrugsmasche". Als „Taschenspielertrick", zu dem nur Fingerfertigkeit nötig sei, bezeichnet er die sich selbst drehende Wünschelrute über der vermeintlichen Wasserader. Muss der Ingenieur, um Unterlassungs- und Schadensersatzansprüchen des Wünschelrutengängers zu entgehen, beweisen, dass dieser die Gemeinde K. *willentlich und bewusst* getäuscht und irregeführt hat, um sich dadurch wirtschaftliche Vorteile zu verschaffen?

Um in den Genuss dieser Beweislastumkehr zu kommen, müssen sie allerdings detailliert darlegen, dass sie sorgfältig recherchiert haben. Stützen sie ihre Berichterstattung allein auf Angaben von Informanten, deren Identität sie nicht preisgeben wollen, müssen sie hinreichend substantiiert vortragen, wieso die Information zuverlässig gewesen sein soll. Können oder wollen sie dies aus Gründen des Informantenschutzes nicht tun, müssen sie die daraus resultierende Verurteilung hinnehmen.[530]

Unter Berücksichtigung des verfassungsrechtlich gestützten Informantenschutzes reicht es nach Ansicht des OLG Köln[531] allerdings aus, die näheren Umstände darzulegen, aus denen auf die Richtigkeit der Information geschlossen werden kann. Das könne etwa dadurch geschehen, dass er als Zeuge die Äußerungen seiner Gesprächspartner und die Umstände detailliert schildere, unter denen er sie erhalten habe, ohne die Informanten zu identifizieren. Gelinge ihm dies, müsse der Prozessgegner seinerseits Angaben machen, die geeignet seien, diese näheren Umstände zu erschüttern. Ansonsten legen die Kölner Richter ihrem Urteil die Angaben des Journalisten zugrunde. Ob sich diese Rechtsprechung durchsetzt, ist unklar. Das OLG Hamburg betont

---

[527] Zu dieser Anforderung vgl. BVerfG AfP 2006, S. 41 ff. (44).
[528] OLG Düsseldorf AfP 1990, S. 303 ff.
[529] OLG Frankfurt NJW 1980, S. 567 ff.
[530] OLG Hamburg AfP 1993, S. 574 f.
[531] So LG Köln AfP 2007, S. 153 ff. (155); zuvor schon OLG Köln AfP 2001, S. 524 ff. (525).

vielmehr, ohne Kenntnis der Person des Informanten sei es nicht möglich, dessen Glaubwürdigkeit und die Qualität der von ihm erbrachten Informationen zu überprüfen und verweist auf die
Möglichkeit, die vertraulich erhaltenen Informationen anhand von weiteren Recherchen zu veri-
fizieren und damit gerichtstaugliches Material zu gewinnen oder ein Unterliegen im Zivilprozess
hinzunehmen.[532]

Die Auffassung des BGH, im politischen Meinungskampf könne die Meinungsäußerungsfreiheit die Verbreitung einer ehrverletzenden Tatsachenbehauptung über den politischen Gegner auch dann rechtfertigen, wenn trotz aller möglichen Untersuchungen nicht geklärt werden
konnte, ob sie zutrifft oder nicht, wird vom BVerfG nicht geteilt.[533]

3.2.4 Verdeckte Aussagen und verzerrte Darstellungen

Ehrkränkende Behauptungen können auch in der Weise aufgestellt werden, dass sie „zwischen
den Zeilen stehen", im Gesamtzusammenhang „offener" Aussagen „versteckt" werden.[534] Der
Ehrenschutz erstreckt sich auch auf solche verdeckten Aussagen.

> Beispiel:
> D., die Gründerin einer „Initiativgruppe für vom Zölibat betroffene Frauen" erfährt von einer Minderjähri-
> gen, die von einem katholischen Priester geschwängert worden ist und die Abtreibung plant. Sie teilt
> dem Erzbischof von Köln diesen Sachverhalt in einem Schreiben mit – auch dass der Schwanger-
> schaftsabbruch in den nächsten Tagen bevorsteht. Drei Wochen später – nach der Rückkehr des Erzbi-
> schofs von Tagungen und Auslandsaufenthalten - erhält sie von einem seiner Mitarbeiter ein Antwort-
> schreiben, in dem er seine Bestürzung zum Ausdruck bringt und sie auffordert, ihm den Namen des
> Pfarrers mitzuteilen und gegebenenfalls Anzeige zu erstatten. Zu diesem Zeitpunkt ist die Abtreibung
> bereits erfolgt. D. schweigt.
> Sechs Wochen später erscheint in einer überregionalen deutschen Zeitschrift ein Artikel mit der Über-
> schrift: „Fristenlösung auf kölsch. Ein Priester schwängerte eine Minderjährige. Die katholische Kirche,
> davon unterrichtet, wartete. Bis nach der Abtreibung." In dem Artikel wird das Verhalten der Amtskirche
> „als eine ganz eigene Art von Fristenlösung" bezeichnet und als „Fazit" mitgeteilt: „Hätte man auf das
> Schreiben unverzüglich reagiert, dann hätte die Kirchenleitung fast drei Wochen Zeit gehabt, sich um
> die werdende Mutter zu kümmern, ihr finanziell zu helfen und die möglicherweise zum Austragen des
> Kindes zu bewegen. Doch geschehen ist – nichts."... „Der erpresserische Pfarrer übt das Amt in seiner
> Großstadtpfarrei noch immer aus."
> Nach Auffassung des Erzbischofs und des Erzbistums enthielt dieser Artikel die verdeckte Tatsachen-
> behauptung, sie seien in der Lage gewesen, den Schwangerschaftsabbruch zu verhindern und den
> Pfarrer aus seinem Amt zu entfernen. Sie verlangten von der Zeitschrift, diese unwahren Behauptungen
> zu unterlassen. Landgericht und Oberlandesgericht Köln gaben der Klage statt.[535] Das BVerfG teilte die
> Interpretation des Artikels, verlangte aber, das Unterlassungsgebot auf die Textpassagen zu begren-
> zen, durch die der falsche Eindruck hervorgerufen wurde.[536]

Eine Ehrverletzung kann ferner darin liegen, dass ein Sachverhalt verzerrt dargestellt wird, indem wesentliche Gesichtspunkte verschwiegen werden, die für die Gesamtbeurteilung von Bedeutung sind[537], oder unwahre Tatsachenbehauptungen mitgeteilt werden, die den Schluss auf
einen ehrenrührigen Sachverhalt nahe legen.[538]

> Als „Arbeitsblätter für den Jugendgruppenleiter" der IG Metall erschienen 1960 zwei Hefte mit dem Titel
> „Mörder unter uns! Millionen für Mörder?", in denen ausführlich dargelegt wurde, dass noch oder schon
> wieder profilierte Nationalsozialisten, die für die Tötung politischer Gegner und Juden verantwortlich

---

[532] OLG Hamburg AfP 2007, S. 488 ff. (489). Im entschiedenen Fall musste das Gericht die Streitfrage
allerdings nicht entscheiden, da die Angaben des Verlages dem Gericht zur Erfüllung der Darlegungslast nicht ausreichten.

[533] Vgl. BVerfG AfP 2006, S. 41 ff. gegen BGH AfP 1998, S. 506 ff. – Stolpe.

[534] Vgl. dazu oben 2.3.

[535] OLG Köln NJW-RR 1998, S. 1175 ff.

[536] BVerfG NJW 2004, S. 1942 f., umgesetzt durch BGH AfP 2006, S. 65 ff.

[537] BGH AfP 2000, S. 88 f.; BGH NJW 2004, S. 598 ff.; BGH NJW 2006, S. 601 ff. (=AfP 2006, S. 65 ff).

[538] OLG München AfP 2001, S. 63 ff.

gewesen seien, in politisch verantwortlichen Stellen säßen, eine führende Rolle in der Wirtschaft spiel-
ten oder hohe Staatspensionen bezögen, während Opfer des Nationalsozialismus auf Wiedergutma-
chung warteten und ein kümmerliches Dasein fristeten. Im Dokumentationsteil enthielt die Schrift 54
Namen ehemals prominenter Nationalsozialisten mit einer kurzen Beschreibung ihrer Tätigkeit während
der Herrschaft des Nationalsozialismus und ihrer gegenwärtigen Stellung. Unter anderem hieß es über
den Kläger: „X., von 1931 bis 1934 NS-Gauleiter, wurde vom Verwaltungsgericht Bestellung zum Notar
zuerkannt."
Die IG Metall wurde wegen der Verbreitung dieser Schrift zur Zahlung eines Schmerzensgeldes in Höhe
von DM 3.000, - an den Kläger verurteilt, weil sie zu Unrecht den Eindruck erweckt hatte, der Kläger,
der bereits 1934 aus der NSDAP ausgeschlossen worden war, bis 1936 in Gestapo-Haft gesessen hatte, dann als Rechtsanwalt tätig gewesen und schließlich zur Wehrmacht eingezogen worden war, sei für
die Verbrechen des Nationalsozialismus, insbesondere für die Tötung politischer Gegner persönlich
unmittelbar oder mittelbar mit verantwortlich gewesen.[539]

Eine herabsetzende Tatsachenbehauptung kann auch in der Verbindung von Text und Bild liegen.

Beispiel:
Ein Artikel, der sich mit Straftaten befasst, die von Polizeibeamten bei Ausübung ihres Dienstes begangen worden sind, wird illustriert mit Archivfotos von Polizisten im Einsatz. Werden diese Fotos dann
auch noch mit Unterschriften versehen, die auf im Text behandelte strafbare Handlungen hinweisen, so
wird beim Leser der unzutreffende Eindruck erweckt, die Abgebildeten hätten ebenfalls schon derartige
Straftaten begangen.[540]

Auch hier dürfen die Anforderungen an eine sachgerechte Berichterstattung aber nicht überzogen werden.

So konnte sich beispielsweise der *Hersteller* von Absperrpfählen („Pollern") nicht erfolgreich dagegen
zur Wehr setzen, dass in einer Fernsehsendung über das Verfahren gegen einen Stadtbediensteten
seine Poller im Bild gezeigt und dabei mitgeteilt wurde, für die Aufstellung solcher Poller habe der Angeklagte „Provisionszahlungen" von einem *Straßenbauunternehmen* erhalten.[541]

Selbstkontrollfrage 3/2:

In der Sendereihe *Globus* strahlt der *WDR* einen Beitrag aus, der sich mit dem Artenschutz befasst, darunter dem für gefleckte Katzen. Im Rahmen dieses Beitrages kommen u. a. ein Vertreter der Pelzindustrie und ein Vertreter des *World Wildlife Fond (WWF)* zu Wort. Beide äußern
sich zunächst positiv über die Auswirkungen des Washingtoner Artenschutzabkommens (*CITES*)
auf den Schutz gefährdeter Katzenarten. Der WWF-Vertreter schränkt diese Bewertung jedoch
mit dem Hinweis ein, dass der Pelzhandel natürlich immer neue Wege bzw. Umwege suche,
Felle von bedrohten Katzenarten in die Bundesrepublik zu bekommen. Im Anschluss daran folgt
die folgende Szene: Die Kamera zeigt zunächst eine *CITES*-Bescheinigung in französischer
Sprache und schwenkt dann auf eine Rechnung der französischen Firma Monaprim an einen
deutschen Pelztierhändler, bis dessen Namen und Anschrift den Bildschirm füllen. Dazu wird der
folgende Text gesprochen: „Mit diesen Papieren kamen Pelze geschützter Tiere von Bolivien
nach Frankreich und in die EG. Was sich aber in einem EG-Land befindet, darf in allen EG-
Ländern ungehindert gehandelt werden. Auf diese Weise gelang es einem Frankfurter Händler,
40 000 gefleckte Katzenfelle in die Bundesrepublik Deutschland einzuschleusen. " Kann der
genannte deutsche Pelztierhändler sich gegen diesen Bericht erfolgreich mit dem zutreffenden
Hinweis zur Wehr setzen, er habe die Felle unter Beachtung aller gesetzlichen Vorschriften, also
legal, in die Bundesrepublik eingeführt? Enthält der Beitrag eine üble Nachrede?

---

[539] BGH NJW 1965, S. 2395 ff. – „Mörder unter uns".
[540] LG Stuttgart AfP 1983, S. 294 ff.
[541] BGH AfP 1992, S. 140 ff.

3.2.5 *Haftung für die Verbreitung fremder Tatsachenbehauptungen*

Grundsätzlich erfüllt den Tatbestand der üblen Nachrede auch, wer eine ehrverletzende Tatsachenbehauptung, die ein anderer über einen Dritten aufgestellt hat, verbreitet, ohne sie sich zu Eigen zu machen.[542] Das kann selbst dann gelten, wenn er sich von dieser distanziert.[543] So ist die ausführliche und detaillierte Wiedergabe unwahrer Gerüchte in reißerischer Aufmachung auch dann rechtswidrig, wenn sich aus dem Artikel insgesamt ergibt, dass es sich um böswillige Verleumdungen handelt.[544]

Die Verbreitung einer fremden ehrenrührigen Tatsachenbehauptung durch die Massenmedien ist jedoch durch Art. 5 GG gerechtfertigt, wenn und soweit diese in Wahrnehmung ihrer öffentlichen Aufgabe handeln, sie also einem allgemeinen („öffentlichen") Informationsinteresse Rechnung tragen.[545] Das kann beispielsweise bei der Veröffentlichung eines zeitgeschichtlichen Dokuments[546] der Fall sein oder dann, wenn sie über eine Angelegenheit von allgemeinem Interesse in der Weise berichten, dass sie

- gewissermaßen nur als „Markt" der verschiedenen Ansichten und Richtungen in Erscheinung treten - etwa im Rahmen einer Fernsehdiskussion[547] oder durch Abdruck eines Interviews[548] - oder
- einen Streit, in dem die eine Seite der anderen ein ehrenrühriges Verhalten vorwirft, so darstellen, dass sie beide Seiten zu Wort kommen lassen und sich einer eigenen Stellungnahme enthalten[549], oder
- wahrheitsgemäß und ohne Einseitigkeit und Entstellungen das Verfahren vor einer staatlichen Stelle - z. B. einem parlamentarischen Untersuchungsausschuss - und die in diesem Verfahren erhobenen Beschuldigungen wiedergeben.[550]

Das öffentliche Informationsinteresse kann sich auch aus der Stellung dessen ergeben, dessen Behauptungen das Medium verbreitet.

> Erhebt z.B. ein führender Oppositionspolitiker schwere ehrverletzende Vorwürfe gegen ein Regierungsmitglied, so hat die Öffentlichkeit auch dann ein berechtigtes Interesse, über diesen Umstand informiert zu werden, wenn sie unwahr sind.

Umstritten ist die Frage, ob die Haftung der Medien bei der Veröffentlichung von Interviews und Leserbriefen im Übrigen generell eingeschränkt ist.[551] Gestützt wird diese Ansicht auf eine Entscheidung des Bundesgerichtshofs aus dem Jahre 1986, in der das Gericht den Abdruck des Leserbriefs eines Abgeordneten für rechtmäßig erklärte, in dem gegen zwei Journalisten der Vorwurf erhoben wurde, gefälschtes und frisiertes Beweismaterial des Staatssicherheitsdienstes der DDR publiziert zu haben. Dies gelte auch für den Fall, dass die Vorwürfe sich als unwahr erweisen sollten. Denn die Redaktion sei in diesem Fall nicht verpflichtet gewesen, die in dem Leserbrief aufgestellten Behauptungen auf ihre Richtigkeit zu prüfen.[552] Im Anschluss an diese Entscheidung vertritt das OLG München die Auffassung, auch vor der Veröffentlichung eines Interviews in einem Printmedium müsse eine Überprüfung der Interviewäußerungen auf ihren Wahrheitsgehalt nur vorgenommen werden, wenn die aufgestellten Behauptungen eine beson-

---

[542] BGH GRUR 1969, S. 147 ff. (150)-„Korruptionsvorwurf"; BHG NJW 1977, S. 1288 ff.- „Abgeordnetenbestechung".
[543] BGH AfP 1986, S. 241 ff.
[544] LG München I ZUM 1998, S. 576.
[545] BGH NJW 1977,S. 1289.
[546] OLG Hamburg AfP 1993, S. 756 ff. - Stasi-Akte.
[547] BGH NJW 1976, S. 1198 ff. -"Panorama",insbes. S. 1199.
[548] OLG Hamburg AfP 1983, S. 412.
[549] OLG Zweibrücken AfP 1980, S. 209 f.
[550] OLG München AfP 1976, S. 130 ff. - „Der Pate".
[551] Vgl. die Darstellung des Streitstandes durch das LG Hamburg in AfP 2008, S. 414 ff., mit eigener Stellungnahme.
[552] BGH NJW 1986, S. 2503 ff. (2505) – Ostkontakte.

ders schwere Beeinträchtigung von Persönlichkeitsrechten enthielten.[553] Demgegenüber haftet die Presse nach Ansicht des OLG Hamburg für die Verbreitung von Interviews ohne Einschränkung, da sie die Möglichkeit habe, die Äußerungen der Interviewpartner vor deren Publikation zu überprüfen.[554] Als Rechtsgrundlage für eine Haftungsbeschränkung kommt allein die Wahrung der Funktionsfähigkeit der Massenmedien, die Fähigkeit zur Wahrnehmung ihrer öffentlichen Aufgabe also, in Betracht. Danach wird man unterscheiden müssen:

- Die Ausstrahlung von Live-Sendungen in Hörfunk und Fernsehen bildet einen sachgerechten Beitrag zur aktuellen Meinungs- und Willensbildung. Sie ist ohne unzumutbares Rechtsrisiko aber nur möglich, wenn die Haftung des Senders begrenzt wird: Für unvorhergesehene problematische Statements eines Interviewten haftet der Sender nicht, wenn er den Interviewten sorgfältig ausgewählt hat, der Interviewer sich von dem Statement distanziert und seine Fortsetzung verhindert. Diese Privilegierung von Live-Sendungen gilt jedoch nicht für Wiederholungen oder Übernahmen des Beitrages, d dem Veranstalter hier die Möglichkeit offen steht, die erneute Verbreitung der Äußerungen zu verhindern.[555]
- Bei sonstigen Beiträgen wird der Grad der Pflicht zur Überprüfung des Wahrheitsgehalts der Angaben von der Stellung des Gesprächspartners in Staat und Gesellschaft abhängen. Beschränkungen lassen sich insbesondere für die Aussagen von Experten und Personen des öffentlichen Lebens begründen.

Die Haftungserleichterung greift jedenfalls nicht, wenn und soweit sich die Zeitung bzw. der Sender die fremden Behauptungen erkennbar zu Eigen gemacht, „als nach seiner eigenen Überzeugung richtig hingestellt"[556] hat. Das ist dann der Fall, wenn sich aus dem Gesamtzusammenhang „bei objektiver Betrachtungsweise, aber auch aus dem Blickwinkel des Durchschnittslesers"[557] ergibt, dass sich der Autor mit den in Form von Zitaten vorgebrachten Beschuldigungen identifiziert hat.[558] Eine solche Identifikation liegt allerdings noch nicht darin, dass die Behauptungen verbreitet werden, ohne dass die Zeitung oder der Sender sich von ihnen ausdrücklich distanzieren. Auch der Umstand, dass die zitierten Äußerungen in ihrer Tendenz zur Haltung beispielsweise einer kritischen Magazinsendung „passen", reicht für die Annahme einer Identifikation allein nicht aus.[559] Anders verhält es sich jedoch, wenn „solche kritischen Äußerungen derart in die eigene kritische Stellungnahme der Autoren der Sendung eingebettet werden, dass die Sendung insgesamt als eine sozusagen mit verteilten Rollen gesprochene eigene Kritik"[560] erscheint. Auch in der redaktionellen Gestaltung eines Interviewabdrucks kann eine Identifikation zum Ausdruck kommen - so, wenn beispielsweise Titel und Zwischenüberschriften eingefügt werden, die „insgesamt nicht nur als Aufbereitung des Interviewtextes, sondern als ausdrückliche Unterstreichung und Billigung der Thesen des Interviewten"[561] wirken.[562]

Generell ist bei der Wiedergabe fremder ehrverletzender Tatsachenbehauptungen darauf zu achten, dass der Wert der Information nicht falsch verstanden werden kann. Es darf nicht etwas, was fragwürdig bleibt, wie etwas Verlässliches dargestellt werden.[563] Nach Ansicht des OLG Hamburg[564] reicht es dazu nicht ohne weiteres aus, die fremde Aussage als Zitat zu kennzeichnen. Denn ein Zitat kann auch dazu dienen, die eigene Darstellung zu belegen.

---

[553] OLG München AfP 2007, S. 229 ff.
[554] OLG Hamburg AfP 2006, S. 564 f.
[555] Vgl. BGH AfP 2007, S. 350 ff. (351) m.w.N.
[556] BGH GRUR 1969, S. 147 ff. (150)- „Korruptionsvorwurf".
[557] BGH GRUR 1969, S. 150.
[558] Ein Beispiel dafür enthält die Entscheidung des OLG München NJW-RR 1996, S. 1493 ff. (1494).
[559] BGH NJW 1976, S. 1198 ff. (1200)- „Panorama"; OLG Hamburg AfP 1983, S. 412.
[560] BGH NJW 1976, S. 1200; OLG Hamburg AfP 1983, S. 412.
[561] OLG Hamburg AfP 1983, S. 412 ff.
[562] Vgl. dazu auch LG Düsseldorf AfP 2007, S. 162 ff.
[563] BVerfG AfP 2006, S. 41 ff. (44).
[564] NJW-RR 1993, S. 734 f.

Selbstkontrollfrage 3/3:

In einer Berliner Zeitung erscheint ein Artikel mit der Überschrift „V-Leute wenden sich auf AL-Vorwürfe an die Innenverwaltung", in dem über die Arbeit eines Untersuchungsausschusses des Berliner Abgeordnetenhauses berichtet wird. Dort heißt es u.a.: „Ein weiterer Vorwurf des AL-Fraktionschefs: Senatoren und andere Regierungspolitiker seien regelmäßig über die Ergebnisse von Journalistenüberwachungen unterrichtet worden. Zuletzt CDU-Generalsekretär Klaus Landowsky über den SFB-Journalisten Rainer K. G. Ott unter Einschaltung eines Mittelsmannes sowie unter Beteiligung des Hauptsachbearbeiters „orthodoxer Kommunismus" und des Auswertungsleiters beim Verfassungsschutz, B. . . . (folgt der Name dieses Beamten). " Kann sich der namentlich genannte Beamte gegen diese Veröffentlichung mit dem Hinweis zur Wehr setzen, er sei an dem fraglichen Vorgang nicht beteiligt gewesen?

3.2.6 Zulässigkeit von Verdachtsäußerungen

Eine rufschädigende Veröffentlichung kann schon in der Behauptung oder Mitteilung liegen, eine namentlich genannte Person stehe in dem *Verdacht*, an ehrenrührigen Vorgängen beteiligt gewesen zu sein. Ist diese Behauptung frei erfunden, liegt damit - selbstverständlich - eine üble Nachrede vor. Doch auch, wenn der Verdacht tatsächlich besteht, sich später aber als unberechtigt herausstellt, ist der Tatbestand der üblen Nachrede erfüllt. Wer ein Gerücht verbreitet, kann dieses nicht ohne weiteres mit dem Hinweis rechtfertigen, das Gerücht habe es ja tatsächlich gegeben.[565]

Der Hinweis auf einen Verdacht ehrenrühriger Vorgänge ist jedoch durch Art. 5 Abs. 1 GG gerechtfertigt,[566] wenn

- ausreichende Anhaltspunkte für einen solchen Verdacht vorliegen,[567]
- es um eine Angelegenheit geht, die für die öffentliche Meinungsbildung von Bedeutung ist,
- an der Namensnennung ein allgemeines („öffentliches") Informationsinteresse besteht,[568]
- die Redaktion vor der Veröffentlichung durch ihr mögliche Ermittlungen (sorgfältige Recherche) die Gefahr, über den Betroffenen etwas Falsches zu verbreiten, nach Kräften auszuschalten versucht hat,[569]
- der Verdacht deutlich als solcher gekennzeichnet ist und
- die Verdachtslage „offen" geschildert, der Betroffene also nicht vorverurteilt wird.[570]

Ausreichende Anhaltspunkte liegen erst dann vor, wenn „ein Mindestbestand an Beweistatsachen zusammengetragen ist, die für den Wahrheitsgehalt der Information sprechen und ihr damit überhaupt erst ‚Öffentlichkeitswert' verleihen".[571] Daran fehlt es, wenn eine Zeitung über Vorwürfe berichtet, die in einem anonymen Fernschreiben erhalten sind.[572]

Auf Antrag der Bayerischen Landeszentrale für neue Medien hat das OLG München (AfP 2001, S. 404 ff.) der Zeitschrift INFOSAT untersagt, ohne weitere Recherche die Äußerungen von zwei Zeugen zu veröffentlichen, die einen namentlich genannten Dritten mit der Behauptung zitierten, der Präsident der Landeszentrale „müsse geschmiert werden, um eine reibungslose Übertragung der Lizenz zu gewährleisten".

---

[565] Vgl. BGH NJW 1963, S. 665 ff. (666) - „Call-Girl"; Brandenburgisches OLG AfP 2003, S. 343 ff. - Bürgermeisterwahl; LG Berlin AfP 2003, S. 174 ff. – Gerüchte aus dem Eheleben des Kanzlers.
[566] BGH NJW 1977, S. 1288 ff. - „Abgeordnetenbestechung"; vgl. auch LG Hamburg AfP 1993, S. 678 ff. – Lopez.
[567] OLG Frankfurt/M. ZUM 1992, S. 361 ff.; KG Berlin AfP 2007, S. 576 ff.
[568] vgl. OLG Stuttgart NJW 1972, S. 2320 ff. - „Taxifahrer".
[569] Vgl. LG Berlin AfP 2002, S. 62 ff.; OLG Hamburg AfP 2008, S. 404 ff. (407) sowie 627 f.
[570] Vgl. dazu LG Hamburg AfP 1993, S. 678 ff. - Lopez. – sowie OLG Hamburg AfP 2008, S. 404 ff. (406).
[571] BGH NJW 1977, S. 1289.
[572] BGH NJW 1977, S. 1288 ff.

Bloße Neugier und Sensationsinteresse des Publikums begründen keine Rechtfertigung ehrenrühriger Verdachtsäußerungen.

An der Namensnennung wird ein allgemeines Informationsinteresse im Allgemeinen nur anzuerkennen sein, wenn Personen beteiligt sind, die sich auf Grund ihrer Stellung im öffentlichen Leben öffentlicher Kritik in besonderer Weise stellen müssen.[573]

> So musste Gregor Gysi als Fraktionsvorsitzender der Partei DIE LINKE im Deutschen Bundestag die Berichterstattung über den Verdacht hinnehmen, er habe „wissentlich und willentlich an die Stasi berichtet".[574]

Zu einer ausreichenden Recherche gehört in der Regel, dass dem Betroffenen vor der Veröffentlichung Gelegenheit gegeben wird, sich zu der Beschuldigung zu äußern. Eine Ausnahme von diesem Grundsatz kann nur in den Fällen gelten, in denen das allgemeine Informationsinteresse keinen Aufschub der Meldung duldet.[575] Hingegen reicht der Umstand, dass der Verdacht bereits in einem anderen Medium publiziert wurde, gewöhnlich nicht aus.[576]

Um eine Verdachtsäußerung als solche zu kennzeichnen, genügen im Allgemeinen relativierende Formulierungen wie „soll angeblich", „wahrscheinlich" u. ä. Auch durch einen Fragesatz kann ein Verdacht geäußert werden.

> Beispiel: „OP-Pfusch ohne Ende ?" als Überschrift eines Zeitungsartikels[577]

Sachgerecht ist die Berichterstattung über einen Verdacht nur, wenn der Sachverhalt *vollständig* mitgeteilt wird, d. h. keine für seine Beurteilung wesentlichen Fakten ausgelassen werden.

> So darf ein Bericht über die angeblich mangelhafte Qualifikation eines Chefarztes nicht allein auf die Angaben seiner Mitarbeiter gestützt werden, ohne zu erwähnen, dass der ärztliche Direktor der Klinik die Vorwürfe für unbegründet gehalten hat und der Chefarzt selbst ein Verfahren vor der Ärztekammer angestrengt hat, um sie gutachterlich überprüfen zu lassen. Nach Ansicht des BGH liegt es in einem solchen Fall sogar nahe, die Berichterstattung bis zum Eingang des Gutachtens zu verschieben.[578]

3.3 Werturteile / Meinungsäußerungen[579]

In der Abgabe eines negativen Werturteils über einen anderen liegt eine „Beleidigung" im Sinne des § 185 StGB, d. h. ein „Angriff auf die Ehre in Form der Kundgabe der Nicht-, Gering- oder Missachtung",[580] wenn dieser ein solches Urteil nicht selbst, durch sein eigenes Verhalten, veranlasst hat. Eine angemessene Kritik ehrmindernden Verhaltens erfüllt deshalb nicht den Tatbestand der Beleidigung.[581]

> Beispiele:
> Zurückweisung völlig unsinniger Vorwürfe als „dummes Geschwätz",[582]
> Bezeichnung der Witwe eines Schönheitschirurgen, die ihren Körper freizügig zur Schau stellt, als „Busenmacher-Witwe".[583]
> Der Kultusminister wirft einem Landkreis wegen dessen Praxis bei der Erstattung von Schülerbeförderungskosten eine „elternfeindliche Haltung" vor.[584]

---

[573] Besonderheiten gelten für schwere Straftaten, vgl. dazu unten S. 189 f.
[574] LG Hamburg AfP 2008, S. 420 ff.
[575] OLG Stuttgart NJW 1972, S. 2321.
[576] Vgl. z.B. LG Berlin AfP 2002, S. 62 ff.
[577] Vgl. OLG Frankfurt/M. ZUM 1992, S. 361 ff.
[578] BGH AfP 1997, S. 700 ff.
[579] Die Begriffe „Werturteil" und „Meinungsäußerung" werden im Folgenden synonym zur Abgrenzung von „Tatsachenbehauptungen" verwendet; vgl. dazu oben 2.5.
[580] So Lenckner in Schönke/Schröder, Rz. 1 zu § 185 mit weiteren Nachweisen.
[581] Lenckner in Schönke-Schröder, Rz. 7 zu § 185 StGB.
[582] Lenckner in Schönke-Schröder, Rz. 7 zu § 185 StGB.
[583] OLG München AfP 2005, S. 560 f.
[584] VGH Kassel NJW 1990, S. 1005 f.

Eine Beleidigung setzt ferner voraus, dass der Täter *eigene* Missachtung zum Ausdruck bringt, die negative Wertung also selbst vornimmt oder sich eine fremde zu eigen macht.[585] Wer über Ehrkränkende Wertungen Dritter lediglich *berichtet* oder sich von diesen in seinem Bericht sogar ausdrücklich distanziert, erfüllt deshalb den Tatbestand der Beleidigung ebenfalls nicht. Die Wiedergabe fremder Schmähkritik kann aber das Persönlichkeitsrecht des Geschmähten verletzen.[586]

Selbstkontrollfrage 3/4:

In der Fernsehserie *Lindenstraße* lässt der Autor in einer Diskussion über die Frage, ob der an AIDS erkrankte *Benno* gegen die Kündigung seines Arbeitsverhältnisses klagen soll, die Darstellerin der *Chris* sagen: „Klar muss er! Die Öffentlichkeit muss endlich mitkriegen, was hier bei uns passiert. Unter dem Deckmantel der Sauberkeit ! Gauweiler und Co. ! Das sind doch alles Faschisten!" Dr. Gauweiler stellt Strafantrag. Können die Schauspielerin, die die Rolle der *Chris* verkörpert, sowie die für die Sendung verantwortlichen Redakteure des *WDR* strafrechtlich belangt werden?

Meinungsäußerungen in Angelegenheiten von allgemeinem („öffentlichem") Interesse genießen besonderen verfassungsrechtlichen Schutz: Art. 5 Abs. 1 S. 1 GG gewährleistet jedermann das Recht, seine Meinung frei zu äußern. „Jeder soll frei sagen können, was er denkt, auch wenn er keine nachprüfbaren Gründe für sein Urteil angeben kann".[587] „Ehrverletzende Werturteile über bestimmte Personen in Presseveröffentlichungen sind nicht schon deshalb unzulässig, weil dem Leser nicht gleichzeitig Tatsachen mitgeteilt werden, die ihm eine kritische Beurteilung der Wertung ermöglichen."[588]

Denn einerseits wäre die Möglichkeit, eine Meinung frei zu äußern, erheblich eingeschränkt, wenn ein Werturteil nur unter gleichzeitiger Angabe der Tatsachen, die es tragen, in die Öffentlichkeit gelangen dürfte. „In der Diskussion ist es schon aus zeitlichen oder räumlichen Gründen oft gar nicht möglich, ein solches Urteil mit Ausführungen zu verbinden, die Anspruch darauf erheben können, den nicht informierten Hörer oder Leser über die Grundlagen, an denen die Wertung anknüpft, gehörig ins Bild zu setzen. Ein Begründungszwang würde die Vertretung eines Standpunkts in der Öffentlichkeit von der Darstellbarkeit der „Bezugspunkte" abhängig machen. Wer seine Meinung nur unvollkommen ausdrücken kann, wäre von der Diskussion weitgehend ausgeschlossen; wer geschickt zu formulieren versteht, könnte das Verlangen nach „Bezugspunkten" erfüllen, ohne seiner kritischen Äußerung mehr Informationsgehalt geben zu müssen. Insgesamt würde die Diskussion auf den Austausch von beweismäßig nachprüfbaren Informationen verlagert. Das subjektive Moment, das die Vielfalt der Standpunkte erst provoziert, wäre in der Diskussion dagegen in den Hintergrund gedrängt."[589]

Andererseits spricht das Werturteil den Leser oder Hörer im Gegensatz zur Tatsachenbehauptung als eine subjektive Meinung an und ist ihm als solche erkennbar. Es kann ihm überlassen bleiben, was er von einer Kritik zu halten hat, die auf eine Begründung verzichtet.[590] Deshalb ist es für die Beurteilung der Zulässigkeit der Meinungsäußerung grundsätzlich auch unerheblich, ob diese „wertvoll" oder „wertlos", „richtig" oder „falsch", emotional oder rational begründet ist.[591] „Es darf auch eine Meinung geäußert werden, die von anderen für „falsch" oder „ungerecht" gehalten wird; denn es ist nicht Aufgabe der Gerichte, der Überzeugungskraft von

---

[585] Lenckner in Schönke-Schröder, Rz. 17 zu § 185 StGB.
[586] Vgl. dazu unten 4.1.6.
[587] BVerfGE 61, S. 1ff. - „NPD von Europa"- unter Bezugnahme auf BVerfGE 42, S. 170.
[588] BGH NJW 1974, S. 1762 ff. – „Deutschland-Stiftung".
[589] BGH NJW 1974, S. 1763.
[590] BGH NJW 1974, S. 1763, unter Bezugnahme auf BGHZ 45, S. 296 ff. (308).
[591] BVerfGE 61, S. 7, unter Bezugnahme auf BVerfGE 33, S. 1 ff. (14 f.).

Ansichten nachzugehen oder zu prüfen, ob sie dieselbe Meinung vertreten, wie sie der Kritiker geäußert hat. Vielmehr kommt es (lediglich, d. V.) darauf an, ob für eine kritische Äußerung ausreichend sachliche Bezugspunkte gegeben sind.“[592]

Werturteile, die mit der Angabe unrichtiger Tatsachenbehauptungen verbunden sind, sind aber unzulässig.[593]

> Beispiel :
> Bezeichnung eines Arztes als „unseriös“ mit der unzutreffenden Begründung, er habe für die Richtigkeit seiner von der Schulmedizin abweichenden Empfehlungen „keine Beweise vorgelegt“.[594]

Umgekehrt darf bei der Beurteilung einer scharfen Kritik der Umstand, dass sie auf einer zutreffenden Tatsachengrundlage beruht, nicht außer Acht gelassen werden.[595]

Selbstkontrollfrage 3/5:

> Bei der Analyse der politischen Berichterstattung sächsischer Zeitungen über politische Parteien kommen zwei medienwissenschaftliche Institute zu gegensätzlichen Ergebnissen. Dies erklärt der Leiter des einen Instituts gegenüber der Süddeutschen Zeitung damit, das andere Institut habe wissenschaftlich unsauber gearbeitet und die Daten „auf manipulative Weise interpretiert.“ Kann der Leiter des betroffenen Instituts von dem anderen verlangen, diesen Vorwurf künftig nicht mehr zu erheben?

Bei Beiträgen zum geistigen Meinungskampf in einer die Öffentlichkeit wesentlich berührenden Frage spricht die Vermutung für die Zulässigkeit der freien Rede.[596] Sie sichert „Kraft und Vielfalt der öffentlichen Diskussion“, um derentwillen „im Einzelfall Schärfen und Übersteigerungen des öffentlichen Meinungskampfes oder ein Gebrauch der Meinungsfreiheit in Kauf genommen werden (müssen), der zu sachgerechter Meinungsbildung nichts beitragen kann.“[597]

> Als zulässig wurden von der Rechtsprechung beispielsweise angesehen: die Bezeichnung eines Kommunalpolitikers als „stadtbekannter Versager“[598] und der Tätigkeit einer „Geistheilerin“ als „absolute Scharlatanerie“.[599]

Denn „die Befürchtung, wegen einer wertenden Äußerung einschneidenden gerichtlichen Sanktionen ausgesetzt zu werden, trägt die Gefahr in sich, jene Diskussion zu lähmen oder einzuengen und damit Wirkungen herbeizuführen, die der Funktion der Freiheit der Meinungsäußerung in der durch das Grundgesetz konstituierten Ordnung zuwiderlaufen.“[600]

Wer sich an politischen Auseinandersetzungen publizistisch oder als Politiker, z.B. im Wahlkampf, beteiligt, in der Öffentlichkeit zu Grundfragen des Gemeinschaftslebens betont Stellung bezieht oder durch die Art seines persönlichen Auftretens, seinen politischen Kampfstil oder sein sonstiges Verhalten in der Öffentlichkeit Kritik auf sich lenkt, muss unter Umständen auch eine *scharfe*, *übersteigerte* Kritik an seiner Person durch seine Gegner hinnehmen, die sich in ihrer entgegengesetzten Grundeinstellung angegriffen fühlen können.[601]

> Nachdem gegen das „Opus Dei“ in der Öffentlichkeit massive Vorwürfe erhoben worden waren, die u. a. dahin gingen, es handele sich um eine Art „Geheimbund“, der versuche, mit Hilfe von Tarnorganisatio-

---

[592] Mit dieser Begründung wies das Landgericht Stuttgart in einem sehr gründlich und sorgfältig argumentierenden Urteil den Antrag des damaligen Ministerpräsidenten Filbinger zurück, dem Schriftsteller Rolf Hochhuth zu untersagen, ihn als „Hitlers Marinerichter“ und „furchtbaren Juristen“ zu bezeichnen, der einen Matrosen noch nach Kriegsende mit Nazigesetzen verfolgt habe; AfP 1978, S. 211 ff. (213).
[593] OLG Düsseldorf AfP 1980, S. 46 ff.
[594] OLG Düsseldorf AfP 1980, S. 49.
[595] BVerfG NJW 2003, S. 1109 ff.
[596] BVerfGE 61, S. 7, unter Bezugnahme auf BVerfGE 7, S. 198 ff. (212).
[597] BVerfGE 54, S. 129 ff. (139).
[598] LG Halle AfP 1995, S. 421 ff.
[599] OLG Karlsruhe AfP 1997, S. 721 ff.
[600] BVerfGE 54, S. 129 ff. (139).
[601] BGH NJW 1965, S. 1476 f. - „glanzlose Existenz“; BGH NJW 1974, S. 1762 ff.

nen Einfluss bei weltlichen Institutionen zu gewinnen, und im Kommunalwahlkampf bekannt geworden war, dass der Oberbürgermeister von „A" dem „Opus Dei" angehörte, verbreitete eine Initiative „Schützt die demokratischen Rechte" Plakate und Flugblätter mit der Aufschrift: „Warnung vor der 'heiligen Mafia' und ihrem Kandidaten . . . , Mitglied im Geheimbund Opus Dei". Auf den Plakaten waren zwei Bilder zu sehen, die eine Person zeigten, deren Gesicht vollständig durch eine mit einem Kreuz versehene schwarze Kapuze mit Augenschlitzen verhüllt war, mit dem Untertext „Heilig", und daneben das Bild des Oberbürgermeisters mit dem Untertext „Scheinheilig". Die Verteiler dieser Plakate und Flugblätter wurden von dem Staatsanwalt wegen Beleidigung des Oberbürgermeisters angeklagt, vom Amtsgericht jedoch freigesprochen. Dieses sah zwar den Tatbestand der Beleidigung als erfüllt, das Verhalten jedoch als durch das Grundrecht der Meinungsäußerungsfreiheit gerechtfertigt an. Auf die Revision der Staatsanwaltschaft hin bestätigte das OLG Köln diesen Freispruch mit dem Hinweis, dass es legitim gewesen sei, die Mitgliedschaft des Oberbürgermeisters im Opus Dei zum Wahlkampfthema zu machen, und unter den Bedingungen des Wahlkampfes „auch scharfe, als herabsetzend empfundene Polemik hinzunehmen" sei, wie sie in der Bezeichnung „Scheinheilig" zum Ausdruck komme.[602]

Selbstkontrollfrage 3/6:

Ein „Anti-Strauß-Komitee", das sich die politische Bekämpfung des damaligen bayerischen Ministerpräsidenten zum Ziel gesetzt hatte, benutzte dessen Erscheinen in Regensburg zu einer Demonstration, zu der etwa 30 Mitglieder erschienen. Zwei Mitglieder dieses Komitees trugen dabei ein Transparent mit der Aufschrift: „Strauß deckt Faschisten!" und riefen gemeinsam mit anderen Demonstrationsteilnehmern: „Stoppt Strauß! Strauß raus!" Beide wurden wegen Beleidigung des Ministerpräsidenten zu einer Geldstrafe verurteilt. Das Gericht stützte sein Urteil auf den Umstand, dass die Angeklagten dem Anti-Strauß-Komitee angehörten, das schon früher zum Ausdruck gebracht habe, dass es Strauß als einen der Hauptvertreter der faschistischen Kräfte in der Bundesrepublik ansehe, und die Demonstranten als Gruppe aufgetreten seien, die ihre feindliche Gesinnung in Wort und Schrift zum Ausdruck gebracht habe. So habe ein anderes Gruppenmitglied ein Plakat getragen, auf dem Strauß als „Faschistenfreund" bezeichnet worden sei. Aus diesen Begleitumständen ergebe sich, dass auch die Angeklagten durch das Zeigen ihres Transparentes zum Ausdruck gebracht hätten, der Ministerpräsident habe eine faschistische Gesinnung. Dies sei eine durch das Grundrecht der Meinungsäußerungsfreiheit nicht mehr gedeckte Schmähkritik.
Ist das Urteil mit dem Grundrecht der Meinungsäußerungsfreiheit vereinbar?

Als Henry Nannen, der damalige Chefredakteur des *stern*, für die Rückgabe der von unbekannten Tätern gestohlenen „Madonna im Rosenkranz" von Tilman Riemenschneider öffentlich eine Belohnung von 100 000 DM ausgesetzt, mit den Tätern Kontakt aufgenommen und das gestohlene Kunstwerk gegen Zahlung des Lösegeldes wieder herbeigeschafft hatte, vertrat ein Rechtsanwalt öffentlich die Auffassung, damit habe sich Nannen einer strafbaren Handlung („sachliche Begünstigung") schuldig gemacht. Der Bundesgerichtshof sah in dieser rechtlichen Bewertung der Aktion eine zulässige Meinungsäußerung, die in einer sachlichen Diskussion auch nach Einstellung des staatsanwaltschaftlichen Ermittlungsverfahrens vertreten werden dürfe.[603]

Nachdem die Deutsche Postgewerkschaft den Deutschen Postverband, eine konkurrierende Gewerkschaft, scharf angegriffen hatte, wehrte sich diese mit der Äußerung, die Deutsche Postgewerkschaft bedeute eine „ständig neue Gefährdung des Berufsbeamtentums bis hin zur Sabotage". Nach Auffassung des Bundesgerichtshofs ist diese „zwar hart, hält sich aber unter Berücksichtigung von Vorgeschichte und Beweggrund der Äußerung . . . noch im Rahmen dessen, was bei harten Auseinandersetzungen als erlaubt betrachtet und auch oft geübt wird".[604]

Der Schutz juristischer Personen und insbesondere staatlicher Einrichtungen darf nicht dazu führen, sie gegen eine öffentliche Kritik, auch in scharfer Form, abzuschirmen. Soweit eine solche Kritik einen Beitrag zur öffentlichen Meinungsbildung leistet, hat sie die Vermutung der Zulässigkeit für sich.

---

[602] OLG Köln AfP 1987, S. 524 ff.
[603] BGH NJW 1965, S. 294 f.
[604] BGH NJW 1971, S. 1655.

Dementsprechend können Äußerungen wie „Soldaten sind Mörder" oder „Soldaten sind potenzielle Mörder" durch das Grundrecht der Meinungsäußerungsfreiheit gedeckt sein, wenn sie sich nicht gegen einzelne Soldaten richten, sondern „gegen Soldatentum und Kriegshandwerk schlechthin, das verurteilt wird, weil es mit dem Töten anderer Menschen verbunden ist, das unter Umständen auf grausame Weise vor sich geht und auch die Zivilbevölkerung trifft."[605]

Ihre Grenze findet die Meinungsäußerungsfreiheit - auch in Auseinandersetzungen über Angelegenheiten von allgemeinem Interesse – nach der ständigen Rechtsprechung des Bundesverfassungsgerichts[606] jedoch dort, wo

- die Kritik einen Angriff auf die Menschenwürde des Kritisierten enthält,
- es dem Kritiker erkennbar nicht mehr um die Sache, sondern in erster Linie um die vorsätzliche Kränkung des Angegriffenen geht („Schmähkritik")[607] oder
- mit der Kritik eine übermäßige Prangerwirkung für den Kritisierten verbunden ist.[608]

Einen Angriff auf die Menschenwürde des Kritisierten enthält eine Kritik, die dem Kritisierten seine fundamentalen menschlichen Eigenschaften bestreitet, ihn z.B. als Monster darstellt oder mit herabwürdigenden Tiernamen belegt.

Die Grenze zur Schmähkritik ist überschritten bei einer Äußerung, die keinen Sachbezug mehr aufweist, die vielmehr allein in einer Beschimpfung der betroffenen Person besteht.

Als Schmähkritik hat der Bundesgerichtshof beispielsweise die in einer Illustrierten-Reportage enthaltenen Aussagen über eine Fernsehansagerin gewertet, sie passe „in ein zweitklassiges Tingeltangel auf der Reeperbahn", sie sehe aus wie eine „ausgemolkene Ziege" und bei ihrem Anblick werde den Zuschauern „die Milch sauer".[609]

Auf derselben Ebene liegt die Bezeichnung des Rennrodlers Georg Hackl als „rasende Weißwurst" und „dumpfer Dummbeutel", dem „sein Resthirn in die Kufen gerutscht ist".[610]

Auch der Vergleich des Soldatenberufs mit dem „des Folterknechts, des KZ-Aufsehers oder des Henkers" wurde vom BGH als unzulässige Schmähung und Diffamierung angesehen.[611]

Das BVerfG wertete die Bezeichnung eines Körperbehinderten als „Krüppel" ebenfalls als Schmähung.[612]

Die Benutzung von abwertenden und wegen ihrer Form erheblich kränkenden Formulierungen im politischen Meinungskampf ist von den zuständigen Gerichten unter der Voraussetzung als erlaubt angesehen worden, dass sie zu dem Gegenstand der Auseinandersetzung „Sachnähe" haben. Das soll dann zutreffen, „wenn es sich um übertreibende, griffige, einprägsame Formulierungen handelt, die nicht wörtlich genommen werden wollen, aber doch mit einem Wort erkennen lassen, in welche Richtung eine Kritik, ein Tadel, ein Vorwurf gehen".[613] Als Äußerungen mit ausreichender Sachnähe wurden angesehen:

- die Bezeichnung eines Hauseigentümers als „Wohnungs-Hai" durch den Vorsitzenden eines Mieterschutzvereins, der kritisierte, dass der Betroffene allen Mietern eines in der Zwangsversteigerung erworbenen Hauses gekündigt habe, um das Haus modernisieren zu können;[614]

---

[605] So BVerfG AfP 1997, S. 50 ff., mit eingehender Begründung und abweichender Auffassung nach kontroverser Rechtsprechung, vgl. dazu LG Frankfurt NJW 1988, S. 2683 ff.; OLG Frankfurt NJW 1989, S. 1367 ff. sowie BayObLG AfP 1991, S. 420 ff. Vgl. auch schon BVerfG AfP 1996, S. 52.

[606] Grundlegend insoweit BVerfG NJW 1995, S. 3303 ff. – „Soldaten sind Mörder"

[607] BVerfGE 61, S. 12; BGH NJW 1974, S. 1763.

[608] BVerfG AfP 2006, S. 550 ff. (552) m.w.N. – Abtreibungspraxis.

[609] BGHZ 39, S. 124 ff. (127).

[610] Für diese Äußerung verurteilte das LG Berlin den Chefredakteur der taz nach einer Meldung der Medien-Kritik (36/93, S. 11) zu einer Geldstrafe von DM 4.000.

[611] BGH AfP 1989, S. 535 ff. (536).

[612] BVerfG AfP 1992, S. 133 ff.

[613] OLG Köln AfP 1983, S. 472 ff. -„Gesindel".

[614] OLG Köln AfP 1983, S. 404 ff.; ebenso für die Bezeichnung „Immobilien-Hai" OLG Frankfurt/M. AfP 2000, S. 577.

- die Bezeichnung von Vorstandsmitgliedern des Deutschen Tischtennisbundes als „Clique" und „Dreier-Bande" in einem Zeitungskommentar, der sich kritisch mit der „verkrusteten Hierarchie auf oberster Ebene" des DTTB auseinandersetzte;[615]
- die Bezeichnung des „Deutschland-Magazins" als „rechtsradikales Hetzblatt"[616], der „Deutsche Unitarier Religionsgemeinschaft" als „Nazi-Sekte"[617] und eines Arztes wegen seiner rassistischen Äußerungen als „Neofaschist";[618]
- die Bezeichnung einer Vereinigung, die sich gegen die Abtreibung wehrt, als „rechte bis rechtsradikale frauenfeindliche Lebensschützerorganisation" durch Die Grünen;[619]
- die Bewertung der (rechtmäßigen) nächtlichen Abschiebung einer Asylbewerberfamilie als „Gestapo-Methode" in einem Leserbrief;[620]
- die Bezeichnung des Leiters der Kriminalpolizei einer Stadt als „Kasper" im Bericht über eine Ratssitzung, in der der Betroffene den Sitzungsablauf durch zahlreiche Zwischenrufe sowie durch das Nachahmen eines Pferdes gestört hatte,[621] und
- die Bezeichnung eines Arztes und Wissenschaftlers als „Scharlatan" und „Pfuscher" in einem Bericht, der sich kritisch mit der Werbung für Nahrungsergänzungsmittel der „Vitaminindustrie" auseinandersetzte.[622]

Grobe Beschimpfungen hingegen, denen diese Sachnähe fehlt, sind durch das Grundrecht nicht gerechtfertigt.[623] Als solche wurde z. B. angesehen die Bezeichnung

- eines Arbeitgebers als Halsabschneider" in dem Bericht einer Gewerkschaftszeitung, der sich kritisch mit der Übernahme eines Betriebes durch den Betroffenen beschäftigte;[624]
- des politischen Gegners als „Gesindel";[625]
- eines Ministers als „Oberfaschist";[626]
- eines Kommandeurs der Bundeswehr als „Wehrsklavenhalter"[627] und
- eines Reinigungsmittelhändlers als „Halunke", „Kanaille" und Schuft".[628]

Die Wahrnehmung berechtigter Interessen kann Äußerungen, die normalerweise als unzulässige Schmähung anzusehen sind, ausnahmsweise rechtfertigen, wenn diese eine noch angemessene Antwort auf einen unzulässigen Eingriff in die Ehre oder das Persönlichkeitsrecht des Betroffenen in den Massenmedien darstellen.[629]

> Nachdem das Nachrichtenmagazin *Der Spiegel* einen Artikel über den damaligen Präsidenten des Oberlandesgerichts Stuttgart veröffentlicht hatte, in dem es - wider besseres Wissen - ein verzerrtes Bild von dessen politischer Einstellung zum Kommunismus gezeichnet hatte, wehrte sich der Betroffene, indem er in der Stuttgarter *Allgemeinen Zeitung* und in der *Botnanger Rundschau* eine Stellungnahme veröffentlichte, in der er nicht nur einzelne Auslassungen, Unrichtigkeiten und „Lügen" richtig stellte, sondern auch eine allgemeine Bewertung des *Spiegel* abgab, den er als „Reizliteratur" bezeichnete, die auf dem Gebiet der Politik das sei, was die Pornographie auf dem Gebiet der Moral, und für die die Hö-

---

[615] LG Stuttgart AfP 1981, S. 368.
[616] A. A. aber OLG München, dessen Entscheidung vor dem Bundesverfassungsgericht „gehalten" hat; vgl. dazu indessen die abweichende Meinung Rupp-v. Brünnecks, der sich Simon angeschlossen hat, BVerfGE 42, S. 143 ff. (160 ff.).
[617] OLG Hamburg AfP 1992, S. 165 f.
[618] OLG Köln AfP 1993, S. 755 f.
[619] OLG Karlsruhe AfP 1992, S. 263 ff.
[620] BVerfG AfP 1992, S. 132 f. - Leserbrief = NJW 1992, S. 2815 f.
[621] LG Arnsberg NJW 1987, S. 1412 f.
[622] OLG Karlsruhe AfP 2002, S. 533 ff.
[623] OLG Köln AfP 1983, S. 473.
[624] BGH AfP 1978, S. 33 ff.
[625] OLG Köln AfP 1983, S. 472 ff.
[626] Ähnlich, allerdings mit anderer Begründung, OLG Düsseldorf, NJW 1986, S. 1262; bestätigt durch BGH NJW 1987, S. 1400. Zur Wertung des Begriffes „Faschismus" als diffamierendem Ausdruck vgl. auch die Ausführungen des OLG Hamm, NJW 1982, S. 659 ff.
[627] LG Kaiserslautern NJW 1989, S. 1369 ff.
[628] OLG Hamburg AfP 1990, S. 135 f.
[629] Diese Fallgruppe sollte von den oben genannten, in der sich jemand in zulässiger Weise - wenn auch in scharfer Form - am Prozess der öffentlichen Meinungsbildung beteiligt, sorgfältig unterschieden werden. Denn dort ist die Überschreitung der Grenze zur Schmähkritik unzulässig. Deshalb empfiehlt es sich, den Ausdruck „Recht zum Gegenschlag" nur auf die Reaktion auf einen rechtswidrigen Angriff anzuwenden (anders jedoch BGH NJW 1974, S. 1763).

he des Absatzes der maßgebende Gesichtspunkt sei. Wegen dieser Äußerungen wurde er auf Privat-
klage des Herausgebers und des verantwortlichen Redakteurs des Deutschlandteils des *Spiegel* hin
wegen Beleidigung zu einer Geldstrafe verurteilt. Diese Verurteilung hob das Bundesverfassungsgericht
mit dem Hinweis auf, das Gericht habe die Bedeutung von Rede und Gegenrede für die Bildung der öffentlichen Meinung nicht ausreichend gewürdigt.[630]

Der damalige CSU-Vorsitzende F. J. Strauß wehrte sich gegen einen Artikel der *Süddeutschen Zeitung*,
in dem berichtet worden war, ein gewisser Ernest F. Hauser habe behauptet, Strauß und seine CSU
hätten vom Lockheed-Konzern als Gegenleistung für die Beschaffung des „Starfighters" durch die Bundesrepublik Deutschland mindestens 10 Millionen Dollar eingestrichen. In einem Interview mit der *Welt*
sagte Strauß daraufhin u. a., es sei bezeichnend, dass „sich die Abart des Journalismus. . ., die man . .
. schon mit Gangsterjournalismus bezeichnen muss . . . vorzüglich solcher Elemente (gemeint ist Hauser, d. V.) annimmt, um damit ihre politische Diffamierungskampagne zu betreiben." Die Unterlassungsklage des Autors gegen Strauß blieb erfolglos. Das OLG München erklärte die Reaktion von Strauß für
berechtigt. Es sah in dem Artikel der *Süddeutschen Zeitung* einen rechtswidrigen Angriff auf die Ehre
von Strauß, weil die Beschuldigungen Hausers wiedergegeben worden waren, ohne auf eine Reihe von
Gesichtspunkten hinzuweisen, die erhebliche Zweifel an dessen Glaubwürdigkeit begründeten.[631]

Der Gesichtspunkt des Gegenschlags kann auch eine Änderung der Beweislastverteilung rechtfertigen.

Wer den öffentlich erhobenen, bislang aber unbewiesenen Vorwurf eines Dritten auf Nachfrage einer
Zeitung oder eines Senders mit dem Hinweis kontert: „Wer das sagt, der lügt!", kann von dem auf diese
Weise der Lüge Bezichtigten nur auf Unterlassung in Anspruch genommen werden, wenn dieser seinen
Vorwurf beweisen kann.[632]

Selbstkontrollfrage 3/7:

Die Woche berichtet, S. habe über einen (namentlich genannten) Redakteur der *Süddeutschen
Zeitung* in einem Telefoninterview mit ihr geäußert, „dieser Kerl, der sei doch ein Berufsdesinfor-
mant, Mitglied der journalistischen Totenkopfdivision Joseph Goebbels, eine ausgemachte
Drecksau." S. rechtfertigt diese Äußerung mit der Berichterstattung der *SZ*, die ihn und seine
Familie ständig herabsetze. Zu Recht ?

Das Recht zum Gegenschlag dient der Freiheit des politischen Meinungskampfes in der freiheitlichen Demokratie. Es kann deshalb nicht zum Schutz von Äußerungen in Anspruch genommen
werden, die diese Freiheit gefährden.

Deshalb ist die Bezeichnung des stellvertretenden Vorsitzenden des Zentralrats der Juden in Deutschland als „Zigeunerjude" durch einen Vertreter der rechtsradikalen Partei „Die Republikaner" auch nicht
als Reaktion gegen dessen Kritik an dieser Partei zu rechtfertigen. Denn sie lehnt sich erkennbar an
den menschenverachtenden Sprachgebrauch der Nationalsozialisten an.[633]

Prangerwirkung entfaltet eine Kritik, die Einzelpersonen als Negativbeispiel herausstellt, um ein
allgemeines Sachanliegen zu verdeutlichen und die Wirkung durch Personalisierung zu steigern.
In solchen Fällen verlangt die Rechtsprechung eine Abwägung zwischen der Meinungsfreiheit
des Kritikers und dem Eingriff in das Persönlichkeitsrecht des Kritisierten. Von Bedeutung für
diese Abwägung ist zum einen die Schwere der erhobenen Vorwürfe, ob diese etwa allein auf
moralischer Ebene liegen oder ob dem Kritisierten strafbares Verhalten vorgeworfen wird. Zum
anderen kann eine Rolle spielen, ob der Kritisierte selbst Veranlassung gegeben hat, ihn aus der
Masse derjenigen herauszuheben, auf die die Kritik zutrifft.[634]

Insbesondere die Unangemessenheit eines Vergleichs kann einen übermäßigen Eingriff in
den Ehrenschutz des Betroffenen begründen.

---

[630] BVerfGE 12, S. 113 ff.
[631] OLG München AfP 1977, S. 282 ff.
[632] OLG Köln AfP 1991, S. 438 ff.
[633] Vgl. dazu BayObLG in AfP 2002, S. 221 ff.
[634] Vgl. BVerfG AfP 2006, S. 550 ff. m.w.N. – Abtreibungspraxis.

So musste der Rechtsanwalt eines Dopingopfers an den früheren Verbandsarzt des Deutschen Schwimmverbandes der DDR ein Schmerzensgeld zahlen, weil er ihn in einem Fernsehinterview als *Mengele* des DDR-Dopingsystems bezeichnet hatte.[635]

Selbstkontrollfrage 3/8:

Eine Gruppe von Abtreibungsgegnern verteilt auf dem Gelände eines Klinikums ein Flugblatt, auf dessen Vorderseite Dr. F., der auf dem Gelände eine auf Schwangerschaftsabbrüche spezialisierte Praxis betreibt, als „Tötungsspezialist für ungeborene Kinder" bezeichnet wird. Auf der Rückseite heißt es: „Stoppen Sie den Kinder-Mord im Mutterschoß auf dem Gelände des Klinikums. Damals: Holocaust; heute: Babycaust. Wer hierzu schweigt, wird mitschuldig!" Im Innenteil steht u.a.: „Bitte, helfen Sie uns im Kampf gegen die straflose Tötung ungeborener Kinder!" „Ein Staat, der das Töten ungeborenen Lebens zulässt, verlässt den Boden der Menschenrechte. Er stellt seine Demokratie in Frage, weil er eine bestimmte Menschengruppe vom strafrechtlichen Schutz ausschließt. Abtreibung ist und bleibt Tötung eines ungeborenen Menschen, der das Recht zu leben hatte! Deshalb: Abtreibung ‚Nein!'"
Das Klinikum stellt Strafantrag gegen die Verteiler wegen Beleidigung. Der Arzt verlangt Unterlassung. Zu Recht?

Ein Scherzensgeldanspruch kann sich schließlich auch aus der überzogenen Kritik an einer Person des öffentlichen Lebens ergeben.

So verurteilte das LG Berlin eine Zeitung zur Zahlung von 20.000 € an einen Bundestagsabgeordneten, den sie als „Puff-Politiker" bezeichnet, als Vertreter des Rotlichtmilieus herausgestellt und zusammen mit kaum bekleideten, ihm unbekannten Frauen abgebildet hatte, weil er zusammen mit einem Partner ein Mehrfamilienhaus mit acht Wohnungen erworben hatte, wovon in zweien Wohnungsprostitution betrieben wurde.[636]

3.4 Ehrenschutz Verstorbener

Zwar können Verstorbene nicht mehr Opfer einer Beleidigung (§ 185 StGB), üblen Nachrede (§ 186 StGB) oder Verleumdung (§ 187 StGB) sein. Insoweit endet der Ehrenschutz mit dem Tode. Dass ein Mensch jedoch auch nach seinem Tode als ehemalige Persönlichkeit noch Achtung und Respekt verdient, kommt darin zum Ausdruck, dass die Verunglimpfung des Andenkens eines Verstorbenen in § 189 StGB mit Strafe bedroht ist.[637] Die Verunglimpfung kann durch die Abgabe eines negativen Werturteils oder das Aufstellen bzw. Verbreiten einer unrichtigen Tatsachenbehauptung erfolgen; sie setzt aber eine *besonders schwere Ehrenkränkung voraus*.[638] Die Verunglimpfung von Opfern einer Gewalt- und Willkürherrschaft in Printmedien oder im Rundfunk wird von Amts wegen strafrechtlich verfolgt (§ 194 Abs. 1 Satz 2 StGB), ansonsten nur auf Antrag eines Angehörigen (§ 194 Abs. 1 Satz 1 in Verbindung mit § 194 Abs. 2 Satz 1 StGB). Antragsberechtigt sind gemäß § 77 Abs. 2 StGB in erster Linie der Ehegatte oder Lebenspartner und die Kinder. Sind solche nicht vorhanden, sind die Eltern des Opfers antragsberechtigt, falls sie noch leben. Anderenfalls können Geschwister oder Enkel den Antrag stellen.

Auch zivilrechtlich können sich die Angehörigen gegen eine solche Verunglimpfung zur Wehr setzen.

So untersagten Landgericht und Kammergericht Berlin eine „Kurzbesprechung", die sich in einer Beschimpfung Heinrich Bölls als „steindummer, kenntnisloser und talentfreier Autor", „einer der verlogens-

---

[635] Gebilligt durch BVerfG NJW 2000, S. 3266.

[636] LG Berlin AfP 2007, S. 63ff.

[637] Zu dem Streit darüber, welches Rechtsgut durch diese Vorschrift geschützt werden soll, vgl. Lenckner in Schönke/Schröder, Rz. 1 zu § 189 StGB.

[638] Lenckner a. a. O., Rz. 2 zu § 189 StGB mit weiteren Nachweisen.

ten, ja korruptesten", als „z. T. pathologischer, z. T. ganz harmloser Knallkopf" erschöpfte. Die Verfassungsbeschwerde ihres Autors blieb erfolglos.[639]

Tatsächliche Angaben über Verstorbene sind aber auch zivilrechtlich nur angreifbar, wenn sie eine grob ehrverletzende Entstellung seines Lebensbildes darstellen.[640]

Bei der Entscheidung, ob eine Äußerung die Grenze zur besonders schweren Ehrenkränkung überschreitet, ist zu berücksichtigen, wie lange der Betroffene schon tot ist.[641]

3.5 Satiren und Karikaturen

Satiren und Karikaturen - auch Parodien - sind dadurch gekennzeichnet, dass bestimmte Merkmale, Eigenschaften oder Verhaltensweisen überzeichnet, in grotesker, verzerrender Weise pointiert und verfremdet werden. Weil diese Übertreibungen für den „normalen", unvoreingenommenen und vernünftigen Betrachter[642] als solche durchschaubar sind, genießt der Schöpfer einer Satire bei deren Gestaltung einen gewissen Freiraum. Zu unterscheiden ist zwischen der satirischen *Einkleidung*, den Überzeichnungen und Verfremdungen, und dem versteckten, aber erkennbaren *Aussagekern*[643]. Enthält der Aussagekern ehrenrührige Werturteile oder Tatsachenbehauptungen, so gelten die allgemeinen, in den vorangegangenen Abschnitten dieses Kapitels dargestellten Grundsätze und Regeln.[644]

> Die Abbildung des damaligen Kanzlerkandidaten der CDU/CSU, F. J. Strauß, im Bundestagswahlkampf 1980 als Wolf in der „Rotkäppchen-Szene" mit der Unterschrift „Warum hast Du ein so großes MAUL?" wurde vom VGH München als noch durch Art. 5 Abs. 1 S. 1 GG gedeckte Meinungsäußerung angesehen. Den Aussagekern sah der VGH darin, dass Strauß als gefährlicher übermächtiger Wolf mit Krallen dargestellt wurde, der gegen die kleinen „Roten" vorgeht, sie schärfstens angreift und im Sinne des „Fressens" mundtot zu machen versucht.[645]
>
> Demgegenüber verurteilte das Landgericht Berlin die Verlegerin der Illustrierten *Zitty* zur Zahlung einer Geldentschädigung von 15. 000 DM an den Chefredakteur des *Focus*. Ihm hatte die Zeitschrift unter der Überschrift „Das wahre Gesicht des Helmut Markwort" eine Sprechblase mit dem Text „Ficken, Ficken, Ficken und nicht mehr an die Leser denken" in den Mund gelegt, eine Verballhornung des Focus-Werbeslogans „Fakten, Fakten, Fakten und immer an die Leser denken". Den Aussagekern sah das Gericht in einer „bewusst auf den Kläger zugespitzten gehässigen, vulgär und ausfallartig gefassten Unterstellung von Motiven seines Handelns und der Eigenart seines Denkens als verlogene, Sexbesessene Person", so dass die Satire nicht etwas Vorhandenes übertreibe, sondern ohne realen Anlass in die falsche Richtung ziele. Diese wertete es als Schmähkritik.[646]

Die satirische Einkleidung hingegen ist grundsätzlich frei. Die Satire überschreitet die Grenzen des Ehrenschutzes allerdings dann, wenn die gewählte Ausdrucksform ersichtlich nur noch den Zweck der Schmähung verfolgt[647] oder die Menschenwürde des Betroffenen verletzt.

> Die Darstellung von F.J.Strauß als kopulierendes Schwein wurde als unzulässiger Angriff auf seine personale Würde gewertet. Anders als in den Fällen, in denen durch die Wahl einer Tiergestalt bestimmte Charakterzüge oder die Physiognomie des Karikierten gekennzeichnet oder überspitzt werden, bringe

---

[639] BVerfG NJW 1993, S. 1462 f. = MDR 1993, S. 586.

[640] Vgl. OLG Düsseldorf AfP 2000, . 468 ff. - Galinski

[641] Vgl. OLG München AfP2001, S. 68 f. – Karmasin, sowie unten Kapitel 4 V.

[642] Dass es darauf ankommt, wie ein solcher Betrachter die Satire oder Karikatur versteht, ist herrschende Lehre, vgl. Lenckner. a. a. O. , Rdz. 8a zu § 185 StGB mit weiteren Nachweisen. Zu unterschiedlichen Formulierungen, die die Gerichte in diesem Zusammenhang benutzen, vgl. OLG Köln, AfP 1983, S. 285ff. (286)-"Stoppt Strauß".

[643] Lenckner, a. a. O. , Rdz. 8a zu § 185 StGB; zur Verbindung von Dokumentation und Satire vgl. OLG Stuttgart, NJW 1976, S. 628 ff. -"Siemens-Delius".

[644] Allgemeine Auffassung; zur Veranschaulichung vgl. OLG Hamm NJW 1982, S. 659 einerseits sowie OLG Köln AfP 1983, S. 285 ff. andererseits; beide zur Bewertung des Aussagekerns politischer Plakate.

[645] VGH München NJW 1984, S. 1136 ff.

[646] Vgl. LG Berlin AfP 1997, S. 735 ff.

[647] Lenckner, a. a. O. , Rdz. 8a zu § 185 StGB.

diese Darstellung zum Ausdruck, der Betroffene habe ausgesprochen „tierische" Wesenszüge und be-
nehme sich entsprechend.[648]

Nach Auffassung von LG und OLG Hamburg musste B. Engholm nicht hinnehmen, dass die *Titanic* als
Titel eine Fotomontage verwendete, die den toten Uwe Barschel mit dem lächelnden Kopf Engholms
zeigte.[649]

In den Kernbereich der personalen Würde greift nach Ansicht des Landgerichts Berlin auch eine Darstellung ein, bei der der Abgebildeten im Wege der Fotomontage der unbekleidete Körper einer anderen
Frau untergeschoben wird.[650]

Als künstlerische Ausdrucksformen, die von Verkürzungen und Vereinfachungen leben, sind
Satiren und Karikaturen stets der Gefahr von Missverständnissen ausgesetzt. Zwar kann dem
Schöpfer einer Satire dieses Risiko nicht abgenommen werden, doch ist bei der Interpretation
solcher Werke darauf zu achten, dass ihnen nicht einseitig mögliche ehrverletzende Deutungen
zugeschrieben werden.[651]

In dem Gedicht „Moritat auf Helmut Hortens Angst und Ende" heißt es u. a.: „Schwitzen die von ihm bezahlten Politiker über Gesetzen, die ihm genehm sind und seine Gegner zerfetzen". Das OLG Hamburg
untersagte die Verbreitung dieser Zeilen mit der Begründung, „nach dem Verständnis des Durchschnittslesers sage die Textstelle aus, dass der Kläger (H. Horten, d. V.) Politiker durch personenbezogene finanzielle Zuwendungen bestochen habe, um sie zu einem interessengesteuerten Verhalten zu
bewegen". Damit enthalte sie eine unwahre ehrenrührige Tatsachenbehauptung. Demgegenüber erklärte der BGH in seinem Revisionsurteil, das Wort von „bezahlten Politikern" müsse nicht unbedingt als
„Abgeordnetenbestechung" verstanden werden, sondern könne „im Sinn einer über Parteispenden
des Klägers finanzierten Politik gedeutet" werden. So habe der Autor an ein Interview des *stern* anknüp-
fen wollen, in dem Horten erklärte, der CDU „siebenstellige Summen" gespendet zu haben, um sie gegen die Regierung Brandt/Scheel zu unterstützen. Dass ein beachtlicher Teil der Leser die Wendung
von den „bezahlten" Politikern gleichwohl im Sinne von „Abgeordnetenbestechung" verstehen werde,
vermöge ein Veröffentlichungsverbot nicht zu rechtfertigen. Diese Belastung müsse dem Kläger um der
Freiheit der Kunst willen zugemutet werden.[652]

Wer an einer Talk-Show teilnimmt, deren humoristisch-satirischen Charakter er kennt, muss damit
rechnen, selbst zum Gegenstand einer übertreibenden und verzerrenden Darstellung zu werden. Deshalb durfte Harald Schmidt Prinzessin Erna von Sachsen in der RTL-Nacht-Show als „Münzen-Erna"
bezeichnen.[653]

Selbstkontrollfrage 3/9:

In einem *BONNBON* veröffentlicht der *stern* eine Bildfolge von drei Fotos, die einen Geschäftsmann aus Bad Tölz in bayerischer Landestracht zusammen mit dem Finanzminister Waigel zeigen und beim Sommerfest der Bayerischen Landesvertretung in Bonn aufgenommen worden
waren. In drei Sprechblasen stellt dabei Finanzminister Waigel den Geschäftsmann als Herrn
Hingerl vor, der Generalsekretär der CSU werden solle und der genau so peinliche Statements
wie Herr Protzner abgebe, die aber Gott sei Dank keiner verstehe. Der Geschäftsmann verlangt
Unterlassung und eine Geldentschädigung von DM 10.000. Zu Recht?

Auf Comedy-Beiträge ist die Unterscheidung zwischen Aussagekern und satirischer Verfremdung vielfach mangels eines erstgemeinten Aussagekerns nicht anwendbar. In solchen Fällen
sollte auf den Gesichtspunkt der „Schmähkritik" zurückgegriffen werden, um die Grenzen solcher „Satire" zu bestimmen.

Beispiele:
Worin soll der *ernst gemeinte* Aussagekern eines Beitrages in „TV-total" bestehen, in dem Stefan Raab
den Namen der Teilnehmerin eines Schönheitswettbewerbs zum Anlass nimmt, sie in die Nähe der

---

[648] BVerfG NJW 1987, S. 2661 f.
[649] OLG Hamburg ZUM 1995, S. 280, mit sehr anfechtbarer Begründung („abstoßend und widerwärtig").
[650] Landgericht Berlin AfP 2002, S. 249 f.
[651] Lenckner, a. a. O. , Rdz. 8a zu § 185 StGB, unter Bezugnahme auf BVerfGE 67, S. 230 - „anachronistischer Zug".
[652] BGH NJW 1983, S. 1194 f.
[653] BVerfG AfP 1998, S. 52 ff.

Pornobranche zu rücken? Das OLG Hamm hat der Betroffenen in diesem Fall zu Recht eine hohe Geldentschädigung zugesprochen, weil der Beitrag die Botschaft vermittelt habe, die Betroffene sei auf Grund ihres Namens für eine Pornokarriere prädestiniert. Diese Aussage verletze die Würde der Betroffenen in ihrem Kernbereich.[654] Ob zur Ermittlung dieses Aussagegehalts die satirische Einhüllung entfernt werden musste, wie das Gericht meint, erscheint mir jedoch zweifelhaft.

Folgerichtig hat das LG München I einen Beitrag in „Kalkofe's Mattscheibe", der sich in satirischer Überspitzung über eine Puppenverkaufssendung lustig machte, die Bezeichnung des Moderators jener Sendung als „Puppenpäderast" allein daraufhin geprüft, ob sie die Grenze zur Schmähkritik überschreitet und diese Frage verneint.[655]

Im Anschluss an einen misslungenen Auftritt der ehemaligen Ministerpräsidentin von Schleswig-Holstein in einer TV-Tanzshow spekulierte die BILD-Zeitung in einem satirischen Beitrag über künftige Auftritte im „Dschungel-TV". Diesen illustrierte sie mit Fotomontagen, auf der ihr Gesicht mit Maden bedeckt ist, sie im Bikini mit Jauche beschmiert auf einem elektrischen Bullen reitet, nur mit einem Handtuch bedeckt von hinten von einem nackten Mann umarmt wird und als Boxerin zu sehen ist. Nach Ansicht des Kammergerichts ist die Würde der Betroffenen durch diese Abbildungen zwar in geschmackloser Weise angegriffen worden; die Grenze zur unzulässigen Schmähkritik sei damit aber noch nicht überschritten.

3.6 Rechtsfolgen bei Ehrverletzungen

Ehrverletzungen sind mit Geld- und Freiheitsstrafe bis zu zwei[656] bzw. fünf[657] Jahren bedroht, werden jedoch nur auf Antrag verfolgt. Antragsberechtigt sind die Verletzten bzw. ihre gesetzlichen Vertreter, bei Verstorbenen deren Angehörige, bei Amtsträgern auch der jeweilige Dienstvorgesetzte. Beleidigungen von Opfern der nationalsozialistischen oder einer anderen Gewalt- und Willkürherrschaft werden auch ohne Antrag verfolgt, wenn sie öffentlich begangen worden sind und der Verletzte der Strafverfolgung nicht widerspricht (§ 194 StGB). Ist die Beleidigung öffentlich begangen worden, kann der Täter außerdem zur Veröffentlichung der Verurteilung in einer Zeitung, Zeitschrift oder im Rundfunk verurteilt werden (§ 200 StGB). Bei wechselseitig begangenen Beleidigungen kann der Richter einen oder beide Beteiligte für straffrei erklären (§ 199 StGB). Daneben oder stattdessen kann der Verletzte nach seiner Wahl Ansprüche auf Unterlassung, Widerruf bzw. Berichtigung und Schadensersatz, auch in Form des Schmerzensgeldes, geltend machen.[658]

---

[654] OLG Hamm NJW-RR 2004, S. 919 ff. = AfP 2004, S. 543 ff.

[655] LG München I AfP 2007, S. 60 f.

[656] Beleidigung (§ 185 StGB); üble Nachrede (§ 186 StGB); Verunglimpfung des Andenkens Verstorbener (§ 189 StGB).

[657] Verleumdung durch Verbreiten von Schriften (§ 187 StGB); üble Nachrede und Verleumdung gegen Personen des politischen Lebens (§ 187 a StGB).

[658] Zu den Einzelheiten vgl. unten Kapitel 11.

Schema zur Prüfung der Zulässigkeit einer Äußerung
unter dem Gesichtspunkt des Ehrenschutzes

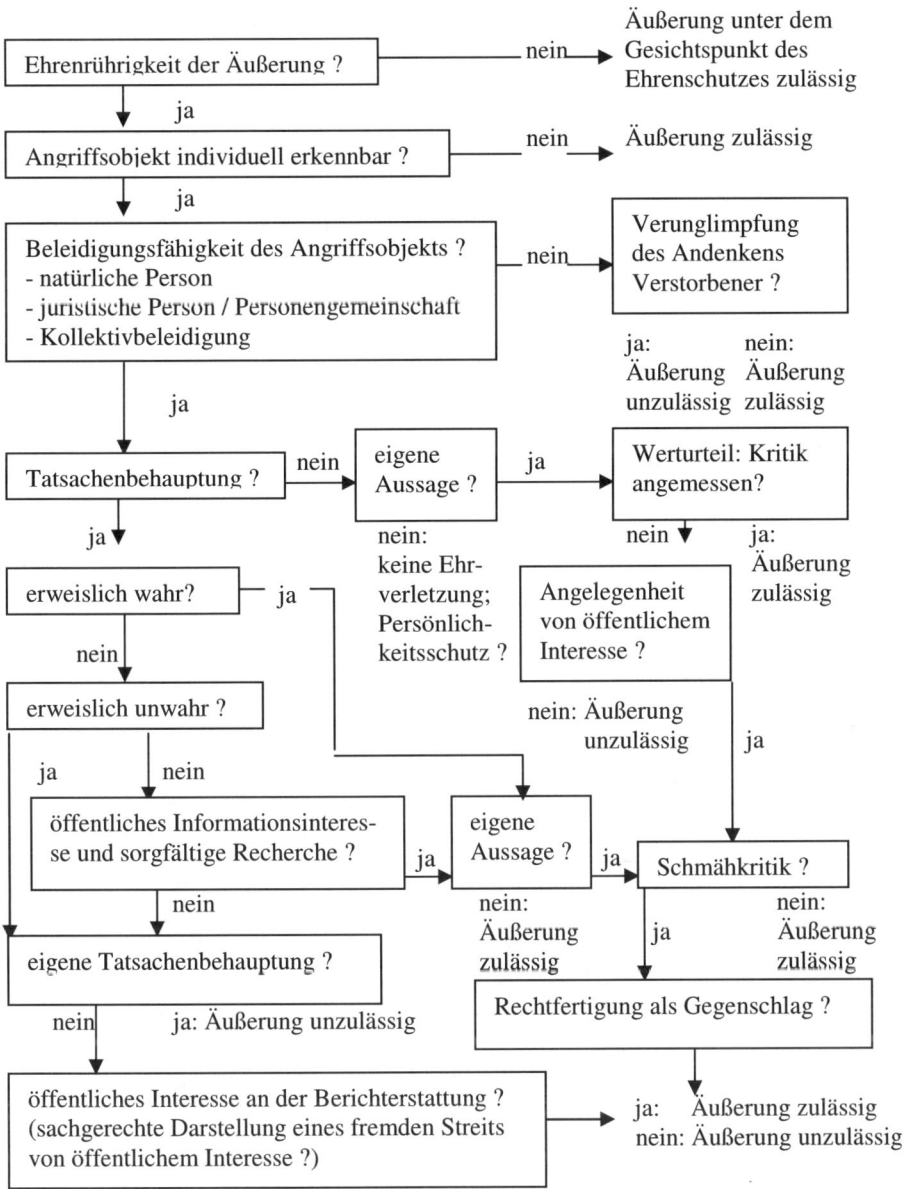

4 Das Allgemeine Persönlichkeitsrecht

Zu den „Rechten anderer", die die Freiheit der Berichterstattung in den Massenmedien begrenzen, gehört neben dem Ehrenschutz ganz zentral das „allgemeine Persönlichkeitsrecht". Es gewährt dem einzelnen Mitmenschen[659] das Recht, sein Leben gegen den Einblick der Öffentlichkeit abzuschirmen. Jeder hat einen Anspruch darauf, selbst darüber entscheiden zu können, welche Informationen über sein Leben er preisgeben will, und im Übrigen von den Massenmedien in Ruhe gelassen zu werden.

Schranken setzt der Persönlichkeitsschutz der Berichterstattungsfreiheit nur, wenn die Person oder Personengruppe, über die berichtet wird, vom Publikum oder von Teilen des Publikums erkannt werden kann (*identifizierende Berichterstattung*). Das ist nicht nur dann der Fall, wenn die Betroffenen beim Namen genannt oder im Bild vorgeführt werden. Ihre Erkennbarkeit kann sich auch aus den sonstigen Informationen ergeben, die in dem Bericht enthalten sind, z.B. Wohnort, Beruf, Lebensalter u.ä. Je intensiver ein Bericht in die Privatsphäre eines Anderen eindringt, desto geringere Anforderungen sind an dessen Identifizierbarkeit zu stellen. So reicht es bei Eingriffen in die Intimsphäre bereits aus, dass der Betroffene von vertrauten Personen seiner Umgebung, von Freunden, Verwandten oder Bekannten erkannt werden kann.[660]

Selbstkontrollfrage 4 / 1:

> Die Tageszeitung M. berichtet über die Hauptverhandlung gegen jemanden, der wegen übler Nachrede gegenüber der Zeitung angeklagt ist. Über dessen Verteidiger heißt es in dem Bericht:
> „Seit Jahren Auffälligkeiten"
> Vertreten wird der 59-Jährige regelmäßig von einem Würzburger Anwalt, der nach einer Karriere als Staatsanwalt ebenfalls gegen seinen Willen aus dem Justizdienst entlassen wurde und dagegen ebenso erbittert wie erfolglos gekämpft hat. Nach Informationen der M. registriert man beim Landgericht „seit Jahren Auffälligkeiten" dieses Anwalts, hält es für fraglich, ob er „noch in der Lage ist, seinen Beruf ordnungsgemäß auszuüben", und regt eine Prüfung an, „ob nicht der Widerruf der Zulassung des Rechtsanwalts in Betracht zu ziehen" sei.
> Der Anwalt klagt gegen die Zeitung auf Unterlassung, weil die in dem Bericht angesprochenen „Auffälligkeiten" seinen Gesundheitszustand beträfen, der die breite Öffentlichkeit nichts angehe.
> Das Amtsgericht lehnt die Klage mit der Begründung ab, für den Durchschnittsleser sei der Anwalt in dem Bericht nicht erkennbar gewesen. Allenfalls Insider wüssten, wer gemeint sei. Zu Recht?

In der Regel kann die Identifizierbarkeit des Betroffenen dadurch vermieden werden, dass ein *erfundener* Name verwendet wird. In diesem Fall ist ausdrücklich hinzuweisen, dass die Namensangabe von der Redaktion geändert wurde. Fehlt dieser Hinweis nämlich und lebt ein Träger des erfundenen Namens tatsächlich, ist dessen Persönlichkeitsrecht verletzt.

---

[659] Dem Staat und seinen Organen hingegen steht das allgemeine Persönlichkeitsrecht nicht zu (vgl. LG Wiesbaden AfP 1979, S. 328). Die Berichterstattung über *Verwaltungsinterna* findet ihre rechtlichen Grenzen daher lediglich in den Vorschriften des Strafgesetzbuches, insbesondere dem Schutz von Staatsgeheimnissen (§§ 93 ff. StGB).

[660] Mit dieser Begründung hat z.B. das Kammergericht die Veröffentlichung eines Romans untersagt, in dem der Autor Szenen aus seinem Sexualleben mit einer Partnerin beschrieb, die nur von einen kleinen Kreis vertrauter Personen wieder zu erkennen war, KG NJW 2004, S. 1415 ff.

Das allgemeine Persönlichkeitsrecht bietet keinen absoluten Schutz: Es endet dort, wo die Öffentlichkeit ein berechtigtes Interesse hat, über das Verhalten des Betroffenen informiert zu werden. Dementsprechend ist das Kapitel dreigeteilt:

- Zunächst werden die Bereiche vorgestellt, in denen der Persönlichkeitsschutz „greift", aus denen also ohne Zustimmung des Betroffenen grundsätzlich nicht berichtet werden darf.
- Danach werden anhand von Beispielen die Schranken des Persönlichkeitsschutzes beschrieben. Dabei spielt die Abwägung des Persönlichkeitsschutzes gegen die Wahrung der Presse- und Rundfunkfreiheit (Art. 5 GG) eine entscheidende Rolle.
- Der Schlussteil informiert über die möglichen Rechtsfolgen bei einer Verletzung des allgemeinen Persönlichkeitsrechts.

4.1 Der Grundsatz eines umfassenden Rechtsschutzes von Menschenwürde und freier Persönlichkeitsentfaltung

Dem Verfassungsgebot, die Würde des Menschen nicht nur zu achten, sondern diese auch zu schützen (Art. 1 Abs. 1 GG), und dem Recht des einzelnen auf freie Entfaltung seiner Persönlichkeit (Art. 2 Abs. 1 GG) hat der Staat nicht nur bei der Gestaltung der Rechtsbeziehungen zwischen Staat und Bürger, im öffentlichen Recht also, Rechnung zu tragen. Er gilt auch bei der Gestaltung der Rechtsbeziehungen der Bürger untereinander, im Zivilrecht. Das ist zum Teil schon lange vor der Schaffung des Grundgesetzes dadurch geschehen, dass der Gesetzgeber Schutzrechte für den einzelnen Bürger gesetzlich ausgeformt hat. Beispiele dafür, die für die Tätigkeit des Journalisten von besonderer Bedeutung sind, bilden der Schutz der persönlichen Ehre und das Recht am eigenen Bild.[661]

Um danach noch verbleibende Lücken im Persönlichkeitsschutz zu schließen, haben die Gerichte in den fünfziger Jahren des letzten Jahrhunderts das „allgemeine Persönlichkeitsrecht" als Auffangtatbestand für solche Fälle entwickelt, in denen ein zivilrechtlicher Schutz von Menschenwürde oder Freiheitsrechten geboten ist, der Gesetzgeber aber eine entsprechende Regelung - noch - nicht getroffen hat. Seinem Charakter als Auffangtatbestand entsprechend ist der Inhalt des allgemeinen Persönlichkeitsrechts nicht ein- für allemal abschließend festgelegt. Bislang lassen sich folgende Schutzbereiche erkennen:

- der Schutz persönlicher Aufzeichnungen und des nichtöffentlich gesprochenen Worts,
- das Recht auf „informationelle Selbstbestimmung",
- der Schutz der häuslichen Sphäre und des Privatlebens,
- der Schutz gegen die Ausbeutung des Ansehens einer Person zu wirtschaftlichen Zwecken,
- der Imageschutz und
- der Schutz gegen eine Gefährdung des Leben oder der körperlichen Unversehrtheit.

4.1.1 Der Schutz persönlicher Aufzeichnungen und des nichtöffentlich gesprochenen Worts

Jeder hat das Recht, selbst darüber zu entscheiden, mit welchen mündlichen oder schriftlichen Äußerungen er an die Öffentlichkeit treten will: *Briefe* oder sonstige *Aufzeichnungen* dürfen in der Regel nicht ohne Zustimmung des noch lebenden Verfassers und nur in der vom Verfasser gebilligten Weise veröffentlicht werden. Denn jede sprachliche Festlegung eines bestimmten Gedankeninhalts ist Ausfluss der Persönlichkeit des Verfassers. Die Fassung der Aufzeichnungen und die Art ihrer Bekanntgabe unterliegen der Kritik und Wertung der Öffentlichkeit, die

---

[661] Der zivilrechtliche Ehrenschutz, der bereits im klassischen römischen Recht anerkannt war, findet seine gesetzliche Grundlage im Bürgerlichen Gesetzbuch vom 1. 1. 1900; das Recht am eigenen Bild ist im „Gesetz betreffend das Urheberrecht an Werken der bildenden Künste und der Photographie" vom 9. 1. 1907 kodifiziert.

aus diesen Umständen Rückschlüsse auf die Persönlichkeit des Verfassers zieht.[662] Dies gilt nicht nur für private Aufzeichnungen, sondern auch für *berufliche* Vermerke, soweit sie *vertraulichen* Charakter tragen.[663]

> Wird ein Text unter Namensnennung des Autors nicht in der Originalfassung, sondern in redaktionell *bearbeiteter* Form veröffentlicht, so liegt darin eine Verletzung der persönlichkeitsrechtlichen Eigensphäre des Verfassers, wenn solche vom Verfasser nicht gebilligten Änderungen ein falsches Persönlichkeitsbild vermitteln können. Unzulässig sind im Allgemeinen nicht nur vom Verfasser nicht genehmigte Streichungen wesentlicher Teile seiner Aufzeichnungen, sondern auch Zusätze, durch die seine Aufzeichnungen eine andere Färbung oder Tendenz erhalten.[664]

> Erhält eine Redaktion das Schreiben eines Anwalts, in dem dieser im Auftrag seines Mandanten die Berichtigung einer Behauptung verlangt, die die Zeitung über den Mandanten aufgestellt hat, so darf sie diesen Brief nicht redaktionell bearbeiten und in der Rubrik „Leserbriefe" veröffentlichen und auf diese Weise den Eindruck erwecken, der Anwalt habe eine persönliche Stellungnahme abgegeben. Demgegenüber ergibt sich aus dem allgemeinen Persönlichkeitsrecht von Rechtsanwälten kein allgemeines Verbot, aus deren Schriftsätzen zu zitieren.[665]

Wird einem Autor ein Beitrag zugeschrieben, den dieser gar nicht verfasst hat, so ist damit das Namensrecht verletzt (§ 12 BGB). Denn dieses schützt den Träger eines Namens sowohl dagegen, dass ein anderer unter seinem Namen auftritt, als auch davor, dass ihm Erzeugnisse untergeschoben werden, mit denen er nichts zu tun hat.[666]

Grundsätzlich darf auch jeder selbst bestimmen, ob seine Worte auf einen Tonträger *aufgezeichnet* und ob und vor wem sie wieder *abgespielt* werden dürfen. Das Bundesverfassungsgericht[667] begründet dieses Recht so: „Wort und Stimme des Menschen sind auf dem Tonband von ihm losgelöst und in einer verfügbaren Gestalt verselbständigt. Die Unantastbarkeit der Persönlichkeit würde erheblich geschmälert, dürften andere ohne oder gar gegen den Willen des Betroffenen über sein nichtöffentlich gesprochenes Wort nach Belieben verfügen. Die Unbefangenheit der menschlichen Kommunikation würde gestört, müsste ein jeder mit dem Bewusstsein leben, dass jedes seiner Worte, eine vielleicht unbedachte oder unbeherrschte Äußerung, eine bloß vorläufige Stellungnahme im Rahmen eines sich entfaltenden Gesprächs oder eine nur aus einer besonderen Situation heraus verständliche Formulierung bei anderer Gelegenheit und in anderem Zusammenhang wiederholt werden könnte, um mit ihrem Inhalt, Ausdruck oder Klang gegen ihn zu zeugen. "

Dies gilt nicht nur für *private* Gespräche, sondern grundsätzlich auch für Besprechungen über *geschäftliche* Angelegenheiten, soweit sie individuellen, persönlichen Charakter tragen, es also nicht um die bloße Übermittlung von geschäftlichen Zahlen oder Daten, reine Bestellungen von Waren oder Dienstleistungen oder ähnlich standardisierte Nachrichten geht.[668]

Ist ein Gespräch ohne Zustimmung der Beteiligten aufgezeichnet worden, darf grundsätzlich weder die Aufzeichnung noch eine Abschrift davon der Öffentlichkeit zugänglich gemacht werden.[669] Selbst wenn die Aufzeichnung mit Zustimmung der Beteiligten gemacht worden ist, darf sie ohne deren Genehmigung nicht an andere weitergegeben werden.[670]

Umstritten ist die Frage, ob auch die Aufzeichnung des *öffentlich* gesprochenen Wortes einen Eingriff in das allgemeine Persönlichkeitsrecht darstellen kann. Für die Aufzeichnung der öffentlichen Sitzung des Gemeinderats und seiner Ausschüsse durch einen Zuhörer hat das O-

---

[662] BGHZ 13, S. 338 f.

[663] So für den internen Aktenvermerk eines Rechtsanwalts LG Hamburg AfP 1988, S. 170 ff.

[664] BGHZ 13, S. 339.

[665] OLG München AfP 2008, S. 79 ff.

[666] OLG Düsseldorf AfP 1989, S. 549 ff.

[667] BVerfG NJW 1973, S. 893.

[668] BGH NJW 1988, S. 1017.

[669] BGH NJW 1979, S. 647.

[670] BGH NJW 1987, S. 2668.

berlandesgericht Köln[671] diese Frage bejaht. Das Oberlandesgericht Celle[672] hat die Widerrechtlichkeit einer solchen Aufzeichnung durch Pressevertreter hingegen verneint.

4.1.2 Das Recht auf „informationelle Selbstbestimmung"

Im „Volkszählungsurteil" von 1985[673] hat das Bundesverfassungsgericht das Grundrecht auf 'informationelle Selbstbestimmung' entwickelt. Dem entspricht die Rechtsprechung des Bundesgerichtshofs, der jede durch das Bundesdatenschutzgesetz nicht gedeckte Übermittlung personenbezogener Daten zu einer Verletzung des allgemeinen Persönlichkeitsrechts erklärt hat.[674] Dies gilt nicht nur bei der Weitergabe von Informationen aus Dateien. Es entspricht vielmehr seit längerer Zeit ständiger Rechtsprechung, dass *personenbezogene Daten* der Individualsphäre der einzelnen Persönlichkeit zuzurechnen sind und ohne Einwilligung des Betroffenen *nicht* ohne weiteres veröffentlicht werden dürfen.[675] Zu den geschützten Daten gehören beispielsweise Lebensalter, Familienstand, Einkommens- und Vermögensverhältnisse[676], Glaubensbekenntnis, Mitgliedschaft in Vereinen und Weltanschauungsgemeinschaften[677], persönliche Lebensumstände, Privatanschrift[678], Freizeitgestaltung u. ä.

So dürfen die Massenmedien nicht ohne triftigen Grund unter Namensnennung über ein *Offenbarungseidverfahren* berichten.[679] Dasselbe gilt für *Familienstreitigkeiten*[680] und den *Gesundheitszustand* eines Menschen.[681]

> Einen schwerwiegenden Eingriff in das Persönlichkeitsrecht bildet z.B. ein Bericht über das problematische Verhältnis eines Vaters zu seinen Kindern, der diesen einseitig negativ darstellt („Herzlos-Vater").[682]

Ferner muss niemand dulden, dass seine *persönlichen Lebensumstände* zum Gegenstand öffentlicher Erörterung gemacht werden, wenn dies nicht durch ein öffentliches Informationsinteresse veranlasst ist.

> In einer Fernsehdokumentation, die sich kritisch mit der Jugendarbeit des Opus Dei auseinandersetzte, wurde über deren Mitglieder berichtet, sie verpflichteten sich zur Ehelosigkeit, Selbstgeißelung, zur Duldung einer Zensur ihrer Briefe durch Dritte und dazu, ihr Einkommen und Vermögen dem Opus Dei zuzuwenden. Die Sendung sollte Interviews mit Familienangehörigen von Mitgliedern des Opus Dei enthalten. Auf Antrag eines Mitglieds von Opus Dei wurde der Fernsehanstalt untersagt, ein Interview mit dessen Vater in einer Form auszustrahlen, die Dritten eine Identifizierung des Klägers ermöglichte.[683]

Zu den besonders geschützten Daten gehören schließlich Informationen über *sexuelles Verhalten*. Dieses genießt als Intimsphäre grundsätzlich *absoluten Schutz* gegen eine Veröffentlichung ohne Einwilligung des Betroffenen.

> Ein leitender Angestellter einer Industrie- und Handelskammer war von seinem Arbeitgeber fristlos entlassen worden, weil er während der Dienstzeit aus seinem Dienstzimmer mit einer Frau ein Telefonge-

---

[671] OLG Köln NJW 1979, S. 661 f.

[672] OLG Celle AfP 1986, S. 57 f.

[673] BVerfGE Bd. 65, S. 1 (43 ff.).

[674] BGH NJW 1984, S. 436

[675] Vgl. z.B. Kammergericht Berlin AfP 2007, S. 374 f. zur Veröffentlichung des Vornamens des minderjährigen Sohns von Anke Engelke.

[676] OLG Bremen AfP 1992, S. 376 ff. ; LG Berlin AfP 1994, S. 324 ff. ; AmtsG Berlin-Mitte AfP 1996, S. 188 f. (Profi-Fußballer).

[677] So gehört z. B. die Mitgliedschaft bei den Scientologen zur geschützten Privatsphäre, BVerfG AfP 1998, S. 50 ff.

[678] LG Hamburg AfP 1996, S. 185 f.

[679] OLG Hamburg AfP 1992, S. 376 f.

[680] BGH MDR 1965, S. 371 f. ; BGH MDR 1965, S. 735.

[681] Dass die Weitergabe ärztlicher Zeugnisse über den Gesundheitszustand eines Menschen dessen allgemeines Persönlichkeitsrecht verletzen kann, ist allgemeine Auffassung; so z. B. schon BGH NJW 1957, S. 1146 ff.

[682] AG Bremen NJW-RR 2008, S. 1071 f.

[683] OLG München NJW 1986, S. 1260 ff.; bestätigt durch BVerfG NJW 1990, S. 1980.

spräch sexuellen Inhalts geführt hatte. Über den Kündigungsschutzprozess des Betroffenen berichteten *Bild* und *Bild am Sonntag* unter der Überschrift „Büro-Sex am Telefon: Entlassen" und „Firmen-Telefon: Welche Gespräche sind erlaubt" in einer Weise, die eine Identifizierung des Betroffenen ermöglichte. Der Bundesgerichtshof[684] sah in dieser Berichterstattung einen unzulässigen Eingriff in die Intimsphäre des Betroffenen.

4.1.3 Der Schutz der häuslichen Sphäre und des Privatlebens

Neben dem Recht an den eigenen Worten und Aufzeichnungen sowie dem Schutz persönlicher Daten ist das Recht des einzelnen anerkannt, sich auch räumlich einen Bereich zu schaffen, in den andere ohne seine Zustimmung nicht hineinsehen und aus dem sie nicht berichten dürfen („Privatsphäre").

Der Wohnungsinhaber hat deshalb grundsätzlich allein darüber zu entscheiden, ob ein anderer Einblick in seine Wohnung nehmen oder ein Bild von ihr aufnehmen darf.[685] Außerdem kann der einzelne bei Lebensäußerungen „in den eigenen vier Wänden" Rücksichtnahme auf sein Bedürfnis nach einem Freiraum erwarten, in dem er sich entfalten kann, ohne der Teilnahme und Kritik der Öffentlichkeit ausgesetzt zu sein.[686]

Wer einem anderen Einblick in seinen häuslichen Bereich gewährt, kann sich zwar nicht dagegen wehren, dass dieser darüber spricht und anderen seine Erlebnisse mitteilt; insoweit wird sein Vertrauen in die Loyalität seiner Besucher durch das Recht nicht geschützt. Sein allgemeines Persönlichkeitsrecht ist jedoch verletzt, wenn der Besucher sein Privatleben ohne seine Einwilligung in einer 'Reportage' vor einem breiten Leserpublikum ausbreitet. Das gilt auch, wenn der Besucher aus beruflichen Gründen in die Privatwohnung gebeten worden ist.

Deshalb durfte Günter Wallraff, der als Mitarbeiter der BILD-Zeitung von seinem Redaktionsleiter zu einer dienstlichen Besprechung in die Privatwohnung seines Redaktionsleiters gekommen war, in seinem Buch „Der Aufmacher" nicht darüber berichten, wie der Redaktionsleiter sich eingerichtet hatte. [687]

Ein unzulässiger Eingriff in die Privatsphäre liegt ferner darin, dass öffentlich eine *Frage* zum Privatleben des Betroffenen aufgeworfen wird, deren Antwort die Öffentlichkeit nichts angeht.[688]

4.1.4 Schutz des Persönlichkeitsbildes

Schließlich kann der einzelne die Verbreitung *unrichtiger Tatsachenbehauptungen* über seine Person abwehren, die ihn - ohne ehrenrührig zu sein - in seinem von ihm selbst definierten sozialen Geltungsanspruch beeinträchtigen.

So muss sich ein SPD-Mitglied nicht gefallen lassen, in einer Wahlkampfbroschüre der CDU ungefragt mit erfundenen Zitaten als Wahlhelferin eingesetzt zu werden.[689]

Unwesentliche Abweichungen („wertneutrale Falschdarstellung") hingegen verletzen das Persönlichkeitsrecht des Betroffenen *nicht*.

Beispiele:
Im *Effecten-Spiegel* wurde ein Anwalt mit einer Äußerung aus dem *stern* zitiert. In Wirklichkeit hatte er die Äußerung aber gegenüber *dpa* gemacht. Der *stern* hatte sie ohne Quellenangabe von dort übernommen. Die Unterlassungsklage des Anwalts gegen den *Effecten-Spiegel* blieb erfolglos. Der BGH wertete die Falschdarstellung nicht als Persönlichkeitsverletzung, da der Kläger keine Umstände für ei-

---

[684] BGH AfP 1988, S. 30 f.
[685] LG Düsseldorf NJW 1959, S. 629 f.
[686] BGH NJW 1981, S. 1367.
[687] BGH NJW 1981, S. 1367.
[688] OLG Hamburg AfP 1995, S. 517 f.
[689] BGH AfP 1980, S. 35 ff.

ne Verfälschung seines Persönlichkeitsbildes vorgetragen hatte.[690]
In der Financial Times Deutschland wird berichtet, der Betroffene sei einer der Kläger im Zusammenhang mit der Fusion von Mobilcom mit der Internettochter Freenet. In Wirklichkeit ist er Geschäftsführer der GmbH, die als Kläger aufgetreten ist. Das LG Köln wertete diese Abweichung als unerheblich, weil im konkreten Fall der Geschäftsführer die GmbH allein und vollständig beherrscht habe.[691]

Im Handelsblatt wurde in einem Artikel, der sich kritisch mit dem Geschäftsgebaren des Gründers einer börsennotierten Aktiengesellschaft beschäftigte, berichtet, dieser habe für die AG auf einer Vernissage „bei Jil Sander" in Hamburg mit Lindbergh-Aufnahmen von den Rolling Stones Werbung gemacht. In Wirklichkeit fand die Vernissage in Räumen statt, die in Hamburg als „Jil-Sander-Haus" bekannt sind, zum Zeitpunkt der Ausstellung aber bereits nicht mehr Jil Sander, sondern der AG gehörten. Diese „wertneutrale Falschmeldung" beeinträchtigte den Firmengründer nach Ansicht des OLG Köln *nicht* in seinem allgemeinen Persönlichkeitsrecht.[692]

Die Verbreitung von Unwahrheiten aus der *Privatsphäre* stellt *immer* eine Verletzung des Persönlichkeitsrechts dar - unabhängig davon, ob sie einen irgendwie diskriminierenden oder auch nur kritisierenden Einschlag haben.[693] Das gilt auch, wenn eine Zeitung den unrichtigen Eindruck erweckt, eine bekannte Politikerin sei bereit, sich gegen Entgelt für Nacktdarstellungen zur Verfügung zu stellen.[694]

Wird ein Bericht über die Verbreitung von AIDS unter Strafgefangenen mit dem Bild eines Häftlings illustriert und dadurch der Eindruck erweckt, die Wahrscheinlichkeit, dass auch er infiziert sei, sei relativ hoch, so liegt darin eine Verletzung seines Persönlichkeitsrechts zumindest dann, wenn der Verdacht unbegründet, der Häftling nicht infiziert ist. Denn angesichts der gegenwärtig herrschenden Angst vor dieser Krankheit hat der von einem solchen Verdacht Betroffene in seinem sozialen Umfeld erhebliche Beeinträchtigungen zu erwarten.[695]

Der „Imageschutz" steht auch juristischen Personen oder Personengemeinschaften wie Verbänden und Parteien zu, soweit ihr sozialer Geltungsanspruch betroffen ist.[696]

So muss eine politische Partei die Behauptung ihres politischen Gegners nicht hinnehmen, sie habe zu einer Frage von politischer Bedeutung geschwiegen, wenn sie sich zu diesem Thema in Wahrheit geäußert hat.[697] Ein Finanzdienstleister muss nicht dulden, namentlich als Prozessgegner auf einer Liste genannt zu werden, mit der eine Anwaltskanzlei im Internet Werbung für sich betreibt.[698]

Selbstkontrollfrage 4 / 3:

In einem Zeitungsbericht über die *Mensing-Galerie* heißt es u. a.: „Als Klausjürgen Wussow vor einigen Jahren acht Bilder seines Schaffens in der Mensing-Galerie ablieferte, musste Klein Harry (d. h. der Sohn des Galeristen, U. B.) die Handarbeiten des ZDF-Professors aufhängen. Bis zu 10.000 Mark verlangte der Mattscheiben-Chirurg für seine eher düster geratenen Operationen in Öl." Kann Wussow sich gegen diesen Bericht zur Wehr setzen, wenn er in der Galerie zwar Bilder ausgestellt, aber nicht zum Kauf angeboten hat?

Ein Abwehranspruch gegen die Veröffentlichung eines *zutreffenden* Persönlichkeitsbildes kann dem Porträtierten unter den oben[699] erörterten Gesichtspunkten zustehen. Darüber hinaus soll die *Zeichnung eines Lebens- und Charakterbildes*[700] denselben Regeln folgen wie das Recht am eigenen Bild. Danach bedarf sie der Einwilligung der Betroffenen, soweit es sich bei ihnen nicht

---

[690] BGH NJW 2006, S. 609 f. = AfP 2006, S. 60 ff.; bestätigt durch BVerfG AfP 2008, S. 55 ff.
[691] LG Köln AfP 2007, S. 381 ff.
[692] OLG Köln AfP 2005, S. 287 f.
[693] OLG Hamburg AfP 1988, S. 143 f. sowie AfP 1999, S. 68 f., bestätigt durch BVerfG AfP 2000, S. 353 f.
[694] LG Hamburg AfP 1987, S. 633; OLG Hamburg AfP 1988, S. 247 f.
[695] OLG Hamburg AfP 1987, S. 703 ff.
[696] OLG Stuttgart NJW-RR 1993, S. 733 f. - Scientology Church; KG Berlin AfP 2006, S. 75 ff.
[697] OLG Köln NJW 1987, S. 1415 f.
[698] Kammergericht Berlin AfP 2006, S. 75 ff.
[699] Vgl. die Ausführungen unter 4.1.1 bis 4.1.4.
[700] Vgl. dazu Helle 1991, S. 53; Rehbinder, S. 322; Schertz, S. 760.

um absolute oder relative Personen der Zeitgeschichte handelt.[701]. Die Biographie eines Verstorbenen darf in der Regel jedoch auch ohne die Zustimmung seiner Hinterbliebenen veröffentlicht werden.[702]

Kinder und Jugendliche haben ein „Recht auf Entwicklung zur Persönlichkeit" Ihnen steht „ein vor medialer Beobachtung und Kommentierung geschützter Freiraum zur Entwicklung und weiteren Formung ihrer Persönlichkeit" zu, der auch die „Entfaltung in öffentlichen Räumen" umfasst. Auch Kinder prominenter Eltern müssen erst lernen, sich in der Öffentlichkeit angemessen zu verhalten. Dieser Lernprozess darf nicht durch eine personalisierte Berichterstattung behindert werden. Eine solche Behinderung kann darin liegen, dass ihnen in den Medien bestimmte persönliche Eigenschaften oder Charakterzüge zugeschrieben werden.[703]

> So haben die Gerichte einer Zeitschrift untersagt, über die 14jährige Tochter der Prinzessin Caroline von Hannover zu berichten: „Der gleiche sinnliche Mund, die gleichen Augen, der gleiche stolze Blick: Prinzessin Carolines Tochter ist ihrer bildschönen Mama wie aus dem Gesicht geschnitten."[704]
> Auch die Veröffentlichung eines Horoskops mit Ausführungen zu den angeblichen gegenwärtigen und zukünftigen Eigenschaften und zur weiteren Entwicklung eines Kindes verletzt dessen Persönlichkeitsrecht. Nach Ansicht des Bundesverfassungsgerichts beeinträchtigt eine solche Veröffentlichung sein Recht auf eine kindgemäße Entwicklung, weil sie bestimmte Verhaltenserwartungen auslösen und damit die Unbefangenheit im Umgang mit ihm beeinträchtigen kann.[705]

Treten Kinder und Jugendliche öffentlich auf, ist es den Medien nicht verwehrt, darüber in einer Weise zu berichten, die dem Anlass gerecht wird, sachbezogen ist.[706] Ein öffentlicher Auftritt liegt aber nicht schon darin, dass Kinder ihre Eltern bei alltäglichen Vorgängen, etwa beim Einkaufen oder Spazierengehen, begleiten.[707]

4.1.5 Schutz des Ansehens und des guten Rufs

Ein Rückgriff auf das allgemeine Persönlichkeitsrecht erübrigt sich in weiten Bereichen des Ehrenschutzes dadurch, dass die einschlägigen strafrechtlichen Vorschriften als Schutzgesetze im Sinne des § 823 Abs. 2 BGB anzusehen sind und Ehrverletzungen deshalb schon über § 823 Abs. 2 BGB zivilrechtliche Abwehransprüche auslösen.[708]

Um einen umfassenden Schutz von Menschenwürde und freier Persönlichkeitsentfaltung zu sichern, bedarf es jedoch einer Anwendung des allgemeinen Persönlichkeitsrechts in den Fällen, in denen ein *fremdes* beleidigendes *Werturteil* verbreitet wird, ohne dass die Zeitung oder der Sender sich dieses zu eigen macht.

> In der Leserbriefspalte einer Tageszeitung wird beispielsweise die Zuschrift eines Lesers abgedruckt, in der dieser seinen Nachbarn mit Schimpfworten belegt (Schmähkritik[709]).

Dadurch machen sich die Mitarbeiter der Zeitung zwar keiner Beleidigung im Sinne des § 185 StGB schuldig, weil diese die Äußerung eines *eigenen* abfälligen Werturteils voraussetzt. Durch die Veröffentlichung einer solchen Äußerung verletzen sie jedoch den allgemeinen Achtungsanspruch des Geschmähten - und damit dessen allgemeines Persönlichkeitsrecht.

---

[701] Vgl. dazu unten Kapitel 6.

[702] Vgl. dazu z. B. KG NJW 1997, S. 1164 f.

[703] BVerfG NJW 2005, S. 1857 f.

[704] Bestätigt durch BVerfG NJW 2005, S. 1857 f. = AfP 2005, S. 459 ff.

[705] BVerfG NJW 2003, S. 3262 f. = AfP 2003, S. 537 f.

[706] Vgl. BVerfG in NJW 2000, S. 1021, NJW 2000, S. 2191 f., NJW 2003, S. 3262 f., NJW 2005, S. 1857 f.

[707] BVerfG NJW 2000, S. 2193.; BGH NJW 2005, S. 215 ff. (217).

[708] Dafür, das allgemeine Persönlichkeitsrecht konsequent als „Auffangtatbestand" hinter dem präziseren Ehrenschutz zurücktreten zu lassen, tritt auch Helle ein, AfP 1989, S. 698.

[709] Zur Schmähkritik vgl. oben unter 3.3.

Ein solcher Eingriff in das Persönlichkeitsrecht ist nur dann gerechtfertigt, wenn an der Verbreitung der Äußerung trotz ihres beleidigenden Charakters ein *öffentliches Informationsinteresse* besteht. Insoweit gelten die Regeln über die Zulässigkeit der Verbreitung fremder ehrenrühriger *Tatsachenbehauptungen*[710] hier entsprechend.

Wenn sich ein Politiker im Wahlkampf zu ungerechtfertigten Kraftausdrücken über seinen politischen Gegner hinreißen lässt, dürfen die Massenmedien über diesen Vorgang trotz des beleidigenden Charakters solcher Äußerungen berichten.[711]

> In ihrem Beitrag „Gerichte, Gerichte" griff die *Titanic* die Verurteilung des Stadtmagazins *Zitty* durch das Landgericht Berlin[712] an. Darin druckte sie den beanstandeten Cartoon nach und bezeichnete ihn als „guten Spaß" und als „phonetisch extrem nahe liegende, allenfalls etwas flapsige Replik auf die penetrant im Lande verbreitete Focus-Werbung". Die Klage Markworts gegen diesen Beitrag hat das Landgericht Berlin mit der Begründung abgewiesen, er sei als zulässige Kritik an der Justiz gerechtfertigt.[713]

4.1.6 Schutz gegen eine Gefährdung des Lebens oder der körperlichen Unversehrtheit

Die aus Art. 2 Abs. 2 Satz 1 GG resultierende Pflicht des Staates, menschliches Leben und körperliche Unversehrtheit zu schützen, bestimmt auch den Inhalt des allgemeinen Persönlichkeitsrechts mit. Veröffentlichungen, die zu einer konkreten Gefahr für Leib und Leben von Menschen führen, verletzen deshalb deren allgemeines Persönlichkeitsrecht.[714] Eine solche Gefahr kann sich beispielsweise aus der Berichterstattung über eine Geiselnahme ergeben, solange die Geisel noch in der Hand der Erpresser ist. Auch die Preisgabe der Identität eines Verfassungsschutzagenten[715] oder eines Belastungszeugen in einem Strafverfahren gegen organisierte Kriminalität kann diesen gefährden. Die allgemeine Gefahr, dass sich kriminelle Elemente durch die Veröffentlichung bestimmter Vorgänge in den Medien dazu hinreißen lassen, verbrecherische Gewaltakte zu begehen, reicht allerdings nicht aus.[716]

4.1.7 Schutz gegen die Ausbeutung des Ansehens einer Person zu Werbezwecken

Das allgemeine Persönlichkeitsrecht schützt den einzelnen außerdem dagegen, dass sein Ansehen zur Werbung für Waren oder Dienstleistungen ausgenutzt wird.[717] Zunächst hatte der Bundesgerichtshof festgestellt, niemand brauche zu dulden, ungefragt in einer Werbeanzeige erwähnt zu werden, wenn sein Ansehen darunter leiden könne.

> Mit dieser Begründung wurde die Erwähnung des Namens einer bekannten Sängerin in einer Werbeanzeige für Präparate, die zum Reinigen und Befestigen von Zahnprothesen dienen, zu einer Verletzung des allgemeinen Persönlichkeitsrechts erklärt.[718]

Inzwischen ist jedoch anerkannt, dass die Benutzung eines fremden Namens zu Werbezwecken das allgemeine Persönlichkeitsrecht auch dann verletzt, wenn diese seine Wertschätzung nicht beeinträchtigt.[719] Dieser Verwendung kann ein erheblicher wirtschaftlicher Wert zukommen, der auf der Bekanntheit und dem Ansehen der betroffenen Person beruht, das sie sich gewöhnlich

---

[710] Vgl. oben unter 3.2.5.
[711] Vgl. dazu auch Kammergericht AfP 2001, S. 65 f., sowie BVerfG NJW 2004, S. 590 f.
[712] Vgl. dazu oben S. 111.
[713] Bemerkenswerterweise handelt es sich um eine Entscheidung der Kammer, deren Urteil in der Titanic angegriffen wurde, LG Berlin AfP 1997, S. 735 ff.
[714] Thüringer OLG AfP 2001, S. 78 f.
[715] OLG München ZUM 1990, S. 145 ff. = NJW-RR 1990, S. 1364.
[716] LG München I AfP 1983, S. 296 f.
[717] Zur zufälligen Namensübereinstimmung vgl. OLG Hamburg AfP 1992, S. 267 ff.
[718] BGH NJW 1959, S. 1269 ff.
[719] Das gilt jedenfalls dann, wenn der Berechtigte seinen Namen im Geschäftsverkehr selbst werbend verwendet, BGH NJW 1981, S. 2402 ff.

durch besondere Leistungen erworben hat. Dieser wirtschaftliche Wert steht nach der Rechtsprechung der betroffenen Person selbst zu. Sie kann ihr Ansehen dadurch verwerten, dass sie Anderen gegen Entgelt gestattet, mit ihrem Bild, ihrem Namen oder mit ihren Persönlichkeitsmerkmalen zu werben.[720]

Während die zuvor (unter 4.1.1. bis 4.1.6) dargestellten Elemente des allgemeinen Persönlichkeitsrechts in erster Linie dem Schutz ideeller Interessen des Betroffenen dienen, geht es bei der Abwehr unerlaubter Werbung vorrangig um die Absicherung vermögenswerter Interessen, um den Schutz gegen die ungenehmigte und unbezahlte Ausbeutung seiner Popularität und seines Ansehens durch Andere.[721] Das hat Folgen für die Durchsetzung dieses Rechts.[722]

Für eine Persönlichkeitsrechtsverletzung reicht es aus, dass der Werbebeitrag erkennbar auf eine bekannte Persönlichkeit anspielt.[723]

Selbstkontrollfrage 4 / 2:

In einem Radio-Werbespot lässt ein Unternehmen einen Werbetext von einem Stimmenimitator verlesen. Dieser ahmt die Sprache des bekannten verstorbenen Schauspielers und Autors Heinz Erhardt täuschend ähnlich nach. In den Werbespot sind zudem Redewendungen eingebaut, die für Heinz Ehrhardt typisch waren und allgemein bekannt geworden sind, z. B. „und noch'n Gedicht". Der Sohn von Heinz Ehrhardt verlangt von dem Unternehmen, die Ausstrahlung dieses Werbespots künftig zu unterlassen. Zu Recht?

Die Anspielung auf eine bekannte Persönlichkeit in einem Werbebeitrag kann jedoch durch Art. 5 Abs. 1 GG gerechtfertigt sein, wenn dieser einen Beitrag zur öffentlichen Meinungsbildung leistet.

So hat der Bundesgerichtshof eine Anzeige für zulässig erklärt, in der der Rücktritt von Oskar Lafontaine als Bundesfinanzministers satirisch verarbeitet wurde („Mitarbeiter in der Probezeit").[724] Demgegenüber hat das OLG Hamburg die Anspielung auf die Bereitschaft von Ernst August von Hannover zu tätlicher Auseinandersetzung nicht ausreichen lassen.[725]

4.2 Grenzen des Persönlichkeitsschutzes

4.2.1 Einwilligung und sonstiges Verhalten

Da das allgemeine Persönlichkeitsrecht das Selbstbestimmungsrecht des einzelnen schützt, kann dieser über die ihm von der Rechtsprechung zugestandenen Schutzbereiche frei verfügen: Er kann auf den Schutz auch verzichten, also seine Privatsphäre preisgeben. Daraus folgt, dass die Massenmedien nicht rechtswidrig handeln, wenn sie über Äußerungen, Lebensdaten oder Verhaltensweisen im privaten Bereich mit *Einwilligung* des oder der Betroffenen berichten. Die Einwilligung kann im Voraus („Zustimmung") oder nachträglich („Genehmigung") erteilt werden. Eine *wirksame* Einwilligung liegt nur dann vor, wenn der Betroffene, bei mehreren Betroffenen jeder von ihnen, selbst zugestimmt hat.

---

[720] BGH AfP 2000, S. 356 ff. – Marlene Dietrich, gebilligt durch BVerfG AfP 2006, S. 452 ff.

[721] BGH AfP 2000, S. 356 ff. (357) – Marlene Dietrich.

[722] Vgl. dazu unten 4.6.2.

[723] OLG Hamburg AfP 1993, S. 582 ff. - Huschke von Hanstein = WRP 1993, S. 251.

[724] BGHZ Band 169, S. 340 ff. = AfP 2006, S. 159 ff.

[725] OLG Hamburg AfP 2007, S. 371 ff. – Lucky Strike.

Dementsprechend reichte es beispielsweise in dem „Opus-Dei-Fall"[726] nicht aus, dass der Vater des volljährigen Opus-Dei-Mitgliedes mit der Ausstrahlung des mit ihm geführten Gesprächs einverstanden war, mit dessen Hilfe sein Sohn identifiziert werden konnte.

Sind *Kinder* oder *minderjährige* Jugendliche betroffen, so ist die Einwilligung ihrer gesetzlichen Vertreter erforderlich. Daneben kann auch die Einwilligung des Jugendlichen selbst erforderlich sein.

So wird man davon auszugehen haben, dass die Veröffentlichung einer Nacktaufnahme einer Sechzehnjährigen neben der Zustimmung der gesetzlichen Vertreter auch der Zustimmung der Minderjährigen selbst bedarf.[727]

Die Einwilligung bedarf *keiner* bestimmten *Form*. Sie kann also schriftlich, mündlich, aber auch durch „konkludentes Tun" erfolgen. Unter „konkludentem Tun" oder „schlüssigem Verhalten" ist ein Handeln zu verstehen, das auf Einverständnis schließen lässt.

Wer z.B. den Reporter einer Publikumszeitschrift in seine Wohnung einlädt, um ihm ein Interview zu geben, muss damit rechnen, dass dieser in seiner Reportage nicht nur das Interview wiedergibt, sondern auch die Wohnung und ihre Einrichtung beschreibt. Sofern der Interviewte dem Reporter eine solche Berichterstattung nicht ausdrücklich untersagt, ist diese durch konkludent erklärte Einwilligung des Betroffenen gerechtfertigt.

Als Einverständnis mit einer Veröffentlichung kann das Verhalten allerdings nur interpretiert werden, wenn der Betroffene alle relevanten Umstände kennt, insbesondere weiß, dass sein Gesprächspartner Journalist ist und zu Recherchezwecken mit ihm redet.

Durch Einwilligung gerechtfertigt ist eine Veröffentlichung außerdem nur, wenn sie durch die Einwilligung auch *gedeckt* ist. Eine Einwilligung ist im Zweifel eng auszulegen: Sie rechtfertigt nur die von den Beteiligten ins Auge gefasste konkrete Veröffentlichung.

Die Zustimmung des Spenders und der Empfängerin einer transplantierten Niere, in einer bestimmten Illustrierten über die Organverpflanzung unter Namensnennung zu berichten, berechtigt den Verlag nicht, drei Jahre später in einer anderen Illustrierten einen Bericht gleichen Inhalts zu veröffentlichen. Anderes gilt nur, wenn die Zustimmung mit der Erklärung des Betroffenen verbunden gewesen ist, mit jeder weiteren Veröffentlichung zu jedem beliebigen Zeitpunkt in der Zukunft einverstanden zu sein.[728]

Gesondert zu prüfen ist die Frage, ob die konkludente Einwilligung auch die Aufhebung der Anonymität des Betroffenen umfasst.

Dies hat das OLG München bei einem Bericht über das Intimleben verneint.[729]

Das Recht auf informationelle Selbstbestimmung und Wahrung der Privatsphäre dient dem Schutz freier Persönlichkeitsentfaltung, der Wahrung eines Freiraums, in dem sich der einzelne entfalten kann, ohne der Teilnahme und Kritik der Öffentlichkeit ausgesetzt zu sein.[730] Es dient hingegen nicht dazu, dem einzelnen zusätzliche Einnahmequellen zu eröffnen.[731] Deshalb kann derjenige, der der Öffentlichkeit Einblick in sein persönliches, privates Leben gewährt, indem er beispielsweise einer Zeitschrift gegen Honorar oder zur Steigerung seiner Popularität gestattet, über seine persönlichen Lebensumstände zu berichten, anderen Massenmedien die Verbreitung dieser von ihm selbst der Öffentlichkeit preisgegebenen Informationen nicht verwehren.

Wer in einer Fernsehdiskussion, um auf die „Sexualnot" von Müttern und Hausfrauen aufmerksam zu machen, seine geschlechtlichen Beziehungen zu wechselnden Partnern offen legt, kann sich nicht auf den Schutz seiner Intimsphäre berufen, wenn andere Medien über diesen Vorgang berichten.[732]

---

[726] Vgl. oben S. 117.
[727] Noch offen gelassen in BGH NJW 1974, S. 1947 ff.
[728] OLG Oldenburg AfP 1983, S. 401 f.
[729] OLG München AfP2001, S. 135 ff. - „liebesblinder Trottel".
[730] BGH NJW 1981, S. 1366 - Wallraff II.
[731] Beim BGH scheint sich jedoch die Tendenz durchzusetzen, das Persönlichkeitsrecht als Vermögensrecht anzusehen und verkehrsfähig zu machen, vgl. Ullmann, S. 209 ff.
[732] OLG Hamburg ArchPR 74, S. 128.

Im Extremfall kann dieser Gesichtspunkt dazu führen, dass jemand, der sein Privatleben kontinuierlich vor der Öffentlichkeit ausbreitet, auch die Veröffentlichung von Fakten aus seinem Privatleben dulden muss, die er nicht zur Veröffentlichung freigegeben hat.[733] Allerdings ist dabei zu beachten, dass jeder Mensch das Recht hat, seine Einstellung zur Öffentlichkeit zu ändern. Beschließt er, sein Privatleben künftig gegen öffentliche Einblicke abzuschirmen, ist dieser Wille zu respektieren. Er muss allerdings konsistent betätigt werden.[734] Der Betroffene darf sich also nicht „mal so, mal so" entscheiden.

> Eine bekannte Moderatorin, die sich zu ihrem neuen Freund und ihrem gemeinsamen Kind öffentlich geäußert hat, kann die Verbreitung der Information, dass sie nunmehr nach zwölf Ehejahren von ihrem bisherigen Ehemann geschieden wurde, nicht verhindern. Das gilt auch dann, wenn der entsprechende Bericht lediglich der Unterhaltung des Publikums dient.[735]

Er hat auch nicht das Recht, sich die Medien auszusuchen, die aus seiner Privatsphäre berichten dürfen. Deshalb dürfen ansonsten geschützte Informationen, die von einem Medium mit Einwilligung des Betroffenen veröffentlicht worden sind, grundsätzlich auch von anderen Medien verbreitet werden.[736]

Die Einwilligung ist *nicht* frei widerruflich.

> Wer einem Fernsehjournalisten ein Interview vor laufender Kamera gibt, erteilt damit zugleich seine Einwilligung zur Ausstrahlung dieses Interviews im Programm des Senders, für den der Journalist arbeitet. Er kann diese Einwilligung später nicht nach Belieben wieder zurückziehen, nur weil er es sich anders überlegt hat.[737]

Die Einwilligung ist aber unwirksam, wenn sie auf einem Irrtum oder einer Täuschung des Betroffenen beruht und dieser sie deshalb angefochten hat, §§ 119, 123, 142 BGB. Wer bei einem Informanten Fehlvorstellungen über die geplante Veröffentlichung erzeugt, muss deshalb damit rechnen, dass die dadurch erlangte Einwilligung keinen Bestand hat. Im Übrigen kann der Betroffene seine Einwilligung widerrufen, wenn ihm das Festhalten an ihr infolge nachträglich veränderter Umstände nicht zugemutet werden kann.

> Eine junge Frau kann ihre frühere Einwilligung zur kommerziellen Verwendung eines „Busenfotos" unter Umständen widerrufen, wenn sich ihre freizügige Einstellung zu solchen Darstellungen in der Zwischenzeit gewandelt hat.[738]

4.2.2 Abwägung von Persönlichkeitsschutz und Medienfreiheit: Persönlichkeitssphären und öffentliches Informationsinteresse

Wie sich aus Art. 5 Abs. 2 GG ergibt, wird das Grundrecht freier Berichterstattung durch Presse, Rundfunk, Film und Fernsehen begrenzt durch die allgemeinen Gesetze. Dementsprechend schränkt auch das allgemeine Persönlichkeitsrecht die zulässige Berichterstattung ein. Andererseits sind aber wiederum die freiheitsbeschränkenden Gesetze „im Lichte des Grundrechts" zu interpretieren.[739] Deshalb ist im Einzelfall abzuwägen, ob dem Persönlichkeitsschutz oder dem Grundrecht freier Berichterstattung Vorrang einzuräumen ist.

Gerechtfertigt ist ein Eingriff in das Persönlichkeitsrecht dann, wenn an der Berichterstattung ein allgemeines („öffentliches") Informationsinteresse besteht, dessen Befriedigung von so großer Bedeutung für die Allgemeinheit ist, dass das Selbstbestimmungsrecht des einzelnen demgegenüber zurücktreten muss. Ausgangspunkt für die Beurteilung der Frage, ob an einer

---

[733] So schon OLG Stuttgart, AfP 1981, S. 362; vgl. auch OLG Hamburg AfP 2006, S. 173 f.
[734] BVerfG, AfP 2000, S. 76 ff. (79)
[735] KG NJW 2006, S. 621.
[736] Vgl. z.B. LG Berlin AfP 2004, S. 152 (153).
[737] LG Köln AfP 1989, S. 766 f.
[738] Vgl. von Strobl-Albeg in Wenzel, Kapitel 7, Rz. 85.
[739] Ständige Rechtsprechung des Bundesverfassungsgerichts, z. B. BVerfGE 20, S. 174 f.

Information ein öffentliches Interesse besteht, ist die vom Bundesverfassungsgericht wiederholt betonte Bedeutung der Massenmedien für den Bestand und die Entwicklung der freiheitlichen Demokratie. Diese Bedeutung beruht vor allem darauf, dass die Massenmedien dem einzelnen Bürger die Informationen vermitteln, die dieser benötigt, um sich im politischen, wirtschaftlichen, aber auch kulturellen Bereich auf vernünftige Weise eine eigene Meinung bilden und eigene Entscheidungen treffen zu können.[740]

Ein öffentliches Informationsinteresse besteht deshalb an allen Informationen, die die sachliche Basis für die Meinungs- und Willensbildung des einzelnen verbreitern und damit die Grundlage für den Prozess demokratischer Willensbildung in Staat und Gesellschaft schaffen. Die bloße Neugier des Publikums, Voyeurismus und Sensationslust hingegen können in der Regel als Rechtfertigungsgrund für eine Beschränkung des Persönlichkeitsschutzes nicht herangezogen werden.[741] Es scheint allerdings, als wolle der BGH nunmehr auch solchen Interessen ein höheres Gewicht beimessen. So hat der VI. Zivilsenat einen Bericht über die Scheidung des Prinzen Ernst August von Hannover unter den Schutz der Pressefreiheit gestellt, in dem (wahrheitsgemäß) berichtet wurde, Scheidungsgrund sei der Ehebruch des Prinzen gewesen. Dabei hat er explizit auf „das Bedürfnis einer mehr oder minder breiten Leserschicht nach oberflächlicher Unterhaltung" abgestellt.[742] Demgegenüber hat das OLG Hamburg dem 14jährigen Sohn der Prinzessin Caroline von Monaco das Recht zugesprochen, sich dagegen zur Wehr zu setzen, dass über ihn berichtet wird, er habe noch keine Freundin, liebe Fußball und treibe viel Sport. Es hat diese Entscheidung zum einen damit begründet, er befinde sich in einer besonders schutzwürdigen Phase seiner Persönlichkeitsentwicklung. Zum anderen hat es aber auch festgestellt, die Anerkennung eines öffentlichen Informationsinteresses an solchen Belanglosigkeiten mache den Betroffenen für die Presse ständig verfügbar und ließe sein Selbstbestimmungsrecht damit leer laufen.[743]

Bei der Entscheidung, ob dem öffentlichen Informationsinteresse oder dem Selbstbestimmungsrecht des einzelnen der *Vorrang* zukommt, ist in erster Linie der Grad des öffentlichen Informationsinteresses gegen die Schwere des Eingriffs in das Persönlichkeitsrecht abzuwägen. Außerdem ist von Bedeutung, ob der Betroffene durch sein eigenes Verhalten Anlass zu kritischer Berichterstattung gegeben hat.

Der *Grad* des öffentlichen Informationsinteresses hängt davon ab, wie groß die Bedeutung der Information für einen wie großen Personenkreis ist. Je größer der Personenkreis, für den die Information von Bedeutung ist, und je größer die Bedeutung für den einzelnen, desto weiter muss der Persönlichkeitsschutz zurücktreten.

Für die Beurteilung der *Schwere* des Eingriffs ist es hilfreich, die Lebensäußerungen eines Menschen nach dem Grad ihrer Schutzbedürftigkeit verschiedenen „Sphären" zuzuordnen.[744] Einer Einteilung von Wenzel[745] folgend, lassen sich folgende Sphären unterscheiden:

- Intimsphäre,
- Geheimsphäre,
- Privatsphäre,
- Sozialsphäre und
- Öffentlichkeitssphäre.

---

[740] Grundlegend auch insoweit BVerfGE 20, S. 174 f.
[741] So insbesondere BVerfGE 34, S. 283 - Soraya; abzulehnen deshalb OLG München AfP 1990, S. 214 f.
[742] BGH AfP 1999, S. 350 f.; im Ergebnis bestätigt durch BVerfG AfP 2000, S. 352 f.
[743] OLG Hamburg ZUM 1999, S. 735 ff.
[744] Dieses Konzept geht zurück auf einen Vorschlag von Hubmann, JZ 1957, S. 521 ff.
[745] vgl. dazu jetzt Burkhardt in Wenzel, Kapitel 5, Rdz. 40 ff.

4.2.2.1   Intimsphäre

Den stärksten Schutz gegen unbefugte Einsichtnahme genießt die *Intimsphäre*. In sie greifen Darstellungen ein, die das Sexualleben sowie auf das Sexualleben bezogene körperliche Besonderheiten oder psychische Merkmale eingehend[746] beschreiben. Bundesgerichtshof[747] und Bundesverfassungsgericht[748] haben die Intimsphäre in der Vergangenheit als absolut geschützten Kernbereich privater Lebensführung bezeichnet.[749] Die Clinton-Lewinski-Affäre hat allerdings gezeigt, dass *in Ausnahmefällen* selbst relativ detaillierte Berichte über das Sexualverhalten einer Person der Zeitgeschichte durch ein überragendes öffentliches Informationsinteresse gerechtfertigt sein können. Im Übrigen sind Berichte aus der Intimsphäre ohne Einwilligung aller Beteiligten jedoch nur zulässig, wenn ausreichende Vorsorge dagegen getroffen ist, dass sie von ihrer Umwelt erkannt werden können.[750]

4.2.2.2   Geheimsphäre

Zur *Geheimsphäre* gehören alle Lebensäußerungen, deren Geheimhaltung entweder gesetzlich geschützt ist oder die ihrer Natur nach geheimhaltungsbedürftig sind.

Gesetzlich geschützt ist die Vertraulichkeit des Wortes sowie das Brief-, Post- und Fernmeldegeheimnis. Auch gegen das Ausspähen gesicherte Daten, Privatgeheimnisse sowie Betriebs- und Geschäftsgeheimnisse genießen gesetzlichen Schutz.[751] *Strafbar* ist die Verwendung von Tonträgern mit unbefugten Aufzeichnungen des nichtöffentlich gesprochenen Wortes, § 201 Abs. 1 Nr. 2 StGB. Der Inhalt solcher Aufzeichnungen darf öffentlich weder wörtlich noch „seinem wesentlichen Inhalt nach" wiedergegeben werden, wenn dadurch berechtigte Interessen eines anderen beeinträchtigt werden können und die Wiedergabe nicht ausnahmsweise durch die „Wahrnehmung überragender öffentlicher Interessen" gerechtfertigt ist, § 201 Abs. 2 StGB. Zivilrechtlich kann darüber hinaus auch die Preisgabe von Privat-, Betriebs- und Geschäftsgeheimnissen sowie die Verbreitung von Informationen verfolgt werden , die durch eine Verletzung des Brief-, Post- oder Fernmeldegeheimnisses oder durch das Ausspähen elektronisch gespeicherter Daten gewonnen worden sind.

Ihrer *Natur* nach geheimhaltungsbedürftig sind *private* Aufzeichnungen, die nicht zur Kenntnisnahme durch Dritte bestimmt sind, z. B. Tagebuchaufzeichnungen und ähnliche Notizen.[752] Dasselbe gilt für *interne Vermerke* von Angehörigen solcher Berufe, mit denen notwendig ein hohes Maß an Einblick in fremde Privat- und Geheimsphären verbunden ist.[753] Dazu gehören jedenfalls die in § 203 StGB genannten Berufe.

Ein *Eingriff* in die Geheimsphäre ist nur gerechtfertigt, wenn dieser erforderlich ist, um ein anderes Rechtsgut vor Schaden zu schützen, das bei Abwägung der widerstreitenden Interessen in der konkreten Situation schutzwürdiger ist. Die Anforderungen an einen solchen Berichterstattungszweck sind streng. Erforderlich ist die Befriedigung eines „überragenden" Informati-

---

[746] Zur Abgrenzung der Intimsphäre vgl. OLG Karlsruhe AfP 2006, S. 170 ff. (172) – Albert von Monaco.

[747] BGH NJW 1979, S. 647.

[748] BVerfGE 34, S. 238 ff.

[749] Zur Strafbarkeit der Anfertigen von Fotos aus der Intimsphäre vgl. oben 1.7.4.

[750] Zum Gebot der Verfremdung bei fiktiven künstlerischen Darstellungen vgl. KG NJW-RR 2004, S.1417.

[751] Vgl. dazu oben 1.7.2.

[752] Nach einer Entscheidung des BGH kann auch im Strafverfahren in der Benutzung von tagebuchartigen Aufzeichnungen ein Verstoß gegen die Menschenwürde und des Grundrechts auf freie Entfaltung der Persönlichkeit liegen, BGH NJW 1964, S. 1139 f. Dort ist deren Verwendung indessen zulässig, wenn es um die Verfolgung schwerster Kriminalität (Mord) geht, BGH NJW 1988, S. 1037 ff.

[753] LG Hamburg AfP 1988, S. 170 ff.

onsinteresses der Allgemeinheit. Erforderlich ist ein solcher Eingriff zudem nur dann, wenn er das mildeste geeignete Mittel zum Erreichen dieses Zweckes bildet.[754]

> In Betracht kommt etwa die Aufdeckung gravierender Rechtsverstöße oder öffentlicher Missstände von ganz erheblichem Gewicht.[755]

4.2.2.3 Privatsphäre

Zur *Privatsphäre* gehören jene Lebensäußerungen außerhalb der Intim- oder Geheimsphäre, die gegen Einblicke von außen abgeschirmt sind. So zählen der häusliche Bereich sowie das Verhalten eines Menschen „in seinen eigenen vier Wänden" zur Privatsphäre. Aber auch persönliche Daten, beispielsweise über familiäre Angelegenheiten, den Gesundheitszustand[756], Zugehörigkeit zu Glaubensgemeinschaften u. ä. gehören in den privaten Bereich. Eine Berichterstattung aus der Privatsphäre ist nur gerechtfertigt, wenn ein ernsthaftes Informationsinteresse der Öffentlichkeit vorliegt.

> Einem ernsthaften Informationsinteresse dient nach Ansicht des OLG München z.B. der Spielfilm „Der Baader-Meinhof-Komplex". Deshalb muss die Tochter von Ulrike Meinhof hinnehmen, dass in diesem Film Szenen enthalten sind, die das Verhältnis zu ihren Eltern betreffen und Geschehen aus ihrem familiären Bereich zeigen.[757]

Die Neugier des Publikums zu erfahren, wie „prominente" Zeitgenossen privat leben und sich verhalten, reicht zur Rechtfertigung einer solchen Berichterstattung nicht aus.[758] Ein ernsthaftes Informationsinteresse kann hingegen vorliegen, wenn das private Verhalten von Personen, die im öffentlichen Leben eine hervorgehobene Stellung bekleiden (Politiker, Manager u. ä.), den Erfolg ihres beruflichen Wirkens beeinflusst.

> So hat das OLG Karlsruhe die Klage von Prinz Albert von Monaco gegen einen Bericht der *Bunten* über seine Beziehung zu der Mutter seines unehelichen Sohnes mit der Begründung abgewiesen, das Vorhandensein eines potenziellen Thronfolgers sei in einer konstitutionellen Erbmonarchie von eminenter Bedeutung. Deshalb sei in einem solchen Fall das Informationsinteresse der internationalen Öffentlichkeit höher zu bewerten als das Interesse des Betroffenen an der Wahrung seiner Privatsphäre.[759]

Selbstkontrollfrage 4 / 4:

> Als der Zweitligaverein *Hannover 96* in akute Abstiegsgefahr gerät, bezeichnet die *Neue Presse* einige Spieler, deren Leistungen sie heftig kritisiert, als „Abkassierer", die durch den Abstieg viel zu verlieren hätten, der (namentlich genannte) X beispielsweise monatliche Einkünfte von rund 23. 000 DM. X sieht darin eine schwere Persönlichkeitsverletzung und verlangt 10.000 DM Schmerzensgeld.
> Zu Recht ?

Nicht jedes Fehlverhalten von Personen des öffentlichen Lebens in der Privatsphäre rechtfertigt die Berichterstattung.

> Das Landgericht Oldenburg[760] hat z.B. die Auffassung vertreten, eine Zeitschriftenveröffentlichung, der zu entnehmen ist, dass ein Bürgermeister und Landtagsabgeordneter auf seiner häuslichen Ge-

---

[754] Die Rechtfertigung eines solchen Verhaltens ergibt sich aus dem allgemeinen Rechtsprinzip, das seine gesetzliche Konkretisierung in § 34 StGB als „rechtfertigender Notstand" erfahren hat. Zu den Voraussetzungen des rechtfertigenden Notstands im einzelnen Lenckner in Schönke-Schröder, Rdz. 8 ff. zu § 34 StGB.

[755] So jedenfalls Lenckner in Schönke-Schröder, Rdz. 33a zu § 201 StGB.

[756] Vgl. BGH AfP 2008, S. 610 ff.

[757] OLG München AfP 2008, S. 75 ff. = NJW-RR 2008, S. 1220 ff.

[758] Abzulehnen ist m. E. die Ansicht des OLG München, das ein öffentliches Informationsinteresse auch an der „Klatsch"-Berichterstattung anerkennen will, AfP 1990, S. 214 f. ; vgl. aber auch BGH AfP 1999, S. 350 f.

[759] OLG Karlsruhe NJW 2006, S. 617 ff.

[760] LG Oldenburg NJW 1987, S. 1419 f.

burtstagsfeier in Anwesenheit von Gästen seine Mutter geschlagen habe, sei - unabhängig von ihrem Wahrheitsgehalt - als Eingriff in die Privatsphäre des Betroffenen unzulässig. Der Verbreitung einer solchen Nachricht im Wahlkampf etwa ein Jahr nach dem behaupteten Vorfall könne kein öffentliches Informationsinteresse beigemessen werden, das gegenüber dem persönlichkeitsrechtlichen Bedürfnis am Schutz der Privatsphäre überwiege.

Ein ernsthaftes Informationsinteresse der Öffentlichkeit ist hingegen zu bejahen, wenn die Glaubwürdigkeit von Personen zur Debatte steht, die im Prozess der öffentlichen Meinungs- und Willensbildung eine nicht unerhebliche Rolle spielen.

Der Verleger einer Tageszeitung und Herausgeber eines Wochenmagazins, der „in der von ihm beherrschten Presse Persönlichkeiten des öffentlichen Lebens unter breitem Eingehen auf deren Frauenbekanntschaften und behauptete sittliche Verfehlungen angegriffen hatte", wehrte sich gegen die Berichterstattung einer anderen Zeitung über eine Strafgerichtsverhandlung gegen ihn, in der unter Namensnennung wahrheitsgemäß berichtet worden war, er habe „über Jahre nicht nur seine eigene Frau, sondern seine feste Freundin und Mutter einer gemeinsamen Tochter in M. und seine feste Freundin in P. mit einer Person betrogen, die er selber als 'schlecht beleumdet' bezeichnet habe".

Der BGH[761] bejahte im vorliegenden Fall das Recht der beklagten Zeitung, ihre Leserschaft über das Privatleben des Betroffenen aufzuklären, mit der Begründung, mit seinem öffentlichen Auftreten als 'Sittenrichter' habe der Betroffene die Frage herausgefordert, „wer es denn eigentlich sei, der solche Maßstäbe aufstelle und sich als Sittenrichter über andere Gehör zu schaffen suche. " Weiter heißt es in der Begründung des Urteils: „Es gehört zum eigentlichen Thema dieser Auseinandersetzung, ob die weithin beachteten Angriffe von einer Person ausgehen, die seriös ist und der man es mindestens subjektiv zugute halten kann, dass es ihr ernstlich um die Anerkennung der proklamierten moralischen Anforderungen bei der Beurteilung von Politikern oder Journalisten geht. Solche Angriffe erscheinen in ihrem Gewicht in einem durchaus anderen Licht, wenn man weiß, dass es der Angreifer in seiner eigenen Lebensführung mit der Moral nicht eben genau nimmt und gerade das tut, was er anderen gegenüber öffentlich rügt. "

An die Zulässigkeit der Berichterstattung über die Privatsphäre von Personen, die nicht im öffentlichen Leben stehen, sind generell strengere Anforderungen zu stellen.

Selbstkontrollfrage 4 / 5:

In seiner Sendereihe „Akte 99/27" strahlt ein Fernsehsender unter dem Titel „Abserviert und Ausgenommen" einen Beitrag zum „Scheidungsopfer Mann" aus. In der Anmoderation ist von durch die Scheidung finanziell ruinierten Ehemännern die Rede, die „wie eine Weihnachtsgans ausgenommen werden", „ackern wie die Blöden und denen am Ende doch nichts verbleibt". Nach Einblendung einer apodiktischen Äußerung der rechtspolitischen Sprecherin der SPD-Bundestagsfraktion, den geschiedenen reichen Mann, der einen Großteil seines Vermögens an seine geschiedene Frau abgeben muss, gebe es nicht, präsentiert der Moderator den „Fall" des namentlich genannten Dr. G, der zusammen mit seiner neuen Ehefrau auftritt und sich über die finanziellen Folgen seiner Scheidung beklagt. Er erklärt u.a., er müsse an seine geschiedene Frau für sie und ihre gemeinsamen drei Kinder monatlich 5600 DM Unterhalt zahlen. Zusätzlich erhalte sie das Kindergeld, so dass sie insgesamt auf ca. 6400 DM im Monat komme. Während sie in guten wirtschaftlichen Verhältnissen im eigenen Haus am Bodensee lebe, seien ihm nach der Scheidung 650 000 DM an Schulden verblieben. Seine Exfrau trägt vor, ihr gesellschaftliches Umfeld (Nachbarn, Lehrer, Mitschüler der Kinder) habe sein Verhalten seit der Sendung auffällig verändert. Außerdem sei durch den öffentlichen Hinweis auf ihre guten wirtschaftlichen Verhältnisse die Einbruchsgefahr gewachsen. Sie verlangt von dem Sender, die Verbreitung der Informationen künftig zu unterlassen und ihr eine angemessene Geldentschädigung zu zahlen. Zu Recht ?

Über die Mitgliedschaft einer Person in der Scientology Church darf nicht ohne besonderen Grund berichtet werden.[762] Ein solcher Grund kann allerdings in dem Umstand liegen, dass der Betroffene eine Privatschule betreibt[763], Managementseminare veranstaltet[764] oder in Verdacht geraten ist, eine Kunst-

---

[761] BGH NJW 1964, S. 1471 f.
[762] OLG Stuttgart AfP 1993, S. 739.
[763] LG Baden-Baden AfP 1994, S. 59 ff.

ausstellung für die Missionsziele dieser Organisation zu nutzen[765] – nicht aber darin, dass der Ehepartner eine Person des öffentlichen Lebens oder ein bedeutendes Mitglied der Scientologen ist.[766]

4.2.2.4 Sozialsphäre

Der *Sozialsphäre* sind jene Lebensäußerungen zuzurechnen, die von anderen ohne weiteres wahrgenommen werden können, ohne dass der Betroffene sich jedoch der Öffentlichkeit bewusst zukehrt, sich an die Öffentlichkeit wendet. Bei der Teilnahme am Straßenverkehr, beim Besuch öffentlicher Veranstaltungen, beim Kneipenbummel, aber auch bei der beruflichen Tätigkeit bewegt sich der Einzelne in Bereichen, die anderen zugänglich sind, auf deren Zulassung er keinen Einfluss hat.

Angesichts der Vielgestaltigkeit dieses Bereichs sind allgemeine Regeln zur Zulässigkeit der Berichterstattung aus der Sozialsphäre nicht leicht zu entwickeln. Zu unterscheiden ist zwischen privatem und beruflichem Verhalten in der Sozialsphäre.

Über *privates* Verhalten in der Sozialsphäre (Besuch von Veranstaltungen, Lokalen, Reisen u. ä.) darf berichtet werden, wenn die Allgemeinheit ein berechtigtes Interesse an der entsprechenden Information hat. Das ist bei Personen, die nicht aufgrund ihrer gesellschaftlichen Stellung im Blickpunkt der Öffentlichkeit stehen, nur ausnahmsweise der Fall, wenn sie durch ihr eigenes Verhalten öffentliche Aufmerksamkeit erregen – etwa durch erhebliches Fehlverhalten.[767] Bei *Personen des öffentlichen Lebens* kann sich das Informationsinteresse der Allgemeinheit auch dadurch ergeben, dass ihr Verhalten dem Bild widerspricht, das sie der Öffentlichkeit ansonsten von sich vermitteln.

> Beispiele:
> Der „nette Junge" beginnt eine Prügelei. Die „bekennende Tierschützerin" geht unsanft mit einem Tier um. Der „bescheidene und sparsame Mann" erlaubt sich eine Luxusreise.
> Der Ortsbürgermeister provoziert durch einen langjährigen Rechtsstreit mit seinen Nachbarn einen Abwahlantrag. Ihm wird vorgeworfen, seine persönlichen Interessen durch unwahre Angaben, Einschüchterung und Bedrohung der Nachbarn durchzusetzen.[768]

Demgegenüber reicht das allgemeine Interesse der Öffentlichkeit zu erfahren, wie Prominente leben, *nicht* aus.[769]

An einer wahrheitsgemäßen Berichterstattung über die *berufliche* Tätigkeit besteht hingegen generell ein öffentliches Informationsinteresse, soweit sie für die Allgemeinheit von Bedeutung ist. In diesem Bereich muss sich der Einzelne wegen der Wirkungen, die seine Tätigkeit für andere hat, darauf einstellen, dass sein Handeln durch eine breitere Öffentlichkeit beobachtet wird.[770]

> Deshalb können sich Prozessbevollmächtigte nicht dagegen zur Wehr setzen, dass ihre Namen zusammen mit dem Urteil veröffentlicht werden.[771]
>
> Ebenso muss ein Rechtsanwalt eine kritische, auch eine satirische Darstellung seines Auftretens in einer öffentlichen Gerichtsverhandlung hinnehmen.[772]
>
> Eine Lehrerin muss hinnehmen, dass Bewertungen ihrer Unterrichtsleistungen durch ihre Schülerinnen und Schülern auf einer Internetplattform erscheinen.[773]

---

[764] OLG München AfP 1993, S. 762 ff.
[765] OLG Köln AfP 1993, S. 759 f.
[766] BVerfG AfP 1998, S. 50 ff.
[767] Vgl. dazu unten Kapitel 7.
[768] Vgl. die Entscheidung des Kammergerichts Berlin, AfP 2008, S. 392 ff.
[769] So KG NJW 2005, S. 2320 ff. (Jauch) unter Berücksichtigung des „Caroline-Urteils" des EGMR; anders noch BVerfG AfP 2000, S. 349 f. (Skiurlaub)
[770] BGH VersR 1981, S. 384 ff. (385).
[771] OLG Hamm NJW-RR 2008, S. 640 f.
[772] Kammergericht Berlin AfP 2007, S. 490 ff.
[773] OLG Köln AfP 2008, S. 85 ff. = NJW-RR 2008, S. 203 ff. – spickmich.de.

Wer sich wirtschaftlich betätigt, muss in erheblichem Umfang hinnehmen, dass seine Leistungen öffentlich kritisiert werden.[774] Der Persönlichkeitsschutz muss hinter dem berechtigten Interesse der Allgemeinheit an öffentlicher Kritik und Kontrolle nur zurücktreten, wenn mit der Berichterstattung schwerwiegende Auswirkungen verbunden sind, etwa eine Stigmatisierung, soziale Ausgrenzung oder Prangerwirkung,[775]

Beispiel:
Eine Presseagentur berichtete unter Namensnennung über die Entlassung des Geschäftsführers eines landeseigenen Klinikums mit ca. 900 Mitarbeitern wahrheitsgemäß, die Gesellschafterversammlung habe dies damit begründet, dass das Vertrauensverhältnis zwischen ihm und einem Großteil der Mitarbeiter nachhaltig gestört sei. Ihm würden Beleidigungen, massive Bedrohungen, Lügen, Verleumdungen und Diffamierungen vorgeworfen. Die Unterlassungsklage des Betroffenen wies der BGH mit der Begründung zurück, die Meldung sei durch das Informationsinteresse der Öffentlichkeit gerechtfertigt.[776]

Interne Vorgänge in Betrieben und Unternehmen, an deren Geheimhaltung die Betroffenen ein berechtigtes Interesse haben, dürfen jedoch nur veröffentlicht werden, soweit das Informationsinteresse der Allgemeinheit überwiegt.[777]

Mitarbeiter von Polizei und Verfassungsschutz müssen sich gefallen lassen, dass über ihre berufliche Tätigkeit berichtet wird, soweit ein berechtigtes Interesse der Allgemeinheit daran besteht, über die Tätigkeit dieser staatlichen Einrichtungen informiert zu werden, sie zu erörtern und gegebenenfalls zu kritisieren. Soweit ihre berufliche Tätigkeit besonderes Aufsehen in der Öffentlichkeit erregt hat, müssen sie auch hinnehmen, dass darüber unter Nennung ihres Namens berichtet wird.[778]

So muss ein Mitglied der Bundespolizei die Erwähnung seiner früheren Tätigkeit als Politoffizier bei den Grenztruppen der DDR hinnehmen, wenn er sowohl in seiner früheren wie in seiner jetzigen Funktion mit Vorträgen an die Öffentlichkeit getreten ist.[779]

Auf der anderen Seite können sich solche Mitarbeiter gegen die Veröffentlichung von Angaben zur Wehr setzen, deren Bekanntgabe zu einer konkreten erheblichen Gefährdung für Leib und Leben führen kann.

Das OLG München[780] hat beispielsweise einer Zeitschrift verboten, Angaben über die Wohnsitze oder Fotos der Wohnstätten eines bekannten Agenten des Verfassungsschutzes zu veröffentlichen, der im Zusammenhang mit der Terrorismusbekämpfung eingesetzt war.
Gegen das in demselben Urteil enthaltene Verbot, darüber zu berichten, dass und in welcher Hinsicht dieser Agent „an der Enttarnung, Aufspürung und Festnahme von Terroristen und sonstigen Personen, die Gewalt gegen Personen verübt haben, beteiligt war", sind indessen unter dem Gesichtspunkt des Eingriffs in die Pressefreiheit erhebliche verfassungsrechtliche Bedenken anzumelden.

4.2.2.5   Öffentlichkeitssphäre

Der *Öffentlichkeitssphäre* schließlich sind jene Lebensäußerungen zuzuordnen, mit denen sich jemand bewusst an die Öffentlichkeit wendet. Wer eine öffentliche Rede hält, sich an einer Demonstration beteiligt, einen Leserbrief an eine Zeitung schickt, bewegt sich in der Öffentlichkeitssphäre und kann deshalb das allgemeine Persönlichkeitsrecht zum Schutz gegen wahrheitsgemäße Berichterstattung gewöhnlich nicht in Anspruch nehmen.

[774] BGH AfP 1995, S. 404 ff. (407 f.) – Dubioses Geschäftsgebaren; BGHZ 138, S. 311 ff. (320) m.w.N.
[775] BGH AfP 2007, S. 44 ff. (45).
[776] BGH AfP 2007, S. 44 ff.
[777] Vgl. dazu unten 5.2.
[778] OLG Celle AfP 1989, S. 575 f.
[779] Kammergericht Berlin AfP 2007, S. 243 ff.
[780] LG München ZUM 1990, S. 145 ff.

Ein Schauspieler kann sich im Allgemeinen nicht gegen die wahrheitsgemäße Erwähnung des Umstands zur Wehr setzen, dass er früher als „Sexstar" in Sexfilmen mitgewirkt hat.[781] Andererseits will das Landgericht Berlin einem Darsteller, der vor 20 Jahren in Pornofilmen mitgewirkt und seine Haltung zu solchen Filmen inzwischen grundlegend geändert hat, das Recht zugestehen, nach einer ausführlichen öffentlichen Erörterung seiner Vergangenheit künftig damit in Ruhe gelassen zu werden. Eine erneute Erwähnung dieses Umstandes soll danach nur bei einem besonderen Berichterstattungsanlass zulässig sein.[782]

Demgegenüber kann jedoch eine Berichterstattung, die darauf abzielt, einen politischen Gegner anzuprangern, und geeignet ist, eine konkrete Gefahr für dessen Leib oder Leben auszulösen, Abwehransprüche auslösen.

So hat z.B. das Thüringer Oberlandesgericht einer rechtsextremen Vereinigung untersagt, auf ihrer Internetseite einen ihrer politischen Gegner namentlich, mit Bild und zahlreichen Äußerungen vorzustellen, die dieser auf öffentlichen Veranstaltungen gemacht hatte und die seine Einstellung zur „Szene" beschreiben.[783]

4.3 Regeln für Interviews, Leserbriefe und Zitate

Aus den in den beiden vorangegangenen Abschnitten beschriebenen Grundsätzen lassen sich eine Reihe von Regeln für den journalistischen Umgang mit Interviews, Leserbriefen und Zitaten ableiten.

4.3.1 Interviews

(1) Die Veröffentlichung eines Interviews bedarf der *Zustimmung* aller Gesprächspartner. Denn auf Grund des allgemeinen Persönlichkeitsrechts kann grundsätzlich jede Person selbst entscheiden, mit welchen mündlichen oder schriftlichen Äußerungen sie an die Öffentlichkeit treten will.
(2) Die Einwilligung bedarf *keiner Form*. Sie kann dementsprechend schriftlich oder mündlich gegeben werden, aber auch durch „konkludentes Tun" erfolgen.

Wer einem Fernsehjournalisten vor laufender Kamera ein Interview gibt, weiß oder muss zumindest wissen, dass dieses zum Zwecke der Veröffentlichung aufgenommen wird. Durch sein Verhalten stimmt er konkludent der beabsichtigten Veröffentlichung der Aufzeichnung von Bild und Ton zu.

(3) Die Rechte und Pflichten der Gesprächspartner können *vertraglich* geregelt werden. Soweit *Vereinbarungen* über die Modalitäten der Herstellung, Aufzeichnung, Bearbeitung und/oder Verwertung (Sendung) des Interviews zwischen den Beteiligten getroffen worden sind, sind diese verbindlich.

Der Gesprächspartner kann seine Bereitschaft zum Interview davon abhängig machen, dass ihm das sendefertige bzw. druckfertige Produkt vor dessen Veröffentlichung zur Genehmigung vorgelegt und nur mit seiner ausdrücklichen Genehmigung veröffentlicht wird. Lässt sich der Journalist auf ein solches Angebot ein, darf das Interview nur in der genehmigten Form veröffentlicht werden.

Auch an *mündliche* Absprachen haben die Beteiligten sich zu halten. Aus Gründen der späteren *Beweisbarkeit* empfiehlt es sich jedoch, solche Absprachen entweder schriftlich vorzunehmen oder die mündliche Vereinbarung auf Tonband festzuhalten. Die Aufzeichnung auf Tonband

---

[781] Eines Rückgriffs auf die Frage, ob die Allgemeinheit ein Interesse an einer solchen Berichterstattung hat, ob sie also einem öffentlichen Informationsinteresse dient, bedarf es deshalb in diesem Zusammenhang nicht; missverständlich insoweit die Entscheidung des OLG München, AfP 1990, S. 214 f. , in der der unrichtige Eindruck erweckt wird, an der Verbreitung von „Klatsch" könne „bei einschlägigen Zeitschriften und ihrer Leserschaft ein durchaus gewichtiges öffentliches Informationsinteresse" bestehen.
[782] LG Berlin NJW 1997, S. 1155 f.
[783] Thüringer OLG AfP 2001, S. 78 f.

bedarf der Zustimmung des Vertragspartners; die Zustimmung zur Aufzeichnung sollte ebenfalls mit aufgezeichnet werden.

(4) Soweit keine ausdrücklichen vertraglichen Vereinbarungen getroffen sind, sind Inhalt und Umfang der Einwilligung durch Auslegung zu ermitteln. Dabei kommt der *Verkehrssitte*, d. h. dem in der Branche Üblichen, in der Regel entscheidende Bedeutung zu. Daraus folgt:

- Die unveränderte Veröffentlichung (Sendung) eines Fernseh- oder Hörfunkinterviews bedarf keiner gesonderten nachträglichen Genehmigung durch die Gesprächspartner.
- Dasselbe gilt, wenn unveränderte Auszüge aus dem Interview gesendet werden, solange nicht einzelne Aussagen aus dem Kontext gerissen werden, in dem sie gemacht worden sind.
- Wer ein Gespräch mit einem Pressejournalisten führt, muss nicht damit rechnen, dass der Gesprächswortlaut als Interview veröffentlicht wird, wenn der Journalist diese Absicht nicht explizit deutlich gemacht hat. Kennt der Gesprächspartner jedoch diese Absicht, kann er sich gegen die Veröffentlichung einer sachgerechten schriftlichen Fassung des Gesprächs nicht zur Wehr setzen, soweit er das Gespräch nicht schon unter Vorbehalt geführt hat. Sachgerecht ist eine schriftliche Fassung, die sich von der wörtlichen Wiedergabe lediglich durch stilistische Glättungen (Satzbau, Streichung von Füllseln und Wiederholungen) unterscheidet und keine sinnentstellenden Kürzungen enthält.
- Redaktionelle Bearbeitungen, durch die der Wortlaut des Interviews im Übrigen verändert wird, bedürfen der Zustimmung des oder der Interviewten.

(5) Der Interviewte kann seine einmal *erteilte* Einwilligung nicht nach Belieben widerrufen. Der Interviewte kann seine Einwilligung wirksam anfechten, wenn er sie nur infolge einer arglistigen Täuschung oder aufgrund einer Drohung erteilt hat. Im übrigen kommt ein Widerruf nur dann in Betracht, wenn er sich den Widerruf ausdrücklich vorbehalten hat oder sich seit der Erteilung der Einwilligung die Umstände so verändert haben, dass die Ausstrahlung des Interviews nunmehr zu einer Verletzung des Persönlichkeitsrechts des Betroffenen führen würde.

Ob ein Autorisierungsvorbehalt den Interviewpartner berechtigt, seine Einwilligung ohne weiteres wieder zurückzuziehen, ist fraglich.[784] Das hängt davon ab, ob der Vorbehalt im konkreten Fall lediglich als Sicherung gegen unerwünschte Kürzungen oder Verfälschungen bestimmt war oder dem Interviewpartner die Möglichkeit geben sollte, sich nach dem Interview noch zu überlegen, was von dem Gesagten er publiziert haben will und was nicht. Angesichts des Aufwandes, der mit der Planung und Durchführung eines Interviews für alle Beteiligten gewöhnlich verbunden ist, spricht in der Regel eine Vermutung dafür, dass der Widerruf *nicht* in das Belieben jedes einzelnen Interviewpartners gestellt sein sollte.

(6) Die Veröffentlichung *erfundener* Interviews verletzt das allgemeine Persönlichkeitsrecht. Das gilt zum einen für die Verbreitung von Aussagen, die der Interviewte gar nicht getan hat. Es gilt zum anderen aber auch für die Fälle, in denen der Journalist Äußerungen, die der Betroffene in Gesprächen, Reden oder bei anderen Gelegenheiten gemacht hat, in Form eines Interviews zusammenstellt, ohne den fiktiven Charakter dieses Interviews deutlich zu kennzeichnen.

4.3.2 Leserbriefe

Für die *Veröffentlichung von Leserbriefen* ergeben sich aus dem allgemeinen Persönlichkeitsrecht die folgenden Regeln:
(1) Mit der Einsendung des Leserbriefs stimmt der Verfasser grundsätzlich dessen vollständiger und unveränderter Veröffentlichung unter Nennung seines Namens zu (konkludente Einwilligung).

---

[784] Dafür Soehring, Rdz. 7.71.

(2) Häufig enthalten die Leserbriefspalten von Zeitungen und Zeitschriften den Hinweis, dass die Redaktion sich das Recht vorbehält, Leserbriefe in gekürzter Fassung zu veröffentlichen. Hat der Verfasser den Leserbrief in Kenntnis dieses Vorbehalts eingesandt, deckt seine mit der Einsendung konkludent erteilte Einwilligung auch die Veröffentlichung einer gekürzten Fassung ab.[785] Dies gilt jedoch *nicht*, wenn durch die Kürzung der Sinn der Zuschrift entstellt wird oder der Einsender seinem Brief die ausdrückliche Erklärung beigefügt hat, dass er nur mit dem Abdruck des *vollständigen* Textes einverstanden ist. In einem solchen Fall ist die veränderte Fassung dem Einsender vor ihrem Abdruck zur Genehmigung vorzulegen. Kommt es zu keiner Einigung, ist auf den Abdruck zu verzichten.[786]

Ob der Einsender sich den redaktionellen Kürzungsvorbehalt auch entgegenhalten lassen muss, wenn er ihn *nicht* gekannt hat, ist nicht so eindeutig zu beantworten.[787] Zu weit ginge wohl die Annahme eines *generellen* Kürzungsvorbehalts bei allen Medien.[788] Zeitungen und Zeitschriften, die ihre Leserbriefspalte *nicht* mit einem entsprechenden Hinweis versehen haben, sind deshalb verpflichtet, die gekürzte Fassung vor ihrer Veröffentlichung durch den Leserbriefschreiber autorisieren zu lassen. Andererseits darf die Redaktion einer Zeitung oder Zeitschrift, die in ihrer Leserbriefspalte ausdrücklich auf mögliche Kürzungen hingewiesen hat, wohl auch davon ausgehen,[789] dass in der vorbehaltlosen Übersendung eines Leserbriefs zugleich die Zustimmung zur Veröffentlichung einer nicht sinnentstellend gekürzten Fassung liegt.[790] Denn zum einen ist diese Praxis so weit verbreitet, dass der Betroffene zumindest Anlass zur Prüfung der Frage hat, ob sie auch von der Redaktion geübt wird, an die er sich mit seinem Leserbrief wendet. Diese Prüfung ist ihm im Allgemeinen auch zumutbar, da dies mit einem Blick in das Blatt zu klären ist. Zum anderen ist eine solche Praxis angesichts des Zeitdrucks, unter dem vor allem tagesaktuelle Medien produziert werden müssen, sachgerecht. Denn die zeitgerechte Veröffentlichung von Leserbriefen zu aktuellen Themen würde nicht unerheblich erschwert, wenn vor jeder Kürzung recherchiert werden müsste, ob der Einsender den Kürzungsvorbehalt zur Kenntnis genommen hat.

(3) *Inhaltliche* Änderungen hingegen, redaktionelle Überarbeitungen, die über die Korrektur von Rechtschreib- oder Zeichensetzungsfehlern hinausgehen, sind durch den Kürzungsvorbehalt *nicht* gedeckt. Da niemand dulden muss, dass ihm Äußerungen und Formulierungen in den Mund gelegt werden, die er nicht getan hat, bedarf die Veröffentlichung veränderter Leserbriefe immer der vorherigen Autorisierung durch den Betroffenen.[791]

(4) Wenn - wie im Regelfall - der *Name* des Leserbriefverfassers genannt wird, ist darauf zu achten, dass der Name *korrekt* wiedergegeben wird und durch weitere Angaben (Beruf, Anschrift) so weit ergänzt wird, dass *Verwechslungen* mit anderen Trägern desselben Namens ausgeschlossen sind. Ferner ist - durch Rückfrage - sicherzustellen, dass der Leserbrief auch tatsächlich von dem angeblichen Einsender stammt. Falls der Einsender *ausdrücklich* erklärt hat, der Brief solle nur *ohne* Namensangabe veröffentlicht werden, hat die Redaktion sich daran zu halten.

---

[785] Das ergibt sich schon aus dem allgemeinen Rechtsgrundsatz der Unerheblichkeit widersprüchlichen Verhaltens („venire contra factum proprium"), § 242 BGB.

[786] Wie hier Soehring, Rz. 7.63.

[787] Strikt dagegen Langohr, S. 959 ff.

[788] So zu Recht Langohr, S. 960.

[789] Rechtsdogmatisch geht es hier um die Auslegung einer Willenserklärung aus der Sicht des Erklärungsempfängers gem. § 157 BGB. Dabei ist die „Verkehrssitte", d. h. das unter den Beteiligten Übliche, zu berücksichtigen, soweit diese Übung „Treu und Glauben" entspricht, die tatsächliche Übung also nicht als „Unsitte" zu bewerten ist. Ausführliche und anschauliche Erläuterungen zur Interpretation von Willenserklärungen finden sich bei Flume, § 16.

[790] A. A. Langohr, S. 960.

[791] Insoweit ist Langohr, S. 959 ff., voll zuzustimmen.

(5) Der Abdruck eines an die Redaktion gerichteten, aber nicht als Leserbrief zu verstehenden Schreibens (Beschwerde, Geltendmachung einer Forderung, Gegendarstellungsverlangen o. ä.) in der Leserbriefspalte ist unzulässig.

4.3.3 Zitate

Schließlich schützt das allgemeine Persönlichkeitsrecht gegen die Verwendung *unrichtiger Zitate*. Niemand muss sich gefallen lassen, dass ihm Aussagen in den Mund gelegt werden, die er nicht getan hat. Das gilt sowohl für *erfundene Interviews*[792] als auch für die Zuschreibung *sinngemäßer Äußerungen*, die der Betroffene so nicht gemacht hat.[793] Eine unzulässige *Verfälschung* des Persönlichkeitsbildes kann sich auch daraus ergeben, dass

- aus einem Schreiben, einer Rede oder einem Interview lediglich Ausschnitte veröffentlicht werden, die einseitig ausgewählt sind und deshalb die Aussage des Betroffenen nicht richtig wiedergeben,[794] oder
- das Zitat aus dem Zusammenhang, dem es entstammt, herausgenommen und auf einen anderen Sachverhalt angewendet worden ist, ohne dies kenntlich zu machen.[795]

  Im Bundestagswahlkampf 1979 veröffentlichte die Zeitschrift 'Metall' auf der Titelseite ein Zitat von F. J. Strauß aus einer Rede, die dieser etwa 5 Jahre zuvor vor der CSU-Landesgruppe in Sonthofen gehalten hatte: „ 'Und wenn wir hinkommen und räumen so auf, dass bis zum Rest dieses Jahrhunderts von diesen Banditen keiner es mehr wagt, in Deutschland das Maul aufzumachen.' (Der Kanzlerkandidat der Unionsparteien Franz-Josef Strauß)." Strauß verlangte erfolgreich[796] Unterlassung mit der Begründung, die Titelseite erwecke den Eindruck, er habe die zitierte Aussage als Kanzlerkandidat über den politischen Gegner gemacht. In Wahrheit sei seine Aussage aber auf politische Terrorgruppen (RAF) bezogen gewesen.

Bei der Verwendung von Zitaten sind deshalb die folgenden Regeln zu beachten:
(1) Die Kürzung fremder Aussagen, die Beschränkung des Zitats auf *Auszüge*, ist grundsätzlich zulässig. Unzulässig ist hingegen eine *einseitige* Auswahl, die die Aussage des Zitierten verfälscht.

  Hat sich jemand in einer sorgfältig abwägenden Argumentation mit dem Pro und Contra einer Streitfrage auseinandergesetzt, darf das Zitat nicht auf eine Zusammenstellung der Pro- oder Contra-Argumente beschränkt werden.

(2) Will der Journalist eine Aussage des Zitierten *überspitzen* oder auf einen anderen Sachzusammenhang als den, dem das Zitat entstammt, *übertragen*, so darf er dies tun, muss aber in seinem Text deutlich *zum Ausdruck bringen*, dass es sich um *seine*, des Zitierenden, *Interpretation* dessen handelt, was der Zitierte gesagt hat.[797]
(3) Wird eine Äußerung, die in der Originalfassung mehrdeutig ist, in Übersetzung zitiert, darf die Mehrdeutigkeit nicht unterschlagen werden. Es ist deshalb unzulässig, eine der möglichen Übersetzungen so wiederzugeben, als sei es die Originalaussage.[798]

  Grundsätzlich haftet eine Zeitung auch für die Richtigkeit der in Leserbriefen enthaltenen Zitate. Etwas anderes soll nach Ansicht des OLG Celle nur gelten, wenn an der Verbreitung des Leserbriefs ein öffentliches Informationsinteresse besteht und die Zeitung sich von dem Zitat distanziert.[799]

---

[792] BVerfGE 34, S. 269 ff.
[793] OLG Hamburg NJW 1987, S. 1416 f.; BVerfG NJW 1989, S. 1789 f.; Kammergericht Berlin AfP 2007, S. 369 ff.
[794] BGH NJW 1960, S. 476 ff. - Alte Herren; ebenso BVerfGE 12, S. 113 ff. (S. 130 f.) - Schmid-Spiegel.
[795] BVerfGE 54, S. 208 ff. - Böll-Walden.
[796] OLG München AfP 1981, S. 297 ff.
[797] So ausdrücklich die Hinweise des BVerfG; in BVerfGE Bd. 54, S. 208 ff. ebenso wie in NJW 1989, S. 1789 f.
[798] BGH AfP 1998, S. 218 ff.
[799] OLG Celle AfP 2002, S. 506 ff.

Für *Karikatur und Satire* gelten im Persönlichkeitsschutz dieselben Grundsätze wie im Ehrenschutz.[800]

Selbstkontrollfrage 4 / 6:

Die Tageszeitung *junge welt* veröffentlichte in ihrer Ausgabe von 1. 9. 1997 aus Anlass des Unfalltodes von Prinzessin Diana auf Seite 1 in einem Kasten mit der Überschrift „Stimmen zum Tode von Prinzessin Diana" folgenden Text: „Es ist der Meutenjournalismus von Blättern wie Bunte, Praline und ND, der Lady Di auf dem Gewissen hat. Nein, das war nicht die feine englische Art. Wir sind alle schuldig. Reiner Oschmann, Chefredakteur ND"
Das Zitat ist frei erfunden. Kann Reiner Oschmann, der Chefredakteur der Tageszeitung *Neues Deutschland,* Unterlassung verlangen?

4.4 Die Veröffentlichung von „Stasi"- Informationen

Die Voraussetzungen, unter denen Presse, Rundfunk und Film personenbezogene Informationen aus den Unterlagen des Staatssicherheitsdienstes der ehemaligen Deutschen Demokratischen Republik veröffentlichen dürfen, sind im Stasi-Unterlagen-Gesetz (StUG) geregelt. Ohne Einwilligung der Betroffenen ist nur die Veröffentlichung von Informationen über *Personen der Zeitgeschichte*, *Mitarbeiter* oder *Begünstigte* des Staatssicherheitsdienstes zulässig (§ 34 Abs. 1 i. V. m. § 32 Abs. 3 StUG).

Begünstigte sind Personen, denen der Staatssicherheitsdienst wesentliche berufliche oder sonstige wirtschaftliche Vorteile verschafft hat, die auf seine Veranlassung bei der Strafverfolgung geschont worden sind oder mit seinem Wissen Straftaten begangen oder vorbereitet haben (§ 6 Abs. 6 StUG).

Mitarbeiter des Staatssicherheitsdienstes im Sinne des StUG sind sowohl seine hauptamtlichen Mitarbeiter als auch „inoffizielle" Mitarbeiter, d. h. Personen, die sich zur Lieferung von Informationen an ihn bereiterklärt haben (§ 6 Abs. 4 StUG). Soweit ein Mitarbeiter seine Tätigkeit vor der Vollendung seines 18. Lebensjahres ausgeübt hat, darf sie nur mit seiner Einwilligung veröffentlicht werden (§ 32 Abs. 3 Nr. 2 StUG).

Informationen über *Personen der Zeitgeschichte*[801], Inhaber politischer Funktionen oder Amtsträger dürfen ohne ihre Einwilligung veröffentlicht werden, soweit sie ihre zeitgeschichtliche Rolle, Funktions- oder Amtsführung betreffen (§ 32 Abs. 3 Satz 1 Nr. 3 StUG).

Durch die Veröffentlichung dürfen „keine überwiegenden schutzwürdigen Interessen der genannten Personen beeinträchtigt werden" (§ 32 Abs. 3 Satz 2 StUG). Bei der Abwägung ist insbesondere zu berücksichtigen, ob die Informationserhebung erkennbar auf einer Menschenrechtsverletzung beruht (§ 32 Abs. 3 Satz 3 StUG).

Dasselbe gilt für die Voraussetzungen, unter denen der Bundesbeauftragte Medienvertretern Stasi-Unterlagen zur Verfügung stellen darf (§ 32 Abs. 1 StUG).

Nach Ansicht des BVerwG ist die Herausgabe von personenbezogenen Informationen über Personen des öffentlichen Lebens an die Medien „grundsätzlich unzumutbar".[802] Das soll sowohl für Informationen gelten, die durch Verletzung der räumlichen Privatsphäre oder des Rechts am gesprochenen Wort gewonnen worden sind, als auch für „Informationen, die im weitesten Sinne auf Spionage beruhen, sowie Berichte und Stellungnahmen des Staatssicherheitsdienstes, die derartige Informationen zur möglichen Grundlagen haben." Herausgabefähig blei-

---

[800] Vgl. dazu oben unter 3.5.
[801] Dazu gehören auch Informationen über Inhaber politischer Funktionen und Amtsträger, soweit sie die Ausführung ihres Amtes betreffen (§ 32 Abs. 3 Nr. 2 StUG).
[802] BVerwG NJW 2004, S. 2462 ff.

ben damit lediglich Akten „mit Informationen aus allgemein zugänglichen Quellen, aus öffentlichen Reden oder aus Äußerungen gegenüber Dritten, die darüber ihrerseits berichtet haben."

Mit dieser Entscheidung verhindert das BVerwG, dass die Stasi-Akten zur Aufklärung von Missständen und Fehlverhalten in der alten Bundesrepublik Deutschland herangezogen werden – und zwar unabhängig vom Grad des öffentlichen Informationsinteresses. Ob der umfassende Schutz, den das Gericht damit dem früheren Bundeskanzlers Kohl gewährt hat, mit dem verfassungsrechtlich gebotenen Schutz der Funktionsfähigkeit der Massenmedien vereinbar ist, ist zweifelhaft.[803]

4.5 Der Persönlichkeitsschutz Verstorbener

Nach Auffassung des Bundesgerichtshofs sind Menschenwürde und freie Entfaltung der Persönlichkeit zu Lebzeiten nur dann zureichend gewährleistet, wenn der Mensch in der Erwartung leben kann, dass sein Lebensbild auch nach seinem Tode wenigstens gegen grobe Entstellungen geschützt ist.[804] Auf Grund dieser Erwägung lassen die Zivilgerichte den Persönlichkeitsschutz - in entsprechend eingeschränktem Umfang - über den Tod hinaus andauern.

> Unmittelbar nach dem Tode von Gustav Gründgens im Jahre 1963 klagte dessen Adoptivsohn gegen die Veröffentlichung des Buches von Klaus Mann „Mephisto - Roman einer Karriere" durch einen westdeutschen Verlag. Der Roman schildert die Karriere eines Schauspielers, der den Namen Hendrik Höfgen trägt und der als ehrgeiziger, talentierter Opportunist aus kleinbürgerlichem Milieu mit perversen sexuellen Neigungen, als zynisch-rücksichtsloser Mitläufer der nationalsozialistischen Machthaber und als „Rückversicherer" dargestellt wird. Zahlreiche Einzelheiten der Beschreibung entsprechen dem äußeren Erscheinungsbild und dem Lebenslauf von Gründgens; hingegen treffen die eben genannten negativen Charakterzüge der Romanfigur auf ihn nicht zu. Das Oberlandesgericht Hamburg wertete das Werk - trotz einer gegenteiligen, distanzierenden Vorbemerkung des Verlegers - als Schlüsselroman und untersagte dessen weiteres Erscheinen. Diese Entscheidung wurde durch den Bundesgerichtshof[805] im Jahre 1968 und durch das Bundesverfassungsgericht[806] im Jahre 1971 bestätigt.

Grundrechtsschutz gewährt das Bundesverfassungsgericht Verstorbenen allerdings nur gegen Angriffe auf ihre Menschenwürde, also gegen „Erniedrigung, Brandmarkung, Verfolgung, Ächtung und dergleichen" sowie dagegen, dass sie „in einer die Menschenwürde verletzenden Weise ausgegrenzt, verächtlich gemacht, verspottet oder sonst wie herabgewürdigt"[807] werden. Nicht in jeder Verfälschung des Persönlichkeitsbildes liegt ein solcher Angriff auf die Menschenwürde.

> So konnte sich die Tochter des ehemaligen Bremer SPD-Bürgermeisters Wilhelm Kaisen nicht dagegen wehren, dass die DVU im Wahlkampf die Behauptung verbreitete, dieser würde heute, wenn er noch lebte, die DVU wählen.[808]

Der ideelle Persönlichkeitsschutz eines Verstorbenen wird im Laufe der Zeit schwächer und endet schließlich - allerdings nicht zu einer bestimmten, gesetzlich fixierten, Frist[809], wie beispielsweise das Urheberrecht[810] oder das Recht am eigenen Bild.[811] Vielmehr ist bei der Güterabwägung zwischen Persönlichkeitsschutz einerseits sowie Meinungsäußerungs-, Medien- und Kunstfreiheit andererseits zu beachten, dass „in dem Maße, in dem die Erinnerung an den Verstorbenen verblasst", „im Laufe der Zeit das Interesse an der Nichtverfälschung des Lebensbil-

---

[803] Zur Kritik des Urteils vgl. Arndt, NJW 2004, S. 3157ff..
[804] BGHZ 50, S. 133 ff. - „Mephisto".
[805] BGHZ 50, S. 133 ff.
[806] BVerfGE 30, S. 173 ff.
[807] BVerfGE 1, S. 104
[808] BVerfG AfP 2001, S. 295 ff.
[809] Das LG Hamburg hält eine Schutzdauer von 30 Jahren post mortem für angemessen, AfP 1993, S. 595 f.
[810] Vgl. unten Abschnitt 8.1.
[811] Vgl. dazu unten Abschnitt 6.1.2.

des abnimmt, während umgekehrt das Gegeninteresse daran wächst, nicht wegen eines Fehlers in der Darstellung historischer Vorgänge Rechtsansprüchen ausgesetzt zu werden."[812]

So wurde der „Mephisto"-Roman im Jahre 1981 unbeanstandet veröffentlicht und verfilmt.

Der Schutz der vermögenswerten Bestandteile des Persönlichkeitsrechts endet hingegen, wie das Recht am eigenen Bild, mit Ablauf von 10 Jahren nach dem Tode des Betroffenen.[813]

Selbstkontrollfrage 4 / 7:

In einem Interview des *stern* bezeichnet Ralph Giordano F. J. Strauß u. a. als Personifizierung jenes Typs eines „Zwangsdemokraten", der sich nur unter Zwang oder aus opportunistischen Gründen zur Demokratie bekehren lässt und diese Staatsform allenfalls formal handhabt. Weiter erklärt Giordano: „Richtig ist, dass Strauß sein Ziel nicht erreicht hat. Die zweite deutsche Demokratie hat ihn domestiziert. Aber das ändert nichts daran, dass dieser Typus - ich will das einmal entpersönlichen, weil sich das keineswegs nur auf Franz Josef Strauß bezieht -, dass dieser Typus in der Bundesrepublik sehr lebendig ist. Sicher, seine Bäume sind nicht in den Himmel gewachsen, die verbliebene Sehnsucht nach dem starken Mann, sozusagen der bundesdeutsche Verschnitt des nationalsozialistischen Führerkults, hat sich nicht erfüllt; dennoch halte ich den Typus des Zwangsdemokraten für sehr gefährlich. . . . " Kann der Sohn des verstorbenen bayerischen Ministerpräsidenten von Giordano verlangen, diese Äußerungen künftig zu unterlassen?

4.6 Die Durchsetzung des allgemeinen Persönlichkeitsrechts

4.6.1 Strafverfolgung

Die Verletzung des Kernbereichs der persönlichen Geheimsphäre ist in den §§ 201 ff. StGB mit Strafe bedroht.[814]

Nach § 201 StGB macht sich strafbar, wer das unbefugt aufgenommene oder abgehörte Wort eines anderen im Wortlaut oder seinem wesentlichen Inhalt nach öffentlich mitteilt, wenn diese Mitteilung geeignet ist, berechtigte Interessen eines anderen zu beeinträchtigen; es sei denn, dass die öffentliche Mitteilung zur Wahrnehmung überragender öffentlicher Interessen gemacht wird (§ 201 Abs. 2 Satz 1 Ziff. 2, Satz 2 und 3 StGB.

Gemäß § 201a StGB wird bestraft, wer unbefugt das Bild einer Person veröffentlicht, die sich in einem geschützten Raum befindet, und dadurch deren höchstpersönlichen Lebensbereich („Intimsphäre") verletzt.

Besondere Geheimhaltungspflichten treffen Amtsträger des öffentlichen Dienstes und Mitglieder sowie Mitarbeiter bestimmter Berufe, die im Laufe ihrer Tätigkeit Einblicke in private, betriebliche oder geschäftliche Geheimnisse erhalten.[815] Die Verletzung und Verwertung solcher Geheimnisse ist durch §§ 203, 204 StGB mit Strafe bedroht.

All diese Taten werden nur auf Antrag eines Verletzten verfolgt, §§ 205 StGB. Demgegenüber wird von Amts wegen verfolgt, wer Stasi-Unterlagen mit personenbezogenen Informationen über Betroffene oder Dritte[816] ganz oder in wesentlichen Teilen im Wortlaut öffentlich mitteilt, ohne dass der Betroffene oder Dritte eingewilligt hat (§ 44 StUG).

---

[812] BGHZ 50, S. 136
[813] BGH AfP 2007, S. 42 ff. – kinski-klaus.de.
[814] Zu den Grenzen, die der Persönlichkeitsschutz der Recherche setzt, vgl. schon oben 1.7.2.
[815] Zur Geheimsphäre siehe auch oben S. 117.
[816] Zur Definition dieser Begriffe vgl. § 6 Abs. 3 und 7 StUG sowie oben S. 130.

4.6.2   Zivilrechtliche Ansprüche

Im Übrigen haben diejenigen, deren Persönlichkeitsrechte verletzt sind, die Möglichkeit, zivilrechtliche Ansprüche geltend zu machen. Wie beim Ehrenschutz kommen in erster Linie Unterlassungs-, Berichtigungs- und Schadensersatzansprüche - auch in Form einer Geldentschädigung - in Betracht.[817]

Schadensersatzansprüche löst in erster Linie eine schuldhafte Verletzung der vermögenswerten Bestandteile des Persönlichkeitsrechts aus, also der unbefugte Einsatz für Wirtschaftswerbung.[818] In diesem Fall kann der Betroffene auch den mit dem rechtswidrigen Einsatz seiner Person erzielten Gewinn herausverlangen oder die Zahlung des Betrages, den der Betroffene für die Einräumung einer entsprechenden Erlaubnis voraussichtlich erlangt hätte („Lizenzanalogie").[819] Dieser Anspruch ist vererblich.

Die Verletzung ideeller Bestandteile des Persönlichkeitsrechts wird in der Regel nicht zu einem Vermögensschaden des Betroffenen führen. Um den Persönlichkeitsschutz dennoch wirksam werden zu lassen, gewähren die Gerichte dem Betroffenen in solchen Fällen bei schwerwiegenden Eingriffen, die sich nicht auf andere Weise befriedigend ausgleichen lassen, einen Anspruch auf Zahlung einer Geldentschädigung.[820] Dieser Anspruch ist höchstpersönlicher Natur; er kann nur von dem Verletzten selbst in Anspruch genommen werden und ist nicht vererblich.

Abwehransprüche können nach dem Tode des Verletzten dessen Angehörige sowie derjenige geltend machen, der von dem Verstorbenen eine entsprechende Vollmacht erhalten hat.[821] Der Schadensersatzanspruch steht den Erben zu. Sie dürfen die vermögenswerten Bestandteile des Persönlichkeitsrechts aber nur im Sinne des Verstorbenen wahrnehmen.[822]

---

[817] Weitere Einzelheiten unten in Kapitel 11.
[818] Vgl. dazu oben 4.1.7.
[819] BGH AfP 2000, S. 356 ff. (360) – Marlene Dietrich.
[820] Vgl. BGH AfP 2000, S. 356 ff. (357) – Marlene Dietrich – mit weiteren Nachweisen.
[821] Vgl. dazu OLG München AfP 2001, S. 400 ff. – Lebensgefährte.
[822] BGH AfP 2000, S. 356 ff. (359) – Marlene Dietrich.

Schema zur Prüfung einer Äußerung
unter dem Gesichtspunkt des Persönlichkeitsschutzes

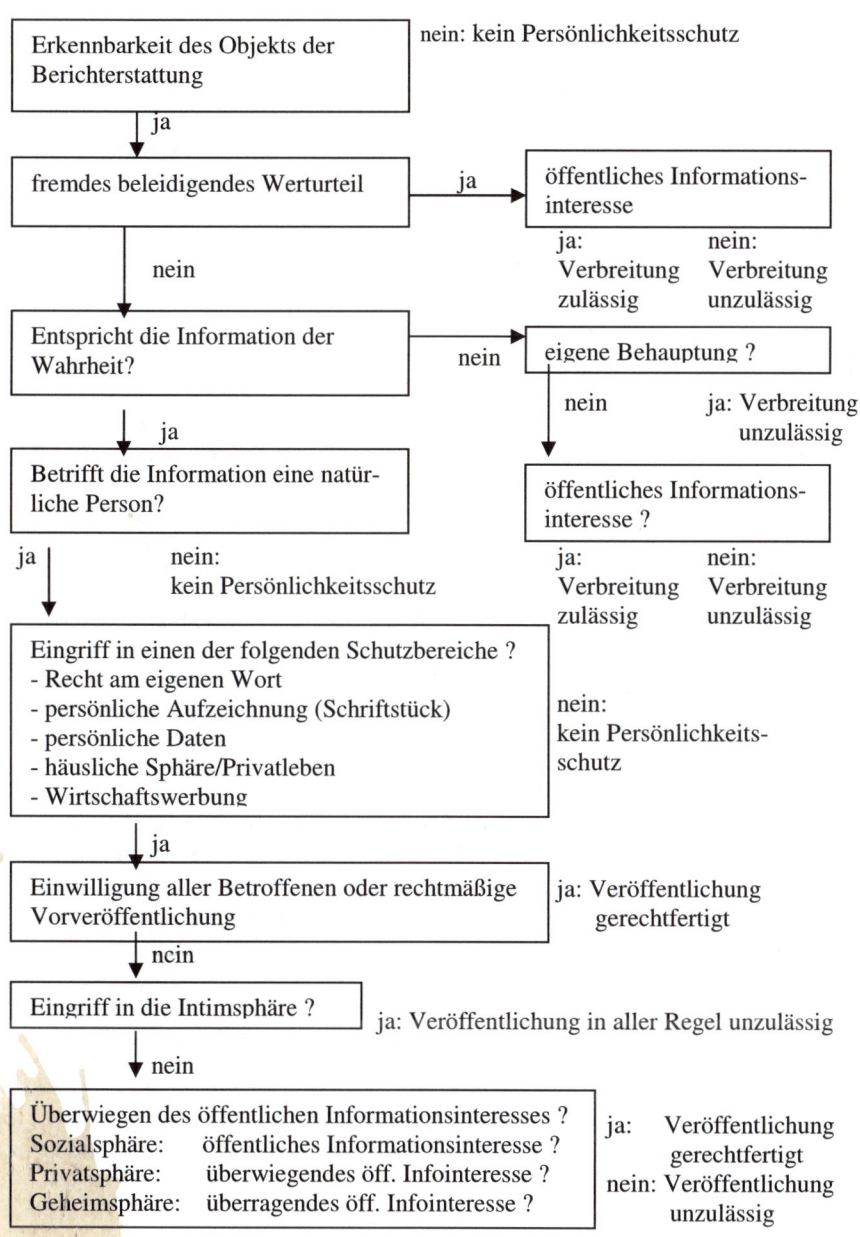

5 Der Schutz des Unternehmens

Neben dem Unternehmer, der als natürliche Person denselben Persönlichkeitsschutz genießt wie Angehörige anderer Berufe, kann sich auch das Unternehmen selbst zur Wehr setzen[823] gegen

- die unbefugte Benutzung seines Namens, seiner Embleme und Produktbezeichnungen,
- die Veröffentlichung seiner Betriebs- und Geschäftsgeheimnisse sowie sonstiger firmeninterner Angelegenheiten,
- Ehrverletzungen,
- (sonstige) geschäftsschädigende Äußerungen - auch in Form von Testberichten - und
- Boykottaufrufe.

5.1 Namens-, Titel- und Markenschutz

Name, Firma, Embleme und Produktbezeichnungen dienen der *Kennzeichnung* des Unternehmens und seiner Produkte. Sie dürfen von anderen nicht in der Weise benutzt werden, dass der Eindruck entsteht, das Produkt stamme von ihnen oder einem Dritten.[824]

> Unter dem Titel einer Tageszeitung verteilte die in deren Betrieb vertretene Gewerkschaft eine Druckschrift, die sich mit den Beziehungen zwischen den Mitarbeitern der Zeitung und deren Verlag beschäftigte. Die Verbreitung dieser Druckschrift untersagte das OLG Düsseldorf wegen der darin liegenden Verletzung des Namensrechts des Verlages.[825]

Der Name, unter dem ein Künstler regelmäßig auftritt (Künstlername), ist ebenfalls geschützt.[826] Besteht er aus einem Vornamen und einem Familiennamen, ist in der Regel auch nur die Kombination aus beiden Namensbestandteilen geschützt.

> So kann sich der Sänger Ivan Rebroff nach einer Entscheidung des Oberlandesgerichts Stuttgart nicht dagegen zur Wehr setzen, dass ein Spirituosenhersteller die Marke „Rebroff" für einen Wodka verwendet.[827]

Die Verwendung eines Namens*bestandteils* ist jedoch unzulässig, wenn schon sie auf den Künstler hinweist und geeignet ist, Verwechslungen mit ihm hervorzurufen.[828]

Die Verwendung eines fremden Namens als „Second-Level-Domain" einer Internet-Adresse ist in der Regel eine unzulässige namensmäßige Benutzung.[829] Dasselbe gilt bei der Verwendung einer offensichtlichen Abkürzung.[830] Nach Auffassung des OLG Karlsruhe soll

---

[823] Die dogmatische Begründung unternehmerischer Abwehransprüche im Einzelnen ist schwierig und zum Teil auch noch nicht befriedigend geklärt. Neben die spezialgesetzlichen Regelungen, auf die im folgenden jeweils zu verweisen sein wird, treten das von der Rechtsprechung entwickelte „Recht am Unternehmen"(= Recht am eingerichteten und ausgeübten Gewerbebetrieb) und - in eingeschränktem Umfang - das allgemeine Persönlichkeitsrecht. Eine umfassende Darstellung der Anwendung des allgemeinen Persönlichkeitsrechts auf Unternehmen aus verfassungsrechtlicher Sicht bietet Wolfgang Kau a. a. O; eine gründliche Stellungnahme aus zivilrechtlicher Sicht - mit der Postulierung eines „allgemeinen Verbandspersönlichkeitsrechts" - findet sich bei Klippel, S. 625 ff.

[824] Die einschlägigen Vorschriften befinden sich in verschiedenen Gesetzen: § 12 BGB schützt den Namen, §§ 30, 37 HGB die Firma. Das Zeichen- und Titelrecht richtet sich nach § 5 des Markengesetzes.

[825] OLG Düsseldorf AfP 1984, S. 106 f.

[826] BGHZ Bd. 30, S. 7 (8 f.).

[827] OLG Stuttgart AfP 2002, S. 228 f.

[828] Vgl. dazu z.B. BGH NJW 1983, S. 1184 – „Uwe"; OLG München GRUR 1960, S. 394 – „Romy".

[829] Vgl. z. B. Kammergericht NJW 1997, S. 3321, LandG Braunschweig NJW 1997, S. 2687 f. (Braunschweig. de), LG Ansbach NJW 1997, S. 2688 (anstach. de).

[830] OLG Hamburg AfP 2000, S. 93 (manager-maga für manager-magazin)

dies unabhängig von der verwendeten Top-Level-Domain gelten. Es hat die Benutzung der Adresse „badwildbad.com" als Verletzung des Namensrechts der Gemeinde Bad Wildbad bewertet.[831] Als unzulässige Benutzung hat das Landgericht Mannheim auch den Eintrag eines fremden Markennamens in den Header, den Meta-Tag, einer Website angesehen, obwohl die Marke für die Nutzer nicht sichtbar wurde. Denn dadurch, dass die Nutzer bei der Eingabe des Markennamens in Suchmaschinen auf diese Website verwiesen würden, werde der unzutreffende Eindruck erweckt, sie stehe mit dem Inhaber der Marke in irgendeiner Verbindung.[832]

Bekannte Marken, Unternehmenskennzeichen und Werktitel, insbesondere solche von Zeitungen und Zeitschriften, dürfen darüber hinaus nicht in einer Weise benutzt werden, die ihre Unterscheidungskraft oder ihre Wertschätzung in unlauterer Weise ausnutzt[833] oder beeinträchtigt („Verwässerungsgefahr").[834] Ihre Verwendung im Rahmen redaktioneller Berichterstattung ist jedoch im Allgemeinen durch Art. 5 GG gerechtfertigt, also nicht „unlauter" im Sinne des Gesetzes.[835] Gegenüber einer solchen Verwendung kann der Markeninhaber sich grundsätzlich nicht auf den Schutz seiner Marke berufen.[836] Das Druckwerk darf jedoch nicht so gestaltet sein, dass es den Eindruck erweckt, von dem Inhaber der verwendeten Marke zu stammen oder in dessen Auftrag oder mit seinem Einverständnis publiziert worden zu sein.

> Ein solcher Eindruck kann z.B. dadurch entstehen, dass auf dem Umschlag eines Buches die geschützten Marken, Namen, Farben und sonstigen Symbole eines Vereins gehäuft verwendet und blickfangmäßig herausgestellt werden.[837]

Soll ein als Marke geschützter Begriff, der auch einen Wissenschaftsbereich kennzeichnet, als Bestandteil eines Buchtitels verwendet werden, muss diese Verwendung nach Ansicht des Landgerichts Hamburg[838] eindeutig erkennen lassen, dass es um den Wissenschaftsbereich geht, und der Eindruck vermieden werden, es gebe einen Zusammenhang mit dem Unternehmen, das Inhaberin der Marke ist.

Die Verwendung der Marke wird nicht dadurch rechtswidrig, dass das Druckwerk sich kritisch, aggressiv und polemisch mit dem Markeninhaber auseinandersetzt.[839] Auch die Wiedergabe einer entstellten Fassung kann durch das Grundrecht der Meinungsäußerungsfreiheit gedeckt sein.[840]

> Beispiele:
> „Bild Dir keine Meinung" aus „Bild Dir Deine Meinung"[841]
> „fick for fun" aus „fit for fun".[842]

Schließlich kann die humorvoll-satirische Anspielung auf eine Marke auch durch die Freiheit der Kunst gerechtfertigt sein.[843]

Das Namensrecht einer natürlichen Person endet mit dessen Tod.[844] Die postmortale Benutzung kann aber in das allgemeine Persönlichkeitsrecht des Verstorbenen eingreifen.[845]

---

[831] OLG Karlsruhe AfP 1999, S. 378 f. ; ebenso OLG Düsseldorf, GRUR 2007, S. 259 ff., für „solingen.info".
[832] Vgl. dazu Koch, S. 47.
[833] Vgl. OLG Hamburg AfP 2000, S. 219 ff. (derrick.de) und S. 238 ff.
[834] Vgl. §§ 14 Abs. 2 Nr. 3, 15 Abs. 3 i. V. m. §§ 3 und 5 MarkenG.
[835] Dasselbe gilt für die Wiedergabe von Vereinsemblemen auf Gemälden, vgl. LG Düsseldorf GRUR 2007, S. 201 ff.
[836] Vgl. OLG Frankfurt/M. AfP 2000, S. 189 ff.
[837] OLG Hamburg AfP 2000, S. 382 ff.
[838] LG Hamburg AfP 2004, S. 67 ff.
[839] OLG Köln AfP 2000, S. 581.
[840] Kammergericht AfP 1997, S. 921 ff.
[841] OLG Hamburg ZUM-RD 1999, S. 90 f.
[842] OLG Hamburg AfP 1999, S. 287 f.
[843] BGH NJW 2005, S. 2856 ff. – Milka-Karte, gegen OLG Hamm AfP 2002, S. 442 ff.
[844] BGH AfP 2007, S. 42 ff. - kinski-klaus.de
[845] BGHZ 143, S. 214 ff. = AfP 2000, S. 356 ff. – Marlene Dietrich.

5.2 Schutz gegen die Veröffentlichung von Firmeninterna

Eine Privat- oder Intimsphäre, wie sie der Persönlichkeit zu ihrer freien Selbstbestimmung zustehen muss, kann einem *Wirtschaftsunternehmen* nicht gewährt werden. Doch gehört ein Mindestbestand an Vertraulichkeitsschutz zu den Grundlagen auch jeder unternehmerischen Betätigung. Deshalb steht Wirtschaftsunternehmen analog zum allgemeinen Persönlichkeitsrecht das Recht zu, die innerbetriebliche Sphäre vor der Öffentlichkeit geheim zu halten, soweit dies zur Sicherung der Funktionsfähigkeit des Unternehmens erforderlich ist und nicht überwiegende Interessen der Allgemeinheit eine Information der Öffentlichkeit über solche Interna geboten erscheinen lassen.[846]

Betriebs- und Geschäftsgeheimnisse sind Tatsachen, die im Zusammenhang mit einem Geschäftsbetrieb stehen, nur einem beschränkten Personenkreis bekannt sind und an deren Geheimhaltung der Unternehmer ein wirtschaftliches Interesse hat.[847] Die Preisgabe solcher Geheimnisse unter Bruch einer Verschwiegenheitspflicht ist strafbar. Zur Verschwiegenheit verpflichtet sind zum einen die Angehörigen bestimmter Berufsgruppen und deren Mitarbeiter (§ 203 StGB):

- Ärzte, Apotheker, Krankenschwestern und andere Heilberufe;
- Rechtsanwälte, Notare, Wirtschaftsprüfer, Steuerberater u. ä. ;
- Psychologen, Sozialpädagogen, Sozialarbeiter,
- Ehe-, Erziehungs-, Jugend-, Suchtberater u. ä. ;
- Mitarbeiter einer privaten Kranken-, Unfall- oder Lebensversicherung oder einer privatärztlichen Verrechnungsstelle sowie
- Amtsträger, Mitglieder staatlicher Organe und öffentlich bestellte Sachverständige.

Einer besonderen Geheimhaltungspflicht unterliegen auch die mit der Abschlussprüfung einer Kapitalgesellschaft betrauten Personen und deren Mitarbeiter (§ 333 HGB) sowie die Vorstands- und Aufsichtsratsmitglieder einer Aktiengesellschaft (§ 404 AktG).

Strafbar macht sich ferner jeder Mitarbeiter eines Betriebes, der während der Geltungsdauer seines Dienstverhältnisses ein Betriebs- oder Geschäftsgeheimnis, das ihm durch das Dienstverhältnis bekannt geworden ist, einem anderen zu Wettbewerbszwecken, aus Eigennutz, zugunsten eines Dritten oder in der Absicht mitteilt, dem Geschäftsinhaber Schaden zuzufügen (§ 17 Abs. 1 UWG). Dasselbe gilt für jeden, der sich aus einem dieser Gründe ein solches Geheimnis unbefugt durch Anwendung technischer Mittel, durch Kopieren oder Diebstahl geeigneter Unterlagen verschafft oder ein so erlangtes Geheimnis verwertet oder weitergibt (§ 17 Abs. 2 UWG).

Neben diesem strafrechtlichen Schutz genießt ein Unternehmen auch zivilrechtlichen Schutz gegen die Offenbarung von Betriebs- oder Geschäftsgeheimnissen. Das in der Rechtsprechung seit langem anerkannte „Recht am eingerichteten und ausgeübten Gewerbebetrieb"[848], im folgenden auch „Recht am Unternehmen" genannt, umfasst u. a. den Anspruch darauf, dass unbefugte Eingriffe in betriebliche und geschäftliche Geheimbereiche ebenso unterbleiben wie die Preisgabe sonstiger Betriebs- oder Geschäftsinterna.[849]

Die Massenmedien dürfen interne Betriebs- oder Unternehmensvorgänge jedoch veröffentlichen, wenn und soweit daran ein allgemeines („öffentliches") Informationsinteresse besteht. Im Einzelfall sind auch hier wiederum die Interessen der Allgemeinheit, über Angelegenheiten von allgemeiner Bedeutung informiert zu werden, gegen die wirtschaftlichen Interessen des betroffenen Unternehmens abzuwägen. Dabei kommt dem Informationsinteresse der Öffentlichkeit ein

---

[846] BGH AfP 1981, S. 270 ff. – Wallraff.

[847] So Lenckner in Schönke-Schröder, StGB, Rz. 5 - 11 zu § 203 StGB. Zur Abgrenzung vgl. auch Kiethe/Hohmann in NStZ 2006, S. 185 ff.

[848] Dieses Recht wurde bereits um die Jahrhundertwende vom Reichsgericht als absolutes Recht im Sinne des § 823 Abs. 1 BGB anerkannt. Eine kurze Übersicht über die Entwicklung der Rechtsprechung zu Umfang und Reichweite dieses Rechts gibt Burkhardt in Wenzel, Rz. 5.128 ff.

[849] BGH NJW 1981, S. 1089 f. , 1091 „Der Aufmacher".

hoher Stellenwert zu: „Wenn es darum geht, dass sich in einer für das Gemeinwohl wichtigen Frage eine öffentliche Meinung bildet, müssen private und namentlich wirtschaftliche Interessen einzelner grundsätzlich zurücktreten."[850] „Ein Kaufmann, der Geschäfte betreibt, die der Allgemeinheit nicht gleichgültig sind und die zu kritischer Beurteilung Anlass geben, kann gegenüber der Presse keinen umfassenden Diskretionsschutz beanspruchen."[851]

Selbstkontrollfrage 5 / 1:

Das Filmteam eines Fernsehsenders dreht in einer spanischen Ferienanlage Interviews mit unzufriedenen Gästen. Als der Geschäftsführer der Anlage dies bemerkt, untersagt der Geschäftsführer der Anlage dem Aufnahmeteam die Filmaufnahmen und erteilt ihm Hausverbot. Das Filmteam verlässt daraufhin die Anlage, ohne weitere Aufnahmen anzufertigen. Kann das Reiseunternehmen, dessen Kunden interviewt worden waren, dem Sender die Ausstrahlung der Aufnahmen gerichtlich verbieten lassen?

Der Umstand, dass im Rahmen einer wahrheitsgemäßen Berichterstattung über den Handel mit Kriegswaffen eine Privatbank namentlich genannt wird, die sich an der Finanzierung dieser Geschäfte beteiligt hat, verletzt den Inhaber des Bankhauses weder in seinem Recht am Unternehmen noch in seiner Privatsphäre.[852]

Wahrheitsgemäße Berichte über „gewichtige Missstände",[853] z. B. über tatsächliche oder vermeintliche Gefahren, die für Kunden, Geschäftspartner oder die Umwelt von einem Betrieb oder Unternehmen ausgehen, sind deshalb durch Art. 5 GG auch dann geschützt, wenn sie betriebsinterne Vorgänge offen legen.

Ein Unternehmen, das Geschäfte mit Schleichwerbung betreibt, kann sich gegen die Aufdeckung der dabei angewandten Praktiken nicht erfolgreich auf den Schutz seiner Betriebsinterna berufen.[854]

Für die Verbreitung rechtswidrig erlangter Informationen gelten dieselben Grundsätze wie beim Persönlichkeitsschutz.[855]

5.3 Schutz gegen rufschädigende Äußerungen

Im Kapitel über den Ehrenschutz wurde bereits dargelegt, dass die Ehrenschutzvorschriften nicht nur natürlichen, sondern auch juristischen Personen und allen Personenvereinigungen zugute kommen, die eine gesellschaftlich anerkannte Funktion erfüllen und einen einheitlichen Willen bilden können.[856] Dementsprechend sind nicht nur Äußerungen über den Unternehmer, sondern auch solche über das Unternehmen nach den allgemeinen Regeln des Ehrenschutzes zu behandeln. Das gilt unabhängig davon, in welcher Rechtsform das Unternehmen betrieben wird. Das Ansehen eines Unternehmens kann dadurch unzulässig beeinträchtigt werden, dass eine Firma, eine Marke oder ein Titel in einer fiktiven Darstellung benutzt werden.

So haben die Gerichte der Produzentin des Spielfilms „Schtonk", dessen Handlung an die Beschaffung und Veröffentlichung der gefälschten Hitler-Tagebücher durch den Stern anknüpft, untersagt, in der Filmgeschichte den Titel Express zu benutzen.[857]

Das Unternehmen kann in seinem Ansehen auch dadurch herabgesetzt werden, dass über seine leitenden Mitarbeiter ehrenrührige Aussagen gemacht werden.

---

[850] BVerfGE 7, S. 219 „Lüth"-Urteil v. 15. 1. 1958.
[851] BGH NJW 1962, S. 32 ff. „Waffenhandel".
[852] BGH NJW 1962, S. 32 ff.
[853] BGH NJW 1981, S. 1092.
[854] Vgl. dazu OLG München AfP 2005, S. 371 ff.
[855] Vgl. dazu oben 2.5.
[856] Vgl. oben 3.1.2.
[857] LG Köln AfP 1991, S. 654 ff.; bestätigt durch OLG Köln AfP 1992, S. 371 f.

Beispiel:
In einem Theaterstück wird der Arbeitsalltag bei einem namentlich genannten Unternehmen, einer Aktiengesellschaft, in gesellschaftskritischer Absicht dargestellt. Dabei werden zum einen Vorwürfe gegen das Unternehmen selbst erhoben. So wird ihm u. a. vorgehalten, den Gewerkschaftsfunktionär und Betriebsratsvorsitzenden K. zu bestechen; es verherrliche die Rassendiskriminierung, habe die „Machtergreifung" Hitlers unterstützt und Kriegsgewinne gezogen. Es setze seine Arbeiter unter unangemessen hohen Leistungsdruck und lasse die Lehrlinge in seinen betriebseigenen Berufsschulen absichtlich schlecht benoten, um eine Abwanderung zu fremden Betrieben zu vereiteln. Darüber hinaus wird der verstorbene Firmengründer als profitgieriger Menschenschinder hingestellt, ein Vorstandsmitglied als „alter Fettkopf" und „reaktionärer Ausbeuter" bezeichnet und der Leiter der Arbeitsvorbereitung als Schwein dargestellt, der Frauen wie Freiwild behandele. Da all diese Vorwürfe nicht belegt werden konnten, wurde die Aufführung des Theaterstücks auf die Klage des Unternehmens hin gerichtlich untersagt.[858]

Soweit der Ehrenschutz aus §§ 185 ff. StGB in Verbindung mit § 823 Abs. 2 BGB bei natürlichen Personen durch das allgemeine Persönlichkeitsrecht ergänzt wird,[859] muss dieser Schutz auch Unternehmen zukommen; auch sie können einen „sozialen Geltungsanspruch" geltend machen.[860] Deshalb können sie sich ebenfalls gegen denjenigen zur Wehr setzen, der Beschimpfungen des Unternehmens lediglich weitergibt, ohne sie sich zu Eigen zu machen.[861]

Dasselbe gilt für Verzerrungen des Unternehmensbildes in der Öffentlichkeit, die daraus entstehen, dass dem Unternehmen Äußerungen unterstellt werden, die es, genauer: ein Vertreter des Unternehmens, gar nicht getan hat (Unterstellungen und Verzerrungen). Insoweit sind die Regeln über den Schutz des Persönlichkeitsbildes[862] auf Unternehmen entsprechend anzuwenden.[863]

Auch der Unternehmensschutz ist jedoch abzuwägen gegen die Meinungsäußerungsfreiheit (Art. 5 GG). Insoweit gelten ebenfalls die im dritten Kapitel bereits dargestellten Regeln.

5.4 Schutz gegen geschäftsschädigende Äußerungen

Als Äußerungen, die geeignet sind, die Geschäfte eines Unternehmens zu schädigen, kommen sowohl unzutreffende Tatsachenbehauptungen als auch kritische, herabsetzende Meinungsäußerungen (Werturteile) in Betracht. Für die Abgrenzung von Tatsachenbehauptungen und Meinungsäußerungen gelten in diesem Zusammenhang dieselben Grundsätze wie im Ehrenschutz.[864] Zusätzliche Abgrenzungsschwierigkeiten ergeben sich hier bei der Frage, wie Äußerungen einzuordnen sind, die den Verdacht zum Ausdruck bringen, ein Produkt könne möglicherweise gesundheitsschädlich sein.

So hat das Oberlandesgericht Hamm[865] wissenschaftliche Hypothesen als Meinungsäußerung gewertet, die auf einem neuen Wissenschaftsgebiet („Baubiologie") in einer Auseinandersetzung, die durch gegensätzliche gesellschaftliche Grundhaltungen geprägt ist, einen „gegenwärtig noch nicht beweisbaren Standpunkt" vertreten. Dabei hat allerdings der Umstand eine gewichtige Rolle gespielt, dass diese Hypothesen Teil einer Art Streitgespräch gewesen waren, in dem auch die Gegenseite zu Wort gekommen war.
Andererseits hat das Oberlandesgericht Frankfurt in mehreren Urteilen[866] die Verdachtsäußerung als unzutreffende Tatsachenbehauptung gewertet, ein namentlich genannter Korrekturlack könne mögli-

---

[858] BGH NJW 1975, S. 1882 ff. („Geist von Oberzell").
[859] Vgl. dazu oben 4.1.6.
[860] So auch Klippel, S. 631.
[861] Zu Inhalt und Schranken dieses Rechts vgl. oben 4.1.6.
[862] Vgl. dazu oben 4.1.5.
[863] Ebenso Klippel, S. 632.
[864] Zur Abgrenzung von Tatsachenbehauptungen und Meinungsäußerungen / Werturteilen vgl. oben 2.6.
[865] OLG Hamm AfP 1984, S. 110 ff.
[866] OLG Frankfurt, Urteile vom 13. 9. 1979 - 16 U 69/79 - und vom 6. 11. 1980 - 16 U 75/80.

cherweise gesundheitsschädlich sein, weil er Trichloräthan enthalte, einen Stoff, der chemisch verwandt sei mit solchen Lösungsmitteln, deren Gesundheitsschädlichkeit inzwischen bekannt sei.

5.4.1 Geschäftsschädigende Tatsachenbehauptungen

Wer der Wahrheit zuwider eine Tatsache behauptet oder verbreitet, die geeignet ist, den Kredit eines anderen zu gefährden oder sonstige Nachteile für dessen Erwerb oder Fortkommen herbeizuführen, hat dem anderen den daraus entstehenden Schaden auch dann zu ersetzen, wenn er die Unwahrheit zwar nicht kennt, aber kennen muss (§ 824 Abs. 1 BGB). Außerdem ist zum Schadensersatz verpflichtet, wer eine Tatsache behauptet oder verbreitet, welche geeignet ist, einen anderen verächtlich zu machen oder in der öffentlichen Meinung herabzusetzen - es sei denn, die Behauptung ist erweislich wahr (§ 823 Abs. 2 BGB in Verbindung mit § 186 StGB).[867]

Selbstkontrollfrage 5 / 2:

In einem Beitrag der Sendereihe *Plusminus*, der sich kritisch mit der Wirtschaftsberatungsgesellschaft AWD befasste, hieß es u. a. (Sprecher): „Nicht nur die Mitarbeiter, sondern auch die Kunden, die bei den zahlreichen Angeboten von Banken und Versicherungen AWD-Hilfe in Anspruch nehmen, haben ihre Probleme. 1993 empfahl man beispielsweise Kunden in Berlin ein Darlehen bei der Firma IKV. Diese Herren zahlten ihren Eigenkapitalanteil von jeweils rund 100.000 Mark ein und warteten auf den Kredit. Vergeblich. Denn IKV ging konkurs, das Geld ist verschwunden, und der AWD bestreitet, von diesen Geschäften gewusst zu haben." (Zum Interviewpartner:) „Der AWD hat mir einen Brief zukommen lassen, in dem er schreibt, der AWD ist weder an den von Ihnen zur Diskussion gestellten risikoträchtigen dubiosen Geschäften beteiligt, noch vermittelt er derartige Geschäfte. Aber die Frau Wolf hat sich doch als Beraterin vom AWD Ihnen zu erkennen gegeben?" (Antwort:) „Ja, das ist richtig." (Frage:) „Ist die Frau Wolf denn noch tätig für den AWD?" (Antwort:) „Ja, sie ist noch in vollem Umfang für den AWD tätig."
Kann der AWD verlangen, dem Sender zu verbieten, im Zusammenhang mit der Berichterstattung über ihre Tätigkeit zu behaupten: „1993 empfahl man beispielsweise Kunden in Berlin ein Darlehen der Firma IKV. ", wenn sie glaubhaft macht, dass diese Darlehen nicht zu ihrem Angebot gehören, vielmehr von den Mitarbeitern ihrer Berliner Geschäftsstelle eigenmächtig vermittelt worden sind ?

Während für die Geltendmachung eines Anspruchs nach § 824 BGB einerseits geschäftsschädigende Tatsachenbehauptungen ausreichen, die nicht ehrenrührig zu sein brauchen, muss der Betroffene andererseits beweisen, dass diese unwahr sind. In diesem Fall trägt also der Betroffene die Beweislast. Ist die geschäftsschädigende Tatsachenbehauptung hingegen zugleich ehrenrührig, gelten die bereits oben[868] dargestellten Beweislastregeln. Hier muss also der Journalist den Wahrheitsbeweis antreten, zumindest aber sorgfältige Recherche nachweisen.

Abwehransprüche stehen dem Betroffenen bereits dann zu, wenn durch die Veröffentlichung ein falscher Eindruck erweckt wird.

Beispiel:
Ein Rechtsanwalt versendet im Auftrag seiner Mandantin ein „presserechtliches Informationsschreiben" an zahlreiche Redaktionen, mit dem er verlangt, über die Eröffnung eines Ermittlungsverfahrens gegen seine Mandantin wegen Steuerhinterziehung nicht identifizierend zu berichten. Eine Zeitschrift berichtet dennoch. Im Rahmen dieser Berichterstattung verwendet sie Zitate aus dem Schreiben des Anwalts in einer Weise, die den Eindruck erweckt, er sei von ihr befragt worden und habe ihr bereitwillig Auskunft erteilt. Das Kammergericht Berlin[869] hat dem Unterlassungsanspruch des Anwalts stattgegeben. Die Veröffentlichung greife ungerechtfertigt in die Berufsausübungsfreiheit des Anwalts ein, da sie den Anschein erzeuge, dieser habe entgegen dem Wunsch seiner Mandantin Informationen an die Presse ge-

---

[867] Vgl. dazu oben 3.2.
[868] Vgl. oben 3.2.3.
[869] Kammergericht Berlin AfP 2007, S. 234 ff.

geben. Damit werde das Vertrauensverhältnis zwischen dem Anwalt und seinen Mandanten untergraben und der gute Ruf des Anwalts beeinträchtigt.

Ansprüche aus § 824 BGB setzen - wie solche aus übler Nachrede - ebenfalls voraus, dass der Kläger durch die inkriminierte Aussage *unmittelbar* betroffen ist. Bloße *Reflexwirkungen* für seine Geschäftstätigkeit begründen keine Abwehransprüche.

Aussagen im Rahmen eines *Systemvergleichs*, beispielsweise von herkömmlichen und elektronischen Orgeln und ihrer Eignung für den Kirchengebrauch, begründen weder Abwehransprüche einzelner Hersteller elektronischer Orgeln[870] noch ihres Verbandes. Befasst sich eine Fernsehsendung kritisch mit der Fischwirtschaft und ihren Produkten (Nematoden-Befall), kann der einzelne Fischhändler auch dann keine Ansprüche gegen die Fernsehanstalt geltend machen, wenn er erhebliche Umsatzeinbußen erleidet.[871]
Auch abträgliche Bemerkungen über „die privaten Reinigungsfirmen" einer Stadt, in der etwa 70 solche Firmen wirken, ohne dass einzelne Firmen namentlich genannt werden, begründen keine Ansprüche einzelner Reinigungsfirmen.[872] Anders verhält es sich hingegen, wenn einzelne - namentlich genannte - *Produkte* angegriffen werden. In diesem Fall ist der Hersteller,[873] aber auch der Inhaber eines Alleinvertriebsrechts[874] unmittelbar betroffen.

Selbstkontrollfrage 5 / 3:

In einer Dissertation setzt sich deren Autor kritisch mit modernen Geldspielautomaten auseinander. Der Gesetzgeber habe, um die solchen Glücksspielen inhärenten Gefahren zu verringern, zwar eine Reihe von gesetzlichen Vorschriften erlassen. Diese würden jedoch von der Automatenindustrie teilweise geschickt umgangen. Der Autor beschreibt in diesem Zusammenhang Spielsysteme, bei denen durch die Einführung von Sonderspielen und der Risikotaste innerhalb kurzer Zeit erhebliche Gewinne und Verluste erzielt werden können. Diese Spielsysteme entsprächen zwar den gesetzlichen Vorschriften; durch sie würden jedoch die vorgeschriebene Mindestdauer je Spiel unterlaufen und die Regelung zur Begrenzung von Einsatz- und Gewinnhöhe umgangen. Der Verband der Automatenindustrie und einer der betroffenen Automatenhersteller klagen auf Unterlassung der Äußerung, sie unterliefen oder umgingen gesetzliche Vorschriften. Mit Aussicht auf Erfolg ?

Geschäftsschädigende Äußerungen bergen im Allgemeinen ein sehr hohes finanzielles Risiko. Aus diesem Grunde ist vor deren Verbreitung eine sehr sorgfältige und umfassende Recherche geboten. Zu prüfen ist insbesondere, wie zuverlässig die eigenen Erkenntnisquellen sind.[875] Fehlt es an ausreichender Recherche und stellt sich die geschäftsschädigende Äußerung später als unzutreffend heraus, kann sich der Journalist *nicht* auf die Wahrnehmung berechtigter Interessen berufen.[876] Er ist in diesem Fall vielmehr zum Ersatz des gesamten Schadens verpflichtet, der dem betroffenen Unternehmen durch die Falschmeldung entstanden ist.

Ähnlich wie im Bereich des Ehrenschutzes[877] haftet der Journalist für geschäftsschädigende Äußerungen nicht nur, wenn er sie selbst aufgestellt oder sie sich zu Eigen gemacht hat, sondern auch, wenn er fremde Behauptungen *lediglich verbreitet*. Das gilt auch dann, wenn er ausdrücklich mitteilt, dass die Angaben von dritter Seite stammen - es sei denn, er *distanziert* sich eindeutig von ihrem Inhalt, erklärt sie also selbst für unzutreffend.[878]

Etwas anderes gilt nur dann, wenn eine Zeitung oder Rundfunkanstalt zur Dokumentation des Meinungsstandes in einer Angelegenheit von allgemeiner Bedeutung sachkundige Personen

---

[870] BGH NJW 1963, S. 1871 ff.
[871] AmtsG Köln AfP 1988, S. 390 f.
[872] OLG Köln NJW 1985, S. 1643 ff.
[873] BGH NJW 1966, S. 2010 ff. („Teppichkehrmaschine") in Abwendung von der Rechtsprechung des Reichsgerichts.
[874] BGH AfP 1989, S. 456 ff. („Filmbesprechung").
[875] BGH MDR 1969, S. 651.
[876] BGH NJW 1966, S. 2011.
[877] Vgl. dazu oben 3.2.5.
[878] BGH NJW 1970, S. 189 („Hormocenta").

mit unterschiedlichen Stellungnahmen unmittelbar zu Wort kommen lässt, ohne sich mit deren Äußerungen zu identifizieren.[879]

Gegen die Verbreitung *wahrer* Tatsachenbehauptungen in den Massenmedien kann sich ein Unternehmen *nicht* mit der Begründung wehren, dadurch werde sein guter Ruf gefährdet oder seine Geschäftstätigkeit behindert. Etwas anderes kann nur dann gelten, wenn der Autor oder der Verlag mit dem „Opfer" seiner Berichterstattung in einem Wettbewerbsverhältnis steht.[880]

Befasst sich ein Artikel oder eine Sendung verallgemeinernd mit wirtschaftlichen Missständen (nachlassende Qualität deutscher Waren; Gefahren, die von bestimmten Produktgruppen ausgehen, o. ä.), so ist es zulässig, einzelne Produkte beispielhaft herauszugreifen und beim Namen zu nennen, auf die die Kritik tatsächlich auch zutrifft.[881] In solcher beispielhafter Darstellung liegt keine unzulässige Anprangerung.[882] Demgegenüber dürfen in einem solchen Beitrag keine Produkte gezeigt oder erwähnt werden, auf die die Kritik nicht zutrifft, wenn dadurch der unzutreffende Eindruck erzeugt wird, die allgemein gehaltene Kritik beziehe sich auch auf das beispielhaft dargestellte Produkt.[883]

In einer Reportage über Gefahren, die von der Nitratbelastung des Grundwassers ausgehen können, wurde u. a. auf die Nitratbelastung von Mineralwässern hingewiesen, ohne dass die belasteten Mineralwässer beim Namen genannt wurden. Im unmittelbaren Anschluss an diesen Hinweis wurde die Forderung erhoben, auf den Etiketten von Mineralwasserflaschen künftig auch den Nitratgehalt anzugeben. Während diese Forderung gesprochen wurde, wurde im Bild ein Etikett des Mineralwassers „Urselters" gezeigt, das nicht zu den belasteten Mineralwässern gehört. Die Klage der Firma „Urselters" auf Unterlassung und Feststellung der Schadensersatzpflicht war erfolgreich.[884]

Selbstkontrollfrage 5 / 4:

Dem *Manager-Magazin* wird ein Werbeprospekt für das eigene Blatt beigefügt, in dem ein Artikel aus einer früheren Ausgabe des Blattes teilweise abgelichtet ist. Der abgelichtete Artikel enthält unter der Rubrik „Missmanagement" neben dem Bildnis des Präsidenten einer Gesellschaft die Überschrift „Vier verlustreiche Quartale für den Heimcomputer-Hersteller C" und eine grafische Darstellung der Umsatzrückgänge. Können sich der Präsident und die Gesellschaft gegen die Verteilung der Beilage zur Wehr setzen, wenn die Umsatzrückgänge eingetreten sind, bevor der Präsident zum neuen Chef der Firmengruppe bestellt wurde?

5.4.2 *Geschäftsschädigende Meinungsäußerungen*

Geschäftsschädigende Werturteile[885] über ein Unternehmen, seine Mitarbeiter, Produktionsweise, Produkte u. ä. können auch dann, wenn sie *nicht ehrenrührig* sind,[886] als rechtswidriger Eingriff in das Recht am Unternehmen (§ 823 Abs. 1 BGB) Abwehr- und Schadensersatzansprüche auslösen. Ähnlich wie im Ehrenschutz[887] gilt aber auch hier, dass Beiträge „zur Meinungsbildung in einer die Öffentlichkeit wesentlich berührenden Frage"[888] den Grundrechts-

---

[879] BGH NJW 1970, S. 187 ff.
[880] BGH NJW 1981, S. 1091 („Der Aufmacher").
[881] BGH NJW 1966, S. 2011 („Teppichkehrmaschine"); BGH NJW 1987, S. 2746 („Aldehyd").
[882] BGH NJW 1987, S. 2747.
[883] Das gilt auch für Pressemitteilungen einer Behörde, die der Verbraucherinformation dienen, OLG Stuttgart AfP 1990, S. 145 ff. (Fall Birkel).
[884] OLG Stuttgart AfP 1988, S. 147 f.
[885] Die Begriffe „Meinungsäußerung" und „Werturteil" werden auch hier als Synonyme benutzt.
[886] Sind sie ehrenrührig, gelten zusätzlich die oben unter 3.3 dargestellten Regeln.
[887] Vgl. dazu oben 3.3.
[888] So die Formulierung des BVerfG in BVerfGE 60, S. 240 „Kredithaie".

schutz des Art. 5 GG genießen. Geht es um die Diskussion „gemeinschaftswichtiger Fragen",[889] muss das Unternehmen auch herabsetzende Wertungen hinnehmen[890]; es ist deshalb nicht schutzlos, sondern kann sich gegen die Kritik mit eigenen Stellungnahmen in der Öffentlichkeit zur Wehr setzen. Gibt das Geschäftsgebaren eines Unternehmens Anlass zur Kritik, so sind in dieser Auseinandersetzung auch scharfe Formulierungen erlaubt.[891] So hat die Rechtsprechung beispielsweise als zulässig angesehen:

- die Bezeichnung von Kreditvermittlern als „Kredithaie" in einem Bericht, der vor der Inanspruchnahme überteuerter Kredite solcher Unternehmen warnt,[892]
- die Wertung des Wettbewerbsverhaltens eines Verlages gegenüber selbständigen Anzeigenblättern als „eine besondere Form der Wirtschaftskriminalität",[893]
- die Bewertung von Verbandspraktiken als nebulös, obskur und suspekt sowie als „Dummenfang",[894]
- die Bezeichnung eines Arzneimittelherstellers, der Präparate vertreibt, mit denen sich die in der Werbung versprochenen Wirkungen nicht erzielen lassen, als „Placebo-Imperium",[895]
- die Bezeichnung eines Unternehmens, dessen Inhaber aktiv für die Scientology Church tätig sind und diese auch finanziell unterstützen und bei dem der Verdacht besteht, dass Kundenanschriften an diese Organisation weitergegeben wird, als „Tarnorganisation",[896]
- die Wertung von Filterflugasche aus Kohlekraftwerken als „Sondermüll".[897]
- Die Äußerung, ein Anlage-Fonds habe nach zunächst spektakulären Erfolgen „totalen Schiffbruch" erlitten, ist zulässig, wenn der Wert eines Anteils von ca. 550 € auf ca. 67 € zurückgegangen ist. Das gilt nach Ansicht des LG Hamburg[898] selbst dann, wenn sein Wert zum Zeitpunkt der Äußerung deutlich über dem Kurs liegt, zu dem das Papier acht Jahre zuvor ausgegeben worden ist.

Selbstkontrollfrage 5 / 5:

Im Handelsblatt wird berichtet, der Mehrheitsaktionär und Aufsichtsratsvorsitzende der Camera-Work AG habe dem Unternehmen im Jahre 2003 seine Fotosammlung für 100.000 € „vermacht". Den Wert dieser Sammlung habe ein „unabhängiger, allerdings auch namenloser Gutachter" hernach auf 60 Mio. € beziffert. Dadurch sei der Buchwert der Gesellschaft und damit auch der Wert der Aktie von 400 € im Sommer 2003 auf fast 3.000 € im September 2004 gestiegen. Der Mehrheitsaktionär verlangt Unterlassung der Behauptung, es habe sich um einen *namenlosen* Gutachter gehandelt. Zu Recht?

Dasselbe gilt, „wenn es dem Kritiker darum geht, einen Angriff auf die von ihm vertretene Auffassung abzuwehren, den er aus seiner Sicht nach Tendenz und Aufmachung als unangemessen oder anstößig empfinden konnte."[899]

Beispiel:
Wertung eines herausfordernden Artikels einer Publikumszeitschrift durch ein Bistumsblatt als „Dummenfang" und „ Konfessionshetze"[900]

---

[889] So die Formulierung des BGH NJW 1966, S. 1619 „Höllenfeuer".
[890] Seit dem „Höllenfeuer"-Urteil des BGH (NJW 1966, S. 1617 ff.) ständige Rechtsprechung.
[891] BGH MDR 1969, S. 298; BGH GRUR 1957, S. 360 ff. „Phylax-Apparate"; BGH AfP 2002, S. 169 ff.
[892] BGH MDR 1969, S. 298; BVerfG in BVerfGE 60, S. 234 ff.
[893] OLG Stuttgart AfP 1980, S. 43 ff.
[894] BGH AfP 1995, S. 404 ff.
[895] OLG Hamburg ZUM 1994, S. 37 ff.
[896] OLG Karlsruhe NJW-RR 1993, S. 1054 ff.
[897] LG Köln Az. : 28 O 209/93, Medien-Kritik 34/93 S. 6 f.
[898] LG Hamburg AfP 2007, S. 57 f.
[899] BGH NJW 1966, S. 1619.
[900] BGH NJW 1966, S. 1619.

Die Grenze der Zulässigkeit solcher Außerungen bildet auch hier - wie im Bereich des Ehren-schutzes[901] - die Schmähkritik: Bloße Beschimpfungen, die keinen sachlichen Bezug mehr zum Inhalt der geäußerten Kritik haben, sind durch Art. 5 GG nicht gerechtfertigt.[902]

> In einer Gastronomiekritik beschrieb der Kritiker die angebotenen Gerichte als „wie eine Portion Pin-scherkot" in den Teller „hineingeschissen" und „zum Kotzen".[903]

Für *Satiren* gelten dieselben Grundsätze wie im Ehrenschutz.[904]

> Dementsprechend hat der Bundesgerichtshof die satirische Verwendung einer Zigarettenreklame für ei-ne Anti-Rauchen-Kampagne für zulässig erklärt.[905]
> Ein gemeinnütziger Verein hatte das Reklameplakat eines Zigarettenherstellers für ein von ihm veran-staltetes Preisausschreiben als Vorlage genommen, die Überschrift „Großes Marlboro-Poker!" durch „Großes Mordboro-Poker!" ersetzt und anstelle der ausgesetzten Preise als neue Preise „Magenge-schwür", „Herzinfarkt" und „Lungenkrebs" eingefügt.

Im Rahmen einer Kampagne für die Einstellung der Produktion von FCKW, das als Ursache für Umweltschäden wie das „Ozonloch" oder den „Treibhauseffekt" angesehen wird, begann Greenpeace im Sommer 1990 damit, im gesamten Bundesgebiet das nachfolgende Plakat[906] kleben zu lassen. Es ist der Informationsreihe „Die Bundesregierung informiert" nachempfunden und zeigt die Vorstandsvorsitzenden der Hoechst AG und der Kali Chemie AG, der beiden ein-zigen deutschen Unternehmen, die noch FCKW produzierten. Die angegebenen Rufnummern führten zu den Presseabteilungen der beiden Unternehmen. Der Vorstandsvorsitzende der Hoechst AG klagte erfolglos auf Unterlassung. Nach Auffassung des BGH greift die Darstellung des Vorstandsvorsitzenden, der als absolute Person der Zeitgeschichte anzusehen ist, wegen ihrer Prangerwirkung zwar in sein allgemeines Persönlichkeitsrecht ein. Die Verbreitung des Plakats ist jedoch durch das Grundrecht der Meinungsäußerungsfreiheit gerechtfertigt. Bedeut-sam für die Abwägung von Persönlichkeitsrecht und Meinungsäußerungsfreiheit ist vor allem, dass das Plakat eine Frage von herausragender umweltpolitischer Bedeutung betrifft und den Betroffenen nicht als Privatperson, sondern als für die FCKW-Produktion Verantwortlichen angreift.[907]

Die Abgrenzung von Tatsachenbehauptungen und Werturteilen wirft dieselben Probleme auf wie im Ehrenschutz. Auch hier sind richterliche Entscheidungen nicht immer überzeugend.

> So hat beispielsweise das OLG München die Aussage eines Abgeordneten der Grünen, die Plastikbe-cher der Firma Müller-Milch aus Polystyrol seien „giftiger Plastikmüll" und „der Grundstoff der Becher, Styrol, sei nachgewiesenermaßen krebserregend" als Werturteil eingestuft, dessen Verbreitung durch Art. 5 GG geschützt sei.[908]

Eine neue Ausprägung des allgemeinen Persönlichkeitsrechts für Unternehmen hat sich der 6. Zivilsenat des BGH im Jahre 1994 einfallen lassen. Er ist der Auffassung, dass ein Wirt-schaftswissenschaftler, der für Wirtschaftsprüfer und Steuerberater Fortbildungsseminare zum Thema „Jahresabschlussanalyse aus der Sicht der Banken" durchführt, seinen Fallstudien nicht die Ablichtung des im Bundesanzeiger veröffentlichten Jahresabschlusses eines Unternehmens zugrunde legen darf, ohne den Namen und die Adresse des Unternehmens unkenntlich zu ma-chen.[909] Ob diese Rechtsprechung vor dem BVerfG Bestand hat, ist zweifelhaft. Eine Anwen-

---

[901] Vgl. dazu oben Abschnitt 3.3.
[902] BGH NJW 1966, S. 1619; OLG Stuttgart AfP 1980, S. 44.
[903] OLG Frankfurt NJW 1990, S. 2002.
[904] Vgl. dazu oben Abschnitt 3.5.
[905] BGH AfP 1984, S. 151 ff.
[906] Das Plakat wurde von Klaus Staeck entworfen, der es dankenswerterweise für diese Veröffentlichung zur Verfügung gestellt hat.
[907] BGH AfP 1993, S. 736 ff.; bestätigt durch BVerfG AfP 1999, S. 254 ff.
[908] AfP 1993, S. 771.
[909] AfP 1994, S. 138 f.

dung dieser Regel auf die Unternehmensberichterstattung wäre mit Art. 5 GG kaum in Einklang zu bringen.

5.4.3 Sonderregeln für Berichte über Wettbewerber

Herabsetzende Äußerungen eines Unternehmens über einen Konkurrenten werden von der Rechtsprechung in der Regel als unlauterer Wettbewerb im Sinne des § 3 UWG angesehen, der Unterlassungs- und Schadensersatzansprüche auslöst, §§ 8, 9 UWG. Das gilt grundsätzlich sowohl für Tatsachenbehauptungen als auch für Werturteile.[910]

Ansprüche aus UWG setzen zwar voraus, dass der Autor zu Wettbewerbszwecken gehandelt hat. Dazu reicht die Absicht, *eigenen* oder *fremden* Wettbewerb zu fördern. Für ein Handeln in Wettbewerbsabsicht spricht jedoch im Allgemeinen eine *Vermutung*, wenn der Autor und der von der Äußerung Betroffene *Konkurrenten* sind.

Für die *Berichterstattung* in den *Massenmedien*[911] gilt eine solche Vermutung im Allgemeinen[912] *nicht*. Als Grund für eine solche Berichterstattung ist auch dann, wenn ein Wettbe-

---

[910] Vgl. z.B. OLG Köln AfP 2004, S. 63 f.

[911] Zu den Massenmedien in diesem Sinne gehören auch redaktionell gestaltete Online-Dienste, vgl. z.B. OLG Hamburg AfP 2005, S. 474 ff.

[912] Gegenteiliges kann sich allerdings aus den Umständen des Einzelfalls ergeben; vgl. z. B. OLG Hamburg, AfP 1998, S. 76 ff.

werbsverhältnis besteht, zunächst das besondere Anliegen der Massenmedien anzusehen, die Öffentlichkeit über Vorgänge von allgemeiner Bedeutung zu unterrichten und zur öffentlichen Meinungsbildung beizutragen.[913]

Von dem Autor eines äußerst negativ gehaltenen Zeitungsartikels über den Besuch in einem namentlich genannten Feinschmeckerlokal verlangte dessen Wirt Unterlassung und Schadensersatz. Er argumentierte, der Autor sei zugleich als Weinhändler tätig und habe mit seiner Kritik den Absatz seiner Waren in von ihm günstiger beurteilten Lokalen fördern wollen. Das OLG Düsseldorf[914] verurteilte den Autor mit der Begründung, er habe sich über Angebot und Dienstleistung des betroffenen Lokals so abwertend nicht äußern dürfen, weil er sich zu diesem in einem Wettbewerbsverhältnis befunden habe und eine Vermutung dafür spreche, dass er - jedenfalls „auch" - in Wettbewerbsabsicht gehandelt habe. Der BGH hob diese Entscheidung auf.[915] Er ließ das Wettbewerbsverhältnis *allein* nicht für eine solche Vermutung ausreichen. Anders verhielte es sich jedoch, wenn Anhaltspunkte dafür vorlägen, dass der Autor seine Tätigkeit als Gastronomiekritiker in der Weise einsetzte, dass Kunden der von ihm vertretenen Firma mit einer günstigeren Beurteilung rechnen konnten.[916]

Dementsprechend darf eine Zeitung auch über kritikwürdige Praktiken eines Konkurrenzblattes berichten, soweit an deren Bekanntgabe ein allgemeines Informationsinteresse besteht.[917] Die Berichterstattung muss jedoch sachbezogen sein[918]; eine pauschale Abwertung der Konkurrenz ist wettbewerbswidrig und durch Art. 5 GG nicht gedeckt.[919]

Die Bezeichnung eines Konkurrenzblattes als „nicht eben für Seriosität bekannt", ohne ins Einzelne gehende Begründung dieses Werturteils, ist unzulässig.[920]
Das Hanseatische Oberlandesgericht untersagte einem Geschäftsführer von PRO 7, ein Statement des Geschäftsführers von RTL, das sich im PLAYBOY mit der Zugehörigkeit von PRO 7 zur Kirch-Gruppe befasste, mit den Worten zu kommentieren: „Die Geschäftsführung eines Schmuddelsenders bedient sich für ihre Schmuddelkampagne eines Schmuddelblattes."[921]
Dem RTL-Geschäftsführer Thoma wurde verboten, im Rahmen einer Stellungnahme zur Medienkonzentration in Deutschland den Filmhändler Kirch mit dem Verleger Hugenberg, der den Aufstieg der NSDAP unterstützt hatte, zu vergleichen und in diesem Zusammenhang zu äußern: „Was Deutschland hier aufführt, ist, als würde man die Zulassung der SA und SS wieder erlauben."[922]

Auf der anderen Seite soll aber die Verbreitung negativer, selbst polemischer Werturteile erlaubt sein, wenn diese inhaltlich begründet werden.

So hat das Landgericht München I die Bezeichnung „McJournalismus" für die Berichterstattung des *Focus* in einem *Spiegel spezial*-Beitrag von Cordt Schnibben durchgehen lassen.[923]
Das Landgericht Köln gesteht dem *gerlach-report* zu, über *Mein Geld* ausführliche und äußerst kritische Berichte zu verbreiten.[924]

Für den Informanten einer Zeitung oder eines Senders gilt ebenfalls, dass er nicht wegen eines Wettbewerbsverstoßes in Anspruch genommen werden kann, wenn er den Massenmedien eine wahre und sachlich gehaltene Information zukommen lässt, an deren Verbreitung ein ernsthaftes Interesse der Allgemeinheit besteht. Dieses gilt selbst dann, wenn die Verbreitung dieser Information in den Massenmedien geeignet ist, die Wettbewerbsstellung seines Unternehmens zu begünstigen.[925]

---

[913] BGH NJW 1987, S. 1082 ff. „Gastrokritiker"; BGH NJW 1982, S. 637 ff. „Großbanken-Restquoten"; OLG Köln AfP 1993, S. 657 ff. - Kunstpreis.
[914] OLG Düsseldorf AfP 1984, S. 52 ff.
[915] BGH NJW 1987, S. 1082 ff.
[916] Ähnlich auch BGH AfP 1995, S. 404 ff. - Dubioses Geschäftsgebaren.
[917] OLG Koblenz AfP 1987, S. 520 ff.
[918] OLG Köln AfP 1984, S. 161; OLG Hamm AfP 1983, S. 469 f.
[919] BGH NJW 1982, S. 637 ff. ; OLG Frankfurt AfP 1992, S. 297 f.
[920] BGH AfP 1982, S. 107 ff.
[921] OLG Hamburg ZUM 1997, S. 559 ff.
[922] OLG München NJW-RR 1993, S. 750 ff.
[923] LG München I AfP 1997, S. 828 ff.
[924] LG Köln AfP 1997, S. 831 ff.
[925] BGH NJW 1968, S. 1419 ff. „Pelzversand".

Selbstkontrollfrage 5 / 6:

Unter der Überschrift „Erpressung bei der Deutschen Bank? - Kontoauszüge prominenter Kunden auf dem Markt" berichtet der *stern*, der Herausgeber der Zeitschrift *Der Kapitalanleger* sei bei der Deutschen Bank mit der Mitteilung vorstellig geworden, im Besitz von Kontoauszügen prominenter Kunden der Bank zu sein. Die Deutsche Bank habe ihm daraufhin Anzeigen in seiner Zeitschrift als Gegenleistung für die Herausgabe der Belege in Aussicht gestellt. In dem Artikel heißt es u. a. , *Der Kapitalanleger* sei ein „dünnleibiges Blatt", es gehöre „in der Branche nicht gerade zu den herausragenden Publikationen", der Herausgeber habe „sich schon in verschiedenen Geschäften versucht" und „bereits Bekanntschaft mit der Justiz gemacht", das Blatt sei „mager mit Inseraten bestückt" und „es stehe dahin, ob die Reputation des Herausgebers noch bis zum geplanten Messetermin im Mai halte". Kann der genannte Herausgeber unabhängig vom Wahrheitsgehalt dieser Aussagen verlangen, dass sie unterbleiben, weil sie gegen § 3 UWG verstoßen?

Nach Ansicht des OLG Köln[926] gelten die allgemeinen Grundsätze zur Zulässigkeit von Satire auch für einen Presseartikel, der gegen das „Infotainment" eines Fernsehsenders polemisiert.

Selbstkontrollfrage 5 / 7:

In einer Fernsehsendung zum Thema „Versicherungen aus Verbrauchersicht" beantwortet eine „Expertenrunde" Zuschauerfragen. In dieser Expertenrunde befindet sich u. a. ein unabhängiger Finanz- und Versicherungsmakler, der zugleich Vorsitzender seines Berufsverbandes ist. Diesem wird aus dem Publikum die Frage gestellt, wie es sich mit der Firma *X* verhalte, deren Vertreter sich als neutral bezeichnet und ihm Verträge mit der *V*-Lebensversicherung vermittelt habe. Er antwortet: „Die *X* ist eine Gesellschaft, die zu 50 Prozent im Besitz der *V*-Lebensversicherung bzw. der Holding ist. Das mit der unabhängigen Vermögensberatung ist eine schöne Legende. . . . Sie sind da eigentlich ein bisschen geleimt worden, wenn ich das mal so bemerken darf. " Kann die *X* dem Makler diese Äußerung gerichtlich verbieten lassen?

5.4.4   Testberichte und Preisvergleiche

Testberichte und Preisvergleiche, in denen Waren oder Dienstleistungen miteinander verglichen werden und die allein der Verbraucheraufklärung dienen - wie dies z. B. bei den Veröffentlichungen der „Stiftung Warentest" der Fall ist -, sind *nicht* nach Wettbewerbsrecht zu beurteilen.[927] Für sie gelten deshalb die allgemeinen Regeln:

Soweit in ihnen *Tatsachenbehauptungen* aufgestellt werden, müssen diese der Wahrheit entsprechen. Geht ein Testbericht von unzutreffenden tatsächlichen Voraussetzungen aus, stellt seine Veröffentlichung eine unzulässige Gewerbeschädigung des Betroffenen dar (§ 824 BGB).[928] Gegen zutreffende Tatsachenbehauptungen hingegen kann sich das betroffene Unternehmen grundsätzlich *nicht* zur Wehr setzen.

Preisvergleiche müssen sachgerecht und für den Leser nachprüfbar sein. Sachgerecht sind sie nicht, wenn die Preise von Produkten verglichen werden, die sich in mindestens einem relevanten Merkmal unterscheiden, ohne dass dies dem Leser mitgeteilt wird. Für den Leser nachprüfbar ist ein Preisvergleich (etwa von „Drogeriemarktstandardartikeln") bei der Aufnahme verschiedener Produkte, wenn diese genau bezeichnet werden.[929]

---

[926] OLG Köln AfP 1996, S. 398 ff.
[927] BGH NJW 1976, S. 620 ff. ; AfP 1997, S. 909 ff.
[928] BGH AfP 1989, S. 538 f. ; BGH AfP 1986, S. 47 ff. ; OLG Köln AfP 1995, S. 498 ff.
[929] OLG Stuttgart AfP 1999, S. 168 ff.

Für die in jedem Testbericht steckenden *Wertungen* gilt, dass die Untersuchung *neutral*, um *Objektivität bemüht* und *sachkundig durchgeführt* sein muss. Die Neutralitätspflicht ist verletzt, wenn in der Veröffentlichung verschwiegen wird, dass der Test ganz oder teilweise mit Hilfe des Personals oder der Ausrüstung (Labor) eines Mitbewerbers durchgeführt worden ist.[930] Im Übrigen ist die Zulässigkeitsgrenze erst dann überschritten, wenn die Art des Vorgehens bei der Prüfung und die aus den durchgeführten Untersuchungen gezogenen Schlüsse als nicht mehr „*diskutabel*" erscheinen.[931]

In diesem Rahmen kann der Tester selbst entscheiden, welche Kriterien er bei der Beurteilung eines Produktes anlegt. Er ist insoweit nicht an fremde Vorgaben - z. B. die deutschen Industrienormen (DIN)[932] - gebunden, muss jedoch die Kriterien, die er bei der Prüfung angelegt hat, in dem Testbericht offen legen.

Für eine Gastronomiekritik gelten zwar nicht dieselben strengen Maßstäbe, soweit sie auf die persönlichen Geschmacksempfindungen des Kritikers gestützt wird.[933] Doch muss auch von ihr ein Mindestmaß an Neutralität und Sachkunde sowie ein Bemühen um Objektivität verlangt werden. Bevor der Kritiker ein verallgemeinerndes Negativ-Urteil fällt, muss er eine repräsentative Auswahl des kritisierten Angebots geprüft haben; dazu bietet ein einziger Besuch in der Regel keine ausreichende Grundlage.[934]

5.5 Boykottaufrufe

Die öffentliche Aufforderung an die Allgemeinheit oder zumindest eine größere Personengruppe, wie sie die Rezipienten einer Zeitung, Zeitschrift oder eines Rundfunksenders darstellen, mit bestimmten Unternehmen künftig keine Geschäfte mehr zu machen (Boykottaufruf), stellt einen unzulässigen Eingriff in das Recht am Unternehmen dar, wenn und soweit ein solcher Aufruf nicht durch das Grundrecht der Meinungsäußerungsfreiheit gerechtfertigt ist.[935] Gerechtfertigt ist ein solcher Aufruf, wenn

- der Autor nicht aus eigensüchtigen Motiven handelt, sondern es ihm darum geht, dass sich in einer für die Gemeinschaft wichtigen Frage eine öffentliche Meinung bildet,[936]
- er sich auf die Überzeugungskraft von Argumenten beschränkt und den Angesprochenen die Möglichkeit lässt, ihre Entscheidung in voller innerer Freiheit zu treffen[937], und
- der Einsatz des Mittels, zu dem aufgerufen wird, zum Erreichen des verfolgten Zieles gerechtfertigt ist.[938]

  Der Aufruf eines führenden Mitgliedes der Gesellschaft für christlich-jüdische Zusammenarbeit im Jahre 1950, einen Regisseur nicht wieder zu beschäftigen, der sich im „Dritten Reich" mit der Herstellung antijüdischer Hetzfilme hervorgetan hatte, und dessen Filme nicht aufzuführen oder zu besuchen, war nach Ansicht des Bundesverfassungsgerichts durch Art. 5 GG gerechtfertigt.[939]Anders verhält es sich hingegen, wenn der Herausgeber eines Branchen-Informationsblatts Fachhändler zur Beendigung oder Nichtaufnahme von Geschäftsbeziehungen zu einem angeblich zu teuer liefernden Händler auffordert und sich zugleich zur Benennung preisgünstigerer Lieferanten bereit erklärt.[940]

---

[930] OLG München ZUM 1997, S. 140 ff.

[931] BGH NJW 1976, S. 622; seitdem ständige Rechtsprechung, vgl. z. B. die Nachweise in AfP 1997, S. 912.

[932] BGH NJW 1987, S. 2222 ff.

[933] BGH NJW 1987, S. 1082 f.

[934] So OLG München AfP 1993, S. 760 ff. ; für Existenzbedrohende Negativ-Urteile ähnlich BGH AfP 1997, S. 909 ff.

[935] Daneben kann er auch eine vorsätzliche sittenwidrige Schädigung des Unternehmens (§ 826 BGB) beinhalten.

[936] BVerfGE 7, S. 198 ff. „Lüth".

[937] BVerfGE 25, S. 256 ff. „Blinkfüer"; BVerfGE 62, S. 230 ff. „Denkzettel".

[938] BVerfG NJW 1989, S. 381 f. „Mietboykott".

[939] BVerfGE 7, S. , 198 ff. - Lüth; ebenso für den Boykottaufruf eines Konzertveranstalters gegen eine rechtsradikale Musikgruppe LG Köln, NJW-RR 1993, S. 749 ff.

[940] BGH AfP 1984, S. 31 ff.

Als unzulässige Beeinträchtigung der Willensfreiheit der Angesprochenen und deshalb nicht durch Art. 5 GG gerechtfertigt, hat das Bundesverfassungsgericht die (politisch motivierte) Aufforderung des Axel Springer Verlages an die von ihm belieferten Zeitungs- und Zeitschriftenhändler im Jahre 1961 (nach dem Bau der Berliner Mauer) angesehen, künftig keine Blätter mehr zu vertreiben, die auch weiterhin Programmankündigungen des DDR-Rundfunks und Fernsehens abdruckten, weil der Verlag den Angesprochenen angedroht hatte, die Geschäftsbeziehungen zu ihnen abzubrechen, wenn sie dieser Aufforderung nicht folgten.[941]

Demgegenüber wird der Boykottaufruf nicht dadurch unzulässig, dass damit gedroht wird, die Namen der Boykottverweigerer zu veröffentlichen und ihnen dadurch Kunden abspenstig zu machen.[942]

Als ungeeignetes Mittel des Protestes gegen die Wohnungspolitik eines Unternehmens und damit als ungerechtfertigten Eingriff in den rechtlich geschützten Gewerbebetrieb hat das Bundesverfassungsgericht schließlich auch den Aufruf in einer Tageszeitung an die Mieter des Unternehmens bezeichnet, die Miete für einen Monat statt an das Unternehmen auf ein Sperrkonto zu zahlen. Ein solcher Aufruf zu organisiertem rechtswidrigem (weil vertragswidrigem) Verhalten soll - wenn überhaupt - nur unter besonderen Umständen gerechtfertigt sein können.[943]

Selbstkontrollfrage 5 / 8:

Eine Kunstzeitschrift veröffentlicht eine „schwarze Liste", in die sie Galeristen, Kunsthändler und Kunstverleger aufnimmt, die Künstler mit „dubios" erscheinenden Methoden anlocken. In diese Liste nimmt sie auch einen Galeristen mit dem Hinweis auf, dieser biete Künstlern Ausstellungsmöglichkeiten in seinem Haus und in Hotels an, für die pro laufenden Meter Stellfläche 120 DM zu „löhnen" seien, und zwar bei einer Mindestabnahme von 3 bis 5 laufenden Metern. Kann der genannte Galerist sich gegen die Veröffentlichung seines Namens auf einer solchen „schwarzen Liste" zur Wehr setzen, wenn die Angaben der Zeitschrift der Wahrheit entsprechen?

Neben solchen Boykottaufrufen kann auch der Aufruf, das Planungsvorhaben eines Wirtschaftsunternehmens im Planfeststellungsverfahren mit Masseneinsprüchen zu bekämpfen, einen unzulässigen Eingriff in den Gewerbebetrieb gemäß § 823 Abs. 1 BGB darstellen, wenn dieser falsche Angaben über das Planvorhaben enthält.[944]

Beispiele für solche Planfeststellungsverfahren:
- Errichtung und Betrieb eines Kernkraftwerks,
- Bau einer neuen Eisenbahnstrecke,[945]
- Errichtung und Betrieb einer Müllverbrennungsanlage.

Dabei ist jedoch zu berücksichtigen, dass der Kritiker einer solchen Planungsmaßnahme in der Regel nur in begrenztem Umfang Zugang zu den Planungsdaten hat und deshalb in besonderem Maße auf Informationen durch den Planungsträger angewiesen ist. Das birgt die Gefahr von Informationslücken und Fehlinterpretationen. Um die Bereitschaft zur argumentativen Kritik nicht übermäßig zu lähmen, darf dem Kritiker nicht das Risiko aufgebürdet werden, von dem Planungsträger mit einem Prozess überzogen zu werden, weil seine Kritik auch falsche Angaben enthält.

Ist der Kritiker bei der Ermittlung und Weitergabe seiner Angaben subjektiv redlich vorgegangen, dann ist sein Verhalten nicht rechtswidrig. Unredlich ist das Behaupten oder Verbreiten unwahrer Daten über derartige Vorhaben erst, wenn das Informationsmaterial, das ihm bei zumutbaren Bemühungen um sachliche Unterrichtung zugänglich ist, für einen Laien ausreicht, erhebliche Zweifel an der Richtigkeit seiner Behauptung zu begründen.[946]

---

[941] BVerfGE 25, S. 256 ff. - Blinkfüer.
[942] BVerfG NJW-RR 2008, S. 200 ff. gegen OLG München AfP 2002, S. 235 – Junge Union.
[943] BVerfG NJW 1989, S. 381 f. - Mietboykott.
[944] BGH AfP 1984, S. 101 ff. „Bürgerprotest".
[945] Um ein solches Vorhaben ging es in dem vom BGH entschiedenen Fall.
[946] BGH AfP 1984, S. 105.

5.6 Rechtsberatung

Die Gefahr, dass die Redaktion einer Ratgebersendung wegen unerlaubter Rechtsberatung zur Rechenschaft gezogen werden kann, ist durch die Reform des Rechtsberatungsrechts weitgehend gebannt.

Nach dem Rechtsdienstleistungsgesetz vom 12. 12. 2007, das am 1. 7. 2008 in Kraft getreten ist, gilt nunmehr, dass die an die Allgemeinheit gerichtete Darstellung und Erörterung von Rechtsfragen und Rechtsfällen in den Medien nicht als Rechtsdienstleistung im Sinne des neuen Gesetzes gilt (§ 2 Abs. 3 Ziff. 5 RDG) – und damit keinen spezifischen Beschränkungen mehr unterworfen ist.

Soweit in einer Ratgebersendung eine kostenlose Rechtsberatung in einem Einzelfall angeboten wird, ist dies unter der Voraussetzung zulässig, dass sie durch eine Person oder unter Anleitung einer Person erfolgt, der die entgeltliche Erbringung dieser Rechtsdienstleistung erlaubt ist oder die die Befähigung zum Richteramt hat (§ 6 Abs. 2 RDG).

Die Rechtsprechung zur Anwendung des Rechtsberatungsgesetzes auf Mediensendungen ist mit dessen Aufhebung gegenstandslos geworden.

6 Bildberichterstattung und Abbildungsschutz

Die rechtlichen Schranken der Bildberichterstattung lassen sich in vier Problemkreise gliedern. Zum ersten gelten gesetzliche Beschränkungen für die Aufnahme von militärischen Anlagen, Gerichtsverhandlungen und pornographischen Abbildungen (gesetzliche Fotografierverbote).[947] Ferner sind *Personen* gegen die *Verbreitung* von Abbildungen, auf denen sie dargestellt sind, durch das Recht am eigenen Bild besonders geschützt. Bei der Anfertigung und Veröffentlichung von Bildern, die *urheberrechtlich* geschützte Gegenstände zeigen, sind die Rechte des Urhebers der abgebildeten Werke zu beachten. Schließlich gibt es noch einige Fälle, in denen auch die Abbildung urheberrechtlich *nicht* geschützter Gegenstände Rechte des *Eigentümers* der abgebildeten Gegenstände verletzen kann. In diesem Kapitel werden ausschließlich die rechtlichen Schranken behandelt, die sich aus dem *Inhalt* der Abbildung ergeben. Informationen über den Schutz des *Herstellers* gegen die unbefugte Benutzung einer solchen Abbildung hingegen sind in Kapitel 8 enthalten.

6.1 Die Abbildung von Personen: Das Recht am eigenen Bild

Das Recht zur Veröffentlichung von Abbildungen (Zeichnungen, Fotos, Film- oder Videoaufnahmen), auf denen Personen dargestellt sind, ist zum Schutz der Persönlichkeitsrechte der abgebildeten Personen seit langem[948] gesetzlich eingeschränkt. Die einschlägigen Vorschriften finden sich in den §§ 22 - 24, 33 - 50 des „Gesetzes betreffend das Urheberrecht an Werken der bildenden Künste und der Photographie" (kurz: Kunst-Urheber-Gesetz, KUG)[949]. Danach bedarf die Veröffentlichung eines Bildnisses, d. h. einer Abbildung, auf der eine oder mehrere Personen individuell erkennbar dargestellt sind, grundsätzlich der Einwilligung der Abgebildeten, sofern nicht einer der Ausnahmetatbestände vorliegt.

6.1.1 Bildnis

Für die Frage, ob ein „Bildnis" im Sinne des § 22 KUG vorliegt, ist entscheidend, ob auf der Abbildung eine oder mehrere Personen individuell erkennbar sind.[950] Auf die *Form* der Darstellung kommt es hingegen *nicht* an. Auch eine Zeichnung, selbst eine Karikatur oder Comic-Figur, kommt als Bildnis in Betracht.[951]

Für die *Erkennbarkeit* der abgebildeten Person reicht es aus, dass der Abgebildete begründeten Anlass hat anzunehmen, dass er auf der Abbildung erkannt werden könnte. Die Erkennbarkeit wird nicht dadurch ausgeschlossen, dass die Augenpartie der abgebildeten Person durch

---

[947] Vgl. dazu oben 1.7.3.
[948] Die einschlägigen Vorschriften sind am 9. Januar 1907 in Kraft getreten.
[949] Die Gesetzesbezeichnung ist irreführend. Beim Recht am eigenen Bild geht es nicht um Urheberrechte, sondern um Persönlichkeitsschutz. Die Bezeichnung rührt daher, dass das Gesetz zunächst überwiegend urheberrechtliche Fragen regelte. Insoweit wurde es jedoch inzwischen durch das Urheberrechtsgesetz abgelöst; nur die Bestimmungen über das Recht am eigenen Bild im KUG blieben in Kraft.
[950] BGHZ Bd. 26, S. 351; BGH NJW 1974, S. 1948.
[951] OLG Hamburg AfP 1983, S. 282 ff. – Tagesschausprecher; LG München I AfP 1997, S. 599 ff. – Meister Eder.

einen Balken verdeckt ist;[952] nicht einmal die „Verpixelung" oder „Verkachelung" des Gesichts reicht zur Anonymisierung aus, wenn Haare und Ohren (mit Ohrringen) sichtbar bleiben.[953] Ein Bildnis setzt auch nicht notwendig die Abbildung der Gesichtszüge voraus, wenn der Abgebildete auf Grund von Statur, Haltung oder Haarschnitt zu erkennen ist. Dass schon der flüchtige Betrachter den Abgebildeten erkennen kann, ist nicht erforderlich; es genügt die Erkennbarkeit durch einen mehr oder minder großen Bekanntenkreis.[954]

> Der Bundesgerichtshof hat den Bildnischarakter eines Farbfotos bejaht, das einen bekannten Fußballtorwart „in Aktion" zeigt. Der Torwart war von hinten durch das Netz des Tores hindurch aufgenommen worden.[955]

Die Abbildung eines Doppelgängers, der einem Prominenten täuschend ähnlich sieht, wird wie die Abbildung des Prominenten selbst behandelt. Dasselbe gilt, wenn der Eindruck, bei dem Abgebildeten handele es sich um die berühmte Person, auf andere Weise erweckt wird.[956]

> Beispiel: Nachstellen einer berühmten Szene mit Marlene Dietrich aus dem Film „Der blaue Engel".

Wird bei der Veröffentlichung des Bildes einer Person durch Angabe des Namens mitgeteilt, wen das Bild darstellen soll, so liegt ein Bildnis im Sinne des § 22 KUG selbst dann vor, wenn der Abgebildete auf dem Bild selbst nicht erkannt werden könnte.[957] In einem solchen Fall wird es als ein Bildnis des Genannten behandelt, auch wenn das Foto den Genannten nur zu zeigen scheint, weil es in Wirklichkeit mit Hilfe von Modellen nachgestellt und einer Aufnahme des „Opfers" mit Hilfe von Retuschen angeglichen worden ist.

> In einem Bericht über einen Heiratsschwindler erschien ein Foto von zwei Frauen mit der Unterzeile: „Die hübsche Chefsekretärin M. Sch. war B. 's letzte Braut. " Gegen diese Veröffentlichung wehrte sich M. Sch. mit dem Hinweis, sie sei eine der beiden abgebildeten Personen. Das Foto zeige sie beim Verlassen des Gerichtsgebäudes nach ihrer Zeugenvernehmung. Die Behauptung des Autors, das Foto zeige nicht M. Sch. , es handle sich vielmehr um eine Nachbildung, bei der Modelle mit Hilfe von Retuschen und Utensilien dem Aussehen der Geschädigten ähnlich gemacht worden seien, erklärte das Landgericht Stuttgart für unerheblich. Auch in einem solchen Fall sei das Recht der Klägerin am eigenen Bild verletzt.[958]

Demgegenüber liegt nach Ansicht des OLG Köln[959] keine Verletzung des Rechts am eigenen Bild vor, wenn der Betroffene lediglich im Hintergrund und so klein abgebildet ist, dass er „durch keine persönlichen Merkmale individualisiert werden kann." Der Umstand, dass er auf Grund der äußeren Umstände (Ort und Zeit der Aufnahme, herausgehobene Stellung des Abgebildeten und Nennung seines Namens) identifiziert werden kann, soll nicht ausreichen.

Stimmt die Abgebildete der Veröffentlichung ihres Nacktfotos unter Nennung ihres Namens zu, so kann eine andere Frau, die denselben Namen trägt, aus dieser Veröffentlichung in der Regel keine Schmerzensgeldansprüche herleiten.

> In einer Zeitschrift erschien eine Bilderserie mit vier Fotos eines als „kesse Frankfurterin" bezeichneten, namentlich genannten, unbekleideten Fotomodells in verschiedenen Posen. Eine mit dem Modell namensgleiche Frankfurterin verlangte von dem Verlag daraufhin Schmerzensgeld wegen Verletzung ihres allgemeinen Persönlichkeitsrechts mit der Begründung, sie sei nach Erscheinen des Blattes in der ersten Zeit mehr als zehnmal täglich von Unbekannten angerufen und belästigt worden. Das Amtsgericht Frankfurt wies die Klage ab. Es stellte zum einen darauf ab, dass Verwechslungsgefahr zwischen der abgebildeten Person und der Klägerin nicht bestanden habe und deshalb schon fraglich sei, ob die

---

[952] OLG München AfP 1983, S. 277 - Liebesschulen; LG Stuttgart AfP 1983, S. 294 - Ganoven ; OLG Hamburg AfP 1987, S. 703 ff.; OLG Karlsruhe AfP 2002, S. 45.
[953] LG Frankfurt/M. AfP 2007, S. 378 ff.
[954] LG Köln AfP 2007, S. 378 ff.
[955] BGH NJW 1979, S. 2205 - Fußballtorwart.
[956] BGH AfP 2000, S. 354 ff.
[957] BGH NJW 1965, S. 2148 - Spielgefährtin.
[958] LG Stuttgart AfP 1982, S. 292 ff.
[959] OLG Köln NJW 2005, S. 2554 ff. (2556) – „Hassprediger".

Veröffentlichung das Persönlichkeitsrecht der Klägerin verletzt habe. Der Verlag habe mit einer solchen Namensgleichheit nicht rechnen müssen und deshalb jedenfalls nicht schuldhaft gehandelt.[960]

Der Bildnisschutz ist nicht auf einzelne Persönlichkeitssphären beschränkt. Er erstreckt sich auch auf die berufliche Tätigkeit, selbst wenn diese in der Öffentlichkeit stattfindet. So genießen beispielsweise auch Polizisten im Einsatz[961] und Schauspieler bei der darstellerischen Gestaltung ihrer Rollen das Recht am eigenen Bild - zumindest solange ihr äußeres Erscheinungsbild durch Ausrüstung oder Maske nicht derart verändert ist, dass sie als Personen gar nicht mehr in Erscheinung treten.[962]

Der Bildnisschutz gilt nicht nur für lebende Personen. Auch die Abbildung einer Leiche stellt ein Bildnis dar, wenn diese als Körper einer bestimmten verstorbenen Person erkennbar ist.[963]

Eine Besonderheit gilt für Nacktaufnahmen. Deren Veröffentlichung stellt nach einer Entscheidung des Bundesgerichtshofs[964] auch dann, wenn der oder die Betroffene *nicht* erkennbar ist, einen Eingriff in das allgemeine Persönlichkeitsrecht dar. Denn es „ist in einem so starken Maße mit dem Intimbereich verbunden, dass seine Veröffentlichung auch dann, wenn die abgebildete Person nicht erkennbar ist, ihrer freien Selbstbestimmung unterliegt. . . . Hinzu kommt, dass der Betroffene stets mit der Möglichkeit einer Aufdeckung seiner Anonymität durch den Verletzer rechnen muss und damit dem Gefühl des Preisgegebenseins und der Abhängigkeit unterworfen ist. Die eigenmächtige Herbeiführung einer solchen Lage kann um der Menschenwürde und der freien, eigenverantwortlichen Persönlichkeitsentfaltung willen nicht gestattet sein. "

6.1.2 Einwilligung

Die Verbreitung oder öffentliche Ausstellung eines Bildnisses ist zulässig, wenn der oder die Abgebildete einwilligt (§ 22 S. 1 KUG).[965]

Erforderlich ist die Einwilligung *aller* Abgebildeten. Im Regelfall kann der Journalist *nicht* davon ausgehen, dass jeder der Abgebildeten befugt ist, die Einwilligung mit der Veröffentlichung auch im Namen der anderen zu erklären.

> Die Schwierigkeiten der medizinischen Versorgung in Haftanstalten zeigte der WDR in seiner Sendung „Hier und Heute" beispielhaft am Fall des J., der in einer Justizvollzugsanstalt eine Freiheitsstrafe von 15 Jahren verbüßte. Zur Illustration dieses Berichts diente dem WDR ein Lichtbild, das J. mit seiner Schwester, einem Mitgefangenen und dessen Ehefrau zeigte und das der Sender von dem Anwalt des J. zur Veröffentlichung erhalten hatte. Die Ehefrau des Mitgefangenen setzte sich gegen die Benutzung des Fotos erfolgreich zur Wehr.[966]

Die *Erklärung* der Einwilligung ist an *keine* bestimmte Form gebunden. Sie kann vor, während oder nach der Aufnahme, schriftlich, mündlich, durch Zeichen oder durch schlüssiges Verhalten (konkludentes Tun) erfolgen.

---

[960] AmtsG Frankfurt NJW 1990, S. 2002 f.

[961] So explizit Franke, NJW 1981, S. 2033, FN 4, gegen Paeffgen, JZ 1979, S. 517; implizit ebenso OLG Hamburg NJW 1972, S. 1290, OLG Bremen NJW 1977, S. 158 ff. , OLG Celle NJW 1979, S. 57 f. ; a. A. Schomburg AfP 1984, S. 82.

[962] BGH NJW 1961, S. 558.

[963] OLG Hamburg AfP 1983, S. 466 ff.

[964] BGH NJW 1974, S. 1948 f.

[965] Die Frage nach dem „Rechtscharakter" der Einwilligung wirft schwierige rechtsdogmatische Fragen auf, die an dieser Stelle nicht erörtert werden können. Eine umfassende Darstellung dieses Problems findet sich bei Dasch sowie bei Helle, AfP 1985, S. 93 ff.

[966] OLG Köln AfP 1987, S. 602 f.

Posieren z. B. die Teilnehmer einer Ausstellungseröffnung oder eines anderen „Medienereignisses" für die Vertreter der Presse, so erklären sie dadurch konkludent ihr Einverständnis mit der Veröffentlichung der so entstandenen Fotos im Rahmen der aktuellen Medienberichterstattung.

Nimmt ein professionelles Fotomodell im Rahmen einer Straßenmodenschau, die für Fotografen frei zugänglich ist, erkennbar hin, fotografiert zu werden, liegt darin die stillschweigende Einwilligung in die Verbreitung dieser Fotos zum Zweck der aktuellen Berichterstattung auch in online-Medien.[967]

Wer einem Kamerateam des Fernsehens vor laufender Kamera bereitwillig Auskünfte gibt, willigt damit in die Ausstrahlung der Aufzeichnung ein.[968]

Eine konkludente Einwilligung setzt allerdings voraus, dass die Betroffenen wissen, dass ihr Bild zu Veröffentlichungszwecken aufgenommen wird, und Zweck und Umfang der geplanten Veröffentlichung für sie erkennbar sind.

Deshalb kann ein Fernsehreporter, der einen Steuerberater im unklaren darüber lässt, dass er ihn vor laufender Kamera mit einem Verstoß gegen den Datenschutz konfrontieren will, sich auch dann nicht auf dessen Einwilligung berufen, wenn der Steuerberater gemerkt hat, dass er gefilmt wird.[969]

Im Rahmen eines Fernsehmagazins, das die Zuschauer „mit den kleinen Skurrilitäten des Alltags unterhalten" will, wurde ein Beitrag über ein knapp fünfjähriges Mädchen gesendet, das sich auf dem weitläufigen Gelände eines italienischen Campingplatzes verlaufen hatte. Der Beitrag zeigte u.a. die Angst und Verzweiflung der Mutter des Kindes und ihre Erleichterung, als ihre Tochter wieder auftauchte. Obwohl die Mutter dem Fernsehteam bereitwillig Auskunft gegeben und dabei auch in die Kamera geschaut hatte, sprach OLG Karlsruhe[970] ihr eine Geldentschädigung zu. Es wertete die Ausstrahlung als schweren Eingriff in ihr Persönlichkeitsrecht, die nicht durch eine konkludente Einwilligung gedeckt sei. Denn die Mutter habe nicht damit rechnen müssen, dass der Beitrag in einer Form erfolgte, durch die sie sich verulkt vorkommen musste. Ein Beitrag dieser Form wäre durch die (konkludente) Einwilligung nur gedeckt, wenn der Interviewführer die Betroffene über Art, Inhalt und Form der geplanten Sendung informiert hätte.

Andererseits konnte sich ein Mann, der einem Fotografen gestattet hatte, sein Foto in eine Fotocommunity einzustellen, nicht dagegen zur Wehr setzen, dass sein Bild in einem Artikel zum Thema „Deutsche fleißig, Italiener heißblütig – Studie zu Klischees" verwendet wurde.[971]

Selbstkontrollfrage 6/1:

Ein Kamerateam begleitete den örtlichen Polizeibeamten ein paar Tage lang bei seinem Dienst, um einen Film für ein bundesweit verbreitetes Fernsehmagazin anzufertigen. Darüber wurde in der Lokalzeitung berichtet. Im Rahmen dieser Aktion erschien der Polizeibeamte unangemeldet bei jemandem, gegen den ein Betrugsvorwurf erhoben worden war, um ihn zu vernehmen. Der Polizist erklärte dem Beschuldigten unter Hinweis auf den Zeitungsartikel, dass das Kamerateam ihn begleite. Der Beschuldigte duldete, dass der Polizeibeamte und das Kamerateam seine Wohnung betraten und dass die Vernehmung, die mit der Eröffnung der gegen ihn erhobenen Vorwürfe begann, gefilmt wurde. Als ihm unmittelbar im Anschluss an die Vernehmung von einem Mitglied des Filmteams einige Fragen gestellt wurden, beantwortete er diese. Kann er sich gegen die Ausstrahlung dieser Aufnahmen erfolgreich zur Wehr setzen?

Haben sich die Abgebildeten bei einer Fernsehaufnahme selbst ins Bild gedrängt, können sie deren Verbreitung anschließend nicht unter Berufung auf das Recht am eigenen Bild verhindern.[972]

Die *Beweislast* dafür, dass die Abgebildeten zugestimmt haben, trägt derjenige, der das Bildnis veröffentlicht. Deshalb empfiehlt sich im Zweifel und nach Möglichkeit, die schriftliche Zustimmung einzuholen. Hat der Abgebildete dafür, dass er sich abbilden ließ, eine Entlohnung erhalten, so gilt die Einwilligung zur Veröffentlichung im Zweifel als erteilt (§ 22 S. 2 KUG).

---

[967] LG Düsseldorf AfP 2003, S. 469 ff.; vgl. auch LG Berlin, AfP 2008, S. 634 ff., zum Auftritt in einer Modenschau.
[968] OLG Karlsruhe AfP 2006, S. 467 ff.
[969] OLG Frankfurt/M. NJW-RR 1990, S. 1439.
[970] OLG Karlsruhe AfP 2006, S. 467 ff.
[971] LG Köln GRUR-RR 2007, S. 60 f.
[972] LG Frankfurt/M. NJW-RR 1995, S. 27 f. - „Universelles Leben".

In eine Abbildung *Minderjähriger* können wirksam nur deren gesetzliche Vertreter einwilligen.[973] Darüber hinaus ist auch die Einwilligung des Minderjährigen selbst erforderlich, sobald er in der Lage ist, die Bedeutung sein und Tragweite seiner Einwilligung zu überblicken. Davon kann in der Regel ab der Vollendung des 14. Lebensjahres ausgegangen werden.[974]

Das Recht am eigenen Bild *endet* nicht mit dem Tode des Abgebildeten. Wenn Ehegatte oder Kinder den Abgebildeten überleben, bedarf die Veröffentlichung noch zehn Jahre lang ihrer - gemeinsamen - Zustimmung. Sind weder Ehegatten noch Kinder vorhanden, so ist während dieses Zeitraums die Zustimmung der Eltern erforderlich. Leben auch diese nicht mehr, ist die Veröffentlichung frei. Nach Ablauf der Frist kommen noch Abwehransprüche aus postmortalem Persönlichkeitsschutz in Betracht.[975]

Die Einwilligung des Abgebildeten rechtfertigt die Veröffentlichung im Einzelfall nur, wenn sie durch jene auch *gedeckt* ist. Die Reichweite einer Zustimmungserklärung ergibt sich aus dem Sinn und Zweck, den die Beteiligten verfolgt haben.

Selbstkontrollfrage 6/2:

Im *stern* erscheint ein doppelseitiges Farbfoto, das einen Mann deutlich erkennbar in einem Wettbüro beim Ausfüllen eines Wettscheines zeigt. Das Bild ist mit dem folgenden Text versehen: „ZOCKERS TRAUM VOM TODSICHEREN TIP. Am Tresen des Baden-Badener Wettbüros füllt einer schnell noch seinen Schein aus. Die geplatzten Träume der anderen pflastern bereits den Boden. Die Rennvereine passen schon auf, dass von den 170 Millionen Mark Einsatz im Jahr nicht zu wenig in ihren Kassen bleibt. " Das Foto war anlässlich des Deutschen Derbys in Hamburg-Horn gemacht worden. Der Abgebildete hatte für den Pressefotografen bewusst posiert. Der Kläger hält die Veröffentlichung seines Fotos mit dem Begleittext für eine schwere Beeinträchtigung seines Persönlichkeitsrechts. Er verlangt die Zahlung eines Schmerzensgeldes. Zu Recht ?

Personenfotos, die ein Pressefotograf auf einer Veranstaltung oder bei einem Ereignis von aktuellem Interesse mit konkludenter Einwilligung der Abgebildeten angefertigt hat, dürfen im Rahmen der Berichterstattung über dieses Ereignis verwendet werden. Die Einwilligung erstreckt sich im Zweifel aber nicht auf die Verwendung für andere Zwecke.

So kann eine Zeitung oder Zeitschrift, die ein Foto, das Charlotte Casiraghi, die Tochter Carolines von Hannover, bei einem öffentlichen Auftritt zeigt, in einem „Personality"-Artikel verwendet, diese Verwendung *nicht* auf eine konkludente Einwilligung der Abgebildeten stützen.[976]

Ebenso wenig musste ihr Bruder einen Fernsehbeitrag hinnehmen, der ihn der Öffentlichkeit anlässlich der Beisetzung seines Großvaters, des Fürsten Rainier von Monaco, durch die Bewertung seines Erscheinungsbildes und die Ausbreitung von Belanglosigkeiten vielfältigster Art gegen seinen Willen als Idol präsentierte.[977]

Durch die Rechtsprechung des BGH ist auch die Entscheidung des Amtsgerichts Bonn[978] überholt, nach der die Einwilligung in die Anfertigung eines „Situationsfotos" oder „Gelegenheitsfotos" durch einen Pressefotografen auch die Aufnahme ins Archiv und spätere Veröffentlichung bei einem entsprechenden, zu illustrierenden Berichtsanlass abdecken soll. Im Übrigen gilt:

- Wer einer Veröffentlichung seines Nacktfotos in einem Biologiebuch zustimmt, muss sich nicht ohne weiteres gefallen lassen, dass dieses Foto Jahre später im Fernsehen ausgestrahlt wird.[979]

---

[973] OLG München AfP 1983, S. 277.
[974] LG Bielefeld NJW-RR 2008, S. 715 ff. m.w.N.
[975] Zu den Voraussetzungen vgl. oben 4.5.
[976] Vgl. z.B. BGH AfP 2004, S. 267ff.; BGH AfP 2004, S. 533 f.; BGH AfP 2004, S. 534 ff..
[977] Zu den Einzelheiten siehe KG AfP 2007, S. 221 ff.
[978] AmtsG Bonn AfP 1990, S. 64 f.
[979] BGH NJW 1985, S. 1618 f.

- Gestattet ein Künstler unentgeltlich die Veröffentlichung seines Bildes, so bezieht sich sein Einverständnis im Zweifel nicht auf dessen Verwertung für eine Warenreklame.[980]
- Erlaubt ein Hochzeitspaar der Presse, Hochzeitsfotos anzufertigen, so deckt dies nicht deren Veröffentlichung zur Illustration einer Rubrik, in der Eheanbahnungswünsche von Frauen und Männern abgedruckt sind.[981]
- Auch eine Veröffentlichung, die den Einwilligenden - für ihn nicht vorhersehbar - in einen seiner Ehre schwer abträglichen Zusammenhang stellt, ist durch die Einwilligung nicht gedeckt.[982]

In der Wochenzeitschrift *Praline* erschienen in der Rubrik „Die intime Sprechstunde" Artikel, in denen das Bild eines Mannes im Arztkittel mit der Unterschrift „Sexualmediziner Dr. Harald Groß" als Verfasser medizinischer Beiträge zu Fragen aus der Intimsphäre abgedruckt wurde. Der Abgebildete, der weder Mediziner noch Autor der abgedruckten Beiträge war, hatte sich in Kopenhagen für eine dänische Agentur im Arztkittel fotografieren lassen, ohne über den Verwendungszweck der Bilder informiert worden zu sein.

Das OLG Hamburg[983] entschied, eine allgemeine Einwilligung des Abgelichteten mit der Veröffentlichung der Bilder in der Presse decke die konkrete Verwendungsform nicht. Dieser habe nicht eine Publikation in Rechnung stellen müssen, die den Eindruck erwecke, er übe gegenüber dem Leser eine ärztliche Beratungstätigkeit aus, obwohl er hierzu in keiner Weise qualifiziert war.

Die Einwilligung in die Veröffentlichung von Bildnissen kann jedoch nicht nur für den Einzelfall, sondern auch allgemein, selbst zeitlich uneingeschränkt mit der Maßgabe erteilt werden, dass der Fotograf die Zeitschriften aussuchen darf, in denen die Fotos veröffentlicht werden sollen - etwa gegen prozentuale Beteiligung des Abgebildeten an dem jeweiligen Veröffentlichungshonorar.

Ein Widerruf einer solchen unbefristeten Einwilligung ist nur bei Vorliegen eines wichtigen Grundes möglich.[984] Als wichtiger Grund kommt auch ein Überzeugungswandel des Abgebildeten in Betracht - beispielsweise bei der Veröffentlichung von Nacktaufnahmen.[985]

6.1.3 Bildnis aus dem Bereich der Zeitgeschichte

Auch ohne Einwilligung der Abgebildeten ist die Veröffentlichung eines Bildnisses zulässig, wenn dieses dem Bereich der Zeitgeschichte entstammt, Personen nur als Beiwerk enthält, eine Versammlung darstellt oder einem höheren Interesse von Kunst oder Wissenschaft dient – es sei denn, dass seine Verbreitung berechtigte Interessen der Abgebildeten verletzt (§ 23 KUG).

Hinter dieser gesetzlichen Regelung steckt dieselbe Wertung, die auch die Grenzen des allgemeinen Persönlichkeitsrechts bestimmt: Der Persönlichkeitsschutz muss zurücktreten, soweit das öffentliche Informationsinteresse überwiegt. Dieser Grundgedanke ist deshalb bei der Interpretation der Regelungen des § 23 Abs. 1 KUG zu berücksichtigen.[986] So umfasst der Bereich der Zeitgeschichte nicht nur das politische, sondern auch das soziale, wirtschaftliche und kulturelle Leben. Zur Zeitgeschichte gehören alle Ereignisse, die öffentliche Aufmerksamkeit finden, die nicht nur auf Schaulust und Neugier beruhen.[987]

Ein Bildnis aus dem Bereich der Zeitgeschichte im Sinne des § 23 Abs. 1 Ziff.1 KUG liegt demzufolge vor, wenn die dargestellte Person durch ihr Verhalten im Einzelfall öffentliches

---

[980] BGH NJW 1956, S. 1554 ff. - Paul Dahlke.
[981] BGH MDR 1962, S. 194.
[982] BGH NJW 1965, S. 1374.
[983] OLG Hamburg AfP 1981, S. 356 ff.; ebenso für den Fall, dass der Eindruck erweckt wird, der Abgebildete leide an AIDS: OLG Hamburg AfP 1987, S. 703 ff.
[984] LG Bielefeld NJW-RR 2008, S. 715 ff. m.w.N.
[985] OLG München AfP 1989, S. 570 f. = NJW-RR 1990, S. 999 = OLGZ 90, S. 97; zu den Anforderungen an einen entsprechenden Gesinnungswandel vgl. LG Hamburg AfP 1996, S. 186 ff.
[986] Vgl. z.B. BVerfG AfP 2001, S. 212ff. – Ernst August von Hannover
[987] Vgl. BGH NJW 1979, S. 2203; OLG Hamburg AfP 1995, S. 665.

Aufsehen erregt hat („relative Person der Zeitgeschichte") und die Abbildung im Rahmen der Berichterstattung über dieses „zeitgeschichtliche Ereignis" erfolgt.

> So muss ein ehemaliges Mitglied der RAF die Veröffentlichung von Fotos, die es bei seinem Auftritt auf einer öffentlichen Diskussionsveranstaltung zeigen, auch dann dulden, wenn die Anfertigung von Fotos dort verboten war.[988]

Die Abbildung muss die relative Person der Zeitgeschichte nicht unbedingt bei dem entsprechenden zeitgeschichtlichen Ereignis zeigen. Zulässig ist auch die Verwendung einer kontextneutralen Aufnahme (z.B. eines Porträtfotos) oder einer bei einem anderen Anlass gefertigten Abbildung – es sei denn, dass dies den Abgebildeten in seinem Persönlichkeitsrecht stärker beeinträchtigt als die Verwendung einer kontextbezogenen Aufnahme.[989]

> So darf durch die Verwendung des Fotos aus einem anderen Kontext kein falscher Eindruck entstehen. Problematisch wäre auch die Verwendung einer kontextfremden Abbildung, die den Abgebildeten in einer besonders unglücklichen Situation zeigt oder ihn besonders unvorteilhaft darstellt.[990]

Nach der bisherigen Rechtsprechung galten als Bildnisse aus dem Bereich der Zeitgeschichte auch Abbildungen von Personen, an denen das Publikum auf Grund ihrer Stellung im gesellschaftlichen Leben ein besonderes Interesse hat („absolute Personen der Zeitgeschichte") – und zwar allgemein, d.h. unabhängig von einem bestimmten zeitgeschichtlichen Ereignis. Diese Rechtsprechung hat der BGH nunmehr in Reaktion auf die Rechtsprechung des EGMR relativiert. Danach ist auch die Verbreitung von Abbildungen solcher Personen ohne deren Einwilligung nur gerechtfertigt, wenn die Berichterstattung im Einzelfall *ein Ereignis* von zeitgeschichtlicher Bedeutung betrifft[991] und die Abwägung ergibt, dass das Informationsinteresse der Öffentlichkeit das Schutzinteresse des Abgebildeten überwiegt.[992] Bei der Befriedigung bloßer Neugier ist das nicht der Fall. Bei der Beurteilung der Frage, ob der Informationswert eines Beitrages über die Befriedigung bloßer Neugier hinausgeht, kann allerdings auch der Bekanntheitsgrad des Betroffenen von Bedeutung sein. Der erforderliche Informationswert kann sich aus dem Inhalt des Bildes ergeben, aber auch aus der Wortberichterstattung, dessen Illustrierung die Abbildung dient.[993]

> Als hinreichend legitimiert hat der BGH die Illustrierung des Verhaltens der Familienmitglieder angesichts der Erkrankung des Fürsten von Monaco[994] angesehen, nicht aber einen Bericht über eine Erkrankung von Ernst August von Hannover.[995] Diesen hat das Gericht der geschützten Privatsphäre des Prinzen zugeordnet; ein hinreichendes Informationsinteresse der Öffentlichkeit hat es nicht anerkannt.

> Das BVerfG hat dem Bericht darüber, dass „die Reichen und Schönen" „sparsam" werden und ihre Villen vermieten, Informationswert zugesprochen und dem BGH aufgegeben zu prüfen, ob der Bericht darüber, dass auch Caroline von Hannover eine Villa in Kenia vermietet, mit einem kleinformatigen Foto illustriert werden darf, das sie und ihren Mann in Freizeitkleidung zeigt.[996]

> Ein Bericht darüber, dass der ehemalige Außenminister Joschka Fischer zwei Jahre nach seinem Ausscheiden aus dem Amt eine Dozentur an der Universität Princeton antrat, durfte mit einem Foto illustriert werden, das ihn mit Ehefrau und (unkenntlich gemachter) Stieftochter bei seiner Ankunft in New York auf dem Flughafen zeigte.[997]

---

[988] LG Berlin AfP 2008, S. 222 ff. – Rolf Heißler.

[989] BVerfG AfP 2001, S. 212 ff., 217 – Ernst August von Hannover.

[990] BVerfG AfP 2001, S. 212 ff., 216 – Ernst August von Hannover.

[991] BGH AfP 2007, S. 208 ff. (209), Abschnitt 17.

[992] BGH AfP 2007, S. 208 ff. (210), Abschnitt 20.

[993] BGH AfP 2007, S. 208 ff. (210), Abschnitt 23 = NJW 2008, S. 3141 ff., unter Berufung auf EGMR NJW 2004, S. 2647 (2650) = AfP 2004, S. 348 ff., und die eigene bisherige Rechtsprechung.

[994] BGH GRUR 2007, S. 523 ff. – Ernst August von Hannover; bestätigt durch BVerfG NJW 2008, S. 1793 ff.

[995] BGH AfP 2008, S. 606 ff., 608 ff.

[996] BVerfG AfP 2008, S. 163 ff. ((171), Abschnitte 102 ff. = GRUR 2008, S. 539 ff. = NJW 2008, S. 1793 ff.); vgl. auch die abschließende Entscheidung des BGH in AfP 2008, S. 503 ff..

[997] KG AfP 2007, S. 375 f.

Das Kammergericht Berlin vertritt darüber hinaus die Auffassung, von zeitgeschichtlicher Bedeutung sei auch der Übergang eines hochrangigen Politikers vom Politikerleben zum privaten Alltag. Daher sei in einem solchen Fall ein Berichterstattungsinteresse auch an konkreten Umständen des alltäglichen Privatlebens anzuerkennen.[998]

Erfolgreich geklagt hat Caroline von Hannover demgegenüber gegen die Verbreitung von Fotos, die sie ohne besonderen Anlass in einem Strandbad,[999] beim Reiten, beim Einkaufen oder inmitten von Gästen in einem Gasthaus zeigen.[1000] Auch ein Skiurlaub oder die Anreise zu einer Geburtstagsfeier geben nach Ansicht des BGH keinen ausreichenden Berichterstattungsanlass ab.[1001]

Ein Fußball-Nationalspieler muss nicht hinnehmen, dass die BILD-Zeitung das Bild eines „Leser-Reporters" veröffentlicht, das ihn im Urlaub am Strand von Mallorca zeigt.[1002] Ein bekannter Fußballtorwart hat sich zu Recht dagegen gewehrt, in einem Bericht über die Anwesenheit Prominenter in St. Tropez mit seiner Freundin auf der Strandpromenade dargestellt zu werden.[1003] Dass Herbert Grönemeyer den Krebstod seiner Frau und seines Bruders in seinen Liedern verarbeitet hat, führt nicht dazu, dass seine neue Lebensgefährtin die Veröffentlichung von Fotos hinnehmen muss, die sie mit Grönemeyer bei einem Urlaubsbummel in Rom zeigen.[1004]

Spekulationen über mögliche Ereignisse rechtfertigen die Verbreitung ebenso wenig[1005] wie Berichte, in deren Mittelpunkt nicht das Ereignis steht, sondern die Person, die an dem Ereignis teilgenommen hat.[1006] In einer ereignisbezogenen Glosse hingegen kann auch ein Portraitfoto der glossierten Person verwendet werden.[1007]

Das BVerfG hat die veränderte Rechtsprechung des BGB im Grundsatz akzeptiert und um eine Reihe von Gesichtspunkten ergänzt, die bei der Abwägung von Persönlichkeitsschutz und Berichterstattungsfreiheit zu beachten sind:

Danach fällt bei dieser Abwägung zugunsten der Pressefreiheit ins Gewicht, ob die Berichterstattung einen Bezug zu Fragen aufweist, welche die Öffentlichkeit wesentlich angehen, und welches Gewicht diesem Informationsinteresse im Einfall zukommt – sei es, dass die Abbildung selbst eine für die öffentliche Meinungsbild bedeutsame Information enthält, sei es, dass sie einen Wortbericht ergänzt oder die Aufmerksamkeit für ihn weckt. Ein Informationsinteresse besteht zum einen an der Aufdeckung von Unstimmigkeiten zwischen öffentlicher Selbstdarstellung und privater Lebensführung. Doch auch die Normalität des Alltagslebens prominenter Personen darf der Öffentlichkeit vor Augen geführt werden, wenn dies der Meinungsbildung zu Fragen von allgemeinem Interesse dient. Die unterhaltsame Aufmachung mindert die Schutzwürdigkeit eines Beitrages nicht. Auch die „bloße Unterhaltung" kann einen Beitrag zur Meinungsbildung leisten, indem sie Realitätsbilder vermittelt und Gesprächsgegenstände zur Verfügung stellt, an die sich Diskussionsprozesse anschließen können, die sich auf Lebenseinstellungen, Werthaltungen und Verhaltsmuster beziehen.[1008] Bei Unterhaltungsbeiträgen kommt allerdings andererseits dem kollidierenden Persönlichkeitsschutz maßgebliche Bedeutung zu. Das gilt insbesondere in den Fällen, in denen die Ausbreitung privater Angelegenheiten lediglich dazu dient, die Neugier zu befriedigen. In solchen Fällen ist es verfassungsrechtlich nicht angezeigt, dem Veröffentlichungsinteresse den Vorrang vor dem privaten Schutzinteresse einzuräumen.[1009]

---

[998] KG AfP 2007, S. 573 ff. – Joschka Fischer.

[999] OLG Hamburg AfP 1999, S. 175 f.

[1000] BVerfG AfP 2000, S. 76 ff.

[1001] BGH AfP 2007, S. 208 ff. (211), Abschnitte 27 – 32.

[1002] LG AfP 2006, S. 574 ff.

[1003] BGH AfP 2007, S. 475 ff. – Oliver Kahn.

[1004] BGH AfP 2007, S. 472 ff.

[1005] BVerfG AfP 2001, S. 212 ff., 218 – Ernst August von Hannover.

[1006] Vgl. dazu z.B. BGH in NJW 2004, S. 1795 ff., AfP 2004, S. 267 ff., AfP 2004, S. 533 f.. und AfP 2004, S. 534 ff. – Charlotte Casiraghi.

[1007] BVerfG AfP 2001, S. 212 ff., 217 – Ernst August von Hannover.

[1008] BVerfG AfP 2008, S. 163 ff. (167) unter Berufung auf BVerfGE 34, S. 269 ff. (283) = AfP 1973, S. 435 ff.; BVerfGE 101, S. 361 ff. (391) = AfP 2000, S. 76 ff.

[1009] BVerfG AfP 2008, S. 163 ff. (167), Abs. 68.

Durch diese Rechtsprechung hat die Frage, ob jemand als „absolute Person der Zeitge-schichte" einzuordnen ist, erheblich an Relevanz verloren. Für die Beurteilung der Zulässigkeit eines Personenfotos spielen die Gesichtspunkte „Bekanntheitsgrad" und „gesellschaftliche Stel-lung" des Abgebildeten allerdings weiterhin eine Rolle, soweit sie für die Beurteilung von Be-deutung sind, ob der Beitrag im Einzelfall zur öffentlichen Meinungsbildung, insbesondere zur Kritik- und Kontrollfunktion der Massenmedien, beiträgt.

So hat das LG Hamburg die Hochzeit von Günther Jauch als zeitgeschichtliches Ereignis gewertet. Da-bei hat es auf dessen Stellung im öffentlichen Leben, den Ort der Hochzeit und die Zusammensetzung der Hochzeitsgesellschaft abgestellt: Zum einen verschafften ihm die von ihm moderierten Sendungen ein hohes Maß an Einfluss auf die politische Meinungsbildung sowohl für den Bereich der Unterhaltung als auch für die politische Willensbildung. Zum anderen zählten das Schloss Belvedere und die Frie-denskirche, wo die Hochzeitsfeierlichkeiten stattfanden, zu den bekanntesten Sehenswürdigkeiten Deutschlands. Schließlich hätten an der Hochzeitsfeier zahlreiche hochrangige Entscheidungsträger aus Sport, Medien, Wirtschaft und Politik teilgenommen. Daran bestehe schon deshalb ein gewichtiges Informationsinteresse der Öffentlichkeit, weil die Frage, mit welchen bedeutsamen Entscheidungsträ-gern Jauch derart eng verbunden ist, dass er sie zu seiner Hochzeitsfeier einlädt, für die Beurteilung sei-ner journalistischen Unabhängigkeit von Bedeutung sein könne.[1010]

Das LG Hamburg will der Rechtsprechung des EGMR dadurch Rechnung tragen, dass es als „absolute Personen der Zeitgeschichte", deren Bildnis kontextunabhängig veröffentlicht werden darf, generell nur solche Personen ansieht, die eine – im weitesten Sinne – „politische Funktion" innehaben bzw. Einfluss auf den „demokratischen Prozess" ausüben. Denn die Berichterstattung über solche Personen leiste in der Regel einen Beitrag zu einer für die demokratische Öffentlichkeit belangvollen Sachdebatte. Für Personen, deren Prominenz daraus resultiert, dass sie unterhaltend tätig sind, gelte dies nicht. Beiträge über sie befriedigten eher das Bedürfnis des Publikums nach oberflächlicher Unterhaltung.[1011]

Selbstkontrollfrage 6/3:

In der Welt am Sonntag vom 30.6.2002 erschien ein Beitrag, der sich unter der Überschrift „Im-mer hoch zu Ross: Die begehrtesten Teenager in Paris" ein Beitrag, der sich mit der Teilnahme von Charlotte Casiraghi und Athina Onassis an einem Reitturnier befasst. Der Bericht ist u.a. mit einem Bild von C. Casiraghi als Reiterin auf einem Pferd illustriert. In dem Text heißt es u.a.: „Im Leben jedes Mädchens gibt es eine Phase, die nur den Pferden gehört. Jungs haben nichts zu melden ... Das ist normal, und insoweit sind Charlotte Casiraghi, Tochter von Caroline von Mo-naco, und Athina Onassis ganz normale Mädchen. Beide reiten, beide nahmen am Freitag an einem internationalen Springturnier in Le Touquet in Frankreich teil. ... Athina, 17, und Charlotte, knapp 16 Jahre alt, dürften die beiden jungen Frauen sein, denen die internationale High Society derzeit die größte Aufmerksamkeit schenkt ... Charlotte, bildschön, ‚witzig und wirklich cool', wie Karl Lagerfeld ihr attestierte, gilt als Glamourprinzessin der Zukunft. Doch wer, wie die beiden jungen Frauen, Springreiten auf Wettbewerbsniveau betreibt, braucht Ehrgeiz, Disziplin und muss viel Zeit mit den Pferden verbringen."
Kann Charlotte Casiraghi der Zeitung (neben dem Text) auch die Verbreitung des Bildes verbie-ten lassen?

Der Umstand, dass ein Rechtsanwalt im Auftrag eines Mandanten presserechtliche Ansprüche gegen eine Zeitung erhebt, macht ihn *nicht* zu einer Person der Zeitgeschichte. Die Zeitung ist deshalb nicht berechtigt, darüber unter Veröffentlichung seines Bildes zu berichten.[1012]

In Rechtsprechung und Rechtslehre umstritten ist die Frage, ob ein Bildnis aus dem Bereich der Zeitgeschichte auch dann vorliegen kann, wenn die abgebildeten Personen als solche nicht von zeitgeschichtlichem Interesse sind, aber sonstige Umstände dem Foto dokumentarischen

---

[1010] LG Hamburg AfP 2008, S. 100 ff. (102).
[1011] LG Hamburg AfP 2008, S. 97 ff. – Hansi Hinterseer.
[1012] LG Berlin AfP 1999, S. 381 ff.

Charakter verleihen.[1013] Angesichts der Gesetzesfassung, die auf die Eigenschaft des Bildnisses selbst abstellt, wird sich ein solcher Fall nicht ausschließen lassen. Um das Selbstbestimmungsrecht des Abgebildeten nicht über Gebühr zu beeinträchtigen, ist dann jedoch besonders sorgfältig zu prüfen, ob die beabsichtigte Veröffentlichung durch ein überwiegendes öffentliches Informationsinteresse gerechtfertigt ist.[1014]

> Das Foto eines Polizeibeamten im Einsatz, der unter Einsatz des Schlagstocks an der Auflösung einer Sitzblockade teilnimmt, hat - unabhängig von der Frage, ob der Beamte durch sein Verhalten als relative Person der Zeitgeschichte zu qualifizieren ist - dokumentarischen Charakter. Seine Veröffentlichung ist durch die Berichterstattungsfreiheit der Massenmedien gerechtfertigt.[1015] Bei einer anderen Beurteilung wäre die Fähigkeit der Massenmedien zur Erfüllung ihrer Kontrollfunktion gegenüber dem Einsatz staatlicher Gewalt in einem entscheidenden Punkte erheblich geschwächt.[1016] Anders zu beurteilen ist hingegen die Veröffentlichung von Porträtaufnahmen zur Aufdeckung der Identität verdeckt arbeitender Polizisten.[1017] Diese ist durch § 23 Abs. 1 KUG nur gedeckt, wenn an ihr ausnahmsweise ein öffentliches Informationsinteresse besteht, weil beispielsweise den verdeckt arbeitenden Polizeibeamten vorgeworfen wird, selbst an der Begehung von Straftaten beteiligt gewesen zu sein.

Selbstkontrollfrage 6/4:

> Ein Pressefotograf hat von seiner Redaktion den Auftrag, ein Foto von dem stellvertretenden Leiter der Staatsschutzabteilung bei der Kriminalpolizei in H. anzufertigen. Mit diesem Foto soll ein Bericht über eine Gerichtsverhandlung illustriert werden, zu der der Polizeibeamte als Zeuge geladen ist. In diesem Prozess ist ein anderer Redakteur desselben Blattes angeklagt, weil er den Beamten zuvor anlässlich der offiziellen Eröffnung einer Fußgängerzone, an der dieser in Zivil - ohne als Polizeibeamter in Erscheinung zu treten - teilgenommen hatte, fotografiert und dieses Bild ohne dessen Einwilligung in der Zeitung verbreitet hatte. Als der Pressefotograf den Beamten auf der Treppe zum Gerichtssaal aufnimmt, beschlagnahmt dieser den belichteten Film. Der Fotograf verlangt den Film heraus, um das Bild veröffentlichen zu können. Mit Aussicht auf Erfolg ?

6.1.4 Personen als Beiwerk

Bilder einer Landschaft oder „sonstigen Örtlichkeit", auf denen Personen nur als „Beiwerk" erscheinen, dürfen grundsätzlich auch ohne Einwilligung der Abgebildeten verbreitet werden (§ 23 Abs. 1 Ziff. 2 KUG). Maßgeblich für die Erfüllung dieser Voraussetzung ist der *Gesamteindruck*, den das Bild vermittelt. Wird dieser durch die Darstellung einer bestimmten Örtlichkeit geprägt und ist die Personenabbildung derart untergeordnet, dass sie auch entfallen könnte, ohne dass sich der Charakter des Bildes wesentlich veränderte, so liegt ein solcher Fall vor.[1018] Dass das Foto ohne die Abbildung von Personen keine lebendige Ausstrahlungskraft haben würde, ändert an dieser Beurteilung nichts.[1019] Als Bilder im Sinne des § 23 Abs. 1 Ziff. 2 KUG kommen beispielsweise in Betracht:

- Aufnahme eines Fabrikgeländes mit Bauten, Maschinen und Containern, zwischen denen sich ein Werksangehöriger befindet,

---

[1013] Für eine solche Möglichkeit haben sich die Oberlandesgerichte Hamburg (Ufita 1977, S. 244, 250) und München (Ufita 1964, S. 322) ausgesprochen, dagegen OLG Stuttgart (AfP 1983, S. 396). Der BGH hat die Frage offen gelassen (NJW 1985, S. 1618).
[1014] Auch der BGH stellt in seiner einschlägigen Entscheidung im Ergebnis auf den Gesichtspunkt der Güterabwägung ab, BGH NJW 1985, S. 1618.
[1015] Franke NJW 1981, S. 2033 ff.
[1016] Schomburg AfP 1984, S. 80, 83
[1017] VG Köln AfP 1988, S. 183 mit weiteren Nachweisen.
[1018] OLG München ZUM 1997, 390; OLG Oldenburg NJW 1989, 400; OLG Karlsruhe GRUR 1989, 823.
[1019] OLG Frankfurt AfP 1984, S. 115.

- Aufnahme eines Universitätscampus, auf dem einzelne Studenten herumlaufen,
- Darstellung einer Fußgängerzone mit Passanten.

Entscheidend ist jedoch in jedem Fall, dass die abgebildeten Personen nicht so im Vordergrund der Abbildung stehen, dass sie sogleich den Blick des Betrachters auf sich ziehen.[1020] Wenn Thema des Bildes nicht die Landschaft ist, sondern die sich in dieser Landschaft aufhaltenden Personen (z. B. „Sonnenbader im Englischen Garten"), bilden diese kein Beiwerk.[1021]

6.1.5 Bilder von Versammlungen und Aufzügen

Bilder von Versammlungen, Aufzügen und ähnlichen Vorgängen dürfen ebenfalls ohne Einwilligung der Abgebildeten veröffentlicht werden.

Versammlungen und Aufzüge (Demonstrationen, Prozessionen, Festzüge u. ä.) sind dadurch gekennzeichnet, dass Personen zu einem gemeinsamen Zweck zusammenkommen. Als ein „ähnlicher Vorgang" ist auch eine zufällige Menschenansammlung anzusehen.[1022] Durch § 23 Abs. 1 Ziff. 3 KUG sollen solche Bilder privilegiert werden, bei denen nicht die einzelne Person im Mittelpunkt steht, sondern ein die Öffentlichkeit interessierender Vorgang. Anhaltspunkte dafür, dass dieses auf zufällige Menschenansammlungen nicht zutrifft, sind nicht ersichtlich.

Gegenstand des Bildes muss die Menschenansammlung *als solche* sein. Fotos von einzelnen Versammlungs*teilnehmern* erfüllen diese Voraussetzung *nicht*.[1023] Auch hier kommt es wieder entscheidend auf den Gesamteindruck an.

Das Bild einer Versammlung setzt nicht voraus, dass *alle* Versammlungsteilnehmer auf diesem abgebildet sind. Die Wiedergabe eines Ausschnitts aus einer Versammlung reicht aus, wenn er einen repräsentativen Eindruck des Geschehens vermittelt.[1024]

Selbstkontrollfrage 6/5:

Die MLPD, eine Partei, die sich zu den Lehren von Marx, Engels, Lenin, Stalin und Mao Tsetung bekennt, wirbt bei den Kommunalwahlen in Stuttgart mit einem Plakat, auf dem fünf Personen abgebildet sind. Im oberen Bereich des Plakats befindet sich der Aufruf: „Wählt Marxistisch-Leninistische Partei Deutschlands MLPD", unter der Abbildung der Personen der Text: „Radikal für Arbeiterinteressen". Das Foto stellt einen Ausschnitt aus einer Arbeiterdemonstration dar, die im Zusammenhang mit den Auseinandersetzungen um die Zukunft des Stahlwerks in Rheinhausen stattfand. Unter den fünf abgebildeten Personen befindet sich u. a. ein SPD-Mitglied, das auch schon als Bundestagskandidat für die SPD hervorgetreten ist. Kann dieses SPD-Mitglied die Verbreitung des geschilderten Wahlplakats gerichtlich verbieten lassen?

[1020] LG Köln MDR 1965, S. 658 - Flugscheindiebstahl; LG Oldenburg AfP 1987, S. 536 f. - Wahlplakat; OLG Karlsruhe ZUM 1990, S. 92 - Unfallzeuge.
[1021] OLG München NJW 1988, S. 916; ebenso schon OLG Düsseldorf GRUR 1970, S. 618 - Schleppjagd.
[1022] Ebenso von Strobl-Albeg in Wenzel, Kapitel 8, Rz. 50; OLG Karlsruhe ZUM 1990, S. 92; a. A. OLG München NJW 1988, S. 916.
[1023] LG Hamburg AfP 2008, S. 100 ff. ((102) unter Berufung auf OLG Karlsruhe AfP 1980, S. 64 f.
[1024] So auch von Strobl-Albeg in Wenzel, Kapitel 8, Rz. 51, OLG München NJW 1988, S. 916.

6.1.6 Kunst und Wissenschaft

Dient die Verbreitung eines Bildnisses, das nicht auf Bestellung angefertigt worden ist, einem höheren Interesse von Kunst oder Wissenschaft, so ist diese auch ohne Einwilligung der Abgebildeten zulässig (§ 23 Abs. 1 Ziff. 4 KUG).

Von praktischer Bedeutung für den Journalismus ist diese Vorschrift zum einen bei der Berichterstattung über Ausstellungen. Sie kann aber auch den Abdruck künstlerisch gestalteter Fotografien rechtfertigen.

6.1.7 Verbreitung von „Steckbriefen"

Gemäß § 24 KUG ist den zuständigen Behörden „für Zwecke der Rechtspflege und der öffentlichen Sicherheit" die Veröffentlichung von Bildnissen auch ohne Einwilligung des Abgebildeten gestattet. Eine solche Veröffentlichung setzt jedoch eine Abwägung zwischen dem öffentlichen Interesse an einer wirksamen Strafverfolgung einerseits und dem schutzwürdigen Interesse des Betroffenen andererseits voraus. Sie kommt daher nach Ansicht des OLG Hamm „in aller Regel nur dann in Betracht, wenn dringender Tatverdacht wegen einer schwerwiegenden Straftat besteht".[1025] In einem solchen Fall ist auch die Verbreitung von Fahndungsfotos durch die Massenmedien zulässig, soweit sie auf Veranlassung der Strafverfolgungsbehörden geschieht.

6.1.8 Berechtigte Interessen des Abgebildeten

Die Befugnis, ein Bildnis ohne Einwilligung des Abgebildeten zu veröffentlichen, wenn einer der zuvor erörterten Ausnahmetatbestände vorliegt, erstreckt sich nicht auf solche Veröffentlichungen, durch die ein berechtigtes Interesse des Abgebildeten oder - falls dieser verstorben ist - seiner Angehörigen verletzt wird (§ 23 Abs. 2 KUG).

Um den Sinn dieser Regelung erfassen zu können, durch die die Ausnahmeregelung des § 23 Abs. 1 KUG wiederum eingeschränkt wird (Ausnahme von der Ausnahme), muss man sich vor Augen halten, dass die gesetzliche Regelung des Rechts am eigenen Bild dem Ziel dient, das Spannungsverhältnis zwischen individuellem Persönlichkeitsschutz und öffentlichem Informationsinteresse auszugleichen. Dazu wird zunächst als allgemeine Regel bestimmt, dass die Abbildung individuell erkennbarer Personen nur mit deren Zustimmung veröffentlicht werden darf (§ 22 S. 1 KUG). Damit durch diese Regelung die Wahrnehmung öffentlicher Informationsinteressen nicht übermäßig behindert wird, werden dann jedoch eine Reihe von Ausnahmetatbeständen festgelegt, bei deren Vorliegen *typischerweise* dem Persönlichkeitsschutz gegenüber der Berichterstattungsfreiheit nur untergeordnete Bedeutung zukommt (§ 23 Abs. 1 KUG). Um Unzuträglichkeiten, die sich aus der Typisierung für den Persönlichkeitsschutz ergeben können, zu vermeiden, wird schließlich in § 23 Abs. 2 KUG bestimmt, dass in den Fällen, in denen das Interesse des Abgebildeten, die Verbreitung des Bildes zu verhindern, schutzwürdiger ist als das Informationsinteresse der Allgemeinheit (berechtigtes Interesse des Abgebildeten), auf seine Einwilligung nicht verzichtet werden kann.

[1025] OLG Hamm NStZ 1982, S. 82 ff.

6.1.8.1   Werbung

Ein solcher Fall liegt beispielsweise vor, wenn Fotos, auf denen Personen der Zeitgeschichte abgebildet sind, nicht zur Befriedigung eines allgemeinen Informationsinteresses, sondern zu *Werbezwecken* eingesetzt werden. „Nur der Abgebildete hat, auch wenn er Person der Zeitgeschichte ist, darüber zu bestimmen, ob er sein Bild zu Werbungszwecken zur Verfügung stellen will.“[1026] Das gilt auch dann, wenn es sich um die Werbung einer angesehenen Firma für anerkannte Qualitätsware handelt und die Abbildung als solche einwandfrei ist.[1027] Auch die bloße Abbildung in einer Werbeanzeige zur Demonstration des Gebrauchszwecks der Ware braucht der Abgebildete nicht zu dulden.[1028]

> In einer Werbeanzeige für Fernsehgeräte darf eine Person gegen ihren Willen auch nicht nur zur Demonstration von Brillanz und Schärfe des Bildes auf dem Bildschirm dargestellt werden - und zwar selbst dann nicht, wenn sie gegen ein solches Vorgehen bei Zahlung eines angemessenen Honorars nichts einzuwenden gehabt hätte.[1029]

Eine Ausnahme von dieser Regel gilt nach der Rechtsprechung des BGH in den Fällen, in denen eine Werbeanzeige zugleich als Beitrag zur öffentlichen Meinungsbildung zu bewerten ist.

> Das hat der BGH bei einer Anzeige eines Autovermieters bejaht, die sich in satirischer Form mit dem Rücktritt von Oskar Lafontaine nach nur kurzer Zeit als Finanzminister beschäftigte („Mitarbeiter in der Probezeit“).[1030]
> Demgegenüber hat das OLG Hamburg die Anspielung auf den angeblichen Hang von Ernst August von Hannover zu Gewalttätigkeiten in einer Zigarettenreklame nicht akzeptiert.[1031]

Selbstkontrollfrage 6/6:

> Im Wahlkampf zur Wahl des Berliner Abgeordnetenhauses verbreitet die CDU einen Werbespot, in dem ein imaginäres Arbeitszimmer des Regierenden Bürgermeisters gezeigt wird. Darin liegen in großer Unordnung unbearbeitete Akten, diverse Einladungskarten für Partys und Veranstaltungen sowie eine CD der „Love Parade" herum. Auf dem Schreibtisch steht u.a. ein gerahmtes Porträtfoto der Kabarettistin Desiree Nick, die mit dem Bürgermeister befreundet ist. Sie hatte zwei Jahre mit ihm auf der „Berliner AIDS-Gala" zwei Jahre zuvor einen Zungenkuss ausgetauscht, über den in den Medien berichtet wurde.
> Frau Nick meint, durch den Werbespot werde sie zu Unrecht einer bestimmten politischen Richtung zugeordnet. Sie verlangt von der CDU eine Geldentschädigung wegen Verletzung ihres Rechts am eigenen Bild. Zu Recht?

Der Einsatz eines Doubles steht der Verwendung eines „echten" Bildes auch hier gleich.[1032]

Werden „Prominentenfotos" zu *anderen gewerblichen Zwecken* verwendet, so bedarf es keiner Einwilligung der Abgebildeten, wenn mit der Publikation zugleich ein allgemeines Informationsbedürfnis befriedigt wird.

> Deshalb ist die Verwendung eines Prominentenfotos auf der Titelseite einer Kundenzeitschrift grundsätzlich nicht zu beanstanden.[1033] Das gilt auch, wenn die Zeitschrift neben zahlreichen Werbeartikeln nur wenige kurze und oberflächliche redaktionelle Beiträge enthält. Anders verhält es sich nur, wenn ein solcher Titel wiederum in einer Werbeanzeige abgebildet wird.[1034]
> Erlaubt ist es auch, das Bild eines bekannten Fußballspielers als Deckblatt eines Fußballkalenders zu

---

[1026] BGH NJW 1971, S. 700 - Pariser Liebestropfen.
[1027] BGH NJW 1956, S. 1554.
[1028] BGH NJW 1961, S. 558 - Szenenfoto.
[1029] BGH NJW 1979, S. 2205 ff.
[1030] BGH GRUR 2007, S. 139 ff.
[1031] OLG Hamburg AfP 2007, S. 371 ff.
[1032] OLG Karlsruhe AfP 1996, S. 282 f.
[1033] BGH AfP 1995, S. 495 f.
[1034] OLG Köln AfP 1993, S. 751 f.

verwenden, in dem „die Bewegungsdynamik kampfbetonter Aktionen in herausgehobenen Fußballspielen" gezeigt wird.[1035] Boris Becker muss seine Darstellung „in Aktion" auf dem Schutzumschlag eines Tennislehrbuchs dulden, das sich an den unterschiedlichen Schlagtechniken bekannter Tennisspieler orientiert.[1036] Demgegenüber bedarf derjenige, der Einzelbildnisse von Fußballspielern für Sammelalben gewerbsmäßig vertreibt, der Einwilligung der Abgebildeten.[1037]

Andererseits verletzt die Abbildung auf einem Zeitungs-Dummy, der in einer Werbekampagne zur Einführung einer neuen Zeitung benutzt wird, das Persönlichkeitsrecht des Abgebildeten jedenfalls dann, wenn er lediglich zur Illustration eines fiktiven Beitrages dient, dessen Veröffentlichung von vornherein nicht geplant war.[1038]

Der Grundsatz, dass Abbildungen von Personen der Zeitgeschichte zu Werbezwecken nur mit ihrer Erlaubnis eingesetzt werden dürfen, lässt sich auf Bilder von Versammlungen sowie solche, auf denen die abgebildeten Personen lediglich als Beiwerk erscheinen, nicht ohne weiteres übertragen.[1039] Da die einzelne Person auf solchen Bildern die Aufmerksamkeit des Betrachters *nicht* in besonderer Weise auf sich zieht, ist sie auch nicht in gleicher Weise schutzbedürftig.

6.1.8.2 Privatleben

Bilder von Versammlungen können überwiegende Interessen der Abgebildeten jedoch verletzen, weil sie deren persönliche Lebensumstände preisgeben.

So ist die Abbildung einer im Arbeitsamt oder Sozialamt wartenden Menschenschlange ohne Einwilligung aller Abgebildeten nicht zulässig.

Ein überwiegendes Schutzbedürfnis des Abgebildeten liegt ferner vor bei Bildern, die seine *Privat-* oder *Intimsphäre* berühren. Zur Privatsphäre gehören zum einen Angelegenheiten, deren öffentliche Erörterung oder Zurschaustellung als peinlich empfunden wird.

Dazu gehören z.B. sexuelle oder sozial abweichende Verhaltensweisen, Krankheiten, die vertrauliche Kommunikation innerhalb der Familie sowie mit Freunden und Bekannten.

Zum anderen schützt die Privatsphäre einen räumlichen Bereich, in dem der Einzelne zu sich kommen, sich entspannen oder auch gehen lassen kann. Die ungenehmigte Veröffentlichung von Fotos, die den Abgebildeten in seinem Privatbereich zeigen, verletzt grundsätzlich dessen Persönlichkeitsrecht.[1040] Das gilt auch für Personen, die aufgrund ihres Ranges oder Ansehens, ihres Amtes oder Einflusses, ihrer Fähigkeiten oder Taten besondere öffentliche Beachtung finden.[1041] Der Schutz entfällt allerdings, wenn jemand seine Privatsphäre der Öffentlichkeit zugänglich macht.[1042] Da der Schutz der Privatsphäre nicht ihrer Kommerzialisierung dient, kann die Berichterstattung über sie nicht durch Exklusivverträge auf ein Publikationsorgan beschränkt werden.[1043]

Zur Privatsphäre gehören nicht nur abgeschirmte Privaträume (Wohnung, Garten). Auch wer sich außerhalb des eigenen Hauses an einen abgeschiedenen Ort zurückgezogen hat, an dem er erkennbar für sich allein sein will, kann sich dagegen zur Wehr setzen, dass Bilder veröffentlicht werden, die ihn in dieser Situation zeigen.[1044] Dasselbe gilt für Abbildungen, die den familiären Umgang Prominenter mit ihren Kindern zeigen. Solche Abbildungen dürfen ohne Einwil-

---

[1035] BGH NJW 1979, S. 2204.

[1036] OLG Frankfurt AfP 1988, S. 62 ff.

[1037] BGH NJW 1968, S. 1091 f.

[1038] OLG München AfP 2007, S. 237 ff.

[1039] OLG Frankfurt AfP 1984, S. 115.

[1040] BVerfG, AfP 2000, S. 78.

[1041] Allg. Auffassung, vgl. z.B. LG Berlin AfP 2007, S. 2576 ff. (258) – Gottschalk.

[1042] Vgl. z.B. LG Berlin AfP 2007, S. 257 ff. (259).

[1043] BVerfG, AfP 2000, S. 79.

[1044] BGH AfP 1996, S. 140 ff.; bestätigt durch BVerfG, AfP 2000, S. 76 ff.; vgl. auch LG Hamburg AfP 2008, S. 100 f. – Hochzeitsfoto-

ligung der Betroffenen nur verbreitet werden, wenn sich diese „bewusst der Öffentlichkeit zuwenden, etwa gemeinsam an öffentlichen Veranstaltungen teilnehmen oder gar in deren Mittelpunkt stehen.“[1045] Der besondere Schutz des familiären Umgangs gilt für Fotos von einem Fa-
milienurlaub auch dann, wenn ein Bildausschnitt gewählt wird, auf dem die Kinder nicht zu
sehen sind.[1046]

Für die Gewichtung des Persönlichkeitsschutzes bei Abbildungen, die prominente Personen
an belebten Plätzen zeigen, ist von Bedeutung, in welcher Situation die Betroffenen abgebildet
werden. Besonderen Schutz genießen sie, wenn die Abbildung sie in einer Situation der Ent-
spannung von Beruf und Alltag zeigt, in der sie erwarten dürfen, keinen Bildnachstellungen
ausgesetzt zu sein.[1047]

> So hat das Berliner Kammergericht der Lebensgefährtin von Herbert Grönemeyer das Recht zugespro-
> chen, einer Zeitschrift die Veröffentlichung von Fotos zu untersagen, die sie zusammen mit Grönemeyer
> beim Stadtbummel und dem Besuch eines Straßencafés in Rom zeigen.[1048]

> Demgegenüber soll ein Foto, das den ehemaligen Bundesaußenminister beim Blumengießen auf dem
> Balkon seiner Privatwohnung zeigt, durch ein öffentliches Informationsinteresse gerechtfertigt sein.[1049]

> Nach Ansicht des Landgerichts Berlin kann ein „Comedian" sich dagegen zur Wehr setzen, dass Fotos
> aus seinem privaten Alltag veröffentlicht werden, die ihn ohne die für seine öffentlichen Auftritte ver-
> wendete Maske (Perücke und Brille) zeigen.[1050]

Auch die Art, in der die Aufnahme zustande gekommen ist, kann ein besonderes Schutzbedürfnis begründen. Dieses kann sich vor allem daraus ergeben, dass die Aufnahme heimlich angefertigt wurde, auf einer beharrlichen Nachstellung beruht oder der Abgebildete überrumpelt worden
ist. Auch in solchen Fällen kann die Abwägung mit dem öffentlichen Informationsinteresse
allerdings für die Zulässigkeit der Verbreitung solcher Aufnahmen sprechen.

> So hat das Kammergericht Berlin die Verbreitung von Fotos, die die ehemalige Ministerpräsidentin von
> Schleswig-Holstein am Tag ihres Ausscheidens beim Einkaufsbummel zeigen, für gerechtfertigt gehal-
> ten, obwohl sie dadurch zustande gekommen waren, dass Pressefotografen die Betroffene gegen ihren
> ausdrücklich geäußerten Willen hartnäckig verfolgt hatten. Andererseits ist es nach Ansicht des Ge-
> richts mit dem Schutz der Privatsphäre der Betroffenen nicht mehr vereinbar, die ständige Beschattung
> auch am Folgetag noch fortzusetzen, ohne dass ein Ende absehbar ist.[1051] Auch der BGH vertritt die
> Auffassung, dass ein Prominenter sich dagegen zur Wehr setzen kann, nach ausführlicher Berichterstattung
> weiterhin Dauerverfolgungen und Dauerbelästigungen durch Fotografen ausgesetzt zu werden. Jedoch
> sei die Grenze durch das „gerade einmal zwei Tage andauernde Verhalten" der Reporter noch nicht
> überschritten.[1052]

> Ein ausreichendes Informationsinteresse legitimiert die Anwesenheit wartender Fotografen vor dem
> Ausgang einer Justizvollzugsanstalt nach Ansicht des Kammergerichts auch, wenn es darum geht, den
> Haftalltag eines bekannten Schauspielers und Moderators zu dokumentieren, der wegen Immobilienbe-
> trugs zu einer Freiheitsstrafe verurteilt worden ist, die er als Freigänger verbüßt.[1053]

> Demgegenüber rechtfertigt der Umstand, dass ein Schauspieler und Filmproduzent einige Tage zuvor
> die Trennung von seiner Ehefrau bekannt gegeben hat, nach Ansicht desselben Gerichts keine „Bela-
> gerung" seines Privathauses, die seine Möglichkeiten, sich auch außerhalb seines Hauses unbefangen
> zu bewegen, erheblich beeinträchtigen. Wehrt sich der Betroffene in einem solchen Fall gegen die An-
> fertigung von Aufnahmen, legitimiert auch dies deren Veröffentlichung jedenfalls dann nicht, wenn sich
> seine Tätlichkeiten auf das Wegdrücken der Kamera und die Androhung von Schlägen beschränken.[1054]

[1045] Vgl. dazu BVerfGE 101, S. 361 ff. (385) = AfP 2000, S. 76 ff.); BVerfG NJW 2008, S. 39 ff. (41) = AfP 2007, S.
441 ff.; BVerfG AfP 2008, S. 163 ff. (165).
[1046] OLG Hamburg AfP 2007, S. 558 f.; vom BGH bestätigt durch Zurückweisung der Nichtzulassungsbeschwerde.
[1047] BVerfG AfP 2008, S. 163 ff. (165) unter Bezugnahme auf BVerfGE 101, S. 361 ff. (394 f.) = AfP 2000, S. 76 ff.
[1048] KG AfP 2004, S. 564 ff.
[1049] KG AfP 2007, S. 573 ff.
[1050] LG Berlin AfP 2005, S. 292 f.
[1051] KG AfP 2006, S. 369 ff.
[1052] BGH NJW 2008, S. 3134 ff. = AfP 2008, S. 499 ff.
[1053] KG AfP 2008, S. 199 ff.; anders noch im Eilverfahren, AfP 2007 S. 48 f.
[1054] KG AfP 2007, S. 139 ff.

Einen schweren Eingriff in den Persönlichkeitsschutz bildet die Veröffentlichung heimlich hergestellter Nacktaufnahmen - auch dann, wenn die Abgebildete in Filmrollen schon unbekleidet aufgetreten ist und die Veröffentlichung künstlerischer Aktfotos erlaubt hat.[1055] Die Veröffentlichung solcher Fotos verletzt in aller Regel auch dann berechtigte Interessen der Abgebildeten, wenn der Fotograf nicht in die Privatsphäre der Abgebildeten eingebrochen ist, sondern die Bilder beispielsweise am Strand aufgenommen hat.[1056] Sind jedoch Nacktfotos einer Person der Zeitgeschichte mit deren Einwilligung hergestellt und veröffentlicht worden, kann sich diese nicht erfolgreich dagegen zur Wehr setzen, dass eine Zeitung im Rahmen der Berichterstattung über diesen Vorgang eines der veröffentlichten Fotos wiedergibt.[1057]

Verrutscht einer Frau das Kleid, so dass Busen und Brustwarze entblößt werden, verletzt die Verbreitung des entsprechenden Fotos in der Regel berechtigte Interessen der Abgebildeten. Anders verhält es sich nach Ansicht des LG Hamburg jedoch, wenn eine Kabarettistin, die sich auf ihrer Internetseite mit entblößtem Busen präsentiert und auch in ihren Bühnenshows auf ihre Brüste anspielt, mehrere Sekunden lang vor Fotografen mit dem heruntergerutschten Kleid posiert und die Anfertigung von Fotos hinnimmt.[1058]

Selbstkontrollfrage 6/7:

Im März 2000 veröffentlichte Eva-Maria Hagen unter dem Titel „Evas schöne neue Welt" eine Autobiografie, die u.a. Briefe und Abbildungen ihrer Tochter Nina enthält. Diese erwirkte ein gerichtliches Verbot der weiteren Auslieferung des Buches, soweit darin bestimmte Abbildungen von ihr enthalten sind – u.a. ein Foto, das sie nackt und hochschwanger unter der Dusche zeigt. Unter der Überschrift „Mutter plaudert, Tochter klagt" veröffentlichte daraufhin der Focus einen Artikel, der u.a. dieses Foto wiedergibt. Nina Hagen verlangt vom Focus ein Schmerzensgeld. Zu Recht?

Fotos einer *Leiche* sind ebenfalls in besonderem Maße geeignet, berechtigte Interessen der Angehörigen zu verletzen. Solche Fotos dürfen ohne die Zustimmung der Angehörigen deshalb nur dann veröffentlicht werden, wenn der Tod und seine Begleitumstände Teil eines Ereignisses sind, das ein berechtigtes Informationsinteresse der Öffentlichkeit hervorgerufen hat und wenn sich dieses berechtigte Interesse gerade auch auf den Tod selbst richtet.[1059]

Beispiele dafür bilden Fotos des bei einem spektakulären Bombenanschlag selbst umgekommenen Täters sowie die Fotos des toten schleswig-holsteinischen Ministerpräsidenten Uwe Barschel nach seinem Selbstmord in einer Hotel-Badewanne.

Die Abbildung eines Trauerzuges, der sich über einen Friedhof bewegt, aus der Ferne ist nach Ansicht des Landgerichts Köln[1060] auch ohne Einwilligung der Betroffenen zulässig. Dies gilt nicht jedoch für eine Ablichtung der Hinterbliebenen am offenen Grabe.

6.1.8.3   Ehrenschutz

Die Publikation eines Bildes verletzt berechtigte Interessen des Abgebildeten, wenn durch sie *ein falscher*, sein öffentliches Ansehen beeinträchtigender *Eindruck* entsteht.

[1055] OLG Hamburg AfP 1982, S. 41 ff.
[1056] BGH NJW 1985, S. 1618 f. – Sexualkunde; BGH NJW 2004, S. 617 ff. – FKK-Gelände.
[1057] OLG Frankfurt/M. AfP 2000, S. 185 ff. (Katarina Witt).
[1058] LG Hamburg AfP 2007, S. 385 ff. (387 f.) – Desiree Nick.
[1059] OLG Hamburg AfP 1983, S. 466 ff.
[1060] AfP 1994, S. 246 f.

Der Bericht über einen schweren Verkehrsunfall wird z. B. mit einem Foto illustriert, auf dem u. a. ein unbeteiligter Zeuge erkennbar abgebildet ist.[1061]

Im Rahmen ihrer Serie „Die schönsten Mädchen - die schönsten Inseln" veröffentlicht die *Neue Revue* einen Bericht über „Christine", der mit zwei Nacktfotos von ihr sowie einem weiteren Foto illustriert wird, das sie - mit T-Shirt und Shorts bekleidet - in „fröhlicher Radlerrunde" zeigt. Einem der abgebildeten „Radler" aus der Runde, der mit *dieser* Veröffentlichung nicht einverstanden war, hat das Amtsgericht Hamburg ein Schmerzensgeld in Höhe von 2.000 DM zugesprochen. Es sah in der Veröffentlichung eine Verletzung des Rechts am eigenen Bild und zugleich eine Verletzung des allgemeinen Persönlichkeitsrechts. Denn durch die Veröffentlichung des Bildes in diesem Bericht werde der - ihn bloßstellende - Eindruck erweckt, der verheiratete Kläger teile die lockere Sexualmoral „Christines".[1062]

Ein falscher Eindruck kann insbesondere durch die Verbindung von Bild und Text entstehen, etwa dadurch, dass

- ein Artikel mit Bildern von Personen illustriert wird, die mit den Vorgängen, über die berichtet wird, nichts zu tun haben oder
- ein älteres Foto zur Illustration des Berichts über ein aktuelles Ereignis verwendet wird. Es empfiehlt sich deshalb, das Foto in einem solchen Fall zumindest deutlich als Archivfoto zu kennzeichnen.

Selbstkontrollfrage 6/8:

Unter der Überschrift „Kapitaler Schlag gegen Gewinnspiel-Branche" veröffentlicht eine Tageszeitung einen Bericht über die Durchsuchung einer Anwaltskanzlei, die von den Anwälten *S* und *St* als Sozietät betrieben wird. Der Durchsuchung liegt ein Verfahren u.a. wegen Betruges gegen *St* zugrunde, der zugleich in Untersuchungshaft genommen wird. Über dem Artikel ist ein Bild angeordnet, das *S* zusammen mit Kriminalbeamten bei der Durchsuchung zeigt und die Unterschrift trägt: „Donnerstag, kurz vor Mitternacht: Spezialfahnder durchsuchen die Anwaltskanzlei *S* und *St*. Im Bild der CDU-Fraktionsvorsitzende im Stadtrat, Rechtsanwalt *S*, dessen Partner *St* verhaftet worden ist. In dem Bericht heißt es weiter: „Im Brennpunkt stehen ... und das Rechtsanwaltsbüro *S* und *St*. ... Das Ermittlungsverfahren der Spezialfahnder aus M. läuft unter der Überschrift Betrugsverdacht. ... Wie tief das Anwaltsbüro *S* und *St* in die zweifelhaften Geschäfte der Branche verstrickt ist, müssen die weiteren Ermittlungen ergeben." Kann *S*, gegen den sich das Ermittlungsverfahren *nicht* richtet, der Zeitung die Veröffentlichung des Bildes mit der zitierten Unterschrift und der zitierten Passagen des Textes verbieten lassen?

Bei Fotomontagen ist darauf zu achten, dass diese als solche erkennbar sind.

Nach Ansicht des Bundesverfassungsgerichts wird das Persönlichkeitsrecht des Abgebildeten auch dann verletzt, wenn die Montage als Ganze zwar ohne weiteres als Karikatur zu erkennen ist, bei der Bearbeitung aber das Aussehen des Abgebildeten (z.B. seine Kopfform) verändert wurde, ohne dass der Betrachter dies auf den ersten Blick erkennen kann.[1063]

Wird durch die Veröffentlichung der Abbildung ein Fehlverhalten des Abgebildeten aufgedeckt, sind die Regeln zur Kriminalberichterstattung zu beachten.[1064]

Grundsätzlich kann auch das Interesse des Betroffenen berechtigt sein, nicht länger mit seiner - unrühmlichen - Vergangenheit konfrontiert zu werden.[1065] Dieses Interesse ist allerdings besonders sorgfältig gegen das öffentliche Informationsinteresse abzuwägen.

So kann sich nach einer Entscheidung des Landgerichts Hamburg die stellvertretende Anstaltsleiterin eines DDR-Gefängnisses nicht dagegen zur Wehr setzen, dass in einem Buch, das sich mit dem Strafvollzug der früheren DDR auseinandersetzt, eine Abbildung veröffentlicht wird, die sie an ihrer ehemaligen Wirkungsstätte zeigt.[1066]

[1061] OLG Karlsruhe ZUM 1990, S. 91 ff.

[1062] AmtsG Hamburg GRUR 1990, S. 149 ff.

[1063] BVerfG AfP 2005, S. 171 ff. - Ron Sommer – gegen BGH NJW 2004, S. 596 ff.; OLG Hamburg AfP 2008, S. 82 f.

[1064] Vgl. dazu unten Kapitel 7.

[1065] Vgl. dazu auch unten 7.

[1066] LG Hamburg AfP 1994, S. 321 f.

Demgegenüber hielt der BGH[1067] es nicht für gerechtfertigt, in einer Fernsehsendung, die sich im Jahre 1962 kritisch mit dem Vorwurf auseinandersetzte, Parteigänger des Naziregimes lebten in der Bundesrepublik inzwischen wieder unbehelligt und komfortabel, die gegenwärtigen Lebensumstände eines Arztes im Bild vorzuführen, der 1944 als Belastungszeuge in einem Prozess vor dem Volksgerichtshof aufgetreten war, in dem der Angeklagte wegen defätistischer Äußerungen zum Tode verurteilt wurde. Die Bilder des Arztes waren mit den Worten kommentiert: „Der Hauptbelastungszeuge, der vor dem Volksgerichtshof gegen Dr. M. aussagte, ist praktizierender Arzt in Westdeutschland. Es geht Dr. K. heute - wie zu sehen ist - sehr gut. "

Personen, die ohne eigenes Zutun in einen Vorfall verwickelt sind, an dessen Berichterstattung öffentliches Interesse besteht (z. B. Unfallzeugen, Verbrechensopfer) können im Allgemeinen *nicht* als (relative) Personen der Zeitgeschichte angesehen werden.[1068]

Selbstkontrollfrage 6/9:

Die taz veröffentlicht auf ihrer Titelseite, die nach Art eines Steckbriefs aufgemacht ist, unter der Überschrift "„Gesicht zeigen" Fotografien von 22 namentlich genannten Rechtsextremisten. Daneben ist unter einem Logo, das ein großes Z zeigt, u.a. der folgende Text abgedruckt: „...für die Bereitschaft und den Mut zur Auseinandersetzung nicht nur mit den Auswüchsen, sondern mit den Ursachen jeder Art von Gewalt gegen und Diskriminierung von Minderheiten. Aus diesem Grund zeigt die taz nicht bekannte Gesichter, die „dagegen" sind. Sondern die Gesichter, die man kennen muss, um reagieren zu können. Z. will nicht, dass Sie auch einen Baseballschläger in die Hand nehmen. Z ist eine Grundlage für eine Vernetzung ..." Gegen diese Veröffentlichung klagt einer der Abgebildeten, dessen Bild die Unterzeile trägt: „Thorsten H. (Name ausgeschrieben), Northeim, Aktivist des ‚Blood an Honour'-Netzwerks, Kameradschaftsführer und im CD-Handel aktiv." Hat die Klage Aussicht auf Erfolg, wenn die Angaben stimmen und H., der früher niedersächsischer Landesvorsitzender der FAP war, auch nach deren Verbot noch in letzter Zeit mehrfach bei Aufmärschen von Rechtsextremisten hervorgetreten ist?

6.1.8.4   Gefahr für Leib und Leben des Abgebildeten

Berechtigte Interessen des Abgebildeten sind ferner verletzt, wenn die Veröffentlichung seines Bildes mit einer konkreten Gefahr für Leib und Leben verbunden ist. Das kann beispielsweise der Fall sein, wenn die Preisgabe der Identität eines Verfassungsschutzagenten[1069] oder eines Belastungszeugen in einem Strafverfahren diesen gefährdet. Die allgemeine Gefahr, dass sich kriminelle Elemente durch die Veröffentlichung bestimmter Vorgänge in den Medien dazu hinreißen lassen, verbrecherische Gewaltakte zu begehen, reicht dazu zwar nicht aus.[1070] Besteht an der Veröffentlichung eines Fotos jedoch kein besonderes öffentliches Informationsinteresse, kann schon die allgemeine Gefahr der Entführung von Mitgliedern einer wohlhabenden Familie einen Unterlassungsanspruch rechtfertigen.[1071]

6.1.9   Rechtsfolgen der Verletzung des Rechts am eigenen Bild

Die vorsätzliche Verletzung des Rechts am eigenen Bild ist eine strafbare Handlung, die jedoch nur auf Antrag des Abgebildeten (bzw. nach dessen Tod seiner Angehörigen) verfolgt wird. Sie kann mit Freiheitsstrafe bis zu einem Jahr oder mit Geldstrafe geahndet werden (§ 33 KUG).

[1067] BGH NJW 1966, S. 2353 ff. - Vor unserer eigenen Tür.
[1068] herrschende Lehre.; vgl. die Nachweise bei von Strobl-Albeg in Wenzel, Kapitel 8, Rdz. 23.
[1069] OLG München ZUM 1990, S. 145 ff. = NJW-RR 1990, S. 1364.
[1070] LG München I AfP 1983, S. 296 f.
[1071] BVerfG AfP 2000, S. 348.

Prüfungsschema zum Recht am eigenen Bild

Bildnis (= Abbildung einer individuell erkennbaren natürlichen Person?)

nein: keine Verletzung des
Rechts am eigenen Bild

ja ↓

Einwilligung?
- explizit oder konkludent
- der Berechtigten, also
  + aller Abgebildeten
  + ihrer gesetzlichen Vertreter (bei Unmündigkeit)
  + ihrer Angehörigen (innerhalb von 10 Jahren nach Tod)
- Deckt die Einwilligung die beabsichtigte Veröffentlichung?

ja: keine Verletzung des
Rechts am eigenen Bild

nein

Steckbrief?

ja: Veröffentlichung
gerechtfertigt

nein

Bildnis aus dem Bereich der Zeitgeschichte? oder Ist die Person auf der Abbildung nur unwesentliches Beiwerk oder Bild einer Versammlung, eines Aufzugs oder eines ähnlichen Vorgangs? oder Dient die Veröffentlichung der Abbildung einem höheren Interesse von Kunst oder Wissenschaft?

nein:
Veröffentlichung
unzulässig

ja

ja:
Veröffentlichung
unzulässig

Verletzung eines berechtigten Interesses des Abgebildeten? (im Falle seines Todes seiner Angehörigen?

nein:
keine Verletzung des Rechts am eigenen Bild
Persönlichkeitsschutz im Übrigen?

Bekanntgabe seines Namens und des Stadtteils, in dem das Haus liegt. Unzulässig ist dieser Eingriff, wenn der Betroffene seinen Wohnsitz bislang vor der Öffentlichkeit abgeschirmt hat und mit der Veröffentlichung nicht im Einzelfall ausnahmsweise ein legitimes überwiegendes Informationsinteresse der Öffentlichkeit befriedigt wird.[1079] Das allgemeine Interesse zu erfahren, wie ein Prominenter lebt, begründet als bloße Neugier und Unterhaltungsbedürfnis kein berechtigtes Informationsinteresse.[1080]

Selbstkontrollfrage 6/10:

Eine Presseagentur nimmt von einem Hubschrauber aus Luftbildaufnahmen von Gebäuden und Grundstücken auf, die von Prominenten bewohnt werden, und verkauft sie an Medienunternehmen. Den Fotos ist eine Kurzbeschreibung der Örtlichkeit und der Gebäude beigefügt. Außerdem liefert sie eine Wegbeschreibung mit einer Übersichtskarte, auf der die Lage des Grundstücks markiert ist. Als eine Fernsehzeitschrift die Fotos von der abgelegenen Finca einer bekannten Fernsehmoderatorin mitsamt Wegbeschreibung und Übersichtskarte unter Nennung ihres Namens veröffentlicht, nimmt diese die Agentur auf Unterlassung in Anspruch. Die Agentur beruft sich demgegenüber darauf, dass die Moderatorin selbst bereits in zwei Büchern und drei Magazinen Bilder von ihrem Anwesen veröffentlicht hat. Zu Recht?

Demgegenüber reicht nach Ansicht des OLG Hamburg auch ein oberflächliches Unterhaltungsinteresse der Allgemeinheit aus, um einen *Fernsehbeitrag* zu rechtfertigen, in dem die unauffällige Wohnanlage, in der ein Prominenter lebt, nur kurz gezeigt wird, ohne dass der Hauseingang, das Klingelschild oder der Briefkasten zu sehen sind, wenn lediglich die Großstadt („Köln") genannt wird, in der sich die Anlage befindet, nicht aber der Stadtteil oder gar die Anschrift preisgegeben werden.[1081]

Besteht ein Informationsinteresse an den Wohnverhältnissen des Betroffenen, rechtfertigt das im Allgemeinen nicht die Bekanntgabe seiner Anschrift. Verbreitet eine Zeitung das Foto in einem solchen Fall mit einer unrichtigen Ortsangabe, kann ein Eingriff in das Persönlichkeitsrecht entfallen.[1082]

Durch die Gestaltung und den Vertrieb eines Fotos kann ein unzutreffender Eindruck erweckt werden, der das Image eines anderen verletzt. So stellt es z. B. eine Verletzung des Persönlichkeitsrechts des Bauherrn dar, wenn eine Wohnungsbaugesellschaft durch den Vertrieb von Bildern einer Siedlung den Eindruck erweckt, die abgebildeten Häuser seien von ihr erstellt worden, obwohl das nicht zutrifft.[1083]

Es ist unzulässig, den Namen einer Person ohne deren Einwilligung zu *Werbezwecken* zu verwenden. Fotos, auf denen der Name - auch der Firmenname - eines anderen erscheint, dürfen nicht ohne weiteres für Werbung verwendet werden.[1084]

Die *gewerbliche* Nutzung des Eigentums steht im Grundsatz dem Eigentümer zu. Wer Fotos zu gewerblichen Zwecken anfertigen und vertreiben will, benötigt deshalb dessen Zustimmung.[1085] Eine *Ausnahme* von diesem Grundsatz gilt für Gegenstände, die sich bleibend an öffentlichen Wegen oder Plätzen befinden (Analogie zu § 59 UrhG).[1086] Fotografien eines fremden

---

[1079] OLG Hamburg AfP 2005, S. 76 f.
[1080] KG NJW 2005, S. 2320 ff.
[1081] OLG Hamburg AfP 2006, S. 182 f.
[1082] So jedenfalls LG Berlin AfP 2004, S. 149 f.
[1083] BGH NJW 1971, S. 1359.
[1084] BGH NJW 1981, S. 2402.
[1085] BGH NJW 1975, S. 778 f. Gegen die Verwendung des Fotos seiner Segelyacht zu Werbezwecken soll sich deren Eigentümer nach Ansicht des Landgerichts Hamburg hingegen nicht zur Wehr setzen können, AfP 1994, S. 161 f.
[1086] LG Freiburg GRUR 1985, S. 544 f. ; OLG Bremen NJW 1987, S. 1420 f. ; zum Inhalt von § 59 UrhG vgl. unten S. 186.

Hauses, die von allgemein zugänglichen Stellen aus angefertigt sind, darf man auch ohne Einwilligung des Eigentümers nutzen.[1087]

Im Übrigen kann sich aus der Sozialbindung des Eigentums eine Verpflichtung des Eigentümers ergeben, solche Fotos zu gestatten. Das allgemeine Interesse, künstlerisch oder sonst bedeutsame Gegenstände kennen zu lernen, kann z. B. eine Pflicht des Eigentümers begründen zu dulden, dass Abbildungen solcher Gegenstände angefertigt und veröffentlicht werden.[1088]

[1087] BGH NJW 1989, S. 2251 ff.
[1088] OLG München AfP 1988, S. 45 f.

7 Kriminalberichterstattung

7.1 Grundlagen

Bei der Berichterstattung über eine Straftat ist besondere Zurückhaltung geboten, wenn der tatsächliche oder mutmaßliche Täter mit Namen genannt oder abgebildet werden soll.[1089] Hier wird in besonders schwerer Weise in das durch das allgemeine Persönlichkeitsrecht gewährleistete[1090] Recht des einzelnen eingegriffen, „selbst und allein zu bestimmen, ob und wieweit andere sein Lebensbild im ganzen oder bestimmte Vorgänge aus seinem Leben öffentlich darstellen dürfen"[1091] (Recht auf informationelle Selbstbestimmung), da sie sein - vermutliches - Fehlverhalten öffentlich bekannt macht und seine Persönlichkeit in der Regel[1092] „in den Augen der Adressaten von vornherein negativ qualifiziert".[1093] Auf der anderen Seite besteht an einer sachgerechten Information der Öffentlichkeit über vorgefallene Straftaten und deren Vorgeschichte ein „durchaus anzuerkennendes Interesse".[1094] Das daraus resultierende Spannungsverhältnis zwischen dem Recht des einzelnen, durch die Massenmedien nicht an den Pranger gestellt zu werden, und dem öffentlichen Interesse an sachgerechter Information auch über diesen Bereich des Zeitgeschehens bestimmt Umfang und Grenzen zulässiger Berichterstattung über kriminelles Verhalten.

In noch stärkerer Weise als auf den mutmaßlichen Täter ist Rücksicht auf das Opfer einer Straftat zu nehmen.[1095] Hat der Straftäter durch sein eigenes Verhalten Veranlassung zur Berichterstattung gegeben, so gilt dies für sein Opfer im Allgemeinen nicht. Es hat deshalb Anspruch auf strikte Beachtung seines Persönlichkeitsrechts. Der Umstand, dass jemand einer - auch spektakulären - Straftat zum Opfer gefallen ist, rechtfertigt weder einen Eingriff in sein Recht auf informationelle Selbstbestimmung, noch in seine Privat- oder gar Intimsphäre.

Auch ein Zeuge wird durch seinen öffentlichen Auftritt in einer Gerichtsverhandlung nicht zu einer relativen Person der Zeitgeschichte – es sei denn, dass er durch sein Verhalten besonderes öffentliches Aufsehen erregt.[1096]

Selbstkontrollfrage 7 / 1:

Im Jahre 1988 erregte das „Gladbecker Geiseldrama" bundesweites Aufsehen vor allem deshalb, weil die Medien den Geiselnehmern Gelegenheit gaben, die Geiselnahme, die drei Todesopfer forderte, über viele Stunden der Öffentlichkeit zu präsentieren. Fünfzehn Jahre später illustrierte die Bild-Zeitung einen Bericht über Hafterleichterungen für einen der Täter (Ausgang) mit einem im Verlauf des Verbrechens entstandenen Foto, das ihn mit einer der später ermordeten Geiseln zeigt, der er eine Pistole an den Hals hängt. Die Mutter der Ermordeten trägt vor, die Veröffentlichung solcher Fotos beeinträchtige ihre psychische und physische Gesundheit und verlangt Unterlassung. Zu Recht?

[1089] Vgl. dazu grundlegend: P. v. Becker, a. a. O.

[1090] Vgl. dazu oben Kapitel 4.

[1091] BVerfGE 35, S. 202 ff. (220)-"Lebach".

[1092] Soweit es nicht im Einzelfall darum geht, „Verständnis für den Täter zu erwecken, etwa um eine Wiederaufnahme des Verfahrens, einen Gnadenakt oder eine sonstige Hilfe zu erreichen", BVerfGE 35, S. 226.

[1093] BVerfGE 35, S. 226.

[1094] BVerfGE 35, S. 230 f.

[1095] So z.B. LG Berlin AfP 2004, S. 152 (153).

[1096] LG Berlin AfP 2004, S. 68 f.

Mit dem Persönlichkeitsschutz der Beteiligten kann die Berichterstattung auch dann kollidieren, wenn diese weder namentlich genannt noch im Bild vorgestellt werden, sie auf Grund der sonstigen Angaben von ihrer Umwelt aber ohne weiteres erkannt werden können (identifizierende Berichterstattung) So führt z.b. die Verwendung von Namenskürzeln (Initialen) statt des vollen Namens nicht zur Anonymisierung der Berichterstattung, wenn der Betroffene durch weitere Angaben, wie Alter, Beruf, Wohnort, Aussehen, Familienverhältnisse, bestimmte Tatumstände, erkennbar wird.[1097] Ein Betroffener kann für seine Bekannten ohne weiteres zu identifizieren sein, wenn sein Vorname und der Anfangsbuchstabe seines Zunamens bekannt gemacht sowie sein Wohnort und seine berufliche Position genannt werden.[1098]

Selbstkontrollfrage 7 / 2:

Auf der ersten Seite des Lokalteils der Lokalzeitung einer kleinen Stadt erscheint ein Artikel, in dem berichtet wird, ein Rechtsanwalt aus X (=Name der Kleinstadt) habe, „wie man den übereinstimmenden Aussagen der Zeugen und der beiden Angeklagten entnehmen konnte", Pläne geschmiedet, um einen straffällig gewordenen Mandanten mit Hilfe falscher Zeugen „herauszuhauen". Er habe versucht, die in die Angelegenheit verstrickten Zeugen mit Druck und Drohungen, sie ansonsten „hochgehen" zu lassen, bei der Stange zu halten. Die erhobenen Vorwürfe sind unwahr. Kann sich der betroffene Rechtsanwalt gegen den Bericht gerichtlich zur Wehr setzen?

7.2 Zulässigkeit identifizierender Kriminalberichterstattung

Das öffentliche Informationsinteresse an der Berichterstattung über vorgefallene Straftaten sowie über deren Entstehung, Verfolgung und Bestrafung rechtfertigt nicht in jedem Fall eine *identifizierende* Berichterstattung. In Fällen der so genannten „kleinen" Kriminalität und sonstigen - nicht strafbaren - Fehlverhaltens ist eine Namensnennung, Abbildung oder sonstige Identifikation der Täter grundsätzlich *nicht* zulässig.[1099]

> So verletzt die identifizierende Berichterstattung über einen Nachbarschaftsstreit das Persönlichkeitsrecht der Beteiligten auch dann, wenn diese rechtskräftig zu einer Geldstrafe verurteilt worden sind.[1100] Ein Steuerberater, in dessen Müllcontainer ein Journalist die zwar zerrissene, aber nicht ausreichend zerschredderte Steuerakte eines Klienten gefunden hat, muss nicht hinnehmen, der Öffentlichkeit im Film vorgeführt zu werden.[1101]

Nach - nicht unbedenklicher - Ansicht des OLG Frankfurt soll die Namensnennung in solchen Fällen aber zulässig sein, wenn andere Tageszeitungen bereits unter Namensnennung berichtet haben.[1102]

> Personen, die ein öffentliches Amt bekleiden oder eine herausgehobene gesellschaftliche Position innehaben, müssen sich bereits bei geringen Verfehlungen öffentlicher Kritik stellen.
>
> Beispiele:
> Über den Ladendiebstahl eines Landesministers darf zutreffend berichtet werden.
> Auch ein Polizeibeamter, der als „Hüter von Recht und Ordnung" in besonderer Weise öffentlicher Kontrolle und Kritik ausgesetzt ist, muss die Nennung seines Namens selbst bei weniger schweren Delikten

---

[1097] Vgl. v. Becker a. a. O. , S. 150 f., sowie G, Müller a.a.O., S. 1618 f.
[1098] BGH (OLG Düsseldorf) NJW 1963, S. 904.
[1099] BVerfGE 35, S. 232.
[1100] OLG Nürnberg ZUM 1997, S. 396 f.
[1101] OLG Frankfurt/M. NJW-RR 1990, S. 1439 f.
[1102] OLG Frankfurt NJW-RR 1990, S. 989 f.

eher dulden als ein vergleichbarer Arbeiter oder Angestellter.[1103] Dies gilt insbesondere dann, wenn die Straftat „im Amt", d. h. bei der Berufsausübung, begangen worden ist.

Ein Mitglied des Gemeinderats kann sich gegen die Veröffentlichung eines Fotos, das zeigt, dass er während einer Ratssitzung „eingenickt" ist, nicht erfolgreich zur Wehr setzen.[1104]

Nach Ansicht des LG Köln durfte „Bild am Sonntag" identifizierend darüber berichten, dass das Vorstandsmitglied einer Bank wegen sexuellen Missbrauchs seiner Tochter in 110 Fällen zu einer Freiheitsstrafe von zwei Jahren auf Bewährung verurteilt worden war.[1105]

Bei sonstigen Prominenten hängt die Zulässigkeit der Berichterstattung von der Art des Delikts und ihrem bisherigen Verhalten ab.

So musste Prinz Ernst August von Hannover auf Grund seiner gesellschaftlichen Stellung und seines mehrfach auffälligen Verhaltens einen Bericht darüber hinnehmen, dass er in Frankreich wegen einer erheblichen Geschwindigkeitsübertretung (81 km/h) verurteilt worden war.[1106]
Über eine erfolgreiche Unternehmerin, die u.a. einen besonders familienfreundlichen Pkw mitentwickelt hat und für diesen Werbung gemacht hatte, durfte wahrheitsgemäß berichtet werden, dass sie „ohne gültigen Führerschein erwischt" wurde, weil sie ihren US-amerikanischen Führerschein nicht rechtzeitig hatte umschreiben lassen.[1107]
Demgegenüber hat sich der TV-Darsteller eines Kriminalkommissars erfolgreich gegen einen Artikel gewehrt, in dem wahrheitsgemäß darüber berichtet wurde, dass er auf dem Oktoberfest wegen Kokainbesitzes vorläufig festgenommen worden war.[1108]

Angehörige von Personen des öffentlichen Lebens unterliegen einer verschärften Kontrolle nur, wenn sie ihre „Beziehungen" benutzt haben, „um Druck zu machen".[1109]

Über Straftaten *Jugendlicher* darf in der Regel nicht so berichtet werden, dass die Betroffenen erkennbar sind.[1110] Eine Ausnahme von diesem Grundsatz gilt nur in den Fällen, in denen sich ein Jugendlicher an einem Aufsehen erregenden schweren Gewaltverbrechen beteiligt hat.

Für die Art und Weise, in der über Straftaten unter Bezeichnung der Beteiligten berichtet werden darf, gilt der Grundsatz der *Verhältnismäßigkeit*: „Der Einbruch in die persönliche Sphäre darf nicht weiter gehen, als eine angemessene Befriedigung des Informationsinteresses dies erfordert, und die für den Täter entstehenden Nachteile müssen im rechten Verhältnis zur Schwere der Tat oder ihrer sonstigen Bedeutung für die Öffentlichkeit stehen."[1111]

Selbstkontrollfrage 7 / 3:

> W. wird wegen einer Reihe von - insgesamt 22 - Einbruchsdiebstählen, mehrerer Diebstahlsversuche und der Anstiftung eines anderen zu einem Raub, der aber im Versuchsstadium stecken geblieben ist, angeklagt. Zuvor war W. bereits von einem anderen Landgericht wegen der Beteiligung an einer anderen Diebstahlserie rechtskräftig zu einer Freiheitsstrafe von 3 1/2 Jahren verurteilt worden. Diese Strafe hatte er noch nicht verbüßt. Unter Einbeziehung dieser Strafe verurteilt ihn die Große Strafkammer des Landgerichts nunmehr zu einer Freiheitsstrafe von 6 1/2 Jahren. Die Lokalzeitung berichtet über dieses Verfahren unter Namensnennung und veröffentlicht ein kleinformatiges Lichtbild von ihm. Daraufhin verlangt W. von der Zeitung Unterlassung und Schmerzensgeld. Zu Recht ?

[1103] So ist z.B. nach Ansicht des LG Halle ein identifizierender Bericht über die Hauptverhandlung gegen einen Polizeibeamten gerechtfertigt, der wegen sexuellen Missbrauchs seiner minderjährigen Stieftochter angeklagt ist, AfP 2005, S. 188.

[1104] LG Stuttgart AfP 1992, S. 314.

[1105] LG Köln AfP 2003, S. 563 f.

[1106] Kammergericht Berlin AfP 2004, S. 559 ff., bestätigt durch den BGH NJW 2006, S. 599 ff. (=AfP 2006, S. 62 ff.) und BVerfG AfP 2006, S. 354 ff.

[1107] Kammergericht Berlin AfP 2008, S. 409 f.

[1108] OLG Hamburg AfP 2006, S. 257 f.

[1109] Vgl. z. B. den in OLG Frankfurt NJW-RR 1990, S. 989 f. geschilderten Fall.

[1110] BVerfGE 35, S. 232.

[1111] BVerfGE 35, S. 232.

Das öffentliche Informationsinteresse rechtfertigt nur eine *sachbezogene* Berichterstattung und *seriöse Tatinterpretation*; eine auf Sensationen ausgehende, bewusst einseitige oder verfälschende Darstellung stellt immer eine rechtswidrige Verletzung des allgemeinen Persönlichkeitsrechts des Betroffenen dar.[1112] Der Einsatz von Stilmitteln, die den Beschuldigten herabsetzen oder lächerlich machen, ist unzulässig.[1113] Im Rahmen einer *Satire* können solche Stilmittel jedoch gerechtfertigt sein.[1114] Diese Regeln gelten für Strafverfahren in gleicher Weise wie für jedes andere Gerichtsverfahren.[1115]

> Wird ein wegen einfacher Hehlerei Angeklagter als „Hauptdrahtzieher" einer großen Diebes- und Hehlerbande dargestellt, so ist dies eine schwere Ehrverletzung, die auch Schmerzensgeldansprüche auslösen kann.[1116]

Die *aktuelle* Berichterstattung[1117] über eine *schwere* Straftat rechtfertigt „nicht allein die Namensnennung und Abbildung des Täters, sie schließt grundsätzlich auch sein persönliches Leben ein, soweit es in unmittelbarer Beziehung zur Tat steht, Aufschlüsse über die Motive oder andere Tatvoraussetzungen gibt und für die Bewertung der Schuld des Täters aus der Sicht des modernen Strafrechts als wesentlich erscheint".[1118] Psychisch gestörte Straftäter sind allerdings besonders schutzbedürftig. So hat das LG Köln die Verbreitung von Fernsehaufnahmen, die eine erkennbar verwirrte Person nach einem soeben begangenen Tötungsdelikt zeigen, als eine schwere, ein Schmerzensgeld begründende Verletzung ihres Persönlichkeitsrechts gewertet.[1119]

Bei sonstigen Straftaten (mittelschwere Kriminalität) ist unter Berücksichtigung der jeweiligen Umstände des Einzelfalls zu entscheiden, wo die Grenze für das grundsätzlich vorgehende Informationsinteresse der Öffentlichkeit an der aktuellen Berichterstattung zu ziehen ist.[1120]

> So hat das OLG München die Klage des ehemaligen Mitarbeiters einer IT-Firma abgewiesen, der dem Betreiber einer Internetseite mit Informationen zur IT-Branche verbieten lassen wollte, darüber zu informieren, dass er sich als Einkaufsleiter der Firma hatte bestechen lassen, seinem Arbeitgeber dadurch erheblichen Schaden zugefügt hatte und zu einer Freiheitsstrafe 2 Jahren und 6 Monaten verurteilt worden war.[1121]

Die rechtskräftige Verurteilung wegen einer Straftat gilt als Wahrheitsbeweis. Deshalb kann der Betroffene gegen eine wahrheitsgemäße Berichterstattung über seine Verurteilung nicht einwenden, es liege eine üble Nachrede vor, weil die Verurteilung ein Justizirrtum sei (vgl. § 190 StGB).[1122] Umgekehrt verletzt ein Pressebericht, in dem der Eindruck erweckt wird, der rechtskräftig Freigesprochene habe die Straftat doch begangen, in aller Regel dessen allgemeines Persönlichkeitsrecht.[1123]

[1112] BVerfGE 35, S. 232; OLG Köln AfP 1972, S. 277.

[1113] OLG Frankfurt NJW-RR 1990, S. 989 f.

[1114] BGH AfP 2000, S. 167 f.

[1115] Zu der gebotenen Zurückhaltung und Genauigkeit bei der Berichterstattung über einen (Verwaltungs-)Prozess, in dem Fähigkeiten und Charakter einer Prozesspartei zur Erörterung stehen, vgl. BGH AfP 1979, S. 307 ff.

[1116] Vgl. BGH NJW 1963, S. 904 f.

[1117] Zur Verarbeitung in einem Spielfilm vgl. OLG Frankfurt/M. AfP 2006, S. 185 ff. – Rohtenburg.

[1118] BVerfGE 35, S. 233.

[1119] LG Köln AfP 2002, S. 343 ff.

[1120] OLG München AfP 2008, S. 618 ff.

[1121] OLG München AfP 2008, S. 618 ff.

[1122] Das gilt grundsätzlich auch für Strafurteile der ehemaligen DDR-Gerichte, solange nicht (auf Antrag des Betroffenen) die Unzulässigkeit ihrer Vollstreckung durch die in der BRD zuständige Staatsanwaltschaft festgestellt ist. Gibt der Inhalt des Urteils oder die Art und Weise seines Zustandekommens jedoch auch einem Außenstehenden Veranlassung zu zweifeln, dass das Urteil rechtsstaatlichen Grundsätzen genügt, so ist sorgfältig zu recherchieren, ob die Gebote der Rechtsstaatlichkeit in dem betreffenden Verfahren beachtet worden sind. BGH NJW 1985, S. 2644 ff. (2646f.).

[1123] OLG Dresden AfP 1998, S. 410 f.

7.3 Berichterstattung vor der Verurteilung

An eine identifizierende Berichterstattung vor der Verurteilung des Beschuldigten sind besonders strenge Anforderungen zu stellen.[1124] Sie ist nur zulässig, wenn

- ausreichende Verdachtsmomente vorliegen,
- die Öffentlichkeit ein berechtigtes Interesse hat, über den Tatverdacht bzw. das Ermittlungsverfahren informiert zu werden und
- eine Vorverurteilung des Beschuldigten unterbleibt.[1125]

Für eine identifizierende Berichterstattung über ein laufendes Ermittlungsverfahren müssen bei „objektiver" Betrachtungsweise *ausreichende Verdachtsmomente* vorliegen, d. h. solche, die so schwer wiegen, dass demgegenüber das Interesse des Betroffenen, in der Öffentlichkeit nicht mit einer Straftat in Verbindung gebracht zu werden, zurücktreten muss.[1126] Der Bundesgerichtshof verlangt „das Vorliegen eines Mindestbestands an Beweistatsachen, die für den Wahrheitsgehalt der Information sprechen."[1127] Davon, dass ein solcher Mindestbestand vorliegt, dürfen Journalisten im Regelfall ausgehen, wenn

- gegen den Beschuldigten ein Haftbefehl erlassen worden ist[1128] oder
- die Staatsanwaltschaft Anklage gegen ihn erhoben hat.

Denn im ersten Fall hat der Haftrichter gemäß § 112 StPO einen „dringenden Tatverdacht" bejaht, im zweiten Fall begründen die Ermittlungsergebnisse nach Ansicht der Staatsanwaltschaft einen hinreichenden Tatverdacht (§ 170 Abs. 1 StPO).

Demgegenüber bieten weder die Einleitung eines Ermittlungsverfahrens noch die Durchsuchung von Räumen zum Auffinden von Beweismitteln[1129] hinreichende Gewähr für das Vorliegen eines solchen Mindestbestandes an Beweistatsachen. Die Zulässigkeit der Berichterstattung hängt in diesen Fällen deshalb von einer Prüfung des Einzelfalls ab.

Andererseits ist die Berichterstattung auch schon vor der Einleitung eines Ermittlungsverfahrens zulässig, wenn es um einen die Öffentlichkeit berührenden Missstand geht und der Journalist aufgrund eigener sorgfältiger Recherchen einen ausreichenden Tatverdacht belegen kann.[1130] Der Umstand, dass die Vorwürfe in einem anderen Medium bereits veröffentlicht worden sind, ersetzt die Notwendigkeit eigener Recherche nicht.[1131] Die Anforderungen an die zu belegenden Beweistatsachen sind um so höher anzusetzen, je schwerer und nachhaltiger das Ansehen des Betroffenen durch die Veröffentlichung beeinträchtigt wird.[1132] Bei einer nur dürftigen Tatsachen- bzw. Recherchengrundlage ist die Veröffentlichung zu anonymisieren oder ganz zu unterlassen.[1133]

Eine Verdachtsberichterstattung ist außerdem nur dann zulässig, wenn es sich „um einen Vorgang von gravierendem Gewicht" handelt, „dessen Mitteilung durch ein Informationsbedürfnis der Allgemeinheit gerechtfertigt ist."[1134] Ein solches Interesse bejaht die Rechtsprechung

---

[1124] Vgl. auch G. Müller a.a.O., S. 1617 f.
[1125] LG Berlin AfP 2008, S. 216 ff.
[1126] So grundsätzlich auch OLG Düsseldorf AfP 1995, S. 500 ff.; ähnlich P. Zielemann, S. 99 ff., der darüber hinaus auf den „Öffentlichkeitswert" des Tatverdachts abstellt.
[1127] BGH AfP 2000, S. 168 m.w.N.; OLG Dresden NJW 2004, S. 1181 ff.
[1128] OLG Frankfurt /M. NJW-RR 1996, S. 1490 ff. (1491) – „Monika Haas".
[1129] Vgl. dazu LG München AfP 2003, S. 464 f.
[1130] BGH NJW 1977, S. 1288 f. - Abgeordnetenbestechung -; a. A. v. Becker, der meint, der Journalist müsse sich im Regelfall damit zufrieden geben, gegen den Verdächtigen Anzeige zu erstatten, a. a. O. S. 220 ff. Zur Zulässigkeit identifizierender Berichterstattung außerhalb des Ermittlungsverfahrens vgl. auch Zielemann a. a. O. S. 96 ff.
[1131] Vgl. LG Düsseldorf AfP 2002, S. 63.
[1132] BGH AfP 2000, S. 168 m.w.N.
[1133] BGH AfP 2000, S. 170.
[1134] BGH AfP 2000, S. 169.

zum einen in Fällen schwerer Kriminalität, zum anderen bei solchen Straftaten, die die Öffentlichkeit besonders berühren.[1135] Zu diesen Straftaten gehören

- Amtsdelikte, denn bei ihnen kommt „der Informationsfunktion der Presse wegen der Verbindung von staatlichem Handeln mit dem strafbaren Verhalten von Amtsträgern erhöhte Bedeutung" zu,[1136]
- Straftaten aus dem Bereich der Justiz selbst, z.B. solche, die ein Rechtsanwalt als Organ der Rechtspflege begeht,[1137]
- Straftaten von Trägern der Staatsgewalt, z.B. von Polizeibeamten,[1138]
- Drogenhandel,

  Eine Reportage der Bild-Zeitung mit dem Titel „Klinikum Westend: Arzt handelte mit Kokain", in der der Verdächtige mit Namen genannt und im Bild gezeigt wurde, veranlasste diesen zu einer Schadenersatzklage. Das Landgericht Berlin wies diese mit der Begründung ab, die frühe Verdachtsäußerung begründe keine schwere Persönlichkeitsverletzung, da die Straftat ein überwiegendes Informationsinteresse der Bevölkerung begründe, dringender Tatverdacht eine Veröffentlichung rechtfertige, die Verhaftung des Beschuldigten ein Ereignis der Zeitgeschichte sei und die in dem Artikel aufgestellten Behauptungen im wesentlichen zutreffend gewesen seien.[1139]

  Wer in den begründeten Verdacht gerät, am internationalen Drogenhandel maßgeblich durch „Geldwaschen" beteiligt zu sein, muss eine ihn identifizierende Berichterstattung hinnehmen.[1140]

- Steuerhinterziehung,

  In einem Bericht der Lokalzeitung über ein Ermittlungsverfahren wegen Steuerhinterziehung, in dessen Verlauf die Geschäftsräume des Klägers durchsucht und Unterlagen beschlagnahmt worden waren, wurde der Name der betroffenen Firma genannt. Nach Ansicht des OLG Oldenburg war dies zur Befriedigung eines allgemeinen Informationsbedürfnisses gerechtfertigt.[1141]

  Befindet sich eine Person wegen Bildung einer kriminellen Vereinigung, illegalen Glücksspiels und Steuerhinterziehung in Untersuchungshaft und besteht auch wegen der gesellschaftlichen Stellung des Beschuldigten ein gravierendes öffentliches Interesse an der Berichterstattung, so darf über den Tatverdächtigen mit voller Namensnennung und mit einer Bildveröffentlichung berichtet werden.[1142]

Schließlich kann die identifizierende Berichterstattung auch zum Schutz der Allgemeinheit erforderlich sein.

  Hat ein von der Berichterstattung eines Geldanlage-Informationsdienstes Betroffener gegen dessen Herausgeber Strafanzeige mit der Behauptung erstattet, von Kapitalanlagefirmen Millionen erpresst zu haben, so darf eine Zeitschrift dies in einem Artikel, der sich mit den Methoden dieser Branche beschäftigt, mitteilen, wenn sie zugleich die Stellungnahme des Herausgebers aufnimmt.[1143]

Im Übrigen entfällt die Schutzbedürftigkeit des Betroffenen, wenn er sich selbst oder durch seinen Anwalt gegenüber Journalisten zu dem Tatvorwurf geäußert hat ohne deutlich gemacht zu haben, dass er mit einer ihn identifizierenden Berichterstattung über den Vorgang nicht einverstanden ist.[1144]

Bis zur rechtskräftigen Verurteilung gilt zugunsten von Beschuldigten die so genannte Unschuldsvermutung. Die Berichterstattung hat sich deshalb bei der Darstellung und Kommentierung von Ermittlungsverfahren zurückzuhalten und auch die Tatsachen und Argumente zu berücksichtigen, die den Beschuldigten entlasten (Verbot der Vorverurteilung).[1145] Insbesondere

---

[1135] BGH AfP 2000, S. 170 m.w.N.
[1136] BGH AfP 2000, S. 170.
[1137] OLG München AfP 2003, S. 438 f.
[1138] LG Halle für den Vorwurf des sexuellen Missbrauchs seiner Stieftochter gegen einen Kripo-Beamten, AfP 2005, S. 188 ff.
[1139] LG Berlin NJW 1986, S. 1265 f.
[1140] OLG Köln AfP 1989, S. 683 ff.
[1141] OLG Oldenburg AfP 1988, S. 138 ff.
[1142] OLG Frankfurt AfP 1990, S. 229 f.
[1143] OLG Düsseldorf AfP 1995, S. 500 ff.
[1144] OLG München NJW-RR 1996, S. 1487 ff. (1489) – „Sex-Papst; LG Berlin AfP 2003, S. 559 ff.
[1145] BVerfGE 35, S. 232.; BGH AfP 2000, S. 168.

haben die Massenmedien sorgfältig darauf zu achten, dass sie den jeweiligen Erkenntnisstand der Ermittlungsbehörden zutreffend und ausgewogen wiedergeben.[1146] Maßgeblich ist der Erkenntnisstand zum Zeitpunkt der Berichterstattung.[1147] Unzulässig ist es insbesondere, einen Verdacht als Gewissheit hinzustellen oder entlastende Umstände zu verschweigen bzw. nur an versteckter Stelle mitzuteilen.[1148] Um dies zu verhindern, empfiehlt es sich, vor der Veröffentlichung regelmäßig eine Stellungnahme des Betroffenen einzuholen. Anderenfalls fehlt es an einer sorgfältigen Recherche.[1149]

Selbstkontrollfrage 7 / 4:

Gerüchte, der Bauminister von Sachsen-Anhalt habe bei der Einstellung seiner persönlichen Referentin dienstliche und private Belange miteinander vermischt, führten im Jahre 1996 zu einem Untersuchungsausschuss, der seine Arbeit 1998 abschloss, ohne zu einer einheitlichen Bewertung des Geschehens gekommen zu sein. Die Referentin ist im April 1997 aus dem Dienst des Landes ausgeschieden. Sie wurde wegen des Vorwurfs, sie habe bei ihrer Einstellung versucht, ihr Gehalt um den so genannten „West-Zuschlag" aufzubessern, indem sie einen fingierten Arbeitsvertrag mit einem früheren Arbeitgeber eingereicht habe, vom Amtsgericht Magdeburg Ende 1997 zu einer Geldstrafe von 70 Tagessätzen verurteilt. Über dieses Verfahren wurde bundesweit berichtet. Auf die Revision der Betroffenen hin hob das OLG Naumburg die Verurteilung im Juni 1999 auf und verwies den Fall an das Landgericht Magdeburg zurück.
Dieses verhandelt am 19.11.2002 erneut über die Sache. Über diese Verhandlung veröffentlicht die „M" am 20.11.2002 einen Bericht mit Namensnennung und Foto sowie eine Glosse. Die Angeklagte sieht in der identifizierenden Berichterstattung eine schwere Verletzung ihres allgemeinen Persönlichkeitsrechts und verlangt Unterlassung und eine Geldentschädigung. Zu Recht?

Die Unschuldsvermutung dient nicht nur dem Schutz des Beschuldigten gegen ungerechtfertigte Vorwürfe; sie soll auch ein faires Verfahren sichern: Die Unvoreingenommenheit seiner Richter soll nicht durch eine Vorverurteilung in den Massenmedien gefährdet werden.[1150] Aus diesem Grund ist die Entscheidung des Oberlandesgerichts Köln[1151] zu begrüßen, die einen Verstoß gegen die Unschuldsvermutung als Verletzung des allgemeinen Persönlichkeitsrechts behandelt[1152], der - unabhängig von der Frage, ob sich der Tatvorwurf später als berechtigt herausstellt oder nicht - Unterlassungs- und Schadensersatzansprüche auslöst.[1153]

Auch ohne dass ein Strafurteil vorliegt, dürfen die Massenmedien einen Verdächtigen ausnahmsweise als Täter bezeichnen, wenn

- dieser von sich aus freiwillig ein glaubhaftes Geständnis abgelegt oder sich in anderer Weise selbst als Täter bezeichnet hat oder

---

[1146] BGH AfP 2000, S. 168 f.; OLG Köln AfP 1989, S. 683 ff. (686), sowie AfP 2001, S.524 ff.

[1147] Vgl. OLG Hamburg NJW-RR 1994, S. 1176 ff.

[1148] OLG Düsseldorf AfP 1980, S. 54 ff. –„Terror-Mädchen".

[1149] BGH AfP 2000, S. 169 unter Hinweis auf BGHZ Bd. 132, S. 25 m.w.N.; vgl. auch OLG Hamburg NJW-RR 1994, S. 1176 ff. (1177).

[1150] OLG Hamburg AfP 1983, S. 466 ff. –„Bombenleger".

[1151] OLG Köln NJW 1987, S. 2682 ff. (2684).

[1152] Anderer Ansicht AG Schöneberg, MDR 1986, S. 850 F. Es wies die Klage eines Arztes, der sich gegen die Berichterstattung über seine Verhaftung wegen Rauschgifthandels zur Wehr setzte, mit der Begründung ab, er habe seine Täterschaft nicht substantiiert, d. h. in „Form einer anderen Darstellung des Geschehensablaufs", bestritten. Nach Ansicht des Gerichts soll es erlaubt sein, einen Verdächtigen „im Kern als Täter zu bezeichnen", wenn „aus dem Text auch für den juristischen Laien klar erkennbar ist, dass eine strafrechtliche Verurteilung nicht vorliegt und die Tatsachenbehauptung auf einem Polizeibericht beruht, dessen Inhalt der Betroffene nicht substantiiert bestritten hat. "

[1153] Bedenklich demgegenüber die Ansicht des OLG Brandenburg, die Vorverurteilung des Verdächtigen stelle keine schwere Persönlichkeitsrechtsverletzung dar, weil auch die zulässige Verdachtsäußerung den guten Ruf des Verdächtigen beeinträchtigt hätte und über den Verdacht schon zuvor in anderen Medien berichtet worden war, AfP 1995, S. 520 ff.

▪ die Durchführung eines Strafverfahrens gegen ihn nicht mehr möglich ist - weil er z. B. nicht mehr lebt -, seine Täterschaft aber mit an Sicherheit grenzender Wahrscheinlichkeit feststeht.[1154]

Selbstkontrollfrage 7 / 5:

In einem süddeutschen Anzeigenblatt erscheint der folgende Artikel:

Staatsanwalt und Finanzamt ermitteln gegen Apotheken und Pharmahandel
Erst die Kassen betrogen – und dann auf und davon

Das Leben eines Pharmavertreters kann so schön sein: ein Schloss in (Ortsname), zwei Jaguare und viele dankbare Kunden. Doch dann kam die Steuerfahndung.
Als Ermittler des Finanzamts Freiburg-Land vor zwei Jahren die Belege des umtriebigen Geschäftsmanns Herbert R. untersuchten, kamen sie aus dem Staunen nicht mehr heraus. Nicht nur dass sie unversteuerte Einkünfte „im hohen einstelligen Millionenbereich" fanden, wie Oberstaatsanwalt Jürgens erzählt. Viel erstaunlicher war die Herkunft des Geldes: Der Handel mit Intraokularlinsen kann für einen gewieften Pharmavertreter wie Herbert R. unglaublich lukrativ sein - zumindest wenn er sich nicht an Gesetzen stört. Eingesetzt werden diese Linsen, wenn die natürliche Linse des Auges unheilbar geschädigt ist – zum Beispiel beim grauen Star.
Die Staatsanwaltschaft für Wirtschaftskriminalität hat in akribischer Kleinarbeit die dubiosen Deals des Herbert R. aufgedröselt. Fragen konnte die Staatsanwaltschaft ihn indes nicht mehr: Er hatte sich rechtzeitig ins Ausland abgesetzt und wird jetzt mit internationalem Haftbefehl gesucht. Den Anfang nahm die erfolgreiche Geldvermehrung in einem guten Handel mit dem Linsenhersteller. Gegenüber dem Listenpreis von rund 400 DM ließen sich erhebliche Rabatte erhandeln – Eingeweihte schätzen bis zu 300 DM. Diese Linsen wurden dann auf dem Papier in die Schweiz verkauft und wieder eingeführt. In Wirklichkeit wanderten sie aber direkt in eine Apotheke in (Ortsangabe). „So bringt man Linsen in den Kreislauf", erklärt Oberstaatanwalt Jürgens.
Die Augenärzte rechneten nach der Operation mit den Kassen nun den vollen Preis ab – obwohl sie eigentlich verpflichtet sind, den Preisvorteil weiterzugeben. Den Gewinn teilten Ärzte, Apotheker und Händler untereinander auf. Gegen 20 Augenärzte in ganz Deutschland wird nun ermittelt. Und der Anwalt von Herbert R. verhandelt mit dem Finanzamt und dem Staatsanwalt – vielleicht, so hofft er, wird der Haftbefehl ja aufgehoben.

Herbert R. verlangt von dem Blatt, die Verbreitung folgender Äußerungen zu unterlassen: Er
- habe die Krankenkassen betrogen,
- störe sich nicht an Gesetzen,
- sei in dubiose Deals verwickelt gewesen,
- habe Kontaktlinsen in Absprache mit Ärzten und Apothekern in den Kreislauf gebracht und den Gewinn mit Ärzten und Apothekern aufgeteilt.
Außerdem verlangt er von dem Blatt, diese Äußerungen zu widerrufen und den Widerruf zu veröffentlichen.
Zur Begründung beruft er sich auf einen Verstoß gegen die Unschuldsvermutung. Der Kläger steht inzwischen wegen Betruges vor Gericht, nachdem die Schweiz ihn ausgeliefert hat. Hat seine Klage Aussicht auf Erfolg?

Darüber hinaus soll nach Ansicht des OLG Frankfurt gelten: „Wenn die Recherchen zu einem so hohen Verdacht einer schweren, für das öffentliche Interesse bedeutsamen Straftat geführt haben, dass die Presse von der Richtigkeit der sorgfältig überprüften Beschuldigungen überzeugt ist und die Umstände des Falles zur deutlichen Anprangerung des Betroffenen als Täter drängen, so wird man gegen diese Bezeichnung in der Veröffentlichung Einwendungen nicht erheben können, wenn nur aus dem Text der Veröffentlichung hervorgeht, dass eine strafrechtliche Verurteilung nicht erfolgt ist."[1155]

[1154] OLG Hamburg AfP 1983, S. 466 ff.
[1155] OLG Frankfurt AfP 1980, S. 50 ff. (53).

Das mag in einem Fall der Beteiligung an nationalsozialistischen Gewaltverbrechen, wie er dieser Entscheidung zugrunde lag, ein akzeptabler Grundsatz sein - nicht zuletzt angesichts des Umstands, dass die Verfolgung dieser Straftaten in den ersten Jahrzehnten der Existenz der Bundesrepublik Deutschland erhebliche Defizite aufwies. Bei seiner Verallgemeinerung auf aktuelle Straftaten ist jedoch höchste Vorsicht geboten. Das kommt schon in dem zitierten Urteil des OLG Frankfurt selbst zum Ausdruck, das der Presse nicht das Recht einräumen will, „künftig in allen Fällen, in denen sie nach dem Ergebnis der Recherchen von der Täterschaft einer Person überzeugt ist, diese schlechthin als Täter (zu) bezeichnen."[1156]
Zweifelhaft ist, ob die Unschuldsvermutung zugunsten des Tatverdächtigen auch dann noch gegenüber dem Informationsinteresse der Öffentlichkeit den Vorrang genießt, wenn dieser zwar gerichtlich verurteilt, die Verurteilung aber noch nicht rechtskräftig geworden ist.   In der Regel, d. h. wenn nicht besondere Umstände Zweifel an der Richtigkeit des noch nicht rechtskräftigen Urteils begründen, stellt die Darstellung des Verurteilten als Täter wohl keinen rechtswidrigen Eingriff in sein Persönlichkeitsrecht dar.[1157]
Die Verwendung *heimlich gemachter Aufnahmen* ist im Rahmen einer solchen Berichterstattung zulässig, wenn sie auf möglichst schonende Weise erfolgt.[1158] Das kann z.B. dadurch geschehen, dass die Beteiligten unkenntlich gemacht und namentlich nicht genannt werden.

7.4   Fahndungsaufrufe

Ermittlungs- und Fahndungsaufrufe, durch die die Bevölkerung in Presse oder Rundfunk aufgefordert wird, bei der Aufklärung einer Straftat mitzuwirken,[1159] sind zulässig, wenn

- es um eine Straftat von erheblicher Bedeutung geht,
- der Aufruf geeignet ist mitzuhelfen, das Verbrechen aufzuklären oder Tatverdächtige zu ergreifen und
- dringender, zumindest aber erheblicher Tatverdacht besteht.

Die Bedeutung der Straftat kann sich aus ihrer Schwere, aber auch daraus ergeben, dass - z. B. bei Serientätern - Wiederholungsgefahr besteht. Generell sind die Strafverfolgungsbehörden verpflichtet, bei öffentlichen Fahndungsmaßnahmen den Grundsatz der Verhältnismäßigkeit zu beachten.[1160]
Für die Verbreitung *bundesweiter* Fahndungsaufrufe durch ARD und ZDF sind diese Grundsätze durch eine Vereinbarung zwischen den Anstalten und den Justiz- und Innenministern der Länder darüber hinaus dahin spezifiziert, dass

- die Straftat überregionale Bedeutung haben muss (z. B. Mord, Geiselnahme, Entführung, terroristischer Anschlag, organisierter Rauschgifthandel),
- die bundesweite Fahndungsmeldung geeignet sein muss, die Ermittlungen entscheidend zu fördern,
- alle herkömmlichen polizeilichen Fahndungsmaßnahmen erfolglos ausgeschöpft sind oder nicht den gleichen Erfolg versprechen,
- die Voraussetzungen für den Erlass eines Haftbefehls oder Unterbringungsbefehls gegen den gesuchten Tatverdächtigen vorliegen,
- Umfang, Ausgestaltung und beabsichtigte Breitenwirkung der Fahndungsmeldung in angemessenem Verhältnis zur Bedeutung der Straftat stehen.[1161]

[1156] OLG Frankfurt AfP 1980, S. 53.
[1157] Vgl. auch LG Oldenburg, AfP 1987, S. 720.
[1158] LG Berlin AfP 2001, S. 423 f.
[1159] OLG Frankfurt NJW 1971, S. 47 ff. -„Aktenzeichen XY-ungelöst"; ähnlich auch OLG Hamm GRUR 1993, S. 154.
[1160] Zu Einzelheiten vgl. §§ 131 – 131c StPO sowie Anlage B zu den Richtlinien für das Strafverfahren und das Bußgeldverfahren.
[1161] Zitiert nach Stümper, S. 411.

7.5 Ergänzende Berichterstattung

Stellt sich der Tatverdacht später als unbegründet heraus, so haben die Massenmedien, die zuvor darüber berichtet haben, dies ihren Lesern, Hörern oder Zuschauern auf Verlangen des Betroffenen in geeigneter Weise zur Kenntnis zu bringen.[1162]

Berichtet eine Zeitung wahrheitsgemäß und rechtmäßig unter Namensnennung über eine Verurteilung durch das Amtsgericht und wird der Betroffene in zweiter Instanz freigesprochen, so kann dieser von der Zeitung verlangen, dass sie ihren Lesern den Freispruch mitteilt. Das gilt auch dann, wenn die Zeitung in ihrem Bericht schon darauf hingewiesen hatte, dass der Verurteilte gegen das Urteil Berufung eingelegt habe. Es reicht aus, wenn sich die Zeitung darauf beschränkt, eine entsprechende Erklärung des Betroffenen abzudrucken.[1163]

Demgegenüber löst die Einstellung eines staatsanwaltschaftlichen Ermittlungsverfahrens jedenfalls dann keinen Anspruch auf ergänzende Berichterstattung aus, wenn die Verdachts begründenden Umstände, die Anlass für seine Einleitung gegeben haben, nicht ausgeräumt sind und das Verfahren deshalb jederzeit wieder aufgenommen werden kann.[1164] Nach Ansicht des OLG München entfällt ein solcher Anspruch auch dann, wenn in der vorherigen Berichterstattung bereits hinreichend deutlich zum Ausdruck gekommen ist, dass das Ermittlungsverfahren nach dem Stand der Dinge nicht zu einer Anklage führen muss.[1165]

Ist das Ermittlungsverfahren nach umfangreichen Ermittlungen und Untersuchungen eingestellt worden, weil sich „keine über bloße Vermutungen hinausgehenden Verdachtsmomente" ergeben haben, so stellt es jedoch einen unzulässigen Eingriff in das Allgemeine Persönlichkeitsrecht dar, wenn in einer späteren Buchveröffentlichung mitgeteilt wird, dass gegen die namentlich genannten Betroffenen ein Ermittlungsverfahren durchgeführt wurde. Das gilt auch dann, wenn diese Mitteilung mit dem Zusatz erfolgt, dass das Ermittlungsverfahren eingestellt wurde.[1166] Eine solche Veröffentlichung ist nur dann zulässig, wenn sie gerade zu dem Zweck erfolgt, der Öffentlichkeit mitzuteilen, dass der Betroffene von dem Verdacht entlastet wurde.

Eine schwere Persönlichkeitsrechtsverletzung liegt auch dann vor, wenn über einen Tatverdacht berichtet wird, der vier Monate zuvor geäußert worden war und sich zwischenzeitlich nicht bestätigt hat. Zur Sorgfaltspflicht der Massenmedien gehört in einem solchen Fall, sich zu vergewissern, dass der Verdacht von der Ermittlungsbehörde noch aufrechterhalten wird.[1167]

7.6 Kriminalberichterstattung und Resozialisierungsschutz

Der verfassungsrechtlich gewährleistete Persönlichkeitsschutz lässt nicht zu, „dass die Kommunikationsmedien sich über die aktuelle Berichterstattung hinaus zeitlich unbeschränkt mit der Person eines Straftäters und seiner Privatsphäre befassen. Vielmehr gewinnt nach Befriedigung des aktuellen Informationsinteresses grundsätzlich sein Recht darauf, „allein gelassen zu werden", zunehmende Bedeutung und setzt dem Wunsch der Massenmedien und einem Bedürfnis des Publikums, seinen individuellen Lebensbereich zum Gegenstand der Erörterung oder gar der Unterhaltung zu machen, Grenzen."[1168] Das gilt auch für einen Straftäter, der durch eine schwere

---

[1162] Die entsprechende Rechtsprechung der Zivilgerichte wurde vom BVerfG bestätigt, vgl. AfP 1997, S. 619 ff.
[1163] BGH NJW 1972, S. 431 ff.
[1164] LG Hamburg AfP 1999, S. 93 f.
[1165] OLG München NJW-RR 1996, S. 1487 ff. (1490) – „Sex-Papst".
[1166] Kammergericht Berlin AfP 1988, S. 137 f.
[1167] OLG Hamburg NJW-RR 1994, S. 1176 ff.
[1168] BVerfGE 35, S. 233 – Lebach I.

Straftat in das Blickfeld der Öffentlichkeit geraten ist und die allgemeine Missachtung erweckt hat.

Das aktuelle Informationsinteresse umfasst jedenfalls den Zeitraum bis zur Rechtskraft des Urteils.[1169] Im Übrigen hat das Bundesverfassungsgericht eine feste, nach Monaten und Jahren bemessene, zeitliche Grenze zwischen zulässiger aktueller Berichterstattung und unzulässiger späterer Erörterung nicht aufgestellt. „Das entscheidende Kriterium liegt darin, ob die betreffende Berichterstattung gegenüber der aktuellen Information eine erhebliche neue oder zusätzliche Beeinträchtigung des Täters zu bewirken geeignet ist."[1170] Maßgebender Orientierungspunkt soll das Interesse an der Wiedereingliederung des Straftäters in die Gesellschaft, seine Resozialisierung, sein.[1171] Eine Berichterstattung, die diese gefährdet, ist unzulässig. „Die für die soziale Existenz des Täters lebenswichtige Chance, sich in die freie Gesellschaft wiedereinzugliedern, und das Interesse der Gemeinschaft an seiner Resozialisierung gehen grundsätzlich dem Interesse an einer weiteren Erörterung der Tat vor."[1172] „Eine Gefährdung der Resozialisierung ist regelmäßig anzunehmen, wenn eine den Täter identifizierende (Fernseh-)Sendung nach seiner Entlassung oder in zeitlicher Nähe zu der bevorstehenden Entlassung ausgestrahlt werden soll. Hierfür ist zu berücksichtigen, dass eine zeitige Freiheitsstrafe schon nach Verbüßung der Hälfte der Strafzeit . . . zur Bewährung ausgesetzt werden kann und nach Verbüßung von zwei Dritteln . . . auszusetzen ist."[1173]

Das Bundesverfassungsgericht untersagte dem ZDF auf Antrag eines Tatbeteiligten, der wegen seiner Beteiligung an dem Soldatenmord von Lebach zu einer Freiheitsstrafe von 6 Jahren verurteilt worden war, ein Fernseh-Dokumentarspiel über diesen Vorgang ca. drei Jahre nach der rechtskräftigen Verurteilung der Beteiligten auszustrahlen.

Nach Ansicht des OLG Koblenz steht der Ausstrahlung eines Fernsehfilms über den Soldatenmord von Lebach das Resozialisierungsinteresse der Täter auch dann entgegen, wenn die Beteiligten weder namentlich genannt noch im Bild gezeigt, sondern durch Schauspieler dargestellt werden, da sie dennoch auch nach 30 Jahren noch hinreichend erkennbar seien.[1174] Diese Entscheidung wurde vom Bundesverfassungsgericht aufgehoben.[1175] Da die Tatbeteiligten in dem Fernsehspiel nur von ihren Bekannten erkannt werden könnten, sei ihre Stigmatisierung nicht so schwer, dass sie das Ausstrahlungsverbot rechtfertige.

Das Oberlandesgericht Hamm untersagte einer Zeitung, über die Beteiligung eines Jugendlichen an einem Banküberfall mit Geiselnahme drei Jahre nach seiner Verurteilung unter Namensnennung zu berichten. Der Betroffene war zu einer Jugendstrafe von zwei Jahren verurteilt, deren Vollstreckung zur Bewährung ausgesetzt worden. Der Anlass der Berichterstattung, die Festnahme eines weiteren mutmaßlichen Tatbeteiligten, rechtfertigte nach Ansicht des OLG zwar die erneute Berichterstattung über die Tat, nicht aber die Namensnennung des Jugendlichen in der unbeanstandeten Bewährungszeit.[1176]

Das Oberlandesgericht Köln verbot einer Illustrierten die namentliche Erwähnung eines Mannes, der 6 Monate zuvor wegen einer Vergewaltigung rechtskräftig zu einer Freiheitsstrafe von 3 Jahren verurteilt worden war, in einem Artikel zu dem Thema, wie Frauen sich gegen eine Vergewaltigung schützen können, mit dem Hinweis, dieser habe unter Einbeziehung der Untersuchungshaft bereits einen erheblichen Teil seiner Strafe verbüßt.[1177]

Den sog. „Salzsäure-Mord" nahm eine Zeitschrift zum Anlass, auf frühere Aufsehen erregende Mordfälle einzugehen. In diesem Zusammenhang stellte sie auch einen Mann namentlich und im Bild vor, der 17 Jahre zuvor wegen Aufsehen erregender Straftaten (Tötung und Zerstückelung von vier Frauen) zu 15 Jahren Freiheitsstrafe und Unterbringung in einem psychiatrischen Krankenhaus verurteilt worden

[1169] LG Berlin AfP 1998, S. 418 ff.
[1170] BVerfGE 35, S. 234; seitdem ständige Rechtsprechung.
[1171] BVerfGE 35, S. 235; seitdem ständige Rechtsprechung.
[1172] BVerfGE 35, S. 237.
[1173] BVerfGE 35, S. 238.
[1174] OLG Koblenz AfP 1998, S. 328 ff.
[1175] BVerfG AfP 2000, S. 160 ff. – Lebach II.
[1176] OLG Hamm AfP 1988, S. 258 f.
[1177] OLG Köln AfP 1987, S. 1418 f.

war. Auf Antrag des Betroffenen, der noch immer untergebracht ist, untersagte das Oberlandesgericht Hamburg der Zeitschrift die identifizierende Berichterstattung.[1178]

Demgegenüber steht das allgemeine Persönlichkeitsrecht einer dokumentarischen Berichterstattung über einen Kriminalfall unter Namensnennung und Beifügung von Abbildungen des verurteilten Täters nach Ansicht des OLG Hamburg nicht entgegen, wenn der Zeitpunkt der Haftentlassung noch nicht abzusehen und eine Gefährdung seiner Resozialisierung durch eine identifizierende Berichterstattung deshalb als gering einzuschätzen ist.[1179] Auch lange vor der Haftentlassung kann ein Verbot der Berichterstattung im Einzelfall allerdings gerechtfertigt sein.

So hat das Gericht einer Publikumszeitschrift untersagt, in ihrer Serie „Mörder, die man nie vergisst" über eine 13 1/2 Jahre zurückliegende Straftat und die gegenwärtigen Lebensumstände des Täters identifizierend zu berichten, der in einem psychiatrischen Krankenhaus untergebracht war und mit dessen alsbaldiger Entlassung nicht zu rechnen war.[1180] Es begründete dies mit der psychisch destabilen Situation des Täters und seiner im Hinblick auf einen möglichst ungestörten Heilungsprozess gegebenen besonderen Schutzwürdigkeit.[1181]

Nach vollständiger Strafverbüßung geht der Persönlichkeitsschutz des Straftäters dem Informationsinteresse der Öffentlichkeit in der Regel auch dann vor, wenn seine Resozialisierung nicht konkret gefährdet ist.

Beispiel:
Mehr als acht Jahre nach dem Aufsehen erregenden Diebstahl der „Blutenburger Madonna", einer spätgotischen Plastik, erschien in dem Buch „Bayerische Spitzbuben" eine Beschreibung dieser Straftat unter Namensnennung der Täter. Diese hatten zwar ihre Strafe für jene Tat längst abgesessen, saßen jedoch inzwischen wegen ähnlicher Delikte wieder in Strafhaft. Gleichwohl untersagte das OLG München auf Antrag der Betroffenen dem Verlag den weiteren Vertrieb dieses Buches mit der Namensnennung der Kläger.[1182]

Legitimiert sein kann die identifizierende Berichterstattung über frühere Straftaten, wenn an ihr ein besonderes Informationsinteresse besteht. Dieses kann zum einen bei Straftaten von besonderer historischer Bedeutung vorliegen.

Um solche Straftaten handelt es sich z.B. bei den Verbrechen, die die „Rote-Armee-Fraktion" (RAF) in den siebziger Jahren des letzten Jahrhunderts bei ihrem Versuch begangen hat, die politischen Machtverhältnisse in der Bundesrepublik Deutschland gewaltsam zu verändern. Deshalb ist eine Berichterstattung über die Taten der RAF-Mitglieder unter Namensnennung und Verwendung archivierten Fotomaterials weiterhin zulässig.[1183]
Unter bestimmten Voraussetzungen soll auch eine Beschreibung der gegenwärtigen Lebensverhältnisse eines ehemaligen RAF-Mitglieds zulässig sein. In dem entschiedenen Fall ging es um jemanden, der zu lebenslanger Freiheitsstrafe verurteilt, aber bereits vor acht Jahren aus der Strafhaft entlassen worden war und gegen den der Generalbundesanwalt aktuell erneut Ermittlungen wegen Beteiligung an der Ermordung des früheren Generalbundesanwalts Buback aufgenommen hatte. In diesem Fall hielt das Berliner Kammergericht über seine gegenwärtigen Familien- (getrennt lebender Vater) und Einkommensverhältnisse (Hartz IV-Empfänger mit Gelegenheitsjobs) für zulässig, nicht aber die Verbreitung eines Fotos des Hauses, in dem er wohnt. Die Beschränkung begründete das Gericht damit, seine Resozialisierung könne dadurch behindert werden, dass er seiner unmittelbaren Umwelt, in der er bislang weitgehend unerkannt gelebt hatte, als „RAF-Terrorist" bekannt gemacht werde.[1184]

Ein besonderes Informationsinteresse der Öffentlichkeit ist ferner zu bejahen, wenn die Berichterstattung über die alte Straftat im Zusammenhang mit dem Bericht über eine neue, ähnliche Straftat desselben Täters steht. Dazu reicht die Einleitung eines Ermittlungsverfahrens durch die

[1178] OLG Hamburg AfP 1994, S. 232 ff. = NJW-RR 1994, S. 1439.
[1179] OLG Hamburg AfP 2008, S. 95 ff. – Die großen Kriminalfälle.
[1180] OLG Hamburg AfP 1991, S. 537 ff.
[1181] Vgl. OLG Hamburg AfP 2008, S. 95 ff. (97).
[1182] OLG München AfP 1981, S. 360 f.
[1183] KG AfP 2007, S. 376 ff. = NJW-RR 2008, S. 492 ff.
[1184] KG AfP 2008, S. 399 ff. = NJW-RR 2008, S. 1625 ff.

Staatsanwaltschaft allerdings nicht aus, solange keine konkreten Verdachtsmomente vorliegen und glaubhaft gemacht werden.[1185]

Auch der Umstand, dass der Täter die öffentliche Auseinandersetzung um seine spektakuläre Straftat nach Kräften selbst gefördert hat, kann eine spätere Berichterstattung legitimieren.

Beispiel:
M. B. hatte in spektakulärer Weise den als Mörder ihrer Tochter vor Gericht stehenden Angeklagten während der Gerichtsverhandlung erschossen und damit bundesweites Aufsehen erregt. Sie hatte die öffentliche Auseinandersetzung um ihre Person und ihre Tat durch eigene publizistische Aktivitäten nach Kräften gefördert. Über sie und ihre Tat wurden zwei Spielfilme gedreht. Nach ihrer vorzeitigen Haftentlassung verlangte sie von einer Illustrierten, Fotos von ihr nur noch mit ihrer Einwilligung zu veröffentlichen. Das Oberlandesgericht Hamburg wies die Klage ab, soweit es um Fotos ging, die im Zeitraum zwischen der Tat und der Rechtskraft des Strafurteils entstanden waren. Im Übrigen gab es der Klage statt.[1186]

In einem Bericht, der aufgrund eines staatsanwaltschaftlichen Ermittlungsverfahrens vor einer GmbH warnt, an deren Redlichkeit berechtigte Zweifel bestehen, darf auch auf einschlägige Vorstrafen des Geschäftsführers dieser Gesellschaft hingewiesen werden.[1187]

Schließlich muss der Resozialisierungsschutz des Täters zurücktreten, soweit Meinungsäußerungsfreiheit und allgemeines Persönlichkeitsrecht des Opfers dies erfordern.

So kann sich eine erwachsene Frau, die als Kind von ihrem Vater sexuell missbraucht worden war, auf das Grundrecht der Meinungsäußerungsfreiheit berufen, wenn sie sich viele Jahre später mit einem Bericht über diesen Missbrauch an die Öffentlichkeit wendet – und zwar unter ihrem eigenen Namen und Darlegung ihres persönlichen Schicksals. Führt ein solches Vorgehen zwangsläufig zu einer Identifikation des noch lebenden Vaters, muss dessen Schutzinteresse im Einzelfall möglicherweise hinter der Äußerungsfreiheit seines Opfers zurücktreten.[1188]

Demgegenüber rechtfertigt das Interesse der Öffentlichkeit, darüber informiert zu werden, nach welchen Maßstäben eine lebenslange Freiheitsstrafe zur Bewährung ausgesetzt wird, die Nennung des Namens des vor seiner Freilassung stehenden Täters jedenfalls dann nicht, wenn es zur Darstellung des „Falles" ausreicht, den Namen des (prominenten) Opfers zu nennen.[1189]

Stellt eine Zeitung Beiträge über schwere Straftaten, die sie im Rahmen ihrer aktuellen Berichterstattung in zulässiger Weise veröffentlicht hat, in ein allgemein zugängliches Online-Archiv, kann der Täter nach überwiegender Auffassung nicht verlangen, sie nach einiger Zeit aus dem Archiv herauszunehmen oder zu sperren.[1190]

Die Grundsätze über den Resozialisierungsschutz sind auch auf Berichte über sonstiges früheres Fehlverhalten anzuwenden.

So rechtfertigt der Umstand, dass jemand als Stuntman arbeitet und mit einer bekannten Schauspielerin liiert ist, es nach Ansicht des Landgerichts Berlin nicht, über seine mehr als 20 Jahre zurückliegende Tätigkeit als informeller Mitarbeiter der Staatssicherheit der DDR zu berichten.[1191]

7.7 Spezielle Veröffentlichungsverbote

Soweit in einem Gerichtsverfahren die Öffentlichkeit wegen Gefährdung der Staatssicherheit ausgeschlossen ist, dürfen die Medien keine Berichte über die Verhandlung und den Inhalt eines

---

[1185] OLG Hamburg AfP 2007, S. 228 f.
[1186] OLG Hamburg AfP 1987, S. 518 ff.
[1187] OLG Frankfurt/M. NJW-RR 1995, S. 476 f.
[1188] BVerfG AfP 1998, S. 386 ff.
[1189] OLG Nürnberg AfP 2007, S. 127 f. – Sedlmayr; ebenso OLG München AfP 2007, S. 135 ff.
[1190] So Kammergericht Berlin AfP 2006, S. 561 ff.; OLG Köln AfP 2007, S. 126 f.; OLG Frankfurt AfP 2006, S. 568 f., 569 f., 570 f., 571 ff.; AfP 2008, S. 621 ff.; OLG München AfP 2008, S. 618 ff.; LG Berlin AfP 2001, S. 337 ff.; a.A. LG Hamburg AfP 2008, S. 226 ff.
[1191] LG Berlin AfP 2008, S. 645 ff.

die Sache betreffenden amtlichen Schriftstücks veröffentlichen (§ 174 Abs. 2 GVG). Der Verstoß gegen dieses Verbot ist strafbar (§ 353d Ziff. 1 StGB).

Ist die Öffentlichkeit aus Gründen des Geheimnisschutzes ausgeschlossen, so kann das Gericht den Anwesenden die Geheimhaltung von Tatsachen, die durch die Verhandlung zu ihrer Kenntnis gelangt sind, zur Pflicht machen (§ 174 Abs. 3 GVG). Der Verstoß gegen diese Verpflichtung ist ebenfalls strafbar (§ 353d Ziff. 2 StGB).

Strafbar macht sich ferner, wer die Anklageschrift oder andere amtliche Schriftstücke eines Strafverfahrens, Bußgeld- oder Disziplinarverfahrens, ganz oder in wesentlichen Teilen im Wortlauf öffentlich mitteilt, bevor sie in öffentlicher Verhandlung erörtert worden sind oder das Verfahren abgeschlossen ist (§ 353d Ziff. 3 StGB). Nur die wörtliche, nicht aber die sinngemäße Wiedergabe des Inhalts dieser Schriftstücke ist verboten. Private Schriftstücke gehören auch dann nicht dazu, wenn sie zuvor von der StA im Rahmen eines strafrechtlichen Ermittlungsverfahrens als Beweisstücke beschlagnahmt worden waren.[1192] Der Sinn dieser Vorschrift ist kaum zu begreifen; dennoch hat das Bundesverfassungsgericht sie für verfassungskonform erklärt.[1193]

[1192] AmtsG Hamburg NStZ 1988, S. 411.
[1193] BVerfGE 71, S. 206 ff.

Prüfungsschema zur Kriminalberichterstattung

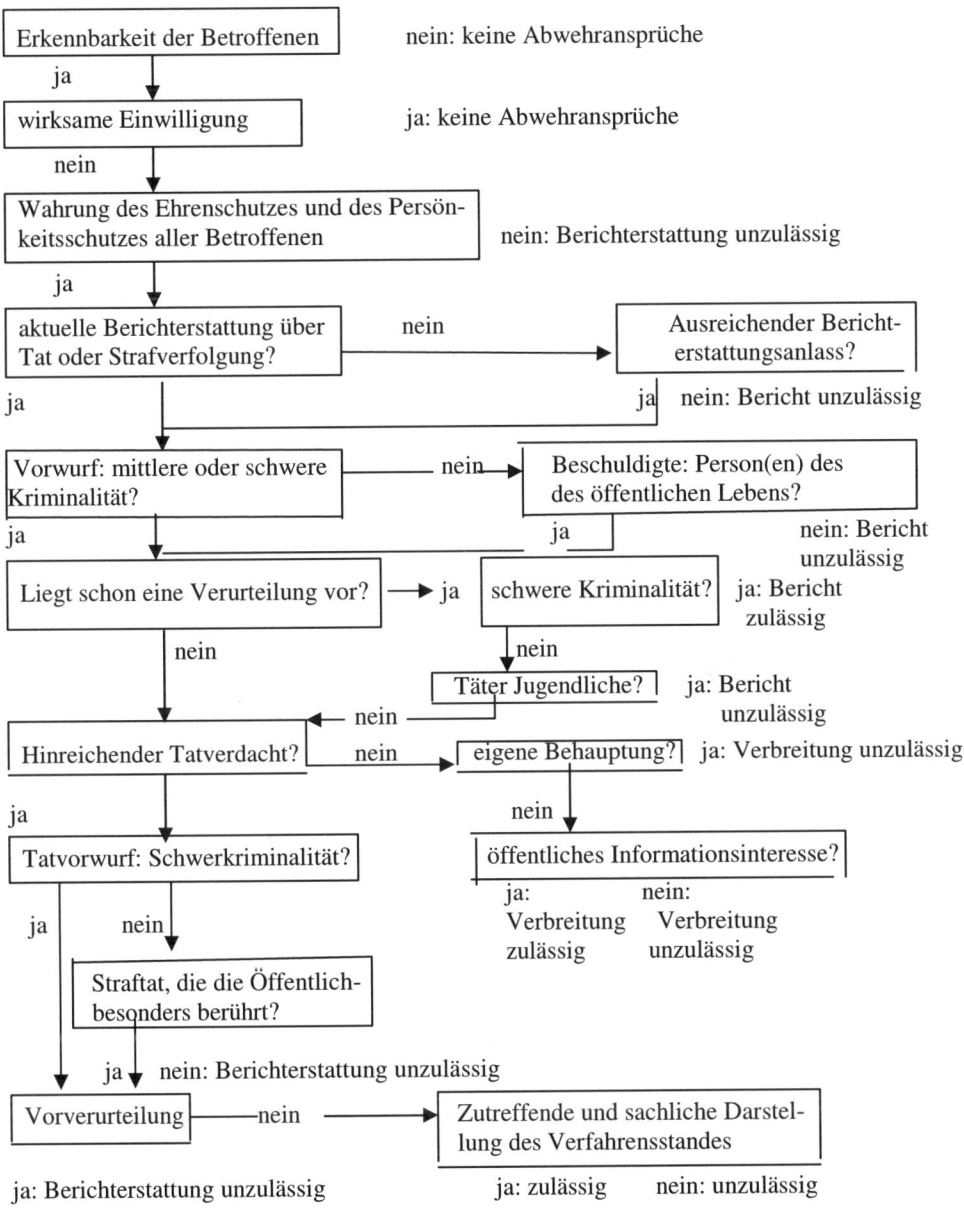

Erkennbarkeit der Betroffenen   nein: keine Abwehransprüche

ja

wirksame Einwilligung   ja: keine Abwehransprüche

nein

Wahrung des Ehrenschutzes und des Persön-
keitsschutzes aller Betroffenen   nein: Berichterstattung unzulässig

ja

aktuelle Berichterstattung über   nein   Ausreichender Bericht-
Tat oder Strafverfolgung?   erstattungsanlass?

ja   ja   nein: Bericht unzulässig

Vorwurf: mittlere oder schwere   nein   Beschuldigte: Person(en) des
Kriminalität?   des öffentlichen Lebens?

ja   ja   nein: Bericht
        unzulässig

Liegt schon eine Verurteilung vor?   → ja   schwere Kriminalität?   ja: Bericht
        zulässig

nein   nein

        Täter Jugendliche?   ja: Bericht
        unzulässig

Hinreichender Tatverdacht?   nein   eigene Behauptung?   ja: Verbreitung unzulässig

ja   nein

Tatvorwurf: Schwerkriminalität?   öffentliches Informationsinteresse?

ja   nein   ja: nein:
        Verbreitung   Verbreitung
        zulässig   unzulässig

Straftat, die die Öffentlich-
besonders berührt?

ja   nein: Berichterstattung unzulässig

Vorverurteilung ──nein ──→   Zutreffende und sachliche Darstel-
        lung des Verfahrensstandes

ja: Berichterstattung unzulässig   ja: zulässig   nein: unzulässig

8 Urheberrecht

Das Urheberrecht dient dem Schutz des „geistigen Eigentums".[1194] Es soll verhindern, dass jemand fremde geistige Leistungen verwertet, ohne dafür eine Gegenleistung zu erbringen.

Für die Tätigkeit des Journalisten ist das Urheberrecht von doppelter Bedeutung: Zum einen begrenzt es die Möglichkeit, fremde Texte, Zeichnungen, Fotos, Filme oder andere geschützte Werke zu übernehmen, ohne das entsprechende Verwertungsrecht erworben zu haben. Zum anderen schützt es dagegen, dass die eigenen Produkte von anderen ohne Einwilligung und ohne Gegenleistung verwertet werden.

8.1 Schutz von Werken und sonstigen Leistungen

„Werke" der Literatur, Wissenschaft und Kunst sind generell urheberrechtlich geschützt (§ 1 UrhG). Denselben Schutz wie Werke genießen auch eine Reihe von sonstigen Leistungen, die im Urheberrechtsgesetz (§§ 70 ff.) abschließend aufgezählt sind. Als „Werke" kommen beispielsweise in Betracht

- Texte („Schriftwerke") und Reden („Sprachwerke"),
- Fotos („Lichtbildwerke")[1195], Filme und Videos[1196],
- Computer-Software („Programme für die Datenverarbeitung"),
- wissenschaftliche und technische Zeichnungen, Pläne, Karten, Skizzen, Tabellen und Modelle,[1197]
- Werke der bildenden Kunst (Malerei, Grafik, Plastik u. ä.), der Baukunst (einschließlich der Entwürfe von Bauwerken), der *Musik, Tanzkunst* und *Pantomime.* Zu den Werken der bildenden Kunst können auch künstlerisch verfremdete Fotografien[1198], Happenings[1199] oder Bühnenbilder[1200] gehören. [1201]

Werke im Sinne des Urheberrechts sind solche Produkte allerdings nur, wenn sie als „persönliche geistige Schöpfungen" zu bewerten sind (§ 2 Abs. 2 UrhG). Dazu müssen sie ein gewisses *Maß* an *Individualität* und *Kreativität* aufweisen. Einheitliche Maßstäbe für die Beurteilung der Frage, ob diese Voraussetzung im Einzelfall erfüllt ist, existieren bislang nicht. Sie unterscheiden sich nicht nur von Werkart zu Werkart, sondern schwanken auch innerhalb der einzelnen Werkarten stark. Während die Rechtsprechung beispielsweise an gewerbliche Erzeugnisse wie Adressbücher und Gebrauchsanweisungen, Formulare, Preislisten und Kataloge nur relativ ge-

---

[1194] Dass dem Urheber das geistige Eigentum an seinem Werk zusteht, wird vom Bundesgerichtshof als naturgegebenes Faktum angesehen, das durch Gesetzgebung und Rechtsprechung lediglich seine Anerkennung und Ausgestaltung findet, so BGHZ Bd. 17 S. 278.

[1195] Lichtbildwerke sind Fotos, die künstlerisch gestaltet sind (allgemeine Auffassung, z. B. Rehbinder, S. 103). An Lichtbildern, die diese Voraussetzung nicht erfüllen, besteht jedoch ein Leistungsschutzrecht; dazu gleich unter 2. Denselben Schutz genießen elektronisch aufgezeichnete Bilder; so zu Recht Maaßen a. a. O. S. 339 f.

[1196] Videoaufnahmen sind urheberrechtlich wie Filmaufnahmen zu behandeln, BGH in: Film und Recht 1984, S. 454.

[1197] Deren Schutz kommt angesichts der zunehmenden Verwendung von Info-Grafiken in den Printmedien ständig wachsende Bedeutung zu.

[1198] OLG Koblenz AfP 1988, S. 46 ff. Werkschutz ist auch elektronischen Bildbearbeitungen einzuräumen, soweit sie als persönliche geistige Schöpfung Werkcharakter tragen, vgl. Maaßen a. a. O. S. 347.

[1199] BGH NJW 1985, S. 1633.

[1200] BGH NJW 1987, S. 1404.

[1201] Zur Schutzfähigkeit von Show-Formaten vgl. OLG München ZUM 1999, S. 244 ff.

ringe Anforderungen stellt,[1202] gewährt sie Tagebuchaufzeichnungen sowie Briefen und Gesprächen des täglichen Lebens in der Regel keinen urheberrechtlichen Schutz, wenn sie nicht durch eine entsprechende „Gestaltungshöhe" deutlich aus der gewöhnlichen Praxis herausragen. Dasselbe gilt für ein Zeitschriften-Layout.[1203] Auch bei wissenschaftlichen und fachlichen Arbeiten legt der Bundesgerichtshof einen strengen Maßstab an: Sie sollen nur geschützt sein, wenn eine das Durchschnittskönnen eines Fachmannes deutlich überragende Leistung darstellen.[1204] Für *journalistische* Texte ist von den folgenden Grundsätzen auszugehen:

Gemäß § 49 Abs. 2 UrhG dürfen „vermischte Nachrichten tatsächlichen Inhalts und Tagesneuigkeiten, die durch Presse oder Funk veröffentlicht worden sind", kostenfrei vervielfältigt, verbreitet und öffentlich wiedergegeben werden. Deshalb ist die Frage, ob z. B. Nachrichtenmeldungen, Veranstaltungskalender, Börsenberichte und Kurszettel, Sportergebnistabellen und Polizeiberichte Werkcharakter tragen, von geringer praktischer Bedeutung; sie dürfen als „vermischte Nachrichten tatsächlichen Inhalts" nach ihrer Veröffentlichung ohnehin von jedermann verwertet werden.[1205]

Das bedeutet jedoch *nicht*, dass solche Leistungen unbeschränkt *gewerblich* ausgebeutet werden dürfen. In einem solchen Fall kommt vielmehr ein Unterlassungsanspruch wegen *unlauteren Wettbewerbs* in Betracht.[1206]

> Wertet ein Informationsdienst planmäßig Zeitungen, Zeitschriften und andere Informationsdienste aus, indem Artikel zu bestimmten Themen vollständig übernommen werden, und besteht der Informationsdienst nahezu ausschließlich aus einer Zusammenstellung solcher Artikel, so kann er sich nicht auf § 49 UrhG berufen. In einem solchen Verhalten liegt vielmehr wegen des systematischen Ausnutzens fremder Leistung ein sittenwidriges Verhalten und damit unlauterer Wettbewerb.[1207] Dasselbe gilt erst recht bei der fortlaufenden, systematischen Übernahme von Meldungen eines Blattes zur Herausgabe eines Konkurrenzprodukts.[1208]

> Ein Internet-Pressedienst darf das Online-Angebot von Zeitungen automatisch durchsuchen, seine Nutzer durch Kurzinformationen über dessen Inhalt informieren und sie durch „deep links" direkt zu den Artikeln führen.[1209] Er darf dieses Angebot, das dem Nutzer jeden Morgen als E-Mail zugestellt wird, aber nicht als „persönliche Tageszeitung" bezeichnen.[1210]

Berichte aus den verschiedenen Bereichen des Zeitgeschehens (Politik, Wirtschaft, Kultur, Sport u. a.), die solche *Nachrichten* mit Hintergrundinformationen anreichern, Zusammenhänge mit anderen Informationen herstellen oder sie in einen größeren Gesamtzusammenhang einordnen, bilden in der Regel eine individuell geformte Darstellung, die als urheberrechtlich geschütztes Werk zu bewerten ist. Dasselbe gilt in gesteigertem Maße für *Reportagen, Kommentare, Leitartikel, Glossen, Interviews* und ähnliche journalistische Darstellungsformen[1211]. Die schöpferische Leistung kann sowohl in der von der Gedankenführung geprägten Gestaltung der Sprache als auch in der Sammlung, Auswahl, Einteilung und Anordnung des Stoffs liegen.[1212] Demzufolge entfällt die Schutzfähigkeit eines Zeitungsartikels, dessen Material aus wenigen allgemein

---

[1202] Dasselbe gilt auf Grund der ausdrücklichen gesetzlichen Regelung in § 69 a Abs. 3 UrhG jetzt auch für Computerprogramme. Die frühere gegenteilige Rechtsprechung des BGH ist dadurch überholt.
[1203] Kammergericht AfP 1997, S. 924 ff.
[1204] Nachweise bei Rehbinder, S. 88.
[1205] Etwas anderes kommt ebenfalls in Betracht, wenn die Nachricht in eine besondere, individuelle, originelle Form gekleidet, z. B. als Gedicht abgefasst ist. Dann wird man den urheberrechtlichen Schutz einer solchen Schöpfung bejahen müssen; wie hier Wild, S. 702 f. mit ausführlicher Begründung.
[1206] BGHZ Bd. 21, S. 85; BGHZ Bd. 28, S. 320; ebenso für die identische Übernahme gestalteter Anzeigen OLG Hamm AfP 1993, S. 656 f., und von Stellenanzeigen in einen Online-Stellenmarkt LG Berlin AfP 1996, S. 405 f.
[1207] LG Düsseldorf AfP 1988, S. 93 f.
[1208] BGH AfP 1988, S. 32 ff.
[1209] BGH AfP 2003, S. 545 ff.
[1210] OLG Köln AfP 2001, S. 81 ff.
[1211] Ähnlich S. Rojahn, a. a. O.; vgl. auch LG Frankfurt/M. ZUM 1994, S. 438 ff. (440).
[1212] BGH GRUR 2002, S. 958 ff. (959) m.w.N.

zugänglich Quellen, z.B. einer dpa-Meldung und zwei Tageszeitungsartikeln, stammt und der in so enger Anlehnung an dieses Material formuliert ist, dass er dessen Formulierungen über längere Passagen wörtlich wiederholt oder nur unwesentlich abändert.[1213]

Geschützt ist der Artikel allerdings nur in der *Form*, die er von seinem Verfasser erhalten hat. Sein geistiger *Inhalt*, die in ihm enthaltenen *Informationen* über politische, wirtschaftliche oder kulturelle Vorgänge, kann nach der Veröffentlichung grundsätzlich von jedem frei verwendet werden (§ 24 Abs. 1 UrhG, „freie Benutzung").

Bei fiktionalen Werken kann hingegen auch die „Fabel" oder „story"[1214] als Werk geschützt sein; dasselbe gilt für Roman- und Comic-Figuren.[1215] Dementsprechend ist weder die Fortsetzung eines Romans unter Übernahme wesentlicher, charakteristischer Romangestalten eine freie Benutzung,[1216] noch die Verfilmung der „Kernfabel" eines Romans unter erheblicher Veränderung des Handlungsgefüges.[1217]

Selbstkontrollfrage 8 / 1:

Eine Publikumszeitschrift veröffentlicht in ihrer Rubrik „Steuerrecht" Leitsätze zu Entscheidungen von Finanzgerichten, die sie wörtlich der Fachzeitschrift *EFG* entnimmt. Zu jeder Entscheidung gibt sie eine Bestellnummer an, unter der Interessierte die jeweilige Entscheidung bei ihr anfordern können. Auf eine entsprechende Anforderung übersendet sie gegen eine Unkostenerstattung von 3,- DM eine Fotokopie des in der *EFG* erschienenen Entscheidungstextes. Die *EFG* klagt auf Unterlassung sowohl der Veröffentlichungs- als auch der Übersendungspraxis. Zu Recht?

Ein „Werk" liegt generell erst vor, wenn ein geistiger Inhalt in einer bestimmten Form individuellen Ausdruck gefunden hat. Dementsprechend ist die bloße *Idee* zu einem Werk, der schöpferische *Gedanke* als solcher, der in der Regel am Anfang geistigen Schaffens steht, urheberrechtlich *nicht* geschützt.[1218] Erst dadurch, dass der Autor diese Idee in eine *bestimmte Form* bringt, entsteht das Werk - und mit dem Werk *von selbst*, ohne dass es eines formalen Aktes bedarf, etwa einer Eintragung in ein Register oder eines Copyright-Vermerkes[1219], das Urheberrecht des Autors.

Der *Vollendung* des Werks bedarf es hingegen *nicht*. Auch der noch unfertige Entwurf - eines Kommentars z. B. - und das noch überarbeitungsbedürftige Konzept - zu einer Fernsehsendung beispielsweise - sind urheberrechtlich geschützt, soweit sie ihrerseits bereits die erforderliche „Gestaltungshöhe" aufweisen, also als „persönliche geistige Schöpfung" (§ 2 Abs. 2 UrhG) zu bewerten sind.[1220]

Am Beispiel von *TV-Total* hat das OLG Frankfurt entschieden, dass das Sendeformat zwar nicht an sich geschützt ist, wohl aber in der Ausgestaltung der konkreten Sendereihe.[1221]

Für *Info-Grafiken* gilt wie für Textbeiträge, dass der Schutz des Urheberrechts nur auf ihre Form, die *Gestaltung* der Darstellung gerichtet sein kann, nicht jedoch auf die in ihr enthaltene

---

[1213] LG München I AfP 2007, S. 156 ff.

[1214] OLG München ZUM 1990, S. 311 ff. „Forsthaus Falkenau". Für die Schutzfähigkeit eines Fernseh-Show-Formats vgl. Schwarz, W. a. a. O. , S. 222 ff. sowie v. Have/Eickmeier, S. 273; vgl. aber auch OLG München NJW-RR 1993, S. 649 f.

[1215] BGH NJW 1993, S. 2620 m. w. N.

[1216] BGH AfP 1999, S. 277 ff.

[1217] OLG München ZUM 1999, S. 149 f.

[1218] OLG München GRUR 1956, S. 434.

[1219] Ein Copyright-Vermerk ist jedoch erforderlich, um in den USA Ansprüche aus dem Urheberrecht geltend machen zu können; im Übrigen vgl. zum Urheberrechtsschutz im Ausland: Rehbinder, S. 30 ff.

[1220] So z. B. OLG Köln GRUR 1986, S. 889 ff.

[1221] OLG Frankfurt ZUM 2005, S. 477 ff.

Information.[1222] Geschützt ist die zeichnerische Form, soweit sie eine individuelle schöpferische Leistung darstellt. Die bloße Darstellung einer Information in Form einer Torten- oder Balkengrafik erfüllt diese Voraussetzung nicht.

> Stadtpläne und topographische Landkarten genießen Urheberrechtsschutz, sobald in ihrer Gestaltung eine individuelle kartographische Formgebung zum Ausdruck kommt, wenn auch das Maß an eigenschöpferischer Formgestaltung gering ist.[1223]

Fotos, Filme, Videos und ähnliche Erzeugnisse werden als Werke geschützt, wenn sie individuell gestaltet sind, gewissermaßen die individuelle „Handschrift" ihres Herstellers erkennen lassen.

> Dementsprechend bildet z. B. ein *Fernseh-Feature*, das sich nicht in der bloßen schematischen Aneinanderreihung von Lichtbildern erschöpft, sondern sich durch die Auswahl, Anordnung und Sammlung des Stoffes sowie durch die Art der Zusammenstellung der einzelnen Bildfolgen als Ergebnis individuellen Schaffens darstellt, ein Werk im Sinne des Urheberrechts.[1224]

Soweit Pressefotos und Filmbeiträge zu aktuellen Fernsehsendungen diese Bedingung nicht erfüllen, besteht an ihnen – wie an allen Lichtbildern und ähnlichen Erzeugnissen – ein Leistungsschutzrecht (§ 72 Abs. 1 UrhG). Dadurch werden diese Produkte wie Werke geschützt – nur nicht so lange. Während der Werkschutz erst 70 Jahre nach dem Tode des letzten Miturhebers, bei anonymen Werken[1225] 70 Jahre nach der Erstveröffentlichung[1226] erlischt (§§ 64 ff. UrhG), enden Leistungsschutzrechte bereits 50 Jahre nach der Erstveröffentlichung bzw. 50 Jahre nach der Herstellung, wenn das Werk innerhalb dieser Frist nicht erschienen ist (§ 72 Abs. 3 UrhG).[1227]

Das Leistungsschutzrecht entsteht an *allen* Fotos, auch an Schnappschüssen von Hobbyfotografen. Nur Fotokopien und fototechnisch hergestellte Vergrößerungen oder Verkleinerungen erfasst es nicht.[1228] Umstritten ist, ob ein Leistungsschutzrecht auch an elektronischen Bildbearbeitungen entsteht.[1229]

Eine Zeitung oder Zeitschrift ist zudem gem. § 4 UrhG als Sammelwerk urheberrechtlich geschützt, wenn die Auswahl oder Anordnung der einzelnen Text und Bildelemente eine schöpferische geistige Leistung darstellt.[1230] Dasselbe gilt für eine Datenbank. An einer Datenbank, der die schöpferische Gestaltung fehlt, besteht ein Leistungsschutzrecht (§ 87b UrhG), das zwar schon 15 Jahre nach der Veröffentlichung bzw. Herstellung endet (§ 87d UrhG), aber mit jeder Änderung der Datenbank, die eine wesentliche Investition erfordert, neu entsteht (§ 87a UrhG). Weitere Leistungsschutzrechte genießen
1. Regisseure und Schauspieler, Dirigenten und Musiker, Sänger und Tänzer sowie andere ausübende Künstler, die bei der Aufführung von Werken künstlerisch mitwirken (§ 73 UrhG),
2. die Veranstalter solcher Aufführungen (§ 81 UrhG),

[1222] Vgl. z. B. OLG Köln ZUM-RD 1998, S. 547.
[1223] BGH NJW 1988, S. 337 ff. ; OLG Frankfurt GRUR 1988, S. 816.
[1224] BGH AfP 1984, S. 149 ff.
[1225] Soweit nicht vor Ende der Schutzfrist die Anonymität gelüftet oder der wahre Name des Urhebers zur Eintragung in die Urheberrechtsrolle angemeldet wird, § 66 Abs. 2 UrhG.
[1226] Wird es innerhalb von 70 Jahren nicht veröffentlicht, erlischt es bereits 70 Jahre nach seiner Schaffung, § 66 Abs. 1 UrhG.
[1227] Leistungsschutzrechte an Fotos, die vor 1970 hergestellt bzw. veröffentlicht worden sind und keine Dokumente der Zeitgeschichte darstellen, sind allerdings bereits abgelaufen, vgl. dazu OLG Düsseldorf ZUM 1997, S. 486 ff.
[1228] OLG Köln GRUR 1987, S. 42 f. Dasselbe muss für elektronische Kopien gelten, die mit einem Scanner hergestellt werden; so auch Maaßen, S. 340.
[1229] Dafür Schulze, CR 1988, S. 190 f. ; dagegen Maaßen, S. 340 ff.
[1230] Vgl. OLG Hamm GRUR-RR 2008, S. 276 ff. = NJW-RR 2008, S. 1264 ff. = AfP 2008, S. 515 ff. für eine mathematische Fachzeitschrift.

3. die Verfasser wissenschaftlicher Ausgaben urheberrechtlich nicht oder nicht mehr geschützter Werke oder Texte (§ 70 UrhG),
4. die Herausgeber nachgelassener Werke (§ 71 UrhG),
5. Hersteller von Tonträgern, also Schallplatten, Tonbändern, CDs (§§ 85 f. UrhG) und Sendeunternehmen, also Rundfunk- und Fernsehveranstalter (§ 87 UrhG).

Zahlreiche Sonderregeln enthält das UrhG schließlich zum Schutz des Filmherstellers (§§ 88 ff.). Seine Rechte erlöschen 50 Jahre nach dem Erscheinen bzw. der Herstellung des Films (§ 94 Abs. 3 UrhG). Die Leistungsschutzrechte der unter 1. und 5. Genannten erlöschen ebenfalls 50 Jahre nach der (Erst-)Sendung bzw. der Veröffentlichung des Tonträgers (§§ 82, 85 Abs. 2, 94 Abs. 3, 87 Abs. 2 UrhG), die der unter 2. bis 4. Genannten bereits nach 25 Jahren (§§ 70 Abs. 3, 71 Abs. 3, 81, 82 UrhG).

Wird der Text, das Foto oder der Tonträger *nicht* innerhalb der angegebenen Fristen veröffentlicht, so *erlischt* das Schutzrecht. Die Fristen werden in diesem Fall nämlich bereits ab *Herstellung* berechnet (§§ 72 Abs. 3, 82, 85 Abs. 2 UrhG). Veröffentlicht ist das Produkt, sobald es mit Einwilligung des Berechtigten erschienen oder öffentlich wiedergegeben worden ist. Die Wiedergabe eines Werkes ist öffentlich, wenn sie für eine Mehrzahl von Personen bestimmt ist, die nicht durch gegenseitige Beziehungen oder durch Beziehungen zum Veranstalter persönlich untereinander verbunden sind (§ 15 Abs. 3 UrhG). Erschienen ist das Werk, wenn Vervielfältigungsstücke mit Zustimmung des Berechtigten in genügender Anzahl der Öffentlichkeit angeboten oder in Verkehr gebracht worden sind (§ 6 Abs. 2 S. 1 UrhG). Dieser Tatbestand ist auch mit dem Einstellen des Produkts in eine öffentlich zugängliche Online-Datenbank erfüllt.[1231]

Daten über das erwartete Unternehmensergebnis von Aktiengesellschaften (Kurs-Gewinn-Verhältnis) und die erwartete Dividende tragen als bloße Zahlen keinen Werkcharakter. Ihre tabellarische Zusammenstellung bildet kein Sammelwerk, wenn sich weder die Auswahl noch die Anordnung der Elemente als persönliche geistige Schöpfung darstellt. Als individuelle gutachterliche Leistungen fachkundiger Börsenanalysten sind die Daten aber wettbewerbsrechtlich (§ 3 UWG) geschützt.[1232]

Auch Sportveranstaltungen sind *keine* Werke. Sie genießen keinen urheberrechtlichen Schutz.[1233] Der Veranstalter hat allerdings auf Grund seines Hausrechts die Möglichkeit, den Zugang zu der Veranstaltung zu Berichterstattungszwecken vertraglich zu regeln und auf diese Weise lizenzierbare Rechte zu begründen.[1234]

8.2 Persönlichkeits- und Verwertungsrechte

Das Urheberrecht gewährt seinem Inhaber persönlichkeitsrechtlichen Schutz und behält ihm das alleinige Recht vor, sein Werk in bestimmter Weise zu verwerten.

Zum *Urheberpersönlichkeitsrecht* gehört zunächst das Recht zu bestimmen, ob und wie das Werk veröffentlicht oder dessen Inhalt bekannt gemacht werden soll (§ 12 UrhG). Als Beitrag zur öffentlichen Meinungs- und Willensbildung lässt sich eine Verletzung dieses Rechts „allenfalls ganz ausnahmsweise" rechtfertigen.[1235]

> Deshalb hat das Kammergericht Berlin der FAZ verboten, bislang unveröffentlichte persönliche Briefe von Günter Grass zu veröffentlichen. In dem Fall ging es um Briefe, die der Autor vor mehr als 35 Jahren einem mit ihm befreundeten Minister geschrieben hatte und in denen er diesen gedrängt hatte, sich öffentlich zu seiner Funktion in der NS-Zeit zu bekennen. Die FAZ hatte den Wortlaut dieser Briefe fasst vollständig wiedergegeben, als Grass 2006 bekannte, als Jugendlicher Mitglied der Waffen-SS gewe-

---

[1231] So zu Recht Maaßen, S. 342.
[1232] OLG Hamburg AfP 2000, S. 179 ff.
[1233] So zu Recht AmtsG Münster AfP 1994, S. 68 f.
[1234] Vgl. dazu oben 1.5.2.4.
[1235] Kammergericht AfP 2008, S. 196 ff.

sen zu sein. Eine derart umfassende Wiedergabe der Briefe war nach Ansicht des Gerichts durch das Informationsinteresse des Publikums nicht gedeckt.[1236]

Der Autor darf also darüber entscheiden, ob sein Werk in der vorliegenden Fassung überhaupt (erst-) veröffentlicht werden soll und ob es anonym, unter seinem bürgerlichen Namen oder unter einem von ihm bestimmten Pseudonym erscheinen soll.

So kann beispielsweise ein Fotograf verlangen, dass seine Fotos nur mit einem eindeutigen Urhebervermerk abgedruckt werden.[1237]

Einer juristischen Person steht ein Anspruch auf Nennung ihres Namens allerdings nicht zu.[1238]

Das Recht auf Anerkennung der Urheberschaft des Autors (§ 13 UrhG) gibt dem Urheber die Möglichkeit, Plagiatoren zu verbieten, sich als Schöpfer seines Werks zu bezeichnen.

Ein unzulässiges Plagiat liegt beispielsweise vor, wenn der Anbieter einer Website unter einem Rahmen (Frame) einen Hyperlink zu urheberrechtlich geschützten Teilen einer fremden Site anbietet und auf diese Weise den Eindruck erweckt, Urheber des fremden Angebots zu sein.

Auch das Recht, *Entstellungen* und andere Beeinträchtigungen des Werkes (Verstümmelungen, Kürzungen, Änderungen) zu verbieten, die geeignet sind, seine berechtigten geistigen oder persönlichen Interessen am Werk zu gefährden, ist Teil des Urheberrechts (§ 14 UrhG).

Bearbeitungen und andere Umgestaltungen des Werkes dürfen nur mit Einwilligung des Urhebers des bearbeiteten Werkes veröffentlicht oder verwertet werden (§ 23 UrhG).

Beispiele:
Übersetzung, Dramatisierung, Verfilmung eines Romans, Neuinstrumentierung eines Musikstücks, Umsetzung eines Gemäldes in eine Radierung oder eines Fotos in ein Gemälde, wenn es sich um eine naturgetreue Übertragung handelt („figurativer Realismus")[1239]

Die Einwilligung kann allerdings auch *konkludent*, durch Einräumung eines bestimmten Nutzungsrechts, erteilt werden.

So ist es beispielsweise üblich, dass Beiträge zu Zeitungen oder Zeitschriften vor ihrer Veröffentlichung redaktionell bearbeitet, gegebenenfalls auch gekürzt werden. Mit der Einsendung eines Beitrages an eine Zeitungs- oder Zeitschriftenredaktion erklärt der Autor deshalb konkludent sein Einverständnis mit einer solchen Bearbeitung. Die Einwilligung deckt jedoch *nicht* eine inhaltliche Verfälschung des Beitrages.[1240]

Von Werkbearbeitungen zu unterscheiden ist die *freie Benutzung* eines fremden Werkes. Diese ist dadurch gekennzeichnet, dass das neue Werk derart gestaltet ist, dass die Züge des benutzten Werks verblassen, dieses nur noch als Anregung für das neue, selbständige Werk erscheint.[1241]

Wird ein fremder Artikel gekürzt, teilweise umformuliert, werden Passagen oder Absätze umgestellt, bleibt aber der Wortlaut ganz oder teilweise erhalten, liegt eine - zustimmungsbedürftige - *Bearbeitung* vor. Werden indessen nur die in dem fremden Artikel enthaltenen *Informationen* zum Schreiben eines neuen Artikels verwendet, handelt es sich um eine *freie Benutzung*.
Die ausführliche zusammenfassende Wiedergabe des Inhalts eines Sachbuches in Form eines Abstracts ist nach Ansicht des OLG Frankfurt jedoch eine zustimmungsbedürftige Bearbeitung, wenn sie die Kernaussagen des Originals so darstellt, dass sie geeignet ist, die Lektüre des Originals zu ersetzen.[1242] Demgegenüber hat dasselbe Gericht die Verbreitung von kurzen Abstracts für zulässig erklärt, die den wesentlichen Inhalt einer in einer renommierten Zeitung erschienenen Buchrezension in stark verkürzter Form unter Verwendung kurzer Originalzitate wiedergeben.[1243]

Die *Parodie*, die sich mit bestimmten Eigenheiten ihres Vorbildes auseinandersetzt, ist freie Benutzung im Sinne des § 24 UrhG, soweit in ihr die Auseinandersetzung, der parodistische

---

[1236] Kammergericht AfP 2008, S. 196 ff. (199) = NJW-RR 2008, S. 857 ff.
[1237] LG München AfP 1994, S. 239 f.
[1238] OLG Frankfurt AfP 1990, S. 136 f.
[1239] LG München I, GRUR 1988, S. 36 ff.
[1240] So schon RGZ Bd. 119, S. 404 f.
[1241] Vgl. auch Rehbinder, S. 167 f. ; BGH NJW 1993, S. 2620 ff. - Alcolix.
[1242] OLG Frankfurt AfP 1998, S. 415 ff.
[1243] OLG Frankfurt AfP 2008, S. 90 ff. – perlentaucher.de.

Gedanke, im Vordergrund steht.[1244] Das gilt auch für die Aufnahme von Ausschnitten aus fremden Fernsehsendungen in eine eigene satirische Fernsehshow.[1245] Thema der Parodie oder Karikatur kann das ältere Werk selbst sein, aber auch der Gegenstand, der in ihm dargestellt ist oder
für den es steht.[1246]

> So durfte der FOCUS z.B. die Karikatur des Bundesadlers, der erkennbar die von Ludwig Gies geschaf-
> fene Adlerfigur zugrunde lag, auf der Titelseite eines Heftes abdrucken, dessen Titelgeschichte die
> Steuerpolitik kritisierte. Demgegenüber hat das OLG München dem SPIEGEL verboten, ein Foto der
> BUNTEN, das den damaligen Verteidigungsminister im Bade mit seiner Freundin zeigte, nahezu unver-
> ändert in eine Karikatur zu übernehmen, die die Badeszene in einen Stahlhelm verlegte, dessen Au-
> ßenseite mit der Abbildung von Soldaten im Kampfanzug und einem Button „MAKE LOVE NOT WAR"
> versehen war.[1247]

Freie Benutzungen bedürfen der Zustimmung des Urhebers nur im Bereich der Musik und nur,
wenn einem fremden Werk eine Melodie entnommen und dem eigenen Werk zugrunde gelegt
wird (§ 24 Abs. 2 UrhG). Demgegenüber ist der „Sound", die Kombination nicht melodientra-
gender Elemente, urheberrechtlich nicht geschützt. Dasselbe gilt für eine Layoutkonzeption oder
ein Zeitschriftenkonzept (z. B. TV Spielfilm).

Eine freie Benutzung, die der Zustimmung des Urhebers des benutzten Werkes *nicht* bedarf
(§ 24 Abs. 1 UrhG), liegt auch in der Übernahme kleiner Partikel aus fremden Werken (Sound-
Sampling)[1248] – es sei denn, dass das Sample erkennbar einen Teil einer Komposition wiedergibt, der für sich genommen urheberrechtlichen Schutz beanspruchen kann.

Dem Persönlichkeitsschutz des Urhebers dient auch das *Zugangsrecht* zu den Werkstücken.
Es gibt dem Urheber gegen den Besitzer des Originals oder eines Vervielfältigungsstückes seines Werks den Anspruch, ihm dieses zur Herstellung von Vervielfältigungsstücken oder Bearbeitungen zugänglich zu machen (§ 25 UrhG). Dieses Recht hat der angestellte Autor gegen
seinen Arbeitgeber auch dann, wenn diesem die ausschließlichen Nutzungsrechte an dem Werk
zustehen. Der Umstand, dass der Arbeitgeber ein wirtschaftliches Interesse am Besitz von Uni-
katen - etwa bei künstlerisch gestalteten Fotos - haben kann, steht dem Zugangsrecht grundsätzlich nicht entgegen.[1249]

Das Urheberpersönlichkeitsrecht, das den Urheber gegen Plagiatoren schützt, die sich als
Schöpfer seines Werks ausgeben, wird ergänzt durch das Namensrecht (§ 12 BGB) und das
allgemeine Persönlichkeitsrecht, die dagegen schützen, dass Fälscher ihre Werke als solche
eines bekannteren „Kollegen" ausgeben.

> Der Nachlassverwalter Emil Noldes kann auch heute noch, d. h. mehr als 30 Jahre nach dessen Tod,
> von dem Eigentümer gefälschter Bilder, die mit Noldes Namenszug versehen sind, die Entfernung die-
> ses Namenszuges verlangen.[1250]

Neben dem Anspruch auf die „Ehre" hat der Urheber auch das alleinige Recht zur wirtschaftlichen Verwertung seines Werks. Seine *Verwertungsrechte* betreffen die körperliche Verwertung
(Vervielfältigung, Verbreitung, Vermietung, öffentliche Ausstellung) und die öffentliche Wiedergabe des Werkes (Vortrag, Aufführung, Vorführung, Wiedergabe durch Bild- und Tonträger
oder Funksendungen). Der Urheber hat solche Verwertungsrechte sowohl an dem Werk selbst
als auch an Bearbeitungen seines Werkes (§ 23 UrhG). Bei Datenbanken ist das Verwertungsrecht auf die Verwertung *wesentlicher* Teile beschränkt; einzelne Daten dürfen von Fall zu Fall
verwendet werden (vgl. § 87b UrhG).

[1244] OLG München NJW-RR 1991, S. 1262 f. - Asterix und Obelix; BGH NJW 1993, S. 2620 ff. - Alcolix - sowie NJW-
RR 1993, S. 1002 ff. - Astrix-Persiflagen.
[1245] Vgl. BGH AfP 2000, S. 459 ff.
[1246] BGH AfP 2003, S. 541 ff.
[1247] OLG München AfP 2003, S. 553 ff.
[1248] Streitig; vgl. die Darstellung des Streitstandes bei Müller ZUM 1999, S. 555 ff.
[1249] OLG München AfP 1993, S. 753 ff.
[1250] BGH NJW 1990, S. 1986 ff.

Zur *Vervielfältigung* rechnet das Gesetz auch die Aufzeichnung einer Aufführung des Werkes auf Bild- oder Tonträger (§ 16 Abs. 2 UrhG). Dasselbe gilt für die elektronische Speicherung auf einem Datenträger.[1251] Eine *Verbreitung* des Werkes liegt vor, wenn Werkstücke (das Original oder Vervielfältigungsstücke) an Personen, die nicht zum persönlichen Bekanntenkreis des Urhebers gehören,[1252] verkauft oder verschenkt, vermietet oder verliehen werden. Die elektronische Versendung von Werken aus einer Datenbank erfüllt diesen Tatbestand ebenfalls.

Hat der Urheber ein Werkstück veräußert, d. h. verkauft oder verschenkt,[1253] kann er den neuen Eigentümer nicht daran hindern, dieses weiterzuveräußern (§ 17 Abs. 2 UrhG). Wird allerdings ein Werk der bildenden Kunst unter Beteiligung eines Kunsthändlers oder Versteigerers zum Preis von mindestens 50 € weiterveräußert, so hat der Veräußerer dem Urheber einen Anteil von 5 % des Erlöses zu entrichten, sofern es sich bei dem veräußerten Gegenstand nicht um ein Bauwerk oder ein Werk der angewandten Kunst handelt (§ 26 UrhG, „Folgerecht").

Der Erwerb eines Werkes berechtigt dessen Käufer grundsätzlich nicht mehr,[1254] dieses zu vermieten (§ 17 Abs. 2 UrhG). Hat der Urheber das Vermietrecht an einem Bild- oder Tonträger dessen Hersteller eingeräumt, behält er dennoch einen *Vergütungsanspruch* gegen den Vermieter (§ 27 Abs. 1 UrhG). Ein solcher Anspruch steht auch dem ausübenden Künstler zu, dessen Darbietung auf dem Bild- oder Tonträger zu sehen und zu hören ist (§ 75 Abs. 3 UrhG). Ein Vergütungsanspruch des Urhebers entsteht auch dann, wenn Vervielfältigungsstücke eines Werkes zu Erwerbszwecken oder durch eine öffentlich zugängliche Bibliothek, Videothek, Artothek o. ä. vermietet oder verliehen werden (§ 27 Abs. 2 UrhG, „Ausleihtantieme"). Beide Ansprüche können nur durch eine *Verwertungsgesellschaft* geltend gemacht werden (§ 27 Abs. 3 UrhG).

Die *öffentliche Aus*stellung von Werken der bildenden Kunst und von Lichtbildern ist vor ihrer Veröffentlichung durch den Urheber nur mit dessen Zustimmung zulässig (§ 18 UrhG). *Nach* ihrer Veröffentlichung hingegen kann sich der Urheber gegen eine öffentliche Ausstellung seiner Werke nicht mehr zur Wehr setzen.

Zur Verwertung in Form der *öffentlichen Wiedergabe,* die dem Urheber vorbehalten ist, gehört

- der öffentliche Vortrag von Sprachwerken (§ 19 Abs. 1 UrhG),
- die öffentliche Aufführung von Musik- oder Bühnenstücken (§ 19 Abs. 2 UrhG),
- die öffentliche Vorführung von Lichtbildern, Filmen oder wissenschaftlichen und technischen Darstellungen (§ 19 Abs. 4 UrhG),
- das Recht der öffentlichen Wiedergabe des Werkes durch Bild- oder Tonträger (§ 21 UrhG),
- das Senderecht in (Kabel-[1255])Funk und Fernsehen (§ 20 UrhG) und
- das Recht der öffentlichen Wiedergabe solcher Sendungen (§ 22 UrhG).
- Neu hinzugekommen ist 2003 das „Recht der öffentlichen Zugänglichmachung" (§ 19a UrhG). Dieses Verwertungsrecht benötigt, wer ein Werk „ins Netz stellt", es also elektronisch so bereitstellt, dass Mitglieder der Öffentlichkeit „von Orten und zu Zeiten ihrer Wahl" darauf zugreifen können.

Keine Verwertungsrechte hingegen benötigt, wer einen Hyperlink zu einer Datei setzt, die ein urheberrechtlich geschütztes Werk enthält. Das gilt auch für so genannte „Deep Links", die den unmittelbaren Zugriff auf eine Internetseite ermöglichen, die „unter" der Homepage des Anbie-

---

[1251] Zulässig ist gemäß § 44a UrhG allerdings die flüchtige Zwischenspeicherung im Rahmen einer Internet-Versendung.

[1252] So zu Recht Rehbinder, S. 149.

[1253] AmtsG Bremervörde NJW 1990, S. 2005.

[1254] Die entsprechende Änderung durch das 3. Gesetz zur Änderung des Urheberrechtsgesetzes ist seit dem 1. 7. 1995 in Kraft (BGBl. I 1995, S. 842 ff.).

[1255] Der bloße Betrieb von Gemeinschaftsantennenanlagen zur Verbesserung des Rundfunk- und Fernsehempfangs sowie das Schließen von Versorgungslücken in sog. „Abschattungsgebieten" mittels einer Kabelanlage stellt keinen Eingriff in das Urheberrecht dar, BGH NJW 1981, S. 1042 ff. Anders hingegen, wenn Programme in Breitbandverteilsysteme eingespeist werden, die nicht von Rundfunkanstalten ausgestrahlt werden, in deren gesetzlichem Versorgungsbereich die Kabelanlage liegt, BGH NJW 1988, S. 1022 ff.

ters liegt. Unzulässig ist ein solcher Link nur, wenn durch ihn technische Schutzmaßnahmen des Anbieters umgangen werden.[1256]

8.3 Die Schranken des Urheberrechts

Die Rechte des Urhebers sind zugunsten der unterschiedlichsten Interessen in vielfältiger Weise beschränkt; bestimmte Nutzungen zu bestimmten Zwecken sind zum Teil unentgeltlich, zum Teil gegen angemessene Vergütung erlaubt, ohne dass es der Zustimmung des Urhebers bedarf. Grundsätzlich darf das Werk in solchen Fällen allerdings nur *in unveränderter Form* (§ 62 UrhG)[1257] und unter gleichzeitiger *Quellenangabe* (§ 63 UrhG)[1258] benutzt werden.

8.3.1 Amtliche Werke

Gesetze, Verordnungen, Erlasse und Bekanntmachungen von staatlichen und kommunalen Behörden, Kirchen und anderen öffentlich-rechtlichen Einrichtungen sowie Entscheidungen staatlicher Gerichte,[1259] genießen *keinen* urheberrechtlichen Schutz (§ 5 Abs. 1 UrhG). Bekanntmachungen im Sinne des § 5 Abs. 1 UrhG sind nur solche, die rechtliche Regelungen zum Inhalt haben.[1260]

> Eine Bodenrichtwertsammlung im Sinne der § 192 ff. BauGB ist deshalb kein amtliches Werk im Sinne des Urheberrechts, wohl aber das „Handbuch für die Vergabe und Ausführung von Bauleistungen im Straßen- und Brückenbau".[1261]

Frei verwendet werden dürfen ferner andere amtliche Werke, die im amtlichen Interesse zur *allgemeinen Kenntnisnahme* veröffentlicht worden sind (§ 5 Abs. 2 UrhG). Im amtlichen Interesse veröffentlicht sind in der Regel Schriften, die der Gefahrenabwehr dienen, nicht aber solche, die nur allgemeine Informationen aus dem Bereich der Daseinsvorsorge vermitteln.[1262]

Selbstkontrollfrage 8 / 2:

> Ein beim Bundesverband der Allgemeinen Ortskrankenkassen beschäftigter Verwaltungsdirektor erstellte im Auftrag eines Verlages ein „Merkblatt für Arbeitgeber" mit dem Titel „Der Sozialversicherungsbeitrag", in dem die vom Arbeitgeber zu beachtenden sozialversicherungsrechtlichen Regelungen in verständlicher Form dargestellt und durch Beispiele anschaulich erläutert sind. Das Merkblatt wurde von dem Verlag gedruckt und in großer Auflage (400 000 Exemplare) an die Allgemeinen Ortskrankenkassen verkauft, die es ihrerseits den Arbeitgebern zur Verfügung stellten. Das Merkblatt erschien unter dem Namen und der Anschrift der jeweiligen Ortskrankenkasse; Verfasser und Verlag waren nicht angegeben. Nach dem Tode des Verfassers weigert sich der Verlag, an dessen Erben für die weitere Verbreitung des Merkblatts ein Honorar zu zahlen. Er vertritt die Ansicht, das Merkblatt sei ein amtliches Werk, an dem Urheberrechte gem. § 5 UrhG nicht bestünden. Zu Recht?

Deshalb gehören z.B. amtliche Statistiken, allgemeine Merkblätter und amtliche Kartenwerke wie *Stadtpläne*, *Katasterzeichnungen* und (*topografische*) *Landkarten*, die von staatlichen Stellen, z. B. Landes-

---

[1256] BGH AfP 2003, S. 545 ff.
[1257] Dieser Grundsatz gilt nicht ausnahmslos; zulässige Bearbeitungsmöglichkeiten sind in § 62 Abs. 2 ff. aufgezählt.
[1258] Einzelheiten sind in § 63 UrhG geregelt.
[1259] OVG Berlin NJW 1993, S. 675 f.
[1260] BGH AfP 2007, S. 38 ff. (39).
[1261] BGH AfP 2006, S. 463 f.
[1262] BGH AfP 2007, S. 38 ff. (40).

vermessungsämtern, hergestellt und vertrieben werden, nicht zu dieser Gruppe.[1263] Dasselbe gilt für die Bodenrichtwertsammlungen von Städten und Gemeinden.[1264]

Auch der sog. Gies-Adler, der im Plenarsaal des Deutschen Bundestages in Bonn hing, ist kein amtliches Werk. Seine ungenehmigte Verwendung als Symbol für die Bundesrepublik Deutschland kann im Rahmen der Berichterstattung jedoch durch Art. 5 GG gerechtfertigt sein.[1265]

Private Regelwerke (z.B. DIN-Normen) verlieren ihren urheberrechtlichen Schutz nicht dadurch, dass Gesetze, Verordnungen, Erlasse oder amtliche Bekanntmachungen auf sie verweisen, ohne ihren Wortlaut wiederzugeben (§ 5 Abs. 3 UrhG).

8.3.2 Öffentliche Reden

Reden, die bei öffentlichen *Verhandlungen* vor staatlichen, kommunalen oder kirchlichen Organen gehalten worden sind, dürfen von jedem vervielfältigt, verbreitet und öffentlich wiedergegeben werden (§ 48 Abs. 1 Ziff. 2 UrhG).

Reden über *Tagesfragen*, die bei öffentlichen *Versammlungen* oder im *Rundfunk* gehalten worden sind, dürfen von jedem öffentlich wiedergegeben werden. Außerdem dürfen solche Reden auch in Zeitungen, Zeitschriften und anderen aktuellen Informationsblättern vervielfältigt und verbreitet werden (§ 48 Abs. 1 Ziff. 1 UrhG). Der Vertrieb einer *Sammlung* von Reden überwiegend *desselben* Urhebers ist ohne dessen Zustimmung allerdings *nicht* erlaubt (§ 48 Abs. 2 UrhG)

.

8.3.3 Zeitungsartikel und Rundfunkkommentare

Zeitungsartikel und *Rundfunkkommentare*, die politische, wirtschaftliche oder religiöse *Tagesfragen* betreffen und *nicht* mit einem Vorbehalt der Rechte versehen sind, dürfen nach ihrem Erscheinen in anderen Zeitungen oder aktuellen Informationsblättern abgedruckt sowie öffentlich, z. B. im Rundfunk, wiedergegeben werden (§ 49 Abs. 1 Satz 1 UrhG).

Die Beschränkung des Nachdruckrechts auf *Zeitungs*artikel hat der Gesetzgeber damit begründet, dass *Zeitschriften* neben tagesaktuellen Artikeln oft auch solche von „bleibender Bedeutung" enthalten und deshalb unabhängig von einem Vorbehalt gegen Nachdruck geschützt werden sollten.[1266] Dieser Gesichtspunkt muss deshalb auch der Interpretation des § 49 UrhG zugrunde gelegt werden. Danach wird man zu den *Zeitungen* im Sinne dieser Vorschrift zu rechnen haben

- Tageszeitungen sowie als Tageszeitungen aufgemachte Blätter, die mehrmals wöchentlich erscheinen,
- Anzeigenblätter, auch wenn sie in größeren Zeitabständen erscheinen,
- diejenigen Sonntagszeitungen, die an Sonntagen gewissermaßen an die Stelle der Tageszeitung treten, sich wie Tageszeitungen der tagesaktuellen Berichterstattung widmen. Dass sich solche Zeitungen schon in ihrem Titel an eine Tageszeitung anlehnen, ist typisch (z. B. *Welt am Sonntag*), aber nicht erforderlich.

Als „Zeitung" im Sinne des § 49 Abs. 1 Satz 1 UrhG bewertet der Bundesgerichtshof auch Publikumszeitschriften, die sich überwiegend aktuellen politischen Fragen widmen (z. B. *Wirtschaftswoche, DM,* aber wohl auch *Spiegel, Focus, stern*).[1267] Demgegenüber fallen Fachzeit-

---

[1263] BGH NJW 1988, S. 337 ff. ; OLG Frankfurt AfP 1988, S. 361 f.
[1264] BGH AfP 2007, S. 38 ff. (40).
[1265] OLG Köln AfP 2000, S. 583 ff.
[1266] So die amtliche Begründung des Regierungsentwurfs, UFITA 1965, S. 282.
[1267] BGH NJW 2005, S. 2698 ff. = AfP 2005, S. 356 ff.

schriften und andere Magazine, die nicht in erster Linie über aktuelle Tagesereignisse informieren, nicht unter das Pressespiegelprivileg. Das dürfte wohl auch für Wochenzeitungen mit überwiegend die Tagesaktualität überdauernden analysierenden und kommentierenden Beiträgen (z. B. *Die Zeit*) gelten.

Streitig ist die Frage, ob der *Vorbehalt der Rechte* nur dann Wirksamkeit entfaltet, wenn er an jedem einzelnen Artikel angebracht ist, oder ob es ausreicht, die geschützten Artikel im Impressum zu bezeichnen.[1268] Der Wortlaut des Gesetzes spricht meines Erachtens eher dafür, dass der Vorbehalt bei dem einzelnen Artikel angebracht sein muss. Dafür spricht auch die klare Erkennbarkeit des Vorbehalts für den Nachdruckwilligen, der jedenfalls *nicht* verpflichtet ist, die ganze, möglicherweise sehr umfangreiche Zeitung daraufhin durchzuprüfen, ob sich an *irgendeiner* Stelle ein einschlägiger Vorbehalt findet. Richtig ist allerdings, dass eine ausreichende Erkennbarkeit für den Abdruckwilligen auch gewährleistet wäre, wenn sich in der Praxis eine allgemein anerkannte *Übung* entwickelt hätte, Angaben über den Vorbehalt der Rechte in das Impressum aufzunehmen. In diesem Zusammenhang könnte auch eine *Empfehlung des Deutschen Presserats* hilfreich sein.[1269]

Dem Autor des nachgedruckten Artikels ist eine angemessene Vergütung zu zahlen (§ 49 Abs. 1 Satz 2 UrhG). Der Vergütungsanspruch kann nur durch eine Verwertungsgesellschaft geltend gemacht werden (§ 49 Abs. 1 Satz 3 UrhG). Kostenfrei ist jedoch die Wiedergabe von *kurzen Auszügen* aus mehreren Kommentaren oder Artikeln in Form einer Übersicht, also einer „Presseschau" (§ 49 Abs. 1 Satz 2 UrhG).

Dass auch *Pressespiegel*, die lediglich aus einer Zusammenstellung von Artikeln aus anderen Zeitungen bestehen, Informationsblätter sind, für die das Nachdruckrecht gilt, hat der Bundesgerichtshof mit ausführlicher Begründung bejaht.[1270] Dem ist zuzustimmen. Die Interessen des Urhebers sind dadurch gewahrt, dass für den Nachdruck eine angemessene *Vergütung* zu zahlen ist. Den Interessen des Verlages ist durch das Wettbewerbsrecht Rechnung getragen, das einen gewerblichen Vertrieb solcher „Pressespiegel" verhindert.[1271]

Die Herstellung eines elektronischen Pressespiegels erlaubt § 49 Abs. 1 UrhG nur, soweit dieser im Vergleich mit der herkömmlichen Papierform keine zusätzlichen Nutzungsmöglichkeiten eröffnet. Das ist nur dann der Fall, wenn die fremden Artikel – als Faksimile – grafisch dargestellt werden - also keine Volltexterfassung, die es ermöglicht, die einzelnen Presseartikel indizierbar zu machen und in eine Datenbank einzustellen.[1272] Außerdem darf der elektronische Pressespiegel nur betriebs- oder behördenintern zugänglich sein.[1273]

8.3.4 Aktuelle Bild- und Tonberichterstattung

Zeitungen und Zeitschriften, Funk und Film dürfen ihrerseits im Rahmen der aktuellen Berichterstattung auch ansonsten geschützte Werke, die im Verlauf der Vorgänge, über die berichtet wird, wahrnehmbar werden, ohne Erlaubnis des Urhebers kostenfrei vervielfältigen, verbreiten und öffentlich wiedergeben (§ 50 UrhG).

> Das gilt z. B. für den musikalischen Rahmen öffentlicher Feierstunden ebenso wie für die Kunstwerke, die in dem Bericht über eine Ausstellungseröffnung sichtbar werden.

[1268] Nachweise zum Streitstand finden sich bei Wild, S. 706.

[1269] Ohne eine auf der Verkehrsüblichkeit oder dem Standesrecht basierende Grundlage lässt sich hingegen entgegen der Ansicht von Soehring, Rz. 3.30, eine Verweisung des Nachdruckwilligen auf das Impressum nicht rechtfertigen; nach der presserechtlichen Funktion des Impressums sind entsprechende Angaben dort nämlich gar nicht zu erwarten.

[1270] BGH AfP 2002, S. 437 ff. (439f.).

[1271] Vgl. dazu auch BGH AfP 2002, S. 437 (441).

[1272] BGH AfP 2002, S. 437 ff. (441).

[1273] BGH AfP 2002, S. 437 ff. (441).

Aktuelle Berichte über die Eröffnung einer Kunstausstellung[1274] oder die Neuerscheinung einer Reihe von Kunstbänden[1275] dürfen auch mit den Abbildungen einzelner, herausragender oder typischer dort ausgestellter oder abgedruckter Kunstwerke *illustriert* werden. Für den aktuellen Bericht über die Schenkung einer Kunstsammlung durch einen Mäzen an eine Stadt gilt dieses hingegen nicht, wenn und soweit die geschenkten Kunstwerke nicht zugleich ausgestellt oder sonst wahrnehmbar gemacht werden.[1276] Auch die Wiedergabe von Werken der bildenden Kunst in *Programmzeitschriften* zur Illustrierung der Vorschau auf Rundfunk- oder Fernsehprogramme ist durch § 50 UrhG *nicht* gedeckt.[1277]

Nach Ansicht des Landgerichts Oldenburg ist auch die Übernahme des Werbeplakats für ein Stadtfest als Deckblatt einer Sonderbeilage der Lokalzeitung zu diesem Stadtfest durch § 50 UrhG erlaubt.[1278]

Ein Tagesereignis kann auch darin bestehen, dass eine Zeitung über eine Auseinandersetzung zwischen prominenten Eheleuten berichtet. Wird in diesem Bericht ein Foto als Beleg veröffentlicht, kann dessen Wiedergabe als Zeitungsausriss durch § 50 UrhG gedeckt sein.[1279]

Zulässig ist die Veröffentlichung aber nur in dem *Umfang*, der durch den *aktuellen* Berichterstattungszweck *geboten* ist.

So rechtfertigt die Veranstaltung eines Theaterfestivals nicht die Wiedergabe von Teilen der aufgeführten Stücke in einem vertieften, Hintergründe beleuchtenden, mit eigenen Meinungen und Ansichten angereicherten Beitrag zur Entstehungsgeschichte und Entwicklung des freien Theaters.[1280]

Auch die Veröffentlichung eines *Jahrbuchs*, das Tagesereignisse dokumentiert, ist nicht mehr als Gegenwartsberichterstattung im Sinne des § 50 UrhG zu bewerten.[1281]

Zur Konkretisierung des zulässigen Umfangs der Werkwiedergabe ist zwischen den Bühnenverlagen und dem Deutschen Bühnenverein einerseits und den Rundfunkanstalten andererseits vereinbart worden, dass die Sendezeit sechs Minuten nicht übersteigen und das Ereignis, über das berichtet wird, nicht länger als vier Wochen zurückliegen darf.

8.3.5 *Unwesentliches Beiwerk*

Zulässig ist die Wiedergabe ansonsten geschützter Werke auch, wenn sie als *unwesentliches Beiwerk* neben dem eigentlichen Gegenstand der Publikation anzusehen sind (§ 57 UrhG).

Ein solcher Fall liegt beispielsweise vor, wenn bei einem Fernsehinterview ein Kunstwerk, das sich im Hintergrund befindet, mit ins Bild kommt oder Musik erklingt, die zufällig mit auf den O-Ton geraten ist. Wird indessen eine Aufnahme so *arrangiert*, dass das Kunstwerk - neben dem „eigentlichen" Gegenstand der Abbildung - dessen Gesamtwirkung mitbestimmt, ist dieses nicht mehr *unwesentliches* Beiwerk.[1282]
Wird auf einem Titelbild ein Mensch in Alltagskleidung abgebildet, der ein bedrucktes T-Shirt trägt, kann der Designer des Aufdrucks jedenfalls dann keine urheberrechtlichen Ansprüche gegen den Verlag geltend machen, wenn der Aufdruck beliebig austauschbar ist, weil er keinen Bezug zum Titelthema aufweist. In diesem Fall ist der Aufdruck als Beiwerk zu bewerten.[1283]

[1274] BGH NJW 1983, S. 1196 ff.
[1275] BGH NJW 1983, S. 1199.
[1276] BGH NJW 1983, S. 1198.
[1277] LG Berlin ZUM 1989, S. 473 ff.
[1278] LG Oldenburg, bestätigt durch OLG Oldenburg, AfP 1988, S. 84 f. (nicht unproblematisch!)
[1279] BGH AfP 2002, S. 504 ff.
[1280] OLG Hamburg AfP 1983, S. 405 ff.
[1281] LG Hamburg AfP 1988, S. 381.
[1282] So OLG München für die Abbildung von Gemälden als Wandschmuck einer Zimmerszene in einem Möbelkatalog, AfP 1989, S. 545 f.
[1283] LG München I AfP 2008, S. 218 f. = NJOZ 2008, S. 2854 f.

8.3.6 Werke an öffentlichen Plätzen

Gegen die Ablichtung[1284] von Bauten und Kunstwerken, die sich dauerhaft an öffentlichen Wegen, Straßen oder Plätzen befinden, und die Vervielfältigung, Verbreitung und öffentliche Wiedergabe solcher Abbildungen kann sich der Urheber ebenfalls nicht zur Wehr setzen (§ 59 UrhG).[1285] Diese so genannte „Panoramafreiheit" erstreckt sich nur auf die äußere Ansicht und gilt nur für Aufnahmen, die von einem Ort aus aufgenommen worden sind, der für das Publikum zugänglich ist.[1286] Ein Kunstwerk, das bestimmungsgemäß nach einiger Zeit wieder abgebaut wird (wie z. B. der „Verhüllte Reichstag") ist *nicht* bleibend im Sinne von § 59 UrhG installiert.[1287]

Änderungen dürfen an dem Werk nicht vorgenommen werden (§ 62 Abs. 1 UrhG). Der Vertrieb eines Fotos, das das abgebildete Werk in veränderter Form zeigt, kann im Einzelfall jedoch durch Art. 5 GG gedeckt sein.

> Druckt etwa eine Lokalzeitung das Bild einer Plastik, die – beispielsweise zur Karnevalszeit - durch Dritte verunstaltet wurde, ist dies durch die Berichterstattungsfreiheit gerechtfertigt. Der Vertrieb eines solchen Fotos als Postkarte hingegen würde das Urheberpersönlichkeitsrecht des Künstlers oder seiner Erben verletzen. Verfälscht der Fotograf das Werk auf seiner Darstellung selbst, verletzt deren Vertrieb zugleich die Verwertungsrechte des Künstlers.[1288]

Selbstkontrollfrage 8 / 3:

> Das Jahrbuch *Hamburg 86 - Porträt einer Weltstadt* enthält u. a. ein Foto von der Alster mit dem *Neonrevier*. Dieses *Neonrevier*, ein Kunstwerk aus Leuchtstoffröhren, war im Jahre 1986 mehrere Wochen in der Hamburger Alster installiert. Der Schöpfer des *Neonreviers* hatte die Veröffentlichung nicht genehmigt. Er verlangte vom Verleger des Buches Schadensersatz. Zu Recht ?

8.3.7 Zitierfreiheit

Dem Schutz der Informationsfreiheit sowie der Fortentwicklung von Wissenschaft und Kunst dienen auch das Recht der freien Benutzung eines fremden Werkes[1289] (§ 24 UrhG) sowie die Zitierfreiheit (§ 51 UrhG).

Die Zitierfreiheit ermöglicht dem Schöpfer eines Werkes, bei der Auseinandersetzung mit fremden Gedanken oder zur Unterstützung eigener Ansichten fremde Werke oder Teile daraus als Beleg anzuführen. Ein Zitat ist deshalb nur zulässig, wenn es als Beleg für *eigene Erörterungen* des Zitierenden dient. Erschöpft sich die Leistung des Zitierenden im Wesentlichen in der Auswahl, Zusammenstellung und Gliederung von Zitaten, beispielsweise für eine Zitatensammlung, kann er sich auf § 51 UrhG nicht berufen. Der Autor einer solchen Sammlung bedarf vielmehr der Einwilligung der Zitierten, soweit es um die Aufnahme urheberrechtlich geschützter Textstellen geht.[1290] Dasselbe gilt, wenn in ein Sammelwerk neben eigenständigen Werken Beiträge aufgenommen werden, die aus Auszügen urheberrechtlich geschützter Werke bestehen.[1291]

[1284] Dasselbe gilt für die Abbildung mit Mitteln der Malerei oder der Grafik.
[1285] Zum urheberrechtlichen Schutz gegen Abbildungen vgl. auch oben S. 177.
[1286] BGH AfP 2003, S. 543 ff. = NJW 2004, S. 594 ff.
[1287] BGH AfP 2002, S. 219 ff.
[1288] LG Mannheim AfP 1997, S. 738 ff.
[1289] Zur freien Benutzung vgl. bereits oben S. 205.
[1290] BGH NJW 1972, S. 2304 ff.
[1291] OLG München NJW 1990, S. 2003 f. = ZUM 1990, S. 252 f.

Die Zitierfreiheit rechtfertigt ferner *nicht* die Einfügung fremder Werkteile, die nicht zur Erläuterung des Inhalts des eigenen Werks geboten erscheinen, in einer bloß äußerlichen, zusammenhanglosen Weise; vielmehr muss eine innere Verbindung mit den eigenen Gedanken hergestellt werden.[1292] So ist die Aufnahme passender Abbildungen, die den Text nur illustrieren und auflockern, durch die Zitierfreiheit nicht gedeckt. Erforderlich ist vielmehr, dass sie mit der Gedankenführung in dem Text explizit verbunden sind, indem sie diese erläutern oder veranschaulichen.[1293]

Folgerichtig darf ein Sender auch ein „zeitgeschichtliches Dokument" aus einer fremden Nachrichtensendung nur übernehmen, soweit er sich in der eigenen (Nachrichten-)Sendung mit dessen Inhalt auseinandersetzt. Die Wiedergabe eines Dokuments, das den Zuschauern um seiner selbst willen zur Kenntnis gebracht werden soll, ist durch die Zitierfreiheit nicht gedeckt.[1294]

Selbstkontrollfrage 8 / 4:

Das Fernsehmagazin *Monitor* machte einen Beitrag zu möglichen Gesundheitsgefahren, die durch die Verwendung dioxanhaltiger Stoffe in Haarshampoos, Duschgels und Badezusätzen entstehen könnten, mit einem ca. sieben Sekunden langen Ausschnitt aus einem Werbefilm für ein solches Mittel auf, in dem dieses als „schaumiges Vergnügen" angepriesen wurde. Der Hersteller rügte, diese Wiedergabe sei nicht durch den Zitatzweck gedeckt, und verlangte Schadensersatz in Höhe von mehr als einer halben Million DM. Zu Recht ?

Mit dem Gebot der inneren Verbindung des Zitats mit eigenen Gedanken dürfte die Auffassung von Soehring, der auch den Abdruck von „Pressestimmen" und „Presseschauen" als durch das Zitatrecht gedeckt ansieht,[1295] kaum zu vereinbaren sein. Solche Veröffentlichungen können daher nur auf § 49 Abs. 1 UrhG gestützt werden.

Schließlich ist die Einfügung fremder Werkteile in das eigene Werk nur in dem durch den Zitierzweck *gebotenen Umfang* zulässig. Die Wiedergabe auch längerer Passagen kann gerechtfertigt sein, wenn und soweit es auf eine Textinterpretation und damit auf eine wörtliche Wiedergabe von Werkauszügen ankommt.[1296]

> Demgegenüber hat das Landgericht München die Illustration eines sechsseitigen Artikels mit insgesamt 19 Fotos desselben Fotografen als nicht mehr durch die Zitierfreiheit gedeckt angesehen.[1297]

Die Rechtsprechung unterscheidet im Übrigen, dem Aufbau des § 51 UrhG folgend, zwischen Großzitaten und Kleinzitaten.

8.3.7.1   Kleinzitate

Ein Kleinzitat liegt vor, wenn „einzelne Stellen" eines Werkes in ein anderes Werk übernommen werden.

> So dürfen einzelne Stellen eines *Musikwerkes* nach dessen Erscheinen in einem anderen selbständigen Musikwerk angeführt werden (§ 51 Ziff. 3 UrhG). *Erschienen* ist ein Werk, wenn Vervielfältigungsstücke öffentlich zum Kauf oder im Verleih angeboten worden sind (§ 6 Abs. 2 UrhG).

[1292] BGH AfP 1986, S. 41 ff.; vgl. auch OLG Köln AfP 1993, S. 660 ff.; in künstlerisch gestalteten Sprachwerken kann die Übernahme allerdings als Mittel künstlerischen Ausdrucks anzuerkennen sein, vgl. BVerfG AfP 2000, S. 451 ff. (GERMANIA 3).
[1293] Kammergericht AfP 1997, S. 527 ff.
[1294] LG Stuttgart AfP 2003, S. 462 ff.
[1295] Soehring, Rz. 3.11.
[1296] BGH AfP 1986, S. 41 ff. („Geistchristentum").
[1297] AfP 1994, S. 326 ff.

In einem selbständigen *Sprachwerk*, z. B. einem Zeitungsartikel, dürfen Stellen aus einem anderen Werk, z. B. aus einem Aufsatz, einem Gedicht, aber auch einer Komposition oder einem Film, nach dessen *Veröffentlichung* zitiert werden. Auf Zitate in Filmwerken, z. B. in Fernsehfilmen, ist § 51 Ziff. 2 UrhG ebenfalls anwendbar.[1298] Dasselbe gilt für Magazinsendungen des Fernsehens.[1299] *Veröffentlicht* ist ein Werk, wenn es der Öffentlichkeit mit Zustimmung des Urhebers zugänglich gemacht worden ist (§ 6 Abs. 1 UrhG). Die Verwendung eines Anwaltsschriftsatzes im Prozess, d. h. die Zusendung an die Verfahrensbeteiligten, stellt keine Veröffentlichung dar. Sein - auszugsweiser - Abdruck in einer Zeitung oder Zeitschrift ist deshalb durch die Zitierfreiheit in der Regel nicht gedeckt.[1300] Er kann allerdings durch ein überwiegendes öffentliches Informationsinteresse gerechtfertigt sein – etwa im Rahmen einer historischen Dokumentation.

8.3.7.2   Großzitate

Ein Großzitat ist dadurch gekennzeichnet, dass ein ganzes Werk, z. B. ein Gedicht, ein Bild oder ein Aufsatz, in ein anderes Werk übernommen wird. Solche Großzitate sind nach dem Wortlaut des Gesetzes nur zulässig bei der Aufnahme in ein selbständiges *wissenschaftliches* Werk (§ 51 Ziff. 1 UrhG).

Die Rechtsprechung gesteht den Massenmedien darüber hinaus die Wiedergabe eines ganzen Werkes, z. B. eines Fotos, in einer Zeitung, Zeitschrift oder Magazinsendung als so genanntes „kleines Großzitat" zu, wenn und soweit dieses zur Wahrnehmung ihrer öffentlichen Aufgabe, insbesondere der kritischen Berichterstattung über aktuelle Themen von allgemeinem Interesse, unabweisbar geboten ist.

> In dem Sendebeitrag „Fit mit Pillen - Psychopharmaka - das Suchtproblem Nr. 2" setzte sich das Fernsehmagazin „Monitor" kritisch mit dem Einsatz von Kindern in der Medikamentenwerbung auseinander. Im Zusammenhang damit zeigte es den Werbeprospekt für ein Präparat, der eine Fotografie mit mehreren Kindern einer Schulklasse enthielt. Der Hersteller des Präparats berief sich ohne Erfolg auf die Verletzung des Urheberrechts.[1301]
>
> In dem Buch „Der Fall Havemann – Ein Lehrstück politischer Justiz" wird Gregor Gysis Berufungsschriftsatz gegen das Urteil des Kreisgerichts Fürstenfeld ohne dessen Einwilligung vollständig wiedergegeben. Die Klage Gysis dagegen blieb erfolglos. Nach Ansicht des OLG Hamburg ist die Veröffentlichung durch überragende Interessen der Allgemeinheit gerechtfertigt.[1302]

Selbstkontrollfrage 8 / 5:

In der Zeitschrift *New York* erscheint eine Besprechung des Fotobandes *T*, die mit sieben Fotos aus diesem Band illustriert wird. Kann die Zeitschrift sich gegenüber urheberrechtlichen Ansprüchen auf die Zitierfreiheit berufen?

[1298] BGH NJW 1987, S. 1408 f. Grundsätze für die Praxis des Zitierens in audiovisuellen Medien finden sich bei Schulz, ZUM 1998, S. 221 ff.
[1299] Das LG München I sieht solche Magazinsendungen als Sprachwerke im Sinne des § 51 Ziff. 2 UrhG an, AfP 1984, S. 118 f.
[1300] OLG Düsseldorf AfP 1988, S. 154 ff.
[1301] LG München I AfP 1984, S. 118 f.
[1302] OLG Hamburg AfP 2000, S. 91 ff.

8.3.8 Beiträge zum geistigen Meinungskampf

„Bei einem Beitrag zum geistigen Meinungskampf in einer die Öffentlichkeit wesentlich berührenden Frage muss ein Urheberrecht regelmäßig gegenüber der Meinungsfreiheit zurücktreten". Mit der Formulierung dieses Leitsatzes hat das OLG Stuttgart (NJW-RR 2004, S. 619) den bereits zuvor in einzelnen Entscheidungen[1303] zum Ausdruck gekommenen Rechtsgedanken zu einem allgemeinen Grundsatz ausgeformt

> Mit dieser Begründung hat es das Recht einer Landtagsfraktion bejaht, im Rahmen einer politischen Auseinandersetzung über die Übernahme des Regionalsenders B-TV Pressevertretern ein Videoband mit Ausschnitten aus Sexfilmen vorzuführen, dessen Produzent das Anlagevermögen des Senders erworben hat und sich nun um eine Sendelizenz bemühte.

Dieser Grundsatz ist einschränkend dahin zu interpretieren, dass der Inhaber des Urheberrechts nicht berechtigt ist, dieses einsetzen, um eine entsprechende öffentliche Debatte zu behindern oder gar zu verhindern. Er bedeutet jedoch nicht, dass Medien in Angelegenheiten, an deren Erörterung ein öffentliches Informationsinteresse besteht, urheberrechtlich geschützte Werke oder Leistungen generell verwenden dürften, ohne die erforderlichen Verwertungsrechte zu erwerben.

Ohne die entsprechenden Verwertungsrechte erworben zu haben, ist die Verwendung urheberrechtlich geschützter Werke oder Leistungen deshalb nur zulässig, wenn die Verwendung zur sachgerechten Erörterung einer Angelegenheit von allgemeinem Interesse erforderlich und der Erwerb der dazu erforderlichen Verwertungsrechte im Einzelfall nicht möglich ist.

Selbstkontrollfrage 8 / 6:

In der Sendung „TV-Total" stellt Stefan Raab einen Ausschnitt aus einer Produktion des Hessischen Rundfunks vor, in dem eine Passantin die Frage eines Reporters missversteht. Über dieses Missverständnis macht sich Raab in seiner An- und Abmoderation lustig. Der wiedergegebene Ausschnitt dauert 20 Sekunden, der ganze Beitrag 1:45 Minuten. Der Hessische Rundfunk verlangt Unterlassung und Lizenzgebühren. Zu Recht?

8.3.9 Vervielfältigungen zum eigenen Gebrauch

Generell unzulässig - auch zum eigenen, persönlichen oder privaten Gebrauch - ist

- das Kopieren von Datenverarbeitungsprogrammen oder wesentlicher Teile davon (§ 53 Abs. 4 S. 3 UrhG),
- die Aufnahme öffentlicher Vorträge, Aufführungen oder Vorführungen eines Werkes auf Ton- oder Bildträger (§ 53 Abs. 6 1. Alt. UrhG),
- die Ausführung von Plänen oder Entwürfen zu Werken der bildenden Kunst (§ 53 Abs. 6 2. Alt. UrhG),
- der Nachbau eines Bauwerks (§ 53 Abs. 6 3. Alt. UrhG).

Das *Fotokopieren*[1304] von *Musiknoten* sowie *ganzer Bücher* oder *Zeitschriften* zum eigenen Gebrauch ist ohne Einwilligung des Berechtigten nur zulässig, wenn das Werk seit mindestens zwei Jahren *vergriffen* ist (§ 53 Abs. 4 S. 1 UrhG).

Im *Übrigen* jedoch ist es erlaubt, für *private* Zwecke einige wenige[1305] Vervielfältigungsstücke für sich selbst, Freunde, Verwandte und persönlich Bekannte herzustellen oder herstellen

---

[1303] Vgl. z.B. die Rechtsprechung zum „kleinen Großzitat" sowie OLG Hamburg, AfP 2000, S. 91ff. zum Fall Havemann.
[1304] Dasselbe gilt für andere Vervielfältigungsarten mit Ausnahme des Abschreibens.

zu lassen (§ 53 Abs. 1 UrhG).[1306] Ist ein Werkstück mit einem technischen Kopierschutz versehen, darf dieser aber nicht umgangen werden, § 95a UrhG.

> Der Versand von Fotokopien durch einen gewerblichen Recherchedienst ist durch diese Vorschrift allerdings ebenso wenig gedeckt[1307] wie die Bereitstellung von urheberrechtlich geschützten Dokumenten in Datenbanken.[1308] Auch der Betrieb so genannter Online-Videorekorder, bei denen der Anbieter Fernsehsendungen aufzeichnet und Nutzern zum Download anbietet, ist nur mit Zustimmung der betroffenen Sendeunternehmen zulässig.[1309]

Zum eigenen *wissenschaftlichen* Gebrauch dürfen Personen und Einrichtungen ebenfalls einzelne Vervielfältigungsstücke anfertigen oder anfertigen lassen (§ 53 Abs. 2 Ziff. 1 UrhG). Dasselbe gilt, wenn die Kopien in ein *Archiv* aufgenommen werden, das ausschließlich dem *eigenen* Gebrauch dient, und die Kopien von eigenen, nicht nur geliehenen *Kopiervorlagen* angefertigt werden (§ 53 Abs. 2 Ziff. 2 UrhG). Ein Unternehmen, das ein elektronisches Pressearchiv zur Benutzung durch eine Mehrzahl von Mitarbeitern einrichtet, kann sich auf diese Ausnahmeregelung allerdings *nicht* berufen.[1310]

Funksendungen dürfen Personen, aber auch Unternehmen und Behörden, zur eigenen *Unterrichtung über Tagesfragen* aufzeichnen (§ 53 Abs. 2 Ziff. 3 UrhG).

Zu sonstigen, z. B. *beruflichen* oder *gewerblichen* Zwecken dürfen einzelne Kopien von ganzen Werken hergestellt werden, wenn diese seit mindestens zwei Jahren *vergriffen* sind (§ 53 Abs. 2 Ziff. 4b UrhG). *Vorher* dürfen zu demselben Zweck *einzelne Kopien von kleinen Teilen* eines bereits erschienenen Werkes und von *einzelnen Zeitungs- und Zeitschriftenbeiträgen* angefertigt werden (§ 53 Abs. 2 Ziff. 4a UrhG).

> Die Anfertigung einer Zusammenstellung einzelner fotokopierter Zeitungsartikel in Form eines betriebsinternen „Pressespiegels" und dessen Verbreitung innerhalb des Betriebs ist durch § 53 Abs. 2 Ziff. 4a UrhG gedeckt, wenn nur „einzelne" Vervielfältigungsstücke angefertigt werden. Von der Rechtsprechung werden maximal sieben Kopien zugelassen.[1311]

Die Anfertigung einer *größeren Anzahl* von Vervielfältigungsstücken ist zulässig für *Unterrichts-* und *Prüfungszwecke* in *Schulen* und ähnlichen Einrichtungen (§ 53 Abs. 3 UrhG).

Auch soweit die Anfertigung von Vervielfältigungsstücken für den eigenen Gebrauch zulässig ist, dürfen solche Vervielfältigungsstücke weder verbreitet noch zu öffentlichen Wiedergaben benutzt werden (§ 53 Abs. 5 UrhG). Öffentlich ist eine Wiedergabe für eine Mehrzahl von Personen, es sei denn, dass dieser Personenkreis bestimmt abgegrenzt ist und die Personen entweder durch gegenseitige Beziehungen oder die Beziehung zum Veranstalter persönlich miteinander verbunden sind (§ 15 Abs. 3 UrhG). Nach einer Entscheidung des OLG Koblenz ist bei einer kleinen Gruppe (ca. 20 - 25 Personen) von Studenten desselben Faches noch von einer solchen persönlichen Verbundenheit auszugehen, nicht aber bei Lehrveranstaltungen (Proseminaren und Vorlesungen) mit 50 oder mehr Teilnehmern.[1312]

Als *pauschalierte Gegenleistung* für die zulässige Nutzung fremder Werke zum eigenen Gebrauch haben die Hersteller von Tonband- und Tonfilmgeräten, Video- und Kassettenrecordern sowie von Audio- und Videokassetten ebenso wie die Hersteller von Fotokopier- oder sonstigen Reprografiegeräten und deren Großbetreiber, die diese Nutzung in großem Umfang erst

---

[1305] Nach einer Entscheidung des OLG Bremen, die vom BGH bestätigt worden ist, dürfen im Einzelfall nicht mehr als 7 Kopien angefertigt werden, BGH GRUR 1978, S. 474.
[1306] Soweit Kopien auf Bild- oder Tonträgern hergestellt oder Werke der bildenden Kunst kopiert werden, ist eine Vervielfältigung durch Dritte nur zulässig, wenn sie unentgeltlich geschieht. Ansonsten darf man sich zur Herstellung von Kopien für den privaten Gebrauch auch gewerblicher Kopierbetriebe bedienen (§ 53 Abs. 1 S. 2 UrhG).
[1307] BGH AfP 1997, S. 624 ff.; BGH AfP 1997, S. 629 ff.
[1308] Vgl. Loewenheim, S. 613 ff.
[1309] OLG Dresden GRUR-RR 2007, S. 138 ff.
[1310] BGH AfP 1999, S. 63 ff. – Handelsblatt.
[1311] Wild, S. 707 mit weiteren Nachweisen.
[1312] OLG Koblenz NJW-RR 1987, S. 699 ff.

ermöglichen, Gebühren an Verwertungsgesellschaften zu zahlen, in denen die Urheber zur Wahrnehmung ihrer Rechte zusammengeschlossen sind (§§ 54 ff. UrhG). Der einzelne Journalist kann sich einen angemessenen Anteil an den Einnahmen der Verwertungsgesellschaft sichern, indem er einen Wahrnehmungsvertrag mit der zuständigen Verwertungsgesellschaft abschließt.[1313]

Ergänzt werden diese Regelungen durch § 60 UrhG: Von *Personenbildnissen*, die *auf Bestellung* angefertigt worden sind, dürfen der Besteller und die Abgebildeten[1314] Vervielfältigungsstücke durch Lichtbild herstellen (lassen) und diese unentgeltlich verbreiten, also verschenken oder verleihen. Handelt es sich bei dem Porträt um ein Lichtbild, so darf die Vervielfältigung auch auf andere Weise, z. B. durch Malerei oder Grafik, vorgenommen werden. Indessen sind Besteller und Abgebildete *nicht* berechtigt, von dem Fotografen die *Negative* herauszuverlangen, um solche Vervielfältigungen vornehmen lassen zu können, wenn dieses nicht ausdrücklich vertraglich vereinbart worden ist.[1315]

Für Unterrichts- und Forschungszwecke dürfen kleine Werkteile, kleine Werke und einzelne Beiträge aus Zeitungen und Zeitschriften auch in ein entsprechendes Intranet eingestellt werden. Als Gegenleistung ist eine angemessene Vergütung an die entsprechende Verwertungsgesellschaft abzuführen (§ 52a UrhG).

8.3.10 Sonstige Beschränkungen

Zur Sicherung von sozialen, kulturellen und Bildungszwecken gewährt das Urheberrecht weitere Nutzungsrechte. So dürfen Sprach- und Musikwerke, einzelne Werke der bildenden Kunst und einzelne Lichtbildwerke gegen eine angemessene Vergütung in *Sammlungen für* den *Kirchen-, Schul-* oder *Unterrichtsgebrauch* aufgenommen werden (§ 46 UrhG). *Schulfunksendungen* dürfen von Schulen und ähnlichen Einrichtungen aufgezeichnet und im Unterricht wiedergegeben werden (§ 47 UrhG).

Die öffentliche Wiedergabe eines bereits erschienenen Werks im Rahmen einer Veranstaltung, die *keinem Erwerbszweck* dient, deren Teilnehmer keine Vergütung erhalten und kein Eintrittsgeld zu zahlen haben, oder im Rahmen einer *kirchlichen Feier* ist gegen Zahlung einer angemessenen Vergütung zulässig, wenn es sich nicht um eine öffentliche Filmvorführung, Bühnenaufführung oder Funksendung handelt. Die Vergütungspflicht entfällt für bestimmte Veranstaltungen der Schule[1316] und der Wohlfahrtspflege (§ 52 UrhG).

Um ein Werk auch für behinderte Menschen wahrnehmbar zu machen, darf es in die geeignete Form gebracht werden. Die entsprechende Vervielfältigung und Verbreitung ist auch ohne Einwilligung der Rechteinhaber zulässig, soweit dies nicht zu Erwerbszwecken geschieht. Soweit nicht nur einzelne Vervielfältigungsstücke hergestellt werden, ist dafür über eine Verwertungsgesellschaft eine angemessene Vergütung zu zahlen (§ 45a UrhG).

Für *Zwecke* der *Rechtspflege* und der öffentlichen Sicherheit dürfen Gerichte und Behörden Bildnisse (z. B. Steckbriefe) vervielfältigen lassen. Zur Verwendung in gerichtlichen oder behördlichen Verfahren dürfen einzelne Vervielfältigungsstücke eines Werkes ebenfalls angefertigt werden (§ 45 UrhG).

Schließlich bestehen eine Reihe von Beschränkungen zugunsten des Geschäftslebens - gewissermaßen aus „technischen" Gründen: Soweit bei der Vorführung oder Instandsetzung von

---

[1313] Vgl. dazu unten S. 230 f.

[1314] Das Recht steht auch dem Rechtsnachfolger des Bestellers zu. Nach dem Tode des Abgebildeten kann es von seinem Ehegatten oder seinen Kindern und, falls solche nicht vorhanden sind, von seinen Eltern geltend gemacht werden.

[1315] LG Wuppertal, GRUR 1989, S. 54 f.; ebenso LG Hannover NJW-RR 1989, S. 53. Anders für Hochzeitsfotos AG Regensburg MDR 1988, S. 774; dagegen jedoch AG Westerstede MDR 1988, S. 775.

[1316] Nicht jedoch der Hochschule, OLG Koblenz NJW-RR 1987, S. 699 ff.

Audio- oder Videorecordern, Bändern, Bildplatten o. ä. Werkteile aufgezeichnet oder vorgeführt werden, ist dieses zulässig (§ 56 UrhG). Sendeunternehmen, die zur Funksendung eines Werks berechtigt sind, dürfen dieses auf Bild- oder Tonträger aufzeichnen, um es (einmal) zu senden (§ 55 Abs. 1 UrhG). Zur Durchführung von Ausstellungen und Versteigerungen dürfen Katalog-bilder der beteiligten Werke angefertigt und verbreitet werden (§ 58 UrhG)

.

8.4 Die Nutzung des Urheberrechts

8.4.1 Die Übertragbarkeit des Urheberrechts

Das Urheberrecht ist *vererblich* (§ 28 Abs. 1 UrhG). Der Urheber kann seine Ausübung durch letztwillige Verfügung regeln (vgl. § 28 Abs. 2 UrhG). Im Übrigen ist das Urheberrecht selbst *nicht* übertragbar (§ 29 Abs. 1 UrhG). Dementsprechend bleibt der Urheber bis zu seinem Tode alleiniger Inhaber des Urheberpersönlichkeitsrechts. Über die einzelnen Rechte, die sich aus dem Urheberpersönlichkeitsrecht ergeben, kann der Urheber aber vertraglich verfügen (§ 29 Abs. 2 UrhG). So kann er beispielsweise auf sein Recht auf Anerkennung als Urheber ganz oder teilweise verzichten.

> Der Ghostwriter verzichtet beispielsweise darauf, als Autor in Erscheinung zu treten. Zeitungs- und Zeitschriftenbeiträge werden vereinbarungsgemäß oft anonym publiziert. Auch bei der Verarbeitung von PR-Material genießen Redaktionen üblicherweise große Freiräume.

Da das Urheberrecht in vollem Umfang vererbt wird, sind nach dem Tode des Urhebers dessen Erben berechtigt, auch das Urheberpersönlichkeitsrecht des verstorbenen Urhebers, beispiels-weise gegen *Entstellungen* seines Werkes, geltend zu machen. Dabei ist jedoch zu berücksichti-gen, dass die Persönlichkeitsrechte des Urhebers nach seinem Tode mit der Zeit an Gewicht verlieren, so dass die Freiheit auch zu radikalen Werkbearbeitungen im Laufe der Zeit zu-nimmt.[1317]

8.4.2 Die Einräumung von Nutzungsrechten

Über die *Verwertungsrechte,* die sich aus dem Urheberrecht ergeben, kann der Urheber insbe-sondere dadurch verfügen, dass er einem anderen Nutzungsrechte an seinem Werk einräumt. In der Gestaltung solcher Nutzungsrechte sind die Vertragspartner weitgehend frei. Ein *einfaches* Nutzungsrecht berechtigt dessen Inhaber, das Werk *neben anderen* zu nutzen (§ 31 Abs. 2 UrhG). Das *ausschließliche* Nutzungsrecht hingegen gibt seinem Inhaber das Recht, das Werk als *einziger*, unter Ausschluss aller anderen (einschließlich des Urhebers) zu nutzen und seiner-seits anderen einfache Nutzungsrechte einzuräumen (§ 31 Abs. 3 UrhG).

Das Nutzungsrecht kann auf einzelne Nutzungsarten (etwa die Herausgabe einer Taschen-buchausgabe) beschränkt werden; auch zeitliche und räumliche Beschränkungen (etwa auf den Vertrieb innerhalb der Bundesrepublik Deutschland) sind zulässig (§ 31 Abs. 1 UrhG).

Möglich ist es aber auch, sämtliche Verlagsrechte „für alle Auflagen und Ausgaben" an ei-nem Werk für die gesamte Dauer des gesetzlichen Urheberrechts zu übertragen. Eine so umfas-sende und dauerhafte Nutzungsrechtseinräumung ist zulässig, wenn damit zugleich eine ange-messene Beteiligung des Autors an deren Erträgen gesichert wird.[1318]

[1317] BGH NJW 1989, S. 385 „Oberammergauer Passionsspiele II".
[1318] OLG Celle NJW 1987, S. 1423 ff.

Nutzungsrechte für noch nicht bekannte Nutzungsarten einzuräumen, z. B. solche, die sich durch technischen Fortschritt erst künftig ergeben, ist dagegen unzulässig (§ 31 Abs. 4 UrhG).[1319]

Die Übertragung von Nutzungsrechten erfolgt durch Vertrag, der grundsätzlich an keine bestimmte Form gebunden ist. Nur Verträge über die Nutzung von Werken, die der Urheber noch nicht geschaffen hat, sondern künftig erst schaffen wird, bedürfen der Schriftform (§ 40 Abs. 1 UrhG). Ansonsten kann ein Nutzungsvertrag nicht nur durch mündliche Vereinbarung, sondern auch durch konkludentes Tun zustande kommen.

> So räumt ein freier Mitarbeiter, der im Auftrag einer Zeitungsredaktion einen bestimmten Termin wahrgenommen hat, der Zeitung auch ohne ausdrückliche Vereinbarung das Abdruckrecht an dem abgelieferten Beitrag ein.

> Sendet ein Unternehmen oder eine Behörde Presseerklärungen oder sonstiges PR-Material an eine Redaktion, überträgt sie ihr damit auch ohne weitere Absprache die Befugnis, das Material abzudrucken oder in üblicher Weise zu verwenden.

Wer eine Website ins Netz stellt, erlaubt damit jedem, diese zur *persönlichen* Nutzung aufzurufen und zu speichern. Dass der Anbieter einer anderen Website diese erlaubte Nutzung dadurch unterstützt und verstärkt, dass er einen Link auf sie setzt, ist von der konkludenten Einwilligung im allgemeinen ebenfalls umfasst.[1320] Das gilt auch für sog. „deep links", die – unter Umgehung der Homepage des Anbieters – unmittelbar auf die gewünschte Seite führen.[1321] Im Übrigen gilt, dass zur *beruflichen* Nutzung die entsprechenden Verwertungsrechte erworben werden müssen. Das gilt auch, wenn geschützte Teile eines fremden Internetangebots durch Framing in das eigene Angebot „inkorporiert" werden, also als Teil des eigenen Angebots erscheinen.[1322]

8.4.3 Interpretationsregeln

Um spätere Rechtsstreitigkeiten nach Möglichkeit zu vermeiden, empfehlen sich schriftliche Vereinbarungen über den Gegenstand, Inhalt und Umfang einer vereinbarten Nutzung. Soweit solche Vereinbarungen nicht explizit getroffen sind, gelten die folgenden gesetzlichen *Interpretationsregeln*:

Soweit in dem Nutzungsvertrag Inhalt und Umfang des eingeräumten Nutzungsrechts, insbesondere die eingeräumten Nutzungsarten, nicht einzeln bezeichnet sind, richtet sich der Umfang des Nutzungsrechts nach dem mit seiner Einräumung verfolgten Zweck (sog. „Zweckübertragungstheorie"; vgl. auch § 31 Abs. 5 UrhG).[1323] Dementsprechend sind Vertragsklauseln, die dem Erwerber z. B. das Recht einräumen, „das Werk auf alle Nutzungsarten zu nutzen", einschränkend dahin zu interpretieren, dass nur solche Nutzungsrechte übertragen sind, die der Erwerber benötigt, um den von den Vertragsparteien zweifelsfrei gemeinsam verfolgten Zweck erreichen zu können. Dabei ist ein strenger Maßstab anzulegen. Im Übrigen verbleiben die Verwertungsrechte beim Urheber.[1324]

- Hat der Verfasser eines Gedichts dem Verlag das ausschließliche Recht zur Vervielfältigung und Verbreitung übertragen, und zwar „einschließlich des Nebenrechts zum ganzen

---

[1319] Das Kabelfernsehen stellt lediglich ein neues technisches Mittel zur Verbreitung von Fernsehprogrammen, nicht aber eine neue Nutzungsart im Sinne von § 31 Abs. 4 UrhG dar; OLG Hamburg AfP 1990, S. 48 ff. Als neue Nutzungsart ist hingegen die elektronische Bildverarbeitung anzusehen, vgl. Maaßen, S. 348 f. Dasselbe gilt nach Ansicht des Kammergerichts (AfP 2000, S. 181 ff.) bei Tonaufnahmen für die CD im Verhältnis zu LP und MC.
[1320] Das gilt ohne weiteres für den Einsatz von Frames, vgl. dazu oben Abschnitt II sowie Ernst, S. 225.
[1321] BGH AfP 2003, S. 545 ff.
[1322] Vgl. OLG Hamburg AfP 2001, S. 316 f.
[1323] Inhalt und Umfang der Zweckübertragungstheorie sind ausführlich erläutert in Schricker, Rdz. 31 ff. zu §§ 31/32 UrhG, sowie bei Hertin, Rz. 12 ff. zu §§ 31/32, jeweils mit zahlreichen Nachweisen.
[1324] Schricker, Rz. 41 zu §§ 31/32 mit weiteren Nachweisen.

oder teilweisen Vorabdruck und Nachdruck, auch in Zeitungen oder Zeitschriften", so berechtigt dies den Verlag nicht, das Gedicht in einer gefälschten Zeitungsausgabe (beispielsweise des damaligen SED-Zentralorgans Neues Deutschland) zu veröffentlichen.[1325]

- Gestattet ein Fotograf die Verwendung von ihm gemachter Fotos in einem (Waren)Katalog, so überträgt er in der Regel nur ein einfaches Nutzungsrecht. Er selbst bleibt im übrigen Inhaber des ausschließlichen Nutzungsrechts, auch wenn er dem Katalogherausgeber das Eigentum an den Fotos übertragen hat.[1326]
- Gestattet ein Künstler einer Universität, ein in seiner Vorlesung mit Studenten veranstaltetes Happening auf Videoband aufzuzeichnen, so darf dieses nur für universitätsinterne Lehr- oder Forschungszwecke verwendet, nicht jedoch kommerziell ausgewertet werden.[1327]

Hat ein Verlag die Verwertungsrechte für mehrere Einzelwerke eines Autors erworben, so berechtigt ihn das *nicht*, diese Werke in Form einer Gesamtausgabe oder in einem Sammelwerk zu veröffentlichen (§ 4 VerlG).

Auf Grund dieser Vorschrift hat das Landgericht Frankfurt dem S. Fischer-Verlag untersagt, dem DDR-Verlag Volk und Welt eine Lizenz für eine Ausgabe ausgewählter Werke von Arno Schmidt zu erteilen.[1328]

Die allgemeine Interpretationsregel, nach der es auf den *Zweck* der Übertragung des Verwertungsrechts ankommt, wird durch besondere Auslegungsregeln ergänzt:

Gem. § 44 UrhG räumt der Urheber mit der Veräußerung des Originals dem Erwerber im Zweifel kein Nutzungsrecht ein. Der Erwerber eines Bildes, einer Plastik oder eines anderen Werkes aus dem Bereich der bildenden Kunst darf dieses Werk, wenn nichts anderes vereinbart ist, zwar öffentlich ausstellen, nicht jedoch vervielfältigen und verbreiten.

Überlässt ein Fotograf einer Redaktion Fotoabzüge zu *Archivzwecken,* erwirbt die Redaktion das Recht, diese Bilder nach ihrer Wahl in ihrem Blatt gegen Zahlung des jeweils üblichen Honorars zu veröffentlichen. Ob der Verlag die Abzüge nur leihweise erhält oder das Eigentum an ihnen erhält, hängt von den Vereinbarungen im Einzelfall ab. Die Zahlung einer „Archivgebühr" spricht jedenfalls dann nicht für eine Eigentumsübertragung, wenn die Abzüge mit dem Vermerk „nur leihweise" versehen sind und die Höhe der Archivgebühr den Wert der Abzüge nicht erreicht.[1329] Bei der Kündigung eines solchen unbefristeten Nutzungsvertrages ist der Redaktion nach Ansicht des OLG Hamburg[1330] eine Kündigungsfrist von 6 Monaten einzuräumen. Hat der Verlag bei leihweise überlassenen Abzügen von seinem Nutzungsrecht über einen längeren Zeitraum keinen Gebrauch gemacht, kann der Fotograf die Rückgabe der Abzüge verlangen.[1331]

An Beiträgen für *Zeitungen* erwirbt der Verlag nur ein *einfaches Nutzungsrecht*, wenn nichts anderes vereinbart wurde. Ist ein ausschließliches Nutzungsrecht vereinbart, so hat der Urheber dennoch das Recht, den Beitrag sogleich nach Erscheinen erneut zu verwerten, wenn und soweit nichts Gegenteiliges vereinbart ist (§ 38 Abs. 3 UrhG). Zeitungen sind periodische Sammlungen, die lediglich Tagesinteressen dienen, im Gegensatz zu Zeitschriften, die in ihren Beiträgen vorwiegend Fragen von bleibendem Interesse behandeln.

An Beiträgen für *Zeitschriften* und andere periodisch erscheinende Sammlungen mit Werken verschiedener Autoren hingegen ist im Zweifel ein *ausschließliches Nutzungsrecht* eingeräumt. Eine erneute Verwertung durch den Urheber ist nach Ablauf eines Jahres seit dem Erscheinen zulässig, soweit nichts anderes vereinbart wurde (§ 38 Abs. 1 UrhG). Hat der Autor

---

[1325] Kammergericht ZUM 1989, S. 246 f.
[1326] OLG Düsseldorf GRUR 1988, S. 541 f.
[1327] BGH NJW 1985, S. 1633 f.
[1328] LG Frankfurt NJW 1989, S. 403 f.
[1329] BGH AfP 2007, S. 205 ff.
[1330] OLG Hamburg AfP 1989, S. 751 ff. = GRUR 1989, S. 912 ff.
[1331] BGH AfP 2007, S. 205 ff.

einem Verlag einen Beitrag für eine nicht periodisch erscheinende Sammlung ohne Vergütung überlassen, so darf auch er nach Ablauf eines Jahres über seinen Beitrag wieder verfügen (§ 38 Abs. 2 UrhG). § 38 Abs. 1 und 2 UrhG ist jedoch nur auf solche Zeitschriften oder andere Sammlungen anzuwenden, die zugleich Sammel*werke* im Sinne von § 4 UrhG sind, die also wegen der Auswahl, Anordnung oder Zusammenstellung der einzelnen Beiträge eine persönliche geistige Schöpfung darstellen. Zeitungen und Zeitschriften sind Sammelwerke, wenn die innere Art der Gestaltung - nicht die äußere Aufmachung - sich aus dem Branchenüblichen so heraushebt, dass von einer individuellen Prägung gesprochen werden kann. Dies ist für jede einzelne Ausgabe einer Zeitung oder Zeitschrift gesondert zu beurteilen.

Im Übrigen gilt, dass der Verleger durch den Abschluss eines Verlagsvertrages mit dem Autor eines literarischen oder musikalischen Werkes das ausschließliche Recht zur Vervielfältigung und Verbreitung erwirbt (§§ 1, 8 VerlG). Dem Verfasser bleibt jedoch

- das Recht zur Übersetzung in eine andere Sprache oder Mundart,
- die Übertragung einer Erzählung in ein Bühnenstück (oder umgekehrt),
- die Bearbeitung eines musikalischen Werkes,
- die Verfilmung sowie die Aufzeichnung und Vervielfältigung durch Tonträger (§ 2 Abs. 1 VerlG).

Schließlich bleibt dem Verfasser auch die Aufnahme des Werkes in eine Gesamtausgabe seiner Werke erlaubt, wenn seit dem Erscheinen 20 Jahre verstrichen sind (§ 2 Abs. 2 VerlG).

Die Einräumung von Nutzungsrechten umfasst im Zweifel nicht das Recht, Änderungen des Werkes, seines Titels oder der Urheberbezeichnung vorzunehmen (§ 39 UrhG) oder Bearbeitungen zu veröffentlichen (§ 37 Abs. 1 UrhG). Auch ein solches Änderungs- oder Bearbeitungsrecht kann jedoch stillschweigend eingeräumt sein.

> Mit dieser Begründung hat beispielsweise der Bundesgerichtshof der Gemeinde Oberammergau gestattet, für ihre Passionsspiele Bühnenbilder aus dem Jahre 1930, die sie bis 1970 verwendet hatte, bei der Aufführung im Jahre 1980 in veränderter Form wieder zu verwenden.[1332]

Auch bei Textbeiträgen für Zeitungen und Zeitschriften ist in der Regel davon auszugehen, dass ein Änderungs- und Bearbeitungsrecht stillschweigend eingeräumt wird, da redaktionelle Überarbeitungen solcher Beiträge branchenüblich sind. Bei Fotos gilt dasselbe zumindest für Vergrößerungen, Verkleinerungen und die Beseitigung ungewollter Unschärfen oder farblicher Schwächen.[1333]

Die Weiter-*Übertragung* von Nutzungsrechten an einen Dritten ist im Allgemeinen, wenn nichts anderes vereinbart ist, nur mit Zustimmung des Urhebers möglich (§ 34 Abs. 1 UrhG). Ausnahmen von diesem Grundsatz gelten jedoch

- für Sammelwerke (§ 34 Abs. 2 UrhG): Über die Einräumung von Nutzungsrechten an einem Sammelwerk entscheidet der Herausgeber.
- für die Gesamtveräußerung eines Unternehmens oder von Unternehmensteilen: In diesen Fällen bedarf die Rechtsübertragung nicht der Zustimmung des Urhebers (§ 34 Abs. 3 UrhG). Er kann das Nutzungsrecht jedoch zurückrufen, wenn ihm die Ausübung des Nutzungsrechts durch den Erwerber nach Treu und Glauben nicht zuzumuten ist.

Gegenüber dem Abdruck in einem Printmedium stellt die Veröffentlichung auf einer CD-ROM oder die Einstellung ins Netz eine selbständige Nutzungsart dar.[1334] Hat der Verlag sich die entsprechenden Nutzungsrechte nicht ausdrücklich übertragen lassen, ist die Zweckübertragungslehre (§ 31 Abs. 5 UrhG) anzuwenden. Danach wird von einer *stillschweigenden* Einräumung der entsprechenden Rechte nur dann auszugehen sein, wenn das Blatt seine Ausgaben vollstän-

---

[1332] BGH NJW 1987, S. 1404 f.; NJW 1989, S. 384 ff.
[1333] Maaßen, S. 350.
[1334] So für die CD-ROM auch OLG Hamburg AfP 1999, S. 177 ff.; a. A. Katzenberger AfP 1998, S. 481 ff.

dig in das andere Medium übernimmt und dies dem freien Mitarbeiter beim Abschluss des Vertrages auch bekannt war.[1335]

8.4.4 Honorar

Der Urheber hat einen Anspruch auf Zahlung des vereinbarten Honorars als Gegenleistung für die Einräumung eines Nutzungsrechts (§ 32 Abs. 1 S. 1 UrhG). Ist über die Höhe des Honorars keine Vereinbarung getroffen, hat er Anspruch auf eine Vergütung in angemessener Höhe (§ 32 Abs. 1 S. 2 UrhG).[1336] Dementsprechend kann ein freier Journalist ein Honorar für den Abdruck seines Beitrages auch dann fordern, wenn er ihn unverlangt eingesandt hat. Wird ein vereinbarter Beitrag nicht gedruckt, ist – falls nichts anderes vereinbart ist - ein Ausfallhonorar zu zahlen.[1337]

Ist das vereinbarte Honorar unangemessen niedrig, kann der Urheber verlangen, dass der Vertrag so geändert wird, dass ihm das höhere, angemessene Honorar zusteht (§ 32 Abs. 1 S. 3). Soweit die Vergütung in einem Tarifvertrag geregelt ist[1338], gilt diese als Mindesthonorar (§ 36 Abs. 1 S. 3 UrhG). Im Übrigen können Autorenverbände mit Verlegerverbänden oder einzelnen Verlagen „Gemeinsame Vergütungsregeln" vereinbaren (§ 36 UrhG). Das nach einer solchen Regel ermittelte Honorar gilt als angemessen (§ 32 Abs. 2 S. 1 UrhG). Fehlen solche Vergütungsregeln, ist eine Vergütung angemessen, wenn sie dem entspricht, was „unter Berücksichtigung aller Umstände üblicher- und redlicherweise zu leisten ist" (§ 32 Abs. 2 S. 2 UrhG).[1339] Anhaltspunkte für die Feststellung der Höhe einer angemessenen Vergütung lassen sich bei freien Mitarbeitern an Tageszeitungen den tarifvertraglichen Regelungen für arbeitnehmerähnliche Personen, bei Fotografen generell den Empfehlungen der Mittelstandsgemeinschaft Foto-Marketing entnehmen.[1340]

Der freie Mitarbeiter hat zudem die Möglichkeit, sein Angebot mit Allgemeinen Liefer- und Geschäftsbedingungen zu versehen, in denen Honorarhöhe und Verwertungsrechte geregelt werden können. Branchenüblich sind insoweit die vom Bundeskartellamt genehmigten Empfehlungen des Bundesverbandes der Pressebild-Agenturen und Bildarchive e. V.[1341] Die Lieferbedingungen können beispielsweise enthalten:

- Bearbeitungskosten für die Zusammenstellung des bestellten Bildmaterials,
- Layoutgebühr für die Öffnung eines versiegelten Passepartouts,
- Ersatz der Kosten für die Wiederanfertigung fehlender EDV-Etiketten oder EDV-Barcodes
- Blockierungskosten bei verspäteter Rückgabe,
- Aufschlag bei unerlaubter Nutzung (fünffach),[1342] Unterlassung des Urhebervermerks (100%) oder Verwendung als Titelfoto (100%),
- Schadensersatzpauschale bei Beschädigung oder Verlust.[1343]

Führt die Honorarvereinbarung dazu, dass die Höhe des Honorars – etwa bei einem „Bestseller" - in einem „auffälligen Missverhältnis" zu den Erträgen und Vorteilen aus der Nutzung des Werkes steht, kann der Urheber eine Vertragsänderung verlangen, durch die er Anspruch auf

---

[1335] Vgl. Kammergericht Berlin AfP 2001, S. 406 ff. (Tagesspiegel).
[1336] Die Regelungen über die angemessene Vergütung gelten auf Grund des Gesetzes zur Stärkung der vertraglichen Stellung von Urhebern und ausübenden Künstlern vom 22.3.2002 ab 1. Juli 2002.
[1337] AG Starnberg GRURR-RR 2008, S. 190, unter Berufung auf § 22 Abs. 1 S. 2 VerlG.
[1338] Vgl. z.B. die Regelungen des Tarifvertrages für arbeitnehmerähnliche freie Journalisten und Journalistinnen an Tageszeitungen vom 12.10.2000.
[1339] Zur Angemessenheit von Übersetzerhonoraren vgl. OLG München AfP 2007, S. 128 ff.
[1340] Streitig, vgl. auch BGH NJW 2006, S. 615 ff.
[1341] Veröffentlicht im Bundesanzeiger 194/1997, S. 12964 ff.
[1342] OLG Celle AfP 1998, S. 224 ff.
[1343] Einen Überblick über die einschlägige Rechtsprechung liefern Mielke/Mielke ZUM 1998, S. 646ff.

eine weitere, den Umständen nach angemessene Beteiligung an den Erträgen erhält (§ 32a Abs. 1 UrhG). Auch diese weitere Beteiligung kann durch Tarifvertrag oder eine gemeinsame Vergütungsregel der Verbände festgelegt werden (§ 32a Abs. 4 UrhG). Im Übrigen werden die branchenüblichen Honorarsätze als angemessen anzusehen sein; hatte der Verwerter Verluste aus anderen Werken des Urhebers auszugleichen, trug er ein außergewöhnlich hohes Risiko oder war sein Kostenaufwand ungewöhnlich hoch, ist die angemessene Beteiligung niedriger anzusetzen.[1344]

8.4.5 Rückrufsrechte

Das deutsche Urheberrecht kennt zwei Arten von Rückrufsrechten: das Rückrufsrecht wegen Nichtausübung (§ 41 UrhG) und das Rückrufsrecht wegen gewandelter Überzeugung (§ 42 UrhG).

Werden die berechtigten ideellen und finanziellen Interessen des Urhebers an der Veröffentlichung und dem Vertrieb seiner Werke dadurch erheblich verletzt, dass der Inhaber eines ausschließlichen Nutzungsrechts dieses nicht oder nur unzureichend ausübt, so kann der Urheber das Nutzungsrecht zurückrufen. Etwas anderes gilt dann, wenn die Nichtausübung überwiegend auf Umständen beruht, deren Behebung dem Urheber zuzumuten ist, beispielsweise eine erforderliche Aktualisierung des Beitrages. Mit dem wirksamen Rückruf fällt das Nutzungsrecht an den Urheber zurück, so dass dieser es erneut vergeben kann. Das Rückrufsrecht kann frühestens geltend gemacht werden

- bei einem Beitrag für eine Zeitung nach Ablauf von drei Monaten,
- bei einem Beitrag für eine Zeitschrift, die monatlich oder häufiger erscheint, nach Ablauf von sechs Monaten,
- bei einem Beitrag für eine andere Zeitschrift nach Ablauf eines Jahres,
- in allen anderen Fällen nach Ablauf von zwei Jahren seit Einräumung des Nutzungsrechts oder der (späteren) Ablieferung des Beitrages. (§ 41 Abs. 2 UrhG)

Bevor der Urheber den Rückruf erklärt, hat er dem Nutzungsberechtigten eine angemessene Nachfrist zur ausreichenden Ausübung des Nutzungsrechts zu setzen. Die Frist muss so bemessen sein, dass der Nutzungsberechtigte tatsächlich noch die Möglichkeit hat, die vorgesehene Nutzung des Werkes herbeizuführen. Als Faustregel für die Länge der zu setzenden Nachfrist kann die Hälfte der obigen Fristen benutzt werden.[1345] Hat der Berechtigte die Nutzung endgültig verweigert oder ist er zur Nutzung nicht in der Lage, z. B. wegen Konkurses, Geschäftsauflösung o. ä., so bedarf es der Setzung einer Nachfrist nicht (§ 41 Abs. 3 UrhG).

Zu entschädigen hat der Urheber den Nutzungsberechtigten für den Wegfall des Nutzungsrechtes nur, wenn und soweit dies der Billigkeit entspricht (§ 41 Abs. 6 UrhG). Das ist in der Regel nicht der Fall, wenn der Verwerter die Ausübung schuldhaft unterlassen hat oder sie ihm dauernd unmöglich geworden ist. In solchen Fällen ist es auch gerechtfertigt, dem Urheber das schon erhaltene Honorar zu belassen; denn immerhin hat er dem Verwerter über einen längeren Zeitraum hinweg ein ausschließliches Nutzungsrecht zur Verfügung gestellt und damit auf eine anderweitige Nutzung verzichtet.[1346]

Das Rückrufsrecht wegen Nichtausübung kann nicht im Voraus vertraglich ausgeschlossen werden. Eine vertragliche Verlängerung der gesetzlichen Fristen ist zulässig, jedoch im Voraus nicht auf mehr als fünf Jahre (§ 41 Abs. 4 UrhG).

[1344] Hertin, Rz. 5 zu § 36 UrhG.
[1345] Nordemann in Fromm-Nordemann, Rz. 9 zu § 41 UrhG, der einerseits zu einer großzügigen Bemessung der Nachfrist rät, andererseits meint, in der Regel solle sie höchstens die Hälfte der ersten Frist betragen.
[1346] So auch Nordemann, Rz. 12 zu § 41 UrhG.

Selbstkontrollfrage 8 / 7:

Ein Verlag erwirbt von einem freien Mitarbeiter das ausschließliche Nutzungsrecht an einer Reisereportage mit dem Titel *Römische Skizzen* und einem Umfang von ca. 500 Druckzeilen. Auf Wunsch des Verlages erweitert der Autor die Reportage um Eindrücke, die er in Oberitalien gesammelt hat. Die erweiterte Fassung enthält den kompletten Text der *Römischen Skizzen* sowie weitere Abschnitte; sie hat einen Gesamtumfang von ca. 750 Druckzeilen. Sie wird vom Verlag unter dem Titel *Italienische Impressionen* in einem Sammelband abgedruckt. Der Autor verlangt zusätzlich die Veröffentlichung der *Römischen Skizzen*. Als der Verlag dieses verweigert, ruft er das Nutzungsrecht an den *Römischen Skizzen* zurück.
Zu Recht?

Entspricht ein Werk der Überzeugung des Urhebers nicht mehr und kann ihm deshalb dessen weitere Verwertung nicht mehr zugemutet werden, so kann er sämtliche Nutzungsrechte zurückrufen (§ 42 Abs. 1 UrhG). In diesem Fall hat er den Inhaber des Nutzungsrechts jedoch angemessen zu entschädigen (§ 42 Abs. 3 UrhG). Die untere Grenze einer angemessenen Entschädigung liegt beim Ersatz der Aufwendungen, die durch den Rückruf nutzlos werden; in der Regel wird jedoch auch der dem Verwerter entgehende Gewinn zumindest teilweise berücksichtigt werden müssen.

Will der Urheber das Werk nach einem solchen Rückruf wieder verwerten, hat er es zunächst dem früheren Inhaber des Nutzungsrechts zu angemessenen Bedingungen anzubieten (§ 42 Abs. 4 UrhG). Auch auf dieses Rückrufsrecht kann nicht im Voraus verzichtet werden (§ 42 Abs. 2 UrhG).

8.5 Das Urheberrecht des Journalisten im Anstellungsverhältnis

Die Rechte des Urhebers stehen grundsätzlich auch dem Journalisten zu, der als Redakteur, Reporter, Korrespondent oder auf andere Weise als Angestellter eines Verlages oder einer Rundfunkanstalt urheberrechtlich geschützte Werke schafft. Gem. § 43 UrhG sind die oben dargestellten gesetzlichen Vorschriften über die Einräumung von Nutzungsrechten auch anzuwenden, wenn der Urheber das Werk in Erfüllung seiner Verpflichtungen aus einem Arbeits- oder Dienstverhältnis geschaffen hat - es sei denn, dass sich aus dem Inhalt oder dem Wesen des Arbeits- oder Dienstverhältnisses etwas anderes ergibt.

Der Inhalt des Arbeitsverhältnisses wiederum richtet sich in erster Linie nach den jeweils einschlägigen tarifvertraglichen oder einzelvertraglichen Vereinbarungen. Tarifvertragliche Vereinbarungen liegen vor für Redakteure an Tageszeitungen,[1347] Redakteure an Zeitschriften[1348] sowie Mitarbeiter von Rundfunkanstalten.[1349] Urheberrechtliche Vereinbarungen finden sich auch in Tarifverträgen für arbeitnehmerähnliche freie Mitarbeiter an Tageszeitungen[1350] und Rundfunkanstalten.[1351]

Die *tarifvertraglichen* Regelungen für Redakteure an Tageszeitungen und Zeitschriften sind dadurch gekennzeichnet, dass der Redakteur dem Verlag ein umfassendes ausschließliches Nutzungsrecht an den in Erfüllung arbeitsvertraglicher Pflichten geschaffenen Texten und Fotos einräumt. Als Gegenleistung für eine weitergehende Nutzung durch den Verlag, die über den

---

[1347] Manteltarifvertrag für Redakteure und Redakteurinnen an Tageszeitungen vom 25. 2. 2004, § 18.
[1348] Manteltarifvertrag für Redakteurinnen und Redakteure an Zeitschriften vom 30.4.1998, § 12.
[1349] Eine Übersicht von Rojahn findet sich in Schricker, Rz. 115 ff. zu § 43 UrhG.
[1350] Tarifvertrag für arbeitnehmerähnliche freie Journalisten an Tageszeitungen vom 2. 4. 2004, § 13.
[1351] So z. B. der Tarifvertrag über die Urheberrechte arbeitnehmerähnlicher Personen des WDR vom 14. 9. 1981 in der Fassung vom 27. 11. 1986 (= Durchführungsvertrag Nr. 4 zum Tarifvertrag für arbeitnehmerähnliche Personen des WDR vom 1. 12. 1976).

Anstellungszweck hinausgeht, erhält der Journalist zusätzlich zu seinem Arbeitslohn eine ange-messene Vergütung. Als angemessen bezeichnen die Tarifverträge mindestens 40 % des Netto-erlöses, den der Verlag aus der Verwertung erzielt bzw. üblicherweise erzielen könnte. Durch den Anstellungszweck abgedeckt ist die Nutzung in der Zeitung oder Zeitschrift, für die der Redakteur nach dem Anstellungsvertrag tätig sein soll - einschließlich der Wiedergabe in einer digitalen Ausgabe des Blattes sowie der Nutzung innerhalb einer Redaktionsgemeinschaft oder sonstiger redaktioneller Zusammenarbeit mehrerer Zeitungen.

Zu den Rechten, die dem Verlag eingeräumt werden, gehören auch das Recht zur Bearbei-tung und Umgestaltung des einzelnen Beitrages (§ 23 UrhG) bis zur Grenze der Entstellung (§ 14 UrhG) sowie das Recht zur Weiter-Übertragung von Nutzungsrechten auf Dritte.

Demgegenüber bleiben die Vergütungsansprüche beim Redakteur, die nur durch Verwer-tungsgesellschaften geltend gemacht werden können - z. B. für den Nachdruck von Beiträgen in Pressespiegeln (§ 49 Abs. 1 UrhG).

Nach Beendigung des Arbeitsverhältnisses darf der Zeitschriftenredakteur über seine Bei-träge weiterverfügen, wenn seit ihrem Erscheinen mindestens zwei Jahre vergangen sind. Zei-tungsredakteure dürfen in solchen Fällen über ihre Textbeiträge bereits nach Ablauf eines Jahres seit ihrem Erscheinen verfügen. Die Verwertungsrechte von Fotos hingegen bleiben unbefristet und ausschließlich beim Zeitungsverlag, wenn im Einzelfall nichts anderes vereinbart ist.

Die Fristen für die Ausübung des *Rückrufsrechts* wegen Nichtausübung werden durch die Tarifverträge gegenüber der gesetzlichen Regelung verlängert: bei Zeitungen auf 6 Monate, bei Zeitschriften auf 12 Monate. Die Nachfrist soll in beiden Fällen „nicht mehr als 3 Monate"[1352] betragen. Außerdem behalten die Verlage trotz Rückrufs ein einfaches[1352] Nutzungsrecht; dem Redakteur andererseits ist eine anderweitige Verwertung trotz Rückrufs nur gestattet, wenn diese den berechtigten Interessen des Verlages nicht abträglich ist.

In ähnlicher Weise verpflichten auch die unterschiedlichen Tarifverträge für die einzelnen Rundfunkanstalten die bei ihnen angestellten Urheber, der jeweiligen Anstalt umfassende Nut-zungsrechte an den im Arbeitsverhältnis geschaffenen Werken zu gewähren. Soweit die Nutzung über Rundfunkzwecke (einschließlich der - auch entgeltlichen - Weitergabe im Rahmen des Programmaustausches, auch mit kommerziellen Sendern) hinausgeht, erhält der Urheber eine zusätzliche Vergütung in Form einer Beteiligung am Gesamtnettoerlös aus der Produktionsver-wertung (kollektive Lösung).[1353]

Wenn auf das Arbeitsverhältnis eines Journalisten weder ein Tarifvertrag anwendbar ist noch eine einzelvertragliche Vereinbarung über das Urheberrecht getroffen wurde, gilt folgen-des:

Der Arbeitnehmer hat dem Arbeitgeber - als Gegenleistung für den Arbeitslohn - die Nut-zungsrechte an den in Erfüllung des Arbeitsvertrages geschaffenen Werken insoweit einzuräu-men, wie dieser sie für seine *betrieblichen Zwecke* benötigt.[1354] Betriebszweck ist in der Regel Herstellung und Vertrieb bzw. Verbreitung der Zeitung oder Zeitschrift bzw. des Hörfunk- oder Fernsehprogramms, für deren redaktionelle Gestaltung die Redaktion zuständig ist, in der der Journalist beschäftigt ist. Stellt das Unternehmen weitere Produkte her, so ist die Nutzung in diesen Produkten in der Regel durch den Betriebszweck nicht mitumfasst.

Ändert sich, z. B. durch die Einführung neuer Techniken, die Arbeitsweise des Betriebes, so können auch die dadurch neu oder zusätzlich erforderlich werdenden Nutzungsrechte durch den Betriebszweck mitumfasst sein. Das wird beispielsweise der Fall sein, wenn bislang aus-schließlich terrestrisch verbreitete Rundfunkprogramme nunmehr auch über Kabel und Satellit

---

[1352] Zum Inhalt des einfachen Nutzungsrechts vgl. oben unter 8.4.2.
[1353] So Rojahn in Schricker, Rz. 118. mit weiteren Nachweisen.
[1354] Allgemeine Auffassung; Nachweise bei Rojahn in Schricker, Rz. 51 zu § 43 UrhG.

verbreitet werden.[1355] Dehnt der Arbeitgeber hingegen seinen Geschäftsbetrieb auf neue Unternehmungen aus, so sind diese vom Betriebszweck nicht erfasst.

> Beispiel:
> Ausdehnung des wirtschaftlichen Betätigungsfeldes eines Buch- und Zeitschriftenverlages auf Hörfunk- und Fernsehproduktionen.[1356]

Eine Weiter-Übertragung des Nutzungsrechts auf Dritte ist dem Arbeitgeber nur mit Einwilligung des Arbeitnehmers gestattet (§ 34 UrhG), soweit nicht der Betriebszweck eine solche Übertragung erfordert, z. B. bei Redaktionsgemeinschaften, Mantelredaktionen u. ä.

Auf der anderen Seite ist auch der Arbeitnehmer - durch die arbeitsrechtliche Treuepflicht - an einer anderweitigen Verwertung seiner Werke gehindert, durch die er die wirtschaftlichen Interessen seines Arbeitgebers verletzt. Dementsprechend ist davon auszugehen, dass der bei einer Zeitung beschäftigte Journalist dem Verlag - entgegen der Auslegungsregel des § 38 Abs. 3 UrhG - ein ausschließliches Nutzungsrecht einräumt und er seine Beiträge auch nach ihrem Erscheinen nur so verwerten darf, dass er dadurch zu seinem Arbeitgeber nicht in Konkurrenz tritt.[1357]

Obwohl das Urheberpersönlichkeitsrecht nicht übertragen werden kann und demzufolge dem Urheber selbst bis zu seinem Tode zusteht, kann dieser durch das Arbeitsverhältnis in der Ausübung seiner aus dem *Urheberpersönlichkeitsrecht* fließenden Rechte beschränkt sein:

So ist der Arbeitgeber nach allgemeiner Auffassung[1358] entgegen § 13 Satz 2 UrhG zur Namensnennung, d. h. zur Anbringung der Urheberbezeichnung, nur im Rahmen branchenüblicher Gepflogenheiten verpflichtet, soweit diese nicht ausnahmsweise rechtsmissbräuchlich sind.

Ferner kann ein Arbeitnehmer, der seinen Arbeitgeber unter Berufung auf § 12 UrhG (Recht zur Entscheidung über die Erstveröffentlichung) an der Veröffentlichung seiner Beiträge hindert, möglicherweise seine Pflichten aus dem Arbeitsverhältnis verletzen. Hält der Autor seinen Beitrag noch für überarbeitungsbedürftig, soll der Arbeitgeber ihn nach Auffassung von Rojahn[1359] dennoch publizieren dürfen - allerdings ohne Namensnennung.

Schließlich gilt im Allgemeinen, dass dem Arbeitgeber stillschweigend das Recht eingeräumt ist, die Beiträge seiner Angestellten umfassend zu bearbeiten und umzugestalten, soweit dies die betrieblichen Zwecke erfordern. Wird der Beitrag dadurch jedoch in seiner inhaltlichen Aussage wesentlich verändert, hat die Namensnennung des Autors ebenfalls zu unterbleiben.[1360]

8.6 Die Verwertungsgesellschaften

Die Vergütungsansprüche für bestimmte Nutzungen können nur durch Verwertungsgesellschaften geltend gemacht werden. Von diesen ist für Journalisten vor allem der Vergütungsanspruch von Bedeutung, der dem Autor für den Nachdruck bzw. die Weiterverbreitung von Zeitungsartikeln und Rundfunkkommentaren zu politischen, wirtschaftlichen oder religiösen Tagesfragen zusteht (§ 49 Abs. 1 UrhG). Ferner kommt eine Beteiligung an den Bibliotheksantiemen für das Vermieten oder Verleihen von Zeitungen, Zeitschriften, Büchern, Fotos gem. § 27 Abs. 3 UrhG sowie an der Kopierabgabe (§ 54 a UrhG) in Betracht, die von den Herstellern[1361] und Betrei-

---

[1355] So auch Rojahn in Schricker, Rz. 54 zu § 43 UrhG.
[1356] Insoweit anders Rojahn in Schricker, Rz. 54 zu § 43, die dies für einen Fall der Änderung des Betriebszwecks hält.
[1357] Allgemeine Auffassung; weitere Nachweise bei Rojahn, Rz. 59 f. zu § 43 UrhG.
[1358] Rojahn in Schricker, Rz. 81 zu § 43 UrhG mit weiteren Nachweisen.
[1359] Rojahn in Schricker, Rz. 74 zu § 43 UrhG.
[1360] Rojahn in Schricker, Rz. 87 zu § 43 mit weiteren Nachweisen.
[1361] Neben den Herstellern haften unter bestimmten Voraussetzungen auch Importeure und Händler für diese Abgabe; zu den Einzelheiten vgl. §§ 54 - 54 g UrhG.

bern von Kopiergeräten[1362] zu entrichten ist. Für Journalisten, die für den Rundfunk arbeiten, ist schließlich auf die Abgabe hinzuweisen, die von Herstellern von Tonband-, Video- und anderen Aufzeichnungsgeräten sowie (wieder-)bespielbarer Bänder und Platten als Gegenleistung dafür zu entrichten ist, dass sie dem Benutzer die Möglichkeit eröffnen, Funksendungen aufzuzeichnen (§ 54 UrhG).

Von geringerer Bedeutung für Journalisten ist demgegenüber das sog. „Folgerecht" (§ 26 UrhG), das dem Schöpfer eines Werkes der bildenden Künste einen Anspruch auf 5 % des Erlöses einräumt, der beim Weiterverkauf seiner Werke unter Beteiligung eines Kunsthändlers oder Auktionators erzielt wird.

Die *Gründung* einer Verwertungsgesellschaft (VG) bedarf der Erlaubnis durch das Patentamt. Diese ist zu erteilen, wenn die Satzung der VG den gesetzlichen Vorschriften entspricht, keine Anhaltspunkte für mangelnde Zuverlässigkeit ihrer gesetzlichen bzw. satzungsmäßigen Vertreter vorliegen und die wirtschaftliche Grundlage zur Ausübung der satzungsmäßigen Tätigkeit vorhanden ist.

Von den *vorhandenen* Verwertungsgesellschaften ist für Journalisten in erster Linie die VG Wort von Interesse, die ihren Sitz in München hat. Allen, die auch Fotos oder Filme anfertigen, steht die VG Bild-Kunst in Bonn zur Verfügung.

Die Verwertungsgesellschaften sind im Rahmen ihres Tätigkeitsbereichs zur Wahrnehmung der Interessen aller Berechtigten *verpflichtet*. Jeder Journalist, der Deutscher ist oder in der Bundesrepublik Deutschland wohnt, hat einen *Anspruch* auf Wahrnehmung seiner Rechte durch die Verwertungsgesellschaft. Es empfiehlt sich, sich direkt an die VG Wort und/oder die VG Bild-Kunst zu wenden und mit dieser einen „Wahrnehmungsvertrag" abzuschließen. Der Wahrnehmungsvertrag muss nicht auf die o. g. Rechte beschränkt werden, die ohnehin nur durch Verwertungsgesellschaften wahrgenommen werden können. Es ist jedoch darauf zu achten, dass der VG nur solche Rechte zur Wahrnehmung übertragen werden, die der Journalist nicht bereits einem anderen übertragen hat oder selbst wahrnehmen will.

Die Verwertungsgesellschaft schüttet einmal jährlich nach einem festgelegten Verteilungsplan Tantiemen an die Bezugsberechtigten aus.

8.7 Rechtsfolgen der Verletzung von Urheberrechten

Rechtswidrige Eingriffe in das Persönlichkeitsrecht oder die Verwertungsrechte des Urhebers können zivilrechtlich und - bei schuldhafter Rechtsverletzung - auch strafrechtlich verfolgt werden. Zunächst besteht für rechtswidrig hergestellte Vervielfältigungsstücke und rechtswidrig veranstaltete Funksendungen ein allgemeines Verwertungsverbot (§ 96 UrhG). Sie dürfen weder verbreitet, aufgezeichnet oder sonst vervielfältigt, noch öffentlich wiedergegeben werden. Das gilt auch dann, wenn der Inhaber des Vervielfältigungsstücks dieses von einem Nichtberechtigten in gutem Glauben erworben hat. Ein gutgläubiger Erwerb von Nutzungsrechten ist nicht möglich.

Durch unbefugte Nutzungen fremder Werke können sowohl deren Urheber als auch die Inhaber von Nutzungsrechten an diesen Werken in ihren Rechten verletzt sein. Jeder, dessen Rechte durch einen solchen Eingriff verletzt sind, kann von dem Verletzer verlangen, dass er die Beeinträchtigung des Rechts beseitigt und künftig eine solche Rechtsverletzung unterlässt (§ 97 Abs. 1 Satz 1 UrhG). Zur Absicherung und Verstärkung dieses Anspruchs gewährt das Urheberrecht dem Verletzten einen Anspruch darauf, dass alle rechtswidrig hergestellten, verbreiteten oder zur rechtswidrigen Verbreitung bestimmten Vervielfältigungsstücke sowie die *nahezu aus-*

[1362] Dazu gehören auch Scanner, OLG Hamburg ZUM 1999, S. 248 f.; Telefaxgeräte nur, wenn sie eine Leistung von mindestens zwei Kopien pro Minute erreichen, LG Stuttgart ZUM 1996, S. 426.

schließlich zu deren Herstellung bestimmten Vorrichtungen - z.B. Druckstöcke, Matrizen, Negative u.ä.; nicht jedoch Videorecorder oder Fotokopiergeräte[1363] - unbrauchbar gemacht und vernichtet werden, soweit sie sich noch im Besitz oder Eigentum dessen befinden, der an der rechtswidrigen Herstellung oder Verbreitung beteiligt gewesen ist, und der rechtswidrige Zustand dieser Stücke und Vorrichtungen nicht auf andere Weise, z. B. durch die Einfügung oder Änderung der Urheberbezeichnung, beseitigt werden kann (§ 98 Abs. 1 und 3, § 99 UrhG). Der Anspruch richtet sich nur gegen den, der an der Rechtsverletzung *beteiligt* gewesen ist. Von dem gutgläubigen Erwerber eines solchen Stückes, beispielsweise eines gefälschten Bildes, kann dessen Vernichtung oder auch nur Kennzeichnung als Fälschung *nicht* verlangt werden.[1364] Statt der Vernichtung kann der Verletzte auch verlangen, dass ihm die Stücke und Vorrichtungen gegen eine angemessene Vergütung überlassen werden, welche die Herstellungskosten nicht übersteigen darf (§ 98 Abs. 2 UrhG). Da der Anspruch auf Vernichtung dieser Gegenstände deren Eigentümern einen sehr hohen Schaden zufügen und diese in ihrer wirtschaftlichen Existenz hart treffen kann, hat der Gesetzgeber die Rechtsfolgen für die Fälle gemildert, in denen der Eingriff in das fremde Urheberrecht nicht schuldhaft, also weder vorsätzlich noch fahrlässig, erfolgt ist, in denen der Verwerter die Rechte z. B. in gutem Glauben von jemandem gekauft hat, der zur Veräußerung der Rechte gar nicht berechtigt war. In solchen Fällen kann der Verwerter die Ansprüche des Verletzten auf Vernichtung oder Überlassung der rechtswidrig hergestellten und verbreiteten Gegenstände dadurch abwenden, dass er dem Verletzten als Entschädigung das Entgelt zahlt, das im Falle einer vertraglichen Einräumung des Rechts als Vergütung angemessen gewesen wäre, wenn dem Verletzten eine solche Abfindung in Geld zuzumuten ist (§ 101 UrhG). Hat der Verwender jedoch schuldhaft gehandelt, so steht ihm nicht nur diese Abwendungsbefugnis nicht zur Verfügung. Darüber hinaus kann er von dem Verletzten auch auf Schadensersatz in Anspruch genommen werden (§ 97 Abs. 1 Satz 1 UrhG).[1365] Zu ersetzen ist zum einen der materielle Schaden, den der Verletzte durch die Rechtsverletzung erlitten hat. Als Schadensersatz kann der Verletzte den Betrag verlangen, den vernünftige Vertragsparteien als Lizenzgebühr vereinbart hätten.[1366]

> Das Landgericht Düsseldorf hat einem Fotografen, dessen Bilder ohne seine Erlaubnis und ohne ausreichende Urheberbenennung von einer Zeitschrift nachgedruckt worden waren, einen Aufschlag von 100 % auf das übliche Honorar wegen der fehlenden Urheberbenennung und einen weiteren Aufschlag von 100 % auf das geschuldete Honorar wegen der „Selbstbedienung" des Verlages zugesprochen.[1367]

Statt der Lizenzgebühr kann der Verletzte aber auch den Gewinn ersetzt verlangen, der ihm durch die Konkurrenz der unrechtmäßigen Verwertung *entgangen* ist, oder die Herausgabe des *Gewinns*, den der Verletzer durch die Rechtsverletzung *erzielt* hat (§ 97 Abs. 1 Satz 2 UrhG).

Neben dem Ersatz ihres materiellen Schadens können der Urheber und die Träger von Leistungsschutzrechten auch *Schmerzensgeld* verlangen, wenn Eingriffe, z. B. in das Urheberpersönlichkeitsrecht, durch Ersatz des materiellen Schadens allein nicht angemessen ausgeglichen werden können (§ 97 Abs. 2 Satz 2 UrhG). Solche Ansprüche stehen den genannten Personen jedoch nur höchstpersönlich zu; sie sind nicht übertragbar (§ 97 Abs. 2 Satz 2 UrhG). Um die Höhe des ihm zustehenden Schadensersatzes berechnen zu können, kann der Berechtigte *Auskunft* über die Druckauflage und die Anzahl der zu Unrecht vertriebenen Vervielfältigungsstücke[1368] und *Rechnungslegung* über den erzielten Gewinn (§ 97 Abs. 1 S. 2 UrhG) verlangen. Um

---

[1363] BGH NJW 1989, S. 391.
[1364] OLG Schleswig NJW 1988, S. 339 f.
[1365] Der Schadensersatzanspruch kann auch neben dem Vernichtungsanspruch geltend gemacht werden; BGH AfP 1993, S. 653 f.
[1366] Ständige Rechtsprechung des BGH, vgl. z. B. BGH AfP 1993, S. 653 f.
[1367] LG Düsseldorf ZUM 1994, S. 52 f. unter Berufung auf die nach den „Empfehlungen der Mittelstandsgemeinschaft Foto-Marketing" üblichen Zuschläge.
[1368] Beispielhaft OLG Hamburg AfP 1987, S. 691 ff.

Ansprüche gegen Dritte realisieren zu können, kann der Verletzte auch Auskunft über die Herstellung und den Vertriebsweg rechtswidrig hergestellter oder verbreiteter Vervielfältigungsstücke verlangen (§ 101a UrhG). Tangiert die Auskunft über den Lieferanten des veröffentlichten Werkes den Informantenschutz, ist das Interesse an der Verhinderung weiterer Rechtsverletzungen gegen den Schutz der Funktionsfähigkeit der Massenmedien abzuwägen. In diese Abwägung ist der Informationsgehalt etwa eines rechtswidrig veröffentlichten Fotos ebenso einzubeziehen wie das Interesse des Fotografen daran zu verhindern, dass sein Urheberrecht künftig erneut verletzt wird.[1369] Den *Verwertungsgesellschaften* stehen eigene *Auskunfts*ansprüche gegen Hersteller, Importeure und Betreiber von Vervielfältigungsgeräten zu (§§ 54 g und h i. V. m. §§ 54, 54 a UrhG). Zivilrechtliche Ansprüche aus der Verletzung von Urheberrechten *verjähren* in drei Jahren ab dem Zeitpunkt, in dem der Verletzte Kenntnis von der Verletzungshandlung und dem Schuldner erlangt (§ 102 UrhG i.V.m. §§ 195, 199 Abs. 1 BGB). Ansprüche aus ungerechtfertigter Bereicherung können bis zu 30 Jahre lang geltend gemacht werden (§ 102 UrhG i.V.m. § 852 BGB).

Schuldhafte Verletzungen von Urheberrechten und Leistungsschutzrechten können darüber hinaus auch *strafrechtlich* verfolgt werden. So ist die unerlaubte Verwertung urheberrechtlich geschützter Werke, das unzulässige Anbringen der Urheberbezeichnung auf dem Original oder Vervielfältigungsstück eines Werkes und die unerlaubte Verwertung eines Leistungsschutzrechts jeweils mit Freiheitsstrafe bis zu drei Jahren oder mit Geldstrafe bedroht (§§ 106, 107, 108 UrhG). Der Versuch ist strafbar. Diese Taten werden nur auf Antrag des Verletzten verfolgt, wenn nicht die Strafverfolgungsbehörde wegen eines besonderen öffentlichen Interesses an der Strafverfolgung ein Einschreiten von Amts wegen für geboten hält (§ 109 UrhG).

Handelt der Täter bei der unerlaubten Verwertung von Urheber- oder Leistungsschutzrechten gewerbsmäßig, so erhöht sich das angedrohte Strafmaß auf bis zu fünf Jahre Freiheitsstrafe und die Tat wird von Amts wegen verfolgt (§ 108a UrhG).

Bei offenkundigen Urheberrechtsverletzungen unterliegen die Vervielfältigungsstücke auf Antrag und gegen Sicherheitsleistung des Rechtsinhabers bei ihrer Ein- oder Ausfuhr der Beschlagnahme durch die Zollbehörde (§ 111a UrhG).

[1369] BVerfG AfP 1999, S. 261 ff.

9 Der Schutz der öffentlichen Sicherheit und der Jugend

Die Medienfreiheiten finden ihre Schranken nicht nur in den individuellen Rechten anderer, die bei der journalistischen Arbeit zu beachten sind. Grenzen gibt es auch dort, wo die Sicherheit des demokratisch verfassten Staates gefährdet oder der öffentliche Frieden gestört wird. Der Sicherung dieser Rechtsgüter dient eine Reihe von Vorschriften des Strafgesetzbuchs, die auch die Handlungsfreiheit des Journalisten begrenzen. Schließlich sind noch besondere Vorschriften zum Schutze der Jugend zu berücksichtigen.

9.1 Schutz des Staates

Dem *Staatsschutz* dient zum einen die - strafbewehrte - Untersagung von Handlungsweisen, die die „äußere" Sicherheit des Staates, seine Verteidigung gegen Angriffe anderer Staaten, gefährden könnten. Im Wesentlichen handelt es sich dabei um den Verrat von Staatsgeheimnissen und die Gefährdung der Landesverteidigung durch „Störpropaganda".

Um der „inneren" Sicherheit, des Schutzes der demokratischen Ordnung, willen ist die Berichterstattungsfreiheit durch das Verbot bestimmter Formen der Propaganda für verfassungswidrige Organisationen begrenzt. In diesen Zusammenhang gehören zudem Strafandrohungen für die Verunglimpfung des Staates, seiner Organe und Symbole.

9.1.1 Verrat von Staatsgeheimnissen

Wer Tatsachen, Gegenstände oder Erkenntnisse, die materiell als *Staatsgeheimnisse* zu werten sind und von einer staatlichen Stelle auch formell geheim gehalten werden, öffentlich bekannt macht und dadurch die Gefahr eines schweren Nachteils für die äußere Sicherheit der Bundesrepublik Deutschland herbeiführt, macht sich strafbar (§ 95 StGB „Offenbaren von Staatsgeheimnissen").

Materiell als Staatsgeheimnis zu werten sind solche Tatsachen, Gegenstände oder Erkenntnisse, die bislang noch geheim, d. h. nur einem begrenzten Personenkreis zugänglich, sind und vor einer fremden Macht geheim gehalten werden müssen, weil sonst die Gefahr eines schweren Nachteils für die äußere Sicherheit der Bundesrepublik Deutschland entsteht (§ 93 Abs. 1 StGB).

> Besondere Bedeutung hat die Vorschrift für die Berichterstattung über militärische Angelegenheiten. Geheime Einzelheiten der Rüstungspolitik, der Ausstattung der Bundeswehr mit militärischem Gerät oder taktischer oder strategischer Konzepte für den Verteidigungsfall dürfen auch durch die Massenmedien nicht preisgegeben werden. Das öffentliche Informationsinteresse wird insoweit in der Regel hinter dem Staatsschutzinteresse zurückzutreten haben.[1370]

Übermäßig eingeschränkt würde die Berichterstattungsfreiheit der Massenmedien indessen bei Anwendung der so genannten „Mosaiktheorie" auf die journalistische Tätigkeit. Diese Theorie besagt, dass auch aus allgemein zugänglichen Quellen geschöpfte Erkenntnisse den Charakter eines Staatsgeheimnisses tragen können, wenn sie ein neuartiges, bislang nur einem begrenzten

---

[1370] Stree in Schönke-Schröder, Rdz. 17 zu § 95 StGB.

Personenkreis bekanntes Gesamtbild von bestimmten geheimhaltungsbedürftigen Tatsachen ergeben.[1371]

Aus einer systematischen Auswertung bekannter Einzeltatsachen werden z.B. Rückschlüsse gezogen auf einen bestimmten Verteidigungsplan und dessen Leistungsfähigkeit.

Auf die Berichterstattung der Massenmedien ist die „Mosaiktheorie" *nicht* anzuwenden.[1372] Journalisten, die sich mit militärischen Angelegenheiten unter Auswertung nicht geheimer Quellen auseinandersetzen, können deshalb nicht wegen Offenbarung von Staatsgeheimnissen verfolgt werden.

Tatsachen, die gegen die *freiheitliche demokratische Grundordnung* oder gegen zwischenstaatlich vereinbarte *Rüstungsbeschränkungen* verstoßen, gelten *nicht* als Staatsgeheimnisse(§ 93 Abs. 2 StGB).

Bei der Berichterstattung der Massenmedien über illegale Sachverhalte, die materiell als Staatsgeheimnisse zu werten sind, kommt eine Rechtfertigung durch Art. 5 GG in Betracht. Unter welchen Umständen die Veröffentlichung gerechtfertigt ist, ist streitig. Die wohl überwiegende, meines Erachtens aber zu enge Lehre besagt, dass eine Veröffentlichung als „ultima ratio" nur zulässig ist, wenn keine anderen, für die äußere Sicherheit weniger nachteiligen Möglichkeiten bestehen, dem illegalen Zustand abzuhelfen.[1373] Demgegenüber ist darauf hinzuweisen, dass zu den Aufgaben der Massenmedien in einer freiheitlichen Demokratie gehört, die Tätigkeit der Staatsorgane öffentlicher Kritik und Kontrolle zu unterwerfen. Deshalb können sie bei Verfassungsbrüchen der Staatsorgane nicht darauf verwiesen werden, sich zunächst „im Stillen" um Abhilfe zu bemühen. Eine Forderung, die im Hinblick auf das Verhalten von Beamten recht sein mag[1374], ist im Hinblick auf das Verhalten der Massenmedien deshalb noch nicht billig.[1375]

9.1.2 „*Störpropaganda*" *gegen Bundeswehr und Sicherheitsorgane*

Wegen einer „Störpropaganda gegen die Bundeswehr" (§ 109 d StGB) macht sich strafbar, wer unwahre oder grob entstellte Tatsachenbehauptungen, deren Verbreitung geeignet ist, die Tätigkeit der Bundeswehr zu stören, wider besseres Wissen aufstellt oder in Kenntnis ihrer Unwahrheit verbreitet, um die Bundeswehr an der Erfüllung ihrer Aufgabe der Landesverteidigung zu hindern.

Ein solches Verhalten ist nicht durch die Meinungsäußerungs- oder Medienfreiheit gedeckt, da an der Verbreitung unrichtiger Tatsachenbehauptungen kein öffentliches Informationsinteresse besteht. Eine Verurteilung wegen der Veröffentlichung objektiv unrichtiger Angaben über die Bundeswehr setzt jedoch voraus, dass die Beteiligten in *Kenntnis* der Unwahrheit und in der *Absicht* gehandelt haben, die Bundeswehr an der Erfüllung ihrer Aufgaben zu hindern.

Auch der zweite hier einschlägige Straftatbestand, das verfassungsfeindliche Einwirken auf Bundeswehr und öffentliche Sicherheitsorgane (§ 89 StGB), wird durch eine *kritische Berichter-*

[1371] Stree a. a. O. , Rdz. 11 zu § 93 StGB.

[1372] Das mag sich vielleicht nicht aus dem Wortlaut der Neufassung des § 95 StGB ergeben, wie Stree meint (a. a. O., Rdz. 12 zu § 93 StGB); es folgt aber aus dem Gebot verfassungskonformer Interpretation dieser Vorschrift. Mit BVerfGE 20, S. 162 ff. - Spiegel (S. 180 f.) ist davon auszugehen, dass die Anwendung der Mosaiktheorie auf die Berichterstattung der Massenmedien verfassungswidrig ist.

[1373] Stree a. a. O. , Rdz. 27 zu § 93 StGB.

[1374] Für Beamte und Arbeitnehmer ist das Recht, behördliche oder betriebliche Rechtsverstöße an die Öffentlichkeit zu bringen, nach allgemeiner Auffassung durch die so genannte „Treuepflicht" auf die Fälle beschränkt, in denen andere Abhilfe nicht möglich ist.

[1375] Zur Beschränkbarkeit des Rechts auf freie Meinungsäußerung zum Schutz vertraulicher Informationen nach der Europäischen Menschenrechtskonvention vgl. EGMR NJW-RR 2008, S. 1141 ff. - Stoll/Schweiz sowie EGMR NJW 2008, S. 3412 ff. – Dupuis u.a./Frankreich.

stattung über Polizei und Militär im Allgemeinen *nicht* erfüllt. Er setzt nämlich nicht nur das *planmäßige* Einwirken auf Angehörige der Bundeswehr oder eines öffentlichen Sicherheitsorgans (Polizei, Bundesgrenzschutz, Verfassungsschutz) mit dem Ziel voraus, deren pflichtgemäße Bereitschaft zum Schutz der Sicherheit der Bundesrepublik oder der verfassungsmäßigen Ordnung zu untergraben; es muss noch hinzukommen, dass der Täter sich dadurch *absichtlich* für Bestrebungen gegen den Bestand oder die Sicherheit der Bundesrepublik Deutschland oder gegen Verfassungsgrundsätze wie das Demokratieprinzip, das Rechtsstaatsprinzip, das Mehrparteiensystem und die parlamentarische Verantwortlichkeit der Regierung, die Unabhängigkeit der Gerichte und den Ausschluss jeder Gewalt- und Willkürherrschaft[1376] einsetzt.

9.1.3 Propaganda für verbotene Organisationen

Wer Propagandamittel
- einer vom Bundesverfassungsgericht für verfassungswidrig erklärten Partei oder einer Ersatzorganisation einer solchen Partei,
- einer Vereinigung, die verboten worden ist, weil sie sich gegen die verfassungsmäßige Ordnung oder gegen den Gedanken der Völkerverständigung richtet, oder einer Ersatzorganisation einer solchen verbotenen Vereinigung,
- einer ausländischen Regierung, Vereinigung oder Einrichtung, die für Zwecke einer solchen verbotenen Partei oder Vereinigung tätig ist,
- oder solches Material, das seinem Inhalt nach dazu bestimmt sind, Bestrebungen einer ehemaligen nationalsozialistischen Organisation fortzusetzen,

in der Bundesrepublik verbreitet, zur Verbreitung in der Bundesrepublik herstellt, vorrätig hält oder einführt, macht sich strafbar, wenn deren Inhalt gegen die freiheitliche demokratische Grundordnung oder den Gedanken der Völkerverständigung gerichtet ist (§ 86 Abs. 1 und 2 StGB).

Propagandamittel sind Schriften, Filme und anderes Ton- oder Bildmaterial mit einer „aktiv kämpferischen, aggressiven Tendenz".[1377] Zur *freiheitlich demokratischen Grundordnung* im Sinne des § 86 StGB gehören nach Ansicht des Bundesgerichtshofs[1378] die in § 92 Abs. 2 StGB aufgezählten Verfassungsgrundsätze:
- Gewaltenteilung in Legislative, Exekutive und Judikative,
- allgemeine, unmittelbare, freie, gleiche und geheime Wahlen,
- Bindung der Staatsgewalt an die Verfassung, Gesetz und Recht,
- Recht auf Bildung und Ausübung einer parlamentarischen Opposition,
- Verantwortlichkeit der Regierung gegenüber der Volksvertretung und
- Ausschluss jeder Gewalt- oder Willkürherrschaft.

Gegen den Gedanken der Völkerverständigung richtet sich der Inhalt, wenn er sich gegen das friedliche Zusammenleben der Völker auf der Grundlage einer gewaltlosen Einigung wendet.[1379] *Vorkonstitutionelle* Schriften, d. h. solche, die aus der Zeit vor der Schaffung des Grundgesetzes stammen, werden von dieser Vorschrift in der Regel nicht erfasst, da sie nicht gegen die Grundordnung der Bundesrepublik *gerichtet* sind.

Deshalb ist der Nachdruck und Vertrieb von Hitlers „Mein Kampf" in der Bundesrepublik nicht verboten, solange nicht durch Zusätze (Vorwort, Umschlaghülle, Nachwort) oder durch sonstige Veränderungen

---

[1376] Aufzählung der geschützten Verfassungsgrundsätze in § 92 Abs. 2 StGB; zum Gebot der einschränkenden Auslegung auch BGH NStZ 1988, S. 215 f.
[1377] BGHSt 23, S. 72.
[1378] BGHSt 23 S. 64 ff.
[1379] Stree a. a. O. , Rdz. 5 zu § 86 StGB unter Berufung auf Dreher-Tröndle

ein aktueller Bezug hergestellt oder unter Einbeziehung der vorkonstitutionellen eine neue Schrift hergestellt wird.[1380]

Auf Zeitungen und Zeitschriften, die außerhalb der Bundesrepublik in ständiger, regelmäßiger Folge erscheinen und dort allgemein und öffentlich vertrieben werden, ist § 86 Abs. 1 StGB nicht anwendbar (§ 296 EGStGB). Auch wenn die Verbreitung des Propagandamittels der *Berichterstattung* über Vorgänge des Zeitgeschehens oder der Geschichte, der Forschung oder Lehre, Wissenschaft oder Kunst, der staatsbürgerlichen Aufklärung oder zur Abwehr verfassungswidriger Bestrebungen dient, findet die Strafvorschrift keine Anwendung (§ 86 Abs. 3 StGB). Dementsprechend ist es auch nicht strafbar, einen Link auf die strafbaren Inhalte zu setzen, wenn das Zugänglichmachen der Internetseite den genannten Zwecken dient.[1381]

Neben der Verbreitung von Propagandamitteln verfassungswidriger Organisationen ist auch die Verbreitung von *Kennzeichen* solcher Organisationen strafbar (§ 86a StGB). Zu solchen Kennzeichen gehören beispielsweise Fahnen, Abzeichen, Uniformstücke, Parolen und Grußformen (§ 86a Abs. 2 StGB).

Etwa Hakenkreuz, Hitlergruß, Blauhemden mit FDJ-Emblem

Ob mit der Verbreitung eines solchen Kennzeichens im Einzelfall *Propaganda* für die verfassungswidrige Organisation gemacht wird, ist nicht entscheidend. Auch deren „neutrale" Verbreitung ist untersagt.

Der Tatbestand ist z.B. auch dann erfüllt, wenn eine Gruppe angetrunkener Gäste in einer Kneipe das Horst-Wessel-Lied mit verändertem Text grölt.[1382]

Damit soll verhindert werden, dass sich diese Kennzeichen wieder einbürgern, so dass sie schließlich auch von den Verfechtern der politischen Ziele, für die sie stehen, wieder gefahrlos gebraucht werden können.[1383] Dementsprechend wird ein Gebrauch, der offenkundig und eindeutig die Gegnerschaft zu der verfassungswidrigen Organisation und die Bekämpfung ihrer Ideologie zum Ausdruck bringt, von der Vorschrift nicht erfasst.[1384]

Beispiel: Tragen eines Ansteckers mit durchgestrichenem Hakenkreuz.

Auch hier gilt wieder die Ausnahme: Die Verbreitung[1385] ist *nicht* strafbar, wenn sie der staatsbürgerlichen Aufklärung oder zur Abwehr verfassungsfeindlicher Bestrebungen dient, etwa im Rahmen der *Berichterstattung* über Vorgänge des Zeitgeschehens oder der Geschichte, im Rahmen der Forschung oder Lehre, Wissenschaft oder Kunst (§ 86a Abs. 3 in Verbindung mit § 86 Abs. 3 StGB). Das gilt auch bei der polemischen Verwendung solcher Kennzeichen in politischen Auseinandersetzungen.

Wer Polizeibeamte mit dem Hitlergruß und Sieg-Heil-Rufen „begrüßt", um deren Einsatz als „Nazi-Terror" zu charakterisieren, kann zwar wegen Beleidigung, nicht aber wegen der Verwendung nationalsozialistischer Kennzeichen verurteilt werden.[1386]

Der Tatbestand des § 86 a StGB ist erfüllt, wenn das Kennzeichen in seiner Originalform verwendet wird. Die Verwendung von Nachbildungen, die solchen Kennzeichen zum Verwechseln *ähnlich* sind, ist seit 1994 ebenfalls strafbar (§ 84 a Abs. 2 StGB).

[1380] BGHSt 29, S. 73 ff. Der Nachdruck setzt allerdings den Erwerb der entsprechenden Verwertungsrechte voraus, da der Urheberrechtsschutz des Werkes noch nicht abgelaufen ist.
[1381] So auch OLG Stuttgart CR 2006, S. 542.
[1382] OLG Oldenburg NJW 1988, S. 351.
[1383] BGH NJW 1973, S. 106 f.
[1384] BGH NJW 2007, S. 1602 ff.
[1385] Das gilt auch für das Setzen eines Links auf solche Inhalte, vgl. OLG Stuttgart CR 2006, S. 542.
[1386] BGH NJW 1973, S. 106 f. ; OLG Oldenburg NJW 1986, S. 1275.

9.1.4 Verunglimpfung des Staates, seiner Organe und Symbole

Strafbar macht sich, wer öffentlich, z. B. durch das Verbreiten von Schriften, Abbildungen und anderen Darstellungen,

- den Bundespräsidenten verunglimpft (§ 90 Abs. 1 StGB),
- die Bundesrepublik Deutschland, eines ihrer Länder oder deren verfassungsmäßige Ordnung beschimpft oder böswillig verächtlich macht (§ 90 a Abs. 1 Ziff. 1 StGB) oder
- die Farben, die Flagge, das Wappen oder die Hymne der Bundesrepublik oder eines ihrer Länder verunglimpft (§ 90 a Abs. 1 Ziff. 2 StGB).

Eine *Verunglimpfung* liegt in einer - nicht ganz unerheblichen - Beleidigung, üblen Nachrede oder Verleumdung.[1387]

> Auf der Umschlagrückseite eines Buches mit dem Titel „Lasst mich bloß in Frieden - ein Lesebuch" war eine Collage abgebildet, die ein Fahneneidzeremoniell zeigt; eingebaut in diese Zeremonie ist ein männlicher Torso, der auf die ausgebreitete Bundesflagge uriniert. Der Buchhändler, der diese Schrift vertrieb, wurde gemäß § 90 a StGB zu einer Geldstrafe von 90 Tagessätzen verurteilt. Das OLG Frankfurt[1388] sah in der Darstellung eine grobe Verunglimpfung der Bundesflagge. Es gestand der Collage zwar die Eigenschaft eines Kunstwerks zu, vertrat aber die Auffassung, die Kunstfreiheit habe in einem solchen Fall hinter dem Schutz der staatlichen Ordnung zurückzutreten.
> Das Bundesverfassungsgericht hat diese Entscheidung aufgehoben.[1389] Es sieht in der Collage eine satirische Darstellung,[1390] deren Aussagekern sich nicht gegen die Flagge und die von ihr symbolisierte Staatlichkeit selbst richtet, sondern - wie sich aus der Thematik des Buches ergibt - die Ablehnung des Wehrdienstes durch den satirisch verfremdeten Angriff auf das Fahneneidzeremoniell zum Ausdruck bringt.

Eine *Beschimpfung* ist eine durch Form oder Inhalt besonders verletzende rohe Äußerung der Missachtung. Sie kann sowohl in der Behauptung schimpflicher Tatsachen als auch in abfälligen Werturteilen bestehen.

> Der von einer Göttinger Studentenzeitung veröffentlichte 'Nachruf' auf den kurz zuvor ermordeten Generalbundesanwalt Buback enthielt u. a. die folgende Passage: „Meine unmittelbare Reaktion, meine 'Betroffenheit' nach dem Abschuss von Buback ist schnell geschildert: Ich konnte und wollte (und will) eine klammheimliche Freude nicht verhehlen. Ich habe diesen Typ oft hetzen hören, ich weiß, was er bei der Verfolgung, Kriminalisierung, Folterung von Linken für eine herausragende Rolle spielte. Wer sich in den letzten Tagen nur einmal genau genug sein Konterfei angesehen hat, der kann erkennen, welche Züge dieser Rechtsstaat trägt, den er in so hervorragender Weise verkörperte. . . . Ehrlich, ich bedaure es ein wenig, dass wir dieses Gesicht nun nicht mehr in das kleine rotschwarze Verbrecheralbum aufnehmen können, das wir nach der Revolution herausgeben werden, um der meistgesuchten und meistgehassten Vertreter der alten Welt habhaft zu werden und sie zu öffentlichen Vernehmungen vorzuführen. . . "
> Diese Passage erfüllt nach Ansicht des Landgerichts Göttingen[1391] nicht nur den Tatbestand der Verunglimpfung des Andenkens Verstorbener (§ 189 StGB), sondern auch den der Beschimpfung der Bundesrepublik Deutschland (§ 90 a StGB), da er zum Ausdruck bringt, „dieser Rechtsstaat", d. h. der der Bundesrepublik Deutschland, trage das Gesicht eines Verbrechers. Eine solche pauschale und undifferenzierte Kritik ohne jeden sachlichen Aussagegehalt liege jenseits der Grenze erlaubter Polemik.

Polemische Äußerungen allein - auch wenn sie hart und unberechtigt sind - reichen demgegenüber zur Erfüllung des Tatbestands nicht aus. Insbesondere im politischen Meinungskampf sind solche Äußerungen durch das Grundrecht der Meinungsäußerungsfreiheit gerechtfertigt.[1392] Das

---

[1387] Stree a. a. O. , Rdz. 2 zu § 90 StGB. Die Begriffe „Beleidigung", „üble Nachrede" und „Verleumdung" sind im Kapitel 3 ausführlich erläutert.

[1388] OLG Frankfurt NJW 1986, S. 1272 ff.

[1389] BVerfG NJW 1990, S. 1982 ff. (= DVBl. 1990, S. 480 ff.)

[1390] Für satirische Darstellungen gelten in diesem Zusammenhang dieselben Grundsätze wie im Ehrenschutz, also die Unterscheidung in - überprüfbaren - Aussagekern und - zulässige - Verfremdung, vgl. dazu oben S. 97 ff.

[1391] LG Göttingen NJW 1979, S. 1558 ff.

[1392] Zur Bezeichnung der Farben der Bundesrepublik Deutschland als „Scharz-Rot-Senf" durch einen Rechtsradikalen vgl. BVerfG AfP 2008, S. 591 ff.

Bundesverfassungsgericht verlangt von den Strafgerichten vor allem, dass sie einer solchen Äußerung keine Bedeutung beilegen, die sie objektiv nicht hat. Ist die Äußerung mehrdeutig, darf das Gericht seiner Entscheidung eine Deutung, die zur Verurteilung führt, erst zugrunde legen, wenn es alle anderen Deutungsmöglichkeiten mit tragfähigen Gründen ausgeschlossen hat (in dubio pro libertate).[1393] Im Übrigen überlässt es ihnen aber die Grenzziehung.

Selbstkontrollfrage 9 / 1:

In dem Nürnberger Stadtmagazin *plärrer* erschien unter der Überschrift „Tomayers deutsche Hitparade, heute: Das Deutschlandlied 1986" ein Artikel mit dem folgenden Text:[1394]

Deutschland, Deutschland over allos
Auf der Straße liegt das Geld
Wenn es gegen Los Krawallos
Gnadenlos zusammenhält

Von Beethoven bis Bergen Belsen
Von Wackersdorf bis Asylantenzelt
Deutschland, Deutschland, hyper alles
Du schönstes Biotop der Welt

Deutsche Türken, deutsche Pershings
Deutscher Bigmäc, deutscher Punk
Sollen in der Welt behalten
Ihren alten schönen Klang

Deutsche Cola, deutsche Peepshow
Deutsche Mark und deutsche Samenbank
Solln zu edler Tat begeistern
Uns das ganze Leben lang

Schleimigkeit und Frust und bleifrei
Für das deutsche Tartanland
Darauf lasst uns einen heben
Vorneweg und hinterhand

Schlagstockfrei und Krebs und Gleitcreme
Deutschland, wuchert mit dem Pfund
Kopulier'n im deutschen Stalle
Mutterschaf und Schäferhund

Hat sich der verantwortliche Redakteur des *plärrer* strafbar gemacht?

Im Rahmen der Auseinandersetzungen um die „Startbahn-West" wurde in Frankfurt ein Aufkleber verbreitet, der in einer Karikatur des Hessischen Wappens einen rot-weiß gestreiften stilisierten Löwen zeigte. Der Löwe trug einen Polizeihelm auf dem Kopf und in der erhobenen rechten Pranke einen blutverschmierten Schlagstock, von dessen Ende drei Blutstropfen herunterfallen.
Das Amtsgericht sprach eine Trägerin dieses Aufklebers von dem Vorwurf frei, das Hessische Wappen verunglimpft zu haben. Der Inhalt des Aufklebers, mit dem dessen Trägerin gegen das ihrer Meinung nach zu harte Vorgehen der Polizei bei den Auseinandersetzungen um die Startbahn-West protestieren wollte, sei als 'scharfe Karikatur vom Grundrecht der Meinungsfreiheit gedeckt. Der in ihm deutlich werdende Sinngehalt liege noch innerhalb des 'erlaubten Polemikbereichs'.
Das OLG Frankfurt[1395] hob diese Entscheidung auf und verwies die Sache an das Amtsgericht zurück. Es erklärte das, was die Trägerin der Plakette zum Ausdruck bringen wollte, für unbeachtlich und legte dem Amtsgericht nahe, der Plakette den Vorwurf zu entnehmen, Hessen sei ein brutaler Polizeistaat, in dem die Polizei prügele, bis das Blut fließe. Außerdem trug es dem Amtsgericht auf, die Bedeutung der Staatssymbole für die Existenz des Gemeinwesens und die Integration der Bürger in die Staatsgemein-

---

[1393] Vgl. beispielhaft BVerfG ZUM 1998, S. 930 ff. , mit weiteren Nachweisen.
[1394] Zitiert nach BVerfG NJW 1990, S. 1985.
[1395] OLG Frankfurt NJW 1984, S. 1128 ff.

schaft" bei der Entscheidung der Frage zu beachten, ob die Anwendung des § 90 a StGB im konkreten Fall mit Art. 5 GG zu vereinbaren sei. Dabei sei insbesondere zu bedenken, dass mit dem Verbot, diesen Aufkleber zu tragen, lediglich eine bestimmte *Form* der Meinungsäußerung, nicht aber deren *Inhalt* verboten werde.

Das Bundesverfassungsgericht[1396] nahm eine Verfassungsbeschwerde gegen eine Verurteilung wegen des Tragens einer solchen Plakette mangels hinreichender Erfolgsaussicht nicht zur Entscheidung an. Denn es sei nicht seine Aufgabe, die Wertung der Strafgerichte, die Grenzen einer zulässigen Meinungsäußerung sei mit dem Tragen dieser Plaketten überschritten, durch eine eigene Würdigung zu ersetzen.

In der Wiedergabe einer *fremden* Äußerung kann eine Beschimpfung liegen, wenn der Wiedergebende sich diese zu Eigen macht.

So hat beispielsweise das OLG Köln[1397] die Verbreitung eines Nachdrucks des Göttinger „Buback-Nachrufs" in einem Flugblatt des Kölner AStA mit einem Begleittext, in dem der AStA diesen zwar nicht ausdrücklich übernahm, zwischen den Zeilen jedoch erkennbar dessen Billigung zum Ausdruck brachte, für eine Verurteilung nach § 90 a StGB ausreichen lassen.

Unter *Verächtlichmachen* ist jede Kundgebung zu verstehen, die das betreffende Schutzobjekt als unvernünftig, zweckwidrig und als der Achtung der Staatsbürger unwürdig erscheinen lässt.[1398]

Die öffentliche Verunglimpfung von Bundestag und Bundesrat, Bundesregierung und Bundesverfassungsgericht, eines Landesparlamentes, einer Landesregierung, eines Landesverfassungsgerichts oder eines Mitglieds eines dieser Organe ist unter dem Gesichtspunkt des Staatsschutzes nur strafbar, wenn sie das Ansehen des Staates gefährdet und der Täter sich durch sie absichtlich für Bestrebungen gegen den Bestand der Bundesrepublik oder die genannten Verfassungsgrundsätze einsetzt („verfassungsfeindliche Verunglimpfung von Verfassungsorganen", § 90 b StGB). Daneben kommt jedoch eine Strafbarkeit nach allgemeinen Beleidigungsgrundsätzen in Betracht.[1399]

9.1.5 Die Verpflichtung des Rundfunks auf die Förderung der Staatsziele

Während die bislang erörterten allgemeinen Strafbestimmungen die Medien - wie jeden Bürger - lediglich auf die Einhaltung einer gewissen *Mindestordnung* verpflichten, ihnen in diesem Rahmen aber einen weiten *Freiheitsspielraum* lassen, enthalten die *Rundfunkgesetze* der einzelnen Bundesländer eine Reihe von Vorschriften, die diesen Freiheitsspielraum enger begrenzen.

Im Bereich der *Staatsziele* reichen diese Regeln vom *Verbot* von Sendungen, die gegen die freiheitliche demokratische Grundordnung[1400] gerichtet sind, bis zum Gebot demokratischer Gesinnung,[1401] der Verteidigung demokratischer Freiheiten[1402] und zur Verpflichtung zu einer

---

[1396] BVerfG NJW 1985, S. 263 f.

[1397] OLG Köln NJW 1979, S. 1562.

[1398] So Stree a. a. O. , Rdz. 7 zu § 90a StGB mit weiteren Nachweisen.

[1399] Vgl. dazu Kapitel 3.

[1400] So die Rundfunkgesetze von Baden-Württemberg (§ 54 S. 2 Landesmediengesetz) und Hamburg (§ 7 Abs. 1 S. 2 hamb. Mediengesetz); ähnlich das Gesetz über die Rundfunkanstalten des Bundes (§ 23 S. 1). Der Norddeutsche Rundfunk und der Mitteldeutsche Rundfunk haben zur Verwirklichung der freiheitlichen demokratischen Grundordnung beizutragen (NDR-Staatsvertrag, § 7 Abs. 1 S. 2; MDR-Staatsvertrag, § 8 Abs. 1 S. 2). Dasselbe gilt für Privatfunk in Sachsen-Anhalt (§ 12 Abs. 1 S. 2 PrivatfunkG). In Berlin/Brandenburg veranstaltete Programme dürfen sich nicht gegen die Grundsätze des demokratischen und sozialen Rechtsstaates richten (Staatsvertrag Berlin/Brandenburg, § 48 Abs. 1 S. 1); ähnlich für Mecklenburg-Vorpommern § 18 Abs. 1 S. 1 RGMV.

[1401] So die Gesetze über den Bayerischen Rundfunk (Art. 4 Abs. 1 S. 2) und Radio Bremen (§ 4 Abs. 2 S. 1). Vorsichtiger formuliert ist die Präambel zum SWR-Staatsvertrag. Dort heißt es, die vertragsschließenden Länder wollten mit dem Staatsvertrag „die freiheitlich demokratische Grundordnung stärken ... und zum demokratischen Dialog ... beitragen."

[1402] Gesetz über den Westdeutschen Rundfunk (§ 5 Abs. 3) sowie die Rundfunkgesetze von Bremen (§ 19 Abs. 2 S. 2), Niedersachsen (§ 18 Abs. 2 S. 2), Nordrhein -Westfalen (§ 12 Abs. 2 S. 3), Schleswig-Holstein (§ 16 Abs. 3) und dem Saarland (§ 4 Abs. 1 S. 4).

kritischen Haltung allen undemokratischen Erscheinungen gegenüber.[1403] Das ZDF hat in seinem Programm z. B. „die Grundsätze des demokratischen und sozialen Rechtsstaats im Sinne des Grundgesetzes überzeugend zu vertreten" und „Bemühungen um die Einigung Europas zu fördern".[1404] Die Programme des SWR „sollen ihren Beitrag zur Verwirklichung eines vereinten Europas und zum Zusammenwachsen der angrenzenden Nachbarregionen Europas leisten."[1405] Vielfach wird dem Rundfunk auch die Aufgabe übertragen, „die Zusammengehörigkeit im vereinten Deutschland zu fördern".[1406]

Rundfunkprogramme sollen „zur sozialen Gerechtigkeit mahnen",[1407] von Menschlichkeit getragen sein[1408] und zur Verwirklichung der Gleichberechtigung von Männern und Frauen beitragen.[1409] Schließlich haben sich Rundfunkanstalten „mit allen Kräften" (sic!)[1410] für Frieden und Völkerverständigung,[1411] Freiheit und Gerechtigkeit und den Schutz der natürlichen Umwelt[1412] einzusetzen.

Damit enthalten die Rundfunkgesetze Normen für die *inhaltliche* Gestaltung der Programme, die weit über die Verpflichtung auf eine Mindestordnung hinausgehen, die Sender vielmehr auf die Einhaltung und Förderung *bestimmter Werthaltungen* verpflichten. Mit der durch Art. 5 GG gewährleisteten *Medienfreiheit* sind diese Bestimmungen nur vereinbar, solange der Staat darauf verzichtet, die Einhaltung dieser Vorgaben selbst - durch eigene Organe (Behörden, Gerichte) - in vollem Umfang zu überprüfen. Sonst wäre die vom Bundesverfassungsgericht geforderte *Staatsfreiheit* des Rundfunks nicht mehr gewährleistet.

Die Kontrolle der Einhaltung dieser Programmnormen liegt deshalb in der Hand von staatsunabhängigen Aufsichtsgremien; Maßnahmen der *staatlichen* Rechtsaufsicht zur Durchsetzung der Einhaltung dieser Normen können allenfalls bei *gravierenden*, „evidenten" Verstößen in Erwägung gezogen werden, wenn die zuständigen Aufsichtsgremien ihrer Aufgabe nicht nachkommen.[1413]

9.2 Schutz des öffentlichen Friedens

Auch bei der *Friedensstörung* lässt sich die Störung des „äußeren" von der des „inneren" Friedens unterscheiden.

[1403] Programmrichtlinien ZDF (Abschnitt IV. Abs. 1 S. 2).
[1404] Ebendort (Abschnitt IV. 1, VI. 3).
[1405] Präambel des SWR-Staatsvertrages.
[1406] Staatsvertrag zum Deutschlandradio (§ 6 Abs. 3 S. 4); MDR-Staatsvertrag (§ 8 Abs. 1 S. 2); NDR-Staatsvertrag (§ 7 Abs. 2 S. 3), sowie die Rundfunkgesetze von Niedersachsen (§ 18 Abs. 2 S. 2), Rheinland-Pfalz (§ 14 Abs. 1 S. 4), Sachsen (§ 12 Abs. 3 S. 2), Thüringen (§ 13 Abs. 1 S. 3) und dem Saarland (§ 4 Abs. 1 S. 3); ähnlich auch Staatsvertrag Berlin/Brandenburg (§ 48 Abs. 1 S. 3). In Mecklenburg-Vorpommern veranstaltete Programme dürfen sich nicht gegen die nationale Einheit richten (§ 18 Abs. 1 S. 2 RGMV).
[1407] Rundfunkgesetze von Bremen (§ 19 Abs. 2 S. 2), Hamburg (§ 8 Abs. 2 S. 2), Mecklenburg-Vorpommern (§ 18 Abs. 1 S. 2), Niedersachsen (§ 18 Abs. 2 S. 2), Nordrhein-Westfalen (§ 12 Abs. 2 S. 2), Schleswig-Holstein (§ 16 Abs. 3) und dem Saarland (§ 3 Abs. 1 S. 4); ebenso NDR-Staatsvertrag (§ 6 Abs. 2 S. 3) und ORB-Gesetz (§ 6 Abs. 3); ähnlich das Gesetz über Radio Bremen (§ 2 Abs. 1 S. 4.
[1408] Gesetz über den Bayerischen Rundfunk, Art. 4 Abs. 1 S. 2.
[1409] MDR-Gesetz (§ 8 Abs. 2 S. 2), WDR-Gesetz (§ 5 Abs. 3), ORB-Gesetz (§ 6 Abs. 3) sowie die Rundfunkgesetze von Bremen (§ 19 Abs. 2 S. 2), Hamburg (§ 8 Abs. 2 S. 2), Mecklenburg-Vorpommern (§ 18 Abs. 1 S. 2), Niedersachsen (§ 18 Abs. 2 S. 2), Nordrhein- Westfalen (§ 12 Abs. 2 S. 3), Rheinland-Pfalz (§ 14 Abs. 1 S. 3), Schleswig-Holstein (§ 16 Abs. 3) und dem Saarland (§ 3 Abs. 1 S. 4).
[1410] So das Gesetz über Radio Bremen (§ 4 Abs. 2 S. 2).
[1411] Ähnlich das ORB-Gesetz (§ 6 Abs. 3) sowie die Rundfunkgesetze von Bremen (§ 19 Abs. 2 S. 2) und dem Saarland (§ 3 Abs. 1 S. 3)
[1412] NDR-Staatsvertrag (§ 7 Abs. 2 S. 2), ORB-Gesetz (§ 6 Abs. 3), sowie die Rundfunkgesetze von Mecklenburg-Vorpommern (§ 18 Abs. 1 S. 2), Niedersachsen (§ 18 Abs. 2 S. 2) und dem Saarland (§ 3 Abs. 1 S. 4)
[1413] Fuhr, ZDF-Staatsvertrag, Anm. zu § 25, mit weiteren Nachweisen.

„Äußerer" Frieden erfordert die Verhinderung von Kriegen. Darum ist das öffentliche Aufstacheln zur Führung eines Angriffskrieges mit Strafe bedroht (§ 80 a StGB). *Rundfunkveranstaltern* werden darüber hinaus in den Rundfunkgesetzen[1414] Sendungen verboten, die gegen den Frieden[1415] oder gegen die „Völkerverständigung"[1416] gerichtet sind oder den Krieg verherrlichen[1417]. Darüber hinaus werden Rundfunkveranstalter verpflichtet, für den Frieden einzutreten,[1418] zum Frieden zu mahnen[1419] und die internationale Verständigung unter den Völkern zu fördern.[1420]

Der „innere" Frieden umfasst das friedliche Zusammenleben der Bürger und das Sicherheitsgefühl der Bevölkerung, das im Vertrauen in die Fortdauer dieses Zustands begründet ist.[1421] Verhaltensweisen, die diesen Zustand in besonders erheblicher Weise beeinträchtigen, sind deshalb durch Meinungsäußerungs- und Medienfreiheit nicht geschützt.

9.2.1 Volksverhetzung

Dementsprechend wird bestraft, wer in einer Weise, die geeignet ist, den öffentlichen Frieden zu stören, zum Hass gegen Teile der Bevölkerung aufstachelt oder zu Gewalt- oder Willkürmaßnahmen gegen sie auffordert (§ 130 StGB Abs. 1 Ziff. 1 StGB). Geschützt sind durch diese Vorschrift Teile der inländischen Bevölkerung, die sich auf Grund gemeinsamer äußerer oder innerer Merkmale (wie Rasse, Volkszugehörigkeit, Religion, politischer oder weltanschaulicher Überzeugung, sozialer und wirtschaftlicher Verhältnisse) als eine von der übrigen Bevölkerung unterscheidbare Gruppe von nicht unerheblicher Größe darstellen.[1422] Dazu gehören beispielsweise Juden, Katholiken, Protestanten, Einheimische und Vertriebene, Aussiedler, Übersiedler und Asylanten, die in der Bundesrepublik lebenden Ausländer, Gastarbeiter oder bestimmte Gastarbeitergruppen (Türken), Zigeuner, in der Bundesrepublik lebende Farbige, aber auch politische Gruppen, Arbeitgeber und Arbeitnehmer, Besitzende (Kapitalisten) und Besitzlose (Proleten), Bauern, Beamte oder hinlänglich abgrenzbare Beamtengruppen (Richter und Staatsanwälte) sowie die Soldaten der Bundeswehr.[1423]

Strafbar macht sich ferner, wer solche Bevölkerungsteile beschimpft, böswillig verächtlich macht oder verleumdet, wenn sich dieses Verhalten als Angriff auf die *Menschenwürde* der Betroffenen darstellt (§ 130 Abs. 1 Ziff. 2 StGB). Das ist etwa dann der Fall, wenn die Betroffenen als *minderwertig* („Untermenschen") dargestellt werden oder ihnen das *Lebensrecht* in der Gemeinschaft bestritten („abschießen", „vergasen").[1424]

Die Bezeichnung der Soldaten der Bundeswehr als „potentielle Mörder" durch einen Pazifisten in einer Diskussion um die Kriegsdienstverweigerung erfüllt diese Voraussetzung *nicht*.[1425]

[1414] Zur Kontrolle dieser Programmnormen vgl. oben Abschnitt I. 5.

[1415] Niedersächsisches LandesrundfunkG (§ 11 Abs. 2 Ziff. 3).

[1416] Rundfunkgesetze von Baden-Württemberg (§ 48 S. 2), Bayern (Art. 4 Abs. 1 S. 3 MEG), Niedersachsen (§ 11 Abs. 2 Ziff. 3) und Rheinland-Pfalz (§ 10 Abs. 1 S. 2).

[1417] Rundfunkgesetze von Baden-Württemberg (§ 49 Abs. 1 Ziff. 2), Niedersachsen (§ 14 Abs. 1 Ziff. 2), Nordrhein-Westfalen (§ 14 Abs. 1b) und Saarland (§ 3 Abs. 3 Ziff. 2), ebenso WDR-Gesetz (§ 6 Abs. 1b); ähnlich RundfunkG Schleswig-Holstein (§ 14 Abs. 1 Ziff. 1).

[1418] Gesetz über Radio Bremen (§ 2 Abs. 1 S. 3); NDR-Staatsvertrag (§ 6 Abs. 2 S. 3).

[1419] WDR-Gesetz (§ 5 Abs. 3 S. 1), RundfunkG Nordrhein-Westfalen (§ 12 Abs. 2 S. 3) und Saarland (§ 3 Abs. 1 S. 3); ähnlich Programmrichtlinien ZDF (Abschnitt IV. 1).

[1420] NDR-Staatsvertrag (§ 6 Abs. 2 S. 3), WDR-Gesetz (§ 5 Abs. 1 S. 1), Rundfunkgesetze von Nordrhein-Westfalen (§ 12 Abs. 2 S. 3) und Saarland (§ 3 Abs. 1 S. 1); ähnlich ZDF-Staatsvertrag (§ 2 Abs. 2).

[1421] So Lenckner in Schönke-Schröder a. a. O. , Rdz. 1 zu § 126 StGB.

[1422] Lenckner a. a. O. , Rz. 4 zu § 130 StGB.

[1423] Rechtsprechungsnachweise bei Lenckner a. a. O. , Rz. 4a zu § 130 StGB.

[1424] Lenckner a. a. O. , Rz. 7 zu § 130 StGB.

[1425] LG Frankfurt NJW 1988, S. 2683 ff. ; OLG Frankfurt NJW 1989, S. 1367 ff.

Wer in einer Weise, die geeignet ist, den öffentlichen Frieden zu stören, die nationalsozialistische Gewalt- und Willkürherrschaft oder den unter ihr begangenen Völkermord öffentlich oder
in einer Versammlung billigt, leugnet oder verharmlost, macht sich ebenfalls wegen Volksverhetzung strafbar (§ 130 Abs. 3 und 4 StGB).

In all diesen Fällen kann die Straftat auch dadurch begangen werden, dass Schriften, Rund-
funksendungen, Tele- oder Mediendienste mit entsprechendem Inhalt verbreitet werden (§ 130
Abs. 2 und 5 StGB), soweit dies nicht Zwecken der Wissenschaft, Forschung und Lehre, der
Berichterstattung über Vorgänge des Zeitgeschehens oder der Geschichte, der staatsbürgerlichen
Aufklärung oder ähnlichen Zielen dient (§ 130 Abs. 6 i. V. m. § 86 Abs. 3 StGB).[1426]

9.2.2 Gewaltdarstellungen

Mit Strafe bedroht ist auch die Verbreitung von Druckschriften, Ton- und Bildträgern, Abbildungen und Darstellungen, die grausame oder sonst unmenschliche *Gewalttätigkeiten* gegen
Menschen oder menschenähnliche Wesen *verherrlichen*, *verharmlosen* oder in einer Weise
darstellen, die die *Menschenwürde* verletzt (§ 131 Abs. 1 StGB). Dasselbe gilt für die Verbreitung solcher Darstellungen im Rundfunk sowie in Tele- oder Mediendiensten (§ 131 Abs. 2
StGB). Die Schilderung von Gewaltakten gegen Sachen und Tiere wird durch diese Vorschrift
nicht erfasst. *Grausam* ist eine Gewalttätigkeit, wenn sie unter Zufügung besonderer Schmerzen
oder Qualen körperlicher oder seelischer Art erfolgt und außerdem eine brutale, unbarmherzige
Haltung dessen erkennen lässt, der sie begeht.[1427]

> Beispiel: Folterszenen

Unmenschlich ist eine Gewalttat, wenn sie Ausdruck einer menschenverachtenden und rück-
sichtslosen Gesinnung ist.[1428]

> Beispielsweise wird ein Mensch aus „Spaß" oder „nur so", ohne jeden erkennbaren Grund erschossen.

Verherrlicht wird die dargestellte Gewalttat, wenn sie nachahmenswert erscheint, z. B. als etwas
Großartiges, Heldenhaftes oder als billigenswerte Möglichkeit zum Erreichen von Ruhm und
Ansehen oder zur Lösung von Konflikten geschildert wird.[1429] *Verharmlosen* solcher Gewalttä-
tigkeiten ist ihre Bagatellisierung als eine übliche, jedenfalls akzeptable Form menschlichen
Verhaltens.[1430] Die *Menschenwürde* verletzt eine Gewaltdarstellung, die lediglich zu dem
Zweck, dem Leser oder Betrachter Nervenkitzel und genüsslichen Horror zu bieten, Gewalttaten
in „anreißerischer Weise" darstellt, in exzessiver Weise in allen Einzelheiten schildert.[1431]

> Ein Videofilm zeigt detailliert - zum Teil in Zeitlupe -, wie ein geisteskranker Mann in einem Hotelbett ei-
> ne Prostituierte erwürgt, dabei lacht, und ihr dann mit einem Messer über die Stirn schneidet, um sie
> anschließend zu skalpieren. Das OLG Koblenz[1432] hat den Vertrieb dieses Filmes als Verstoß gegen
> § 131 StGB gewertet.

[1426] Zum Setzen eines Links auf solche Inhalte vgl. OLG Stuttgart CR 2006, S. 542.

[1427] Lenckner a. a. O. , Rz. 10 zu § 131 StGB.

[1428] Lenckner a. a. O. , Rz. 10 zu § 131 StGB.

[1429] Lenckner a. a. O. , Rz. 13 zu § 131 StGB.

[1430] Lenckner a. a. O. , Rz. 13 zu § 131 StGB.

[1431] Lenckner a. a. O. , Rz. 15 zu § 131 StGB.

[1432] OLG Koblenz NJW 1986, S. 1700 f.

9.2.3 Beschimpfung von Bekenntnissen, Religionsgesellschaften oder Weltanschauungsvereinigungen

Zu den Verhaltensweisen, die den inneren Frieden in besonderer Weise gefährden können, rechnet der Gesetzgeber ferner die öffentliche *Beschimpfung* von religiösen oder weltanschaulichen *Bekenntnissen*, von *Kirchen*, Religionsgesellschaften oder Weltanschauungsvereinigungen, ihrer Einrichtungen und Gebräuche (§ 166 StGB).

Die *Beschimpfung* kann sowohl in der Behauptung einer schimpflichen Tatsache wie auch in einem abfälligen Werturteil bestehen. Die bloße Negierung dessen, was von einer religiösen Gemeinschaft als heilig verehrt wird, ist ebenso wenig Beschimpfung wie eine kritische, ablehnende Auseinandersetzung mit Glaubensinhalten. Eine Beschimpfung liegt jedoch in einer besonders verletzenden Kundgabe der Missachtung, die sich aus der Rohheit des Ausdrucks, dem Vorwurf schimpflichen Verhaltens, grober Diffamierung oder daraus ergeben kann, dass die geistigen Inhalte des Bekenntnisses in den Schmutz gezogen werden.[1433]

> Als Beschimpfung eines Glaubensbekenntnisses sind beispielsweise folgende Parolen gewertet worden:
> „Maria, hättest Du abgetrieben, der Papst wäre uns erspart geblieben."[1434]
> „Lieber eine befleckte Verhütung als eine unbefleckte Empfängnis."[1435]
> „Masochismus ist heilbar" als Umschrift um eine Darstellung des gekreuzigten Christus.[1436]
> Als Beschimpfung einer Kirche gilt deren Bezeichnung als „eine der größten Verbrecherorganisationen der Welt", wenn nicht hinreichend deutlich gemacht wird, dass sich diese Wertung allein auf das von der Kirche im Laufe der Kirchen*geschichte* begangene Unrecht (Hexenverbrennungen, Kreuzzüge, Religionskriege, Judenverfolgung) bezieht, sondern „suggeriert, das verbrecherische Treiben bestehe auch heute noch fort".[1437]

Auch *Satiren* und *Karikaturen* sind vor einer Verfolgung nach § 166 StGB - zumindest in den katholisch geprägten Regionen der Bundesrepublik - nicht sicher.

> So hat das OLG Düsseldorf[1438] die satirische Darstellung eines katholischen Gottesdienstes mit der Überschrift „Hokuspokus im Poncho", in dem der Priester als „Guru" und „professioneller Verführer", die gläubige Gemeinde als gefährliche „Sekte" und das Messopfer als „uralte kannibalische Riten" bezeichnet werden, unter § 166 StGB subsumiert. Einen Comic Strip aus vier Bildern, in denen Maria und Josef Abtreibungsgelüste unterstellt wurden, betrachtete das OLG Köln[1439] als Beschimpfung des christlichen Bekenntnisses, die geeignet sei, den öffentlichen Frieden zu stören.

> Demgegenüber lehnte das Landgericht Frankfurt[1440] es ab, eine in der Zeitschrift „Titanic" abgedruckte satirische Anleitung zum Schlagen des Kreuzes mit Hilfe eines Glases Marmelade als Beschimpfung dieses in der katholischen Kirche praktizierten Ritus zu bewerten. Ebenso verneinte das Landgericht Bochum[1441] die Beschimpfung eines Bekenntnisses und Eignung zur Friedensstörung bei drei Karikaturen, die Gott als Marionette in der Hand eines Geistlichen und als Aufziehpuppe sowie Jesus Christus als Mausefalle darstellten.

[1433] Lenckner a. a. O. , Rz. 9 zu § 166 StGB.
[1434] LG Düsseldorf NStZ 1982, S. 290.
[1435] LG Göttingen NJW 1985, S. 1652 ff. ; OLG Celle NJW 1986, S. 1275 f.
[1436] LG Göttingen NJW 1985, S. 1652 ff. ; OLG Celle NJW 1986, S. 1275 f.
[1437] LG Göttingen NJW 1985, S. 1652 ff. ; OLG Celle NJW 1986, S. 1275 f.
[1438] OLG Düsseldorf NJW 1983, S. 1211 f.
[1439] OLG Köln NJW 1982, S. 657 f.
[1440] LG Frankfurt NJW 1982, S. 658 f.
[1441] LG Bochum NJW 1989, S. 727 f.

9.3 Schutz der öffentlichen Sicherheit und Ordnung

Zu den zentralen Aufgaben des (Rechts-)Staates gehört es, dafür Sorge zu tragen, dass seine Einwohner in Sicherheit leben können und gegen Rechtsverletzungen geschützt werden. Zu diesem Zweck darf er auch die Berichterstattungsfreiheit beschränken: Meinungsäußerungen und Berichte, die geeignet sind, Straftaten und sonstige Rechtsverletzungen Anderer zu fördern, können mit Maßnahmen des Strafrechts und des Zivilrechts unterbunden werden.

9.3.1 Aufforderung und Anleitung zu Straftaten sowie ihre Billigung

Der Wahrung des inneren Friedens dient das Verbot, öffentlich zur Begehung von Straftaten aufzufordern (§ 111 StGB). Eine solche Aufforderung wird selbst dann bestraft, wenn sie nicht zum „Erfolg" geführt hat, weil sie nicht befolgt worden ist (§ 111 Abs. 2 StGB).

> In einem AStA-Flugblatt der Marburger Philipps-Universität, das sich mit der Strafanzeige gegen ein früheres AStA-Mitglied beschäftigt, der einem Burschenschafter das Käppi vom Kopf gezerrt hatte, heißt es zum Schluss:
> „Deshalb fordern wir: Zurücknahme der Strafanzeigen gegen O.! - wollen die Burschenschafter nicht einen großen Run auf ihre Käppis als begehrtes Sammelobjekt der Marburger Linken riskieren.
> P. S.: Der, beziehungsweise diejenige, der beziehungsweise die uns das schönste Käppi in den AStA bringt, wird von der Anti-Repressions-AG persönlich zum Essen eingeladen."
> Die Verbreitung dieses Aufrufs erfüllt den Tatbestand des § 111 StGB zumindest dann, wenn der Verbreiter sich damit identifiziert.[1442]

Bestraft wird ferner, wer Schriften, Ton- und Bildträger, Abbildungen oder andere Darstellungen verbreitet, die als *Anleitung* zur Begehung *schwerer* Straftaten dienen können, wenn entweder

- diese ihrem Inhalt nach dazu bestimmt sind, die Bereitschaft zur Begehung einer solchen Tat zu wecken oder zu fördern (§ 130 a Abs. 1 StGB) oder
- der Täter diese verbreitet, um diese Bereitschaft zu wecken oder zu fördern (§ 130 a Abs. 2 StGB).

Schwere Straftaten in diesem Sinne sind:

- Mord, Totschlag, Völkermord (§§ 211, 212, 220 a StGB),
- schwere Körperverletzung, Vergiftung (§§ 225, 229 StGB),
- Menschenraub, Verschleppung, Geiselnahme, Freiheitsberaubung (§§ 234, 234 a, 239 a, 239 b StGB),
- Raub oder räuberische Erpressung (§§ 249 - 251, 255 StGB),
- gemeingefährliche Straftaten, wie Brandstiftung, Explosions- oder Strahlungsverbrechen, Herbeiführung einer Überschwemmung, gefährlichen Eingriffen in den Straßen- Bahn-, Schiffs- oder Luftverkehr, Brunnenvergiftung,[1443]
- Beschädigung gemeinschaftswichtiger Anlagen, wie Bahn-, Verkehrs-, Post- oder Fernmeldeeinrichtungen, öffentlichen Versorgungseinrichtungen u.ä.,[1444]
- besonders schwerer Landfriedensbruch, d. h. unter Mitführen einer Schusswaffe oder einer anderen Waffe, um diese einzusetzen, unter Plündern oder Anrichten bedeutender Schäden oder unter Anwendung von Gewalttätigkeiten, die andere in Lebensgefahr oder die Gefahr bringen, eine schwere Körperverletzung zu erleiden, bei einer gewalttätigen Demonstration oder Versammlung, (§ 125 a StGB).[1445]

[1442] Der Sachverhalt lag einer Entscheidung des OLG Frankfurt zugrunde, veröffentlicht in NJW 1983, S. 1207.

[1443] Diese sind in § 126 Abs. 1 Ziff. 6 und 7 StGB im Einzelnen aufgezählt.

[1444] Auch diese sind in § 126 Abs. 1 Ziff. 6 und 7 StGB aufgezählt.

[1445] Die in Betracht kommenden Straftaten sind in § 126 Abs. 1 StGB aufgezählt, auf den in § 130a StGB verwiesen wird.

Auch die *öffentliche Billigung* solcher (bereits begangener) Straftaten stellt eine strafbare Störung des öffentlichen Friedens dar (§ 140 StGB). Das gilt neben den soeben aufgezählten Straftaten auch für einige weitere, nämlich:

- Vorbereitung eines Angriffskrieges (§ 80 StGB),
- Vorbereitung von Hochverrat gegen den Bund oder ein Land der Bundesrepublik, d.h. Beeinträchtigung des Bestandes oder Änderung der verfassungsmäßigen Ordnung mit Gewalt oder durch Drohung mit Gewalt (§§ 81 - 83 StGB),
- Fälschung von Geld, Wertpapieren oder Vordrucken für Euroschecks oder Euroscheckkarten (§§ 146, 151, 152, 152 a StGB), sowie
- Menschenhandel, d. h. Entführung oder Anwerbung zur Prostitution in einem fremden Land unter Ausnutzung der Hilflosigkeit des Opfers (§ 181 Ziff. 2 StGB).[1446]
- Voraussetzung für eine Bestrafung gemäß § 140 StGB ist die Billigung einer oder mehrerer *konkreter, tatsächlich begangener* Straftaten. Die *allgemeine* Billigung von Straftaten einer bestimmten Art - z. B. von Landesverrat - reicht *nicht* aus.[1447] Auch die öffentliche Schilderung und Rechtfertigung *eigener* Straftaten erfüllt den Tatbestand des § 140 StGB.
- In seinem Buch „Wie alles anfing" beschrieb der „Stadtguerillero" Bommi Baumann eine Reihe von Straftaten, an denen er selbst beteiligt gewesen ist: Kaufhausbrandstiftung, Banküberfall, Bombenanschläge. Auf eine solche Schilderung ist § 140 StGB grundsätzlich anwendbar.[1448]

Die *Billigung* der Straftat muss nicht explizit erfolgen. Auch in einer nur beschreibenden Schilderung kann eine Billigung liegen, wenn der Autor Mittäter oder erklärter Sympathisant der Täter ist und sich nicht ausdrücklich von den Taten distanziert. Anders verhält es sich hingegen, wenn Presse und Rundfunk Gewalttaten schildern und die Gewalttäter - z. B. Anarchisten - selbst zu Wort kommen lassen. Hier steht in der Regel der Berichterstattungszweck, die *wertfreie* Dokumentation, im Vordergrund, ohne dass sich die Zeitung oder der Sender mit der Stellungnahme identifiziert.[1449] Demgegenüber hat das OLG Braunschweig[1450] allerdings den kommentarlosen Nachdruck eines Artikels zu der Ermordung des Generalbundesanwalts Buback in der „Kommunistischen Studentenzeitung" bereits als Billigung dieser Straftat angesehen.

9.3.2 *Unterstützung einer kriminellen oder terroristischen Vereinigung*

Wer eine kriminelle Vereinigung, deren Zweck oder Tätigkeit darauf gerichtet ist, Straftaten zu begehen, *unterstützt* oder für sie *um Mitglieder oder Unterstützer wirbt*, macht sich strafbar (§ 29 Abs. 1 StGB).[1451] Dasselbe gilt für eine terroristische Vereinigung, deren Zweck oder Tätigkeit auf die Begehung schwerer Straftaten (Mord, Totschlag, Völkermord, erpresserischer Menschenraub, Geiselnahme, gemeingefährliche Straftaten) gerichtet ist (§ 129a Abs.5 StGB). Eine kriminelle oder terroristische Vereinigung unterstützt, „wer, ohne selbst Mitglied der Organisation zu sein, deren Tätigkeit und terroristische Bestrebungen…fördert. Dabei kann sich die Förderung richten auf die innere Organisation der Vereinigung und deren Zusammenhalt, auf die Erleichterung einzelner von ihr geplanter Straftaten, aber auch allgemein auf die Erhöhung ihrer Aktionsmöglichkeiten oder die Stärkung ihrer kriminellen Zielsetzung."[1452] An seiner bisherigen Rechtsprechung, nach der schon die Verbreitung einer Schrift, in der Aktivitäten einer solchen Vereinigung zustimmend dargestellt und kommentiert werden, als Unterstützung zu bewerten

---

[1446] Insoweit verweist § 140 auf § 138 Abs. 1 Ziff. 1 - 5 StGB.
[1447] BGH AfP 1979, S. 303; BG AfP 1990, S. 117 ff. (118).
[1448] BGH NJW 1978, S. 58 f.
[1449] BGH NJW 1978, S. 58 f.
[1450] OLG Braunschweig NJW 1978, S. 2044 ff.
[1451] Eine Übersicht über Publikationen, die „RAF" oder „Revolutionäre Zellen" unterstützen, gibt Rebmann, S. 97 ff.
[1452] BGH, Beschluss v.16.5.2007 – Az.: AK 6/07 und StB 3/07 – Werbung für Al Quaida.

ist[1453], hält der BGH nicht fest.[1454] Das *Werben* für eine kriminelle oder terroristische Vereinigung ist nur noch strafbar, wenn und soweit es darauf gerichtet ist, Mitglieder oder Unterstützer für eine bestimmte Vereinigung zu gewinnen. Demgegenüber reicht es nach der Rechtsprechung des Bundesgerichtshofs jetzt nicht mehr aus, dass jemand befürwortend für eine kriminelle oder terroristische Vereinigung eintritt oder ihre Ziele rechtfertigt.[1455] Auch ein allgemein gefasster Aufruf, sich an nicht näher gekennzeichneten terroristischen Aktivitäten zu beteiligen oder sich dem Djihad anzuschließen, reicht nach dieser Rechtsprechung in der Regel nicht aus. Dasselbe gilt für die Verbreitung fremder Äußerungen. Wer die Äußerung eines anderen weitergibt, der um Mitglieder oder Unterstützer wirbt, macht sich nur dann nach § 129 a Abs. 5 Satz 2 StGB strafbar, wenn zumindest aus den Umständen erkennbar wird, dass er sie sich zu eigen macht und als eigenes werbendes Eintreten für die Vereinigung verstanden wissen will. Wer die Äußerung lediglich als fremde - gleichsam zu Informationszwecken - weitergibt, handelt hingegen nicht tatbestandsmäßig.[1456]

Strafbar macht sich gem. § 20 Abs. 1 Vereinsgesetz ferner, wer den organisatorischen Zusammenhalt eines verbotenen Vereins oder einer Ersatzorganisation aufrecht erhält oder unterstützt. Dementsprechend macht sich strafbar, wer eine Zeitung, die ihrem Sinn und Zweck nach der Aufrechterhaltung und Stärkung des organisatorischen Zusammenhalts eines verbotenen Vereins dient, herausgibt oder an ihrer Herstellung und Verbreitung systematisch mitarbeitet.[1457]

9.3.3 Störerhaftung

Im Allgemeinen kann jemand, der adäquat-kausal zu einer fremden Rechtsverletzung beiträgt, zivilrechtlich auch dann auf Unterlassung in Anspruch genommen werden, wenn es ihm nicht darum gegangen ist, Beihilfe zu der Rechtsverletzung zu leisten (Störerhaftung). Auf Medienveröffentlichungen darf dieser Grundsatz nur angewendet werden, soweit er die Berichterstattungsfreiheit nicht gefährdet. In aller Regel kann einem Medienbericht deshalb nicht entgegengehalten werden, dass die in ihm enthaltenen Informationen als Anregung zu rechtswidrigem Verhalten (miss-)verstanden werden könnten.

Eine Ausnahme von dieser Regel kann aber gelten, wenn ein Medium in seinem Online-Auftritt einen Hyperlink auf eine Webseite mit verbotenem Inhalt setzt.[1458]

> In dem beanstandeten Artikel hatte ein deutscher Internet-Nachrichtendienst über den „Kopierschutz-knacker" eines in Antigua ansässigen Herstellers berichtet. Der Bericht enthielt Angaben des Herstellers zur Leistungsfähigkeit des Programms sowie den Hinweis, dass dessen Einsatz in Deutschland verboten ist. Außerdem enthielt der Bericht einen Hyperlink auf die Seite des Herstellers, von der das Programm kostenlos heruntergeladen werden konnte. Nach Ansicht des OLG München war der Bericht zwar durch das Grundrecht der Berichterstattungsfreiheit gerechtfertigt, nicht aber die Veröffentlichung des Hyperlinks.

Unterlassen muss das Medium den Hinweis aber nur, wenn es weiß oder wissen muss, dass die Nutzung der verlinkten Seite rechtswidrig ist. An die Prüfungspflicht dürfen keine hohen Anforderungen gestellt werden.

> So hat der BGH den Hyperlink auf ein österreichisches Unternehmen, das die Teilnahme an Sportwetten ermöglicht, nicht beanstandet, weil dem Medium die Prüfung der Frage nicht zuzumuten gewesen

---

[1453] BGH NJW 1988, S. 1677 f. – RAF-Unterstützung; vgl. dazu meine Darstellung in der 5. Auflage dieses Buches.
[1454] BGH, Beschluss v.16.5.2007 – Az.: AK 6/07 und StB 3/07 – Werbung für Al Quaida, Rdz. 13.
[1455] BGH, Beschluss v.16.5.2007 – Az.: AK 6/07 und StB 3/07 – Werbung für Al Quaida, Rdz. 26.
[1456] BGH, Beschluss v.16.5.2007 – Az.: AK 6/07 und StB 3/07 – Werbung für Al Quaida, Rdz. 28.
[1457] BGH NStZ 2006, S. 356 ff.
[1458] OLG München AfP 2005, S. 480 ff.; bestätigt durch BVerfG ZUM 2007, S. 378 f.

sei, ob das Unternehmen für seine Tätigkeit die in Deutschland erforderliche Erlaubnis benötigt hätte.[1459]

9.3.4 Toleranzgebote für Rundfunkprogramme

Rundfunkveranstaltern ist in den Rundfunkgesetzen der Länder[1460] zum Schutz des „inneren" Friedens darüber hinaus die Beachtung besonderer *Toleranzgebote* aufgegeben: So ist in den Rundfunkprogrammen die Würde des Menschen zu achten,[1461] die Achtung vor Leben, Freiheit und körperlicher Unversehrtheit anderer darf nicht beeinträchtigt[1462] oder soll sogar gestärkt werden.[1463] Die sittlichen und religiösen Empfindungen der Bevölkerung sind zu achten;[1464] die Achtung vor dem Glauben und der Meinung anderer ist zu stärken.[1465] Verboten sind Sendungen, die Vorurteile gegen einzelne oder Gruppen wegen ihrer Rasse, ihres Volkstums, ihrer Religion oder Weltanschauung verursachen oder zu deren Herabsetzung Anlass geben können,[1466] statt dessen sollen die Programme „das Verstehen zwischen den verschiedenen politischen, sozialen und landsmannschaftlichen Gruppierungen unseres Volkes" fördern.[1467]

9.4 Jugendschutz

Dem *Jugendschutz* dienen Herstellungs-, Vertriebs- und Verbreitungsbeschränkungen für Medieninhalte, die die Menschenwürde oder sonstige durch das Strafgesetzbuch geschützte Rechtsgüter verletzen oder geeignet sind, die Entwicklung oder Erziehung von Kindern oder Jugendlichen zu beeinträchtigen oder zu gefährden (§ 1 JMStV).

9.4.1 Pornografie

Dazu gehören zum einen *pornographische* Darstellungen (§ 184 StGB). Als pornographisch ist eine Darstellung anzusehen, wenn sie unter Ausklammerung aller sonstigen menschlichen Bezüge sexuelle Vorgänge in grob aufdringlicher Weise in den Vordergrund rückt und ihre Gesamttendenz ausschließlich oder überwiegend auf das lüsterne Interesse an sexuellen Dingen

---

[1459] BGH AfP 2005, S. 357 ff. – Schöner Wetten.
[1460] Zum Sonderstatus solcher „Programmnormen" vgl. oben S. 236.
[1461] Staatsvertrag über Deutschlandradio (§ 6 Abs. 3 S. 1), MDR-Staatsvertrag (§ 8 Abs. 2 S. 1), NDR-Staatsvertrag (§ 7 Abs. 2 S. 1), ORB-Gesetz (§ 6 Abs. 2 S. 1), WDR-Gesetz (§ 5 Abs. 1 S. 1), Rundfunkgesetze von Baden-Württemberg (§ 48 S. 1), Bayern (Art. 4 Abs. 1 S. 2 MEG), Hamburg (§ 7 Abs. 2 S. 1), Niedersachsen (§ 11 Abs. 2 Ziff. 1), Nordrhein-Westfalen (§ 12 Abs. 2 S. 1), Rheinland-Pfalz (§ 10 Abs. 1 S. 3), Saarland (§ 3 Abs. 1 S. 1) und Schleswig-Holstein (§ 12 Abs. 2).
[1462] Niedersächsisches LandesrundfunkG (§ 11 Abs. 2 Ziff. 2).
[1463] MDR-Staatsvertrag (§ 8 Abs. 2 S. 2), NDR-Staatsvertrag (§ 7 Abs. 2 S. 2), ORB-Gesetz (§ 6 Abs. 2 S. 2), WDR-Gesetz (§ 5 Abs. 2 S. 2) sowie die Rundfunkgesetze von Nordrhein-Westfalen (§ 12 Abs. 2 S. 1) und dem Saarland (§ 3 Abs. 1 S. 1).
[1464] Für die Deutsche Welle: Gesetz über Rundfunkanstalten des Bundesrechts (§ 23); Staatsvertrag Deutschlandradio (§ 6 Abs. 3 S. 3), Radio Bremen (§ 4 Abs. 1 S. 2), Hessischer Rundfunk (§ 3 Ziff. 3), MDR-Staatsvertrag (§ 8 Abs. 2 S. 1), NDR-Staatsvertrag (§ 6 Abs. 2 S. 4), ORB-Gesetz (§ 6 Abs. 2 S. 3), WDR-Gesetz (§ 5 Abs. 2 S. 3), Rundfunkgesetze von Baden-Württemberg (§ 48 S. 1), Bayern (Art. 4 Abs. 1 S. 2 MEG), Hamburg (§ 7 Abs. 2 S. 4), Niedersachsen (§ 11 Abs. 2 Ziff. 1), Rheinland-Pfalz (§ 10 Abs. 1 S. 2) und Schleswig-Holstein (§ 12 Abs. 2).
[1465] Staatsvertrag Deutschlandradio (§ 6 Abs. 3 S. 2), NDR-Staatsvertrag (§ 6 Abs. 2 S. 3), WDR-Gesetz (§ 5 Abs. 2 S. 2), Rundfunkgesetze von Nordrhein-Westfalen (§ 12 Abs. 2 S. 1) und Saarland (§ 3 Abs. 1 S. 1).
[1466] Gesetz über den Bayerischen Rundfunk (Art. 4 Abs. 2 Ziff. 11); zurückhaltender die Formulierung im Gesetz über Radio Bremen (§ 2 Abs. 3 S. 3).
[1467] ZDF-Programmrichtlinien, Abschnitt IV. 2. Satz 2.

abzielt, den Menschen zum bloßen Objekt geschlechtlicher Begierde degradiert.[1468] Die Abbildung oder Beschreibung des nackten menschlichen Körpers und sexueller Vorgänge allein - einschließlich des Geschlechtsverkehrs - machen eine Darstellung noch nicht pornographisch.[1469] Herstellung, Verbreitung[1470], Ausstellung und Vorführung pornographischer Darstellungen, die Gewalttätigkeiten, den sexuellen Missbrauch von Kindern oder sexuelle Handlungen von Menschen mit Tieren zum Gegenstand haben („harte" Pornographie), sind gemäß § 184a StGB strafbar. Dasselbe gilt für Werbemaßnahmen und eine Reihe sonstiger Vertriebstätigkeiten. Besonders hart bestraft werden Darstellungen, die den tatsächlichen Missbrauch von Kindern zeigen (§ 184b StGB). Sexueller Missbrauch liegt vor, wenn Erwachsene sexuelle Handlungen an Kindern vornehmen oder Kinder sexuelle Handlungen an Erwachsenen, anderen Kindern oder sich selbst vornehmen und durch einen Erwachsenen dazu aufgefordert worden sind.[1471] Strafbar ist bereits der Besitz solcher Darstellungen und selbst der Versuch, sich oder einen anderen in ihren Besitz zu bringen (§ 184b Abs. 2 StGB). Für „einfache" Pornographie gilt kein generelles Verbot. Solche Darstellungen unterliegen jedoch einer Reihe von Vertriebsbeschränkungen, die sichern sollen, dass sie Kindern oder Jugendlichen nicht zugänglich gemacht werden.[1472] Für *Zeitungen* und *Publikumszeitschriften* hat dies zur Folge, dass sie auf pornographische Darstellungen verzichten müssen, wenn sie ihre normalen Vertriebswege nicht gefährden wollen. Die Verbreitung pornographischer Darstellungen durch den *Rundfunk* ist strafbar, § 184c S. 1 StGB. In Telemedien sind solche Angebote zulässig, wenn der Anbieter sicherstellt, dass sie nur Erwachsenen zugänglich gemacht werden (geschlossene Benutzergruppe), § 184c S. 2 StGB; § 4 Abs. 2 Satz 2 JMStV.

Weitere Beschränkungen für Print- und andere Trägermedien[1473] finden sich im Jugendschutzgesetz. Entsprechende Regelungen für den Rundfunk, Teledienste und Mediendienste[1474] enthält der Jugendmedienschutz-Staatsvertrag (JMStV).

9.4.2 Regelungen für Print- und andere Trägermedien

Vertriebs- und Werbebeschränkungen[1475] unterliegen von vornherein, ohne dass es einer speziellen administrativen Maßnahme bedarf, „schwer jugendgefährdende" Trägermedien, die

- Propagandamittel verfassungswidriger Organisationen (§ 86 StGB), eine Volksverhetzung (§ 130 StGB), eine Anleitung zu einer der in § 126 StGB aufgelisteten Straftaten (§ 130a StGB) oder eine strafbare Gewaltdarstellung (§ 131 StGB) enthalten,
- den Krieg verherrlichen,
- Menschen, die sterben oder schweren körperlichen oder seelischen Leiden ausgesetzt sind oder waren, in einer die Menschenwürde verletzenden Weise darstellen und ein tatsächliches Geschehen wiedergeben, ohne dass ein überwiegendes berechtigtes Interesse gerade an dieser Form der Berichterstattung vorliegt,
- Kinder oder Jugendliche in unnatürlicher, geschlechtsbetonter Körperhaltung darstellen oder
- offensichtlich geeignet sind, die Entwicklung von Kindern oder Jugendlichen oder ihre Erziehung zu einer eigenverantwortlichen und gemeinschaftsfähigen Persönlichkeit schwer zu gefährden.

[1468] Lenckner, Rz. 4 zu § 184 StGB, mit weiteren Nachweisen.
[1469] Lenckner, Rz. 5 zu § 184 StGB, mit weiteren Nachweisen.
[1470] Das gilt auch für die Verbreitung im Internet, vgl. BGH AfP 2001, S. 396 ff.
[1471] BGH ZUM 1999, S. 575 ff.
[1472] Im Einzelnen sind diese Vertriebsbeschränkungen in § 184 Abs. 1 StGB aufgezählt.
[1473] Zur Definition dieses Begriffs vgl. § 1 Abs. 2 JuSchG.
[1474] Teledienste sind in § 2 TDG, Mediendienste in § 2 RStV definiert.
[1475] Zum Inhalt dieser Beschränkungen vgl. § 15 Abs. 1 sowie Abs. 4 - 6 JuSchG.

Im Übrigen führt die Bundesprüfstelle für jugendgefährdende Medien eine Liste jugendgefährdender Medien, in die sie Träger- und Telemedien aufnimmt, die geeignet sind, die Entwicklung von Kindern oder Jugendlichen oder ihre Erziehung zu einer eigenverantwortlichen und gemeinschaftsfähigen Persönlichkeit zu gefährden. Dazu zählen vor allem unsittliche, verrohend wirkende, zu Gewalttätigkeit, Verbrechen oder Rassenhass anreizende Medien (§ 18 Abs. 1 JuSchG).

Ein Medium darf nicht in die Liste aufgenommen werden

- allein wegen seines politischen, sozialen, religiösen oder weltanschaulichen Inhalts,
- wenn es der Kunst oder der Wissenschaft, der Forschung oder der Lehre dient,
- wenn es im öffentlichen Interesse liegt, es sei denn, dass die Art der Darstellung zu beanstanden ist.

Mit der Bekanntgabe ihrer Aufnahme in die Liste unterliegen diese Medien ebenfalls den Vertriebs- und Werbebeschränkungen (§ 15 Abs. 1 JuSchG). Dieselben Beschränkungen gelten für Medien, die mit einem indizierten Medium ganz oder im Wesentlichen inhaltsgleich sind (§ 15 Abs. 3 JuSchG).

Nach Ablauf von 25 Jahren verliert eine Aufnahme in die Liste ihre Wirkung. Im Übrigen sind Medien aus der Liste zu streichen, wenn die Voraussetzungen für eine Aufnahme nicht mehr vorliegen (§ 15 Abs. 7 JuSchG).

9.4.3 Regelungen für Rundfunk und Telemedien

Unzulässig sind Rundfunksendungen und Inhalte von Telemedien, die

- Propaganda für verbotene Organisationen (§ 86 StGB) darstellen, deren Inhalt gegen die freiheitliche demokratische Grundordnung oder den Gedanken der Völkerverständigung gerichtet ist,
- Kennzeichen verfassungswidriger Organisationen (§ 86a StGB) verwenden,
- den Tatbestand der Volksverhetzung (§ 130 StGB) erfüllen,
- nationalsozialistische Gewalttaten (§§ 6 Abs. 1, 7 Abs. 1 Völkerstrafgesetzbuch) leugnen oder verharmlosen,
- Gewaltdarstellungen im Sinne des § 131 StGB enthalten, auch in virtuellen Darstellungen,
- als Anleitung zu einer der in § 126 StGB genannten Straftaten dienen oder
- den Krieg verherrlichen,
- Menschen, die sterben oder schweren körperlichen oder seelischen Leiden ausgesetzt sind oder waren, in einer die Menschenwürde verletzenden Weise darstellen und ein tatsächliches Geschehen wiedergeben, ohne dass ein überwiegendes berechtigtes Interesse gerade an dieser Form der Berichterstattung vorliegt,

  Solche Darstellungen sind auch in einer Nachrichtensendung unzulässig, wenn ihre Dauer das erforderliche Maß überschreitet. Dies ist z.B. der Fall, wenn über 40 Sekunden gezeigt wird, wie ein 91-jähriger hilfloser pflegebedürftiger Mensch durch seine Pflegerin schwer misshandelt wird.[1476]

- Kinder oder Jugendliche in unnatürlicher, geschlechtsbetonter Körperhaltung darstellen oder
- offensichtlich geeignet sind, die Entwicklung von Kindern oder Jugendlichen oder ihre Erziehung zu einer eigenverantwortlichen und gemeinschaftsfähigen Persönlichkeit schwer zu gefährden.[1477]

Im Übrigen haben die Anbieter bei Angeboten, die geeignet sind, die Entwicklung von Kindern oder Jugendlichen zu einer eigenverantwortlichen und gemeinschaftsfähigen Persönlichkeit zu beeinträchtigen, dafür Sorge zu tragen, dass Kinder oder Jugendliche der betreffenden Altersstu-

---

[1476] VG Hannover AfP 2007, S. 293 ff.
[1477] Vgl. die Aufzählung in § 4 Abs. 1 und 2 JMStV; Ziff. 10 gilt nicht für Telemedien, bei denen sichergestellt ist, dass sie nur Erwachsenen zugänglich gemacht werden, § 4 Abs. 2 Satz 2 JMStV.

fen sie üblicherweise nicht wahrnehmen (§ 5 Abs. 1 JMStV). Das kann durch technische Mittel oder die Ausstrahlung zur Nachtzeit geschehen.[1478] Dies gilt nicht für Nachrichtensendungen, Sendungen zum politischen Zeitgeschehen im Rundfunk und vergleichbare Angebote bei Telemedien, soweit ein berechtigtes Interesse an gerade dieser Form der Darstellung oder Berichterstattung vorliegt (§ 5 Abs. 6 JMStV).

Anbieter einer Webseite, die Verlinkungen zu Webseiten mit jugendgefährdenden Inhalten enthält, haben durch eine zuverlässiges Alterverifikationssystem zu gewährleisten, dass ausschließlich Erwachsene Zugang zu diesen Inhalten erhalten.[1479] Demgegenüber sind Betreiber einer Interplattform nicht verpflichtet, Sicherheitseinrichtungen für Altersverifikationen zu schaffen. Erhalten sie Kenntnis davon, dass auf ihrer Plattform Video-DVD's unter Verstoß gegen Jugendschutzvorschriften angeboten werden, sind sie jedoch verpflichtet, die entsprechenden Informationen zu entfernen bzw. den Zugang zu ihnen zu sperren.[1480]

[1478] Zu den Einzelheiten vgl. § 5 Abs. 3 – 5 JMStV.
[1479] OVG Lüneburg NJW 2008, S. 1831 ff.
[1480] OLG Brandenburg MMR 2006, S. 617.

10 Werbung in den Massenmedien

Die Entwicklung der Massenmedien ist seit Jahren dadurch gekennzeichnet, dass sie sich immer stärker aus Werbeeinnahmen finanzieren. So erzielen nicht nur Zeitungen und Zeitschriften den größeren Teil ihrer Einnahmen aus dem Anzeigengeschäft,[1481] auch die öffentlich-rechtlichen Rundfunkanstalten sind zunehmend auf Werbeeinnahmen angewiesen, um ihre Ausgaben decken zu können.[1482] Hinzu kommt, dass mit den Anzeigenblättern und dem Privatfunk neue Konkurrenten auf den Markt gekommen sind, die sich ausschließlich aus Werbeeinnahmen finanzieren. Diese Entwicklung birgt die Gefahr in sich, dass die werbetreibende Wirtschaft auf die inhaltliche Gestaltung der Massenmedien - und damit auf die Bildung der öffentlichen Meinung - einen Einfluss erhält, der ihr in einer pluralistischen Gesellschaft nicht zukommt, die darauf angewiesen ist, dass im Prozess der öffentlichen Meinungs- und Willensbildung die Auffassungen und Interessen *aller* gesellschaftlichen Gruppen in größtmöglicher Breite und Vollständigkeit ihren Ausdruck finden („gleichgewichtige Vielfalt").[1483]

10.1 Trennung von Berichterstattung und Wirtschaftswerbung

Um dieser Gefahr zu begegnen und die Massenmedien funktionsfähig zu erhalten, unterliegen die Redaktionen aller Massenmedien dem Gebot, redaktionelle Berichterstattung und Wirtschaftswerbung strikt zu trennen.[1484] Dieser Grundsatz ist nicht nur im Presse- und Wettbewerbsrecht verankert, sondern von den beteiligten Verbänden der Verleger, der Journalisten und der Werbewirtschaft auch standesrechtlich anerkannt. Ihn zu beachten, ist nicht allein gesellschaftspolitisch geboten, sondern liegt auch im langfristigen Interesse der Beteiligten. Denn die Attraktivität der Massenmedien für den Rezipienten resultiert nicht zuletzt aus der Erwartung, im redaktionellen Teil von einer unabhängigen Redaktion möglichst objektiv über die von ihr für berichtenswert gehaltenen Vorgänge informiert zu werden. Der Leser bringt redaktionellen Beiträgen im Allgemeinen größeres Vertrauen entgegen als Werbeaussagen, von denen er weiß, dass sie in Auswahl und Aussage einseitig durch die Interessen des Werbetreibenden bestimmt sind. Diesem Vertrauen würde durch eine Vermischung von redaktioneller Arbeit und Werbung die Grundlage entzogen; mit schwindender Anziehungskraft für den Leser, Hörer oder Zuschauer ginge auch die Brauchbarkeit der Massenmedien als Werbeträger für die Wirtschaft zurück.

Aus dem Verbot, redaktionelle Beiträge und Werbung zu vermischen, folgt: Werbung darf nicht „unter falscher Flagge segeln". Werbebroschüren dürfen nicht wie Tageszeitungen aufgemacht werden.

> Deshalb hat z. B. das Landgericht Berlin der Deutschen Bundesbahn untersagt, für ihr Angebot mit einem Blatt zu werben, das in Format und Aufmachung der *Bild*-Zeitung angenähert war.[1485]

[1481] Nach Angaben von H. Röper finanzierten sich schon in der achtziger Jahren des letzten Jahrhunderts die Publikumszeitschriften zur Hälfte, die Tageszeitungsverlage zu zwei Dritteln aus Werbeeinnahmen, vgl. Das Parlament Nr. 13/34 v. 19. 8. 1988, S. 12.

[1482] Fuhr, S. 376, bezeichnet die Werbung als „unverzichtbare Finanzierungsquelle" des ZDF.

[1483] So die Forderung des Bundesverfassungsgerichts, vgl. oben S. 24 f.

[1484] OLG München AfP 1997, S. 919; zur verfassungsrechtlichen Unbedenklichkeit des Trennungsgebots vgl. BVerfG AfP 2006, S. 39 ff.

[1485] LG Berlin NJW 1985, S. 1646 f.

Das OLG Hamburg hat der Zeitschrift „16" verboten, auf ihrer Rückseite eine Anzeige der Firma *Rexona* mit einem dem Cover-Girl identischen Fotomodell und in einer Aufmachung zu veröffentlichen, die der Titelseite ähnlich ist.[1486]

Anzeigen und Werbesendungen sind als solche deutlich zu kennzeichnen und dadurch von redaktionellen Beiträgen abzuheben (Kennzeichnungspflicht).

Gegen diesen Grundsatz verstößt auch, wer in einer Zeitung bezahlte Beiträge veröffentlicht, in denen eine Person, die als Mitarbeiter der Redaktion auftritt, über ihren „Einkaufsbummel" berichtet - selbst wenn dieser „Bericht" als Anzeige gekennzeichnet ist.

Beispiel :
In der Regionalausgabe einer Tageszeitung erschien im Anschluss an den redaktionellen Teil eine ganzseitige Serie mit dem Titel „Einkaufen mit Petra", in dem „Petra" ihren „lieben Leserinnen und Lesern" mitteilte, was sie bei ihrem Einkaufsbummel durch „unsere schöne Trompeterstadt" Bad Säckingen „an Neuem und Schönem" gefunden hatte. Es folgten „Erlebnisberichte" über verschiedene Geschäfte. Diese Texte waren mit den Geschäftsinhabern abgestimmt und wurden ihnen als Anzeigen in Rechnung gestellt. Die Seite war als „Anzeige" gekennzeichnet.
Auf Antrag eines Konkurrenten untersagten Landgericht und Oberlandesgericht[1487] die Fortsetzung dieser Serie. In ihrer Gestaltung sahen sie trotz der Kennzeichnung als „Anzeige" eine Irreführung des Lesers. Denn „Petra" erwecke den Eindruck, als Redakteurin für die Zeitung zu schreiben, im „Lager" der angesprochenen Leser und nicht der Inserenten zu stehen.

Es ist unzulässig, einem Anzeigenkunden als unbezahlte „Zugabe" die Erwähnung in einem redaktionellen Beitrag zu versprechen oder zu gewähren. Es gibt andererseits auch nicht die Pflicht der Redaktion, einen Anzeigenkunden bei der Berichterstattung im redaktionellen Teil besonders zu „schonen"[1488] (Verbot von Kopplungsgeschäften). Äußerungen im redaktionellen Teil, die im Ergebnis geeignet sind, einem Wirtschaftsunternehmen Vorteile im wirtschaftlichen Wettbewerb mit seinen Konkurrenten zu verschaffen (redaktionelle Hinweise), sind nur legitim, soweit durch sie einem öffentlichen Informationsinteresse Rechnung getragen wird.

Massenmedien und in diesen werbende Wirtschaftsunternehmen, die sich nicht an diese Regeln halten, handeln rechtswidrig, weil sie sich gegenüber ihren Konkurrenten einen ungerechtfertigten Wettbewerbsvorteil verschaffen (unlauterer Wettbewerb).

10.2 Kennzeichnung von Anzeigen und Werbesendungen

Jede Veröffentlichung, für die der Verleger eines periodischen Druckwerks ein Entgelt fordert, sich versprechen lässt oder erhält, ist deutlich als *Anzeige* zu kennzeichnen.[1489] Das gilt auch für Anzeigenblätter[1490] sowie „public-relations-Dienste"[1491] mit redaktionellem Teil. Selbst solche Druckschriften, die überwiegend der Eigenwerbung dienen, wie z. B. Hauszeitschriften oder Kundenzeitschriften, müssen Anzeigen als solche kenntlich machen.[1492] „Entgelt" ist jede vermögenswerte Gegenleistung. Als solche kommt nicht nur die Zahlung eines Geldbetrages, sondern beispielsweise auch die Schaltung von Anzeigen in Betracht.

Eine Fachzeitschrift plant anlässlich des Firmenjubiläums eines bedeutenden Touristikunternehmens ein "Special". Der Anzeigenakquisition für diese Sonderbeilage fügt sie ein Schreiben des Vorstandsvorsitzenden dieses Unternehmens bei. Darin fordert dieser die Anzeigenkunden der Zeitschrift auf, ihre

---

[1486] OLG Hamburg NJW-RR 2004, S. 196 ff.
[1487] OLG Karlsruhe AfP 1989, S. 462 ff.
[1488] BGH MDR 1965, S. 646 f.
[1489] So § 11 LPG Brandenburg, § 10 der Landespressegesetze von Baden-Württemberg, Bremen, Hamburg, Niedersachsen, Nordrhein-Westfalen, Rheinland-Pfalz, Saarland, Schleswig-Holstein und Thüringen, § 9 der Landespressegesetze für Bayern, Berlin, Mecklenburg-Vorpommern, Sachsen und Sachsen-Anhalt sowie § 8 des hessischen Gesetzes über Freiheit und Recht der Presse.
[1490] OLG Düsseldorf in ZAW, Schleichwerbung, S. 122, sowie AfP 1978, S. 52 f.
[1491] OLG Frankfurt in ZAW, Schleichwerbung, S. 126 f. ; BGH WRP 1977, S. 394 f.
[1492] LG Saarbrücken WRP 1977, S. 523 f.

Verbundenheit mit seinem Unternehmen mit einer Anzeige zu dokumentieren. Die durch die so eingeworbenen Anzeigen finanzierte Publikation hat das OLG Hamburg insgesamt als unlautere, da entgeltliche getarnte Werbung bewertet.[1493]

Als Anzeige kenntlich gemacht werden kann eine Veröffentlichung dadurch, dass sie abwei-
chend vom *redaktionellen* Teil so gestaltet wird, dass auch der flüchtige[1494] Erstleser[1495] auf
Anhieb erkennt, dass es sich bei ihr um ein Inserat handelt. Ob dies der Fall ist, entscheidet das
Gericht in der Regel aufgrund seiner eigenen Sachkunde und Lebenserfahrung. Ein Gutachten
ist nur erforderlich, wenn im Einzelfall Anhaltspunkte vorliegen, die seine Auffassung als bedenklich erscheinen lassen. Solche können z. B. durch eine Meinungsumfrage erzeugt werden.[1496]

Redaktionell gestaltete Anzeigen hingegen, d. h. solche, die wie ein redaktioneller Beitrag
aufgemacht sind, sind deutlich mit dem Wort „Anzeige" zu kennzeichnen. Der Abdruck unter
der Kopfleiste „Wirtschaftsspiegel"[1497] reicht zur Kennzeichnung als Anzeige ebenso wenig aus
wie die Bezeichnung „Promotion",[1498] „Public-Relations-Anzeigen",[1499] „Wirtschaftsanzeigen-
Public-Relations",[1500] „PR-Mitteilung",[1501] „Werbereportage"[1502] oder gar „Verbraucherinformation".[1503] Auch Hinweise im Impressum, aus denen hervorgeht, dass die ganze Zeitung oder
bestimmte Teile der Zeitung aus bezahlten Anzeigen bestehen, ersetzen die Pflicht zur
Kennzeichnung der einzelnen Anzeige nicht.[1504]

Bei der Beurteilung der Frage, ob eine Veröffentlichung schon durch ihre Gestaltung als
Anzeige zu erkennen ist, ist sowohl die Art der Druckschrift als auch die Stellung der Veröffentlichung innerhalb der Druckschrift von Bedeutung. So wird auch ein flüchtiger Leser einen Text,
der sich im Anzeigenteil einer Zeitung befindet, eher als Anzeige identifizieren, als er es täte,
wenn sich derselbe Text im redaktionellen Teil der Zeitung befände.[1505] Ebenso wird ihn eine
Anzeige, die den größeren Teil der Titelseite in Anspruch nimmt, bei einem Anzeigenblatt weniger überraschen als bei einer Tageszeitung.[1506] Dennoch muss auch ein auf der Anzeigenseite
erscheinendes Inserat, das den Eindruck erweckt, es handele sich um einen redaktionellen Artikel, deutlich als Anzeige gekennzeichnet sein.[1507] Sind auf einer Anzeigenseite redaktionell
gestaltete Anzeigen durch unzweifelhaft als Anzeige erkennbare Veröffentlichungen einge-
rahmt, so genügt es *nicht*, oben auf der Seite einmal den Vermerk „Anzeige" anzubringen.
Vielmehr muss sich dieser Vermerk in einem so engen räumlichen Zusammenhang mit der redaktionell gestalteten Anzeige befinden, dass auch der flüchtige Leser diesen Zusammenhang
ohne weiteres erkennen kann.[1508]

Ein Verstoß gegen die Kennzeichnungspflicht stellt eine Ordnungswidrigkeit da, die in den
meisten Bundesländern[1509] mit einer Geldbuße bis zu 5.000,- € geahndet werden kann. Adressat

---

[1493] OLG Hamburg AfP 1998, S. 406 ff.
[1494] LG Hamburg in ZAW, Schleichwerbung, S. 111 f.
[1495] LG Hamburg AfP 1988, S. 389 f.
[1496] OLG München AfP 1997, S. 930 ff.
[1497] OLG Celle GRUR 1959, S. 191.
[1498] OLG München AfP 1997, S. 802.
[1499] OLG Celle GRUR 1959, S. 191.
[1500] OLG Frankfurt in ZAW, Schleichwerbung, S. 126 f. ; BGH NJW 1974, S. 1141 f.
[1501] OLG Oldenburg WRP 1972, S. 153.
[1502] OLG Celle GRUR 1959, S. 191.
[1503] LG Essen in ZAW, Schleichwerbung, S. 114.
[1504] OLG Celle GRUR 1959, S. 191; LG Düsseldorf AfP 51/1962, S. 305.
[1505] Auf diesen Gesichtspunkt stellt z. B. das OLG Köln, AfP 1982, S. 236, ab.
[1506] So auch OLG Hamm WRP 1978, S. 910 f.
[1507] Insoweit sehr instruktiv die Entscheidung des LG Bielefeld in ZAW, S. 109 f.
[1508] So OLG Hamm NJW 1986, S. 1270 f.
[1509] In Brandenburg (§ 15 Abs. 1 Ziff. 4 LPG) kann die Geldbuße bis zu 25. 000 € betragen, in Mecklenburg-
Vorpommern (§ 21 Abs. 1 Ziff. 2 LPG), Sachsen (§ 13 Abs. 1 Ziff. 5 LPG) und Thüringen (§ 13 Abs. 1 S. 4 LPG)
bis zu 50. 000 €.

des Bußgeldbescheides ist der Verleger und daneben der für den Anzeigenteil Verantwortliche.[1510] Zugleich verschafft sich die Zeitung mit einem Verstoß gegen die Kennzeichnungspflicht einen ungerechtfertigten Wettbewerbsvorteil gegenüber ihren Konkurrenten. Sie kann deshalb gem. § 8 UWG auf Unterlassung und Schadensersatz in Anspruch genommen werden. Ein Vertrag über den kostenpflichtigen, aber nicht gekennzeichneten Abdruck eines „Firmenporträts" ist gem. § 134 BGB wegen Gesetzesverstoßes nichtig.[1511]

Besteht die „Gegenleistung" des „Kunden" darin, dass er unentgeltlich *Preise* zur Verfügung stellt, die die Zeitung oder Zeitschrift für eine richtige Rätsellösung auslobt, so ist dies bei der Vorstellung der Preise hinreichend kenntlich zu machen; anderenfalls liegt ein Verstoß gegen § 3 UWG vor.[1512]

Auch im Rundfunk und in Mediendiensten muss Werbung als solche klar erkennbar sein. Sie muss vom übrigen Inhalt eindeutig getrennt sein und im Fernsehen durch optische, im Hörfunk durch akustische Mittel gekennzeichnet sein (§§ 7 Abs. 3; 58 Abs. 1 RStV). Das gilt nach Ansicht des Kammergerichts auch für ein Gewinnspiel, das ein Radiosender gemeinsam mit einer Tageszeitung durchführt und das Eigenwerbung für den Sender mit Werbung für die Zeitung verbindet.[1513]

Eine *zeitliche* Trennung ist jedoch nicht zwingend geboten. Deshalb ist nichts dagegen einzuwenden, dass auf einem Teil des Bildschirms redaktionelles Programm und auf einem anderen Teil zugleich deutlich gekennzeichnete Werbung gesendet wird (§ 7 Abs. 4 RStV).

Dauerwerbesendungen sind als solche zu kennzeichnen (§ 7 Abs. 5 RStV). Die Kennzeichnung als „Promotion" reicht nicht aus.[1514]

Webseiten, die neben redaktionellen Elementen Werbung enthalten, müssen so gestaltet sein, dass die Werbung als solche ohne weiteres zu erkennen ist. Ein Link, der aus einem redaktionellen Zusammenhang auf eine Werbeseite führt, muss so gestaltet sein, dass der Nutzer erkennen kann, dass auf eine Werbeseite verwiesen wird.[1515]

10.3 Kopplung redaktioneller Beiträge an Anzeigen

Kopplungsgeschäfte sind Vereinbarungen, durch die im Zusammenhang mit einem Anzeigenauftrag als zusätzliche - unbezahlte - Gegenleistung redaktionelle Beiträge angeboten, gefordert oder gewährt werden, die „in Form günstiger Beurteilung oder mit dem Anschein der Objektivität den Anzeigenauftraggeber, seine Erzeugnisse, Leistungen oder Veranstaltungen erwähnen und hierdurch dem Erwerbsstreben dienen, ohne diese Absicht erkennen zu lassen".[1516] Durch solche Kopplungsgeschäfte wird der Werbecharakter der entsprechenden redaktionellen Veröffentlichung verschleiert. Sie verstoßen damit gegen § 4 Ziff. 3 UWG. Wettbewerbswidrig handelt nicht nur der Anzeigenkunde, der eine lobende Erwähnung im redaktionellen Teil der Zeitung als zusätzliche Gegenleistung für einen Anzeigenauftrag explizit fordert. Vielmehr reicht es schon aus, dass ein Unternehmen redaktionell gestaltete Beiträge anfertigen lässt, die den Anschein einer objektiven Unterrichtung des Lesers erwecken, zugleich jedoch absatzfördernde Hinweise auf das eigene Erzeugnis enthalten, und diese Beiträge zur Veröffentlichung im redaktionellen Teil einer Zeitung oder Zeitschrift an Verlage versendet, denen auch Anzeigenaufträge

---

[1510] Vgl. z. B. § 23 Abs. 1 Ziff. 2 des Landespressegesetzes von Nordrhein-Westfalen.
[1511] OLG Düsseldorf BeckRS 2007 01661.
[1512] BGH AfP 1994, S. 305 f.
[1513] KG AfP 1998, S. 311 f.
[1514] OVG Rheinland-Pfalz AfP 2008, S. 657 ff.
[1515] KG GRUR 2007, S. 254 ff.
[1516] So der Wortlaut von Ziff. 9 der ZAW-Richtlinien für redaktionell gestaltete Anzeigen vom 1. 10. 1980, abgedruckt in Delp, Recht der gesamten Publizistik, Nr. 358.

erteil werden.[1517] Doch auch ein Verlag, der ohne jeden Druck von außen einen redaktionellen Beitrag über ein in derselben Zeitung inserierendes Unternehmen veröffentlicht, handelt wettbewerbswidrig, wenn der Beitrag nicht im öffentlichen Informationsinteresse liegt, also „durch das Bedürfnis der Bevölkerung nach sachlicher, neutraler Information gerechtfertigt" ist.[1518]

Unzulässig ist ein solcher Beitrag zum einen, wenn das Unternehmen in ihm ohne hinreichenden sachlichen Anlass zum Gegenstand redaktioneller Berichterstattung gemacht wird.

> Beispiele:
> Unter der Überschrift „Eisdielen und Getränkemärkte machen Überstunden" erschien in einem Anzeigenblatt ein Artikel, der sich mit den Auswirkungen einer bereits längere Zeit andauernden Hitzewelle auf den Getränke- und Eisverkauf im Erscheinungsgebiet des Blattes befasste. Auf der Basis einer Umfrage wurden die Angaben von acht Getränkemärkten und zwei Eisdielen unter Namensnennung wiedergegeben. In derselben Ausgabe erschienen bezahlte Werbeanzeigen von vier der namentlich erwähnten Getränkemärkte. Das Oberlandesgericht Hamm[1519] sah in diesem Verhalten des Anzeigenblattes eine unzulässige Kopplung von Anzeigen und werbender Berichterstattung. Die Nennung der befragten Firmen beurteilte es als bloße Aufmerksamkeitswerbung ohne echten Informationswert. In einem bloß referierenden Artikel über ein allgemeines Thema wie eine Hitzewelle sei die Erwähnung von Firmen, gar noch mit Foto, vom Thema allein nicht zwingend gefordert.
> Den Umbau und die Erweiterung eines Fachgeschäfts hält das OLG Hamm[1520] für einen „vergleichsweise nicht sehr gewichtigen Anlass" für eine redaktionelle Berichterstattung, weil sie einen im Geschäftsleben alltäglichen Vorgang umschreiben". Dieser reiche jedenfalls nicht als Rechtfertigung dafür aus, die große Leistungsfähigkeit und fachliche Kompetenz der Firma lobend herauszustellen.

Liegt hingegen ein ausreichender Anlass zur Berichterstattung vor, ist die sachliche Berichterstattung nicht schon deshalb unzulässig, weil in derselben Ausgabe eine Anzeige des betroffenen Unternehmens erscheint.[1521]

> Eine Lokalzeitung veröffentlichte in ihrer Rubrik „Aus dem Geschäftsleben" einen redaktionellen Beitrag über die Eröffnung eines Cafés. Unter einem Foto, das Inhaber und Mitarbeiter dieses Cafés hinter der Kuchentheke zeigt, heißt es u. a. : . . . wurden in diesen Tagen auch die Räume des geschmackvollen Cafés fertig gestellt, und ab morgen nun kann man hier bei einem Kännchen Kaffee oder Schokolade und einem leckeren Stück Torte ein erholsames Päuschen einlegen. " Das OLG Hamm[1522] sah in diesem Beitrag die Grenzen zum Wettbewerbsverstoß als noch nicht überschritten an. Der publizistische Anlass für den redaktionellen Beitrag, die Neueröffnung des Cafés, habe noch so deutlich im Vordergrund des Berichts gestanden, dass insgesamt der Informationsgehalt noch überwiege.
> Demgegenüber beanstandete das Kammergericht Berlin die Veröffentlichung eines Fotos von Michael Rummenigge in einem Sportbericht, weil die auf diesem Foto deutlich sichtbare Trikotwerbung für „Die Continentale" die Werbewirkung einer genau daneben platzierten Anzeige dieses Versicherungsunternehmens wettbewerbswidrig verstärkt habe.[1523]

Auch wenn ausreichender Anlass zur Berichterstattung gegeben ist, ist eine sachlich nicht gerechtfertigte, überschwänglich lobende Darstellung unzulässig.[1524]

> In einer Paderborner Tageszeitung erschien unter der Rubrik „Reisen aktuell (Freizeit und Urlaubsziele)" ein Bericht über das Freizeit-Western-Zentrum „F. F. " im Sauerland unter Angabe der Eintrittspreise und der Telefonnummer sowie mit einem Foto und der Wiedergabe eines Plakats dieses Zentrums. In diesem Bericht wurde u. a. die Einweihung von zwei weiteren „Attraktionen" in Anwesenheit des Arnsberger Regierungspräsidenten mitgeteilt. In dem Bericht hieß es u. a. , das Erlebnis des Freizeitparks sei „wirklich faszinierend", man „glaube sich (bei dem Heulton der Lok) wirklich auf den Santa-Fe-Express versetzt", und diese Westernstadt sei „wirklich einmalig ausgestattet". In derselben Ausgabe der Zeitung erschien - einige Seiten weiter - eine Anzeige des betreffenden Unternehmens. Auf Betreiben einer Konkurrentin der Zeitung, die ein Anzeigenblatt vertreibt, verhängte das zuständige Landgericht gegen die Zeitung ein Ordnungsgeld von 5.000,- DM. Das dagegen eingelegte Rechtsmittel blieb

---

[1517] BGH NJW 1981, S. 2573.
[1518] OLG Hamm WRP 1981, S. 109.
[1519] OLG Hamm NJW-RR 1988, S. 230 f.
[1520] OLG Hamm AfP 1981, S. 294.
[1521] OLG Köln AfP 1996, S. 387 ff. (EMA-Daten).
[1522] OLG Hamm AfP 1990, S. 134 f.
[1523] KG AfP 1994, S. 313 f.
[1524] BGH AfP 1994, S. 136 ff.

ohne Erfolg. Obwohl die Zeitung darlegte, dass ihre Redaktion ohne fremden Auftrag gehandelt und das gleichzeitig erschienene Inserat nicht einmal gekannt habe, sah das OLG Hamm[1525] eine unzulässige Kopplung des redaktionellen Beitrags mit dem Inserat. Durch den Artikel werde die Werbewirkung des Inserats verstärkt, da ein Teil der Leser erst durch den redaktionellen Beitrag auf das einige Seiten später erscheinende Inserat aufmerksam werde. Damit verschaffe sich die Zeitung gegenüber ihren Konkurrenten einen unzulässigen Wettbewerbsvorteil. Sie locke nämlich auf diese Weise solche Anzeigenkunden an, die sich etwas davon versprechen, wenn neben ihren „klassischen" Inseraten zusätzlich noch redaktionell getarnte Werbetexte erscheinen.

Kostenlose redaktionelle Werbung für einen Anzeigenkunden ist auch dann unzulässig, wenn redaktioneller Beitrag und Inserat in größerem räumlichen Abstand voneinander erscheinen, sofern sich der Zusammenhang zwischen Anzeige und wertendem Bericht aus dessen Inhalt ergibt, beispielsweise daraus, dass er sich ohne sachliche Rechtfertigung ausschließlich mit dem an anderer Stelle beworbenen Produkt befasst.[1526] Auf eine entsprechende Vereinbarung kommt es nicht an. Es reicht aus, dass Leser und potentielle Anzeigenkunden „bei verständiger Würdigung" annehmen müssen, der redaktionelle Beitrag sei vom Anzeigenauftrag abhängig.[1527]

Demgegenüber darf die Zeitung ihr Publikum über einen Vorgang von allgemeiner Bedeutung auch dann sachgemäß informieren, wenn dieser das erfolgreiche Wirken eines Anzeigenkunden betrifft.

> So durfte der *Aachener Stadt-Kurier* die aktuellen Ergebnisse der Reichweitenuntersuchung der *Elektronischen Media-Analyse (EMA)* veröffentlichen, aus denen sich ergab, dass der Lokalsender *Antenne AC* besonders günstig abgeschnitten hatte. Das änderte sich auch dadurch nicht, dass der Sender in dem Anzeigenblatt eine große Anzeige geschaltet hatte, die auf diesen Erfolg hinwies.[1528]

Bei der Gestaltung von „Verlagsbeilagen" oder „Verlagssonderseiten" ist darauf zu achten, dass redaktionell gestaltete Beiträge, für die der Anzeigenkunde gezahlt hat, als Anzeige gekennzeichnet werden und Beiträge, für die der Kunde nicht gezahlt hat, keine Schleichwerbung enthalten.[1529] Als Schleichwerbung ist in der Regel ein Artikel zu werten, in dem explizit auf die Leistungen eines Inserenten hingewiesen wird.

> Ein Münchner Anzeigenblatt enthielt beispielsweise eine „Exklusiv-Sonderseite" zur Kirchweih mit Anzeigen von fünf Gaststätten und einem redaktionellen Artikel mit der Überschrift „Gastlichkeit zur Kirchweih", der sich mit Kirchweihtraditionen und den an Kirchweih üblichen Speisen befasste. An dessen Ende hieß es: „Die in diesen Exklusiv-Sonderseiten inserierenden Gaststätten haben dafür einen guten Ruf. Vergessen Sie aber nicht, rechtzeitig einen hübschen Tisch zu reservieren, damit sie unangenehme Wartezeiten vermeiden und den Kirchweihtag als Ihren ganz persönlichen Feiertag so richtig genießen können. " Diesen Hinweis auf die Inserenten beurteilte das OLG München als Wettbewerbsverstoß.[1530]

Zulässig sind hingegen redaktionelle Beiträge auf Themenseiten, wie z. B. „Reise und Erholung", „Wissenschaft und Forschung", „Auto und Motor" u. ä., die ein Informationsbedürfnis der Allgemeinheit befriedigen. Diese Beiträge sind durch das Grundrecht der Pressefreiheit geschützt. Das gilt auch dann, wenn in einer Kundenzeitschrift, die in Apotheken kostenlos abgegeben wird, redaktionelle Beiträge, die sich in allgemeiner Form mit Wirkstoffen beschäftigen, die zur Behandlung bestimmter Krankheiten eingesetzt werden, unmittelbar neben einer Anzeige für ein Medikament abgedruckt werden, das diesen Wirkstoff enthält.

> So akzeptierte der Bundesgerichtshof beispielsweise die Platzierung eines redaktionellen Beitrages mit der Überschrift „Husten, Schnupfen, Heiserkeit - Erkältungen gezielt behandeln" direkt neben einer Anzeige, in der unter der Überschrift „Erkältung, Halsschmerzen, Heiserkeit" für das Präparat *Salviathymol* geworben wurde. Auch den Abdruck eines Artikels zum „Mineralstoffe und Spurenelemente - Lebensnotwendige Bestandteile unserer Nahrung" neben einer Anzeige, die unter der Überschrift „Sportler

---

[1525] OLG Hamm WRP 1981, S. 109.
[1526] OLG München AfP 1997, S. 801 f.
[1527] OLG Stuttgart AfP 1971, S. 175.
[1528] OLG Köln AfP 1996, S. 387 f.
[1529] BGH AfP 1994, S. 136 ff.
[1530] OLG München AfP 1990, S. 56 f.

brauchen Mineralien" für Mineraltabletten *Minalka* warb, hielt der BGH für unproblematisch. Als entscheidend sieht er an, dass sich der redaktionelle Text als eine "objektive" Berichterstattung zu dem jeweiligen Thema darstellt, ohne dass ein konkreter Bezug zu der Anzeige hergestellt wird, etwa durch Nennung des Inserenten oder der Produkte, für die in der Anzeige geworben wird.[1531]

Eine unerlaubte Zugabe liegt wiederum vor, wenn im Rahmen eines redaktionellen Preisausschreibens eine Frage gestellt wird, die sich auf eine im selben Heft veröffentlichte Anzeige oder das Produkt bezieht, für das in dieser Anzeige geworben wird.[1532]

Selbstkontrollfrage 10 / 1:

Ein Anzeigenblatt hatte seinen Anzeigenkunden einen Fragebogen zu freien Ausbildungsplätzen zusammen mit einem Rundschreiben zugeschickt, in dem eine Sonderbeilage zum Thema Ausbildung u.a. mit folgenden Worten angekündigt wurde: „In einem umfangreichen redaktionellen Teil ... werden wir Ihnen die Möglichkeit bieten, *Ihr Unternehmen als Ausbildungsbetrieb* kurz vorzustellen. ... Die diesbezügliche Veröffentlichung ist für Sie kostenlos. ... Und da wir annehmen, dass Sie Ihr Unternehmen noch über das o.g. Kurzporträt hinaus als Ausbildungsbetrieb individuell vorstellen wollen, bieten wir Ihnen die Möglichkeit, in der AZUBI-Beilage eine Anzeige zu schalten." Die Beilage enthielt neben den eingeworbenen Anzeigen dann redaktionell gestaltete Texte, die unter dem Firmennamen Angaben enthielten zur Zahl der von der Firma angebotenen Ausbildungsplätze, der Bezahlung, Arbeitszeit, zu den erwarteten Eigenschaften und Qualifikationen der BewerberInnen und zu Karrierechancen in dem jeweiligen Beruf. Außerdem wurde ein Ansprechpartner mit Telefonnummer genannt. Ein Konkurrenzblatt klagt auf Unterlassung. Es hält den Abdruck der redaktionellen Beiträge wegen der Verwendung ausschließlich positiv besetzter Attribute und Adjektive für getarnte Werbung. Zu Recht ?

Die für die Printmedien dargestellten Grundsätze gelten auch für den Rundfunk. Denn gemäß § 7 Abs. 2 RStV dürfen Werbung oder Werbetreibende das übrige Programm inhaltlich und redaktionell nicht beeinflussen.

10.4 Verbot von Schleichwerbung

Schleichwerbung ist die Erwähnung oder Darstellung von Waren, Dienstleistungen, Namen, Marken oder Tätigkeiten eines Herstellers von Waren oder eines Erbringers von Dienstleistungen im redaktionellen Teil einer Zeitung, einer Zeitschrift oder eines Rundfunkprogramms, wenn sie zu Werbezwecken vorgesehen ist und die Allgemeinheit hinsichtlich des eigentlichen Zwecks dieser Erwähnung oder Darstellung irreführen kann. Schleichwerbung ist unzulässig. Das ergibt sich für den Rundfunk aus den Landesrundfunkgesetzen, die insoweit § 7 Abs. 5 RStV umsetzen, für die Printmedien aus § 4 Ziff.3 UWG.[1533]

Rechtmäßig handeln die Massenmedien jedoch, wenn sie über die Tätigkeit einzelner Unternehmen, auch über deren Produkte oder Dienstleistungen, in einer Weise berichten, die dem Informationsinteresse der Öffentlichkeit gerecht wird.[1534] Denn insoweit gehört die Wirtschaftsberichterstattung zur öffentlichen Aufgabe der Massenmedien, bei deren Erfüllung sie den Schutz des Art. 5 GG genießen.[1535]

Öffentlichen Informationsinteressen dient die Wirtschaftsberichterstattung beispielsweise dann, wenn es sich um die im Interesse der Verbraucher liegende Aufklärung über allgemein

---

[1531] BGH AfP 1992, S. 143; bestätigt durch BGH AfP 1993, S. 735
[1532] OLG Hamburg ZUM 1989, S. 357 ff.
[1533] Zur Verfassungsmäßigkeit dieses Verbots vgl. BVerfG AfP 2006, S. 39 ff.
[1534] Vgl. OLG Düsseldorf AfP 1994, S. 311 ff. (312); OLG Hamm AfP 2008, S. 513 ff..
[1535] Zur Verfassungskonformität des Verbots von Schleichwerbung vgl. BVerfG NJW 2005, S. 3201 f.

interessierende Geschäftsmethoden handelt, z. B. über schwindelhafte Werbung.[1536] Auch Warentests, bei denen verschiedene im Handel erhältliche, miteinander konkurrierende Erzeugnisse unter sachlich nachvollziehbaren Gesichtspunkten und unter Anwendung geeigneter Methoden miteinander verglichen werden, liegen im Interesse des Verbrauchers.[1537] Zu den Aufgaben der Massenmedien gehört es auch, über allgemeine Entwicklungen in Industrie, Handel, Handwerk und Gewerbe, Messen und Ausstellungen sowie allgemein interessierende Neuheiten und Veranstaltungen unterhaltender Art zu berichten.[1538] Dass sich diese Berichterstattung im Ergebnis auf das Geschäft des einen Unternehmens günstig und das des anderen ungünstig auswirken kann, ist von den Betroffenen im Interesse der Allgemeinheit hinzunehmen.[1539]

> In der Online-Ausgabe einer Zeitschrift erschien unter der Überschrift „Schöner Wetten" ein Artikel über eine Unternehmerin, die früher als Model gearbeitet hatte und nun in Salzburg ein Internetglücksspielunternehmen betreibt. Dem Bericht war ein Hyperlink zu der Homepage ihres Unternehmens beigefügt. Der Bundesgerichtshof bewertete den boulevardmäßig aufgemachten Artikel über den ungewöhnlichen Lebensweg *nicht* als getarnte Werbung. In der Beifügung es Hyperlinks sah das Gericht ein zusätzliches Dienstleistungsangebot, das ebenfalls durch die Berichterstattungsfreiheit gedeckt sei.[1540]

Anders verhält es sich jedoch bei redaktionellen Beiträgen, die willkürlich, d. h. ohne dass dieses durch ein besonderes Informationsinteresse der Öffentlichkeit geboten wäre, einzelne Unternehmen oder deren Produkte bzw. Dienstleistungen vorstellen[1541] oder lobend hervorheben.[1542] Dasselbe gilt für Hinweise auf einzelne Bezugsquellen (Kaufhaus- oder Handelsketten, Werkstätten).[1543]

> So untersagte das OLG Hamm[1544] einer großen Boulevardzeitung, redaktionelle Beiträge zu veröffentlichen, in denen in Bild und Text über einzelne Modeartikel (Damenoberbekleidung, Bademoden, Strandtaschen, Gürtelschnallen u. ä.) unter Angabe des Herstellers oder der Bezugsquelle und des Preises berichtet wurde. Demgegenüber beanstandete dasselbe Gericht *nicht*, dass ein Anzeigenblatt regelmäßig die Telefonnummer eines tierärztlichen Notdienstes veröffentlichte, zu dem sich verschiedene Tierärzte zusammengeschlossen hatten, ohne zugleich das entsprechende Angebot einen anderen Tierarztes aufzunehmen.[1545]
>
> Anders entschied das OLG Frankfurt[1546] in einem Fall, in dem ein Anzeigenblatt unter der Überschrift „Minizins beim Autokauf" über die Möglichkeit berichtet hatte, den Kauf einer bestimmten Automarke zu besonders günstigen Zinskonditionen zu finanzieren. Es hielt dem Blatt vor, unter der genannten Überschrift erwarte der Leser im redaktionellen Teil auch eines Anzeigenblattes eine sachliche und umfassende Information über Kreditkonditionen auf dem Automarkt, welche zumindest die wesentlichsten, im Verbreitungsgebiet des Blattes vertretenen Automarken einschließt. Da es sich bei der Zinssenkung für Anschaffungskredite nicht um eine spezielle Sonderleistung des genannten Herstellers gehandelt habe, habe auch kein sachlicher Grund bestanden, nur über das Zinsangebot zur Finanzierung dieser einen Automarke zu berichten.
>
> Das OLG Köln[1547] sah einen Wettbewerbsverstoß in dem Umstand, dass in einer Artikelserie über einen pharmazeutischen Wirkstoff („Kavain") ein bestimmtes Produkt namentlich erwähnt wurde, das diesen Wirkstoff enthält. Denn interessierte Leser hätten sich auch ohne Erwähnung des Handelsnamens ein Präparat mit diesem Wirkstoff bei jedem Apotheker besorgen können.

[1536] BGH GRUR 1968, S. 645.

[1537] Das gilt allerdings nur für seriöse Tests. Die Veröffentlichung erschwindelter positiver Testergebnisse ist wettbewerbswidrig, BGH AfP 1994, S. 293 ff.

[1538] So auch die von den Verlegerverbänden, dem Deutschen Journalisten Verband und dem Zentralausschuss der Werbewirtschaft herausgegebenen „Richtlinien für redaktionelle Hinweise in Zeitungen und Zeitschriften" (im Folgenden: Richtlinien), Ziff. 12, 14, 15 und 2.

[1539] OLG Hamm AfP 2008, S. 513 ff.

[1540] BGH NJW 2004, S. 2158 ff.

[1541] BGH WRP 1993, 476 - Produktinformation I -; mehrfach bestätigt, vgl. z. B. BGH AfP 1994, S. 302 ff. (303) - Produktinformation II - m. w. N.

[1542] OLG Hamburg AfP 1997, S. 806 ff.; OLG Köln AfP 2004, S. 136 ff.

[1543] Vgl. z. B. OLG München AfP 1997, S. 917. („Weihnachtsschaufenster")

[1544] OLG Hamm WRP 1979, S. 151.

[1545] OLG Hamm AfP 2008, S. 513 ff.

[1546] OLG Frankfurt NJW 1985, S. 1647 f.

[1547] OLG Köln AfP 1972, S. 289.

Auf der anderen Seite hat das OLG Hamm[1548] wiederum die Auffassung vertreten, es entspreche dem Informationsbedürfnis der Leser, dass im Rahmen einer redaktionellen Stellungnahme zu einem neuartigen Hygieneprodukt die Bezugsquelle und die näheren Umstände der Bezugsmöglichkeit genannt werden, damit der potentielle Interessent sogleich Hinweise zu einer praktischen Nutzanwendung erhalte. So hat das Gericht einen Zeitungsartikel legitimiert, in dem ein Arzt in der Rubrik „Unser Hausarzt meint" einen so genannten Erste-Regel-Set, der eine aufklärende Broschüre über Fragen der Menstruation sowie Binden, Tampons, desodorierende Seifen, Intimtüchlein u. ä. enthielt, unter Angabe der Bezugsquelle und des Preises vorstellte und lobend besprach.[1549]

Um den Eindruck unzulässiger Werbung zu vermeiden, muss redaktionelle Berichterstattung auch und gerade in den Fällen, in denen die Nennung von Unternehmen, Produkten, Bezugsquellen u. ä. im öffentlichen Informationsinteresse liegt, *sachlich* gehalten sein. Dies schließt *nicht* aus, dass der Autor sich über eine Neuerung oder die Leistung eines Unternehmens anerkennend äußert; doch deuten sachlich nicht gerechtfertigte, *überschwänglich lobende* Darstellungen eher auf den Werbecharakter eines Beitrages als auf die Wahrnehmung der Informationsaufgabe der Massenmedien hin.[1550]

Im Anzeigenblatt S. erschien unter der Überschrift „W. liefert Eisenwaren" ein Artikel über die „Hausmesse" eines Unternehmens, in dem mitgeteilt wird, das Unternehmen verfüge über einen Warenbestand von über 20.000 verschiedenen Fachartikeln, und in dem Lieferanten namentlich aufgezählt werden. Ferner wurde der Werbeslogan der Firma („W. liefert Eisenwaren") dahin erläutert, dass er „nicht nur die roten Fähnchen ziert, wenn auf den grünen Lkws Langeisen gefahren wird", sondern auch für „Schnelligkeit, Zuverlässigkeit und Preiswürdigkeit" steht, dass er bedeutet, es würde „Roheisen in allen Sortierungen, zugeschnitten und abgelängt, alle Sorten Baustahlmatten, komplette Sortimente für die Sanitär- und Heizungsinstallation, kleinste Eisenwaren, Bauelemente, komplette Gebrauchsgütersortimente für Heim und Garten, alles was Hand- und Heimwerker brauchen", geliefert. Neben der Herausstellung der Serviceleistungen stand ein Zitat des Unternehmensinhabers, es sei das Ziel des Unternehmens, alle Kundenwünsche schnell und zuverlässig zu erfüllen. Das OLG Frankfurt[1551] wertete diesen Artikel als unzulässige Werbung. Zwar werde in ihm über die „Hausmesse" des genannten Unternehmens berichtet und damit über einen Vorgang, der durchaus Gegenstand der Berichterstattung sein könne. Doch werde in dem Artikel nicht mehr die sachliche Information des Lesers in den Vordergrund gestellt, sondern die Leistung des Unternehmens reklamehaft angepriesen.

Unlauter kann die Wirtschaftsberichterstattung nicht nur dann sein, wenn für einzelne Waren oder Dienstleistungen unter dem Anschein objektiver redaktioneller Berichterstattung geworben wird. Auch *Sympathiewerbung* für einzelne Unternehmen kann den Tatbestand der unlauteren Förderung erfüllen.

Ein Anzeigenblatt berichtete in Form redaktioneller Artikel über die Durchführung von Preisausschreiben und Gewinnspielen einzelner Unternehmen, bei denen das Blatt als Mitveranstalter auftrat. Das OLG München[1552] hat dem Blatt auf Antrag eines seiner Konkurrenten diese Form der Berichterstattung verboten und dazu ausgeführt: „Die Artikel sind durchweg nach ihrer Zielrichtung Werbung. Durch das redaktionelle Erscheinungsbild der Beiträge wird dieser Werbecharakter verschleiert, um das Interesse des Lesers, das auch bei einem kostenlos verteilten Anzeigenblatt regelmäßig in besonderer Weise dem redaktionellen Teil gilt, für die Beiträge zu wecken. . . . Aber auch ohne Berücksichtigung des Umstands, dass der Werbecharakter auf den ersten Blick verschleiert ist, bleibt der Abdruck der Beiträge im redaktionellen Teil unzulässig, weil auf diese Weise bloße Werbeaktionen in den Rang von Ereignissen, die von einer unabhängigen Redaktion als nachrichtenwürdig angesehen werden, erhoben werden. . . . Das Gewicht, das redaktionellen Äußerungen zukommt, wird eingesetzt, um den Aktionen zum Werbeerfolg zu verhelfen und um auch schon mit der Berichterstattung selbst Sympathiewerbung für gewerbliche Unternehmen zu betreiben. "

Generell zulässig ist hingegen die sachgerechte Berichterstattung über lobenswerte Aktivitäten und bemerkenswerte Leistungen.

[1548] OLG Hamm in ZAW, Schleichwerbung, S. 181 ff.
[1549] Ähnlich OLG Frankfurt für die Vorstellung von Bio-Produkten in der Sendung „Hobbythek", AfP 1994, S. 47 f.
[1550] So für die überschwänglich lobende Darstellung der Barbie-Puppe in der Sendereihe „Li-La-Launebär" auch Nds. OVG AfP 1999, S. 300 ff.
[1551] OLG Frankfurt AfP 1988, S. 59 f.
[1552] OLG München WRP 1983, S. 175.

Weniger strenge Maßstäbe legen die Gerichte an Beiträge an, die der *Eigenwerbung* des Senders oder Verlages dienen. So dürfen etwa Preise, die im Rahmen eines Preisausschreibens ausgelobt werden, unter Hinweis auf ihren Spender lobend herausgestellt werden. Unzulässig sind lobende Hinweise auf die Leistungen des eigenen Unternehmens jedoch, wenn sie unwahre Tatsachenbehauptungen enthalten (irreführende Werbung). Im Extremfall kann sich ihre Wettbewerbswidrigkeit aber auch daraus ergeben, dass sie allein der Selbstdarstellung dienen, ohne ein Informationsinteresse der Allgemeinheit zu befriedigen.[1553]

Selbstkontrollfrage 10 / 2 :

Der *Düsseldorfer Rhein-Bote*, ein Anzeigenblatt, veröffentlicht auf seiner Titelseite einen redaktionell gestalteten Beitrag, in dem es unter der Überschrift „Rhein-Bote Reiseknüller" unter anderem heißt: „Malta: Einer fährt umsonst. Na wenn das kein Knüller ist: Sie sind 65 Jahre oder älter und wollen herrliche Frühlingstage auf der Kreuzritterinsel Malta verleben. Dann buchen Sie ganz einfach und nehmen am Samstag eine Begleitperson kostenlos mit . . . " Im Weiteren wird der günstige Reisepreis hervorgehoben mit den Bemerkungen: „kein Druckfehler". . . , „nur 995,- DM". . . , „Und das alles gibt es dafür. . . ". Schließlich wird der Leser zur Reiseteilnahme aufgefordert: „Jetzt heißt es sich beeilen!" Als Veranstalter der Reise wird die Firma *pr ultramar* genannt. Der *Düsseldorfer Anzeiger*, ein Konkurrent des *Düsseldorfer Rhein-Boten* verlangt, Beiträge dieser Art künftig zu unterlassen. Der *Düsseldorfer Rhein-Bote* weigert sich mit dem Hinweis, es habe sich bei dem beanstandeten Artikel erkennbar um Eigenwerbung für eine so genannte „Leserreise" gehandelt: die Firma *pr ultramar* sei lediglich für die technische Durchführung der Reise zuständig gewesen.

Besondere Vorsicht ist geboten bei der *Übernahme des PR-Artikels* eines Wirtschaftsunternehmens in den redaktionellen Teil, ohne dessen Herkunft zu kennzeichnen. Der Bundesgerichtshof hat in einer älteren Entscheidung[1554] ein Unternehmen verurteilt, das einer Zeitschrift eine Veröffentlichung mit lobenden Angaben über seine Erzeugnisse zur Verfügung gestellt hatte, die wie ein redaktioneller Beitrag formuliert waren. Er hat einen Wettbewerbsverstoß darin gesehen, dass eine solche Veröffentlichung den unrichtigen Eindruck erweckt, „als handle es sich um die fachkundige Äußerung eines unbeteiligten Dritten, der vom Verkehr regelmäßig größere Beachtung geschenkt und größeres Gewicht beigemessen wird als entsprechenden eigenen anpreisenden Angaben des Werbenden über seine Ware. " Gegen die ungekennzeichnete Übernahme eines solchen Artikels in den redaktionellen Teil einer Zeitung oder Zeitschrift hat der BGH keine Einwendungen erhoben, „wenn die Darstellung des Produkts als solche sachlich zutreffend ist und eine unsachliche werbemäßige Herausstellung nicht enthält.[1555] Anderenfalls liegt jedoch eine unzulässige getarnte Werbung vor, für die der Verlag auch dann haftet, wenn der getarnte Text in einer „Anzeigenbeilage" erscheint.[1556]

Schließlich sind bei der Gestaltung des redaktionellen Teils eine Reihe von *Sondervorschriften für einzelne Produktgruppen* zu beachten:

So bewirkt das Verbot der Laienwerbung für Betäubungsmittel[1557], rezeptpflichtige Arzneimittel, Schlafmittel und Psychopharmaka[1558] sowie für die Behandlung bestimmter Krankheiten,[1559] dass solche Werbung auch im redaktionellen Teil von Zeitungen und Zeitschriften, die sich nicht ausschließlich an Angehörige der Heilberufe oder des Heilgewerbes und diesen

---

[1553] OLG Köln AfP 1996, S. 287 ff. (für Äußerungen in einem Editorial).
[1554] BGH GRUR 1968, S. 382 (Favorit II); ebenso LG Köln AfP 1989, S. 573 ff.
[1555] BGH-Urteil v. 18. 2. 1993, AfP 1993, S. 567 ff. = ZUM 1994, S. 500 ff.
[1556] BGH AfP 1997, S. 913 ff.
[1557] § 14 Abs. 5 Betäubungsmittelgesetz.
[1558] § 10 HWG (Gesetz über die Werbung auf dem Gebiete des Heilwesens).
[1559] § 12 HWG in Verbindung mit der Anlage zu § 12 HWG.

gleichgestellte Einrichtungen und Personen[1560] richten, unzulässig ist und als Ordnungswidrigkeit geahndet werden kann (§ 15 HWG). Dasselbe gilt für die Werbung für Arzneimittel, Behandlungsverfahren und -gegenstände mit Gutachten, ärztlichen Empfehlungen, der Wiedergabe von Krankengeschichten, der Abbildung von Ärzten, Apothekern, Krankenschwestern und ähnlichen Personen in Berufskleidung oder bei der Ausübung ihrer Tätigkeit, der Abbildung von Veränderungen des menschlichen Körpers durch Krankheit oder Heilbehandlung, mit der Ausnutzung von Angstgefühlen, mit der Anleitung zur Selbstdiagnose und Selbstbehandlung von Krankheiten und Körperschäden, mit Dank-, Anerkennungs- und Empfehlungsschreiben sowie mit Preisausschreiben, Verlosungen und ähnlichen Verfahren (§ 11 HWG).

Generell verboten ist schließlich die Werbung für Fernbehandlung von Krankheiten oder Körperschäden (§ 9 HWG), den Versandhandel mit apothekenpflichtigen Arzneimitteln (§ 8 HWG) und die Gesundheitsbezogene Werbung für Lebensmittel (§ 18 GGLMR).[1561] In Rundfunk und Fernsehen darf darüber hinaus nicht für Zigaretten und ähnliche Tabakerzeugnisse geworben werden (§ 22 Abs. 1 GGLMR). Außer den genannten Werbeverboten und -beschränkungen enthält das Lebensmittel- und Arzneimittelrecht Konkretisierungen des allgemeinen Verbots irreführender, täuschender oder unsachgemäßer Werbung,[1562] die auch in der redaktionellen Berichterstattung zu beachten sind: Wenn Medien durch ihre Berichterstattung an einem fremden Wettbewerbsverstoß mitwirken, können sie als „Störer" auf Unterlassung in Anspruch genommen werden. Das gilt allerdings nur, wenn der Wettbewerbsverstoß ohne weiteres erkennbar war. An die Prüfungspflicht der Medien dürfen insoweit keine überzogenen Anforderungen gestellt werden.

> So hat der Bundesgerichtshof einer Online-Zeitschrift, die ihren Bericht über eine Unternehmerin mit einem Hyperlink auf deren österreichisches Internetglücksspielunternehmen versehen hatte, zwar vorgehalten, dass sie damit objektiv die unerlaubte Veranstaltung von Glücksspielen unterstützt hat, ihr jedoch zugute gehalten, dass sie dies ohne eine eingehende rechtliche Prüfung nicht habe erkennen können (BGH NJW 2004, S. 2158 ff.).

Abschließend bleibt noch darauf hinzuweisen, dass den Angehörigen freier Berufe, z. B. Ärzten und Rechtsanwälten, standesrechtlich verboten ist zu dulden, dass Berichte mit werbendem Charakter über ihre Tätigkeit unter Nennung ihres Namens oder ihrer Anschrift veröffentlicht werden.[1563] Daraus kann sich auch die Wettbewerbswidrigkeit eines Artikels ergeben, in dem die Leistung einzelner Mitglieder dieser Berufsgruppen lobend hervorgehoben wird.

> Der Bundesgerichtshof hat die Bezeichnung namentlich genannter Ärzte oder Rechtsanwälte als „Die besten Ärzte Deutschlands" oder „Die 500 besten Anwälte" in einem Artikel, dem keine aussagekräftigen Beurteilungskriterien zugrunde liegen, als sittenwidrige „getarnte Werbung" beanstandet.[1564] Das OLG Düsseldorf untersagte einem Informationsdienst, seinen Lesern anzubieten, ihnen auf Anfrage einen in steuerlichen und rechtlichen Angelegenheiten erfahrenen Rechts- bzw. Steuerberater zu benennen.[1565]

> Demgegenüber ist nach Ansicht des Landgerichts München I die Veröffentlichung einer Ärzteliste mit 750 Spezialisten aus 67 Fachrichtungen, deren Auswahl auf Empfehlungen von Ärzten und Selbsthilfegruppen beruhte, durch das Grundrecht der Pressefreiheit ebenso gedeckt wie eine Auflistung der 20 größten Wirtschaftsanwaltskanzleien unter der Überschrift „Die Top 20" und die Wiedergabe fremder Rankings unter der Überschrift „Rang und Namen".[1566]

[1560] Diese sind in § 2 HWG im Einzelnen aufgezählt.

[1561] GGLMR = Gesetz zur Gesamtreform des Lebensmittelrechts.

[1562] Einzelheiten finden sich in § 17 Abs. 1 Ziff. 4 + 5 GGLMR, § 22 Abs. 2 GGLMR, § 27 Abs. 1 GGLMR, §§ 3 und 6 HWG.

[1563] Z. B. BGH NJW 1987, S. 2297 f.

[1564] BGH AfP 1997, S. 795 ff. ; 797 ff. Ebenso hat das OLG Hamburg einer Unterlassungsklage der Steuerberaterkammer gegen einen Artikel über „Die 100 mutigsten Steuerberater" stattgegeben, AfP 1997, S. 648 ff.

[1565] AfP 1994, S. 323 f.

[1566] AfP 1998, S. 332 ff. ; AfP 1997, S. 945 ff.

Auch im *Rundfunk* ist es unzulässig, den redaktionellen Teil des Programms für Zwecke der Wirtschaftswerbung zu benutzen.[1567] „Werbliche Auswirkungen" des redaktionell verantworteten Programms sind nur dort hinzunehmen, wo dies um der Erfüllung des Programmauftrags willen unvermeidbar ist - wo sie z. B. bei Berichten und Darstellungen der realen Umwelt als Bestandteil dieser Umwelt aus der Berichterstattung nicht künstlich ausgespart werden kann.[1568]

Diese rundfunkrechtlichen Regelungen dienen dazu, sowohl die Unabhängigkeit der Programmgestaltung als auch die Einhaltung der Neutralität des redaktionellen Programms gegenüber dem Wettbewerb im Markt zu wahren und sachfremde Einflüsse Dritter auf die Sendungen zu verhindern. Sie dienen damit einem wichtigen Gemeinschaftsgut. Der Verstoß gegen diese Vorschriften wird vom Bundesgerichtshof deshalb zugleich als Wettbewerbsverstoß gewertet.[1569]

Selbstkontrollfrage 10 / 3 :

In der Zeitschrift *Bild der Frau* erschien unter der Überschrift „Mit neuem Gesicht wieder glücklich. Immer mehr Frauen gehen zum Schönheitschirurgen" ein bebilderter Bericht über die Schönheitschirurgie mit Schilderungen von Frauen, an denen entsprechende Veränderungen vorgenommen worden waren, Bildern mit „Vorher-Nachher-Vergleichen" und Angaben zu den Kosten. Außerdem enthielt der Bericht wörtlich wiedergegebene Fachinformationen des mit vollem Namen und Praxissitz genannten Dr. L sowie ein Bild von Dr. L im weißen Arztkittel am Schreibtisch in seiner Praxis. Dr. L wusste von dem Bericht nichts.

Ein Verbraucherschutzverein, der in dieser Berichterstattung eine nach § 11 Ziff. 4 und 5 HWG unzulässige Werbung für die Artpraxis des Dr. L sieht, verlangt von der Zeitschrift Unterlassung einer solchen werbenden Berichterstattung. Zu Recht?

10.5 Product Placement und Sponsorwerbung

„Product Placement" ist dadurch gekennzeichnet, dass in Filme und Fernsehsendungen gezielt Markenartikel „eingebaut" werden: Zwischen dem Hersteller des Markenartikels und dem Produzenten des Films oder der Fernsehsendung wird vereinbart, dass sein Produkt gezeigt wird. Als Gegenleistung wird eine Vergütung vereinbart. Solche Verträge sind mit dem geltenden Rundfunk- und Wettbewerbsrecht *nicht* vereinbar. Es handelt sich um unzulässige *Schleichwerbung* im Sinne von § 7 Abs. 6 RStV. Ein Verstoß gegen die Werberegeln liegt zum einen in der Herausstellung von Waren oder Dienstleistungen im Programmteil, wenn

- die mit der Darstellung verbundene objektive Werbewirkung *nicht* redaktionell oder dramaturgisch (z. B. zur Herstellung des Realitätsbezuges) begründet ist oder
- der Hersteller oder Anbieter des Produkts Einfluss auf die Gestaltung der Sendung oder des Films genommen hat.

  Beispiel:
  Der Produzent eines Fernsehfilmes vereinbart mit dem Hersteller von Jeans und Sportkleidung nicht nur, dass die Akteure einer Fernsehserie dessen Produkte tragen werden, sondern auch, durch eine „geschickte" Kameraführung zu gewährleisten, dass die Markenzeichen auf den getragenen Produkten möglichst oft und möglichst groß auf dem Bildschirm erscheinen. Bei einer Vereinbarung von Schleichwerbung in derart massiver Form liegt deren Sittenwidrigkeit auf der Hand.[1570]

Ein Werbeverstoß liegt aber auch vor, wenn für die Platzierung des Produkts ein Entgelt vereinbart wird, *ohne* dass der Hersteller im übrigen Einfluss auf die Gestaltung der Sendung nimmt.

[1567] BGH AfP 1990, S. 120 ff. (123).
[1568] BGH AfP 1990, S. 120 ff. (123).
[1569] BGH AfP 1990, S. 120 ff. (124).
[1570] So auch OLG München a. a. O. , S. 253.

Beispiel:
Ob der Chef des Flughafens in einer Fernsehserie einen Mercedes, einen Opel, einen Ford oder eine andere Automarke fährt, kann für die Dramaturgie des Thrillers völlig unerheblich sein. Die in Frage kommenden Hersteller können sich aber vom Einsatz *ihres* Produkts erhebliche Werbewirksamkeit versprechen und deshalb bereit sein, dafür erhebliche Summen zu zahlen, ohne auf die Gestaltung des Films im übrigen (Inhalt, Kameraführung, Präsentation des Wagens) Einfluss zu nehmen.

Eine deutlich „werbefreundlichere" Position vertritt demgegenüber das VG Berlin. Seiner Ansicht nach ist eine Sendung, so sie nur einen informativen Zweck verfolgt, rundfunkrechtlich auch dann nicht zu beanstanden, wenn der Produzent sie ganz oder zu wesentlichen Teilen aus „PR-Videos" zusammengesetzt hat, deren Herstellung die in ihnen vorgestellten Unternehmen bezahlt haben.[1571]

Für *Kinospielfilme* gilt das Gebot der Trennung von Programm und Werbung grundsätzlich nicht.[1572] Ein (Vertriebs-)Verbot für Spielfilme, die Schleichwerbung enthalten, würde in der Regel vielmehr das Grundrecht der Kunstfreiheit verletzen.[1573] Wegen des Verbots getarnter Wirtschaftswerbung darf der Zuschauer jedoch auch in Spielfilmen nicht über seinen Werbecharakter getäuscht werden. Hat der Hersteller geldwerte Leistungen „von einigem Gewicht" dafür erhalten, dass er bestimmte Unternehmen oder ihre Erzeugnisse in dem Film in besonderer Weise herausstellt, muss der Film einen entsprechenden Hinweis enthalten,[1574] nicht aber, wenn er Requisiten kostenlos erhalten hat, die in nicht besonders herausgestellter Form in die Spielhandlung integriert sind.[1575] Dieselben Regeln werden zu beachten sein, wenn ein Kinospielfilm später im Fernsehen gezeigt wird.[1576]

Auf Grund der EU-Richtlinie über audiovisuelle Mediendienste (RL) werden die Regelungen zum Product Placement liberalisiert. Gem. Art. 3g RL gelten für Sendungen, die nach dem 19. Dezember 2009 produziert werden, in den Mitgliedsstaaten, die keine anderen Regelungen treffen, die folgenden Grundsätze:
Produktplatzierung ist erlaubt,

- wenn kein Entgelt geleistet wird, sondern lediglich bestimmte waren oder Dienstleistungen wie Produktionshilfen und Preise kostenlos bereitgestellt werden,
- in Kinofilmen, Filmen und Serien für audiovisuelle Mediendienste, Sportsendungen und Sendungen der leichten Unterhaltung mit Ausnahme von Kindersendungen.

Sendungen, die Produktplatzierung enthalten, müssen mindestens die folgenden Bedingungen erfüllen:

- Sie dürfen nicht unmittelbar zu Kauf, Miete bzw. Pacht von Waren oder Dienstleistungen auffordern, insbesondere nicht durch spezielle verkaufsfördernde Hinweise auf diese Waren oder Dienstleistungen.
- Sie dürfen das betreffende Produkt nicht zu stark herausstellen.
- Ihr Inhalt und – bei Fernsehsendungen – ihr Programmplatz dürfen nicht so beeinflusst werden, dass die redaktionelle Verantwortung und Unabhängigkeit des Mediendiensteanbieters beeinträchtigt wird.
- Die Zuschauer müssen eindeutig auf das Bestehen einer Produktplatzierung hingewiesen werden. Sendungen mit Produktplatzierung sind zu Sendungsbeginn und -ende sowie bei Fortsetzung einer Sendung nach einer Werbeunterbrechung angemessen zu kennzeichnen, um jede Irreführung des Zuschauers zu verhindern. Eine Ausnahme lässt die Richtlinie allerdings in den Fällen zu, in denen die Sendung nicht vom Mediendiensteanbieter selbst

---

[1571] VG Berlin ZUM 1999, S. 751 ff.
[1572] OLG Hamburg AfP 1994, S. 49 ff.
[1573] BGH AfP 1996, S. 63 f.
[1574] Vgl. OLG München AfP 2006, S. 183 ff. (184).
[1575] BGH AfP 1996, S. 59 ff.
[1576] So auch VG Berlin ZUM 1999, S. 742 ff. ; a. A. Hartel ZUM 1999, 750 ff.

oder von einem mit dem Mediendiensteanbieter verbundenen Unternehmen produziert oder in Auftrag gegeben wurde, also etwa bei der Ausstrahlung von Kinofilmen im Fernsehen.
Unzulässig ist die Produktplatzierung

- zugunsten von Zigaretten oder Tabakerzeugnissen oder zugunsten von Unternehmen, deren Haupttätigkeit die Herstellung oder der Verkauf von Zigaretten und anderen Tabakerzeugnissen ist, sowie
- zugunsten von Arzneimitteln oder medizinischen Behandlungen, die nur auf ärztliche Verordnung erhältlich sind.

Diese Regelungen sind gegen den Willen der Bundesrepublik Deutschland verabschiedet worden. Die Bundesregierung hat angekündigt, an den bisherigen strengeren Regeln festhalten zu wollen. Die Richtlinie lässt dies ausdrücklich zu.

Unter Sponsorwerbung versteht man die Nennung eines Unternehmens, das einen Beitrag finanziell gefördert hat, ohne auf dessen inhaltliche Gestaltung Einfluss zu nehmen.[1577] Nachrichtensendungen und Sendungen zum politischen Zeitgeschehen dürfen nicht gesponsert werden (§ 8 Abs. 6 RStV).

Zu Beginn und am Ende einer gesponserten Sendung ist auf die (Mit-)Finanzierung durch den Sponsor „in vertretbarer Kürze" deutlich hinzuweisen. Dabei kann auch dessen Firmenemblem eingeblendet werden (§ 8 Abs. 1 RStV). Seit 1997 kann der Hinweis auch durch Bewegtbilder erfolgen. Dass diese von Werbespots kaum zu unterscheiden sind, hat der Gesetzgeber durch die Neufassung des Rundfunkstaatsvertrags wohl billigend in Kauf genommen.

[1577] Fuhr, S. 368; vgl. auch § 8 Abs. 1 und 3 RStV

11 Die Sicherung des Rechtsgüterschutzes

In den vorangegangenen Kapiteln sind die *Rechtsfolgen*, die sich aus Rechtsverletzungen in den einzelnen Regelungsbereichen ergeben, bereits erwähnt worden; ihre Darstellung soll in diesem abschließenden Kapitel vervollständigt und zu einem Überblick zusammengefasst werden. Ergänzt werden diese allgemeinen Instrumente des Rechtsgüterschutzes durch einen speziellen presserechtlichen Anspruch: das Recht auf den Abdruck einer *Gegendarstellung*. Ferner bleibt die Frage zu erörtern, wer - innerhalb und außerhalb der Redaktion - für solche Rechtsverletzungen *haftet*; wer also bei Rechtsverletzungen zur Rechenschaft gezogen werden kann. Die *Impressumspflicht* sichert die Durchsetzung des Rechtsgüterschutzes dadurch, dass sie das Erscheinen anonymer Druckwerke zu verhindern sucht. Mit der Nennung des Druckers und Verlegers bzw. Herausgebers oder Autors des Druckwerks im Impressum erhält der in seinen Rechten Verletzte die Möglichkeit, sich zu wehren. Mit der Darstellung der Impressumspflicht schließt dieses Kapitel.

11.1 Rechtsfolgen bei Rechtsverletzungen

Dem Schutz von Persönlichkeits- und Unternehmensrechten, des geistigen Eigentums und anderer Rechtsgüter dienen zivilrechtliche Abwehr- und Schadensersatzansprüche sowie die Androhung und Durchsetzung von Strafen und Bußgeldern durch den Staat.

11.1.1 Zivilrechtliche Ansprüche

Der von einer Rechtsverletzung Betroffene hat die Möglichkeit, Unterlassungs-, Berichtigungs- und Zahlungsansprüche geltend zu machen. Als Anspruchsteller kommen zunächst natürliche Personen in Betracht. So kann jeder Mensch - unabhängig von Alter, Geschlecht, Nationalität, sozialer Stellung oder anderen Eigenschaften - Ehren- und Persönlichkeitsschutz in Anspruch nehmen.

> Beispielsweise hat jeder, auch der in der Öffentlichkeit stehende und sie suchende Politiker, einen Anspruch auf Wahrung seiner Privatsphäre.[1578]

Daneben können sich auch juristische Personen und ihnen gleichstehende Personenvereinigungen zur Wehr setzen.[1579]

Ansprüche kann grundsätzlich nur geltend machen, wer selbst, persönlich, in seinen Rechten *unmittelbar* verletzt ist. Mit Abwehransprüchen wegen einer Ehr- oder Persönlichkeitsrechtsverletzung muss deshalb nur bei einer *identifizierenden* Berichterstattung gerechnet werden.[1580] In seinen Rechten verletzt ist nur derjenige, der selbst zum Gegenstand der Berichterstattung gemacht worden ist - und sei es auch nur am Rande. Hingegen genügt es nicht, dass sich jemand wegen seiner *engen Beziehungen* zu dem Verletzten - z. B. als Ehegatte - betroffen fühlt. Daran ändert sich auch nichts, wenn Angehörige des Verletzten infolge des Berichts belästigt

---

[1578] BGH NJW 1979, S. 647.
[1579] Vgl. dazu oben 2.3.
[1580] Vgl. dazu im Einzelnen oben 2.3.

oder angefeindet werden. „Solche Ausstrahlungen auf die Person des Dritten . . . bleiben als bloße Reflexwirkungen schutzlos".[1581] Als höchst persönliche Rechte sind Ansprüche aus Ehr- oder Persönlichkeitsrechtsverletzungen weder übertragbar noch vererblich. Sie können nur von ihrem Inhaber selbst geltend gemacht werden. Gegen grobe Entstellungen des Persönlichkeits- bildes eines *Verstorbenen* können sich jedoch die Hinterbliebenen zur Wehr setzen,[1582] solange die Erinnerung an diesen noch nicht verblasst ist. Für welchen Zeitraum dies gilt, ist höchstrich- terlich noch nicht entschieden. Zu denken ist etwa - in Analogie zum Recht am eigenen Bild - an eine Zeitspanne von 10 Jahren.

Für *Wettbewerbsverstöße* gilt die Sonderregelung des § 8 Abs. 3 UWG. Danach können Unterlassungsansprüche nicht nur von den unmittelbar betroffenen Konkurrenten, sondern auch von Gewerbe- und Verbraucherschutzverbänden sowie von den Industrie- und Handelskammern und den Handwerkskammern geltend gemacht werden.[1583]

11.1.1.1 Anspruch auf Unterlassung

Dass man bei einer drohenden Rechtsverletzung verlangen kann, diese zu unterlassen, ist eigent- lich selbstverständlich, im Bürgerlichen Gesetzbuch jedoch nur für spezielle Fälle (Namens- recht, Eigentumsverletzung, Besitzstörung) ausdrücklich geregelt. In entsprechender Anwen- dung dieser Vorschriften (§§ 12, 862, 1004 BGB) hat die Rechtsprechung indessen den allge- meinen Rechtsgrundsatz entwickelt, dass jemand, dem ein Angriff auf seine Rechte *ernstlich droht*, gegen den Angreifer einen gerichtlich durchsetzbaren Anspruch auf *Unterlassung* der Rechtsverletzung hat, wenn der Angriff *unmittelbar* bevorsteht.[1584]

> Erfährt der Betroffene z. B. durch eine Vorankündigung des Verlags, dass in der nächsten Ausgabe ei- ner Zeitschrift ein Bericht über Angelegenheiten erscheinen soll, die seiner Privat- oder gar Intimsphäre zuzurechnen sind, hat er die Möglichkeit, dem Verlag die Auslieferung der Zeitschrift mit einem solchen Bericht gerichtlich - gegebenenfalls im Wege der einstweiligen Verfügung - untersagen zu lassen.

Sicher steht der Angriff unmittelbar bevor, wenn der rechtswidrige Artikel in Druck gegangen ist. Die Begehungsgefahr wird im Allgemeinen auch schon zu bejahen sein, wenn in der Redak- tion ein fertig formulierter Artikel vorliegt, über dessen Erscheinen aber noch nicht entschieden ist.[1585] Gerichtliche Unterlassungsverfügungen sind jedoch auch schon zu früheren Zeitpunkten erlassen worden: So haben Land- und Oberlandesgericht Hamburg das Vorliegen eines *Rohma- nuskripts* ebenso ausreichen lassen wie die Aufnahme von *Recherchen* zu den Umständen einer Ehescheidung.[1586] In einem Entführungsfall, in dem die Polizei zum Schutze des entführten Kindes eine so genannte „Informationssperre" verhängt hatte, erließ das Landgericht Hamburg auf Antrag der besorgten Mutter einstweilige Verfügungen gegen mehrere Hamburger Verlage und Chefredakteure - auch gegen solche, die bis dahin von der Entführung noch nicht einmal wussten.[1587] Demgegenüber vertritt das OLG Hamburg[1588] zu Recht die Auffassung, dass ein Unterlassungsanspruch nicht schon im Stadium der Recherche geltend gemacht werden kann, sondern erst wenn ein fertig formulierter Beitrag vorliegt. Dass ein Journalist, der den von einer Veröffentlichung potenziell Betroffenen im Rahmen seiner Recherche befragt, bei diesem die Befürchtung auslöst, durch den bevorstehenden Beitrag könnte er in seinen Rechten verletzt

---

[1581] BGH NJW 1980, S. 1791.
[1582] BGHZ 50, S. 136 f. - Mephisto.
[1583] Die Voraussetzungen dafür sind allerdings durch die UWG-Novelle von 1994 erheblich verschärft worden. Zu den Einzelheiten vgl. § 13 Abs. 2 UWG.
[1584] BGH NJW 1951, S. 843.
[1585] So zu Recht Burkhardt in Wenzel, Kapitel 12, Rz. 35.
[1586] So Senfft, S. 367 ff.
[1587] Berichtet von Senfft a. a. O. mit ablehnender Stellungnahme.
[1588] AfP 2000, S. 189 f.; ebenso LG Frankfurt/M. AfP 1991, S. 545 f.

werden, reicht ebenfalls nicht aus, um einen vorbeugenden Unterlassungsanspruch zu begründen.[1589]

Ist hingegen bereits ein rechtswidriger Eingriff – also eine Veröffentlichung - erfolgt, so genügt zur Begründung eines Unterlassungsanspruchs die *Wiederholungsgefahr*. Dass sie besteht, wird in einem solchen Fall im Allgemeinen ohne weitere konkrete Anhaltspunkte *vermutet*.[1590] An die Widerlegung dieser Vermutung sind strenge Anforderungen zu stellen. Die Wiederholungsgefahr entfällt jedoch, wenn die Zeitung eine *Richtigstellung* unwahrer oder missverständlicher Angaben bereits veröffentlicht hat[1591] oder eine *strafbewehrte Unterlassungserklärung* abgibt, also verspricht, die beanstandete Äußerung nicht zu wiederholen und für jeden Fall der Zuwiderhandlung gegen dieses Versprechen eine angemessene *Konventionalstrafe* zu zahlen. In einem solchen Fall kann der Verletzte jedoch zusätzlich die *Veröffentlichung* dieser Unterlassungserklärung verlangen, wenn dies zur Wiederherstellung seines Ansehens erforderlich ist.[1592]

Der von der Verbreitung einer unzulässigen Äußerung Betroffene kann nicht nur verlangen, dass der Verbreiter diese nicht wörtlich wiederholt. Um eine Umgehung dieses Verbots zu verhindern, kann er ihm auch die Verbreitung gleichartiger Äußerungen verbieten lassen. Auf die Verbreitung von Bildern ist diese Rechtsprechung jedoch nicht übertragbar.[1593]

Der Unterlassungsanspruch dient der Verhinderung rechtswidriger Eingriffe in fremde Rechte. Gegen *rechtmäßige* Berichterstattung, vor allem solche, die durch Art. 5 GG geschützt ist, weil sie öffentlichen Informationsinteressen dient, kann sich der Betroffene deshalb *nicht* mit einem Unterlassungsbegehren zur Wehr setzen. Rechtmäßig ist die Berichterstattung in den Massenmedien über ehrenrührige Vorgänge auch dann, wenn weder ihre Wahrheit noch ihre Unwahrheit feststeht, der Bericht jedoch sorgfältig recherchiert ist und an seiner Verbreitung - unterstellt, er sei wahr - ein öffentliches Informationsinteresse besteht.[1594]

Eine Zeitschrift berichtete, ein namentlich genanntes Industrieunternehmen habe „Chemiegift einfach weggekippt". Sie bezieht sich in ihrem Bericht auf eine Ordnungsverfügung der Stadt, in der der Betrieb des Unternehmens liegt. Nach dieser Ordnungsverfügung wiesen mehrere Abwasserproben in unzulässig hoher Konzentration chemische Stoffe auf, die in der Ordnungsverfügung teils als hochgiftig, teils als giftig, wassergefährdend, feuergefährlich, explosionsfähig oder übel riechend bezeichnet wurden. Der Bericht enthält auch den wesentlichen Inhalt einer Stellungnahme des Firmeninhabers zu den erhobenen Vorwürfen. Das Unternehmen bestreitet, dass die festgestellten Stoffe aus ihrem Unternehmen stammen, und behauptet, von den Abwässern sei mangels genügend hoher Konzentration keinerlei Giftwirkung ausgegangen. Es verlangte deshalb die Unterlassung der Behauptung, es habe Chemiegift einfach weggekippt. Der BGH wies die Klage ab. Er sah die Behauptung der Zeitschrift zwar nicht als erwiesen an, aber auch nicht als widerlegt. Mit der Auswertung der städtischen Ordnungsverfügung und der Berücksichtigung der Stellungnahme des Unternehmens habe die Zeitschrift ihrer Pflicht zur sorgfältigen Prüfung des Wahrheitsgehalts des Berichts genügt. Solange das Unternehmen die Unrichtigkeit des Berichtes nicht beweisen könne, sei deshalb davon auszugehen, dass dieser durch Art. 5 GG gerechtfertigt sei, weil er dem berechtigten Anliegen diene, vor der Öffentlichkeit Fragen des Umweltschutzes anzusprechen, Gefahren aufzuzeigen und Verstößen entgegenzutreten.[1595]

Erweist sich eine Behauptung trotz sorgfältiger Recherche später als unrichtig, darf sie künftig selbstverständlich nicht wiederholt werden.[1596] Einen entsprechenden Unterlassungsanspruch kann der Betroffene allerdings in solchen Fällen nur geltend machen, wenn die Redaktion zu erkennen gibt, dass sie an der Behauptung trotz ihrer Unrichtigkeit auch künftig festhalten will.

[1589] OLG Koblenz AfP 2008, S. 213 ff. = NJW-RR 2008, S. 1259 ff., mit weiteren Nachweisen.

[1590] Burkhardt in Wenzel, Kapitel 12, Rz. 8 mit weiteren Nachweisen.

[1591] OLG Karlsruhe AfP 1989, S. 542 f.

[1592] BGH NJW 1987, S. 1400 ff. , in Bestätigung einer Entscheidung des OLG Düsseldorf NJW 1986, S. 1262 ff.

[1593] BGH GRUR 2008, S. 446 f. = ‚NJW 2008, S. 3138 ff. = AfP 2008, S. 507 ff.; a.A. OLG Hamburg AfP 2008, S. 526 ff. sowie für die Veröffentlichung von Fotos Minderjähriger OLG Hamburg AfP 2008, S. 525 f.

[1594] BGH NJW 1987,S. 2226; vgl. dazu auch die Hinweise zur Beweislastverteilung bei der üblen Nachrede, oben 3.2.3.

[1595] BGH NJW 1987, S. 2225 ff.

[1596] BVerfGE 97, S. 125, 149.; BVerfG AfP 2000, S. 351.

Denn eine Wiederholungsgefahr lässt sich aus der Erstveröffentlichung allein nicht ableiten, wenn die Redaktion auf Grund sorgfältiger Recherche von ihrer Richtigkeit ausgehen durfte.[1597]

Der Unterlassungsanspruch kann im Eilverfahren durchgesetzt werden, wenn dies erforderlich ist, um eine bevorstehende Veröffentlichung noch rechtzeitig zu stoppen (§ 935 ZPO). Eine einstweilige Verfügung wird erlassen, wenn der Antragsteller neben der Eilbedürftigkeit seinen Unterlassungsanspruch *glaubhaft* macht (§§ 936, 920 Abs. 2 ZPO). Das geschieht in der Praxis häufig mit Hilfe eidesstattlicher Erklärungen. Stellt sich nachträglich heraus, dass die Verfügung auf Grund der Angaben des Antragstellers zu Unrecht erlassen worden ist, hat dieser den daraus entstandenen Schaden zu ersetzen (§ 945 ZPO).

Selbstkontrollfrage 11 / 1:

In einem Bericht der Badischen Zeitung „Wie Rechtsradikale salonfähig werden wollen" wird behauptet, zu den Mitarbeitern der Zeitung „Junge Freiheit" gehörten auch Vertreter der Freien Arbeiterpartei (FAP), „einer rechts-extremen Organisation, deren Verbot die Bundesregierung anstrebt." Die Badische Zeitung stützt diese Behauptung nicht auf das Ergebnis eigener Recherchen, sondern auf einen sechs Wochen zuvor erschienenen Artikel der taz, den die „Junge Freiheit" bislang nicht öffentlich dementiert hat. Gegenüber der Badischen Zeitung bezeichnet sie die Behauptung jedoch als unwahr und verlangt, sie künftig zu unterlassen. Zu Recht?

Handelt der Verlag einer gerichtlichen Verurteilung zur Unterlassung zuwider, drohen den Verantwortlichen Ordnungsgeld oder Ordnungshaft.

> Entgegen einer einstweiligen Verfügung des Landgerichts setzte der Verlag die Veröffentlichung des Fortsetzungsromans „Das große Finale" fort. Daraufhin verurteilte das Gericht den Verlag zur Zahlung eines Ordnungsgeldes in Höhe von 100.000 DM. Das vom Verlag gegen diese Entscheidung eingelegte Rechtsmittel blieb erfolglos. Das OLG Köln erhöhte vielmehr das Ordnungsgeld auf 150.000 DM mit der Erwägung, dass bei Zuwiderhandlungen, die in gewerblicher Absicht erfolgen, möglichst der mit ihnen erstrebte Gewinn abzuschöpfen sei.[1598]

Zur Sicherung des Unterlassungsanspruchs gegen die erneute Verbreitung von Fotos, durch die das Recht des Abgebildeten am eigenen Bild bereits verletzt wurde, kommt auch ein Anspruch auf Herausgabe des Bildmaterials in Betracht. Der Anspruch entfällt allerdings, wenn zu erwarten ist, dass das Material in späterer Zeit verwendet werden darf.[1599]

11.1.1.2 Berichtigungsansprüche

Während Unterlassungsansprüche gegen jede rechtswidrige Äußerung geltend gemacht werden können, richten sich Berichtigungsansprüche auf die Richtigstellung *unwahrer Tatsachenbehauptungen.*[1600]

Berichtigungsansprüche können deshalb nur demjenigen gegenüber geltend gemacht werden, der eine unrichtige Tatsachenbehauptung aufgestellt oder verbreitet hat. *Nicht* erforderlich ist, dass die Unwahrheit *explizit* behauptet wurde. Eine Berichtigung kann auch verlangt werden, wenn durch die Berichterstattung lediglich ein *falscher Eindruck* entstanden ist.

> Eine Titelgeschichte des *Spiegel* mit der Überschrift „Da gibt es allerhand Ganoven" berichtete über Straftaten, die Polizeibeamte im Dienst begangen hatten. Dieser Artikel war mit Bildern von Polizisten illustriert, die mit den geschilderten Straftaten nichts zu tun hatten. Einer der Abgebildeten verlangte vom

---

[1597] BGH VersR 1986, S. 1075 ff. ; BGH AfP 1987, S. 597 ff.
[1598] OLG Köln AfP 1983, S. 402 ff.
[1599] OLG Hamburg AfP 1997, S. 535 ff.
[1600] Allgemeine Auffassung; beispielhaft OLG Düsseldorf NJW 1988, S. 1391 f.; Zur Abgrenzung von Tatsachenbehauptungen und Werturteilen bzw. Meinungsäußerungen vgl. oben S. 63 ff.

Spiegel mit Erfolg die Veröffentlichung einer Erklärung, dass die in dem Artikel erhobenen Vorwürfe sich nicht auf ihn beziehen.[1601]

Bei Verstorbenen können die Angehörigen Berichtigungsansprüche nur geltend machen, wenn dessen Lebensbild *grob entstellt* wurde.[1602]

Den *Nachweis der Unrichtigkeit* hat der Anspruchsteller zu führen, und zwar auch in den Fällen übler Nachrede.[1603] Auf die Frage, ob der Anspruchsgegner *bewusst* die Unwahrheit verbreitet hat, kommt es hingegen ebenso wenig an wie darauf, ob er die Unwahrheit überhaupt *erkennen* konnte. Auch wenn sich die Unwahrheit einer Tatsachenbehauptung erst nach der Veröffentlichung herausstellt, ist diese zu berichtigen, soweit dies erforderlich ist, um eine fortdauernde Rufbeeinträchtigung des Betroffenen zu beseitigen.

Hat eine Redaktion die falsche Tatsachenbehauptung selbst *aufgestellt* oder sich eine solche zu Eigen gemacht, kann der Betroffene von der Zeitung oder dem Sender den *Widerruf*, die *Rücknahme* oder die *Richtigstellung* der Behauptung verlangen. Bei verdeckten Tatsachenbehauptungen oder verzerrten Darstellungen kommt auch eine *Klarstellung* oder eine *Ergänzung* in Betracht. Hat sie lediglich fremde Behauptungen weitergegeben, kann sie verpflichtet werden, sich von diesen zu distanzieren oder diese richtig zu stellen.

Wird der Leserschaft in einer ehrkränkenden Pressereportage durch Auslassung oder Verzerrung wesentlicher Umstände eine *einseitige* Vorstellung über einen Vorgang vermittelt, kann der Betroffene eine *Richtigstellung* verlangen.[1604]

Die verlangte Richtigstellung darf ihrerseits nicht irreführend sein.[1605]

Selbstkontrollfrage 11/2:

In der Bild-Zeitung wird unter der Überschrift „Der Liebesterrorist. Er will Sex mit Polizistin einklagen", u.a. ausgeführt, die Mutter der betroffenen Kommissarin habe gegenüber BILD geäußert: „Dieser Irre soll aufhören, unsere Tochter zu terrorisieren." Der Betroffene behauptet, das Zitat sei frei erfunden und verlangt den Abdruck eines entsprechenden Widerrufs. Zu Recht ?

Berichtigungsansprüche *entfallen* bei einer *freiwilligen Richtigstellung*, durch die die Redaktion die falsche Meldung korrigiert. Die Richtigstellung muss in einer Weise erfolgen, die die gleiche Aufmerksamkeit erregt wie die Erstmitteilung.

Dazu ist nicht zwingend erforderlich, dass sie in demselben Teil erscheint. So hat das OLG Düsseldorf es beispielsweise für ausreichend gehalten, dass eine Zeitschrift das Protestschreiben des Betroffenen in der Leserbriefspalte zusammen mit der deutlichen Bestätigung der Redaktion abdrucke, dass es sich bei der Veröffentlichung um eine Verwechslung handelte.[1606] Haben Presse oder Rundfunk eine nicht erweislich wahre ehrenrührige Tatsachenbehauptung in Wahrnehmung berechtigter Interessen verbreitet[1607] und stellt sich später die Unwahrheit dieser Behauptung heraus, so sind sie verpflichtet, die fortdauernde Beeinträchtigung des Betroffenen zu beseitigen. Das kann durch eine Berichtigung oder durch die Erklärung geschehen, dass die Behauptung nach der inzwischen erfolgten Klärung des Sachverhalts nicht mehr aufrechterhalten wird.[1608]

[1601] LG Stuttgart AfP 1983, S. 294 ff.
[1602] BGH NJW 1974, S. 1371.
[1603] BGH NJW 1974, S. 714 – Arbeitsrealitäten; OLG München NJW-RR 1996, S. 1487 ff. (1490) – „Sex-Papst"; streitig! Nachweise - auch abweichender Entscheidungen (Bundesarbeitsgericht, Verwaltungsgericht Düsseldorf) - bei Gamer in Wenzel, Kapitel 13, Rdz. 19.
[1604] BGH NJW 1961, S. 1913 f.
[1605] Vgl. z.B. OLG Hamburg AfP 2006, S. 77.
[1606] OLG Düsseldorf AfP 1997, S. 711 ff.
[1607] Zu den Voraussetzungen einer solchen Rechtfertigung vgl. oben S. 76 f.
[1608] BGH NJW 1960, S. 672.

Ist die unwahre Tatsachenbehauptung auf der Titelseite verbreitet worden, kann der Betroffene verlangen, dass auch der Widerruf bzw. die Richtigstellung auf der Titelseite veröffentlicht wird. Die Gestaltung des Widerrufs (Platzierung, Schriftgröße) soll einerseits den Grad an Aufmerksamkeit erzeugen, den auch die bekämpfte Behauptung erregt hat, andererseits muss auf der Titelseite aber auch noch ausreichend Raum für Hinweise auf andere Heftbeiträge bleiben.[1609]

Selbstkontrollfrage 11/3:

In einem Bericht über einen Streit, in dessen Verlauf die 17jährige O. von einer 19jährigen durch einen Messerstich getötet worden war, hieß es in dem *R.Anzeiger* vom 5. 1. u. a.: „Schon in der Vergangenheit hatte es innerhalb des Freundeskreises, in dem sich jetzt das Drama abspielte, Eifersüchteleien gegeben. Wie die Polizei gestern bestätigte, war die 17jährige Schülerin vor etwa einem halben Jahr mit einem Messer auf ihren damaligen Freund losgegangen und hatte diesen nicht unerheblich verletzt." Am 9.1. verlangte der Vater des getöteten Mädchens von dem *R.Anzeiger* Unterlassung und Widerruf dieser Darstellung einschließlich der Angabe, die Polizei habe sie bestätigt. Am 11.1. erschien daraufhin im *R.Anzeiger* unter der Überschrift „O. war auch im Mai das Opfer" ein Artikel, in dem unter Wiederholung der Meldung vom 5.1. berichtet wurde: „Inzwischen steht allerdings fest, dass sich die Polizei mit diesen ihren Angaben geirrt hatte. Wie die Kriminalpolizei gestern auf nochmalige Anfrage bestätigte, war die tote 17jährige im Mai vergangenen Jahres nicht Täterin, sondern das Opfer. O. wurde damals leicht verletzt, als eine eifersüchtige Ehefrau ihren Mann wegen dessen angeblicher Untreue mit einem Küchenmesser attackierte. " Der Vater der O. besteht darauf, dass die Zeitung ihre Behauptung vom 5.1. widerruft, die Polizei habe damals den von ihr zunächst beschriebenen Vorgang bestätigt.
Zu Recht ?

Berichtigungsansprüche entfallen, wenn keine Rufbeeinträchtigung mehr vorliegt. Das ist nach Ansicht des LG Hamburg in der Regel dann der Fall, wenn die Veröffentlichung bei Erhebung der Klage schon mehr als ein Jahr zurückliegt.[1610]

11.1.1.3 Zahlungsansprüche

Die Verletzung fremder Rechte kann schließlich auch Zahlungsansprüche auslösen. In Betracht kommen ein Anspruch auf Herausgabe einer ungerechtfertigten Bereicherung und ein Schadensersatzanspruch.

11.1.1.3.1 Anspruch auf Herausgabe einer ungerechtfertigten Bereicherung

Beutet jemand ein fremdes Persönlichkeitsgut wirtschaftlich aus, ohne dazu berechtigt zu sein, so hat er sich auf Kosten des Betroffenen ungerechtfertigt bereichert. Der Betroffene kann deshalb von ihm die Zahlung des Honorars verlangen, das für eine solche Nutzung üblicherweise gezahlt wird. Daneben kommt auch ein Anspruch auf Herausgabe des *Gewinns* in Betracht, der durch die unberechtigte Nutzung des Persönlichkeitsrechts erzielt worden ist.

Eine Redaktion kann Bereicherungsansprüche vor allem dadurch auslösen, dass sie einen fremden Artikel abdruckt,[1611] eine fremde Marke oder einen fremden Titel benutzt, ein Personenbildnis verwendet oder eine Person zu Werbezwecken einsetzt - jeweils ohne dazu befugt zu sein, also etwa die Einwilligung der Betroffenen eingeholt zu haben.

[1609] BGH AfP 1995, S. 411 ff.
[1610] LG Hamburg AfP 2007, S. 273 ff.
[1611] Zu den Zahlungsansprüchen bei einer Verletzung des Urheberrechts vgl. oben S. 221 f.

So kann der ohne seine Einwilligung rechtswidrig Abgebildete in den Fällen, in denen die Veröffentlichung seines Bildnisses üblicherweise nur gegen Honorar gestattet wird, das für solche Abbildungen übliche Honorar verlangen.[1612] Gegen diesen Bereicherungsanspruch kann derjenige, der das Bild ohne Einwilligung des Abgebildeten benutzt hat, nicht einwenden, bei Kenntnis der Honorarforderung hätte er auf die Abbildung verzichtet. Er muss vielmehr den von ihm geschaffenen Zustand gegen sich gelten lassen.[1613] Auch dass der Abgebildete die Verwendung seines Bildes zu Werbezwecken gar nicht hätte genehmigen dürfen, weil er z. B. durch arbeitsvertragliche Verpflichtungen daran gehindert gewesen wäre, steht einem solchen Anspruch nicht entgegen.[1614]

Diese Grundsätze gelten nicht nur für Werbeanzeigen, sondern auch für die redaktionelle Berichterstattung.[1615] Für den Abdruck von Fotos, die Alltagsgeschehen zeigen (Straßenszenen o. ä.), gilt dies allerdings nicht, da *Honorare* dafür weder bei „Nobodies",[1616] noch bei Fotomodellen[1617], Prominenten[1618] oder deren Angehörigen[1619] üblich sind.

Zur Ermittlung der Höhe des Zahlungsanspruchs kann dem Betroffenen ein Auskunftsanspruch gegen den Verlag oder Sender zustehen.

> Dieser kann sich beispielsweise darauf richten zu erfahren, in welchem Umfang die inkriminierte Schrift hergestellt und verbreitet worden ist.

Der ungenehmigte Einsatz einer Person zu Werbezwecken löst auch nach deren Tod noch Bereicherungsansprüche aus. Der Schutz gegen die Vermarktung endet erst 10 Jahre nach dem Tod.

11.1.1.3.2 Ersatz materiellen Schadens

Ist durch eine *rechtswidrige* und *schuldhafte* Rechtsverletzung ein materieller Schaden verursacht worden, so hat der Schädiger dem Geschädigten diesen vollständig zu ersetzen.

> Wird in einer Zeitung ein ohne Einwilligung des Betroffenen hergestelltes Foto veröffentlicht, das diesen beim Sonnenbad unter Nackten im Englischen Garten zeigt, und gelingt es dem Abgebildeten nachzuweisen, dass er wegen dieser Veröffentlichung die Beförderungsstelle nicht erhielt, so kann er den ihm dadurch entgangenen Gehaltszuwachs als materiellen Schaden geltend machen.[1620]

Als materieller Schaden kommt auch die Minderung des Unternehmensgewinns in Betracht, der dadurch entstanden ist, dass unrichtige Behauptungen über das Unternehmen bzw. dessen Produkte zu Umsatzeinbußen geführt haben. Ein solcher Schaden kann eine ganz erhebliche Höhe erreichen.

> So wurde das Land Baden-Württemberg dazu verurteilt, der Firma Birkel den Schaden zu ersetzen, der dadurch eingetreten war, dass in einer Pressemitteilung des Landes der unrichtige Eindruck erweckt worden war, Nudeln dieser Firma seien mit verdorbenem Flüssigei aus Holland hergestellt worden.[1621] Die Höhe des Schadens soll sich in diesem Fall auf eine zweistellige Millionensumme belaufen haben.

Soweit der Geschädigte Aufwendungen getätigt hat, um einen Schadenseintritt zu verhindern oder gering zu halten, kann er auch diese ersetzt verlangen.

[1612] BGH NJW 1956, S. 1555 f. ; OLG Karlsruhe NJW 1989, S. 401 f.
[1613] BGH NJW 1979, S. 2206.
[1614] OLG Hamburg AfP 1983, S. 283.
[1615] Vgl. LG Hamburg AfP 1995, S. 526 ff. - Nena.
[1616] AmtsG Hamburg AfP 1991, S. 659 f.
[1617] AmtsG Hamburg AfP 1995, S. 528.
[1618] OLG Hamburg AfP 1995, S. 504 f.
[1619] OLG Hamburg ZUM 1995, S. 202 ff.
[1620] OLG München NJW 1988, S. 915 f.
[1621] OLG Stuttgart AfP 1990, S. 145 ff.

Selbstkontrollfrage 11/4:

In einer Zeitschrift wird berichtet, H. - ein bekannter, glücklich verheirateter Schlagersänger - habe eine uneheliche Tochter, deren Mutter in Ägypten ermordet worden sei, weigere sich aber, seine Vaterschaft anzuerkennen. H. hat gegen die Zeitschrift erfolgreich auf Unterlassung dieser Behauptung geklagt. Nunmehr verlangt er von ihr - außer einem Schmerzensgeld - Zahlung von DM 10.000 als Schadensersatz: Als er von der bevorstehenden Veröffentlichung erfahren habe, habe er seinen Manager damit beauftragt, alles ihm Mögliche zu unternehmen, um die Sache abzuwenden oder in ihren Auswirkungen abzumildern. Dieser habe daraufhin mit hohem Zeit- und Geschäftsaufwand ca. zwei Wochen lang Anfragen von Presse und Plattenindustrie beantwortet, Rundfunk- und Fernsehauftritte von H. organisiert, um diesem die Möglichkeit zu Richtigstellungen zu geben, und Nachforschungen nach dem mutmaßlichen wirklichen Kindsvater durchgeführt. Als Gegenleistung habe er ihm eine pauschale Aufwandsentschädigung von 10.000 DM gezahlt. Diesen Betrag will er von der Zeitschrift ersetzt haben. Zu Recht ?

Bild hatte die Behauptung aufgestellt und verbreitet, das Putzen der Zähne mit der alkoholhaltigen Zahnpasta *Duro-Alkohol* könne beim anschließenden Blasen in eines der von der Verkehrspolizei verwendeten Alkoholteströhrchen zu einer Verfärbung führen, die einen Blutalkoholgehalt von über 0,8 Promille signalisiere, ohne darauf hinzuweisen, dass diese Wirkung bereits nach 15 Minuten wieder verschwunden ist. Die Herstellerin dieser Zahncreme beauftragte daraufhin eine Werbeagentur, in *Bild* eine Anzeige zu veröffentlichen, in der es hieß, die tägliche Pflege mit Alkohol-Zahncreme sei der beste Schutz gegen Karies, die Zahncreme werde nur im Mund aktiv und gehe nicht ins Blut. Die Aufwendungen für diese Anzeige verlangte sie anschließend von *Bild* ersetzt. Der Bundesgerichtshof sprach ihr lediglich die Hälfte der geltend gemachten Aufwendungen zu: Soweit die Anzeige dazu diene, den von der Zeitung erweckten unrichtigen Eindruck sicherzustellen, sei der Erstattungsanspruch begründet, nicht jedoch, soweit die Klägerin die Gelegenheit ergriffen habe, zugleich auf die gegen Karies schützende Wirkung des Alkohols hinzuweisen.[1622]

Veröffentlicht eine Zeitung eine falsche Information ohne ausreichende Recherche, kann sie von dem Informanten den Aufwand für die erforderlich gewordene Richtigstellung auch dann nicht ersetzt verlangen, wenn sie von ihm vorsätzlich getäuscht worden ist („Verstehen Sie Spaß?"). Denn diesen Schaden hat sie sich selbst zuzuschreiben (Selbstschädigung). Führt die Falschmeldung hingegen bei der Zeitung zu einer aufwendigen Recherche und unterbleibt daraufhin ihre Veröffentlichung, kann die Zeitung die vergebens aufgewendeten Kosten von dem Informanten ersetzt verlangen.[1623]

11.1.1.3.3 Geldentschädigung (Schmerzensgeld)

Ehrverletzungen und Eingriffe in das Persönlichkeitsrecht verursachen in vielen Fällen keinen nachweisbaren *materiellen* Schaden. So wird beispielsweise ein Künstler, über dessen Intimleben unzulässigerweise Einzelheiten publiziert worden sind, kaum je nachweisen können, dass er dadurch berufliche Nachteile erlitten hat, die zu einer Minderung seines Einkommens geführt haben. Sind die Angaben nicht erweislich unwahr, kann der Betroffene noch nicht einmal Berichtigungsansprüche geltend machen. Erfährt er - wie dies regelmäßig der Fall sein wird - erst von der Veröffentlichung, wenn das Blatt am Kiosk ist, wären seine Ansprüche darauf beschränkt, von den Verletzern zu verlangen, die bereits veröffentlichten Angaben über sein Privatleben künftig nicht zu wiederholen. Ein wirksamer Schutz gegen Persönlichkeitsrechtsverletzungen wäre auf diese Weise nicht zu gewährleisten. Dasselbe gilt für Ehrverletzungen. Aus diesem Grund sind die Zivilgerichte in den fünfziger Jahren dazu übergegangen, den Betroffenen einen Anspruch auf Zahlung einer Entschädigung in Geld zuzusprechen.[1624] Diese Recht-

---

[1622] BGH AfP 1978, S. 29 ff.
[1623] OLG München AfP 1999, S. 70 f.
[1624] BGHZ 26, S. 349 ff. - Herrenreiter.

sprechung ist durch das Bundesverfassungsgericht gebilligt worden.[1625] Nach inzwischen gefestigter Rechtsprechung ist heute davon auszugehen, dass schuldhafte schwere Verletzungen des Persönlichkeitsrechts Entschädigungsansprüche auslösen, wenn die erlittene Beeinträchtigung sich nicht in anderer Weise befriedigend ausgleichen lässt.[1626] Ob auch Unternehmen, Vereine oder andere Verbände Entschädigungsansprüche aus Äußerungsdelikten geltend machen können, ist streitig,[1627] richtiger Ansicht nach aber zu verneinen.[1628] Denn Verbände können keine „Unbill" (im Sinne von psychischem Unwohlsein) erleiden, die für die Zubilligung einer Geldentschädigung (analog zum „Schmerzensgeld") vorauszusetzen ist. Ebenso wenig können sie über die Zubilligung einer Geldentschädigung Genugtuung empfinden.[1629]

Entschädigungsansprüche entstehen nur bei *schwerwiegenden Eingriffen* in das Persönlichkeitsrecht.

Ehrverletzungen werden regelmäßig als schwerwiegende Eingriffe anzusehen sein.[1630] Deshalb löst auch die Vorverurteilung eines Unschuldigen einen Entschädigungsanspruch aus.[1631]

Dasselbe gilt für Verletzungen der Intimsphäre und der Geheimsphäre, etwa durch Veröffentlichung eines abgehörten privaten Telefongesprächs.[1632]

Ob die Berichterstattung aus der Privatsphäre so schwerwiegend ist, dass sie einen Entschädigungsanspruch rechtfertigt, hängt vom Einzelfall ab.

So hat das OLG Hamburg[1633] dem Ehemann einer Sängerin 10.000 € als Entschädigung dafür zugesprochen, dass eine Zeitschrift „schmutzige Details aus seiner Scheidungsakte" veröffentlicht hatte. Die Zeitschrift hatte berichtet, die griechische Zeitschrift AVANTI habe Auszüge aus der „Scheidungsklage" der Ehefrau veröffentlicht und deren Inhalt dann, teilweise wörtlich, wiedergegeben.

Der auf die Berichterstattung in der englischen Presse gestützte Hinweis, ein – namentlich genannter - Prominenter sei von einem Londoner Gericht „wegen Ehebruchs" geschieden worden, reicht demgegenüber zur Begründung einer Entschädigungsforderung nicht aus.[1634]

Die unzutreffende Äußerung, jemand leide möglicherweise an AIDS, kann einen Entschädigungsanspruch auslösen.[1635] Demgegenüber reicht der unwahre Bericht über eine Prominente, sie beabsichtige, ihren langjährigen Freund demnächst zu heiraten, nach Ansicht des Hanseatischen Oberlandesgerichts nicht aus.[1636]

Unerlaubte Berichte aus der Sozialsphäre reichen zur Begründung eines Entschädigungsanspruchs in der Regel nicht aus.

Bild berichtete im Jahre 1975 unter Namensnennung darüber, dass ein zweieinhalbjähriges Mädchen einen Sturz aus einem Fenster der Familienwohnung aus 10 Meter Höhe überlebt hatte. Dabei zitierte sie den Polizeibericht, nach dem die Kleine auf das Fensterbrett geklettert sein und das Fenster geöffnet haben müsse, während die Mutter arbeiten gegangen war. Das OLG Köln[1637] sah in diesem Bericht einen rechtswidrigen Eingriff in das allgemeine Persönlichkeitsrecht der betroffenen Familie, da an ihrer Identifizierung keinerlei Interesse bestanden habe, lehnte es jedoch ab, ein Schmerzensgeld zuzubilligen. Es wertete die Peinlichkeit, die für die Eltern damit verbunden war, als nicht so erheblich, dass diese Beeinträchtigung in Geld abgefunden werden müsste.

[1625] BVerfGE 34, S. 269 ff. - Soraya.
[1626] Zur Bestätigung dieser Rechtsprechung vgl. BVerfG NJW 2004, S. 591 f. sowie 592 f.
[1627] Der Streitstand ist bei Klippel, S. 634 f., dargestellt.
[1628] OLG Frankfurt/M. AfP 2000, S. 576 ff.
[1629] Wie hier Klippel, S. 635.
[1630] Vgl. z. B. LG Berlin AfP 1994, S. 324 ff. (rechtswidrige Verwendung fremder Gelder), OLG Karlsruhe NJW-RR 1995, S. 477 ff. (Hochstapler).
[1631] So hat z.B. das OLG Dresden einem Beschuldigten aus dem Drogen- und Rotlichtmilieu, der von der Bild-Zeitung zu Unrecht als Täter eines Doppelmordes dargestellt worden war, 2003 eine Entschädigung in Höhe von 7.500 € zugesprochen, OLG Dresden NJW 2004, S. 1181 ff.
[1632] BGH JZ 1979, S. 351.
[1633] OLG Hamburg AfP 2008, S. 411 ff.
[1634] BGH AfP 1999, S. 350.
[1635] OLG Hamburg AfP 1987, S. 703 ff.
[1636] AfP 1999, S. 68 ff.
[1637] OLG Köln AfP 1978, S. 148 f.

Die Veröffentlichung eines „unverfänglichen" Gelegenheitsfotos aus der Öffentlichkeits- oder Sozialsphäre begründet einen Entschädigungsanspruch nur bei einer wiederholten und hartnäckigen Verletzung des eigenen Bilds, die um des wirtschaftlichen Vorteils willen erfolgt.[1638] Das gilt sowohl für die Abbildung von Prominenten[1639] wie auch von „Nobodies".[1640] Selbst der (einmalige) Einsatz eines Pressefotos zu Werbezwecken löst nach Ansicht des OLG Hamburg[1641] nicht ohne weiteres einen Entschädigungsanspruch aus.[1642]

Demgegenüber kann die Veröffentlichung eines Fotos, das den Abgebildeten zu Unrecht in einen gedanklichen Zusammenhang mit verantwortungslosen, gefährlichen oder verbotenen Verhaltensweisen bringt, zur Forderung einer Geldentschädigung ausreichen.

Beispiel:
In einer auflagenstarken Publikumszeitschrift war auf einem Unfallfoto auch ein am Unfall unbeteiligter Zeuge zu sehen. Dem Abgebildeten sprach das OLG Karlsruhe ein Schmerzensgeld von 3.000 DM zu.[1643]

Auch das Verhalten des Betroffenen vor der Veröffentlichung wird bei der Wertung der Schwere des Eingriffs berücksichtigt. Eigenes Fehlverhalten kann dabei ebenso von Bedeutung sein wie der Umstand, dass der Betroffene die Vorgänge selbst öffentlich gemacht hat.[1644]

So hat das Landgericht Schweinfurt[1645] beispielsweise die Schmerzensgeldforderung einer Leserin der Zeitschrift „DM" zurückgewiesen, deren Erfahrungen mit einer Teilzahlungsbank in einem Artikel über Ratenkredite unter Nennung ihres Namens veröffentlicht worden waren. Dabei berücksichtigte das Gericht den Umstand, dass die Leserin ihren Fall der Redaktion freiwillig mitgeteilt hatte, um von dort Rat und Hilfe zu erbitten. Da sie nicht um Vertraulichkeit gebeten habe, habe sie damit rechnen müssen, dass ihr Brief oder die darin enthaltene Information unter Nennung ihres Namens veröffentlicht würde.

Hat sich jemand nackt inmitten einer größeren Anzahl von ebenfalls unbekleideten Sonnenbadern an einem öffentlichen Fußweg aufgehalten und sich damit einer - wenn auch begrenzten - Öffentlichkeit präsentiert, so stellt sich die Veröffentlichung eines in dieser Situation gemachten Fotos nach Ansicht des Oberlandesgerichts München[1646] nicht als schwerwiegende Persönlichkeitsverletzung dar, die eine Geldentschädigung rechtfertigt.

Auch die ungenehmigte Veröffentlichung der Nacktaufnahme eines professionellen Nacktmodells rechtfertigt in der Regel keine Geldentschädigung.[1647] Anders verhält es sich hingegen, wenn ein Fotograf am Strand von einer Frau ohne deren Wissen eine „Oben ohne"-Aufnahme anfertigt und diese Aufnahme später in einer Illustrierten veröffentlicht wird, die im wesentlichen Themen mit eindeutig sexuellem Bezug behandelt. In einem solchen Fall hat das OLG Oldenburg[1648] der Abgebildeten ein Schmerzensgeld in Höhe von 4.000 DM zugebilligt.

Im Bereich des Ehrenschutzes wird selbst eine „kräftige" Beleidigung von der Rechtsprechung nicht als schwere Verletzung angesehen, wenn der Verletzte selbst eine Lage geschaffen hatte, die vom Verletzer als Herausforderung verstanden werden konnte.

Nachdem der Schriftsteller und Publizist Kurt Ziesel öffentlich heftige Kritik an Sendungen des Bayerischen Rundfunks geübt hatte, in der er diesem vorwarf, er vertrete „die Interessen der kommunistischen Landräuber", strahle „Hetzfeldzüge gegen die Vertriebenenverbände" aus und lasse „ungeahndet Antikommunisten als braun verleumden, anderseits decke er die Verherrlichung kommunistischer Bandenführer wie Karl Liebknecht und Rosa Luxemburg", veröffentlichte der damalige Chefredakteur und Hauptabteilungsleiter Politik beim Norddeutschen Rundfunk einen Zeitungsartikel, in dem Ziesel vorgeworfen wurde, er wisse „die Dreckschleuder mindestens so gut zu führen wie die Feder", preise „kaum

---

[1638] BGH AfP 1996, S. 138 ff.; BGH NJW 2005, S. 215 ff.; LG München I AfP 2008, S. 420 f. für Mutter-Kind-Fotos.

[1639] OLG Hamburg AfP 1995, S. 504.

[1640] AmtsG Bonn, AfP 1990, S. 64 f.; LG Bochum AfP 2007, S. 261 f. – Kopftuch.

[1641] OLG Hamburg v. 2. 3. 1995 - 6 U 1350/93

[1642] In einem solchen Fall kommt allerdings die Forderung der üblichen Vergütung als Bereicherungsanspruch in Betracht.

[1643] OLG Karlsruhe ZUM 1990, S. 91 ff.

[1644] OLG Naumburg AfP 2006, S. 70 ff.

[1645] LG Schweinfurt AfP 1981, S. 367.

[1646] OLG München AfP 1986, S. 69 ff.

[1647] AmtsG Hamburg AfP 1991, S. 658 f.

[1648] OLG Oldenburg NJW 1989, S. 400 f.

verhüllt den abgefeimten Mord" und sei ein „Verleumder auf schlimmem Niveau". Der Bundesgerichtshof stimmte dem Oberlandesgericht darin zu, dass mit diesen Formulierungen auch die weiten Grenzen, die dem Recht auf freie Meinungsäußerung im politischen Meinungsstreit gezogen sind, deutlich
überschritten seien, vertrat jedoch - gegen das Oberlandesgericht - die Auffassung, dass diese Überschreitung wegen der Herausforderung, die das vorherige Verhalten des Klägers (Ziesel) dargestellt
habe, nicht so schwer wiege, dass eine Schmerzensgeldforderung berechtigt sei.[1649]

Demgegenüber stellt die unwahre Behauptung, Markus Wolf sei als „Drahtzieher des Todes" für die Li-
quidierung einer Reihe namentlich genannter Regimegegner verantwortlich gewesen, trotz seiner früheren Tätigkeit im Ministerium für Staatssicherheit der DDR eine schwere Verletzung seines Persönlichkeitsrechts dar. Das Landgericht Hamburg hat ihm dafür ein Schmerzensgeld von DM 25.000 zugesprochen.[1650]

Auch der Umstand, dass einem Bundestagsabgeordneten ein Mehrfamilienhaus gehört, in dem teilweise Wohnungsprostitution betrieben wird, rechtfertigt es nicht, den Betroffenen in einer Boulevardzeitung
als „Puff-Politiker" anzuprangern. Eine entsprechende Kampagne in drei aufeinander folgenden Ausgaben unter Verwendung von Fotos Prostituierter, mit denen der Betroffene nichts zu tun hat, stellt nach
Ansicht des Landgerichts Berlin eine schwere Persönlichkeitsverletzung dar, die eine Geldentschädigung von 20.000 € rechtfertigt. Die Berufung der Zeitung blieb erfolglos.[1651]

Selbstkontrollfrage 11/5:

M. war im Jahre 1979 mit dem bekannten Sänger Leonard befreundet und hatte mit ihm damals
einige Zeit auf einer griechischen Insel verbracht. Dort entstanden auch mehrere Fotos von den
beiden. Eines davon zeigt Leonard neben M., die barbusig auf dem Bett liegt. Dieses Foto erwarb
eine Illustrierte und veröffentlichte es im Jahre 1979. Anlässlich einer weiteren Deutschlandtour-
nee Leonards im Jahre 1984 holte die Redaktion der Illustrierten dieses Foto aus dem Archiv
hervor und veröffentlichte es erneut, diesmal mit der Bildunterschrift: „Auf der griechischen Insel
Mykonos entspannt sich Leonard mit wechselnden Freundinnen. "
Für diese - zweite - Veröffentlichung verlangt M. von dem Verlag eine Geldentschädigung in
Höhe von 10.000 DM. Zu Recht ?

Nicht jedes ungewöhnliche Verhalten stellt jedoch bereits eine journalistische Herausforderung
dar, die Beeinträchtigungen des Persönlichkeitsrechts als weniger gravierend erscheinen lässt.

Der Umstand, dass ein katholischer Geistlicher auffälliges Interesse für eine verheiratete Frau zeigt und
damit Anlass für Gerüchte und Spekulationen bietet, darf von der Presse nicht genutzt werden, um das
Bedürfnis der Leser nach Unterhaltung und Sensation zu befriedigen. Deshalb stellt ein - nicht ausreichend recherchierter - Artikel „Scheidung, als der Priester über Nacht blieb" in Bild eine schwere Ehrverletzung dar, die die Zubilligung eines Schmerzensgeldes rechtfertigt.[1652]

Der Entschädigungsanspruch setzt ferner voraus, dass die Verantwortlichen ein *schweres Verschulden* trifft. Ein schweres Verschulden liegt vor, wenn die Verantwortlichen die Rechtsverletzung *vorsätzlich* begangen oder sich zum Zwecke der Auflagensteigerung über rechtliche
Bedenken *leichtfertig* hinweggesetzt haben. Demgegenüber entfällt der Anspruch, wenn sie nach
sorgfältiger Recherche von der Zulässigkeit ihres Tuns überzeugt sein durften oder ihnen lediglich
leichte Fahrlässigkeit zur Last gelegt werden kann.

Der Anspruch auf Zahlung einer Geldentschädigung entfällt, wenn die Beeinträchtigung in
anderer Weise befriedigend ausgeglichen worden ist. Bei einer unrichtigen Veröffentlichung
kann das zum Beispiel der Fall sein, wenn die Zeitung alsbald einen Widerruf veröffentlicht und
damit die Wirkung der unrichtigen Erstmitteilung frühzeitig beseitigt hat.[1653]

[1649]Vgl. einerseits BGH AfP 1971, S. 132 ff. , andererseits BGH AfP 1996, S. 138 ff.
[1650] AfP 1994, S. 163 f.
[1651] KG AfP 2008, S. 407 ff.
[1652] BGH AfP 1988, S. 34 f.
[1653] BGH NJW 1970, S. 1077. ; ebenso OLG Köln AfP 1991, S. 427 ff.

Selbstkontrollfrage 11/6:

Nachdem in einer Zeitschrift unter dem Titel „Stein des Anstoßes" ein bebilderter Bericht über die Geburtstagsfeier eines „ewig Gestrigen" erschienen war, verlangte der Betroffene von der Zeitschrift, dem Fotografen und dem Textautor ein Schmerzensgeld. Er begründete seinen Anspruch damit, dass sich die beiden Journalisten in die private Feier, zu der nur geladene Gäste zugelassen gewesen seien, eingeschlichen hätten. Auf sein Befragen hätten sie sich nämlich als Mitarbeiter der Zeitschrift *Der Jäger* ausgegeben und versichert, für keine andere Zeitschrift tätig zu sein. Zum Ablauf der Geburtstagsfeier gehörte der Gang zu einem Gedenkstein, den der Kläger zur Erinnerung an die Hochrhön-Aufforstung im Wald hatte aufstellen lassen, das Singen des Deutschlandliedes in allen drei Strophen und eine Lesung aus dem Buch des Klägers „Kriegs- und Nachkriegserinnerungen eines Forstmanns = Deutsche Treue". Die in dem Artikel abgedruckten Fotos zeigen den Kläger vor dem Gedenkstein, mit zwei Gästen unter der Reichskriegsflagge im *Kreuzberghof* und mit vier Fackel tragenden Gästen vor dem *Kreuzberghof*. Ist der Entschädigungsanspruch gerechtfertigt?

Für die *Höhe* der Geldentschädigung sind ebenfalls Art und Schwere der Beeinträchtigung, deren Anlass und Beweggrund sowie der Grad des Verschuldens von Bedeutung.

Für die Schwere der Beeinträchtigung spielt der Umfang der Verbreitung (Auflage, Senderreichweite, Verbreitungsgebiet) ebenso eine Rolle wie die Intensität des Eingriffs. Da Vorwürfe gegen Prominente von der Öffentlichkeit begieriger aufgenommen und behalten werden, kann auch die Prominenz des Opfers nach Ansicht des OLG Hamburg[1654] eine erhöhte Entschädigung rechtfertigen.[1655]

Ferner spielt eine Rolle, ob es in dem Bericht um die Wahrnehmung der öffentlichen Aufgabe der Massenmedien ging oder es sich um eine Veröffentlichung in der Sensationspresse handelte, die nur der Auflagensteigerung diente.[1656] Erfolgte die Rechtsverletzung vorsätzlich mit dem Ziel der Auflagensteigerung, ist der erzielte Gewinn bei der Bemessung zu berücksichtigen.[1657]

Bei grobem Fehlverhalten der Redaktion ist eine höhere Entschädigung zuzusprechen als bei leichter Fahrlässigkeit. Schnelle Richtigstellung einer Falschmeldung und öffentliche Entschuldigung für eine journalistische Fehlleistung wirken sich mindernd auf die Höhe der Entschädigung aus.[1658]

Geprüft wird ebenfalls das Verhalten des Verletzten. Hat er selbst Veranlassung zu der Schaden stiftenden Berichterstattung gegeben, wird dies ebenso berücksichtigt[1659] wie der Umstand, dass er es unterlassen hat, den Schaden durch das Geltendmachen von Gegendarstellungs- und Widerrufsansprüchen zu verringern.[1660]

Die Höhe der Entschädigung wird von dem zuständigen Gericht in *freier Schätzung* festgelegt. Sie kann vor allem dort, wo sie der Ahndung hartnäckiger Rechtsverletzungen und der Gewinnabschöpfung dient, hohe fünfstellige Euro-Beträge erreichen.[1661] Veröffentlicht ein Verlag in mehreren seiner Publikationen ein Foto, das das Persönlichkeitsrecht mehrerer Abgebildeter verletzt, kann jeder der Abgebildeten wegen jeder Veröffentlichung eine Entschädigung in Geld fordern.[1662]

[1654] OLG Hamburg ZUM 1994, S. 36.
[1655] A. A. Burkhardt in Wenzel, Kapitel 14, Rz. 148.
[1656] OLG Frankfurt/M. ZUM 1994, S. 514 f. = AfP 1993, S. 753; vgl. auch OLG Hamburg AfP 1995, S. 508 ff. .
[1657] BGH AfP 1995, S. 411 ff. (415), und AfP 1996, S. 137f. ; zur Bemessung in solchen Fällen vgl. OLG Hamburg AfP 1997, S. 538ff. .
[1658] OLG Hamburg AfP 1994, S. 42f.
[1659] LG Köln AfP 1978, S. 149ff.
[1660] BHG AfP 1979,S. 307ff.
[1661] Einen Überblick über bislang zugesprochene Schmerzensgelder bieten Schulze/ Stippler-Birk a. a. O., sowie Burkhardt in Wenzel, Kapitel 14, Rz. 149; vgl. dazu auch BGH NJW 2005, S. 215ff.
[1662] BGH AfP 2005, S. 65 ff.

Als „höchstpersönlicher" Anspruch ist der Entschädigungsanspruch unübertragbar und unvererblich. Folglich können Angehörige aus der Verletzung des Persönlichkeitsrechts eines Verstorbenen im Allgemeinen *keinen* Anspruch auf eine Entschädigungsgeldzahlung ableiten.[1663] Anders verhält es sich hingegen, wenn die Person des Verstorbenen kommerziell, insbesondere zu Werbezwecken verwertet wird[1664] oder die Veröffentlichung *gravierend* in das Recht der Hinterbliebenen eingreift, mit ihrer Trauer für sich zu bleiben.

So hat das OLG Düsseldorf der Witwe eines Unfallopfers ein Schmerzensgeld zum Ausgleich dafür zugesprochen, dass eine Boulevardzeitung unter der Überschrift „Lebendig begraben" ein Foto ihres Ehemannes veröffentlicht hatte, der in einer Baugrube verschüttet worden und darin erstickt war. Das Foto zeigte das Gesicht des Erstickten mit weit aufgerissenem Mund bei seiner Bergung durch seine Kollegen.[1665]

Demgegenüber hat das LG Berlin einen Geldersatzanspruch des Ehemanns und des zwölfjährigen Sohns einer Verkäuferin verneint, die bei der Verfolgung eines Ladendiebes zu Tode gekommen war. Dem Gericht wertete die Veröffentlichung eines Fotos, das den Versuch zeigte, die Verstorbene zu reanimieren, nicht als *schwere* Verletzung des Persönlichkeitsrechts der Hinterbliebenen, weil die im Zentrum des Fotos der Einsatz der Notärzte stand und die Gesichtszüge der Verstorbenen nicht zu erkennen waren.[1666]

Auch ein Bericht über einen Arbeitsunfall unter dem Titel „Mann zerquetscht bei Autoreparatur", der ein Bild des mit einer Plane abgedeckten Leichnams enthielt, führte nicht zu einem Entschädigungsanspruch der hinterbliebenen Ehefrau.[1667]

11.1.1.3.4 Vermeidung von Schadensersatzansprüchen

Der Anspruch auf Geldentschädigung setzt ebenso wie der Anspruch auf Ersatz der durch eine rechtswidrige Veröffentlichung erlittenen materiellen Schäden grundsätzlich[1668] voraus, dass der Täter schuldhaft, d. h. vorsätzlich oder fahrlässig gehandelt hat. Eine Schadensersatzpflicht entsteht deshalb nicht, wenn die Beteiligten ihrer journalistischen Sorgfaltspflicht genügt und infolgedessen nicht schuldhaft gehandelt haben.[1669] Wer sich auf sorgfältige Recherche beruft, muss diese im Streitfall auch *beweisen* können. Es empfiehlt sich deshalb, in „kritischen" Fällen Ablauf, Inhalt und Ergebnisse der einzelnen Rechercheschritte zu dokumentieren und Beweismittel (Zeugen, Unterlagen, Aufzeichnungen) zu sichern.[1670]

Eine Geldentschädigung können Verlag und Redaktion ferner dadurch vermeiden oder zumindest verringern, dass sie den Schaden nach Kräften wiedergutmachen. Das kann z.B. dadurch geschehen, dass sie unrichtige bzw. unvollständige Berichte möglichst zeitnah korrigieren bzw. ergänzen[1671] und sich bei dem Betroffenen für den Fehler öffentlich entschuldigen.

11.1.1.4 Verjährung

Zivilrechtliche Ansprüche aus unerlaubter Handlung verjähren mit Ablauf des dritten Jahres nach ihrer Entstehung (§ 195 BGB). Die Frist beginnt, sobald der Betroffene von den Umstän-

---

[1663] BGH NJW 1974, S. 1371.; bestätigt durch BGH AfP 2006, S. 67 ff. (= NJW 2006, S. 605 ff.) und BVerfG ZUM 2007, S. 380 f.

[1664] BGH, AfP 2000, S. 356 ff.; vgl. dazu auch Ullmann, AfP 1999, S. 209 ff. .

[1665] OLG Düsseldorf AfP 2000, S. 574 f.

[1666] LG Berlin AfP 2002, S. 540 ff.

[1667] LG Hamburg AfP 2007, S. 382 f.

[1668] Sonderregeln gelten für Minderjährige und Unzurechnungsfähige, § 829 BGB in Verbindung mit § 828 bzw. § 827 BGB.

[1669] Zu den Anforderungen, die an die Wahrung der journalistischen Sorgfaltspflicht zu stellen sind, vgl. oben 1.8.1.

[1670] Vgl. dazu oben 1.8.2.

[1671] Vgl. dazu LG Halle AfP 2005, S. 188 ff. (190).

den, die den Anspruch begründen, und von der Person des Schuldners Kenntnis erlangt hat (§ 199 Abs. 1 1.Alt. BGB). Hat er aus grober Fahrlässigkeit nichts erfahren, beginnt die Frist dennoch (§ 199 Abs. 1 2, Alt. BGB). Unabhängig von der Kenntnisnahme des Betroffenen endet die Verjährungsfrist 10 Jahre nach dem Entstehen des Anspruchs (§ 199 Abs. 1 Nr. 1 sowie Abs. 4 BGB).

Ansprüche, die auf einen Wettbewerbsverstoß[1672] gestützt werden, verjähren bereits nach Ablauf von 6 Monaten ab Kenntnis bzw. grob fahrlässiger Unkenntnis (§ 11 Abs. 1 und 2 UWG). Unabhängig von der Kenntnis verjähren Schadensersatzansprüche aus Wettbewerbsverstößen nach Ablauf von 10 Jahren (§ 11 Ab s. 3 UWG), sonstige Ansprüche nach 3 Jahren (§ 11 Abs. 4 UWG).

11.1.2 Die staatliche Ahndung von Verstößen

Rechtsverletzungen können nicht nur Abwehr- oder Folgenbeseitigungsansprüche des Betroffenen auslösen, sondern auch vom Staat „von Amts wegen" verfolgt werden. Das dazu erforderliche rechtliche Instrumentarium findet sich im Strafrecht und im Recht der Ordnungswidrigkeiten.

11.1.2.1 Straftaten

Das *Strafrecht* soll der Aufrechterhaltung und Sicherung einer Mindestordnung dienen, die für das sichere und gedeihliche Zusammenleben einer Gesellschaft unverzichtbar ist. Es schützt Rechtsgüter, denen innerhalb der Gesellschaft ein hoher Stellenwert beigemessen wird.

Zum Strafrecht zählen alle Normen, in denen ein bestimmtes Verhalten ausdrücklich mit Strafe bedroht wird. Als *Strafen* kommen Geldstrafe oder Freiheitsstrafe in Betracht. Solche Normen finden sich nicht nur im Strafgesetzbuch, sondern auch in zahlreichen anderen Gesetzen (sog. „Nebenstrafrecht"). Auf die für Journalisten wichtigsten Bestimmungen ist in den Kapiteln 2, 4, 6 und 8 bereits hingewiesen worden. Hinzu kommen ferner strafbare Verstöße gegen die Presseordnung, die in den beiden nächsten Abschnitten dieses Kapitels noch dargestellt werden.

Strafbar macht sich nur, wer einen Straftatbestand *rechtswidrig*, d. h. ohne Rechtfertigungsgrund, und *schuldhaft* verwirklicht. Regelmäßig setzt eine Straftat die *vorsätzliche*, d. h. bewusste und gewollte Verwirklichung des Straftatbestandes voraus; *fahrlässiges* Handeln ist nur dort strafbar, wo das Gesetz dieses ausdrücklich bestimmt (§ 15 StGB). Die Wahrung der journalistischen Sorgfaltspflicht schließt eine strafrechtliche Verurteilung wegen einer Falschmeldung in jedem Fall aus.[1673]

Neben dem Täter wird auch bestraft, wer einen anderen zu einer vorsätzlichen Straftat anstiftet (§ 26 StGB) oder ihm bei der Ausführung einer solchen Straftat hilft (§ 27 StGB).

Täter eines Presseinhaltsdelikts ist nur, wer den jeweiligen strafbaren Inhalt der Veröffentlichung als eigene Meinungsäußerung mitgetragen, auf den Inhalt des Blattes also Einfluss genommen oder bei seiner Herstellung maßgeblich mitgewirkt hat. Wer ohne eine solche Mitwirkung in Kenntnis der strafbaren Inhalte eines Blattes „nur" als Herausgeber oder Scheinherausgeber fungiert und damit gewissermaßen einen Schutzschild gebildet hat, hinter dem die Redaktion anonym bleiben konnte, kann jedoch der *Beihilfe* zu den begangenen Delikten schuldig sein.[1674]

[1672] Vgl. dazu oben Kapitel 10.
[1673] Instruktiv insoweit AmtsG Mainz AfP 1993, S. 784 ff.
[1674] BGH AfP 1990, S. 117 ff. ; zur (Mit-)Haftung des verantwortlichen Redakteurs vgl. unten 11.3.1.

Antragsdelikte sind Straftaten, die nur auf einen Strafantrag des Verletzten hin verfolgt werden können. Dies trifft auf zahlreiche Tatbestände zu, die dem beruflichen Verhalten von Journalisten Schranken setzen.[1675]

Eine Straftat kann nicht mehr verfolgt werden, wenn sie verjährt ist. Die allgemeinen Verjährungsfristen finden sich in § 78 StGB. Danach verjähren Morde gar nicht. Die Verjährungsfrist für andere Verbrechen liegt je nach der Höhe der jeweiligen Strafandrohung zwischen fünf und 30 Jahren. Vergehen verjähren nach drei Jahren. Eine Sonderregelung[1676] treffen die Landespressegesetze für die (Print-)Medien: In den meisten Bundesländern[1677] verjähren Verbrechen, die durch die Verbreitung von Druckwerken mit strafbarem Inhalt begangen werden, in einem Jahr, Vergehen in sechs Monaten.[1678] Ausgenommen davon sind allerdings in der Regel Straftaten, die die Propaganda für verbotene Organisationen (§3 86, 86a, 129a StGB), Volksverhetzung (§ 130 StGB) und Gewaltdarstellungen (§ 131 StB) sowie „harte" Pornografie (§§ 184a, 184b StGB) betreffen. Die verkürzte Verjährungsfrist betrifft die Taten aller Personen, die an dem Zustandekommen der strafbaren Veröffentlichung mitgewirkt haben, also auch Informanten und Rechercheure. Sie beginnt mit der Veröffentlichung des Beitrages mit dem strafbaren Inhalt. Die verkürzte Verjährungsfrist gilt auch für strafbare Verstöße gegen die Presseordnung,[1679] nicht aber für Straftaten, die Journalisten im Rahmen ihrer Recherche begehen.

> Für die Verjährung eines Hausfriedensbruchs z.B. bleibt es dementsprechend bei § 78 StGB. Er verjährt erst nach drei Jahren.

11.1.2.2 Ordnungswidrigkeiten

Als *Ordnungswidrigkeiten* mit einem *Bußgeld* bedroht sind weniger gravierende Rechtsverstöße, die trotz ihrer Geringfügigkeit staatlicher Verfolgung bedürfen, um die für das Zusammenleben erforderliche Sicherheit und Ordnung zu gewährleisten. Für Journalisten von besonderer Bedeutung ist insoweit das *Presseordnungsrecht*, das Verstöße gegen die Vorschriften über das Impressum und den verantwortlichen Redakteur zu Ordnungswidrigkeiten erklärt. Die Verhängung eines Bußgeldes setzt voraus, dass der Täter rechtswidrig und *schuldhaft* gehandelt hat. Wie im Strafrecht wird fahrlässiges Handeln nur dort verfolgt, wo dieses *ausdrücklich* mit Geldbuße bedroht ist (§ 10 OWiG).

Verstöße gegen das Presseordnungsrecht verjähren bereits 3 Monate nach der Veröffentlichung.

11.1.2.3 Einziehung von Druckwerken

Sämtliche Exemplare einer Schrift mit strafbarem Inhalt[1680] können *eingezogen* werden, soweit sie sich noch beim Hersteller, im Handel oder im Vertrieb befinden, also noch nicht beim

---

[1675] Vgl. dazu die Ausführungen in Kap. 3, 4, 6 und 8.

[1676] Zu deren Verfassungskonformität vgl. BVerfGE 7, S. 29 ff. (38 ff.).

[1677] Abweichende Regelungen bestehen in Bayern, Baden-Württemberg, Hessen und Sachsen: In Bayern und Hessen gilt die sechsmonatige Verjährungsfrist auch für Verbrechen. In Baden-Württemberg sind Verbrechen von der kurzen Verjährungsfrist weitgehend ausgeschlossen. Sachsen gewährt die kurze Verjährungsfrist nur für die besondere Haftung des verantwortlichen Redakteurs; im Übrigen gelten dort die Verjährungsfristen des StGB.

[1678] Vgl. § 13 LPG Hessen, § 14 LPG Bayern, Sachsen und Thüringen, § 15 LPG Sachsen-Anhalt, § 16 LPG Brandenburg, § 17 LPG Schleswig-Holstein, § 22 LPG Mecklenburg-Vorpommern, § 23 LPG Hamburg, § 24 LPG Baden-Württemberg, Bremen und Niedersachsen, § 25 LPG Nordrhein-Westfalen, § 37 LPG Rheinland-Pfalz, § 66 LPG Saarland

[1679] Vgl. dazu unten 11.4.

[1680] Dasselbe gilt für Bilder, Filme, Videobänder, Disketten, CDs und andere Darstellungs- und Aufzeichnungsformen.

Verbraucher angekommen sind, wenn mindestens ein Stück rechtswidrig veröffentlicht, verbreitet oder dazu bestimmt worden ist (§ 74d StGB). Die Einziehung ist erst zulässig, wenn der strafbare Inhalt rechtskräftig festgestellt worden ist. Sind jedoch dringende Gründe für die Annahme vorhanden, dass dies der Fall ist, kann die gesamte Auflage zur Sicherung der Einziehung bereits im Vorfeld *beschlagnahmt* werden (§§ 111b und c StPO). Eine solche Beschlagnahme bildet einen gravierenden Eingriff in die Medienfreiheit. Die Presse, die von der *Aktualität* lebt, wird von jeder noch so kurzen oder vorübergehenden Beschlagnahme in ihrem wirtschaftlichen Nerv getroffen. Kommt die Produktion der Presse nicht alsbald zum Verkauf, dann wird sie oft schon nach Stunden wertlose Makulatur. Darüber hinaus bedeutet die Beschlagnahme bei Druckwerken, wenn die *gesamte Auflage* von ihr ergriffen wird, zugleich eine „Verhaftung des Gedankens" und damit eine „Mundtotmachung gründlichster Art".[1681] An die Zulässigkeit einer solchen Beschlagnahme sind deshalb unter dem Gesichtspunkt der *Verhältnismäßigkeit des Eingriffs* besonders strenge Anforderungen zu stellen:

Beschlagnahmen von Zeitungsausgaben oder Sendebeiträgen sind nur zulässig, wenn *dringende Gründe* für ihre Einziehung sprechen, d. h. die gerichtliche Anordnung der endgültigen Einziehung gem. § 74d StGB *mit hoher Wahrscheinlichkeit* zu erwarten ist.

Die Beschlagnahme ist auf die zu beanstandenden Teile der Schrift zu beschränken. Soweit dies technisch möglich ist, sind abtrennbare Teile der Schrift oder der Sendung, die nichts Strafbares enthalten, von der Beschlagnahme auszunehmen (§ 111m Abs. 2 StPO).

Außerdem ist dem Verlag bzw. Sender Gelegenheit zu geben, die beanstandeten Passagen aus dem Druckwerk bzw. der Sendung zu entfernen und auf diese Weise die Beschlagnahme abzuwenden (§ 111m Abs. 4 StPO). Zu diesem Zweck sind die Stellen der Schrift oder der Sendung, die Anlass zur Beschlagnahme sind, in der Anordnung der Beschlagnahme genau zu bezeichnen (§ 111m Abs. 3 StPO).

Die Beschlagnahme darf darüber hinaus *nicht* angeordnet werden, wenn ihre nachteiligen Folgen, insbesondere die Gefährdung des öffentlichen Interesses an unverzögerter Verbreitung, offenbar außer Verhältnis zu der Bedeutung der Sache stehen (§ 111m Abs. 1 StPO). Diese Ausprägung des allgemeinen Verhältnismäßigkeitsprinzips greift vor allem, wenn ein Ausscheiden beanstandeter Teile oder Passagen aus der Publikation nicht - oder nicht rechtzeitig - möglich ist. Ist ein Ausscheiden möglich, kann die Beschlagnahme auf die beanstandeten Teile beschränkt werden. Eine so beschränkte Beschlagnahme ist *nicht* unverhältnismäßig. Denn an der Verbreitung strafbarer Passagen besteht *nie* ein öffentliches Informationsinteresse. Besteht die einzige Alternative indessen darin, die Publikation als Ganze zu beschlagnahmen oder ihre Verbreitung - einschließlich der strafbaren Passage - zu dulden, ist abzuwägen zwischen dem öffentlichen Informationsinteresse an der unverzögerten Verbreitung der Publikation im Übrigen und der Schwere der damit begangenen Rechtsverletzung. Wird die Information der Öffentlichkeit durch die Beschlagnahme erheblich beeinträchtigt, weil z. B. Informationen über das Geschehen „vor Ort" nur aus der einen Lokalzeitung bezogen werden können, ist auf deren Beschlagnahme auch dann zu verzichten, wenn durch ihre Verbreitung ein Bagatelldelikt verwirklicht wird.

Die Beschlagnahme von Zeitungen oder Rundfunksendungen darf nur durch den Richter angeordnet werden (§ 111n Abs. 1 Satz 1 StPO). Sie ist aufzuheben, wenn nicht binnen zwei Monaten Klage erhoben oder die Einziehung beantragt ist. Diese Frist kann höchstens zweimal um je zwei Monate verlängert werden (§ 111n Abs. 2 StPO).

[1681] Vgl. Achenbach in Löffler, Rdz. 1 vor §§ 13 ff. LPG.

11.2 Die Gegendarstellung

Mit dem Recht auf *Gegendarstellung* gewährt die Rechtsordnung dem von der Berichterstattung Betroffenen einen besonderen Abwehranspruch, der *neben* die allgemeinen Rechtsvorschriften tritt, diese also *ergänzt.* Dies bedarf besonderer Legitimation:

Der Gesetzgeber reagiert damit einerseits auf den Umstand, dass die Feststellung von Rechtsverletzungen häufig *erhebliche* Zeit in Anspruch nimmt. Insbesondere die gerichtliche Prüfung der Frage, ob eine Äußerung erweislich *wahr* ist, dauert erfahrungsgemäß viele Wochen oder gar Monate. Solange die Unwahrheit der verbreiteten Behauptung jedoch nicht feststeht, kann der Betroffene auch deren Richtigstellung durch ihren Verbreiter nicht durchsetzen.

Andererseits bilden die Massenmedien gewissermaßen „gefährliche Werkzeuge"; die Verbreitung einer unrichtigen Behauptung in einer Zeitung oder einem Rundfunkprogramm kann dem Betroffenen in der Zwischenzeit - bis zur Feststellung ihrer Unwahrheit - Schäden zufügen und ihn Belastungen aussetzen, die später nur schwer wieder ausgeglichen werden können. Aus diesem Grunde hat der Gesetzgeber mit dem Anspruch auf Veröffentlichung einer Gegendarstellung ein Instrument geschaffen, das dem Betroffenen die Möglichkeit gibt, *sofort* auf eine unrichtige Veröffentlichung zu reagieren. Die Ausgestaltung eines solchen Instruments wirft jedoch erhebliche *Probleme* auf:

Einerseits soll die Reaktion *schnell* erfolgen. Das lässt sich nur realisieren, wenn sie im Streitfall auch in einem Eilverfahren durchgesetzt werden kann. Ein solches Eilverfahren schließt indessen eine *Beweisaufnahme* aus. In dem Eilverfahren kann deshalb *nicht* festgestellt werden, welche Darstellung der Wahrheit entspricht - die der Zeitung oder die des Betroffenen.

Die Gegendarstellung kann demgemäß *nicht* dazu dienen, eine *unrichtige* Behauptung *richtig* zu stellen. Sie dient *lediglich* dazu, dem Leser mitzuteilen, dass der Betroffene behauptet, die Darstellung der Zeitung oder des Senders sei unrichtig. Die Redaktion muss daher auch darauf hinweisen *dürfen*, dass sie *ihre* Darstellung nach wie vor für richtig hält.

Dieser Interessenlage entspricht die gesetzliche Ausgestaltung des Gegendarstellungsrechts in den meisten Presse- und Rundfunkgesetzen.[1682] Gegendarstellungsfähig sind periodische Druckwerke und Rundfunksendungen. Mediendienste sind nur gegendarstellungspflichtig, wenn sie journalistisch-redaktionell gestaltet sind, d. h. Inhalte periodischer Druckwerke wiedergeben oder Texte in periodischer Folge verbreiten (§ 56 RStV).[1683]

11.2.1 Entgegnung auf Tatsachenbehauptung

Eine Gegendarstellung kann nur als Entgegnung auf eine *Tatsachenbehauptung* verlangt werden; Meinungsäußerungen und Werturteile sind nicht gegendarstellungsfähig.[1684]

Die Tatsachenbehauptung muss nicht explizit in dem Artikel vorhanden sein; es reicht aus, dass sie sich aus dem Gesamtzusammenhang ergibt.[1685] Auch eine Verdachtsäußerung ist ge-

---

[1682] Das Gegendarstellungsrecht findet sich zum einen in den Landespressegesetzen (§ 10 LPG Bayern, Berlin, Hessen, Mecklenburg-Vorpommern, Sachsen und Sachsen-Anhalt; § 12 LPG Brandenburg; in den übrigen Landespressegesetzen § 11), zum anderen in den Privatfunkgesetzen (§ 61 LMG Ba-Wü, Art. 18 BayMG, § 56 StV Berlin-Brandenburg, § 23 LMG Bremen, § 14 HambMG, § 22 HessPRG, § 26 ndsLRG, § 18 LRG NW, § 24 rh-pfLRG, § 12 LRG Saar, § 19 PRG Sachsen, § 20 PRG Sachsen-Anhalt, § 23 s. -h. LRG, § 24 thürPRG). Auch für die meisten öffentlich-rechtlichen Rundfunkanstalten finden sich entsprechende Regelungen (§ 25 GRB für die Deutsche Welle, Art. 3, § 9 RStV für das ZDF, § 9 Deutschlandradio-StV, Art. 17 BayRG, § 10 Abs. 6 LPG Berlin, § 15 MDR-StV, § 12 NDR-StV, § 11 ORB-Gesetz, § 7 LRG Saar, § 10 SWR-StV, § 9 WDR-Gesetz. Nur für Radio Bremen und den Hessischen Rundfunk fehlt eine entsprechende Regelung; diese sind daher nicht zur Veröffentlichung einer Gegendarstellung verpflichtet.

[1683] Vgl. auch LG Düsseldorf AfP 1998, S. 420 f.

[1684] Zur Abgrenzung von Tatsachenbehauptungen und Werturteilen vgl. oben 2.6.

gendarstellungsfähig, nicht aber eine bloße Bewertung oder Schlussfolgerung aus mitgeteilten Tatsachen.[1686]

Echte, ergebnisoffene Fragen sind nicht gegendarstellungsfähig.[1687]

Selbstkontrollfrage 11/7:

In der Zeitung *Metall* wird ein Artikel veröffentlicht mit der Überschrift „Gewerkschafter demonstrieren gegen den Auftritt des Faschisten Türkes in der Bundesrepublik." Türkes, der Vorsitzende der Milliyetci Hareket Partisi (MHP), einer türkischen politischen Partei, verlangt den Abdruck einer Gegendarstellung, die sich gegen seine Bezeichnung als „Faschist" wendet. Mit Aussicht auf Erfolg ?

Sofern eine Fotomontage nicht auf den ersten Blick als solche zu erkennen ist, bedarf sie der deutlichen Kennzeichnung. Fehlt eine solche Kennzeichnung am Rande der Abbildung, löst sie in der Regel einen Gegendarstellungsanspruch aus.[1688]

> So musste die *Bunte,* die auf der Titelseite eine Fotomontage veröffentlicht hatte, die Oliver Kahn zwischen seiner Ehefrau Simone und seiner Freundin Verena K. zeigte, auf der Titelseite der nächst folgenden Ausgabe als Gegendarstellung von Verena K. den folgenden Text abdrucken: „Auf der Titelseite von Bunte vom 6.3.2003 ist ein Foto abgebildet, das *Simone Kahn, Oliver Kahn* und mich zeigt. Hierzu heißt es *„Oliver Kahn* zwischen Ehefrau *Simone* und Freundin *Verena K* (...)". Hierzu stelle ich fest: Das Foto ist eine ohne mein Einverständnis hergestellte Fotomontage. *Verena K.*

Der Gegendarstellungsanspruch steht ferner nur demjenigen zu, der durch die vorherige Veröffentlichung individuell *betroffen* ist. Individuell betroffen ist jede Person oder Stelle, deren Interessen durch die Tatsachenmitteilung *unmittelbar* tangiert werden.[1689] Individuell betroffen kann dementsprechend auch eine Gruppe, z. B. ein Verband, sein, gegen deren Mitglieder sich die Behauptung richtet.

> So hat beispielsweise das Landgericht Hamburg den Verbänden der Sparkassen und Banken ein Gegendarstellungsrecht gegen Tatsachenbehauptungen im Zusammenhang mit der Sicherheit von Euroscheckkarten und Geldautomaten zugebilligt.[1690]

Verstorbenen steht ein Gegendarstellungsanspruch jedoch nicht zu.[1691] Als höchstpersönlicher Anspruch kann er auch nicht durch einen Rechtsnachfolger geltend gemacht werden.[1692] Wer namentlich *nicht* genannt ist, kann betroffen sein, wenn ein unbestimmter Personenkreis - also nicht nur die engere Familie - die Meldung mit ihm in Beziehung bringt.[1693]

Der Anspruch auf den kostenlosen Abdruck einer Gegendarstellung richtet sich gegen Tatsachenbehauptungen, die im *redaktionellen* Teil aufgestellt worden sind. Gegen den Inhalt von *Anzeigen*, die „ausschließlich dem geschäftlichen Verkehr dienen" („Geschäftsanzeigen"), oder entsprechenden Werbesendungen kann sich der Betroffene in den meisten Bundesländern[1694] *nicht* mit einer Gegendarstellung zur Wehr setzen. Auf den Inhalt anderer - z. B. „politischer" - Anzeigen kann mit einem Gegendarstellungsverlangen reagiert werden, doch muss eine solche

---

[1685] LG Darmstadt AfP 1992, S. 311 f.

[1686] LG Düsseldorf, AfP 1992, S. 315.

[1687] LG Frankenthal NJW 2006, S. 623; zur Abgrenzung von rhetorischen Fragen vgl. oben unter 2.6.9.

[1688] Vgl. LG München I NJW 2004, S. 606 ff.

[1689] So Sedelmeier in Löffler, Rz. 46 ff. zu § 11 LPG mit weiteren Ausführungen zu den Einzelheiten.

[1690] LG Hamburg NJW 1987, S. 658 f.

[1691] OLG Hamburg AfP 1994, S. 322

[1692] LG Hamburg AfP 2002, S. 70 f.

[1693] Dafür hat beispielsweise das LG Oldenburg NJW 1986, S. 1268 f. , die Angabe in einer Lokalzeitung ausreichen lassen, ein „31jähriger Schlachter" werde als Täter einer Einbruchsserie verdächtigt.

[1694] In Bayern, Hessen und Mecklenburg-Vorpommern sind die Printmedien auch in solchen Fällen zum kostenlosen Abdruck verpflichtet; in Hamburg und Schleswig-Holstein ist der Abdruck in diesen Fällen kostenpflichtig.

Gegendarstellung nicht in allen Bundesländern[1695] kostenfrei erfolgen. Im Privatfunk hingegen kann in den meisten Bundesländern[1696] eine Gegendarstellung auch gegen den Inhalt von Werbesendungen geltend gemacht werden, allerdings auch hier nicht überall kostenfrei.[1697] Dasselbe gilt für die öffentlich-rechtlichen Rundfunkanstalten.[1698]

Die Tatsachenbehauptung muss *in* der Zeitung oder dem Sender *aufgestellt* worden sein. *Nicht* erforderlich ist, dass die Behauptung *von* der Zeitung oder dem Sender aufgestellt wurden. Deshalb sind auch fremde Behauptungen gegendarstellungsfähig, die die Zeitung oder der Sender lediglich *weitergeben*, ohne sie sich zu Eigen zu machen.[1699] Das gilt auch dann, wenn solche Behauptungen ausdrücklich als fremde *Zitate* gekennzeichnet sind.[1700] Allerdings muss in der Gegendarstellung dann auch zum Ausdruck kommen, dass diese sich gegen ein bloßes Zitat der Zeitung oder des Senders richtet; sie darf nicht den Eindruck erwecken, die Zeitung oder der Sender hätten die angegriffene Behauptung selbst aufgestellt.[1701] Behauptungen auf einer Website, auf die ein Hyperlink verweist, sind nicht zugleich auf der verweisenden Seite „aufgestellt".[1702]

Eine Sonderregel gilt für die *Parlaments- und Gerichtsberichterstattung.* Gegen Berichte über öffentliche Sitzungen von Bundestag und Bundesrat, eines Landesparlaments oder des Organs einer Gemeinde oder eines Gemeindeverbandes sowie eines Gerichts kann eine Gegendarstellung nur durchgesetzt werden, wenn der Betroffene glaubhaft macht,[1703] der Inhalt der Sitzung sei *nicht wahrheitsgemäß* wiedergegeben worden.[1704] Die Verbreitung einer Gegendarstellung des Inhalts hingegen, die Behauptung eines Parlamentsmitgliedes sei unwahr, oder: entgegen der Entscheidung des Gerichts sei er in Wirklichkeit nicht der Täter, kann der Betroffene *nicht* verlangen.[1705] In einigen Bundesländern[1706] ist dieses „Parlamentsprivileg" auch auf die gesetzgebenden und beschließenden Organe der Europäischen Union (Parlament, Ministerrat, Kommission) erweitert. Der Umstand hingegen, dass die mitgeteilten Tatsachen in einem veröffentlichten Informationsbericht einer *Behörde* enthalten sind, hindert die Entstehung eines Gegendarstellungsanspruchs *nicht*.[1707]

Eine Gegendarstellung zu einer *Gegendarstellung* - durch einen vom Inhalt der Gegendarstellung betroffenen Dritten - kann nicht verlangt werden.[1708]

Die Gegendarstellung ist als solche zu *kennzeichnen*. Abweichende Überschriften, wie z. B. „ergänzende Darstellung", sind unzulässig.[1709]

[1695] Für solche Fälle sehen die Landespressegesetze von Berlin, Bremen, Niedersachsen, Rheinland-Pfalz und Sachsen-Anhalt vor, dass als Gegenleistung der für eine entsprechende Anzeige übliche Preis zu bezahlen ist.

[1696] Nur in Baden-Württemberg, Berlin und Brandenburg gibt es gegen Wirtschaftswerbung keine Gegendarstellung.

[1697] In Bremen, Hessen, Nordrhein-Westfalen, Rheinland-Pfalz und Thüringen ist die Verbreitung kostenpflichtig.

[1698] Deutsche Welle, Deutschlandradio, Bayerischer Rundfunk und MDR sind zur kostenfreien Sendung verpflichtet; beim NDR, ORB, SFB, SWR, WDR und ZDF ist die Verbreitung kostenpflichtig.

[1699] Ähnlich Sedlmeier in Löffler, Rz. 106 ff. zu § 11 LPG mit weiteren Nachweisen.

[1700] OLG Hamburg AfP 1983, S. 345 f. ; Wenzel, Rz. 11.44. Etwas anderes soll nach Ansicht von Wenzel (Rz. 11.44) und Sedlmeier (in Löffler, Rz. 108 zu § 11 LPG) gelten, wenn „das Zitat nicht als Mitteilung, sondern lediglich um des Zitates willen gebracht worden (ist), weil es dem Blatt wissenswert erschienen ist, wie der Zitierte sich geäußert hat". Abgesehen davon, dass die Absicht, die das Blatt mit der Veröffentlichung verfolgt hat, in der Regel kaum feststellbar sein dürfte, ist eine Rechtsgrundlage für eine solche Ausnahme nicht ersichtlich.

[1701] OLG Hamburg AfP 1983, S. 345 f.

[1702] Vgl. Mann, S. 130.

[1703] Zur Beweislastverteilung vgl. ThürOLG AfP 2007, S. 559 ff.

[1704] OLG Karlsruhe AfP 1984, S. 114; LG Berlin AfP 1992, S. 177 f.

[1705] OLG Düsseldorf, AfP 1980, S. 50. Eine entsprechende Regelung enthalten alle Landespresse- und -rundfunkgesetze mit Ausnahme des bayerischen.

[1706] Das gilt für die Presse in Brandenburg, Rheinland-Pfalz, Sachsen und Thüringen, den Privatfunk in Bremen, Mecklenburg-Vorpommern, Nordrhein-Westfalen, Niedersachsen, Rheinland-Pfalz, Sachsen und Schleswig-Holstein sowie das Deutschlandradio, den MDR, NDR, ORB, SWR, WDR und das ZDF.

[1707] BGH NJW 1967, S. 562.

[1708] So auch Sedlmeier in Löffler, Rz. 77 zu § 11 LPG in Auseinandersetzung mit Seitz, Schmidt, Schoener, Rz. 160.

[1709] OLG Hamburg, AfP 1988, S. 345.

Die Gegendarstellung hat sich darauf zu beschranken, die zuvor veröffentlichte Tatsachenbehauptung zu *dementieren*. Kommentierungen, wertende Stellungnahmen zur Erstmitteilung
sind deshalb unzulässig; die Gegendarstellung hat sich auf die *tatsächlichen Angaben* (= Tatsachenbehauptungen) zu beschränken, die *erforderlich* sind, um die Erstmitteilung *richtig zu stellen* und die *Unrichtigkeit* der Erstmitteilung zu *belegen*.

> Ist durch die Veröffentlichung der Eindruck erweckt worden, der Betroffene sei mit AIDS infiziert, muss
> dieser sich nicht mit dem bloßen Bestreiten zufrieden geben. Vielmehr kann er auch mitteilen, dass er
> auf Grund seines Privatlebens keinerlei Veranlassung gehabt habe, sich einem AIDS-Test zu unterzie-
> hen, dieses auf Empfehlung seines Anwalts zur eindeutigen Ausräumung des durch den Artikel erweck-
> ten falschen Eindrucks inzwischen aber getan habe, und den Befundbericht des Arztes mitteilen.[1710]

Zulässig ist es auch, mit Hilfe der Gegendarstellung eine Erstmitteilung zu *ergänzen*, die durch
Verschweigen wesentlicher Momente einen falschen Eindruck erweckt.

> In einer Zeitung wurde in einem Kommentar der Vorwurf erhoben, die „Tagesschau" messe mit zweier-
> lei Maß. Denn in der „Tagesschau" um 20 Uhr des Vortages seien zwar die Faust reckende Anti-Atom-
> Demonstranten ausführlich zu sehen gewesen, kein einziges Bild hingegen sei von einer Demonstration
> von Betriebsräten für Atomenergie und sichere Arbeitsplätze gezeigt worden. Daraufhin verlangte der
> betroffene Sender mit Erfolg eine ergänzende Gegendarstellung, in der angemerkt wird, die „Tages-
> schau" habe in ihrer 20-Uhr-Ausgabe zwar keinen Filmbeitrag, sondern nur einen Textbeitrag dieser
> Kundgebung gebracht, in ihrer Ausgabe um 21.50 Uhr aber einen Filmbeitrag mit verschiedenen Auf-
> nahmen von der Kundgebung gesendet.[1711]

Ist die Gegendarstellung ihrerseits irreführend, muss sie nicht abgedruckt werden. Die Gefahr
der Irreführung besteht insbesondere, wenn eine Behauptung, die lediglich der Ergänzung oder
Einschränkung bedarf, vollständig negiert wird.[1712]

Selbstkontrollfrage 11/8:

Nachdem der wissenschaftliche Leiter der Ausstellung „Vernichtungskrieg. Verbrechen der
Wehrmacht 1941 – 1944" ein Bild mit der Textzeile „Juden werden exekutiert" aus der Ausstel-
lung entfernt hat, weil Zweifel aufgetaucht waren, ob es wirklich eine Exekutionsszene zeigte,
erscheint in dem Nachrichtenmagazin *Focus* unter der Überschrift „Wehrmachtsausstellung –
Verfälschtes Bild ausgetauscht" ein Artikel, in dem es über den wissenschaftlichen Leiter der
Ausstellung u. a. heißt: „Doch Heer, der Kritiker als „Philister und Spießbürger" bezeichnet, lügt
und fälscht selbst in der Begründung für den Bilderwechsel. In seiner Errata-Liste behauptet
Heer, die von ihm erfundene Bildzeile „Juden werden exekutiert" sei durch ähnliche Angaben in
der Zentralen Stelle zur Aufklärung von NS-Verbrechen in Ludwigsburg dokumentiert. Das ist
falsch. Das Foto, so hatte *Focus* bereits im April 97 berichtet, ist dort ohne jeden Hinweis archiviert. "
Der Betroffene verlangt den Abdruck einer Gegendarstellung mit dem folgenden Text: „Hierzu
stelle ich fest: Das Foto befindet sich in der Zentralen Stelle der Landesjustizverwaltungen in
Ludwigsburg in einer Lichtbildmappe des Landeskriminalamtes Baden-Württemberg. Es ist eines
von vier Fotos, von denen je zwei auf der Vorder- und auf der Rückseite des Blattes 10 der Lichtbildmappe aufgeklebt sind. Auf der Vorderseite des Blattes, unter dem ersten Foto und über dem
Foto, über das *Focus* berichtet, befindet sich folgender Hinweis: „Nach Aushebung eines Mas-
sengrabes durch die Juden müssen diese sich nackt ausziehen und werden in die Grube getrie-
ben. Darunter befinden sich Kinder, erstes Bild rechts. Angehörige der einheimischen Selbst-
schutzverbände (vermutlich Letten) sind an den Erschießungen beteiligt. Tatort und -zeit: Vermutlich Lettland, Sommer 1941. " Hannes Heer. " Zu Recht ?

> Ist in einem Gerichtsbericht die Straftat, wegen der der Betroffene verurteilt worden ist, falsch darge-
> stellt, kann der Betroffene nicht den Abdruck einer Gegendarstellung verlangen, in der er den Eindruck
> erweckt, zu Unrecht verurteilt worden zu sein.[1713]

[1710] LG Hamburg, AfP 1987, S. 631 ff.
[1711] OLG Hamburg, AfP 1987, S. 625 f.
[1712] OLG Düsseldorf AfP 2005, S. 368 ff.

Die Gegendarstellung darf nicht dazu benutzt werden, gewissermaßen „den Spieß umzudrehen" und nun einen „Gegenangriff" gegen die Redaktion zu führen.

> Wer in einer Gegendarstellung bestreitet, eine ihm zugeschriebene abträgliche Bemerkung gemacht zu haben, überschreitet die Grenzen der zulässigen Erwiderung, wenn er nun seinerseits diese Äußerung dem Reporter zuschreibt, der für den Artikel recherchiert hat (unzulässiger Gegenschlag).[1714]

Der Abdruck von bildlichen Darstellungen kann nur verlangt werden, soweit diese zum Verständnis der Gegendarstellung zwingend erforderlich sind - nicht jedoch, soweit diese lediglich dazu dienen sollen, der Gegendarstellung ähnlich hohe Aufmerksamkeit zu sichern, wie sie die Veröffentlichung zuvor erregt hat.[1715]

11.2.2 Zurückweisung des Abdruckverlangens

Der *Wahrheitsgehalt* der Gegendarstellung wird im Gegendarstellungsverfahren *nicht* überprüft. Redaktion und Verlag bzw. Sender können deshalb gegenüber dem Abdruckverlangen *nicht* einwenden, die Gegendarstellung sei unwahr; sie müssen vielmehr *auch eine unwahre* Gegendarstellung abdrucken.

Eine *Ausnahme* von diesem Grundsatz gilt nur dann, wenn auch *ohne Beweisaufnahme feststeht*, dass die Gegendarstellung unwahr ist - wenn die Unwahrheit der Gegendarstellung *offenkundig* oder *gerichtsbekannt* ist. In einem solchen Fall entfällt der Gegendarstellungsanspruch, weil der Betroffene „kein berechtigtes Interesse an der Veröffentlichung hat".[1716] Dasselbe gilt, wenn die Gegendarstellung beim durchschnittlich gebildeten aufmerksamen Leser einen unrichtigen Eindruck erweckt, ihm z.B. Schlussfolgerungen aufgezwungen werden, die mit der Wahrheit nicht in Einklang zu bringen sind.[1717]

Ein berechtigtes Interesse des Betroffenen an dem Abdruck der Gegendarstellung entfällt auch, wenn

- die Zeitung bzw. der Sender die Falschmeldung bereits selbst dementiert oder die Stellungnahme des Betroffenen dazu mitgeteilt hat
- oder die Sachverhaltsschilderung der Gegendarstellung von der Erstmitteilung nicht oder nur in belangloser Weise abweicht.[1718]

> Beispiele:
> Teilt eine Zeitung in einem Bericht über Schmiergeldvorwürfe gegen einen Bürgermeisterkandidaten zugleich mit, dass der Betroffene diese Vorwürfe bestreitet, so ist für eine Gegendarstellung, die sich auf die Wiederholung des Bestreitens beschränkt, kein Raum.[1719]
> Im Zusammenhang mit der Verurteilung von drei jungen Männern wegen der Verteilung von Anti-Kriegsbroschüren vor Kasernen („verfassungsfeindliche Einwirkung auf Angehörige der Bundeswehr", § 89 StGB) erklärte Klaus Bednarz in einer „Monitor"-Moderation, im Zuge der Ermittlungen habe „die Münchner Staatsanwaltschaft auch eine der Broschüren beschlagnahmt und angeordnet, mehrere Seiten zu schwärzen - darunter auch eine Seite mit dem Gedicht von Bertold Brecht: 'General, Dein Tank. . . ' - geschrieben 1938". Das Bayerische Staatsministerium der Justiz verlangte daraufhin die Verbreitung einer Gegendarstellung, in der es u. a. hieß, nicht die Staatsanwaltschaft habe die Beschlagnahme angeordnet, sondern das Amtsgericht München. Das OLG Köln wies das Begehren u. a. mit der Begründung zurück, aus der Sicht des Durchschnittszuschauers stelle es eine belanglose Nebensächlichkeit dar, dass nicht die Staatsanwaltschaft selbst, sondern das zuständige Gericht auf Antrag der

---

[1713] LG Dresden AfP 2005, S. 190 ff.
[1714] So der Leitsatz des Urteils des OLG Hamburg in AfP 1989, S. 465.
[1715] OLG Hamburg AfP 1984, S. 115 f.; im Saarland ist der Abdruck von bildlichen Darstellungen durch die Neufassung des Pressegesetzes erleichtert worden.
[1716] Das ist auch dann der Fall, wenn die Gegendarstellung in sich widersprüchlich ist, OLG Hamburg AfP 1980, S. 104.
[1717] OLG Dresden AfP 2002, S. 55 ff.
[1718] OLG Dresden AfP 2002, S. 55 ff.; zur Geltung dieses Grundsatzes in Sachsen-Anhalt vgl. OLG Naumburg AfP 2006, S. 464 ff.
[1719] LG Hamburg AfP 1988, S. 386 f.

Staatsanwaltschaft die Beschlagnahme verfügt habe, da dieser mangels ausreichender Rechtskenntnisse „die feinen rechtsstaatlichen Ausprägungen (hier: Antragsrecht der Staatsanwaltschaft; dort: Entscheidung über das Beschlagnahmegesuch durch das Gericht) kaum beurteilen oder einordnen" könne.[1720]

Eine Gegendarstellung, die einen *strafbaren Inhalt* hat, ist *nicht* abzudrucken. Im Saarland[1721] kann der Abdruck einer Gegendarstellung auch dann verweigert werden, wenn der Text Personen wegen ihrer Rasse oder Zugehörigkeit zu einer ethnischen oder religiösen Gruppe diskriminierend angreift und dadurch deren Menschenwürde verletzt.

Schließlich kann das Verlangen zurückgewiesen werden, eine Gegendarstellung abzudrucken, die einen unangemessenen Umfang hat. Angemessen ist der Umfang, der „zur klaren, konzentrierten Widerlegung der in der Erstmitteilung veröffentlichten, den Betroffenen berührenden Tatsachen erforderlich ist",[1722] überschreitet ihr Umfang den des beanstandeten Textes nicht, so gilt sie auf jeden Fall als angemessen. „Beanstandeter Text" ist allerdings nicht der ganze Artikel, auf den sich die Gegendarstellung bezieht, sondern nur die Sätze oder Abschnitte, die den Betroffenen berühren und den Gegenstand seiner Intervention bilden.[1723]

Das OLG Hamburg ist allerdings der Auffassung, dass diese Regel auf ein *gefälschtes Interview* nicht anzuwenden ist. Seiner Auffassung nach darf der Antragsteller in seiner Feststellung, die zitierten Äußerungen stammten nicht von ihm, die gefälschten Zitate nicht noch einmal in voller Länge wiederholen. Vielmehr soll er sich darauf beschränken müssen, „die Erstmitteilung in zusammengefasster Form so erkennbar zu machen, dass der Leser sich zuverlässig an Inhalt und Zielrichtung des angeblichen Interviews erinnern kann".[1724]

Grundsätzlich gilt im Gegendarstellungsrecht das „Alles oder nichts"-Prinzip: Eine Gegendarstellung muss, wenn sie insgesamt in Ordnung ist, vollständig und unverändert veröffentlicht werden. Ist sie in einzelnen Teilen nicht in Ordnung, kann sie als Ganze zurückgewiesen werden. Redaktion, Verlag und Sender sind nicht verpflichtet, aus einer Gegendarstellung die Teile herauszulösen und zu verbreiten, auf deren Veröffentlichung der Betroffene einen Anspruch hat.

11.2.3 Form und Fristen

Der Anspruch auf Abdruck einer Gegendarstellung ist gegenüber dem Verlag oder dem *verantwortlichen Redakteur*[1725] eines periodischen Druckwerks, einer Zeitung oder Zeitschrift also, geltend zu machen. Bei den elektronischen Medien ist das Gegendarstellungsverlangen an die jeweilige öffentlich-rechtliche Anstalt, vertreten durch den Intendanten, bzw. an den Veranstalter, vertreten durch den Programmverantwortlichen, zu richten.[1726] Die Gegendarstellung gegen eine im ARD-Gemeinschaftsprogramm ausgestrahlte Sendung ist gegen die Anstalt zu richten, die den Beitrag eingebracht hat, § 8 Abs.1 RStV.[1727]

Gegen die Veröffentlichung von Tatsachenbehauptungen in nicht periodischen Druckwerken, z. B. in Büchern oder Flugblättern, kann sich der Betroffene nicht mit einer Gegendarstellung zur Wehr setzen.

[1720] OLG Köln AfP 1989, S. 565 ff.
[1721] § 11 Abs. 3 S. 6 LPG sowie § 12 Abs. 2 S. 3 LRG Saar.
[1722] Sedelmeier in Löffler, Rz. 67 zu § 11 LPG; OLG Hamburg AfP 1982, S. 34 f.
[1723] OLG Düsseldorf AfP 1988, S. 160 f.
[1724] OLG Hamburg ZUM 1994, S. 118.
[1725] Zur Rechtsstellung des verantwortlichen Redakteurs im Übrigen vgl. unten S. 295 ff.
[1726] So mit überzeugender Begründung Klute, S. 545 f.; in Bayern kann das Verlangen auch an die Landeszentrale für neue Medien gerichtet werden.
[1727] Gegen die Beschränkung auf diese Anstalt bestehen keine verfassungsrechtlichen Bedenken, vgl. BVerfG NJW 2005, S. 1343 f.

Basiert hingegen eine Veröffentlichung auf der Meldung einer Nachrichtenagentur, so kann der Betroffene einen Gegendarstellungsanspruch sowohl gegen diese[1728] als auch gegen die Blätter bzw. Sender geltend machen, die die Meldung verbreitet haben.

Zuständig (passiv legitimiert) für den Abdruck der Gegendarstellung ist bei den Printmedien zum einen der Verlag. Gehört dieser einer natürlichen Person, ist der Eigentümer zugleich der Verleger. Gehört der Verlag einer juristischen Person, z. B. einer Gesellschaft oder einem Verein, tritt der Verlagsleiter an die Stelle des Verlegers. Zum anderen kann das Abdruckverlangen an den verantwortlichen Redakteur gerichtet werden. Zuständig ist derjenige, der für die Ausgabe und den Teil des Blattes, in dem die Veröffentlichung der Gegendarstellung zu erfolgen hat, *tatsächlich* die Verantwortung trägt. D. h. er muss die Stellung des verantwortlichen Redakteurs mit dem Willen des Unternehmers tatsächlich bekleiden oder kraft dieser Stellung faktisch darüber verfügen können, ob ein Beitrag veröffentlicht wird oder nicht. Die Benennung als verantwortlicher Redakteur im Impressum gilt als außergerichtliches Geständnis; sie kann widerlegt werden.[1729] Wer also als verantwortlicher Redakteur im Impressum steht, gilt solange als tatsächlich Verantwortlicher, wie es ihm nicht gelingt zu beweisen, dass er diese Stellung in Wirklichkeit nicht innehat. Bei unvollständigem oder unklarem Impressum gilt *nicht* automatisch der Chefredakteur als verantwortlich.[1730]

Das Abdruckverlangen bedarf keiner Form; der Text hingegen, der als Gegendarstellung abgedruckt bzw. gesendet werden soll, muss *schriftlich* vorgelegt werden. Sie muss in derselben *Sprache* abgefasst sein wie die Erstmitteilung.[1731] Sie muss in den meisten Bundesländern[1732] vom Betroffenen bzw. seinem gesetzlichen Vertreter[1733] *unterzeichnet* sein. Nach wohl überwiegender Auffassung[1734] kann die Gegendarstellung auch als Telefax übermittelt werden; der Absender trägt in diesem Fall allerdings das Risiko der einwandfreien Übermittlung: Kommt das Fax nicht oder nur verstümmelt an, ist es nicht rechtzeitig zugegangen.[1735]

Der Abdruck einer Gegendarstellung kann nur verlangt werden, wenn der Betroffene diese der Redaktion oder dem Unternehmen *unverzüglich* zugeleitet hat. *Unverzüglich* bedeutet, dass der Betroffene sich unmittelbar, nachdem er von der Veröffentlichung Kenntnis erhalten hat, *ohne schuldhaftes Zögern* um die Gegendarstellung bemühen muss. Das bedeutet jedoch nicht, dass er sich *sofort* entscheiden muss. Vielmehr muss ihm ausreichend Zeit zur Überlegung seiner Entscheidung, zur Ermittlung des Sachverhalts, zur Einholung fachkundigen Rats und zur Formulierung der Gegendarstellung bleiben. In der Regel wird dafür eine Frist von zwei Wochen als angemessen angesehen werden können.[1736] Wird diese Frist überschritten, muss der Betroffene darlegen, warum er länger abgewartet hat.[1737] Zu den konkreten Umständen, anhand

---

[1728] OLG Frankfurt AfP 1983, S. 414.

[1729] OLG München AfP 1972, S. 278 f.

[1730] OLG Celle AfP 1996, S. 274 ff.

[1731] LG Darmstadt AfP 2005, S. 484 f. – Milli Görüs – mit Anmerkung von Karaahmetoglu AfP 2005, S. 433 ff.

[1732] In den Landespressegesetzen von Baden-Württemberg, Brandenburg, Hamburg, Hessen, Mecklenburg-Vorpommern, Nordrhein-Westfalen, Rheinland-Pfalz, Saarland, Sachsen, Schleswig-Holstein und Thüringen wird die eigenhändige Unterschrift oder die des gesetzlichen Vertreters ausdrücklich gefordert; in Berlin, Bremen, Niedersachsen und Sachsen-Anhalt hingegen genügt die Unterschrift eines Bevollmächtigten, z. B. des Anwalts; so KG NJW 1970, S. 2029, OLG Bremen AfP 1978, S. 157, OLG Celle AfP 1987, S. 714. Unklar insoweit die Rechtslage in Bayern, wo die Unterschrift des „Einsenders" verlangt wird. Die Privatfunkgesetze verlangen durchweg die Unterschrift des Betroffenen oder seines gesetzlichen Vertreters. Dasselbe gilt für die öffentlich-rechtlichen Rundfunkanstalten.

[1733] Soweit für eine Firma mehrere Geschäftsführer nur gesamtvertretungsberechtigt sind, muss auch die Gegendarstellung für diese Firma von den Gesamtvertretungsberechtigten gemeinsam unterzeichnet sein, LG Düsseldorf, AfP 1993, S. 498.

[1734] Dafür OLG München, AfP 1991, S. 531 ff. , OLG Saarbrücken, AfP 1992, S. 287 f. und Kammergericht Berlin AfP 1993, S. 748; dagegen OLG Hamburg AfP 1989, S. 746 f. Die Übersendung einer anwaltlich beglaubigten Kopie soll dem Formerfordernis nach Ansicht des LG Düsseldorf hingegen nicht genügen, AfP 1993, S. 498.

[1735] So Kammergericht Berlin AfP 1993, S. 748 f.

[1736] LG Dresden AfP 2006, S. 485 ff.

[1737] So OLG Hamburg AfP 1994, S. 225.

derer die angemessene Frist von den Gerichten bemessen wird, gehört die Dauer der Intervalle zwischen den Ausgaben bzw. Sendeterminen der betroffenen Medien.

So hat das Oberlandesgericht Stuttgart[1738] bei einer täglich ausgestrahlten Sendung eine zweiwöchige Frist für angemessen gehalten.

Das OLG Hamburg[1739] hat eine Gegendarstellung, die bei einer Monatszeitschrift knapp vier Wochen nach Kenntnisnahme eingereicht wurde, als verspätet zurückgewiesen.

Demgegenüber hat das Landgericht Frankfurt bei einer in unregelmäßigen größeren Abständen erscheinenden Fachzeitschrift sogar eine Frist von sieben Wochen noch als angemessen angesehen.[1740]

Versucht der Betroffene zunächst, auf gütlichem Wege eine Richtigstellung zu erreichen, ist dies bei der Prüfung der „Unverzüglichkeit" angemessen zu berücksichtigen.[1741] Verspätungen, die sich daraus ergeben, dass die Redaktion auf das Abdruckverlangen verspätet oder gar nicht reagiert, muss sich der Betroffene ebenfalls nicht zurechnen lassen.[1742]

Zwar muss sich das „unverzügliche" Abdruckverlangen auf eine *abdruckfähige* Gegendarstellung beziehen. Doch hat der Betroffene das Recht, eine zunächst noch mangelhafte Gegendarstellung abzuändern und auf diese Weise abdruckfähig zu machen. Das gilt nach Auffassung des OLG Stuttgart jedoch nicht, wenn die Erstfassung an offensichtlichen, vom Betroffenen zu vertretenden Mängeln gelitten hat.[1743] In jedem Fall muss die Abänderung ihrerseits ohne schuldhaftes Zögern, also unverzüglich, erfolgen - beispielsweise auf Hinweis des Verlages oder des Gerichts.[1744]

Eine Zeitung oder Zeitschrift kann das Abdruckverlangen auf jeden Fall wegen Fristablaufs zurückweisen, wenn die Gegendarstellung erst nach Ablauf von mehr als drei Monaten eingereicht wird. Das bayerische Landespressegesetz enthält diese Fristbestimmung zwar nicht; doch ist auch dort ein Abdruckverlangen nur innerhalb der Aktualitätsgrenze[1745] gerechtfertigt, d. h. nur, solange die Angelegenheit „dem Bewusstsein der Leser noch nicht entschwunden ist". Das wird jedoch bei einer Tageszeitung nach Ablauf von drei Monaten in der Regel der Fall sein.[1746]

Wegen Überschreitung der Aktualitätsgrenze hat das Oberlandesgericht München beispielsweise ein Gegendarstellungsverlangen gegen vier Anzeigenblätter zurückgewiesen. In dem zugrunde liegenden Rechtsstreit war es dem Betroffenen und seinen Anwälten erst nach 6 Monaten und mehreren Reparaturversuchen an unzulänglich formulierten Texten gelungen, eine einwandfreie und damit abdruckreife Gegendarstellung zu formulieren.[1747] Dieses Beispiel zeigt anschaulich, wie schwierig es für die Betroffenen sein kann, sich im Dschungel des Gegendarstellungsrechts mit seinen zahlreichen Fußangeln zurechtzufinden.

Für Rundfunksender ist diese Ausschlussfrist in einigen Bundesländern auf zwei Monate,[1748] sechs Wochen[1749] oder gar einen Monat[1750] verkürzt.[1751]

[1738] OLG Stuttgart AfP 2006, S. 252 ff.

[1739] OLG Hamburg AfP 1989, S. 746 f.

[1740] LG Frankfurt AfP 1981, S. 414.

[1741] Zweifelnd insoweit OLG Köln AfP 1989, S. 565 f. ; wie hier OLG München AfP 1990, S. 53 f.

[1742] OLG München OLGZ 90, S. 244.

[1743] OLG Stuttgart AfP 2006, S. 252 ff.

[1744] OLG Hamburg AfP 1981, S. 410 f. Schwer nachvollziehbar ist deshalb die Entscheidung des Kammergerichts in AfP 1993, S. 749, das die Zweitfassung einer Gegendarstellung als verspätet ansah, die der Antragsteller drei Tage nach der Ablehnung der Erstfassung durch die Zeitung geltend gemacht hatte.

[1745] OLG München AfP 1990, S. 311 f.

[1746] OLG München AfP 1988, S. 269 f.

[1747] OLG München AfP 1988, S. 373.

[1748] So die Privatfunkgesetze für Bayern, Bremen, Rheinland-Pfalz, Sachsen und Thüringen sowie die Regelungen für den Bayerischen Rundfunk, den MDR, NDR, WDR, das Deutschlandradio und das ZDF.

[1749] Das gilt für den Privatfunk in Baden-Württemberg, Berlin-Brandenburg und Hessen.

[1750] So die Regelung für den ORB, § 11 Abs. 3 S. 3 ORB-Gesetz.

[1751] In Mecklenburg-Vorpommern und Schleswig-Holstein bleibt es bei der Frist von drei Monaten. Keine Ausschlussfrist enthalten die Privatfunkgesetze von Hamburg, Niedersachsen, Sachsen-Anhalt und dem Saarland; dasselbe gilt für die Deutsche Welle.

11.2.4 Die Verbreitung der Gegendarstellung

Die Gegendarstellung ist in *unveränderter Form* zu verbreiten. Einschaltungen, Streichungen und sonstige redaktionelle Bearbeitungen sind grundsätzlich unzulässig. Eine Ausnahme wird man im Printbereich lediglich für die Korrektur von Rechtschreib- und Zeichensetzungsfehlern zulassen müssen.

Die Gegendarstellung ist als solche zu *kennzeichnen*. Das wird in der Regel dadurch zu geschehen haben, dass in der Überschrift das Wort „Gegendarstellung" auftaucht. Es reicht jedoch auch jede andere Einleitung aus, die hinreichend deutlich zum Ausdruck bringt, dass es sich um eine Entgegnung des Betroffenen handelt.[1752]

> So hat das Landgericht Köln beispielsweise die Schlagzeile: „Caroline dementiert: Derzeit keine Heiratsabsichten" für ausreichend angesehen.[1753]
> Demgegenüber wurde die Schlagzeile „Prinzessin Caroline: Ich erwarte kein viertes Baby", gefolgt von der redaktionellen Einleitung „Jetzt haben wir es schriftlich: Prinzessin Caroline von Monaco hat uns mitgeteilt, dass sie kein viertes Baby erwartet. . ." vom OLG Karlsruhe nicht akzeptiert.[1754]

Unzulässig ist es, die Gegendarstellung mit einer Überschrift zu versehen, die als herabsetzendes Werturteil über die Person oder das Anliegen des Betroffenen wirkt.

> Beispiel: „Fidele Ignoranten"[1755]

11.2.4.1 Der Abdruck in Zeitungen und Zeitschriften

Der Abdruck der Gegendarstellung hat in der nächstfolgenden Nummer der Zeitung oder Zeitschrift zu erfolgen. Als „nächstfolgende" Nummer gilt die, für die der Umbruch der Seite, auf die die Gegendarstellung gehört, zum Zeitpunkt des Eingangs der Gegendarstellung noch nicht abgeschlossen ist.

Ist die Erstmitteilung allerdings in der Wochenendausgabe einer Tageszeitung erschienen, kann der Betroffene verlangen, dass auch die Gegendarstellung in der nächsten Wochenendausgabe erscheint.[1756] Ist hingegen die Erstmitteilung in einer nur gelegentlich erscheinenden Teilausgabe abgedruckt worden, muss der Betroffene auf den Abdruck der Gegendarstellung nicht solange warten, bis wieder einmal eine solche Teilauflage erscheint.[1757]

Die Gegendarstellung soll die Aufmerksamkeit des Lesers in gleicher Weise wecken wie die Erstmitteilung. Dazu muss sie *im gleichen Teil* des Druckwerks, d.h. an gleichwertiger Stelle[1758] erfolgen wie die Erstmitteilung. Ist die Erstmitteilung auf der Titelseite einer Zeitung oder Zeitschrift erschienen, kann auch der Abdruck der Gegendarstellung auf der Titelseite verlangt werden. Umfang und Aufmachung der Gegendarstellung dürfen allerdings nicht dazu führen, dass die Titelseite ihre Funktion verliert, eine Identifizierung des Blattes zu ermöglichen. Deshalb ist gegebenenfalls eine Reduzierung der Schriftgröße hinzunehmen, die allerdings ihrerseits nicht zu einer Entwertung der Gegendarstellung führen darf.[1759]

> Ist in einer Boulevardzeitung durch eine Schlagzeile auf der oberen Hälfte der Titelseite der Eindruck erweckt worden, ein namentlich genannter Schauspieler leide an AIDS, so hat dieser einen Anspruch darauf, dass zumindest die Überschrift seiner Gegendarstellung „(Name des Schauspielers): Kein

---

[1752] Vgl. dazu OLG Düsseldorf NJW 1986, S. 1270.
[1753] AfP 1992, S. 389 f.
[1754] AfP 1992, S. 385 f.
[1755] OLG Hamburg AfP 1984, S. 39 f.
[1756] OLG München AfP 1992, S. 158 f.
[1757] OLG Hamburg AfP 1990, S. 307 f.
[1758] LG Koblenz AfP 2005, S. 291 f.
[1759] Ständige Rechtsprechung seit OLG Karlsruhe AfP 1992, S. 385 f.; Verfassungskonformität bestätigt durch BVerfG AfP 1998, S. 184 ff.; vgl. z.B. OLG Karlsruhe NJW 2006, S. 621 f.; OLG Karlsruhe NJW-RR 2008, S. 856 f.

AIDS! Gegendarstellung" ebenfalls auf der oberen Hälfte der Titelseite und - wenigstens in ihrem ersten Teil - in ebenso großen Lettern abgedruckt wird wie die angegriffene Schlagzeile.[1760]

Im Übrigen müssen optische Aufmachung, Schriftbild usw. der Erstmitteilung *gleichwertig* sein.

Ohne Zustimmung des Betroffenen darf eine Gegendarstellung *nicht* als *Leserbrief* veröffentlicht werden. Häufig bietet sich jedoch zur Vermeidung einer gerichtlichen Auseinandersetzung eine *Vereinbarung* mit dem Betroffenen an, seinen Text, der den Voraussetzungen einer Gegendarstellung nicht genügt, als Leserbrief abzudrucken.

Eine *Stellungnahme* von Verlag oder Redaktion zu der Gegendarstellung ist grundsätzlich zulässig. Sie hat sich jedoch in der Nummer, in der die Gegendarstellung erscheint, auf Tatsachenangaben zu beschränken („Glossierungsbeschränkung"). Nach Ansicht des Landgerichts Frankfurt sollen sich darüber hinaus aus dem Grundsatz der Waffengleichheit Grenzen ergeben, die es verbieten, den Redaktionsschwanz so zu gestalten, dass er zu einer Entwertung der Gegendarstellung führt.[1761]

> So darf ein Fernsehsender bei der Verlesung des „Redaktionsschwanzes" keine Textausschnitte aus der Stellungnahme eines wissenschaftlichen Instituts einblenden, die den Aussagen des Redaktionsschwanzes einen „dokumentationsähnlichen Charakter" verleihen.

Von der folgenden Nummer an ist dann wieder eine unbeschränkte Kommentierung zulässig; diese kann allerdings erneut Gegendarstellungsansprüche auslösen, wenn in ihr neue Tatsachenbehauptungen enthalten sind.

Selbstkontrollfrage 11/9:

Auf dem Titelblatt der Zeitschrift *Freizeitrevue* vom 15. 4. 1992 war Prinzessin Caroline von Monaco neben der Schlagzeile abgebildet: „Caroline zwischen Angst und Glück, Hochzeit im Mai, 4. Kind, aber düstere Schatten . . .". Im Inneren des Blattes war ein „Liebeshoroskop" abgedruckt, in dem über das Liebesleben der Betroffenen spekuliert wurde. Prinzessin Caroline verlangt von der Zeitschrift den Abdruck der folgenden Gegendarstellung auf der Titelseite der Zeitschrift: „Gegendarstellung. Durch die Überschriften 'Caroline zwischen Angst und Glück', 'Hochzeit im Mai, 4. Kind, aber düstere Schatten' in Verbindung mit meinem Foto wird der Eindruck erweckt, dass ich im Mai heiraten werde und ein viertes Kind erwarte. Hierzu stelle ich fest: Ich erwarte kein viertes Kind und werde im Mai nicht heiraten." Zu Recht ?

11.2.4.2   Die Verbreitung im Rundfunk

Beim Rundfunk muss die Gegendarstellung unverzüglich innerhalb des gleichen Programms und der gleichen Programmsparte sowie zur gleichen Tageszeit oder, wenn dies nicht möglich ist, zu einer Sendezeit verbreitet werden, die der Zeit der beanstandeten Sendung gleichwertig ist.[1762]

In der Regel wird der Text der Gegendarstellung durch einen Sprecher verlesen. Eine Gegendarstellung gegen einen Fernsehbericht kann jedoch auch eine bildliche Darstellung unter Umständen auch die Wiedergabe einer kurzen Filmsequenz umfassen, soweit dies zur Richtigstellung der Erstmitteilung aus der Sicht des Betroffenen erforderlich ist.

Die Verbreitung der Gegendarstellung darf nicht dadurch entwertet werden, dass der Sprecher unverständlich redet, also etwa nuschelt oder mit zu hoher Geschwindigkeit liest, oder sich über den Text der Gegendarstellung lustig macht.

[1760] LG Hamburg AfP 1987, S. 631 ff. ; ähnlich auch LG Hamburg AfP 1993, S. 778 f. (Abdruck oberhalb des Bild-Logos).

[1761] LG Frankfurt AfP 1987, S. 723 f.

[1762] So beispielsweise § 9 Abs. 4 S. 1 WDR-Gesetz. Zu den Besonderheiten bei Gegendarstellungen gegen Sendungen im ARD-Programm vgl. Prinz/Peters, Rz. 458.

Dieselben Glossierungsbeschränkungen wie für die Printmedien gelten für den Bayerischen Rundfunk, das Deutschlandradio, den NDR und das ZDF sowie die Privatsender in Bayern, Bremen, Mecklenburg-Vorpommern, Niedersachsen, Rheinland-Pfalz und Schleswig-Holstein. RBB, WDR und die Privatsender in Nordrhein-Westfalen unterliegen keinen Glossierungsbeschränkungen. Diese Sender dürfen eine Gegendarstellung mit einem Redaktionsschwanz versehen, soweit dieser nicht den Zweck der Gegendarstellung vereitelt, dem Betroffenen Gehör zu geben und die Öffentlichkeit zu informieren. Deshalb dürfen sie dem Inhalt der Gegendarstellung z.B. zutreffende gegenteilige Tatsachenbehauptung entgegensetzen.[1763]

Der Deutschen Welle und dem MDR ist jegliche Erwiderung auf eine Gegendarstellung am Tag der Veröffentlichung verboten. Nach den Privatfunkgesetzen von Baden-Württemberg, Berlin/Brandenburg, Hamburg, Hessen, Saarland, Sachsen-Anhalt und Thüringen darf in unmittelbarem Zusammenhang mit der Gegendarstellung gar keine Erwiderung gesendet werden; im übrigen soll sich eine Erwiderung - unbefristet ! - auf tatsächliche Angaben beschränken müssen. Beide Regelungen dürften mit dem Grundrecht der Rundfunkfreiheit kaum in Einklang zu bringen sein.

11.2.4.3 Die Verbreitung in Mediendiensten

Soweit Mediendienste gegendarstellungspflichtig sind, haben sie die Gegendarstellung in gleicher Aufmachung wie die Tatsachenbehauptung und in unmittelbarer Verknüpfung mit ihr anzubieten. Die Gegendarstellung ist so lange wie die Tatsachenbehauptung anzubieten, auf Verlangen des Betroffenen jedoch auch dann bis zu einem Monat lang, wenn die Tatsachenbehauptung vorher aus dem Angebot genommen wird (§ 56 Abs. 1 RStV).

Der Betroffene muss seinen Gegendarstellungsanspruch unverzüglich geltend machen, spätestens aber drei Monate nach Beginn und innerhalb von 6 Wochen nach Beendigung des Angebots der Tatsachenbehauptung (§ 56 Abs. 2 Nr. 4 RStV).

11.2.5 Die Durchsetzung des Gegendarstellungsanspruchs

Weigern sich Sendeunternehmen, Verleger oder verantwortlicher Redakteur, eine einwandfreie Gegendarstellung abzudrucken bzw. zu senden, so kann der Betroffene seinen Anspruch bei dem Landgericht geltend machen, das für den Wohnort des Verlegers oder des verantwortlichen Redakteurs[1764] oder den Sitz der Niederlassung des Verlages bzw. des Sendeunternehmens zuständig ist.

Um - insbesondere bei Druckwerken, die in größeren Abständen erscheinen - einen Abdruck in der nächstfolgenden Nummer rechtzeitig gerichtlich durchsetzen zu können, kann der Betroffene der Zeitung oder dem Sender eine angemessene Frist zur Erklärung der Verbreitungsbereitschaft setzen. Der Ablauf dieser Frist, ohne dass Redaktion oder Unternehmen ihre Bereitschaft zur Verbreitung der Gegendarstellung erklärt haben, bietet hinreichenden Anlass zur Klage.[1765]

[1763] KG NJW-RR 2008, S. 357 ff.
[1764] LG Leipzig AfP 1993, S. 674.
[1765] So Sedelmeier in Löffler, Rz. 196 zu § 11 LPG, mit weiteren Nachweisen; Schadensersatzansprüche lassen sich hingegen nicht daraus ableiten, dass eine entsprechende Erklärung ausgeblieben ist, AG Berlin-Schöneberg, AfP 1988, S. 94 f.

Wird der Abdruck der Gegendarstellung zunächst verbindlich zugesagt, dann aber nicht vorgenommen, kann der Betroffene das für die Durchsetzung des Gegendarstellungsanspruchs vorgesehene gerichtliche Verfahren einleiten. In diesem kann der Abdruck der zugesagten Gegendarstellung dann nicht mehr mit der Begründung verweigert werden, diese entspreche inhaltlich nicht den gesetzlichen Erfordernissen.[1766]

Der Anspruch ist im Eilverfahren (einstweilige Verfügung ohne anschließendes Hauptverfahren) geltend zu machen und im Wege der Zwangsvollstreckung durch die gerichtliche Anordnung von Zwangsgeld oder Zwangshaft durchzusetzen. Die Zwangsvollstreckung kann bereits auf Grund der erstinstanzlichen Entscheidung vorgenommen werden. Unterliegt der Betroffene dann jedoch im Berufungsverfahren, hat er der Zeitung den durch den Abdruck der Gegendarstellung entstandenen Schaden (entgangener Anzeigenraum!) zu ersetzen.[1767]

In Bayern sind Verstöße gegen das Gegendarstellungsrecht auch mit staatlichen *Sanktionen* bedroht: Dort handelt *ordnungswidrig*, wer zu Unrecht den Abdruck einer Gegendarstellung verweigert (§ 13 Abs. 1c LPG). Doch auch derjenige, der wider besseres Wissen den Abdruck einer in wesentlichen Punkten *unwahren* Darstellung oder Gegendarstellung erwirkt, begeht eine Ordnungswidrigkeit (§ 13 Abs. 1d LPG). *Strafbar* macht sich dort schließlich sogar, wer einer gerichtlichen Anordnung zum Abdruck einer Gegendarstellung nicht unverzüglich nachkommt (§ 14 Abs. 1e LPG).

11.3 Haftung für Rechtsverletzungen

Während in den beiden ersten Abschnitten dieses Kapitels die Frage erörtert wurde, welche Rechtsfolgen sich aus journalistischer Tätigkeit - durch Rechtsverletzungen oder auch trotz einwandfreier Berichterstattung - ergeben können, ist nun zu prüfen, wer für solche Rechtsverletzungen haftet.

Im vorangegangenen Abschnitt wurde bereits dargelegt, dass der Anspruch auf Abdruck einer Gegendarstellung gegen das Unternehmen (Verlag, Rundfunkanstalt) oder den verantwortlichen Redakteur zu richten ist. Nur diese haften demgemäß für den einwandfreien Abdruck einer Gegendarstellung.

Stellt eine Publikation hingegen eine strafbare Handlung oder eine Ordnungswidrigkeit dar oder löst sie zivilrechtliche Ansprüche aus, so kommt ein größerer Kreis von Haftungsträgern in Betracht.

11.3.1 Die Haftung für Straftaten

Als Täter oder Gehilfe einer Straftat gilt grundsätzlich jeder, der an der Herstellung oder Verbreitung eines Druckwerks mit strafbarem Inhalt mitgewirkt hat. Dies können Informanten und redaktionelle Mitarbeiter ebenso sein wie Verlagsmitarbeiter und im Vertrieb beschäftigte Personen. Die Mitwirkung kann auch darin bestehen, dass jemand einen Link von seiner eigenen Homepage auf eine fremde Website mit strafbarem Inhalt setzt.

[1766] OLG Köln AfP 1987, S. 699 ff.
[1767] BGH NJW 1974, S. 642 ff.

11.3.1.1   Bindung der strafrechtlichen Haftung an persönliches Verschulden

Strafrechtlich zur Verantwortung gezogen werden können jedoch nur *natürliche* Personen, die von dem strafbaren Inhalt *wussten* oder zumindest hätten *wissen müssen*, ihren Beitrag zur Verbreitung des strafbaren Inhalts deshalb *schuldhaft* (vorsätzlich oder fahrlässig) geleistet haben. Der Verlag (als in der Regel juristische Person) und die Mitglieder der Redaktion (als Gruppe) können nicht kollektiv für eine Veröffentlichung bestraft werden. Wer einen Link auf eine fremde Website setzt, kann strafrechtlich nur zur Rechenschaft gezogen werden, wenn er deren strafbaren Inhalt kennt.

11.3.1.2   Die Erweiterung der strafrechtlichen Haftung bei Printmedien auf den Verleger und den verantwortlichen Redakteur

Da die einzelnen Artikel in Zeitungen und Zeitschriften in vielen Fällen ohne Angabe des Verfassers erscheinen (Anonymitätsprinzip der Presse) und den Verlagsmitarbeitern das publizistische Zeugnisverweigerungsrecht zur Seite steht, ist es den Strafverfolgungsbehörden in der Regel nicht möglich festzustellen, welche Personen als Autoren oder redaktionelle Bearbeiter an der Herstellung und Verbreitung einer strafbaren Veröffentlichung beteiligt gewesen sind.

Da aber auch eine Kollektivhaftung von Verlag und Redaktion für eine solche Veröffentlichung ausscheidet, weil sie den Grundsatz verletzen würde, dass nur bestraft werden darf, wer persönlich und schuldhaft an einer strafbaren Handlung mitgewirkt hat (Schuldprinzip), wäre eine wirksame Verfolgung von Presseinhaltsdelikten mit dem allgemeinen Instrumentarium kaum zu gewährleisten. Aus diesem Grunde haben die Länder die strafrechtliche Verantwortlichkeit für Straftaten, die „mittels eines Druckwerks begangen" werden, in unterschiedlicher Weise erweitert. Die meisten Bundesländer[1768] haben diese Haftungserweiterung für periodische[1769] und nicht periodische Druckwerke unterschiedlich ausgestaltet. Bei nicht periodischen Druckwerken trifft sie den Verleger, bei periodischen hat dieser einen verantwortlichen Redakteur zu bestellen, der dann seinerseits dafür zu sorgen hat, dass das Blatt bzw. der Teil des Blattes, für den er verantwortlich ist, von Straftaten frei bleibt.

Für die strafrechtliche Haftung des Verlegers gelten zunächst die allgemeinen Regeln: Hat er *persönlich* an der Veröffentlichung einer Publikation mitgewirkt, deren Verbreitung wegen ihres Inhalts einen Straftatbestand erfüllt, also selbst entschieden, dass diese in seinem Verlag erscheinen soll, ist er in der Regel als Mittäter der damit begangenen strafbaren Handlung anzusehen. Doch auch wenn er die Entscheidung über die Veröffentlichung eines *nicht periodischen* Druckwerks (eines Buches z. B.) seinen Mitarbeitern überlassen hat, kann er u.U. bestraft werden. Die Voraussetzungen dafür sind in den einzelnen Bundesländern unterschiedlich geregelt:

In Baden-Württemberg, Schleswig-Holstein und im Saarland (§ 20 Abs. 2 Ziff. 2 LPG), in Berlin, Hamburg und Rheinland-Pfalz (§ 19 Abs. 2 Ziff. 2 LPG) droht ihm eine Freiheitsstrafe bis zu einem Jahr oder eine Geldstrafe, wenn die rechtswidrige Veröffentlichung darauf beruht,

---

[1768] So § 12 LPG Sachsen und Sachsen-Anhalt, § 14 Abs. 2 LPG Brandenburg, § 19 Abs. 2 LPG Berlin, Hamburg, Mecklenburg-Vorpommern und Rheinland-Pfalz, § 20 Abs. 2 LPG Baden-Württemberg, Bremen, Niedersachsen, Saarland und Schleswig-Holstein sowie § 21 Abs. 2 LPG Nordrhein-Westfalen. Abweichende Regelungen gelten in Bayern (§ 11 LPG) und Hessen (§ 11 LPG); in Thüringen fehlt eine entsprechende Regelung.
[1769] Periodische Druckwerke sind Zeitungen, Zeitschriften und andere in ständiger, wenn auch unregelmäßiger Folge und im Abstand von nicht mehr als 6 Monaten erscheinende Druckwerke. So die Legaldefinition in § 7 Abs. 4 der Landespressegesetze von Baden-Württemberg, Brandenburg, Bremen, Hamburg, Niedersachsen, Nordrhein-Westfalen, Saarland und Schleswig-Holstein; ebenso § 6 Abs. 4 LPG Berlin, Mecklenburg-Vorpommern, Sachsen-Anhalt und Thüringen, § 7 Abs. 3 LPG Rheinland-Pfalz; ähnlich § 4 Abs. 3 LPG Hessen und § 6 Abs. 2 S. 1 LPG Sachsen.

dass er seine *Aufsichtspflicht* verletzt hat. Um strafrechtlicher Verfolgung zu entgehen, muss er dafür sorgen, dass alle in seinem Verlag veröffentlichten und verbreiteten Druckwerke zuvor darauf geprüft werden, dass sie keinen strafbaren Inhalt haben. Er muss diese Prüfung nicht persönlich vornehmen, sondern kann sie auf seine Mitarbeiter delegieren. Der strafrechtlichen Haftung entgeht er jedoch nur, wenn er sorgfältig darauf geachtet hat, seine Kontrollpflicht nur auf *zuverlässige* Mitarbeiter zu übertragen, und deren Tätigkeit *laufend überwacht.*[1770]

In Bremen und Niedersachsen (§ 20 Ziff. 2 LPG) sowie in Nordrhein- Westfalen (§ 21 Abs. 2 Ziff. 2 LPG) und Sachsen-Anhalt (§ 12 Ziff. 2 LPG) trifft die Pflicht, die von ihm verlegten Druckwerke von strafbarem Inhalt freizuhalten, den Verleger persönlich. Verletzt er diese Pflicht vorsätzlich oder fahrlässig, droht ihm Geldstrafe oder Freiheitsstrafe bis zu einem Jahr. In Nordrhein-Westfalen ist die Strafandrohung jedoch auf die Fälle *vorsätzlicher* und *leichtfertiger* (grob fahrlässiger) Pflichtverletzungen beschränkt.

Eine andere Regelung hat der Bayerische Landesgesetzgeber getroffen. Dort gilt das System der *Stufenhaftung* (§ 11 Abs. 3 LPG). Verantwortlicher Redakteur, Verleger, Drucker und Verbreiter haften für die fahrlässige Verbreitung eines Druckwerks mit strafbarem Inhalt nur, wenn der eigentlich verantwortliche „Vormann" (Verfasser, Redakteur) nicht belangt werden kann. Der Verleger kann sich dieser Haftung demzufolge entziehen, wenn er den Mitarbeiter benennt, der für die Veröffentlichung strafrechtlich verantwortlich ist.

Der Umstand, dass nur *natürliche Personen* strafrechtlich zur Verantwortung gezogen werden können, bedeutet nicht, dass die strafrechtliche Haftung des Verlegers bei Verlagen entfiele, die in Form einer *juristischen* Person (Aktiengesellschaft, GmbH) organisiert sind. Vielmehr ist in einem solchen Fall der Verlagsleiter als Verleger anzusehen, d. h. der Geschäftsführer einer GmbH oder der Vorstand einer Aktiengesellschaft, der nach der Geschäftsverteilung die Aufsicht über die Redaktion bzw. die Anzeigenabteilung führt. Ist ein solcher nicht bestimmt, haftet jedes Mitglied der Geschäftsleitung als Verleger.

Wer sich im Impressum nur zum Schein als Herausgeber bezeichnen lässt und duldet, dass das Druckwerk über seine Konten abgerechnet wird, kann sich wegen Beihilfe zu den durch die Verbreitung des Druckwerks begangenen Äußerungsdelikten strafbar machen.[1771]

Der Verleger eines *periodischen* Druckwerks hat sowohl für den redaktionellen Teil als auch für den Anzeigenteil jeweils mindestens einen *Verantwortlichen* zu bestellen, der bestimmte - gesetzlich fixierte - persönliche Anforderungen erfüllen muss. Die Verantwortlichen sind im Impressum auszuweisen. Der Verstoß gegen diese Pflichten ist strafbar, zumindest jedoch als Ordnungswidrigkeit verfolgbar. *Strafbar* macht sich in den meisten Bundesländern[1772] ein Verleger, der *vorsätzlich* jemanden zum verantwortlichen Redakteur bestellt, der nicht die gesetzlichen Voraussetzungen erfüllt,[1773] oder ein Druckwerk, eine Zeitung oder Zeitschrift mit unvollständigem oder unrichtigem Impressum verlegt, also z. B. ohne Angaben über Verantwortliche oder mit unrichtigen Angaben über diese, wenn dieses Druckwerk außerdem strafbaren Inhalt hat.[1774] *Ordnungswidrig* handelt, wer *fahrlässig* einen verantwortlichen Redakteur bestellt, der

---

[1770] So auch Kühl in Löffler, Rz. 132 zu § 20 LPG mit weiteren Nachweisen.

[1771] BGH NJW 1990, S. 2828 ff.

[1772] In Brandenburg (§ 15 Abs. 1), Hessen (§ 21a Abs. 1), Sachsen (§ 13 Abs. 1 LPG) und Thüringen (§ 13 Abs. 1) ist dies lediglich eine Ordnungswidrigkeit.

[1773] § 13 Ziff. 1 LPG Sachsen-Anhalt, § 14 Ziff. a LPG Bayern; § 20 Ziff. 1 LPG Berlin, Hamburg, Mecklenburg-Vorpommern und Rheinland-Pfalz; § 21 Ziff. 1 LPG Baden-Württemberg, Bremen, Niedersachsen, Saarland und Schleswig-Holstein; § 22 Ziff. 1 LPG Nordrhein-Westfalen.

[1774] § 13 Ziff. 3 LPG Sachsen-Anhalt; § 20 Ziff. 3 LPG Berlin, Hamburg und Mecklenburg-Vorpommern; § 21 Ziff. 3 LPG Baden-Württemberg, Bremen, Niedersachsen, Saarland und Schleswig-Holstein; § 21 Abs. 2 LPG Hessen; § 22 Ziff. 3 LPG Nordrhein-Westfalen. Abweichende Regelungen finden sich in Bayern (§ 14 Ziff. d LPG) und Rheinland-Pfalz (§ 20 Ziff. 3 LPG). Dort hängt die Strafbarkeit des Impressumsverstoßes davon ab, dass der Verleger den strafbaren Inhalt des Druckwerkes kennt. In den übrigen Bundesländern reicht die Kenntnis des Impressumsverstoßes aus.

nicht die gesetzlichen Voraussetzungen erfüllt[1775] oder schuldhaft (vorsätzlich oder fahrlässig) ein periodisches Druckwerk ohne vollständige oder mit unrichtigen Impressumsangaben verlegt - und zwar auch dann, wenn es im Übrigen inhaltlich nicht zu beanstanden ist.[1776] Die *gesetzlichen Voraussetzungen* für die Tätigkeit als verantwortlicher Redakteur[1777] erfüllt nur, wer

- seinen ständigen Aufenthalt (Wohnsitz) innerhalb des Geltungsbereichs des Grundgesetzes hat, d. h. innerhalb der Bundesrepublik Deutschland,[1778]
- nicht infolge Richterspruchs die Fähigkeit verloren hat, öffentliche Ämter zu bekleiden, Rechte aus öffentlichen Wahlen zu erlangen oder in öffentlichen Angelegenheiten zu wählen oder zu stimmen (bürgerliche Ehrenrechte),[1779]
- unbeschränkt strafgerichtlich verfolgt werden kann, also beispielsweise nicht als Parlamentsabgeordneter Immunität genießt,[1780]
- das 21. Lebensjahr vollendet hat[1781] und
- unbeschränkt geschäftsfähig ist.[1782]

Ausnahmen, was Alter und Geschäftsfähigkeit anlangt, gelten für Druckwerke, die von Jugendlichen für Jugendliche herausgegeben werden (wie z. B. Schülerzeitungen).

Für den redaktionellen Teil der Zeitung oder Zeitschrift hat der Verleger einen oder mehrere verantwortliche Redakteure zu bestellen, d. h. damit zu beauftragen, den redaktionellen Teil vor der Veröffentlichung auf strafbare Inhalte hin zu überprüfen und strafbare Teile von der Veröffentlichung auszuschließen. Beauftragt er mehrere Redakteure mit dieser Aufgabe, muss er genau festlegen und im Impressum ausweisen,[1783] wer für welchen Teil verantwortlich sein soll. Es ist auch möglich, für denselben Teil mehrere Verantwortliche zu bestellen. Jeder von diesen trägt dann die Verantwortung dafür, dass der betreffende Teil keinen strafbaren Inhalt hat. Jeder von ihnen hat gegenüber dem Veröffentlichungsverlangen der übrigen Verlags- oder Redaktionsmitglieder ein Vetorecht. Der Verleger hat sicherzustellen, dass kein Teil der Zeitung ohne Verantwortlichen bleibt. Der redaktionelle Teil, für den ein verantwortlicher Redakteur zu bestellen ist, umfasst auch Leserbriefe.

Der verantwortliche Redakteur haftet neben dem namentlich genannten *Autor* eines Beitrages auch in den Fällen, in denen nach dem Impressum dieser die alleinige presserechtliche Verantwortung für sei-

---

[1775] § 13 Ziff. 1 LPG Sachsen und Thüringen, § 14 Abs. 2 LPG Sachsen-Anhalt, § 15 Abs. 1 Ziff. 1 LPG Brandenburg, § 21 Abs. 2 LPG Berlin, Hamburg, Mecklenburg-Vorpommern und Rheinland-Pfalz; § 21a Abs. 1 Ziff. 4 LPG Hessen; § 22 Abs. 2 LPG Baden-Württemberg, Bremen, Niedersachsen, Saarland und Schleswig-Holstein; § 23 Abs. 2 LPG Nordrhein-Westfalen.

[1776] § 13 Abs. 1 Ziff. a LPG Bayern, § 13 Abs. 1 Ziff. 3 LPG Sachsen und Thüringen, § 14 Abs. 1 Ziff. 1 LPG Sachsen-Anhalt, § 15 Abs. 1 Ziff. 3 LPG Brandenburg, § 21 Abs. 1 Ziff. 1 LPG Berlin, Hamburg, Mecklenburg-Vorpommern und Rheinland-Pfalz; § 21a Abs. 1 Ziff. 2 LPG Hessen; § 22 Abs. 1 Ziff. 1 LPG Baden-Württemberg, Bremen, Niedersachsen, Saarland und Schleswig-Holstein; § 23 Abs. 1 Ziff. 1 LPG Nordrhein-Westfalen.

[1777] Diese sind festgeschrieben in § 5 LPG Bayern, § 7 LPG Hessen und Sachsen, § 8 LPG Berlin, Mecklenburg-Vorpommern und Sachsen-Anhalt, § 10 LPG Brandenburg sowie § 9 der übrigen Landespressegesetze.

[1778] Von diesem Erfordernis kann auf Antrag Befreiung erteilt werden in den Ländern Baden-Württemberg, Brandenburg, Bremen, Hamburg, Niedersachsen, Nordrhein-Westfalen und Rheinland-Pfalz, Sachsen-Anhalt und Thüringen. In Berlin gilt eine Sonderregelung für Zeitschriften, die Zwecken der Wissenschaft oder der Kunst dienen (§ 8 Abs. 3 LPG).

[1779] In Berlin und Brandenburg gilt dieses Erfordernis nicht für Gefangenenzeitungen.

[1780] In Bayern gilt diese Beschränkung nur für den Redakteur, der für den politischen Teil einer Zeitung oder Zeitschrift verantwortlich zeichnet, § 5 Abs. 3 LPG; in den Landespressegesetzen von Hamburg und Rheinland-Pfalz fehlt eine entsprechende Bestimmung ganz, vgl. jeweils § 9 Abs. 1 LPG.

[1781] Diese Voraussetzung gilt nicht in Bayern, Brandenburg, Hamburg, Mecklenburg-Vorpommern, Sachsen, Sachsen-Anhalt und Thüringen.

[1782] In Brandenburg scheiden auch solche Personen aus, die ihre Angelegenheiten aufgrund einer psychischen Krankheit oder einer geistigen und seelischen Behinderung nicht selbst wahrnehmen können und für die deshalb ein Betreuer bestellt ist; ähnlich auch die Regelung in Sachsen-Anhalt.

[1783] § 6 Abs. 2 LPG Sachsen, § 7 Abs. 1 LPG Hessen, § 7 Abs. 2 LPG Berlin, Mecklenburg-Vorpommern, Sachsen-Anhalt und Thüringen, § 8 Abs. 1 + 2 LPG Bayern, sowie § 8 Abs. 2 der übrigen Landespressegesetze.

nen Beitrag übernimmt.[1784] Diese Haftung kann nur dadurch vermieden werden, dass der jeweilige Autor mit ladungsfähiger Anschrift als verantwortlicher Redakteur im Impressum ausgewiesen wird.[1785]

Für den Anzeigenteil ist ebenfalls ein Verantwortlicher zu bestellen.[1786] Dieser braucht nicht Redakteur zu sein. Im Übrigen sind die gesetzlichen Vorschriften über den verantwortlichen Redakteur auch auf ihn anzuwenden.

Die Hauptaufgabe des verantwortlichen Redakteurs besteht darin, dafür zu sorgen, dass der Inhalt der Zeitung in dem Teil, für den er verantwortlich ist, strafrechtlich nicht zu beanstanden ist. Er hat diesen Teil *persönlich* zu kontrollieren. Anders als der Verleger kann er die Kontrolle *nicht* auf andere Hilfskräfte übertragen.[1787] Dem verantwortlichen Redakteur steht zur Erfüllung dieser Aufgabe ein *Vetorecht* gegenüber sämtlichen Mitarbeitern von Verlag und Redaktion zu - auch gegenüber dem Chefredakteur und dem Verleger selbst. Will der Verleger entgegen dem Votum des verantwortlichen Redakteurs einen Beitrag veröffentlichen, den dieser für strafrechtlich bedenklich hält, muss er für diesen Beitrag einen anderen verantwortlichen Redakteur bestellen, der bereit ist, die strafrechtliche Verantwortung zu übernehmen.

Die Kontrollpflicht erstreckt sich auf den gesamten Herstellungsprozess einschließlich der Endredaktion. Der verantwortliche Redakteur hat auch dafür zu sorgen, dass bei der *technischen* Herstellung (Satz und Druck) keine Veränderungen vorgenommen werden.[1788]

Verletzt der verantwortliche Redakteur vorsätzlich oder fahrlässig[1789] seine Verpflichtung, den Teil des Druckwerks, für den er verantwortlich ist, von strafbarem Inhalt freizuhalten und kommt es infolgedessen zu einer rechtswidrigen Veröffentlichung, die einen Straftatbestand verwirklicht, so droht dem verantwortlichen Redakteur eine Freiheitsstrafe bis zu einem Jahr oder eine Geldstrafe.[1790]

Sind für denselben Teil des Blattes *mehrere* verantwortliche Redakteure bestellt (verantwortliches Redaktions*kollektiv*), ist *jeder* von ihnen strafrechtlich verantwortlich. Der Einwand des einzelnen, er habe sich gegen die Veröffentlichung ausgesprochen, sei aber überstimmt worden, beseitigt seine Haftung *nicht*.[1791] Will er die Verantwortung für den Beitrag nicht übernehmen, muss er seine Stellung als (mit-)verantwortlicher Redakteur aufgeben und das Impressum dementsprechend ändern lassen.

Strafrechtlich zur Rechenschaft gezogen werden kann immer nur derjenige, der nach dem Willen des Verlegers die tatsächliche Stellung des Verantwortlichen innehat. Das gilt auch bei einem unrichtigen Impressum.[1792]

Abweichende Haftungsregelungen finden sich in Bayern und Hessen. Das *hessische* Landespressegesetz enthält lediglich eine widerlegliche gesetzliche Vermutung zu Lasten des verantwortlichen Redakteurs. Es wird vermutet, dass er den Inhalt der von ihm verantworteten Veröffentlichung als eigene Äußerung gewollt hat (§ 11 Abs. 1 LPG). Kann er diese Vermutung nicht widerlegen, haftet er wie ein Täter der durch die Veröffentlichung begangenen Straftat. Kann er sie widerlegen, z. B. durch den Nachweis, dass sie gegen seinen Willen erfolgt ist, bleibt er straffrei. Hat er einer Veröffentlichung gegenüber dem Verleger oder dem Drucker

---

[1784] LG Berlin AfP 1992, S. 86 f.

[1785] Diese Lösung setzt aber selbstverständlich voraus, dass der Autor die o. g. Voraussetzungen erfüllt.

[1786] § 6 Abs. 2 S. 5 LPG Sachsen, § 7 Abs. 2 S. 4 LPG Berlin, Mecklenburg-Vorpommern, Sachsen-Anhalt und Thüringen, § 8 Abs. 2 S. 2 LPG Bayern sowie § 8 Abs. 2 S. 4 der übrigen Landespressegesetze.

[1787] RGSt Bd. 38, S. 379.

[1788] Einzelheiten dazu finden sich bei Sedelmeier in Löffler, Rz. 48 zu § 9 LPG.

[1789] In Nordrhein-Westfalen haftet der Redakteur nur für Leichtfertigkeit, d. h. grobe Fahrlässigkeit, § 21 Abs. 2 LPG.

[1790] § 12 LPG Sachsen-Anhalt, § 12 Abs. 2 LPG Sachsen, § 14 Abs. 2 LPG Brandenburg, § 19 Abs. 2 LPG Berlin, Hamburg, Mecklenburg-Vorpommern, Rheinland-Pfalz, § 20 Abs. 2 LPG Baden-Württemberg, Bremen, Niedersachsen, Saarland und Schleswig-Holstein. In Thüringen fehlt bislang eine entsprechende Vorschrift.

[1791] OLG Stuttgart AfP 1981, S. 289 ff.

[1792] Kammergericht AfP 1998, S. 324 f.

schriftlich widersprochen, so richtet sich die Vermutung nunmehr gegen den Verleger oder Drucker (§ 11 Abs. 2 LPG). Auch in *Bayern* gilt zu Lasten des verantwortlichen Redakteurs die gesetzliche Vermutung, dass er den Inhalt eines unter seiner Verantwortung erschienenen Textes gekannt und den Abdruck gebilligt hat (§ 11 Abs. 2 LPG). Kann er diese Vermutung widerlegen, wird er dennoch für seine Mitwirkung am Erscheinen eines Druckwerks strafbaren Inhalts wegen fahrlässiger Veröffentlichung mit Freiheitsstrafe bis zu einem Jahr und mit Geldstrafe oder mit einer dieser beiden Strafen bestraft, falls er seinen Pflichten als verantwortlicher Redakteur nicht ordnungsgemäß nachgekommen ist. Hier gilt erneut das Prinzip der „Stufenhaftung": die Bestrafung des „Vormanns", d. h. desjenigen, der den Artikel geschrieben oder redigiert hat, schließt die Verurteilung des verantwortlichen Redakteurs aus (§ 11 Abs. 3 LPG).

Neben seiner Hauptpflicht, den von ihm verantworteten Teil der Zeitung von strafbarem Inhalt freizuhalten, treffen den verantwortlichen Redakteur eine Reihe von Nebenpflichten.

Zum einen ist er passivlegitimiert für den *Gegendarstellungsanspruch*, d. h. der Inhaber eines Gegendarstellungsanspruchs kann von dem verantwortlichen Redakteur den Abdruck der Gegendarstellung verlangen und ihn vor dem zuständigen Landgericht verklagen, wenn er diesem Verlangen nicht nachkommt.[1793] Passivlegitimiert ist jeweils der verantwortliche Redakteur, der für den Teil der Zeitung, in dem die Gegendarstellung abzudrucken ist, zu dem Zeitpunkt, zu dem dieses zu geschehen hat, zuständig ist. In *Bayern* macht er sich darüber hinaus strafbar, wenn er einer gerichtlichen Anordnung zum Abdruck der Gegendarstellung nicht unverzüglich nachkommt (§ 14 Abs. 1e LPG); auch ohne gerichtliche Anordnung stellt dort die bloße Verweigerung des Abdrucks einer Gegendarstellung bereits eine Ordnungswidrigkeit dar (§ 13 Abs. 1c LPG). In den neuen Bundesländern stellt ein Verstoß gegen die Glossierungsbeschränkung eine Ordnungswidrigkeit dar.[1794]

Ferner macht sich strafbar, wer als verantwortlicher Redakteur zeichnet, ohne die gesetzlich geforderten persönlichen Voraussetzungen für diese Funktion zu erfüllen.[1795]

Schließlich haftet der verantwortliche Redakteur in allen Bundesländern außer Bayern für die Vollständigkeit und Richtigkeit des *Impressums*. Daraus folgt insbesondere, dass ein verantwortlicher Redakteur, der vorübergehend, durch Krankheit oder Urlaub z. B. , daran gehindert ist, seine Aufgaben wahrzunehmen, dafür zu sorgen hat, dass für diese Zeit ein anderer als verantwortlicher Redakteur bestellt und an seiner Stelle in das Impressum aufgenommen wird. Sind für den redaktionellen Teil eines Blattes mehrere verantwortliche Redakteure bestellt, so haftet *jeder* von ihnen für das *gesamte* Impressum. Verletzt ein verantwortlicher Redakteur seine Pflicht, für ein einwandfreies Impressum zu sorgen, vorsätzlich oder fahrlässig, so begeht er eine Ordnungswidrigkeit,[1796] die mit einer Geldbuße geahndet werden kann.[1797] Verletzt er die Im-

---

[1793] Insoweit stimmen alle Landespressegesetze überein; vgl. § 10 Abs. 1 LPG Bayern, Berlin, Hessen, Mecklenburg-Vorpommern, Sachsen und Sachsen-Anhalt, § 12 LPG Brandenburg sowie § 11 Abs. 1 in allen anderen Landespressegesetzen.

[1794] Brandenburg (§ 15 Abs. 1 Ziff. 5 LPG), Mecklenburg-Vorpommern (§ 21 Abs. 1. Ziff. 3 LPG), Sachsen (§ 13 Abs. 1 Ziff. 6 LPG), Sachsen-Anhalt (§ 14 Abs. 1 Ziff. 3 LPG) und Thüringen (§ 13 Abs. 1 Ziff. 5 LPG)

[1795] § 13 Ziff. 2 LPG Sachsen-Anhalt, § 14 Ziff. b LPG Bayern, § 15 Abs. 1 Ziff. 2 LPG Brandenburg, § 20 Ziff. 2 LPG Berlin, Hamburg, Mecklenburg-Vorpommern und Rheinland-Pfalz; § 21 Ziff. 2 LPG Baden-Württemberg, Bremen, Niedersachsen, Saarland und Schleswig-Holstein; § 22 Ziff. 2 LPG Nordrhein-Westfalen. In Hessen (§ 21a Abs. 1 Ziff. 5 LPG), Sachsen (§ 13 Abs. 1 Ziff. 2 LPG) und Thüringen (§ 13 Abs. 1 Ziff. 2 LPG) ist dieses Verhalten lediglich als Ordnungswidrigkeit mit einem Bußgeld bedroht.

[1796] § 13 Abs. 1 Ziff. 3 LPG Sachsen und Thüringen, § 14 Abs. 1 Ziff. 1 LPG Sachsen-Anhalt, § 21 Abs. 1 Ziff. 1 LPG Berlin, Hamburg, Mecklenburg-Vorpommern und Rheinland-Pfalz; § 21a Abs. 1 Ziff. 2 LPG Hessen; § 22 Abs. 1 Ziff. 1 LPG Baden-Württemberg, Bremen, Niedersachsen, Saarland und Schleswig-Holstein; § 23 Abs. 1 Ziff. 1 LPG Nordrhein-Westfalen. In Bayern haftet der verantwortliche Redakteur nicht für die Richtigkeit und Vollständigkeit des Impressums.

[1797] In den meisten Bundesländern droht eine Geldbuße bis zu € 5.000. In Hamburg gilt dies nur bei vorsätzlicher Begehung; ein fahrlässiger Verstoß kann mit einer Geldbuße von höchstens € 2.500 geahndet werden. Demgegenüber droht in Brandenburg eine Geldbuße bis zu 25.000 €, in Mecklenburg-Vorpommern, Sachsen und Thüringen bis zu 50.000 €.

pressumsvorschriften vorsätzlich bei einem Druckwerk strafbaren Inhalts, droht ihm in den meisten Bundesländern[1798] eine Freiheitsstrafe bis zu einem Jahr oder eine Geldstrafe.[1799]

In Niedersachsen haftet der verantwortliche Redakteur darüber hinaus dafür, dass in den Fällen, in denen ein Gericht in einer Beleidigungssache die Veröffentlichung des Strafurteils in einer bestimmten Zeitung oder Zeitschrift angeordnet hat (§ 200 Abs. 2 StGB), die Veröffentlichung vorgenommen wird. Ein Verstoß gegen diese Pflicht bildet in Niedersachsen eine Ordnungswidrigkeit (§ 22 Abs. 1 Ziff. 5 LPG). Zuständig ist der Redakteur, der für den Teil des Blattes verantwortlich ist, in dem der Abdruck vorzunehmen ist.

11.3.1.3 Haftung für Rechtsverletzungen im Rundfunk

Anders als bei den Printmedien ist die strafrechtliche Haftung bei den elektronischen Medien *nicht* auf Veranstalter und Verantwortliche erweitert. Zwar legen die Rundfunkgesetze fest, dass bei den öffentlich-rechtlichen Rundfunkanstalten der Intendant die Programmverantwortung trägt[1800] und die privaten Veranstalter Programmverantwortliche zu benennen haben.[1801] Dementsprechend haben Intendant bzw. Programmverantwortliche auch die Pflicht, dafür zu sorgen, dass das Programm den gesetzlichen Vorschriften entspricht. Die Verletzung dieser Pflicht ist als solche aber nicht strafbar. Dadurch, dass der Intendant bzw. Programmverantwortliche die Ausstrahlung eines strafbaren Beitrages pflichtwidrig nicht verhindert, kann er sich allerdings der Beteiligung an der Straftat durch Unterlassen schuldig machen. Da die Äußerungsdelikte aber nur vorsätzlich begangen werden können, setzt eine solche Strafbarkeit voraus, dass der Verantwortliche die Straftat gekannt oder wenigstens mit ihr gerechnet hat (bedingter Vorsatz).

Andererseits sind Verstöße privater Rundfunksender gegen rundfunkrechtliche Vorschriften als Ordnungswidrigkeiten mit Geldbußen bis zu 500.000 € bedroht (§ 49 RStV). Dasselbe gilt für Verstöße gegen Jugendschutzbestimmungen (§ 24 JMStV). Die Ordnungswidrigkeiten verjähren in sechs Monaten (§ 49 Abs. 5 RStV, § 24 Abs. 7 JMStV).

11.3.2 Die zivilrechtliche Haftung

Anders als die Strafbarkeit ist die zivilrechtliche Haftung nicht durchgängig an die persönliche Beteiligung gebunden.

So können *Unterlassungsansprüche* zum einen gegen jeden gerichtet werden, dessen Verhalten zu einer Rechtsverletzung zu führen droht - unabhängig davon, ob der Betreffende die Gefahr der Rechtsverletzung schuldhaft, d. h. vorsätzlich oder fahrlässig herbeigeführt hat; auch schuldlose Rechtsverletzungen sind zu unterlassen. Zum anderen kann der Betroffene sich mit seinem Unterlassungsanspruch auch an denjenigen halten, der zwar persönlich an der Rechtsverletzung nicht mitwirkt, in dessen *Verantwortungsbereich* diese aber fällt, der also die Möglichkeit hat, die Gefahr abzuwenden, und deshalb ebenfalls als *Störer* anzusehen ist.

Dementsprechend können Unterlassungsansprüche nicht nur gegen diejenigen gerichtet werden, die an der Vorbereitung der beanstandeten Veröffentlichung unmittelbar beteiligt sind

---

[1798] In Rheinland-Pfalz setzt die Strafbarkeit zusätzlich Kenntnis des strafbaren Inhalts voraus, § 20 Ziff. 3 LPG. In Brandenburg, Sachsen und Thüringen fehlt eine entsprechende Strafvorschrift.

[1799] § 13 Ziff. 3 Sachsen-Anhalt, § 14 lit. d) LPG Bayern, § 20 Ziff. 3 LPG Berlin, Hamburg, Mecklenburg-Vorpommern; § 21 Ziff. 3 LPG Baden-Württemberg, Bremen, Niedersachsen, Saarland und Schleswig-Holstein; § 22 Ziff. 3 LPG Nordrhein-Westfalen. In Hessen beschränkt sich die Strafandrohung auf Freiheitsstrafe bis zu 6 Monaten oder Geldstrafe bis zu 180 Tagessätzen, § 21 Abs. 2 LPG.

[1800] Vgl. z. B. § 25 Abs. 1 WDR-Gesetz.

[1801] Vgl. z. B. § 15 LRG NW.

(Autor, Redakteur). Der Betroffene kann auch denjenigen haftbar machen, in dessen Verantwortungsbereich die Veröffentlichung fällt und der diese deshalb zu unterbinden hat. Das ist der Verleger bzw. Rundfunkveranstalter als Herr des Unternehmens.[1802] Ist der Verleger eine juristische Person, haftet deren Geschäftsführer persönlich für Wettbewerbsverstöße allerdings nur, wenn er sie selbst begangen oder gekannt und pflichtwidrig nicht verhindert hat.[1803] Leitende Redakteure, wie Ressortleiter und Chefredakteur, haften ebenfalls nur, soweit sie mit der Sache selbst befasst waren.[1804] Der verantwortliche Redakteur kommt als Anspruchsgegner nur in den Fällen in Betracht, in denen sich der Unterlassungsanspruch zugleich gegen die Veröffentlichung strafbaren Inhalts (Beleidigung, üble Nachrede) wendet.[1805] Nur dann hat der verantwortliche Redakteur nämlich das Recht und die Pflicht, die Veröffentlichung zu verhindern.[1806]

Demgegenüber setzen *Schadensersatzansprüche* voraus, dass der Schaden durch eine rechtswidrige und *schuldhafte* Rechtsverletzung verursacht worden ist. Auf Schadensersatz haftet zunächst jeder, der an der Herbeiführung des Schadens rechtswidrig und schuldhaft mitgewirkt hat (§ 830 BGB). Bei einer rechtswidrigen Veröffentlichung kommen hier in erster Linie der Informant, der Autor des Beitrages sowie die Redaktionsmitglieder in Betracht, die an der Entscheidung über die Veröffentlichung des Beitrages mitgewirkt haben.

Auch für den dadurch entstandenen Schaden haftet indessen nicht nur, wer ihn selbst angerichtet hat. Vielmehr hat derjenige, der sich zur Erledigung seiner Geschäfte anderer bedient, für die Schäden einzustehen, die diese in Ausführung dieser Geschäfte schuldhaft verursachen. So haben juristische Personen einschließlich der Handelsgesellschaften (OHG, KG, GmbH, AG, aber auch Rundfunkanstalten als juristische Personen des öffentlichen Rechts) für das Handeln ihrer Organe (Geschäftsführer, Vorstandsmitglieder, Intendant) und satzungsmäßig berufenen Vertreter (leitende Angestellte, denen bedeutsame Geschäftsbereiche zur selbständigen Erledigung übertragen sind) uneingeschränkt einzustehen (§ 31 BGB). Daneben haftet jeder Geschäftsinhaber für sein Personal. Denn wer einen anderen „zu einer Verrichtung bestellt", ist gem. § 831 Abs. 1 BGB zum Ersatz des Schadens verpflichtet, den der andere dabei einem Dritten zufügt. Dementsprechend haften Verlag und Rundfunkveranstalter in der Regel, wenn in ihren Publikationen oder Programmen Dritten durch rechtswidrige Beiträge Schaden zugefügt wird. An den gemäß § 831 Abs. 1 S. 2 BGB möglichen Entlastungsbeweis werden von der Rechtsprechung so hohe Anforderungen gestellt, dass dieser zumindest in den Fällen, in denen ein Verlag oder ein Sender ein „heißes Eisen" angefasst hat, kaum je gelingen dürfte. In solchen Fällen verlangt der Bundesgerichtshof nämlich vom Verleger bzw. Veranstalter, die Prüfung entweder selbst vorzunehmen oder sie einem Mitarbeiter mit Organstellung zu übertragen, bei dem ein Entlastungsbeweis nicht möglich ist.[1807] Neben dem Verlag haftet zivilrechtlich auf Schadensersatz auch, wer nach seiner Stellung in der Redaktion die Verantwortung für die Veröffentlichung zu tragen hat. Das ist in der Regel der Ressortchef.[1808] Ihm darf der Chefredakteur die Überwachung der laufenden Berichterstattung über ein aktuelles Thema übertragen.[1809] Soweit es um die Regelung von Grundsatzfragen geht, trägt der Chefredakteur die Verantwortung. Der verantwortliche Redakteur, soweit er nicht zugleich Ressortchef oder Chefredakteur ist,

---

[1802] Ein Herausgeber, der auf die Gestaltung der einzelnen Artikel generell keinen Einfluss nimmt, kann deshalb auf Unterlassung nur in den Fällen in Anspruch genommen werden, in denen er persönlich an der Veröffentlichung mitgewirkt hat, OLG Celle AfP 1992, S. 295.
[1803] BGH NJW 1987, S. 127 ff.; OLG Bremen AfP 2007, S. 219 f.
[1804] Vgl. BGH AfP 1979, S. 307.
[1805] BGH NJW 1977, S. 626 ff.
[1806] OLG Köln NJW 1987, S. 1418 f.
[1807] BGH NJW 1957, S. 1315; BGH NJW 1963, S. 902; BGH NJW 1965, S. 685; BGH NJW 1980, S. 2810; OLG Düsseldorf AfP 1989, S. 549 ff.
[1808] OLG Köln NJW 1987, S. 1418 f.
[1809] BGH AfP 1979, S. 310; OLG Düsseldorf AfP 1980, S. 54.

haftet nur in den Fällen auf Schadensersatz, in denen der Anspruch durch eine Veröffentlichung ausgelöst wird, die zugleich einen Straftatbestand verwirklicht.[1810]

Alle Ersatzpflichtigen haften gemeinsam als *Gesamtschuldner* (§ 840 Abs. 1 BGB). Der Geschädigte kann also jeden von ihnen auf Ersatz des *vollen* Schadens[1811] in Anspruch nehmen, seinen Schaden indessen insgesamt nur *einmal* ersetzt verlangen (§ 421 BGB).

Hat beispielsweise der Betroffene seinen Schaden in Form eines angemessenen Schmerzensgeldes von dem Verlag ersetzt erhalten, kann er nicht ein zusätzliches Schmerzensgeld von dem Fotografen fordern, der der Zeitung die rechtswidrig veröffentlichten Fotos geliefert hat.[1812]

Begehen mehrere Medien unabhängig voneinander denselben Verstoß, haftet jedes für sich. Bei der Bemessung der Höhe des Schmerzensgeldes sind jedoch bereits gezahlte Entschädigungen angemessen zu berücksichtigen.[1813]

11.3.3 Haftung für Rechtsverletzungen im Internet

Für eigene Inhalte haftet der Anbieter von Medien- und Telediensten nach den allgemeinen Regeln (§ 7 Abs. 1 TMG) – also sowohl strafrechtlich wie zivilrechtlich. Als eigene Inhalte gelten solche, die der Dienst selbst erstellt, und solche, die er sich zu Eigen macht.

Für die Inhalte, die er für einen Nutzer speichert, ist der Anbieter eines solchen Dienstes nicht verantwortlich, sofern

- er keine Kenntnis von der rechtswidrigen Handlung oder Information hat und ihm im Falle von Schadensersatzansprüchen auch keine Tatsachen oder Umstände bekannt sind, aus denen die rechtswidrige Handlung oder Information offensichtlich wird, oder
- er unverzüglich tätig geworden ist, um die Information zu entfernen oder den Zugang zu ihr zu sperren, sobald er Kenntnis erlangt hat (§ 10 TMG).

Für fremde Inhalte, die er übermittelt oder zu denen er den Zugang vermittelt, ist er nicht verantwortlich, wenn er

- die Übermittlung nicht veranlasst hat,
- den Adressaten der übermittelten Informationen nicht ausgewählt hat
- die übermittelten Informationen nicht ausgewählt oder verändert hat,
- sofern er nicht mit einem Nutzer absichtlich zusammengearbeitet hat, um rechtswidrige Handlungen zu begehen (§ 8 Abs. 1 TMG).

Im Übrigen ist der Anbieter nicht verpflichtet, die von ihm übermittelten oder gespeicherten Informationen zu überwachen oder nach Umständen zu forschen, die auf eine rechtswidrige Tätigkeit hinweisen (§ 7 Abs. 2 S. 1 TMG). Er kann aber verpflichtet sein, solche Informationen zu entfernen oder zu sperren (§ 7 Abs. 2 Satz 2 TMG).

Diese Haftungsbeschränkungen gelten allerdings nur für die strafrechtliche Haftung sowie die Schadensersatzhaftung; für Unterlassungsansprüche bleibt es bei den allgemeinen Regeln.[1814] Demzufolge kann der *Anbieter eines Webforums* als *Störer* auf *Unterlassung* der Verbreitung fremder rechtsverletzender Einträge in Anspruch genommen werden. Als Störer haftet auf Unterlassung, wer – ohne Täter oder Teilnehmer zu sein – willentlich zu einer Rechtsverletzung beiträgt.[1815] Das setzt Kenntnis oder die Verletzung von Prüfungspflichten voraus. Deren Umfang bestimmt sich danach, ob und inwieweit dem als Störer in Anspruch Genomme-

---

[1810] BGH NJW 1977, S. 626 ff. ; OLG Köln NJW 1987, S. 1418 f.
[1811] Zur gemeinsamen Haftung für ein Schmerzensgeld vgl. OLG Hamburg ZUM 1994, S. 35 f.
[1812] OLG Köln AfP 1972, S. 277 f.
[1813] Kammergericht AfP 1998, S. 223 f.
[1814] BGH AfP 2007, S. 350 ff. (351); BGH AfP 2007, S. 352 ff. (354); BGH NJW 2004, S. 3102.
[1815] BGH NJW 2001, S. 3265; BGH NJW-RR 2002, S. 832; BGH NJW 2004, S. 3102; BGH AfP 2007, S. 352 ff. (354).

nen eine Prüfung nach den Umständen zuzumuten ist.[1816] Auch die Störerhaftung ist aber unter Beachtung der Meinungs- und Medienfreiheit zu begrenzen. Nach Ansicht des OLG Hamburg[1817] ist der Anbieter eines Meinungsforums deshalb nicht generell verpflichtet, Forumsbeiträge vor ihrer Einstellung einer Eingangskontrolle zu unterziehen. Eine Überwachungspflicht soll ihn aber in den Fällen treffen, in denen er durch sein eigenes Verhalten rechtswidrige Beiträge Dritter provoziert hat - z.B. dadurch, dass er provokante Themen zur Erörterung gestellt hat.[1818] Dasselbe soll gelten, wenn bereits eine Rechtsverletzung von einigem Gewicht aufgetreten ist und deshalb mit weiteren Rechtsverletzungen durch einzelne Nutzer zu rechnen ist. Im Übrigen beschränkt sich seine Pflicht darauf, rechtswidrige Beiträge Dritter zu entfernen, sobald er von ihnen Kenntnis erlangt hat.

Der Unterlassungsanspruch gegen den Forumsbetreiber besteht auch, wenn dem in seinen Rechten Verletzten der Autor des unzulässigen Beitrages bekannt ist.[1819]

Ein Berichtigungsanspruch kommt demgegenüber nach den allgemeinen Regeln nur in Betracht, soweit der Diensteanbieter sich den Inhalt der Seite, auf den der Link verweist, zu Eigen gemacht hat.

Verbreitet der Veranstalter eines Tele- oder Mediendienstes ein Angebot, das gegen die Bestimmungen des JMStV verstößt, begeht er eine Ordnungswidrigkeit, die mit einer Geldbuße bis zu 500.000,- € geahndet werden kann (§ 24 JMStV). Der Betreiber einer Internetplattform ist nicht verpflichtet, Sicherheitseinrichtungen für Altersverifikationen zu schaffen. Bieten Dritte auf der Plattform ohne seine Kenntnis unter Verstoß gegen die Jugendschutzvorschriften Video-DVDs an, ist er verpflichtet, die entsprechenden Informationen zu entfernen bzw. den Zugang zu ihnen zu sperren. Anderenfalls haftet er als Störer.[1820]

Dem Betreiber einer Suchmaschine ist es zumutbar, eine Filtersoftware einzusetzen, die rechtlich zu beanstandende Suchergebniseinträge durch Textlücken oder Platzhalter ersetzt.[1821]

Selbstkontrollfrage 11 / 10:

Der Betreiber eines Themenportals, das eine Vielzahl von Informationen zum Thema „Kochen" enthält, veröffentlicht u.a. Sammlung von ausgewählten Rezepten, die ihm zu einem erheblichen Teil von Privatpersonen, teilweise anonym, zur Verfügung gestellt werden. Er lässt sich von diesen umfassende Verwertungsrechte – auch zur Weitergabe an Dritte - einräumen. Er präsentiert die Rezepte unter der Bezeichnung „Chefkoch" mit Kochmütze und Internetadresse und Angabe des Einsenders. Die Rezepte sind mit Abbildungen der Gerichte versehen.
Ein Fotograf beanstandet, dass auf dem Portal Fotos veröffentlicht worden sind, die er hergestellt und auf einem eigenen Portal präsentiert hat..
Der Betreiber beruft sich darauf, er habe die entsprechenden Fotos aus dem Angebot herausgenommen, sobald er von der Urheberrechtsverletzung erfahren habe. Im Übrigen sei es ihm faktisch unmöglich und wirtschaftlich nicht zumutbar, alle eingesandten Fotos daraufhin zu untersuchen, ob an ihnen fremde Urheberrechte bestehen.
Der Fotograf verlangt Unterlassung und Schadensersatz. Zu Recht?

Für die Verbreitung strafbarer Inhalte im Internet gelten die Verjährungsfristen des StGB.[1822]

[1816] BGH NJW 1997, S. 2180; BGH NJW 1999, S. 1960: BGH NJW 2004, S. 3102; BGH AfP 2007, S. 352 ff. (354).
[1817] OLG Hamburg AfP 2006, S. 565 ff.
[1818] So auch LG Hamburg MMR 2008, S. 265 f.
[1819] BGH AfP 2007, S. 350 ff. gegen OLG Düsseldorf AfP 2006, S. 267 ff.
[1820] OLG Brandenburg MMR 2006, S. 617 ff.
[1821] Kammergericht Berlin MMR 2006, S. 817 ff.
[1822] Vgl. BGHSt 46, S. 212 ff. (215); BayOLG NStZ 2004, S. 702.

11.4 Die Sicherung des Rechtsgüterschutzes durch das Impressum

Sowohl die zivilrechtliche als auch die strafrechtliche Durchsetzung des Rechtsgüterschutzes ist bei *anonymen* Druckschriften erheblich erschwert, wenn nicht unmöglich. Aus diesem Grunde statuieren alle Landespressegesetze die Impressumspflicht: Auf *jedem* Druckwerk[1823] müssen Name oder Firma und Anschrift des Druckers und des Verlegers, beim Selbstverlag des Verfassers oder des Herausgebers, genannt sein.[1824] *Ausgenommen* von den Vorschriften der Landespressegesetze - und damit auch von der Impressumspflicht - sind lediglich

- amtliche Druckwerke, die ausschließlich amtliche Mitteilungen enthalten,[1825]
- Druckwerke, die nur Zwecken des Gewerbes und Verkehrs, des häuslichen und geselligen Lebens dienen, wie Preislisten, Werbedrucksachen, Familienanzeigen, Geschäftsberichte u.ä. (harmlose Druckwerke)[1826] und
- Stimmzettel für Wahlen.[1827]

Das Impressum *periodischer* Druckwerke muss ferner Name und Anschrift des verantwortlichen Redakteurs sowie des für den Anzeigenteil Verantwortlichen enthalten. Sind mehrere verantwortliche Redakteure bestellt, ist im Impressum anzugeben, wer von ihnen für welchen Teil der Zeitung bzw. welchen sachlichen Bereich verantwortlich ist.[1828] Strafverfolgungsbehörden und Gegendarstellungsberechtigte erhalten so die für die Rechtsdurchsetzung erforderlichen Informationen.

Zeitungen, die regelmäßig wesentliche Teile von anderen Redaktionen fertig übernehmen, haben im Impressum auch den für diesen Teil verantwortlichen Redakteur und dessen Verleger zu benennen.[1829] In Baden-Württemberg und Brandenburg haben Kopfzeitungen in ihrem Impressum darüber hinaus den Titel der Hauptzeitung anzugeben (§ 8 Abs. 3 S. 2 LPG). In einigen Bundesländern sind im Impressum zusätzlich die Inhaber- und Beteiligungsverhältnisse an der Zeitung regelmäßig offen zu legen.[1830]

Verstöße gegen die Impressumsvorschriften können als Ordnungswidrigkeiten,[1831] bei strafbarem Inhalt des Druckwerks in den meisten Bundesländern auch als Straftaten,[1832] nicht jedoch ohne weiteres als Wettbewerbsverstöße[1833] verfolgt werden.

[1823] Definition des Druckwerks in § 4 Abs. 1 LPG Hessen, § 6 Abs. 1 LPG Bayern, Berlin, Mecklenburg-Vorpommern, Sachsen, Sachsen-Anhalt und Thüringen, § 7 Abs. 1 aller übrigen Landespressegesetze.

[1824] § 6 LPG Hessen und Sachsen, § 7 LPG Bayern, Berlin, Mecklenburg-Vorpommern, Sachsen-Anhalt und Thüringen, § 8 aller übrigen Landespressegesetze. In Hessen sind neben der Verlagsfirma auch Namen und Wohnsitz der für diese Firma Vertretungsberechtigten zu nennen, § 6 S. 2 LPG.

[1825] § 4 Abs. 2 Ziff. 1 LPG Hessen, § 6 Abs. 3 Ziff. 1 LPG Berlin, Mecklenburg-Vorpommern, Sachsen-Anhalt und Thüringen, § 7 Abs. 3 Ziff. 1 aller übrigen Landespressegesetze mit Ausnahme des Bayerischen und des Sächsischen; dort fehlt eine entsprechende Ausnahmeregelung.

[1826] § 4 Abs. 2 Ziff. 2 LPG Hessen, § 6 Abs. 3 Ziff. 2 LPG Berlin, Mecklenburg-Vorpommern, Sachsen-Anhalt und Thüringen, § 7 Abs. 2 LPG Bayern, § 7 Abs. 3 Ziff. 2 aller übrigen Landespressegesetze.

[1827] § 4 Abs. 2 Ziff. 2 LPG Hessen, § 6 Abs. 3 Ziff. 2 LPG Berlin, Mecklenburg-Vorpommern, Sachsen-Anhalt und Thüringen, § 7 Abs. 3 LPG Bayern, § 7 Abs. 3 Ziff. 2 aller übrigen Landespressegesetze.

[1828] § 6 Abs. 2 LPG Sachsen, § 7 Abs. 1 LPG Hessen, § 7 Abs. 2 LPG Berlin, Mecklenburg-Vorpommern, Sachsen-Anhalt und Thüringen, § 8 Abs. 2 der übrigen Landespressegesetze mit Ausnahme des Bayerischen. Dort trifft diese Pflicht periodische Druckwerke nicht, wenn ihre Auflage höchstens 500 Exemplare beträgt und ihr Bezug an einen bestimmten Personenkreis gebunden ist (z. B. Vereins- oder Betriebszeitungen, Rundschreiben), § 8 Abs. 1 in Verbindung mit § 6 Abs. 2 LPG.

[1829] § 7 Abs. 3 LPG Berlin, Mecklenburg-Vorpommern, Sachsen-Anhalt und Thüringen, § 8 Abs. 4 LPG Bayern, § 8 Abs. 3 der übrigen Landespressegesetze mit Ausnahme derer von Hessen und Schleswig-Holstein, die keine entsprechende Vorschrift enthalten.

[1830] Das gilt in Bayern (§ 8 Abs. 3), Brandenburg (§ 9), Hessen (§ 5), Mecklenburg-Vorpommern (§ 7 Abs. 4) Sachsen (§ 8) und Thüringen (§ 8).

[1831] § 13 LPG Bayern, Sachsen und Thüringen, § 14 LPG Sachsen-Anhalt, § 15 LPG Brandenburg, § 21 LPG Berlin, Hamburg, Mecklenburg-Vorpommern, Rheinland-Pfalz, § 21a LPG Hessen, § 22 LPG Baden-Württemberg, Bremen, Niedersachsen, Saarland, Schleswig-Holstein, § 23 LPG Nordrhein-Westfalen.

An Aufmachung und Platzierung des Impressums sind keine besonderen Anforderungen zu stellen.[1834]

Anbieter von Mediendiensten haben neben ihrem Namen, ihrer Anschrift, Email-Adresse und Rechtsform eine Reihe von Angaben von weiteren Angaben zu machen, die sich im Einzelnen aus § 5 TMG ergeben. Anbieter von journalistisch-redaktionell gestalteten Angeboten, in denen insbesondere Inhalte periodischer Druckwerke wiedergegeben oder in periodischer Folge Texte verbreitet werden, müssen zusätzlich mindestens einen Verantwortlichen benennen, für den dieselben Voraussetzungen gelten wie für den verantwortlichen Redakteur bei den Printmedien (§ 55 Abs. 2 RStV).

[1832] § 13 LPG Sachsen-Anhalt, § 14 LPG Bayern, § 20 LPG Berlin, Hamburg, Mecklenburg-Vorpommern, Rheinland-Pfalz, § 21 LPG Baden-Württemberg, Bremen, Hessen, Niedersachsen, Saarland, Schleswig-Holstein, § 22 LPG Nordrhein-Westfalen.
[1833] BGH NJW 1990, S. 1991 ff. (= AfP 1989, S. 732 ff.) gegen OLG Düsseldorf WRP 1988, S. 245. Anders bei irreführendem Impressum, OLG Hamm AfP 1993, S. 587 f.
[1834] OLG Hamm AfP 1991, S. 441.

Beispielantworten zu den Selbstkontrollfragen

1/1 Gemeindepersonal

Die Gemeinde hat nicht das Recht, der Öffentlichkeit die Zahl der zur Erfüllung ihrer Aufgaben neu eingestellten Personen, die von ihnen wahrgenommenen Funktionen und die Namen der neu eingestellten Mitarbeiter vorzuenthalten. Zahl der Neueinstellungen und die besetzten Funktionen unterliegen nicht der Geheimhaltung. Persönlichkeitsrechte der Gemeindemitarbeiter werden nicht dadurch verletzt, dass anlässlich ihrer Neueinstellung ihre Namen bekannt gegeben werden. Demgegenüber unterliegen die konkreten, auf einzelne Auswahlentscheidungen bezogenen Begründungen der Verschwiegenheitspflicht. Ihre Offenbarung würde in das schutzwürdige Persönlichkeitsrecht der Bewerber eingreifen, die sich als Konkurrenten im Bewerbungsverfahren gegenüberstehen.

Die Gemeinde kann Auskünfte zu ihren Beschlüssen nicht pauschal mit dem Hinweis verweigern, sie seien in nichtöffentlicher Sitzung erfolgt. Dieser Umstand begründet keine Geheimhaltungpflicht im presserechtliche Sinn. Soweit die Auskunft zu solchen Beschlüssen verweigert wird, sind dem Antragsteller die Versagungsgründe mitzuteilen, damit er deren Vorliegen gerichtlich überprüfen lassen kann (VGH München NJW 2004, S. 3358 ff.).

1/2 Ermittlungsverfahren

Als vorgesetzte Behörde der Staatsanwaltschaft ist die Justizverwaltung – und damit auch ihre Justizpressestelle – für die Erteilung der Auskunft zuständig. Ist dem Beschuldigten bereits bekannt, wegen welcher Vorwürfe gegen ihn ermittelt wird, ist eine Beeinträchtigung der laufenden Ermittlungen durch die Erteilung der gewünschten Auskunft nicht zu erwarten. Die Auskunft könnte daher nur unter Hinweis auf ein schutzwürdiges Interesse des Beschuldigten verweigert werden. Dieses ist gegen das Informationsinteresse der Allgemeinheit abzuwägen. Wird gegen Führungskräfte der Wirtschaft wegen Straftaten ermittelt, die einen Bezug zu ihrer beruflichen Tätigkeit haben, so geht dem Schutz der Betroffenen das Interesse des Publikums vor, die entsprechenden Informationen zu erhalten. Denn nur so kann sich der Einzelne – als potentieller Kunde - ein Bild von der Seriosität des Unternehmens machen und – als Staatsbürger – beurteilen, mit welchem Nachdruck und welchem Erfolg Straftaten im Bereich der Wirtschaft verfolgt werden. Der Fall ist einer Entscheidung des Verwaltungsgerichts Berlin nachgebildet (AfP 2000, S. 594 ff.).

1/3 Bonusmeilen

Das Verwaltungsgericht Berlin (AfP 2008, S. 110 ff.) hat den Bundestag verurteilt, die gewünschten Informationen bereit zu stellen, soweit sie bei ihm vorhanden sind. Die Abrechnung von Reisekosten sei Verwaltungstätigkeit, die Daten seien nicht vertraulich erhoben worden und die Herausgabe der Daten ermögliche es nicht, sie bestimmten Abgeordneten eindeutig zuzuordnen.

1/4 IRA-Interview

Der Ermittlungsrichter des BGH hat dem Journalisten in diesem Fall das Recht zugesprochen, die Auskunft auf *alle* diese Fragen zu verweigern. (AfP 1989, S. 738 ff.) Er begründet dies damit, dass das Zeugnisverweigerungsrecht um der Erhaltung der Funktionsfähigkeit der Massenmedien willen Auskünfte, die unmittelbar oder mittelbar zur Enttarnung des Informanten führen können, auch insoweit einschließen muss, wie sie auf eigenen Wahrnehmungen des Journalisten beruhen. Das gilt vor allem für

- Wahrnehmungen, die der Journalist nur machen konnte, weil sein Informant auskunftsbereit war,

- selbst recherchierte Kenntnisse des Journalisten über die Person und die Lebensumstände des Informanten,
- die Umstände der Informationserlangung und
- eventuelle Honorarzahlungen.

1/5 Beschlagnahme

Amts- und Landgericht Stuttgart haben in diesem Fall ein Beschlagnahmeverbot gem. § 97 Abs. 5 StPO mit der Begründung verneint, nach Kundgabe der in dem Anruf gemachten Mitteilungen könne ein Zeugnisverweigerungsrecht nicht mehr geltend gemacht werden. Das Bundesverfassungsgericht hat die hiergegen gerichtete Verfassungsbeschwerde zurückgewiesen. Zum einen bezweifelt der Senat, dass bei "Bekennerschreiben" und "Bekenneranrufen" überhaupt ein schützenswertes Vertrauensverhältnis zwischen Redaktion und Informant besteht. Denn seiner Ansicht nach will der anonyme Informant seine Mitteilungen in solchen Fällen auf jeden Fall an die Öffentlichkeit bringen, selbst auf die Gefahr hin, dass die Strafverfolgungsbehörden Einblick in das Informationsmaterial erhalten. Ein "Versiegen" solcher Informationsquellen sei deshalb nicht zu befürchten. Zum anderen habe das Presseunternehmen mit der Bekanntgabe des Inhalts bereits zu erkennen gegeben, dass ein Schutzbedürfnis hinsichtlich dieser Informationsbeziehung nicht bestehe. (BVerfG, AfP 1982, S. 100 f.)

1/6 Filmteam

Amtsgericht und Landgericht Hamburg haben die Klage abgewiesen. Ihrer Ansicht nach war das Verhalten von F. sowohl unter dem Gesichtspunkt der Notwehr (§ 227 BGB) wie der Selbsthilfe (§ 229 BGB) gerechtfertigt. Ihrer Ansicht nach stellte die Anfertigung des Filmes einen rechtswidrigen Eingriff in das allgemeine Persönlichkeitsrecht von F. dar, da an der Berichterstattung über den lange zurückliegenden Unfall und das abgeschlossene Strafverfahren kein ausreichendes öffentliches Informationsinteresse mehr bestand. Da seine Aufforderung, das Filmen einzustellen, nicht befolgt worden sei, habe F. das Weiterfilmen gewaltsam verhindern dürfen. Auch sein Versuch, sich den Besitz des Filmes zu verschaffen, um dessen Verwertung zu verhindern, sei gerechtfertigt gewesen, da F. keine Möglichkeit gehabt habe, zu seinem Recht zu kommen. (ZUM 1996, S. 428 ff.)

1/7 Haarfarbe

Landgericht und Oberlandesgericht Hamburg haben die Agentur zur Unterlassung der beanstandeten Äußerung verurteilt. Die Verfassungsbeschwerde der Agentur blieb ohne Erfolg (BVerfG NJW 2004, S. 589 f.). Die unstreitig unwahre Behauptung verknüpfte die Haarfarbe des Bundeskanzlers mit seiner Glaubwürdigkeit und Überzeugungskraft. Sie verletzte damit sein berechtigtes Interesse, nicht auf einer falschen Grundlage bewertet zu werden. Zu einer sachgerechten Information der Öffentlichkeit trug sie nichts bei. Die Agentur treffen keine geringeren Sorgfaltspflichten als (andere) Presseunternehmen. Es liegt an ihnen, ihre Organisation so einzurichten, dass sie den Anforderungen gerecht werden, die sich daraus ergeben, dass sie täglich mit einer großen Informationsmenge umzugehen haben. Die Verbreitung der Meldung wäre durch die Nachfrage bei dem Betroffenen nicht unzumutbar verzögert worden.

2/1 GSD

Das OLG Koblenz hat die Äußerung als Verletzung des Persönlichkeitsrechts gewertet, weil sie den Eindruck erwecke, das Geld sei ohne jegliche Gegenleistung gezahlt worden. Demgegenüber interpretierte der BGH den Hinweis auf das Fehlen einer *wirtschaftlichen* Leistung in dem Bericht, der sich mit Kostensteigerungen im Gesundheitswesen auseinandersetzte, dahin, die Gegenleistung sei nicht *angemessen* gewesen. Dies sei ein zulässiges Werturteil, an dem sich auch dann nichts ändere, wenn den Zuschauern mitgeteilt worden wäre, dass die Gegenleistung in der Lieferung eines unbrauchbaren Computerprogramms bestanden habe (BGH NJW 2004, S. 598 ff.)

2/2 Klinik Monopoly

Während das OLG Koblenz der Argumentation von M gefolgt ist, hat der BGH dem Sender Recht gegeben. Die Interpretation des Textes durch das Berufungsgericht sei vertretbar, aber nicht zwingend. Wie sich aus dem Gesamtzusammenhang ergebe, habe sich der Beitrag nicht vorrangig mit der Tätigkeit von M beschäftigt, sondern mit den Folgen seines Ausscheidens. Nach dem Grundsatz, dass bei mehreren Deutungsmöglichkeiten diejenige vorzuziehen sei, die dem in Anspruch Genommenen günstiger und den Betroffenen weniger belaste, könne das OLG den Entschädigungsanspruch nicht auf die von ihm angenommene verdeckte Tatsachenbehauptung stützen (BGH NJW 2004, S. 598 ff.)

2/3 Schleichwerbung

Nach Ansicht des OLG München ist die Vertraulichkeitsvereinbarung, die darauf abzielt, geheim zu halten, dass sich die Tätigkeit der Firma X. auf die Platzierung getarnter Werbung im öffentlich-rechtlichen Fernsehen erstreckt, sittenwidrig und damit nichtig, § 138 Abs. 1 BGB. Denn sie zielt auf die gesetzlich verbotene Verbreitung von Schleichwerbung, § 7 Abs.6 Satz 1 RStV. Die Veröffentlichung des Angebots ist zulässig, obwohl Y. sie durch Täuschung der Firma X. erlangt hat. Darin liegt nach Ansicht des Gerichts eine schwer wiegende Rechtsverletzung. Dennoch hält es die Veröffentlichung für zulässig, da sie der Aufdeckung rechtswidriger Praktiken in einem Beitrag zum geistigen Meinungskampf dient, die ohne eine verdeckte Recherche nicht hätten aufgeklärt werden können. Der Fall ist einer Entscheidung des OLG München (AfP 2004, S. 139 ff.) nachgebildet.

2/4 Presserat

1. „Wegen einer Sorgfaltspflichtverletzung wurde das Jahrbuch Kleinkinder für 2006 öffentlich gerügt." Ist eine Tatsachenbehauptung über ein Werturteil („Sorgfaltspflichtverletzung").
2. „Die Redaktion hatte in einem Test von Neurodermitis-Cremes für Kleinkinder nicht deutlich genug auf einen bestehenden Krebsverdacht bei drei Cremes hingewiesen." ist ein Werturteil („nicht deutlich genug").
3. „Zwar wurde im Text kurz mitgeteilt, dass es eine solche Warnung gebe, in der dazugehörigen Tabelle wurde der Verdacht aber nicht mehr dargestellt." ist eine Tatsachenbehauptung.
4. „Dies wäre aber dingend notwendig gewesen." ist ein Werturteil.
5. „Zudem wurde in der Tabelle eine Creme angeführt, die nicht für Kleinkinder zugelassen ist." ist eine Tatsachenbehauptung.
6. „Hierin sieht der Ausschuss eine schwerwiegende Verletzung der Sorgfaltspflicht nach Ziff. 2 des Pressekodex." ist ein Tatsachenbehauptung über ein Werturteil.
Der Fall wurde vom OLG Frankfurt entschieden. Die Entscheidung ist in AfP 2008, S. 413 f. abgedruckt.

2/5 Deutsches Heim

Die Wohnungsbaugesellschaft kann mit Aussicht auf Erfolg klagen. Der Vorwurf, sie habe ihre Kunden "geprellt", stellt eine unzulässige üble Nachrede dar, wenn und solange ihr nicht nachgewiesen wird, dass ihre verantwortlichen Mitarbeiter die Schäden vorsätzlich, etwa in betrügerischer Absicht, verursacht haben. Der Fall ist einer Entscheidung des OLG München, NJW 1989, S. 910 ff., nachgebildet.

2/6 Sportplatz

Die Beurteilung dieser Frage hängt in erster Linie davon ab, ob die Aussage, der Bürgermeister tue nichts, um den türkischen Bürgern zu einem Spielort zu verhelfen, als Tatsachenbehauptung oder als Werturteil anzusehen ist. Landgericht und Oberlandesgericht haben die Äußerung trotz ihrer Stellung in einem Kommentar als Tatsachenbehauptung gewertet. Die Verfassungsbeschwerde der Zeitung gegen die Verurteilung zum Abdruck der Gegendarstellung blieb ohne Erfolg (BVerfG NJW 2004, S. 1235f.).

2/7 Tierquälerei

Das OLG Nürnberg hat die Klage der Geflügelmästerei abgewiesen. Es sieht in dem Vorwurf der Tierquälerei ein Werturteil, das trotz seiner Schärfe im politischen Meinungskampf um eine gesetzliche Regelung der Massentierhaltung durch das Grundrecht der Meinungsäußerungsfreiheit gedeckt ist (AfP 2002, S. 328 ff.)

2/8 Gemeindedirektor

Die Beurteilung dieser Frage hängt in erster Linie davon ab, ob die Äußerung des Gemeindedirektors als Tatsachenbehauptung oder als Werturteil anzusehen ist. Wird sie als Tatsachenbehauptung bewertet, muss der Gemeindedirektor nachweisen, dass sie der Wahrheit entspricht; als Werturteil wäre sie durch das Grundrecht der Meinungsäußerungsfreiheit gedeckt. Im vorliegenden Fall hat das Landgericht Oldenburg die Äußerung als Rechtsansicht, und damit als Werturteil, qualifiziert. Es hat diese Beurteilung u. a. darauf gestützt, dass die Vorgänge, auf die sich die Vorwürfe des Gemeindedirektors bezogen, zwischen den Parteien unstreitig waren, der Streit vielmehr um deren *rechtliche Beurteilung* geführt wurde. (LG Oldenburg AfP 1990, S. 60 ff.)

2/9 BILD-Schlagzeile

Nein. Es handelt sich um eine rhetorische Frage. Durch die Unterzeile wird „dem Leser suggeriert, dass die bejahende Alternative vorrangig in Betracht komme." (BGH NJW 2004, S. 1034)

3/1 Wünschelrute

Das OLG Karlsruhe hat den Ingenieur in dem geschilderten Fall verurteilt,
- die Äußerungen zu unterlassen, die Wassersuche mit der Wünschelrute sei "Betrugsmasche" und "Taschenspielertrick", und, der Kläger missbrauche die Unwissenheit der Leute, um an ihr Geld zu kommen,
- dem Kläger den Schaden zu ersetzen, der ihm durch die Verbreitung dieser Behauptung entstanden ist, und
- ihm ein Schmerzensgeld von DM 4.000 zu zahlen.

Es hat diese Entscheidung damit begründet, es sei dem Beklagten nicht gelungen nachzuweisen, dass der Kläger die Gemeinde K. *willentlich und bewusst* getäuscht und irregeführt habe, um sich dadurch wirtschaftliche Vorteile zu verschaffen.

Der BGH hat diese Entscheidung unter Hinweis auf die Beweislastverteilung aufgehoben. Danach genügte es zur Verurteilung des Beklagten nicht, dass es ihm nicht gelungen war, den betrügerischen Vorsatz des Klägers zu beweisen. Vielmehr stünden dem Kläger Abwehransprüche nur dann zu, wenn der Tatrichter der *Überzeugung* sei, dass die Behauptungen des Beklagten *falsch* sind, es dem *Kläger* also gelungen sei zu beweisen, dass die Tatsachen nicht zutreffen, auf die sich der Vorwurf eines subjektiv unredlichen Verhaltens stützt. Denn bei der Auseinandersetzung um das Verhalten der Beteiligten habe es sich um eine Angelegenheit von öffentlichem Interesse gehandelt und nach den ihm bekannten objektiven Umständen habe der Beklagte ohne Sorgfaltsverstoß auf ein unredliches Verhalten des Klägers schließen dürfen. (BGH AfP 1989, S. 669 ff.)

3/2 Pelze

Eine unzulässige unwahre ehrenrührige Tatsachenbehauptung enthält der Bericht selbst dann, wenn die Einfuhr von Bolivien nach Frankreich trotz der vorliegenden CITES-Bescheinigung illegal gewesen sein sollte, weil diese z. B. auf unrechtmäßige Weise, durch Bestechung etwa, erlangt waren, ohne dass der deutsche Händler von diesen Manipulationen wusste oder an ihnen beteiligt war. Durch die Formulierung des Satzes, es sei dem Händler "gelungen", die Felle "einzuschleusen", wird nämlich zu Unrecht der Eindruck illegalen Vorgehens erweckt (verdeckte Tatsachenbehauptung). Dieser Eindruck wird auch nicht dadurch ausgeräumt, dass die CITES-Bescheinigung im Bild gezeigt wird, dass in allen EG-Ländern ungehindert gehandelt werden darf, was sich in einem EG-Land befindet. Denn ohne nähere Erläuterung ist die CITES-Bescheinigung in französischer Sprache für den normalen, d. h. nicht besonders vorgebildeten Zuschauer unverständlich. Der Fall ist einer Entscheidung des Landgerichts Köln (AfP 1987, S. 531 ff.) nachgebildet.

3/3 Journalistenüberwachung

Der genannte Beamte kann die Unterlassung dieser Berichterstattung auch dann *nicht* verlangen, wenn er an dem genannten Vorgang tatsächlich nicht beteiligt gewesen ist. Die Zeitung berichtet lediglich über im Untersuchungsausschuss erhobene Vorwürfe, ohne sich diese zu Eigen zu machen. Dazu ist sie auch dann berechtigt, wenn die Vorwürfe zu Unrecht erhoben werden. Denn an der Verbreitung solcher, im parlamentarischen Untersuchungsausschuss erhobener Vorwürfe eines Fraktionsvorsitzenden besteht ein öffentliches Informationsinteresse selbst dann, wenn sie inhaltlich falsch sind. (LandG Berlin AfP 1990, S. 59 f.)

3/4 Gauweiler

Das Schöffengericht hat die Angeklagten freigesprochen. Berufung und Revision der Staatsanwaltschaft und des Nebenklägers Dr. Gauweiler blieben ohne Erfolg. Die Bezeichnung "Faschist" wurde von den Richtern als Werturteil angesehen. Der Sinn der Äußerung in dem Fernsehbeitrag habe in der Darstellung und Wiedergabe einer in der Bevölkerung, in linksextremen Kreisen vorhandenen Ansicht über den vermeintlichen politischen Standort Gauweilers gelegen. Diese Äußerung müssten die Angeklagten sich nicht als eigene zurechnen lassen. (OLG Köln AfP 1992, S. 293 f.)

3/5 Datenmanipulation

Das Landgericht hat diese Frage bejaht. Es hat in der Äußerung ein pauschales Unwerturteil gesehen, das geeignet sei, den Betroffenen in seiner beruflichen Tätigkeit und in seinem persönlichen Ansehen deutlich herabzusetzen. Es fehle an der Darlegung hinreichend gewichtiger tatsächlicher Anhaltspunkte, die diese Meinungsäußerung nachvollziehbar und plausibel erscheinen ließen. Demgegenüber hat das Oberlandesgericht Köln die Auffassung vertreten, der Beklagte habe den erforderlichen Sachbezug seiner Äußerung dadurch hinreichend deutlich gemacht, dass er im Prozess im Einzelnen dargelegt habe, in welchen Punkten die Ergebnisse seiner Auswertung von der des Klägers deutlich abwichen. Ein weitergehender Nachweis der Berechtigung der erhobenen Vorwürfe könne nicht verlangt werden. (OLG Köln AfP 2003, S. 267ff.).

3/6 Faschistenfreund

Das BVerfG (NJW 1990, S. 1980 ff.) hat die Entscheidung aufgehoben. Es hat zwar *nicht* beanstandet, dass das Gericht den Vorwurf faschistischer Gesinnung als unzulässige Schmähkritik gewertet hat, wohl aber die Interpretation des Verhaltens der Angeklagten. Die Äußerung "Strauß deckt Faschisten" sei verschiedenen Deutungen zugänglich. Sie müsse nicht bedeuten, dass der Betroffene selbst dem Faschismus zuneige. Wolle das Gericht sich zu Lasten der Angeklagten für eine solche Interpretation entscheiden, müsse es dafür Umstände anführen, die den Angeklagten zugerechnet werden können.

3/7 Gegenschlag

Das Landgericht München I (AfP 1997, S. 827f.) hält die Äußerung für unzulässig. Es sieht in der Bezeichnung als „Berufsdesinformant" den Vorwurf, der Betroffene berichte bewusst falsch, um seine Leser zu täuschen. Die Bezugnahme auf die SS und Joseph Goebbels rücke ihn ohne jeden Anlass in die Nähe einer verbrecherischen Organisation und eines Kriegshetzers, die Bezeichnung „Drecksau" falle als Formalbeleidigung nicht unter den Schutz der Meinungsäußerungsfreiheit. S. habe selbst nicht vorgetragen, dass der Beleidigte ihn oder seine Familie rechtswidrig angegriffen habe. Aus dem Umstand, dass er und seine Familie seiner Meinung nach ständig durch die Berichterstattung der „Süddeutschen Zeitung" herabgesetzt werde, könne er eine Rechtfertigung für die Beleidigung dieses Redakteurs nicht herleiten.

3/8 Babycaust

Das LG Nürnberg verurteilte die Verteiler wegen Beleidigung des Arztes und des Klinikums. Der Vergleich des legalen Verhaltens des Arztes mit dem Holocaust als Synonym für die abscheulichsten und durch nichts zu rechtfertigenden Verbrechen der Menschheit gehe über eine hinzunehmende polemische und überspitzte Kritik hinaus. Wenn der Arzt und damit verbunden die Klinikträgerin als Massenmörder vorgeführt würden, sei dies als unzulässige Schmähung zu werten. Das Bundesverfassungsgericht billigte die Verurteilung wegen Beleidigung des Arztes. Wegen seines Sachbezuges sei der Vergleich zwar nicht als Schmähkritik zu werten. In der Zuspitzung der Kritik auf den Arzt liege aber eine schwere Ehrverletzung, die durch die Meinungsäußerungsfreiheit nicht mehr gedeckt sei. Dabei hat es darauf abgestellt, dass der Arzt im Rahmen der geltenden Gesetze gehandelt hatte und sich seinerseits nicht aktiv in die öffentliche Auseinandersetzung um Abtreibung eingeschaltet hatte. Die Verurteilung wegen einer Beleidigung des Klinikums hingegen hob das Bundesverfassungsgericht auf. Diese Verurteilung hatte das Landgericht damit begründet, die Äußerungen hätten sich auf die im Klinikum tätigen Personen bezogen. Demgegenüber konnte der Vorwurf nach Auffassung des Bundesverfassungsgerichts auch so verstanden werden, dass er allein gegen die Klinikträgerin, eine kommunale Gebietskörperschaft, gerichtet gewesen sei. Da der strafrechtliche Ehrenschutz von Hoheitsträgern sich auf den Schutz gegen Äußerungen beschränke, deren Verbreitung ihre Funktionsfähigkeit gefährde, habe das Landgericht diese mögliche Deutung nicht unberücksichtigt lassen dürfen (BVerfG AfP 2006, S. 349 ff., 352).

Die Unterlassungsklage des Arztes wies das OLG Nürnberg ab. Es folgte dabei der Auffassung des BGH (AfP 2000, S. 463 ff.). Das Flugblatt bilde einen Beitrag zum Meinungskampf in einer die Öffentlichkeit wesentlich berührenden Frage. Bei ihren Äußerungen sei es der Gruppe ersichtlich um den Kampf gegen Abtreibungen, nicht um eine bloße Schmähung gegangen. Obwohl der Vergleich der Abtreibungspraxis mit dem Holocaust provokativ, polemisch und in der Sache unangebracht sein mag, sei er durch das Grundrecht der Meinungsäußerung geschützt. Diese Entscheidung hob das BVerfG auf. Es hielt dem OLG vor, „Kinder-Mord im Mutterschoß" könne auch als gezielter Mordvorwurf gegen den Arzt verstanden werden. Diese Deutungsvariante hätte das OLG seiner Abwägung im Rahmen der Unterlassungsklage nach der neueren Rechtsprechung des BVerfG zugrunde legen müssen (BVerfG AfP 2006, S. 349 ff., 353 f.)

3/9 Dummer Bayer

Das OLG München (AfP 1999, S. 71 f.) hat den *stern* zur Zahlung der Geldentschädigung verurteilt. Es war der Auffassung, dass der Kläger es sich auch in einem satirischen Beitrag nicht gefallen lassen muss, als Repräsentant des „doofen lederbehosten Bayern" vorgestellt zu werden, ohne dazu in irgendeiner Form Veranlassung geboten zu haben. Auf die Verfassungsbeschwerde des *stern* hin hob das BVerfG die Entscheidung auf und verwies sie zur erneuten Entscheidung an das OLG zurück (AfP 2002, S. 417 ff.). Es wies das OLG an, bei der Abwägung des Persönlichkeitsschutzes des Abgebildeten mit der Satirefreiheit zu berücksichtigen, dass die Satire erkennbar nicht auf die Verspottung des Klägers als Person, sondern auf eine kritische Bewertung der Personalpolitik der CSU und ihres Generalsekretärs gerichtet war. Die Feststellung, der Kläger werde „auf die Stufe eines primitiven und satten Bayern herabgewürdigt", sei nicht zwingend. Die Formulierung „...versteht ihn keiner", müsse nicht auf mangelnde intellektuelle Fähigkeiten hinweisen, sondern könne sich auch auf den typisch bayerischen Dialekt beziehen. Durch die Wahl seines äußeren Erscheinungsbildes, das der Klischeevorstellung eines „Urbayern" entspreche, habe der Kläger selbst Veranlassung gegeben, ihn als Beispiel für diesen Typus zu verwenden.

4/1 Würzburger Anwalt

Der Verfassungsbeschwerde des Anwalts hat das BVerfG stattgegeben (NJW 2004, S. 3619 ff.). Ein Abwehranspruch ergibt sich schon daraus, dass durch die Zeitung persönlichkeitsverletzende Informationen an Leser geraten, die auf Grund ihrer sonstigen Kenntnisse in der Lage sind, die Person zu identifizieren, auf die sich der Bericht bezieht. Denn der Umstand, dass Personen aus seinem persönlichen oder beruflichen Umfeld die Information erhalten, ist für den Betroffenen gerade besonders nachteilig.

4/2 Heinz Erhardt

Die Ausstrahlung des Werbespots ist zu unterlassen. Die Stimme eines bekannten Künstlers und die für seinen Auftritt charakteristischen Sprachelemente dürfen ohne seine Zustimmung nicht für Werbezwecke verwendet werden. Die Ausbeutung des Ansehens eines Künstlers zu Werbezwecken stellt einen unzulässigen Eingriff in sein Persönlichkeitsrecht dar. Nach Auffassung des OLG Hamburg (GRUR 1989, S. 666) wirkt der Persönlichkeitsschutz auch insoweit - ebenso wie der Bildnisschutz - über den Tod hinaus.

4/3 Wussows Bilder

Das OLG München hat diese Aussage als unzulässigen Eingriff in das allgemeine Persönlichkeitsrecht Wussows gewertet. Denn der Bericht erwecke den Eindruck, Wussow nutze seinen Bekanntheitsgrad, um für Bilder geringer Qualität einen hohen Preis zu erzielen. Diese Behauptung hält das OLG München für ehrenrührig. Auch wenn man der Bewertung als Ehrverletzung nicht folgt, wird man dem Urteil wohl unter dem Gesichtspunkt zustimmen können, dass durch die - unwahre - Darstellung eine Verzerrung des Persönlichkeitsbildes des bekannten Schauspielers in der Öffentlichkeit entsteht. (OLG München AfP 1990, S. 137 ff.)

4/4 Abkassierer

Das OLG Celle hat die Klage abgewiesen (AfP 1997, S. 819). Seiner Ansicht nach war die Preisgabe der Einkommenshöhe im Rahmen der kritischen Befassung mit „X" gerechtfertigt, bei der es auch um die Bewertung gegangen sei, dass einzelne Spieler „ihr Geld nicht wert" seien. Die Bezeichnung als „Abkassierer" wertete das Gericht als zulässige Meinungsäußerung.

4/5 Scheidungsopfer

Das OLG Karlsruhe hat die Klage abgewiesen. Es hat die Berichterstattung über die finanziellen Verhältnisse der Familie zwar als Eingriff in das allgemeine Persönlichkeitsrecht gewertet, diesen Eingriff jedoch als gerechtfertigt angesehen. Denn das Ziel des Beitrags sei es gewesen, „der pointiert vorgetragenen Auffassung einer prominenten Rechtspolitikerin zu einer die Öffentlichkeit wesentlich berührenden Frage - wirtschaftliche Auswirkungen der Scheidung auf beide Seiten - die eigene Sichtweise entgegen zu stellen." Um die Behauptung zu widerlegen, solche Situationen seien „konstruiert" und „nicht existent", sei es erforderlich gewesen, Gegenbeispiele vorzuführen. Der Gewinn an Authentizität und Glaubhaftigkeit, der dadurch entstehe, dass der Beispielsfall von dem Betroffenen selbst geschildert werde, rechtfertige den Eingriff in die Privatsphäre seiner ehemaligen Ehefrau, der damit zwangsläufig verbunden sei. (OLG Karlsruhe AfP 2002, S. 42 ff.)

4/6 Neues Deutschland

Das Landgericht Berlin hat den Artikel als zulässige Satire gewertet und die Unterlassungsklage abgewiesen. (AfP 1998, S. 525 f.) Durch die paradoxe Gleichsetzung des *ND* mit Blättern wie *Bunte* und *Praline* und die Kombination der angeblichen Stellungnahme ihres Chefredakteurs mit einem simplen, angeblich von Dieter Bohlen stammenden Text werde der „Durchschnittsleser" den Beitrag als Satire erkennen.

4/7 Zwangsdemokrat

Das OLG München (AfP 1989, S. 747 ff.) hat dem *stern* und R. Giordano die Verbreitung der zitierten Äußerung untersagt. Es hat sie als unzulässige Schmähkritik gewertet, die den verstorbenen Ministerpräsidenten "sehr stark in die Nähe des Nationalsozialismus" rücke. Er werde sozusagen als "der bundesdeutsche Verschnitt des nationalsozialistischen Führerkults bezeichnet" und solle "nur durch die zweite deutsche Demokratie domestiziert worden sein". Damit werde ihm unterstellt, er würde den nationalsozialistischen Führerkult fortgesetzt haben, wenn er nicht durch die gegen ihn eingestellte Mehrheit daran gehindert worden wäre". Dieser - nicht im geringsten gerechtfertigte - Vorwurf greife in den Kernbereich des Rechts auf Achtung der Menschenwürde ein, ziele auf eine Diffamierung des politischen Gegners, sei auch als Beitrag zur öffentlichen geistigen Auseinandersetzung in einer die Öffentlichkeit wesentlich berührenden Frage nicht mehr zulässig.

Auf die Verfassungsbeschwerde der Betroffenen hin hat das Bundesverfassungsgericht diese Entscheidung aufgehoben. Neben Zweifeln daran, ob das OLG München die Äußerungen Giordanos richtig interpretiert hat, hat das Bundesverfassungsgericht seiner Äußerung ausreichenden Sachbezug zugeschrieben, der ihre Wertung als Schmähkritik ausschließe. Ihm sei es erkennbar um eine - wenngleich leidenschaftliche und zugespitzte - Stellungnahme zur Sache gegangen, um die Warnung, die demokratische Ordnung vorschnell für gesichert zu halten und die Gefahren, die ihr drohen, zu unterschätzen - und nicht um eine persönliche Kränkung von F. J. Strauß. (BVerfG AfP 1990, S. 192 ff.)

5/1 Ferien-Appartements

Der BGH (AfP 1998, S. 399) hat die Klage abgewiesen. Er ließ dahingestellt, ob das Filmteam die von den Gästen erteilte Zustimmung zu den Aufnahmen für ausreichend halten durfte. Selbst wenn es die Genehmigung des Inhabers der Anlage hätte einholen müssen, komme dem Verstoß gegen diese Pflicht „nur ein vergleichsweise geringer Unrechtsgehalt" zu. Angesichts des Umstandes, dass die Information nicht „durch einen groben Einbruch in die unternehmerische Vertraulichkeitssphäre erlangt worden" sei, komme dem Umstand besondere Bedeutung zu, dass ein Gewerbetreibender „eine der Wahrheit entsprechende Kritik an seinen Leistungen grundsätzlich hinnehmen" müsse. Deshalb sei bei der Annahme eines rechtswidrigen Eingriffs in das Unternehmen in solchen Fällen grundsätzlich Zurückhaltung geboten.

5/2 AWD

Das Landgericht Hamburg hat dem Antrag stattgegeben. Die Berufung des Senders blieb erfolglos. Nach Ansicht des OLG Hamburg (AfP 1995, S. 518 ff.) erweckte die Berichterstattung den Eindruck, der AWD habe den Kredit vermittelt, obwohl dies nicht ausdrücklich gesagt worden war. Bei der Formulierung "1993 empfahl *man* beispielsweise . . . " sei aber zu berücksichtigen, dass der Zuschauer einer Fernsehsendung die Feinheiten des Textes nicht in gleicher Weise erfassen könne wie der Leser eines Textes.

5/3 Spielautomaten

Nein. Durch die allgemeine Systemkritik an der gesamten Automatenindustrie ist der einzelne Hersteller, solange nicht eines seiner Produkte ausdrücklich genannt wird, nicht individuell und unmittelbar betroffen. Er hat deshalb keinen Abwehranspruch. Dasselbe gilt für den Verband. Dass seine Mitglieder ihn beauftragt haben, ihre Interessen wahrzunehmen, macht ihn nicht zum Opfer Gewerbeschädigender Äußerungen gegen seine Mitglieder. Der Fall ist einer Entscheidung des OLG Köln (AfP 1983, S. 470 ff.) nachgebildet.

5/4 Umsatzrückgang

Ja. Die Darstellung erweckt den unzutreffenden Eindruck, der abgebildete Präsident sei für die Umsatzrückgänge verantwortlich. Damit erfüllt sie den Tatbestand des § 824 BGB gegenüber dem Präsidenten; zugleich verletzt sie sein allgemeines Persönlichkeitsrecht. Auf die Frage, ob zugleich das Recht des Präsidenten am eigenen Bild verletzt ist, kommt es deshalb nicht mehr an. Die Gesellschaft kann sich gegen die Verbreitung des Projekts ebenfalls zur Wehr setzen. Die unzutreffende pauschale Einbeziehung der neuen Unternehmensleitung in den Vorwurf des Missmanagements erfüllt den Tatbestand des § 824 BGB auch gegenüber dem Unternehmen. Der Fall ist einer Entscheidung des OLG Frankfurt (GRUR 1987, S. 62 f.) nachgebildet.

5/5 Namenloser Gutachter

Während das OLG die Bezeichnung des Gutachters für Schmähkritik gehalten hatte, weil es an sachlichen Anknüpfungstatschen dafür fehle, stellte der BGH (AfP 2008, S. 193 ff. = NJW-RR 2008, S. 913 ff.) darauf ab, dass es sich jedenfalls im Verhältnis zu dem Firmeninhaber um eine Wertung mit Sachbezug gehandelt habe. Im Zusammenhang mit dessen bilanziellen Transaktionen sei die Kritik auf Grund ihrer anlegerschützenden Zielrichtung gerechtfertigt.

5/6 Konkurrenzblatt

Nein. Setzt sich eine Publikumszeitschrift mit dem Verdacht strafbaren Verhaltens des Herausgebers eines Konkurrenzblattes auseinander, so spricht eine Vermutung dafür, dass sie nicht zu Wettbewerbszwecken, sondern zur Förderung der öffentlichen Meinungsbildung handelt, solange sie sachbezogen berichtet, d. h. die Grenze zur Schmähkritik nicht überschreitet. Im vorliegenden Fall halten sich die Äußerungen im zulässigen Rahmen; denn auch scharfe, überspitzte und plakative Formulierungen sind zulässig, soweit sie Sachbezug aufweisen. Der Fall ist einer Entscheidung des OLG Frankfurt (WRP 1989, S. 319 ff.) nachgebildet.

5/7 Finanzmakler

Soweit die Antwort des Maklers Tatsachenbehauptungen enthält, entsprechen diese der Wahrheit. Ein Anspruch aus § 824 BGB kommt deshalb nicht in Betracht.

Die Wertungen des Maklers ("schöne Legende", "geleimt") sind durch Art. 5 GG gedeckt. Aus dem Gesichtspunkt der Ehrverletzung oder dem Recht am Unternehmen kann X deshalb ebenfalls keine Abwehransprüche herleiten.

Zwischen der X und dem Makler besteht zwar ein Wettbewerbsverhältnis, doch dienen die Angaben des Maklers hier dazu, die Öffentlichkeit über Vorgänge von allgemeiner Bedeutung zu unterrichten und zur öffentlichen Meinungsbildung beizutragen. Sie sind als sachliche Kritik an dem Geschäftsgebaren der X bzw. ihres Vertreters gerechtfertigt. (OLG Hamburg AfP 1989, S. 678 f.)

5/8 Schwarze Liste

Das LG Karlsruhe (AfP 1990, S. 62 f.) hat einen Abwehranspruch des Betroffenen verneint. In der Bezeichnung einer Geschäftsmethode als "dubios" und der Aufnahme in eine schwarze Liste sieht das Gericht lediglich eine kritische Bewertung, die durch das Grundrecht der Meinungsäußerungsfreiheit gedeckt ist, wenn und soweit dem Leser durch die Angabe der Fakten, auf denen die Aufnahme in die schwarze Liste beruht, eine eigene Beurteilung ermöglicht wird. Da diese Wertung durch Art. 5 GG gedeckt sei, liege in diesem Verhalten auch kein Verstoß gegen die guten Sitten im Sinne von § 826 BGB.

6/1 Vernehmung

Das hängt davon ab, ob er in die Veröffentlichung wirksam eingewilligt hat. Das OLG Hamburg hat diese Frage verneint. Zum einen hat es bezweifelt, dass das Verhalten des Beschuldigten überhaupt als konkludente Einwilligung anzusehen ist. Denn zum einen sei ihm möglicherweise gar nicht klar gewesen, dass er dem Team, das zusammen mit dem ermittelnden Polizeibeamten erschien, den Zutritt hätte verweigern können. Zum anderen reiche der Umstand, dass er im Beisein des Polizisten die spontanen Fragen des Teams beantwortet habe, für eine konkludente Einwilligung in die Wiedergabe – anders als bei einem vorab verabredeten förmlichen Interview – nicht aus. Angesichts des Umstands, dass das Ansehen des Beschuldigten durch die Ausstrahlung der Aufnahmen beschädigt werden kann, verlangt das Gericht für die Wirksamkeit der Einwilligung außerdem, dass das Aufnahmeteam ihn über die Art der Sendung, für die die Aufnahmen gemacht werden, sowie darüber aufklärt, dass er auf den Bildern zu erkennen sein wird (OLG Hamburg AfP 2005, S. 73 ff.)

6/2 Zocker

Das Oberlandesgericht Hamburg hat dem Betroffenen ein Schmerzensgeld von 3.000 DM zugesprochen. Aus der Verbindung von Bild und Text ergebe sich, dass der Abgebildete - pars pro toto - als "Zocker" bezeichnet werde, d. h. als leidenschaftlicher, besessener Spieler, der leichtsinnig sein Geld verspielt. Durch den Hinweis auf Baden-Baden werde für die, die ihn kennen, zudem der Eindruck erweckt, er fahre sogar dorthin, um seiner Wettleidenschaft nachzugehen. Da der Abgebildete unstreitig kein solcher Spieler sei, stelle die Bezeichnung "Zocker" eine schwere Verletzung seines Persönlichkeitsrechts dar. Auf Seiten des *stern* liege zumindest grobe Fahrlässigkeit vor. Es habe auf der Hand gelegen, dass der Abgebildete mit seinem Posieren für den Fotografen in Hamburg nicht die Einwilligung zu seiner Darstellung als "Zocker" erteilt habe. (OLG Hamburg, ZUM 1989, S. 250 f.)

6/3 Glamourprinzessin

Explizit haben weder die minderjährige Abgebildete noch ihre Mutter eingewilligt. Eine konkludente Einwilligung durch die (Genehmigung der) Teilnahme am Turnier deckt nach Auffassung des BGH lediglich die Veröffentlichung im Rahmen der Berichterstattung über das Turnier, nicht aber in einem Beitrag, der sich ausschließlich mit dem Aussehen und den persönlichen Belangen der Reiterin befasst. Der Umstand, dass C. Casiraghi die Tochter von Caroline von Hannover ist, macht sie nicht zu einer absoluten Person des Zeitgeschehens. Die öffentliche Sportveranstaltung, an der C. Casiraghi teilgenommen hat, ist zwar ein Ereignis des Zeitgeschehens, aber nicht Gegenstand des Beitrages. Die Verwendung ihres Bildnisses zur Illustration eines Artikels, der nahezu ausschließlich persönliche Belange zum Inhalt hat, muss die Abgebildete nicht hinnehmen (BGH NJW 2005, S. 56ff.)

6/4 Polizistenfoto

Das Herausgabeverlangen wäre gerechtfertigt, wenn die Beschlagnahme rechtswidrig gewesen wäre. Die Beschlagnahme ist jedoch rechtmäßig, wenn sie zur Abwehr einer unmittelbar bevorstehenden Gefährdung der öffentlichen Sicherheit und Ordnung erforderlich war - beispielsweise, um eine bevorstehende Straftat abzuwehren. Als solche kommt die beabsichtigte Veröffentlichung des Fotos in Betracht.

Das Recht am eigenen Bild steht auch dem Polizeibeamten zu. Als stellvertretender Leiter der Staatsschutzabteilung bei der Kriminalpolizei bekleidet er keinen so herausgehobenen Posten, dass er schon allein deshalb als relative Person der Zeitgeschichte anzusehen wäre. Durch die vorangegangene unrechtmäßige Veröffentlichung seines Bildnisses in der Zeitung ist er ebenso wenig zur Person der Zeitgeschichte geworden wie durch seine Beteiligung als Zeuge an dem daraus resultierenden Strafverfahren. Beurteilte man dieses anders, hätten die Massenmedien es in der Hand, jemanden durch unrechtmäßiges Handeln zu einer Person der Zeitgeschichte zu machen und sich damit selbst die Legitimation dafür zu beschaffen, sich mit der betroffenen Person intensiver zu beschäftigen, als ihnen das sonst erlaubt wäre.

Die Veröffentlichung des Bildes wäre strafbar; seine Beschlagnahme ist gerechtfertigt. (so auch VG Karlsruhe NJW 1980, S. 1708 f.)

6/5 MLPD-Plakat

Der Abgebildete kann sich auf sein Recht am eigenen Bild berufen. Bei dem Wahlplakat handelt es sich *nicht* um das Bild einer Versammlung im Sinne des KUG. Es hat nicht die Demonstration in Rheinhausen zum Gegenstand, sondern stellt lediglich fünf Versammlungsteilnehmer dar. Hinzu kommt, dass durch die in das Bild hineinmontierten Parolen das von den Abgebildeten tatsächlich mitgeführte Spruchband überdeckt und damit der Eindruck erweckt wird, die Abgebildeten hätten an einer Demonstration teilgenommen, die so gar nicht stattgefunden hat.

Selbst wenn man den abgebildeten Bundestagskandidaten als (relative) Person der Zeitgeschichte ansieht, muss dieser sich zumindest keine Abbildung gefallen lassen, die den Eindruck erweckt, er trete "radikal für Arbeiterinteressen" im Sinne der MLPD ein. Insoweit liegt eine sein Persönlichkeitsrecht verletzende Verzerrung seines Persönlichkeitsbildes vor (so auch LG Stuttgart, AfP 1989, S. 765 f.)

6/6 CDU-Plakat

Das Landgericht Hamburg hat die Klage abgewiesen (AfP 2007, S. 275 ff.). Inhaltlich setze sich der Werbespot mit den außerberuflichen Aktivitäten des Bürgermeisters auseinander, deretwegen er seine politischen Pflichten vernachlässige. Ihm lasse sich lediglich entnehmen dass er sich der Klägerin privat eng verbunden fühle. Eine politische Zuordnung der Klägerin sei damit nicht verbunden.

Durch ihr Verhalten auf der AIDS-Gala habe die Klägerin das öffentliche Interesse an ihrer Beziehung zu dem Bürgermeister provoziert. Wie und mit wem sich der Bürgermeister in der Öffentlichkeit präsentiert, sei schon deshalb Gegenstand eines berechtigten öffentlichen Interesses, weil die Repräsentation nach außen zu seinen Kernaufgaben zähle.

Berechtigte Interessen der Klägerin seien durch die Veröffentlichung nicht verletzt. Die CDU könne sich vielmehr auf den Schutz ihrer Meinungsäußerungsfreiheit berufen, der im Wahlkampf eine besondere Bedeutung zukomme.

6/7 Evas schöne neue Welt

Das Landgericht Berlin hat der Klage stattgegeben (AfP 2000, S. 246 ff.). Es sieht in der Übernahme des Fotos einen Eingriff in die Intimsphäre von Nina Hagen, den es als schwere Persönlichkeitsverletzung wertet. Zur Berichterstattung über den Prozess war die Abbildung nach Ansicht des Gerichts nicht erforderlich.

6/8 Sozius

S ist als Fraktionsvorsitzender im Stadtrat eine Person des öffentlichen Lebens, die sich die Veröffentlichung ihres Bildnisses grundsätzlich gefallen lassen muss. Bei den zitierten Passagen handelt sich durchweg um wahre Tatsachenbehauptungen. Die Berichterstattung über Gewinnspiel-Betrügereien betrifft eine die Interessen der Öffentlichkeit wesentlich berührende Frage.

Die Veröffentlichung der beanstandeten Teile des Artikels ist folglich nicht rechtswidrig. Die Illustration mit dem Foto von *S* erweckt jedoch den Eindruck, er sei in das Verfahren verwickelt. Denn sonst gäbe es für eine seriöse Zeitung keinen hinreichend sachlichen Grund, *S* besonders herauszustellen. Aus diesem Grund kann *S* verlangen, dass eine entsprechende Veröffentlichung um den deutlichen Hinweis ergänzt wird, dass sich das Ermittlungsverfahren nicht (auch) gegen ihn richtet. Der Fall ist einer Entscheidung des OLG Karlsruhe (NJW 2005, S. 2400 ff. = AfP 2006, S. 72 ff.) nachgebildet.

6/9 Steckbrief

Auf Grund seines bisherigen Wirkens ist H. als eine Person der Zeitgeschichte anzusehen, die auch scharfe und polemische Angriffe hinzunehmen hat. Der Artikel dient der Anprangerung von Hintermännern der rechtsextremen Szene, aus der heraus in letzter Zeit vielfach schwere Gewaltverbrechen verübt worden sind. Zugleich ruft er dazu auf, dieser „Bewegung" eine einheitliche Abwehrfront gegenüberzustellen. Damit hält er sich nach Ansicht des OLG Braunschweig (AfP 2000, S. 588 ff.) im Rahmen zulässiger Meinungsäußerung.

6/10 Finca

Teils, teils: Nach Ansicht des BGH kann die Moderatorin nicht verlangen, dass die Veröffentlichung der Aufnahmen ihres Anwesens unter Nennung ihres Namens unterbleibt. Zwar stelle die Herstellung der Aufnahmen einen Eingriff in ihre Privatsphäre dar (vgl. dazu schon oben 1.7.5). Der Persönlichkeitsschutz sei aber gegen die Berichterstattungsfreiheit abzuwägen. Das Informationsinteresse der Öffentlichkeit sei zwar gering, weil die Verbreitung in erster Linie das Bedürfnis nach oberflächlicher Unterhaltung befriedige. Andererseits sei auch die Intensität des Eingriffs gering. Zudem habe sie selbst den Teil ihrer Privatsphäre, dessen Schutz sie verlange, dem breiten Publikum durch eigene Veröffentlichung bekannt gemacht. In der Veröffentlichung der Wegbeschreibung sahen die Gerichte hingegen eine Verletzung des Rechts auf Geheimhaltung der Privatadresse als Teil des Rechts auf informationelle Selbstbestimmung. Sie mache einer breiten Öffentlichkeit die genaue Lage des Grundstücks bekannt, dieses dadurch für eine unbestimmte Vielzahl von Personen wesentlich leichter erreichbar und setze die Bewohner damit „einer erhöhten Gefahr des Eindringens Dritter in ihren privaten Bereich aus." Deshalb habe die Agentur diese Veröffentlichung zu unterlassen bzw. zu unterbinden. (BGH NJW 2004, S. 762 ff. und 766 ff. = AfP 2004, S.116 ff. und 119 ff.; bestätigt durch BVerfG AfP 2006, S. 347 ff.).

7/1 Gladbecker Geiseldrama

Das Recht am eigenen Bild ist nicht verletzt, da die Schutzfrist abgelaufen ist. Eine Verletzung des postmortalen Persönlichkeitsschutzes der abgebildeten Geisel hat das OLG Hamburg verneint: Eine Verfälschung des Lebensbildes der Ermordeten liege nicht vor. Das Foto, das sie in Todesangst zeige, entwürdige sie nicht. Es sei vielmehr geeignet, Mitgefühl mit ihr zu wecken, weil es dem Betrachter, der den Ausgang des Verbrechens kennt, ihre ausweglose Not offenbare. Dem Schutzinteresse der Mutter stehe ein erhebliches Informationsinteresse der Öffentlichkeit gegenüber. Das Foto sei von größtem Informationswert, weil es eindrucksvoller, als dies mit Worten möglich sei, die besondere Qualität dieses Verbrechens demonstriere und deshalb für die aktuelle Diskussion um die weitere Behandlung des Täters von besonderer Bedeutung sei. Hinter diesem Informationsinteresse müsse das Recht der Mutter zurücktreten, in Ruhe gelassen, durch die Berichterstattung nicht immer wieder mit dem Verbrechen konfrontiert zu werden. Nach Ansicht des Gerichts ist ihr zuzumuten, selbst Vorkehrungen dagegen zu treffen, durch die Medien erneut mit dem Verbrechen konfrontiert zu werden (OLG Hamburg, AfP 2005, S. 76).

7/2 Kleinstadt-Anwalt

Das hängt davon ab, ob der Anwalt, gegen den die unberechtigten Vorwürfe erhoben worden sind, aus dem Bericht zu erkennen ist. Das OLG Karlsruhe (VersR 1989, S. 65 f.) hat diese Frage bejaht. Unter den Verhältnissen einer kleinen Stadt habe "der Reiz, das Geheimnis zu entschlüsseln, wer denn dieser "Rechtsanwalt aus X. " sei, das Interesse der Leser in besonderem Maße auf den Betroffenen lenken" können.

7/3 Kriminalberichterstattung

Nein. Dem W. steht weder ein Unterlassungsanspruch noch ein Schmerzensgeld-Anspruch zu. Angesichts der Vielzahl seiner Straftaten und der Verurteilung zu einer relativ hohen Freiheitsstrafe ist W. als relative Person der Zeitgeschichte anzusehen, die sich sowohl Namensnennung als auch Abbildung gefallen lassen muss. Resozialisierungsschutz kann W. angesichts des Umstandes, dass er noch eine Freiheitsstrafe von beträchtlicher Dauer zu verbüßen hat, ebenfalls nicht geltend machen. (LG Oldenburg, AfP 1987, S. 720)

7/4 Vorzimmer-Affäre

Wegen ihres Zusammenhangs mit der „Vorzimmer-Affäre" war die Berichterstattung über den Betrugsvorwurf ursprünglich gerechtfertigt. Da diese Affäre aber 6 Jahre zurückliegt und die Beschuldigte vor über 5 Jahren aus dem Dienst des Landes ausgeschieden ist, besteht an der erneuten Berichterstattung kein hinreichendes öffentliches Informationsinteresse. Das Landgericht Berlin hat sie als schwere Verletzung des Persönlichkeitsrecht bewertet und „M" zur Zahlung einer Geldentschädigung von 5000 € verurteilt (AfP 2004, S. 150 ff.).

7/5 Pharmahändler

Auf Grund der Angabe seines Wohnsitzes und seines Berufs ist Herbert R. erkennbar. Ein ausreichendes Informationsinteresse an einer identifizierenden Verdachtsberichterstattung hat das Gericht im vorliegenden Fall bejaht: Zum einen habe der Kläger durch seinen aufwendigen Lebensstil und seine Flucht auf eine als Steuerparadies bekannte Insel selbst die Aufmerksamkeit auf sich gelenkt, zum anderen handele es sich bei den Delikten, die begangen zu haben der Kläger dringend verdächtig ist, um Straftaten, die die wirtschaftlichen Grundlagen des Staates und die finanziellen Voraussetzungen für das Funktionieren des deutschen Gesundheitswesens berühren. Die Äußerungen, der Kläger störe sich nicht an Gesetzen und sei in dubiose Deals verwickelt, bewertete das Gericht als zulässige Meinungsäußerungen. Die Aussage in der Überschrift, er habe die Kassen betrogen, sei hingegen eine ehrenrührige Tatsachenbehauptung. Dass in dem Bericht über das Ermittlungsverfahren berichtet werde, mache sie angesichts ihrer apodiktischen Formulierung nicht zu einer bloßen Verdachtsäußerung. Die Behauptung sei nicht erweislich wahr, solange der Beschuldigte nicht rechtskräftig verurteilt sei – und deshalb zu unterlassen. Außerdem könne der Betroffene (nur) die Klarstellung, verlangen, dass er lediglich im dringenden Verdacht steht, die mitgeteilten Handlungen begangen zu haben. Der Fall ist einer Entscheidung des OLG Karlsruhe (AfP 2003, S. 338 ff.) nachgebildet.

8/1 Steuerrecht

Ja. Das OLG Köln (ZUM 1990, S. 249 ff.) hat den nichtamtlichen Leitsätzen, die sich nicht lediglich in einer bloß auszugsweisen Wiedergabe der Entscheidungsgründe erschöpfen, sondern die Kernaussagen des Urteils kurz und prägnant zusammenfassen, Werkschutz zuerkannt und den Vertrieb der der EFG entnommenen Entscheidungen als wettbewerbswidrige planmäßige Ausbeutung einer fremden Leistung untersagt.

8/2 Merkblatt

Nein. Das Merkblatt ist kein amtliches Werk. Es ist zwar so aufgemacht wie eine amtliche Mitteilung einer Ortskrankenkasse, d. h. einer öffentlich-rechtlichen Körperschaft. Darauf kommt es
aber nicht an. Vielmehr ist die Entstehungsgeschichte entscheidend: Der Beamte hat das Merkblatt im Auftrag des Verlages erstellt, nicht im Auftrag seines Dienstherrn. Damit stellt es sich
als eine Privatarbeit für den Verlag dar, nicht als Werk, das einem "Amt" zuzurechnen ist. Der
Fall ist einer Entscheidung des BGH (NJW-RR 1987, S. 185 f.) nachgebildet.

8/3 Neonrevier

Das "Neonrevier" ist als Kunstwerk urheberrechtlich geschützt. Es darf ohne Zustimmung des
Nutzungsberechtigten nur vervielfältigt werden, soweit eine Ausnahmebestimmung dies gestattet. Als solche Norm kommt hier zunächst § 50 UrhG in Betracht. Ein Jahrbuch ist jedoch keine
Zeitschrift, die im wesentlichen Tagesinteressen Rechnung trägt. Ferner wäre eine Veröffentlichung zulässig, wenn sich das Werk bleibend an einem öffentlichen Platz befunden hätte, § 59
UrhG. Da von Anbeginn geplant war, das "Neonrevier" nach einigen Wochen wieder zu entfernen, ist auch dieser Tatbestand nicht erfüllt. Der Umstand, dass das Werk in seiner Wirkung mit
seiner Umgebung stark verbunden war - eine Art "environment" -, ändert an diesem Sachverhalt
nichts. Denn auch solche Werke können entfernt und an anderer Stelle wieder aufgebaut werden.
Sie sind - anders als eine Pflastermalerei - nicht auf Lebensdauer mit ihrem Standort verbunden.
Zulässig wäre die Veröffentlichung deshalb nur gewesen, wenn das "Neonrevier" auf dem Foto
als unwesentliches Beiwerk neben dem eigentlichen Gegenstand, der Alster, anzusehen gewesen
wäre, § 57 UrhG. Da das nach dem Gesamtcharakter des Fotos nicht der Fall war, wurde der
Verlag vom Landgericht Hamburg zur Zahlung einer angemessenen Nutzungsentschädigung
verurteilt. (LandG Hamburg AfP 1988, S. 381 f.)

8/4 Schaumiges Vergnügen

Das Oberlandesgericht Frankfurt (AfP 1989, S. 553 ff.) hat die Klage abgewiesen. Es bewertete
den Filmausschnitt mit der verharmlosenden Werbung für "schaumiges Vergnügen" als Beleg
für die von dem Magazin geübte Kritik daran, dass dioxanhaltige Zusätze u. a. um des Vorteils
eines gut schäumenden Produktes willen dioxanfreien Ersatzstoffen vorgezogen würden.

8/5 New York

Nein. Selbst wenn man die Illustration als Zitat ansieht, handelt es sich um ein unzulässiges
"Großzitat". Auch wenn man mit Schricker - über die wohl herrschende Lehre hinaus - annimmt,
dass die Regeln über die Zulässigkeit eines "großen Kleinzitats" auf Bildzitate schon dann anzuwenden sind, wenn der Zitatzweck es erfordert, geht der Abdruck von sieben Fotos weit über
das hinaus, was zur Auseinandersetzung mit Qualität und Machart des Bandes erforderlich gewesen wäre. (OLG Hamburg ZUM 1990, S. 246 f.)

8/6 TV-Total

Der Hessische Rundfunk hat die Klage in allen Instanzen gewonnen. Die verwendete Sequenz
ist urheberrechtlich geschützt, ohne dass es auf ihren Werkcharakter ankommt (§§ 94, 95 UrhG).
Der Schutz besteht unabhängig von der Länge des Filmausschnitts. Eine freie Benutzung im
Sinne des § 24 Abs. 1 UrhG scheitert daran, dass der Beitrag gegenüber dem Filmausschnitt kein
selbständiges Werk darstellt, sich insbesondere mit dem Beitrag nicht kritisch auseinandersetzt,
wie das etwa bei einer Parodie oder Satire der Fall wäre. Auf die Zitierfreiheit kann die Übernahme nicht gestützt werden, weil es an einem zulässigen Zitatzweck fehlt. Denn der Filmausschnitt wird nicht als Beleg für eigene Ausführungen Raabs präsentiert, sondern allein um seiner
selbst und der ihm innewohnenden Komik willen. Er ist auch nicht durch die Kunstfreiheit gerechtfertigt, weil er nicht als integraler Bestandteil einer eigenständigen künstlerischen Aussage

erscheint. Schließlich ist die Veröffentlichung des Filmausschnitts auch nicht durch § 50 UrhG gerechtfertigt, da „TV-Total" nicht der tagesaktuellen Berichterstattung dient. (BGH AfP 2008, S. 376 ff. = GRUR 2008, S. 693 ff.))

8/7 Römische Skizzen

Nein. Da die "Römischen Skizzen" in den "Italienischen Impressionen" vollständig enthalten sind, hat der Verlag sein Nutzungsrecht an den "Römischen Skizzen" hinreichend ausgeübt. Allenfalls könnte der Verlag bei einer Neuauflage der "Italienischen Impressionen" verpflichtet werden, kenntlich zu machen, dass der Autor einen Teil dieses Werkes als "Römische Skizzen" gekennzeichnet wissen will. Der Fall ist der Ligäa-Entscheidung des BGH (NJW-RR 1987, S. 183 f.) nachgebildet.

9/1 Deutschlandlied

Das zuständige Amtsgericht hat den verantwortlichen Redakteur in diesem Fall wegen Verunglimpfung der Nationalhymne zu einer Freiheitsstrafe von vier Monaten verurteilt. Berufung und Revision blieben erfolglos. Das Landgericht begründete sein Urteil mit dem "Sammelsurium" negativer und ehrverletzender Begriffe, durch die die Hymne der Lächerlichkeit preisgegeben werden solle.

Das Bundesverfassungsgericht hat die Verurteilung aufgehoben. Obwohl es sich bei dem Text erkennbar um Satire handele, habe das Landgericht sich nicht einmal ansatzweise darum bemüht, den Aussagekern des Liedes zu ermitteln und von der gewählten Einkleidung zu trennen. Erkennbare Absicht des Künstlers sei es aber gewesen, hinsichtlich der Lebensverhältnisse in der Bundesrepublik Widersprüche zwischen Anspruch und Wirklichkeit aufzuzeigen. Das Landgericht habe erwägen müssen, ob nicht durch die drastische Darstellung der Lebenswirklichkeit den durch Hymne und Verfassungsordnung vertretenen Idealen höhere Geltung habe verschafft werden sollen. (BVerfG NJW 1990, S. 1985 f.)

10/1 Azubi

Der Bundesgerichtshof hat einen Wettbewerbsverstoß verneint. Er ist der Auffassung, die Beilage habe in erster Linie dazu gedient, der interessierten Öffentlichkeit einen Überblick über offene Ausbildungsstellen zu geben und damit zu einer Minderung der Arbeitslosigkeit unter Jugendlichen beizutragen. Dazu seien die in den redaktionellen Beiträgen enthaltenen Informationen erforderlich gewesen. Dass die positive Darstellung der Ausbildungsplätze auf den Angaben der Betriebsinhaber oder Ausbildungsleiter beruhte, sei kenntlich gemacht worden. Dass die Darstellung zugleich eine Werbewirkung für die beteiligten Unternehmen gehabt habe, sei notwendige Nebenfolge und deshalb wettbewerbsrechtlich unschädlich (BGH AfP 1998, S. 221 ff.)

10/2 Leserreise

Das Oberlandesgericht Düsseldorf (AfP 1988, S. 354 ff.) hat der Klage stattgegeben. Es sieht in dem beschriebenen Artikel eine Irreführung des "flüchtigen Durchschnittslesers", der von Beiträgen in redaktionellem Gewand nicht Werbung, sondern objektive Berichterstattung und Meinungsäußerung der Redaktion erwarte. Aus dem Artikel gehe nicht eindeutig hervor, dass der Beitrag der Eigenwerbung des Verlages ("Leserreise") diene; vielmehr könne er auch als Hinweis auf ein besonders günstiges Angebot der Firma *pr ultramar* verstanden werden. Als Berichterstattung über das aktuelle Angebot eines Reiseveranstalters aber sei die Berichterstattung nicht gerechtfertigt, da der Artikel von Formulierungen durchzogen sei, die nicht in einen redaktionellen Beitrag, sondern in eine Werbeanzeige gehörten - über das Ziel einer sachlichen Berichterstattung jedenfalls weit hinausgingen.

10/3 Schönheitschirurg

Der Bundesgerichtshof (ZUM 1990, S. 365 ff.) hat die Klage des Vereins abgewiesen. Eine Werbung im Sinne des HWG setze voraus, dass das Heilmittel oder -verfahren in dem Bericht ohne sachlichen Anlass Erwähnung finde oder übermäßig herausgestellt oder pauschal gelobt werde. Das sei bei dem beanstandeten Artikel nicht der Fall gewesen. Eine unzulässige Mitwirkung an standeswidriger Werbung des Arztes habe ebenfalls nicht vorgelegen, da der Arzt von dem Artikel nichts gewusst habe. Den Umstand, dass der im übrigen sachlich gehaltene Bericht die Praxis des namentlich genannten Arztes als Beispiel anführte, wertete der BGH als zulässige Veranschaulichung des sachlich gehaltenen Berichts. Mit dieser Begründung verneinte das Gericht auch einen Wettbewerbsverstoß der Zeitschrift.

11/1 Junge Freiheit

Der Unterlassungsanspruch ist gerechtfertigt, wenn die Behauptung unwahr ist (Imageschutz). Um dem Gericht im Streitfall die entsprechenden Feststellungen zu ermöglichen, muss die Badische Zeitung „Ross und Reiter" nennen, also angeben, welche Vertreter der FAP wann Mitarbeiter der Jungen Freiheit gewesen sind. Denn anderenfalls müsste die Junge Freiheit, um den Gegenbeweis zu führen, ihre gesamte Organisations- und Personalstruktur offenbaren. Das ist ihr nicht zuzumuten. Der Umstand, dass die Badische Zeitung ihren Bericht auf einen undementierten Artikel der taz gestützt hat, rechtfertigt zwar dessen Veröffentlichung, gibt ihr aber nicht das Recht, die Behauptung trotz der gegenteiligen Erklärung der Jungen Freiheit zu wiederholen (vgl. BVerfG AfP 2000, S. 272 ff.)

11/2 Liebesterrorist

Das Oberlandesgericht Naumburg hat das der Mutter in den Mund gelegte Zitat als eigene Äußerung des Autors bewertet, die als Werturteil einem Widerrufsanspruch nicht zugänglich sei. (OLG Naumburg AfP 2006, S. 70 ff.)
wieder gut zu machen. Deshalb sei eine Minderung des Betrages auf 4.000 DM gerechtfertigt.

11/3 Messerstecherei

Das Oberlandesgericht Köln (AfP 1989, S. 764) hat die Klage des Vaters abgewiesen. Es sah den Persönlichkeitsschutz der Betroffenen durch die bereits erfolgte Richtigstellung als ausreichend gewahrt an.

11/4 Recherchekosten

Das OLG München (AfP 1990, S. 45 ff.) hat der Schadensersatzklage des *H* stattgegeben, nachdem es festgestellt hat, dass die Pauschale im Hinblick auf den erforderlichen Aufwand nicht unverhältnismäßig hoch gewesen ist. Es wertete diese Maßnahmen als angemessenen und erforderlichen Aufwand zur Schadensbegrenzung.

11/5 Sängerfreundin

Die Veröffentlichung dieses Bildes verletzt das Recht am eigenen Bild und das Persönlichkeitsrecht von Michelle. Selbst wenn sie mit der Erstveröffentlichung einverstanden war - was anzunehmen ist -, deckt diese Einwilligung nicht die erneute Veröffentlichung des Bildes fünf Jahre später. Die Bildunterschrift legt die Deutung nahe, bei Michelle handele es sich um eine der „wechselnden" Freundinnen Leonardos, die jederzeit und ohne in einer engen Beziehung zu Leonardo zu stehen, bereit seien, vornehmlich auf sexuellem Gebiet für dessen Kurzweil zu sorgen. Diese Bloßstellung ist ehrverletzend. Während das Landgericht Frankfurt in diesem Fall ein Schmerzensgeld von 5.000 DM für ausreichend gehalten hatte, hat das OLG Frankfurt der Klägerin 10.000 DM zugesprochen (OLG Frankfurt AfP 1987, S. 526 f.)

11/6 Forstmann

Das Landgericht München I (AfP 1994, S. 162 f.) hat die Schmerzensgeldklage abgewiesen. Es sah in dem Bericht zwar eine schuldhafte Verletzung des Persönlichkeitsrechts des Betroffenen, wertete den Eingriff aber auf Grund der folgenden Umstände als nicht schwerwiegend genug: Der Ablauf der Geburtstagsfeier wurde zutreffend geschildert, ein Teil der Veranstaltung fand im Freien statt und die Aufstellung des Gedenksteins war bereits Gegenstand einer öffentlichen Auseinandersetzung gewesen. Dass dem Kläger eine gewisse Öffentlichkeitswirkung nicht unerwünscht war, entnahm das Gericht dem Umstand, dass er mit der Berichterstattung in der Zeitschrift *Der Jäger* offenbar einverstanden gewesen war.

11/7 "Faschist"

Nein. Die Bezeichnung des Parteivorsitzenden als "Faschist" und seiner Partei als "faschistisch" ist eine nicht gegendarstellungsfähige Bewertung, keine Tatsachenbehauptung. Der Fall ist einer Entscheidung des OLG Frankfurt (AfP 1979, S. 359 f.) nachgebildet.

11/8 Wehrmachtsausstellung

Das Oberlandesgericht München hat den Erlass der Gegendarstellung mit der Begründung abgelehnt, sie wende sich gegen eine Meinungsäußerung. Die entscheidende Frage sei, ob sich der Vermerk zwischen den beiden Bildern nur auf das Bild Nr. 25 beziehe oder auch auf das Bild Nr. 26. Hierzu könnten unterschiedliche Meinungen vertreten werden.

Auf die Verfassungsbeschwerde des Betroffenen hin hat das Bundesverfassungsgericht diese Entscheidung aufgehoben, weil sie auf einer unzutreffenden Deutung der umstrittenen Äußerung beruhe. Im Zusammenhang mit dem Vorwurf, Heer „lügt und fälscht", könne der Hinweis, das Foto sei in der Zentralstelle „ohne jeden Hinweis archiviert", nur so verstanden werden, dass dort überhaupt keine textliche Erläuterung vorhanden sei, Heer seine Behauptung aus der Luft gegriffen habe. Dies aber sei eine gegendarstellungsfähige Tatsachenbehauptung. (BVerfG AfP 1998, S. 500 ff.)

11/9 Caroline

Ja. Der Umstand, dass die Zeitschrift ihre Behauptungen von der Titelseite im Blatt selbst allein auf die Spekulationen einer Astrologin stützte, ändert nichts daran, dass sie auf dem Titel den Eindruck von Tatsachenbehauptungen erwecken. Um zu erreichen, dass die Gegendarstellung denselben Leserkreis erreicht wie die Erstmitteilung, ist der Abdruck auf der Titelseite geboten. Dies kann so geschehen, dass auf dem Titel noch genügend Platz für andere Schlagzeilen bleibt. (OLG Karlsruhe AfP 1992, S. 307 ff.)

11/10 Kochrezepte

Das hängt davon ab, ob der Betreiber für die Verbreitung der Fotos gem. § 7 Abs. 1 TMG unmittelbar haftet oder sich auf die Haftungsprivilegierung des § 7 Abs. 2 TMG berufen kann. Das OLG Hamburg (GRUR-RR 2008, S. 230 ff.) hat die Präsentation der Kochrezepte samt Abbildungen als Verbreitung „eigener Informationen" im Sinne des § 7 Abs. 1 TMG bewertet und dies damit begründet, dass der Betreiber die Rezepte

- vor ihrer Freischaltung redaktionell überprüft,
- mit Namen und Logo seines Dienstes gekennzeichnet und
- sich umfassende Verwertungsrechte an ihnen – auch zur kommerziellen Nutzung durch Weitergabe an Dritte – habe einräumen lassen.

Demzufolge sei er verpflichtet, das Einstellen urheberrechtswidriger Beiträge zu verhindern. Er könnte sich nicht darauf berufen, es sei ihm faktisch oder wirtschaftlich nicht möglich, die unter einem Pseudonym gelieferten Beiträge urheberrechtlich zu kontrollieren.

Abkürzungen

a. A.	anderer Ansicht
a.a.O.	am angegebenen Ort
AbfG	Abfallgesetz
AbwAG	Abwasserabgabengesetz
AfP	Archiv für Presserecht (Zeitschrift)
AIGGebO	Akteneinsichts- und Informationszugangsgebührenordnung
AktG	Aktiengesetz
AKW	Atomkraftwerk
AmtsG	Amtsgericht
AO	Abgabenordnung
ArbG	Arbeitsgericht
ArbGB	Arbeitsgesetzbuch
ArbGG	Arbeitsgerichtsgesetz
AtG	Atomgesetz
AtVfV	Atomrechtliche Verfahrensverordnung
AWbG	Gesetz zur Freistellung von Arbeitnehmern zum Zwecke der beruflichen und politischen Weiterbildung
BAG	Bundesarbeitsgericht
BAG AP	Nachschlagewerk des Bundesarbeitsgerichts
BauGB	Baugesetzbuch
BayMG	Bayerisches Mediengesetz
BayObLG	Bayerisches Oberstes Landesgericht
BayRG	Gesetz über "Der Bayerische Rundfunk"
BBG	Bundesbeamtengesetz
BDO	Bundesdisziplinarordnung
BerHG	Beratungshilfegesetz
BerlVerfGH	Berliner Verfassungsgerichtshof
BErzGG	Bundeserziehungsgeldgesetz
BetrVG	Betriebsverfassungsgesetz
BGB	Bürgerliches Gesetzbuch
BGH	Bundesgerichtshof
BGHSt	Entscheidungen des Bundesgerichtshofs in Strafsachen
BGHZ	Entscheidungen des Bundesgerichtshofs in Zivilsachen
BHO	Bundeshaushaltsordnung
BImSchG	Bundes-Immissionsschutzgesetz
BR-Dr	Bundesrat-Drucksache
BRAO	Bundesrechtsanwaltsordnung
BStatG	Bundesstatistikgesetz
BT-Dr	Bundestag-Drucksache
BUG	Bundesurlaubsgesetz
BVerfG	Bundesverfassungsgericht
BVerfGE	Entscheidungen des Bundesverfassungerichts
BVerwG	Bundesverwaltungsgericht
BVerwGE	Entscheidungen des Bundesverwaltungsgerichts
BWaldG	Bundeswaldgesetz
ChemG	Chemikaliengesetz
DÖV	Die öffentliche Verwaltung (Zeitschrift)
EGGVG	Einführungsgesetz zum Gerichtsverfassungsgesetz
EGMR	Europäischer Gerichtshof für Menschenrechte
EGStGB	Einführungsgesetz zum Strafgesetzbuch
EzA	Entscheidungen zum Arbeitsrecht
FGG	Gesetz über die Angelegenheiten der freiwilligen Gerichtsbarkeit
FGO	Finanzgerichtsordnung

G	Gesetz
GBO	Grundbuchordnung
GewO	Gewerbeordnung
GFTB	Gesetz zur Förderung der Teilnahme an Bildungsveranstaltungen
GG	Grundgesetz
GjS	Gesetz über die Verbreitung jugendgefährdender Schriften
GOBT	Geschäftsordnung des Bundestages
GRB	Gesetz über Rundfunkanstalten des Bundesrechts
GRUR	Gewerblicher Rechtsschutz und Urheberrecht (Zeitschrift)
GTV	Gehaltstarifvertrag
GVG	Gerichtsverfassungsgesetz
GWB	Gesetz gegen Wettbewerbsbeschränkungen
HGB	Handelsgesetzbuch
i.d.R.	in der Regel
i.e.S.	im engeren Sinn
i.V.m.	in Verbindung mit
JArbSchG	Jugendarbeitschutzgesetz
JGG	Jugendgerichtsgesetz
JMStV	Staatsvertrag über den Schutz der Menschenwürde und den Jugendschutz in Rundfunk und Telemedien – Jugendmedienschutz-Staatsvertrag
JuS	Juristische Schulung (Zeitschrift)
JZ	Juristenzeitung
KG	Kammergericht Berlin
KSchG	Kündigungsschutzgesetz
KUG	Kunst- Urheber-Gesetz
LG	Landgericht
LMG	Landesmediengesetz
LPG	Landespressegesetz
LRG	Landesrundfunkgesetz
m.w.N	mit weiteren Nachweisen
MDR	Monatsschrift für Deutsches Recht
MEG	Medienerprobungs- und -entwicklungsgesetz
MRK	Menschenrechtskonvention
MTV	Manteltarifvertrag
MuSchG	Mutterschutzgesetz
NFG	Niedersächsisches Gesetz über die Freistellung von der Arbeit für Maß nahmen der Weiterbildung
NJOZ	Neue Juristische Online Zeitschrift
NJW	Neue Juristische Wochenschrift (Zeitschrift)
NJW-RR	Rechtsprechungsreport der Neuen Juristischen Wochenschrift
NStZ	Neue Zeitschrift für Strafrecht
NW	Nordrhein-Westfalen
OLG	Oberlandesgericht
OWiG	Gesetz über Ordnungswidrigkeiten
PAG	Gesetz über die Aufgaben und Befugnisse der Polizei
PGO	Peinliche Halsgerichtsordnung Kaiser Karls V.
PKHG	Gesetz über die Prozesskostenhilfe
PolG	Polizeigesetz
PRG	Privatrundfunkgesetz
RAF	Rote Armee Fraktion
RDG	Rechtsdienstleistungsgesetz
RGSt	Entscheidungen des Reichgerichts in Strafsachen
RGZ	Entscheidungen des Reichsgerichts in Zivilsachen
ROG	Raumordnungsgesetz
RStV	Rundfunkstaatsvertrag

Rz	Randziffer
SchwbG	Schwerbehindertengesetz
SGB	Sozialgesetzbuch
SGG	Sozialgerichtsgesetz
SOG	Gesetz über die öffentliche Sicherheit und Ordnung
StPO	Strafprozessordnung
str	streitig
StrlSchV	Strahlenschutzverordnung
StrVert	Der Strafverteidiger (Zeitschrift)
StV	Staatsvertrag
ThürPAG	Thüringer Polizeiaufgabengesetz
TMG	Telemediengesetz
TV	Tarifvertrag
UPR	Umwelt- und Planungsrecht (Zeitschrift)
UWG	Gesetz gegen den unlauteren Wettbewerb
VerlG	Gesetz über das Verlagsrecht
VerwArch	Verwaltungsarchiv (Zeitschrift)
VG	Verwaltungsgericht
VGH	Verwaltungsgerichthof
VO	Verordnung
VVN	Vereinigung der Verfolgten des Naziregimes
VwG	Verwaltungsgesetz
VwGO	Verwaltungsgerichtsordnung
VwVfG	Verwaltungsverfahrensgesetz
WHG	Wasserhaushaltsgesetz
WRV	Weimarer Reichsverfassung
ZfA	Zeitschrift für Arbeitsrecht
ZPO	Zivilprozessordnung
ZStW	Zeitschrift für die gesamte Strafrechtswissenschaft
ZUM	Zeitschrift für Urheber- und Medienrecht

Literaturverzeichnis

Arndt, Claus: Die Herausgabe von Stasi-Unterlagen Prominenter, NJW 2004, S. 3157 ff.

Becker, Peter von: Straftäter und Tatverdächtige in den Massenmedien, Baden-Baden 1979

Benedikt-Jansen, Wolfgang: Die Anwendung der Begriffe Tatsachenbehauptung und Meinungsäußerung als allgemeines äußerungsrechtliches Problem, AfP 1987, S. 669 ff.

Bethge, Herbert: Rechtsberatung durch Rundfunkveranstalter, AfP 1999, S. 309 ff.

Borgmann, Matthias: Von Datenschutzbeauftragten und Bademeistern – Der strafrechtliche Schutz am eigenen Bild durch den neuen § 201a StGB, in: NJW 2004, S. 2133 ff.

Branahl, Udo: Die Rechtsordnung der Bundesrepublik Deutschland. Opladen 1997

Branahl, Udo: Justizberichterstattung. Wiesbaden 2005

Dasch, Norbert: Die Einwilligung zum Eingriff in das Recht am eigenen Bild, München 1990

Ernst, Stefan: Rechtliche Fragen bei der Verwendung von Hyperlinks im Internet, NJW-CoR 1997, S. 224 ff.

Evers/Friauf/Harnack/Reinhardt (Hg.): Persönlichkeit in der Demokratie, Festschrift für Erich Schwinge zum 70. Geburtstag, Köln/Bonn 1973

Detterbeck, Steffen: Zur Grundrechtsproblematik staatlicher selektiver Pressesubventionen, ZUM 1990, S. 371 ff

Fischer, Thomas: Sind Behörden beleidigungsfähig ? JZ 1990, S. 68 ff

Flechsig, Norbert P.: Ratgebersendungen versus Verbot der Rechtsberatung, ZUM 1999, S. 273ff.

Franke, Dietmar: Die Rechtmäßigkeit der Bildberichterstattung über Polizeieinsätze, NJW 1981, S. 2033 ff.

Fromm / Nordemann: Urheberrecht. Kommentar. 10.Aufl. Stuttgart 2008

Fuhr, Ernst: ZDF-Staatsvertrag. Kommentar, 2. Aufl. Mainz 1985

Gundel, Jörg: Zur Durchsetzung des presserechtlichen Auskunftsanspruchs gegen staatliche Eigengesellschaften in Privatrechtsform: Bestimmt der presserechtliche Behördenbegriff auch den Rechtsweg? AfP 2001, S. 194 ff.

Have, Harro von / Eickmeier, Frank: Der Gesetzliche Rechtsschutz von Fernseh-Show-Formaten, in ZUM 1994, S. 269 ff.

Helle, Jürgen: Die Einwilligung beim Recht am eigenen Bild, AfP 1985, S. 93 ff.

Helle, Jürgen: Vom Persönlichkeitsschutz zum Funktionsschutz, AfP 1989, S. 697 ff.

Helle, Jürgen: Besondere Persönlichkeitsrechte im Privtrecht, Tübingen 1991

Höbermann, Frauke (Hrsg.), Der Kampf um die Köpfe, Göttingen 1985

Hubmann, Heinrich: Der zivilrechtliche Schutz gegen Indiskretionen, JZ 1957, S. 521 ff.

Jarass, Hans D.: Grenzen des Zugriffs der Strafverfolgungsbehörden auf Presse- und Rundfunkmaterial, AfP 1977, S. 214 ff.

Katzenberger, Paul: Elektronische Printmedien und Urheberrecht, AfP 1997, S. 434 ff.

ders.: Nutzung von Zeitungen und Zeitschriften über das Internet, AfP 1998, S. 479 ff.

Kiethe, Kurt / Hohmann, Olaf: Der strafrechtliche Schutz von Betriebs- und Geschäftsgeheimnissen, NStZ 2006, S. 185 – 191.

Kindhäuser, Urs: Strafgesetzbuch. Lehr- und Praxiskommentar. 3. Aufl. Baden-Baden 2006

Klippel, Diethelm: Der zivilrechtliche Persönlichkeitsschutz von Verbänden, JZ 1988, S. 625 ff.

Klute: Das Recht der Gegendarstellung im Rundfunkrecht der neuen Bundesländer, in: AfP 1993, S. 542 ff.

Koch, Frank A.: Neue Rechtsprobleme der Internet-Nutzung, NJW-CoR 1998, S. 45 ff.

Kohler, Helmut: Auskunftsanspruch der Presse gegenüber Unternehmen der öffentlichen Hand, NJW 2005, S. 2337 – 2341.

Kortz, Helge: Ausschluss der Fernsehöffentlichkeit im Gerichtsverfahren – Interessenausgleich oder Verfassungsverstoß ? in: AfP 1997, S. 443 ff.

Kramer, Bernhard: Presseauskünfte im Ermittlungsverfahren – Staatsanwaltschaft oder Polizei ? in: AfP 1997, S. 429 ff.

Lampe, Ernst-Joachim: Der Straftäter als "Person der Zeitgeschichte", in: NJW 1973, S. 217 ff.

Langohr, Thomas G.: Gedanken zur gekürzten Leserbriefveröffentlichung, MDR 1989, S. 959 ff.

Löffler, Martin: Presserecht. Kommentar zu den Landespressegesetzen der Bundesrepublik Deutschland, 5. Aufl. München 2006

Löffler, Martin / Ricker, Reinhard: Handbuch des Presserechts, 3. Aufl. München 1994

Loewenheim, Ulrich: Urheberrechtliche Grenzen der Verwendung geschützter Dokumente in Datenbanken, in AfP 1993, S. 613 ff.

Mann, Roger: Zur äußerungsrechtlichen Verantwortlichkeit für hyperlinks in Online-Angeboten, in: AfP 1998, S. 129 ff.

Maaßen, Wolfgang: Urheberrechtliche Probleme der elektronischen Bildverarbeitung, in ZUM 1992, S. 338 ff.

Maunz/Dürig u. a.: Grundgesetz (Kommentar), Loseblattsammlung, München o.J.

Meister, Johannes: Verfassungsrechtliche Fragen der Entgeltpflichtigkeit von Hörfunkübertragungen aus Fußballstadien, AfP 2003, S. 307 – 311.

Melichar, Ferdinand: Die Begriffe "Zeitung" und "Zeitschrift" im Urheberrecht, ZUM 1988, S. 14 ff.

Mielke, Lothar J. /Mielke, Gesine: Allgemeine Liefer- und Geschäftsbedingungen im Fotobereich, in: ZUM 1998, S. 646 ff.

Müller, Bianca: Die Klage gegen unberechtigtes Sampling, in: ZUM 1999, S. 555 ff.

Müller, Gerda: Probleme der Gerichtsberichterstattung, in: NJW 2007, S. 1617 ff.

Nordemann, Jürgen: Die MFM-Bildhonorare: Marktübersicht für angemessene Lizenzgebühren im Fotobereich, in: ZUM 1998, S. 642 ff.

Nordemann, Wilhelm / Schierholz, Anke: Neue Medien und Presse – eine Erwiderung auf Katzenbergers Thesen, in: AfP 1998, S. 365 ff.

Otto: Persönlichkeitsschutz durch strafrechtlichen Schutz der Ehre, in: Evers, Friauf, Hanack, Reinhardt (Hg.), Persönlichkeit in der Demokratie, Festschrift für E. Schwinge, Köln/Bonn 1973

Paeffgen, Hans-Ullrich: Allgemeines Persönlichkeitsrecht der Polizei und § 113 StGB, JZ 1979, S. 516 ff.

Paschke, Marian: Medienrecht - Disziplinbildende Sinneinheit übergreifender Rechtsgrundsätze oder Chimäre ? ZUM 1990, S. 209 ff.

Pöppelmann, Benno H.: „Kunstgriffe" der Justiz. Ein Plädoyer für die Änderung des Zeugnisverweigerungsrechts für Beschäftigte bei Presse und Rundfunk, AfP 1997, S. 485 ff.

Prinz, Matthias / Peters, Butz: Medienrecht. Die zivilrechtlichen Ansprüche, München 1999

Rebmann, Kurt: Strafverfolgung im Bereich terroristischer Publikationen, NStZ 1989, S. 97 ff.

Rebmann/Ott/Storz: Das baden-württembergische Gesetz über die Presse, Stuttgart 1964

Rehbinder, Manfred: Urheberrecht, 15. Aufl. München 2008

Ricker, Reinhart: Das Rechtsberatungsgesetz im Konflikt mit den Grundrechten aus Art. 5 I GG, NJW 1999, S. 449 ff.

Rojahn, Sabine: Der Arbeitnehmerurheber in Presse, Funk und Fernsehen, München 1978

Schertz, Christian: Die Verfilmung tatsächlicher Ereignisse, in: ZUM 1998, S. 757 ff.

Schlottfeldt, Christian: Die Verwertung rechtswidrig beschaffter Informationen durch Presse und Rundfunk, Baden-Baden 2002

Schomburg, Wolfgang: Presse - Polizei - Justiz - Bildberichterstattung im Spannungsverhältnis von Pressefreiheit und staatlichem Strafverfolgungsanspruch, AfP 1984, S. 80 ff.

Schoreit, Armin: Fahndung und Ermittlung mit Hilfe der Medien auf polizeirechtlicher Grundlage, AfP 1989, S. 413 ff.

Schricker (Hg.): Urheberrecht. Kommentar, 3. Aufl. München 2006

Schönke/Schröder: Strafgesetzbuch. Kommentar, 27., neubearbeitete Auflage von Theodor Lenckner, Albin Eser, Peter Cramer, Walter Stree, Günter Heine, Walter Perron und Detlev Sternberg-Lieben, München 2006

Schulz, Wolfgang: Das Zitat in Film- und Multimediawerken, in: ZUM 1998, S. 221 ff.

Schulze, Hans-Georg / Stippler-Birk, Petra: Schmerzensgeldhöhe in Presse- und Medienprozessen, München 1992

Schwarz, Mathias: Fernsehöffentlichkeit im Gerichtsverfahren, in AfP 1995, S. 353 ff.

Schwarz, W. : Schutz und Lizenzierung von Fernsehshowformaten, in Urheberrechtliche Probleme der Gegenwart, UFITA-Schriftenreihe 92, S. 208 ff.

Seitz/Schmidt/Schoener: Der Gegendarstellungsanspruch in Presse, Film, Funk und Fernsehen, 3. Aufl. München 1998

Senfft, Heinrich: Begehungsgefahr bei Recherchen der Presse, NJW 1980, S. 367 ff.

Sieber: Kontrollmöglichkeiten zur Verhinderung rechtswidriger Inhalte in Computernetzen, in: Computer und Recht 1997, S. 581 ff. sowie 653 ff.

Ders. : Die rechtliche Verantwortlichkeit im Internet. Grundlagen, Ziele und Auslegung von § 5 TDG und § 5 MDStV, in: Multimedia und Recht, Beilage zu Heft 2 1999Soehring, Jörg: Presserecht. Recherche, Darstellung und Haftung im Recht der Presse, des Rundfunks und der neuen Medien, 3. Aufl. Stuttgart 2000

Soehring, Jörg: Presserecht, 3. Aufl. Stuttgart 2000

Stümper, Alfred: Fahndung und Ermittlung mit Hilfe von Presse und Rundfunk, AfP 1989, S. 409 ff

Stürner, Rolf: Die verlorene Ehre des Bundesbürgers – Bessere Spielregeln für die öffentliche Meinungsbildung? JZ 1994, S. 865 ff.

Ullmann, Eike: Persönlichkeitsrechte in Lizenz ? in: AfP 1999, S. 209 ff.

Wasserburg, Klaus: Der Schutz der Persönlichkeit im Recht der Medien, Heidelberg 1988

Wenzel: Das Recht der Wort- und Bildberichterstattung. Handbuch des Äußerungsrechts. Begründet von Karl Egbert Wenzel, fortgeführt von Emmanuel H. Burkhardt, Waldemar Gamer und Joachim Ritter von Strobl-Albeg, 5. Aufl. Köln 2003

Wild, Gisela: Die zulässige Wiedergabe von Presseberichten und -artikeln in Pressespiegeln, AfP 1989, S. 701 ff.

Wilhelmi, Martin: Tonbandaufnahmen durch die Presse in öffentlichen Gemeinderatssitzungen, AfP 1992, S. 221 ff.

Zentralausschuss der Werbewirtschaft (ZAW) (Hg.): Schleichwerbung, 2. Aufl. Bonn o. J.

Zielemann, Peter: Der Tatverdächtige als Person der Zeitgeschichte, Berlin 1982

Sachregister

Journalismus

Udo Branahl

Medienrecht
Eine Einführung

6., akt. Aufl. 2009. ca. 320 S. Br.
ca. EUR 29,90
ISBN 978-3-531-16558-5

Beatrice Dernbach

**Die Vielfalt
des Fachjournalismus**
Ein wissenschaftlich-praktisches
Handbuch
2008. ca. 280 S. Br. ca. EUR 22,90
ISBN 978-3-531-15158-8

Beatrice Dernbach /
Thorsten Quandt (Hrsg.)

Spezialisierung im Journalismus
2009. ca. 280 S. Br. ca. EUR 29,90
ISBN 978-3-531-16255-3

Susanne Fengler /
Sonja Kretzschmar (Hrsg.)

Innovationen im Journalismus
2009. ca. 180 S. (Kompaktwissen
Journalismus) Br. ca. EUR 19,90
ISBN 978-3-531-15450-3

Jürgen Friedrichs / Ulrich Schwinges

Das journalistische Interview
3. Aufl. 2009. ca. 330 S. Geb. ca. EUR 29,90
ISBN 978-3-531-16701-5

Hans J. Kleinsteuber

Radio
Eine Einführung
2009. ca. 280 S. Br. ca. EUR 22,90
ISBN 978-3-531-15326-1

Josef Kurz / Daniel Müller / Joachim
Pötschke / Horst Pöttker / Martin Gehr

Stilistik für Journalisten
2., überarb. Aufl. 2009. ca. 480 S.
Br. ca. EUR 34,90
ISBN 978-3-531-33434-9

Christoph Moss (Hrsg.)

Die Sprache der Wirtschaft
2009. ca. 220 S. Br. ca. EUR 24,90
ISBN 978-3-531-16004-7

Christoph Neuberger / Christian
Nuernbergk / Melanie Rischke (Hrsg.)

Journalismus im Internet
Profession – Partizipation – Technisierung
2009. ca. 250 S. Br. ca. EUR 29,90
ISBN 978-3-531-15767-2

Erhältlich im Buchhandel oder beim Verlag.
Änderungen vorbehalten. Stand: Januar 2009.

www.vs-verlag.de

VS VERLAG FÜR SOZIALWISSENSCHAFTEN

Abraham-Lincoln-Straße 46
65189 Wiesbaden
Tel. 0611.7878-722
Fax 0611.7878-400

Kommunikation

Patrick Glogner / Patrick S. Föhl (Hrsg.)

Das Kulturpublikum
Fragestellungen und Befunde der
empirischen Forschung
2010. ca. 200 S. Br. ca. EUR 19,90
ISBN 978-3-531-16422-9

Andreas Hepp / Friedrich Krotz /
Tanja Thomas (Hrsg.)

**Schlüsselwerke der
Cultural Studies**
2009. ca. 300 S. (Medien – Kultur –
Kommunikation) Geb. ca. EUR 32,90
ISBN 978-3-531-15221-9

Andreas Hepp / Veronika Krönert

Medien – Event – Religion
Die Mediatisierung des Religiösen
2009. ca. 250 S. (Medien – Kultur –
Kommunikation) Br. ca. EUR 24,90
ISBN 978-3-531-15544-9

Marcus S. Kleiner /
Jörg-Uwe Nieland (Hrsg.)

**Grundlagentexte
zur sozialwissenschaftlichen
Medienkritik**
2009. ca. 750 S. Br. ca. EUR 36,90
ISBN 978-3-531-14371-2

Hans-Dieter Kübler

Mythos Wissensgesellschaft
Gesellschaftlicher Wandel zwischen
Information, Medien und Wissen.
Eine Einführung
2., durchges. u. erw. Aufl. 2009. IV, 230 S.
mit 4 Abb. u. 1 Tab. Br. EUR 24,90
ISBN 978-3-531-16408-3

Jutta Röser / Tanja Thomas /
Corinna Peil (Hrsg.)

**Alltag in den Medien –
Medien im Alltag**
2009. ca. 270 S. (Medien – Kultur –
Kommunikation) Br. ca. EUR 24,90
ISBN 978-3-531-15916-4

Paddy Scannell

Medien und Kommunikation
2010. ca. 400 S. (Medien – Kultur –
Kommunikation) Br. ca. EUR 29,90
ISBN 978-3-531-16594-3

Angela Schorr (Hrsg.)

Jugendmedienforschung
Forschungsprogramme, Synopse,
Perspektiven
2009. ca. 444 S. mit 47 Abb. u. 29 Tab.
Br. EUR 34,90
ISBN 978-3-531-14170-1

Erhältlich im Buchhandel oder beim Verlag.
Änderungen vorbehalten. Stand: Januar 2009.

www.vs-verlag.de

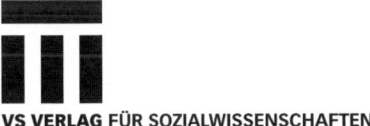

VS VERLAG FÜR SOZIALWISSENSCHAFTEN

Abraham-Lincoln-Straße 46
65189 Wiesbaden
Tel. 0611.7878-722
Fax 0611.7878-400